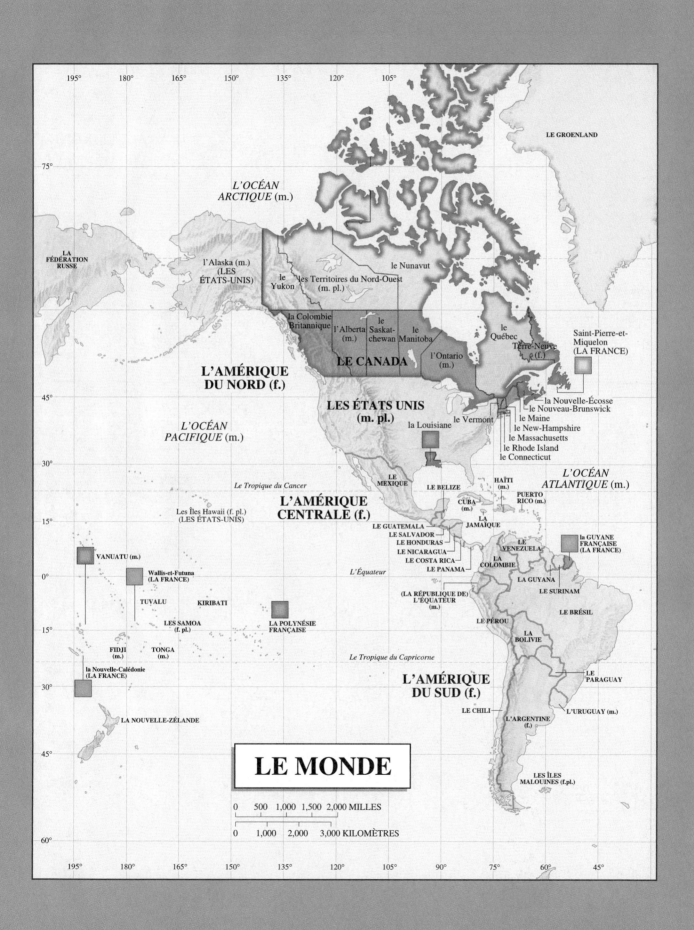

195°    180°    165°    150°    135°    120°    105°

LE GROENLAND

75°

*L'OCÉAN*
*ARCTIQUE* (m.)

LA
FÉDÉRATION
RUSSE

l'Alaska (m.)
(LES
ÉTATS-UNIS)

le Nunavut

le
Yukon    les Territoires du Nord-Ouest
(m. pl.)

la Colombie
Britannique    l'Alberta    le
(m.)    Saskat-    le    le Québec
chewan    Manitoba    Terre-Neuve
(f.)    Saint-Pierre-et-
Miquelon
(LA FRANCE)

LE CANADA    l'Ontario
(m.)

L'AMÉRIQUE
DU NORD (f.)

45°

LES ÉTATS UNIS
(m. pl.)    la Nouvelle-Écosse
le Nouveau-Brunswick
le Vermont    le Maine
la Louisiane    le New-Hampshire
le Massachusetts
le Rhode Island
le Connecticut

*L'OCÉAN*
*PACIFIQUE* (m.)

30°

LE
MEXIQUE    *L'OCÉAN*
*ATLANTIQUE* (m.)
HAÏTI
(m.)
*Le Tropique du Cancer*    LE BELIZE    PUERTO
RICO (m.)
L'AMÉRIQUE    CUBA
Les Îles Hawaii (f. pl.)    CENTRALE (f.)    (m.)
(LES ÉTATS-UNIS)    LA
15°    JAMAÏQUE
LE GUATEMALA    la GUYANE
LE SALVADOR    FRANÇAISE
LE HONDURAS    LE    (LA FRANCE)
VANUATU (m.)    LE NICARAGUA    VENEZUELA
LE COSTA RICA    LA
Wallis-et-Futuna    LE PANAMA    COLOMBIE
0°    (LA FRANCE)    LA GUYANA
*L'Équateur*    LE SURINAM
TUVALU    KIRIBATI
(LA RÉPUBLIQUE DE)    LE BRÉSIL
L'ÉQUATEUR
(m.)
LA POLYNÉSIE
LES SAMOA    FRANÇAISE    LE PÉROU
15°    (f. pl.)
LA
FIDJI    TONGA    BOLIVIE
(m.)    (m.)
la Nouvelle-Calédonie    *Le Tropique du Capricorne*    LE
(LA FRANCE)    PARAGUAY
30°    L'AMÉRIQUE
DU SUD (f.)    L'URUGUAY (m.)
LE CHILI    L'ARGENTINE
LA NOUVELLE-ZÉLANDE    (f.)

45°
## LE MONDE

LES ÎLES
MALOUINES (f.pl.)

0    500  1,000  1,500  2,000 MILLES

0    1,000    2,000    3,000 KILOMÈTRES

60°

195°    180°    165°    150°    135°    120°    105°    90°    75°    60°    45°

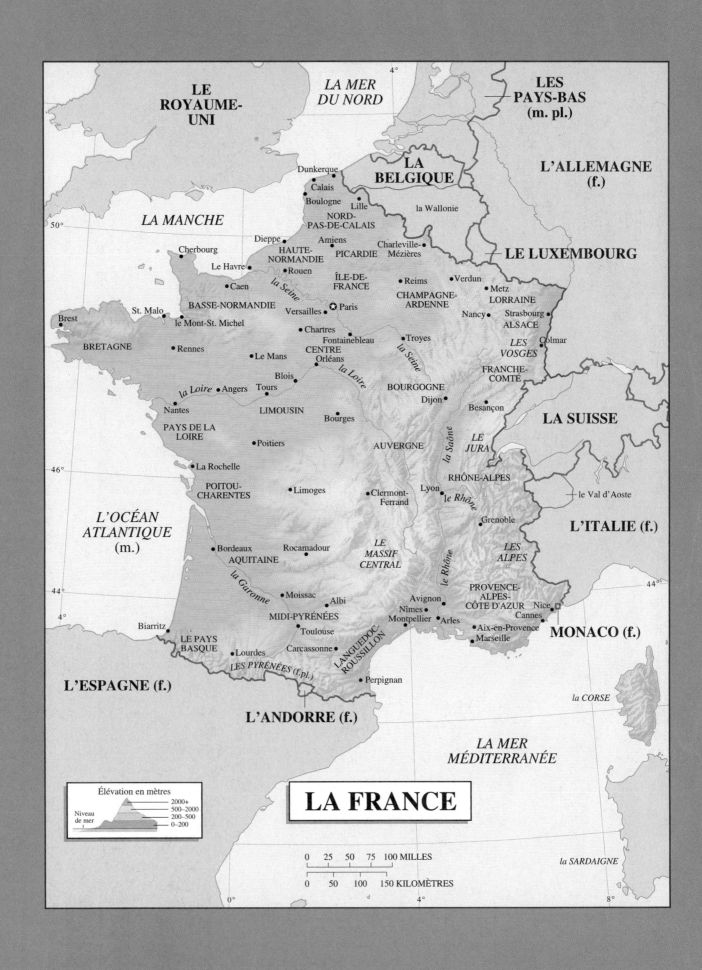

LE ROYAUME-UNI

LA MER DU NORD

LES PAYS-BAS (m. pl.)

LA BELGIQUE

L'ALLEMAGNE (f.)

la Wallonie

LE LUXEMBOURG

LA MANCHE

Dunkerque
Calais
Boulogne
Lille
NORD-PAS-DE-CALAIS

Dieppe
Amiens
PICARDIE
Charleville-Mézières

Cherbourg
Le Havre
HAUTE-NORMANDIE
Rouen
la Seine
ÎLE-DE-FRANCE
Reims
Verdun
Metz
LORRAINE
Nancy
Strasbourg
ALSACE
CHAMPAGNE-ARDENNE

Caen
BASSE-NORMANDIE
Versailles
Paris
Chartres
Fontainebleau
Troyes
LES VOSGES
Colmar

St. Malo
le Mont-St. Michel
CENTRE
Orléans
la Seine
FRANCHE-COMTÉ

Brest
BRETAGNE
Rennes
Le Mans
Blois
Tours
la Loire
BOURGOGNE
Dijon
Besançon

la Loire
Angers
Nantes
LIMOUSIN
Bourges
la Saône
LA SUISSE

PAYS DE LA LOIRE
Poitiers
AUVERGNE
LE JURA

L'OCÉAN ATLANTIQUE (m.)

La Rochelle
POITOU-CHARENTES
Limoges
Clermont-Ferrand
Lyon
le Rhône
RHÔNE-ALPES
le Val d'Aoste

Grenoble
L'ITALIE (f.)

Bordeaux
AQUITAINE
Rocamadour
LE MASSIF CENTRAL
le Rhône
LES ALPES

la Garonne
Moissac
Albi
Avignon
Nîmes
Montpellier
Arles
PROVENCE-ALPES-CÔTE D'AZUR
Nice
Cannes
MONACO (f.)

Biarritz
MIDI-PYRÉNÉES
Toulouse
Aix-en-Provence
Marseille

LE PAYS BASQUE
Lourdes
Carcassonne
LANGUEDOC-ROUSSILLON

LES PYRÉNÉES (f.pl.)
Perpignan
la CORSE

L'ESPAGNE (f.)

L'ANDORRE (f.)

LA MER MÉDITERRANÉE

Élévation en mètres
2000+
500–2000
200–500
0–200
Niveau de mer

LA FRANCE

0   25   50   75   100 MILLES

0   50   100   150 KILOMÈTRES

la SARDAIGNE

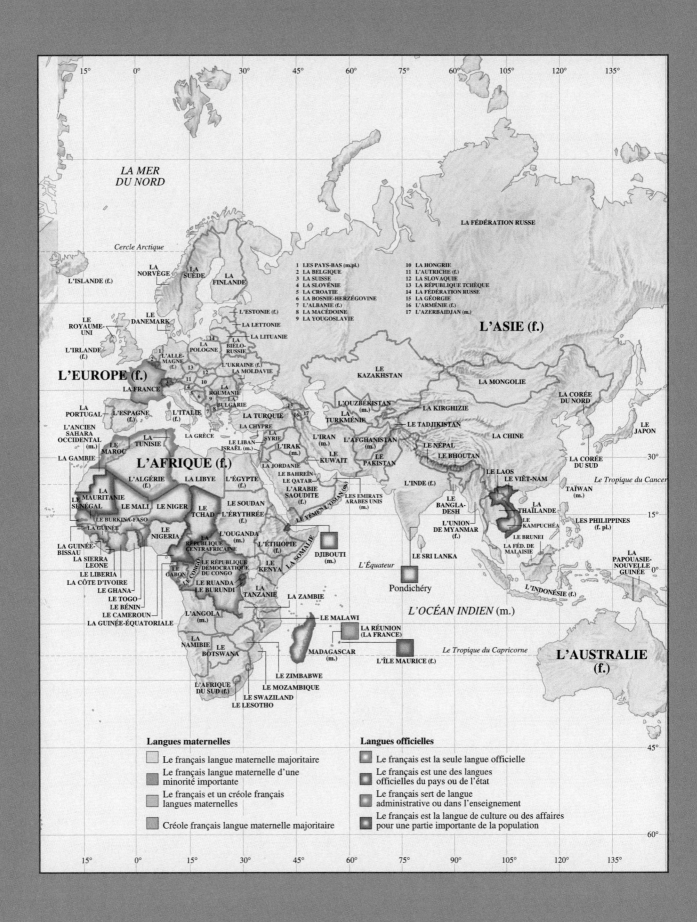

LA MER
DU NORD

Cercle Arctique

LA FÉDÉRATION RUSSE

L'ISLANDE (f.)

LA NORVÈGE
LA SUÈDE
LA FINLANDE

LE ROYAUME-UNI
LE DANEMARK

L'IRLANDE (f.)

L'ESTONIE (f.)
LA LETTONIE
LA LITUANIE

LA BIÉLO-RUSSIE
LA POLOGNE

L'ALLE-MAGNE (f.)

L'UKRAINE (f.)
LA MOLDAVIE

| 1 | LES PAYS-BAS (m.pl.) | 10 | LA HONGRIE |
| 2 | LA BELGIQUE | 11 | L'AUTRICHE (f.) |
| 3 | LA SUISSE | 12 | LA SLOVAQUIE |
| 4 | LA SLOVÉNIE | 13 | LA RÉPUBLIQUE TCHÈQUE |
| 5 | LA CROATIE | 14 | LA FÉDÉRATION RUSSE |
| 6 | LA BOSNIE-HERZÉGOVINE | 15 | LA GÉORGIE |
| 7 | L'ALBANIE (f.) | 16 | L'ARMÉNIE (f.) |
| 8 | LA MACÉDOINE | 17 | L'AZERBAIDJAN (m.) |
| 9 | LA YOUGOSLAVIE | | |

L'ASIE (f.)

L'EUROPE (f.)

LA FRANCE

LE KAZAKHSTAN

LA MONGOLIE

LA CORÉE DU NORD

LA PORTUGAL
L'ESPAGNE (f.)
L'ITALIE (f.)
LA ROUMANIE
BULGARIE
LA TURQUIE
LA CHYPRE

L'OUZBÉKISTAN (m.)
LA KIRGHIZIE
LA TURKMÉNIE
LE TADJIKISTAN

LA CHINE

LE JAPON

LA CORÉE DU SUD

L'ANCIEN SAHARA OCCIDENTAL (m.)
LE MAROC
LA TUNISIE
LA GRÈCE
LE LIBAN
ISRAËL (m.)
LA SYRIE
L'IRAK (m.)
L'IRAN (m.)
L'AFGHANISTAN (m.)
LE NÉPAL
LE BHOUTAN

Le Tropique du Cancer

LA GAMBIE

L'AFRIQUE (f.)

LA JORDANIE
LE KUWAIT
LE PAKISTAN

L'INDE (f.)

LE LAOS
LE VIÊT-NAM

TAÏWAN (m.)

LA MAURITANIE
LE SÉNÉGAL
L'ALGÉRIE (f.)
LE MALI
LE NIGER
LA LIBYE
L'ÉGYPTE (f.)
LE TCHAD
LE SOUDAN
LE BAHREÏN
LE QATAR
L'ARABIE SAOUDITE (f.)
LES EMIRATS ARABES UNIS (m.)

LE BANGLA-DESH

LA THAÏLANDE
LE KAMPUCHÉA
LES PHILIPPINES (f. pl.)

LE BURKINA-FASO
LA GUINÉE
LE NIGERIA
L'ÉRYTHRÉE (f.)
L'OUGANDA (m.)
LA RÉPUBLIQUE CENTRAFRICAINE
L'ÉTHIOPIE (f.)
LE YÉMEN (m.)
L'OMAN (m.)

L'UNION DE MYANMAR (f.)
LE BRUNEI
LA FÉD. DE MALAISIE

LA GUINÉE-BISSAU
LA SIERRA LEONE
LE LIBERIA
LA CÔTE D'IVOIRE
LE GHANA
LE TOGO
LE BÉNIN
LE CAMEROUN
LA GUINÉE-ÉQUATORIALE
LE GABON
LE CONGO
LE RÉPUBLIQUE DÉMOCRATIQUE DU CONGO
LE RUANDA
LE BURUNDI
LE KENYA
LA TANZANIE
LA SOMALIE
DJIBOUTI (m.)

L'Équateur

LE SRI LANKA

Pondichéry

L'INDONÉSIE (f.)

LA PAPOUASIE-NOUVELLE GUINÉE

L'AUSTRALIE (f.)

L'ANGOLA (m.)
LA ZAMBIE
LE MALAWI
LA RÉUNION (LA FRANCE)

L'OCÉAN INDIEN (m.)

LA NAMIBIE
LE BOTSWANA
MADAGASCAR (m.)
L'ÎLE MAURICE (f.)

Le Tropique du Capricorne

L'AFRIQUE DU SUD (f.)
LE ZIMBABWE
LE MOZAMBIQUE
LE SWAZILAND
LE LESOTHO

**Langues maternelles**

Le français langue maternelle majoritaire

Le français langue maternelle d'une minorité importante

Le français et un créole français langues maternelles

Créole français langue maternelle majoritaire

**Langues officielles**

Le français est la seule langue officielle

Le français est une des langues officielles du pays ou de l'état

Le français sert de langue administrative ou dans l'enseignement

Le français est la langue de culture ou des affaires pour une partie importante de la population

# L'EUROPE

**Langues maternelles**

- Le français langue maternelle majoritaire
- Le français langue maternelle d'une minorité importante

**Langues officielles**

- Le français est la seule langue officielle
- Le français est une des langues officielles du pays ou de l'état
- Le français est la langue de culture ou des affaires pour une partie importante de la population

10°

*Cercle Arctique*

LA FINLANDE

LA SUÈDE

LA NORVÈGE

60°

L'ESTONIE (f.)

LA FÉDÉRATION RUSSE

*LA MER BALTIQUE*

LA LETTONIE

LA LITUANIE

LE DANEMARK

*LA MER DU NORD*

LA FÉDÉRATION RUSSE

LA BIÉLORUSSIE

L'IRLANDE (f.)

LE ROYAUME-UNI

LES PAYS-BAS (m. pl.)

L'ALLEMAGNE (f.)

LA POLOGNE

L'UKRAINE (f.)

50°

Bruxelles

LA BELGIQUE

la Wallonie

LA RÉPUBLIQUE TCHÈQUE

LA MOLDAVIE

Paris

LE LUXEMBOURG

LA SLOVAQUIE

LA FRANCE

L'AUTRICHE (f.)

LA HONGRIE

*L'OCÉAN ATLANTIQUE (m.)*

Genève

Bern

LA SUISSE

LA ROUMANIE

LA SLOVÉNIE

LA CROATIE

le Val d'Aoste

LA BOSNIE-HERZÉGOVINE

Monte Carlo

LA YOUGOSLAVIE

LA BULGARIE

L'ANDORRE (f.)

MONACO (f.)

L'ITALIE (f.)

*la CORSE*

LA MACÉDOINE

L'ESPAGNE (f.)

L'ALBANIE (f.)

LA TURQUIE

LA GRÈCE

*la SARDAIGNE*

*LA MER MÉDITERRANÉE*

*la SICILE*

LA CHYPRE

0   25   50   75   100 MILLES

0   50   100   150 KILOMÈTRES

20°

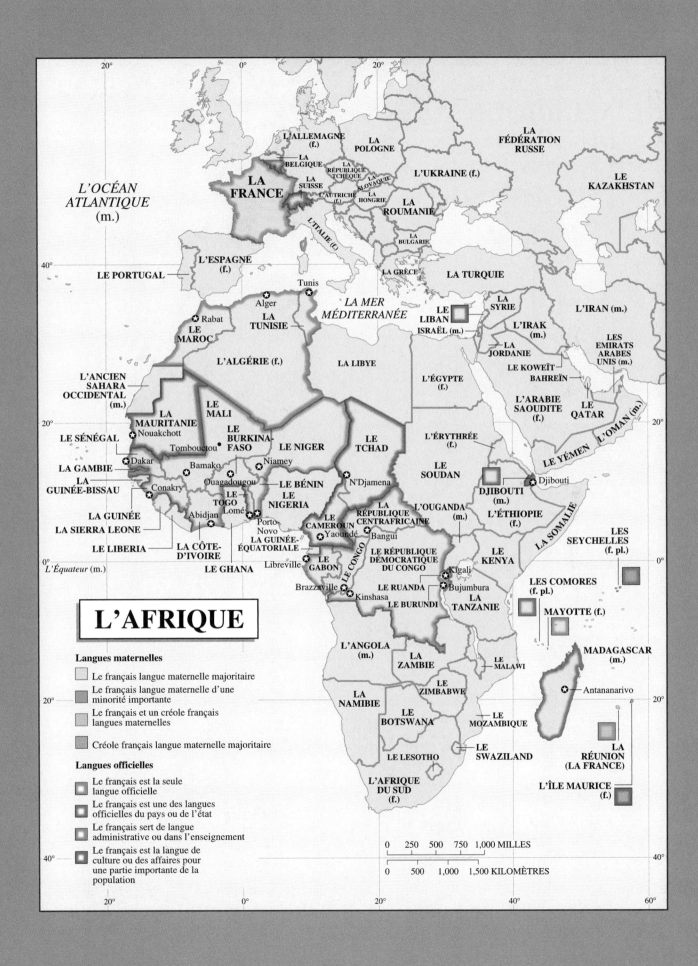

# L'AFRIQUE

**Langues maternelles**

- Le français langue maternelle majoritaire
- Le français langue maternelle d'une minorité importante
- Le français et un créole français langues maternelles
- Créole français langue maternelle majoritaire

**Langues officielles**

- Le français est la seule langue officielle
- Le français est une des langues officielles du pays ou de l'état
- Le français sert de langue administrative ou dans l'enseignement
- Le français est la langue de culture ou des affaires pour une partie importante de la population

L'OCÉAN ATLANTIQUE (m.)

LA MER MÉDITERRANÉE

L'ALLEMAGNE (f.)
LA POLOGNE
LA FÉDÉRATION RUSSE
LA BELGIQUE
LA RÉPUBLIQUE TCHÈQUE
LA SLOVAQUIE
LA SUISSE
L'AUTRICHE (f.)
LA HONGRIE
L'UKRAINE (f.)
LE KAZAKHSTAN
LA FRANCE
L'ITALIE (f.)
LA ROUMANIE
LA BULGARIE
LA GRÈCE
L'ESPAGNE (f.)
LE PORTUGAL
LA TURQUIE
LA SYRIE
L'IRAN (m.)
LE LIBAN
ISRAËL (m.)
L'IRAK (m.)
LA JORDANIE
LES EMIRATS ARABES UNIS (m.)
LE KOWEÏT
BAHREÏN
LE QATAR
L'ARABIE SAOUDITE (f.)
Tunis
Alger
LA TUNISIE
Rabat
LE MAROC
L'ALGÉRIE (f.)
LA LIBYE
L'ÉGYPTE (f.)
L'ANCIEN SAHARA OCCIDENTAL (m.)
LE MALI
LA MAURITANIE
Nouakchott
LE SÉNÉGAL
Tombouctou
LE BURKINA-FASO
LE NIGER
LE TCHAD
L'ÉRYTHRÉE (f.)
LE SOUDAN
L'OMAN (m.)
LE YÉMEN
Dakar
LA GAMBIE
Bamako
Niamey
Ouagadougou
LE BÉNIN
LE NIGERIA
N'Djamena
DJIBOUTI (m.)
Djibouti
LA GUINÉE-BISSAU
Conakry
LE TOGO
Lomé
L'OUGANDA (m.)
L'ÉTHIOPIE (f.)
LA GUINÉE
LA SIERRA LEONE
Abidjan
Porto-Novo
LE CAMEROUN
Yaoundé
LA RÉPUBLIQUE CENTRAFRICAINE
Bangui
LA SOMALIE
LES SEYCHELLES (f. pl.)
LE LIBERIA
LA CÔTE-D'IVOIRE
LA GUINÉE-ÉQUATORIALE
LE KENYA
LE GHANA
Libreville
LE GABON
LE CONGO
LE RÉPUBLIQUE DÉMOCRATIQUE DU CONGO
Kigali
LES COMORES (f. pl.)
L'Équateur (m.)
Brazzaville
LE RUANDA
Bujumbura
MAYOTTE (f.)
Kinshasa
LE BURUNDI
LA TANZANIE
L'ANGOLA (m.)
LA ZAMBIE
LE MALAWI
MADAGASCAR (m.)
Antananarivo
LA NAMIBIE
LE ZIMBABWE
LE MOZAMBIQUE
LE BOTSWANA
LA RÉUNION (LA FRANCE)
LE SWAZILAND
LE LESOTHO
L'ÎLE MAURICE (f.)
L'AFRIQUE DU SUD (f.)

| 0 | 250 | 500 | 750 | 1,000 MILLES |

| 0 | 500 | 1,000 | 1,500 KILOMÈTRES |

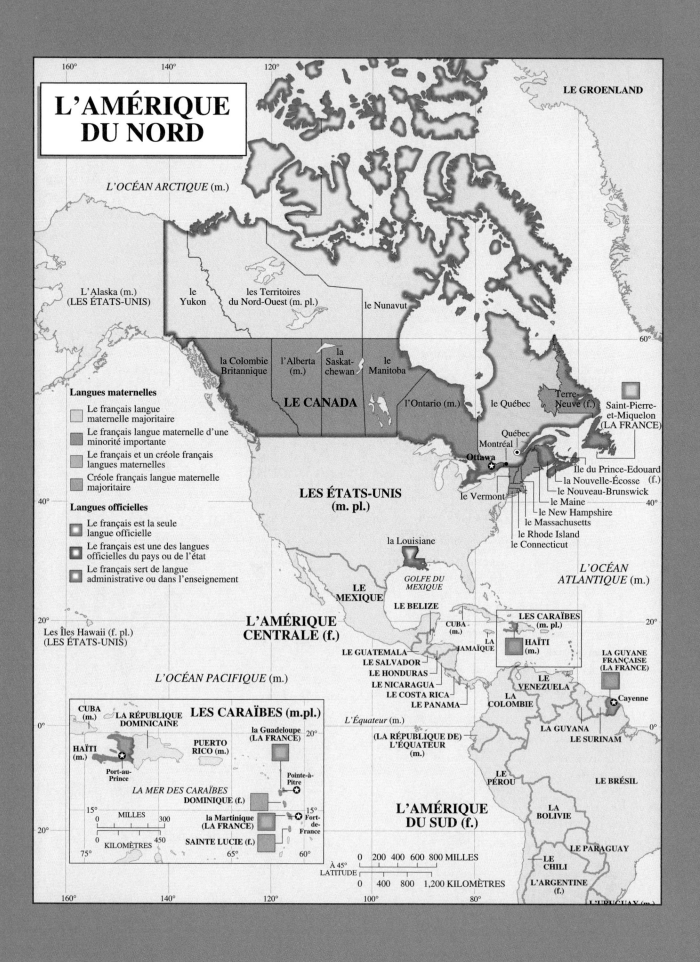

# L'AMÉRIQUE DU NORD

LE GROENLAND

L'OCÉAN ARCTIQUE (m.)

L'Alaska (m.)
(LES ÉTATS-UNIS)

le Yukon

les Territoires
du Nord-Ouest (m. pl.)

le Nunavut

60°

la Colombie
Britannique

l'Alberta
(m.)

la Saskat-
chewan

le Manitoba

LE CANADA

l'Ontario (m.)

le Québec

Terre-
Neuve (f.)

Saint-Pierre-
et-Miquelon
(LA FRANCE)

Québec

Montréal

**Ottawa**

Île du Prince-Edouard
la Nouvelle-Écosse (f.)
le Nouveau-Brunswick
le Maine
le New Hampshire
le Massachusetts
le Rhode Island
le Connecticut

le Vermont

**Langues maternelles**

Le français langue
maternelle majoritaire

Le français langue maternelle d'une
minorité importante

Le français et un créole français
langues maternelles

Créole français langue maternelle
majoritaire

**Langues officielles**

Le français est la seule
langue officielle

Le français est une des langues
officielles du pays ou de l'état

Le français sert de langue
administrative ou dans l'enseignement

LES ÉTATS-UNIS
(m. pl.)

40°

40°

la Louisiane

L'OCÉAN
ATLANTIQUE (m.)

GOLFE DU
MEXIQUE

LE MEXIQUE

LE BELIZE

CUBA
(m.)

LES CARAÏBES
(m. pl.)

20°

Les Îles Hawaii (f. pl.)
(LES ÉTATS-UNIS)

L'AMÉRIQUE
CENTRALE (f.)

HAÏTI
(m.)

LA
JAMAÏQUE

LE GUATEMALA
LE SALVADOR
LE HONDURAS
LE NICARAGUA
LE COSTA RICA
LE PANAMA

LA GUYANE
FRANÇAISE
(LA FRANCE)

L'OCÉAN PACIFIQUE (m.)

LE
VENEZUELA

LA
COLOMBIE

Cayenne

CUBA
(m.)

LA RÉPUBLIQUE
DOMINICAINE

LES CARAÏBES (m.pl.)

la Guadeloupe
(LA FRANCE)

L'Équateur (m.)

LA GUYANA

LE SURINAM

0°

PUERTO
RICO (m.)

(LA RÉPUBLIQUE DE)
L'ÉQUATEUR
(m.)

HAÏTI
(m.)

20°

Port-au-
Prince

LE
PÉROU

LE BRÉSIL

LA MER DES CARAÏBES

Pointe-à-
Pitre

15°

DOMINIQUE (f.)

15° Fort-
de-
France

L'AMÉRIQUE
DU SUD (f.)

LA
BOLIVIE

MILLES

0          300

la Martinique
(LA FRANCE)

20°

0          450

KILOMÈTRES

SAINTE LUCIE (f.)

LE PARAGUAY

75°

65°

60°

À 45°
LATITUDE

0   200 400 600 800 MILLES

LE
CHILI

L'ARGENTINE
(f.)

0    400   800   1,200 KILOMÈTRES

L'URUGUAY (m.)

160°          140°          120°          100°          80°

# Motifs

# MOTIFS
## An Introduction to French
### THIRD EDITION

**Kimberly Jansma**
*University of California at Los Angeles*

**Margaret Ann Kassen**
*The Catholic University of America*

THOMSON

HEINLE

Australia  Canada  Mexico  Singapore  Spain  United Kingdom  United States

## THOMSON
## HEINLE

*Motifs, Third Edition*
Jansma ～ Kassen

**Publisher:** Janet Dracksdorf
**Editor:** Lara Semones
**Senior Production Editor:** Esther Marshall
**Marketing Director:** Lisa Kimball
**Manufacturing Manager:** Marcia Locke
**Compositor:** Pre-Press Company
**Project Management:** Pre-Press Co. & Sev Champeny
**Photo Manager:** Sheri Blaney
**Photo Researcher:** Linda Finigan
**Interior Design:** Studio Montage
**Cover Designer:** Brian Salisbury
**Cover Art:** Raul Dufy © ARS NY © Giraudon/Art Resource, NY
**Printer:** Transcontinental/Interglobe Printing

Printed in Canada
4  5  6  7  8  9  10   08  07  06

For more information contact Heinle, 25 Thomson Place, Boston, Massachusetts 02210 USA, or you can visit our Internet site at http://www.heinle.com

For permission to use material from this text or product contact us:
| | |
|---|---|
| Tel | 1-800-730-2214 |
| Fax | 1-800-730-2215 |
| Web | www.thomsonrights.com |

**Library of Congress Cataloging-in-Publication Data**
Jansma, Kimberly
  Motifs : an introduction to French / Kimberly Jansma,
    Margaret Ann Kassen.—3rd ed. p. cm.
  Includes index.
  **ISBN 0-8384-5932-3** (student text)
    1. French language—Textbooks for foreign speakers—English.
I. Kassen, Margaret Ann  II. Title.

PC2129.E5J35 2004
448.2'421—dc22                                    2003061237

# SCOPE AND SEQUENCE

# TO THE STUDENT

**motif** /mo-tef/ n. [motive, motif, fr] 1: a recurring salient thematic element (as in the arts); esp: a dominant idea or central theme. (American Heritage Dictionary)
In French, **motif** also refers to motive or purpose.

*Motifs* is based on the premise that your primary motivation to learn French is to acquire the ability to communicate in the language. This book's lively, up-to-date language, content, and presentation are designed to engage you in contexts in which you might reasonably expect to communicate. In this course, you will learn how to discuss your courses and school life, your family and living situation, your childhood memories, future plans, and other common topics of conversation in French. In addition, you will learn to negotiate various transactions: ordering in a café, buying a plane ticket, renting an apartment, giving directions, or going shopping. *Motifs* provides the appropriate tools in the form of structures, vocabulary, communication strategies, and cultural background to make this possible. Cultural themes are explored throughout the text, in notes, flashes, activities, readings, Web activities, and writing assignments. In the process of discovering the language and culture, you are introduced to the French-speaking world in a way that challenges you to look at your own culture more objectively.

## What to expect of your oral performance

Your oral performance will require a great deal of individual improvisation, using the language you have at hand. It is unrealistic to expect your emerging language to be perfect. It will be marked by approximations, circumlocutions, gaps, and miming, and it will require a good deal of creativity on your part. In class, what you and others say is important. Your role in the classroom is to exchange information with your classmates, asking them for clarification or repetition when needed, and responding to them with interest and goodwill. It is part of our human nature to be curious about one another. When you have something "real" you wish to express, you will find you have an eager audience.

# Organization

*Motifs* is organized so that your language learning experience will bear some resemblance to Dufy's orchestra depicted on the cover. It makes a distinction between classroom time devoted to introduction of new material, its rehearsal and performance, and individual practice at home. It is important that you familiarize yourself with the layout of the textbook to benefit from the program.

## Overview

*Motifs* contains fourteen **modules** plus a **module de récapitulation.** The first fourteen **modules** each contain tinted green pages following the standard white pages. These white and green pages have different uses.

## Using the white pages

The white pages in the first half of the chapter contain the material you will be working with in class:

- **module** themes (**Thèmes**)
- practical expressions (**Pratiques de conversation**)
- cultural notes (**Perspectives culturelles**)
- interesting facts about the French-speaking world (**Bulletins**)
- listening activities (**Écoutons ensemble!**)
- role-plays (**Situations à jouer**)
- readings (**Lectures**)
- Web and writing activities (**Un pas en avant: Naviguez le Web!** and **À écrire**)

All of these components are accompanied by communicative activities (**Activités**) that incorporate the topic, grammar, and vocabulary of the **module.**

The white pages are written almost exclusively in French and are designed to help you understand, think, and express yourself in French right from the beginning. You will find English in two "boxes" that help you link the grammar structures you study to the class activities:

- **Structure** highlights
- **À noter**

In much of your communication in class, you will be applying a new grammar structure. Structure highlights appear in boxes beneath the relevant **Thème** or **Pratique de conversation** heading to alert you to the targeted structures, tell you how they fit in with the theme, and direct you to the green-tinted page where you will find a full grammar presentation. **À noter** comments focus your attention on new structures or vocabulary and usually ask you to find examples or figure out patterns or rules.

## Using the green pages

In addition to the practice you get listening to French and using it to communicate in class, you will need to study French as a system, much as you would study the material for any academic course. You will be able to do this by using the green pages at the end of the **modules.** These pages provide:

- clear, concise grammar explanations in English
- examples and translations
- exercises to apply the rules (Answers are provided in the answer key at the back of the book.)
- a final exercise, **Tout ensemble!**, that challenges you to integrate all the vocabulary and structures of the chapter

By reading the grammar explanations carefully and checking your comprehension by writing out the exercises and correcting the answers, you will find you can learn a great deal of grammar on your own. Your instructor will review much of this material in class and will provide plenty of opportunities to apply the grammar rules in communicative situations.

## Other Tools to Help You Learn French

- The **Workbook/Lab Manual** is an integral tool to help you master the course material. The **Activités écrites** in the **Workbook** give you the opportunity to apply and practice the material presented in the textbook, including the vocabulary, structures, and cultural information. The audio **Laboratory Manual,** with its **Activités de compréhension et de prononciation**, includes listening comprehension activities and instruction in pronunciation.
- The *Motifs* Website (**http://motifs.heinle.com**) contains self-correcting quizzes for practice on each grammar structure and **Naviguez le Web!** cultural exploration activities for each chapter.

## A Few Helpful Hints

### Take risks

Successful language learners are willing to guess at meaning and to try expressing themselves even when they do not know every word or have perfect control of the grammar. They stretch and try to expand their repertoires, experimenting with new words and structures, and they realize that learning a language involves making mistakes.

### Relax

Your classroom is your language-learning community, where you learn by interacting with other students as well as your instructor. Of course, your French will be simple and direct; this very quality often allows you to open up and express yourself without being too concerned with subtleties. You may find that conversation in your language class is more free than in any other. Take advantage of working in pairs and in small groups to experiment with the language.

# Prepare

Success in class requires daily preparation and active study. Remember that language, like music, is meant to be performed. Language classes present new material every day, and catching up once you have fallen behind is difficult. Here are some suggestions to help you study.

**Learning vocabulary.** Learn words in sense groups: clothing, professions, leisure activities, and so on. For each **Thème** and **Pratique de conversation**, make sure you have mastered enough vocabulary to take part in a basic conversation on that topic. In addition to fundamental words, you should take a little extra time to acquire vocabulary that relates to your own interests. For example, you may want to learn the word for "doctor" when you are studying professions and learn items of special interest to you. Perhaps you wish to be a computer programmer, or a member of your family is in marketing, so you will want to learn all vocabulary related to this field. Flash cards can be helpful in this endeavor. These can be color-coded to differentiate between masculine and feminine nouns.

**Learning grammar.** Learning grammar requires attention to detail along with a recognition of patterns and the ability to manipulate them according to rules. Basic memorization of forms, including verb conjugations and tenses, is essential. It is also important that you understand the function of grammar structures in communication. For example, when you learn about adjectives and their endings, you need to keep in mind that your communicative goal is to describe people and things. The **Structure** boxes that introduce new grammar points in the white activity pages will help you make this connection. Always ask yourself what you can actually *do* in the language with what you are learning.

**Visual icons.** The headphone icon indicates that the accompanying activity is available on your text audio CD. The recordings on the CD provide the opportunity to hear native speakers involved in negotiating practical situations.

# Acknowledgments

Many people have contributed their time and creativity to this third edition of **Motifs.** We would first like to thank the students and graduate teaching assistants at the University of California at Los Angeles and at the Catholic University of America for their insightful comments about the program. They have provided invaluable feedback. We would especially like to thank Carde Delavault, Laurence Denié, Laetitia Huet, and Alex Thiltges for sharing their creative approaches to the use of **Motifs** with us. We also extend our appreciation to our UCLA and CUA colleagues and to the following colleagues at other institutions who reviewed the manuscript and whose constructive suggestions have helped shape the project.

David Aldstadt, *Southern Methodist University*

Erin Arantowicz, *Baker University*

Peggy Beauvois, *University of Tennessee-Knoxville*

Teresa Cortey, *Glendale College*

Armelle Denis, *Oregon State University*

Béatrice DuPuy, *University of Arizona*

Joan Easterly, *Pellissippi State Technical Community College*

Frederic Leveziel, *Southern Illinois University, Edwardsville*

Josy McGinn, *Syracuse University*

Pamela Park, *Idaho State University*

Larry Riggs, *Butler University*

Shira Schwam-Baird, *University of North Florida-Jacksonville*

Robert Seaman, *Armstrong State College*

We would also like to express our appreciation to the many people at Heinle who helped nurture this project: Janet Dracksdorf, Publisher; and Lisa Kimball, Director of Marketing. Special thanks go to Lara Semones, our Editor, for her enthusiastic guidance and encouragement throughout the project, and to Esther Marshall, our Production Manager, whose careful attention and vision assembled the pieces skillfully. Our thanks to all the freelancers involved with the production of this project, in particular, Sinikka Waugh, who helped with the development editing; Sev Champeny, project management and native reader; Jackie Rebisz and Serge Laîné, proofreading; Melissa Welch from Studio Montage, interior design; Brian Salisbury, cover design; Pre-Press Company and its wonderful staff, composition and technical project management. Finally, we want to express our appreciation to our families for their patience, confidence, and invaluable insights, which sustained us through the completion of this work. We dedicate the book to them.

# Les camarades et la salle de classe

In this chapter, you will learn fundamentals to help you communicate in your classroom surroundings: how to introduce yourself and greet fellow students, identify objects in the classroom, identify people and describe them, count, and spell. In the **Perspectives culturelles** section, you will also learn about the francophone world and why French and English have so many cognates, or words in common.

## Thèmes et pratiques de conversation

- ▶ Comment se présenter et se saluer
- ▶ Identification des choses
- ▶ Identification des personnes
- ▶ La description des personnes
- ▶ Les vêtements et les couleurs
- ▶ Comment communiquer en classe

## Structures utiles

- ▶ **Tu** et **vous**
- ▶ **Qui est-ce? Qu'est-ce que c'est? Est-ce que... ?**
- ▶ Les articles indéfinis
- ▶ Les pronoms sujets avec **être**
- ▶ Les adjectifs (introduction)

## Perspectives culturelles

Bienvenue au monde francophone

Vocabulaire en mouvement

## Lecture

Chanson: *Tout le monde*

## Un pas en avant

1

# Thèmes et pratiques de conversation

## Comment se présenter et se saluer

**Expressions utiles pour se présenter**

**Contexte non-familier, respectueux**

— Bonjour, Madame. Je m'appelle
   Denis Lamotte. Et vous?
— Moi, je m'appelle Christine Botet.
   Je suis de Marseille. Et vous?
— Moi, je suis de Paris.

**Contexte familier**

— Salut! Je m'appelle Anne-Sophie. Et toi?
— Je m'appelle Stéphane.
   Moi, je suis de Montpellier. Et toi?
— Moi, je suis de Perpignan.

 **Activité 1: Comment vous appelez-vous?** Suivez le modèle avec trois camarades de classe.

> **Modèle:** — *Moi, je m'appelle Jennifer. Et toi?*
> — *Moi, je m'appelle Jake.*
>    *Je suis de Salem. Et toi?*
> — *Moi aussi, je suis de Salem. / Moi, je suis de Portland.*

Comment s'appelle-t-elle?
Elle s'appelle Juliette Binoche.
C'est une actrice française célèbre.

Comment s'appelle-t-il?
Il s'appelle Jacques Chirac.
C'est le président de la République française.

Et vous, comment vous appelez-vous?

 **Activité 2: Présentez vos camarades de classe.** Maintenant présentez vos camarades de classe aux autres étudiants.

> **Modèle:** *Il/Elle s'appelle _____. Il/Elle est de _____.*

**Activité 3: Testez-vous!** Avec un(e) camarade, indiquez *(point out)* des étudiants et demandez «Comment s'appelle-t-il/elle?»

> **Modèle:**   — *Comment s'appelle-t-elle?*
>              — *Elle s'appelle Candice.*

## Expressions utiles pour se saluer

> **Structure**    **1.1 Tu et vous**
>
> In French greetings, a distinction is made between formal and informal terms of address. See page 19 for guidelines on using the formal **vous** and the informal **tu**.

### Contexte non-familier, respectueux

— Bonjour, madame. Comment allez-vous?
— Très bien, merci, et vous?

— Bonsoir, mademoiselle.
— Bonsoir, monsieur.

### Contexte familier

— Salut, Paul. Ça va?
— Oui, ça va. Et toi?

— Bonjour, Nicole. Ça va?
— Pas mal. Et toi?
— Moi, ça va.

— Au revoir, Pauline. À bientôt!
— Allez, au revoir!

— Salut, Marc. À tout à l'heure!
— Ciao!

— Comment ça va?
— Ça ne va pas du tout!

Text Audio Track 2

**Écoutons ensemble! Réponses logiques pour se saluer.** Listen to the following initial statements and questions and choose the logical response. Mark each exchange as **familier** or **non-familier**. Then listen to the entire exchange to check your answers.

1. familier _____ non-familier _____
   a. Très bien, merci. Et vous?
   b. Je m'appelle Henri.
   c. À bientôt.

2. familier _____ non-familier _____
   a. Je suis de Washington.
   b. Oui, ça va.
   c. Au revoir.

3. familier _____ non-familier _____
   a. Pas mal.
   b. Au revoir.
   c. Non, ça ne va pas.

4. familier _____ non-familier _____
   a. Très bien, merci. Et vous?
   b. Je m'appelle Anne.
   c. Bonsoir.

5. familier _____ non-familier _____
   a. Merci, madame.
   b. Pas mal. Et toi?
   c. Bonsoir, mademoiselle.

6. familier _____ non-familier _____
   a. Bonjour. Comment ça va?
   b. Au revoir.
   c. Bonsoir, monsieur.

7. familier _____ non-familier _____
   a. Je m'appelle Christophe.
   b. Je suis de Washington.
   c. Il est de New York.

8. familier _____ non-familier _____
   a. Elle s'appelle Juliette.
   b. Moi aussi.
   c. Il s'appelle Frédéric La Coste.

*French people generally shake hands with friends, colleagues, and neighbors each time they meet. After a brief chat they shake hands again while saying good-bye. People who are closer will* **faire la bise,** *which consists of light contact on each cheek rather than a kiss.*

**Activité 4: Jouez le dialogue.** Saluez trois étudiants de la classe.

**Modèle:**  — *Bonjour / Salut, Jeanne. Ça va?*
           — *Oui, ça va (Ça ne va pas / Ça va très bien / Ça va très mal).*

# Perspectives culturelles

## Bienvenue au monde francophone

In this class, you are joining over 270,000 university students studying French in the United States. You also join 120 million French speakers throughout the world. The influence of the French language extends far beyond France and its more than 60 million inhabitants. Diverse populations on virtually every continent of the globe communicate in French.

In Western Europe, French is the vernacular language of Belgium, Switzerland, and Luxemburg. French is also spoken as a first language by about 6 million Canadians, many the descendants of seventeenth century traders. In other parts of the francophone world, French is just one of the languages spoken. In the Democratic Republic of Congo, for example, French is the official language. However, most of the population doesn't use it for casual communication and many people cannot speak much French at all. This situation exists in a number of sub-Saharan African nations, former colonies of France. In the countries of the Maghreb—North Africa (Morocco, Tunisia, and Algeria), Arabic has replaced French as the official language. However, in part because of the close ties between these countries and France, many North Africans speak fluent French.

*Bonjour. Moi, c'est Jean Dufresne. Je suis de Trois-Rivières au Québec, mais maintenant j'habite à Montréal près de mes enfants.*

*Bonjour. Je suis de Fès au Maroc. Je parle français et arabe.*

*Bonjour, ça va? Je m'appelle Nkulu et j'habite à Lubumbashi au Congo. À l'école je parle français, mais je parle aussi le kiluba, le swahili et le lingala. J'apprends l'anglais à l'école. Pas mal. Non?*

In several island nations such as Haiti, both French and Creole are official languages. However, in Haiti only the élite, about 15% of the population, speaks French. Varieties of French throughout the francophone world differ, but the standard remains that of the educated population of Paris.

French attracts people for many reasons. It is indispensable for business and cultural exchange in the European community; it continues to play a major role in international bodies such as the UN, NATO, UNESCO, and the Arab League, and it is the official language of development in the UN.

### À vous!

Many people simply wish to learn French to get to know France, its people, and its rich cultural heritage. Why have you chosen to study French?

# Identification des choses

**Structures** 1.2 **Qui est-ce?, Qu'est-ce que c'est?, Est-ce que... ?**
1.3 **Les articles indéfinis**

One of the first ways you will use French is to ask for help identifying the people and things around you. Identification questions appear on page 20.

Naming people and things also requires the use of indefinite articles (see page 21).

**La salle de classe**

**Qu'est-ce que c'est?**

Ce sont **des** livres.

C'est **un** bureau.

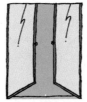

C'est **une** fenêtre.

Ce sont **des** chaises.

Est-ce que c'est **un** crayon?
Non, c'est **un** stylo.

**Activité 5: Est-ce que c'est... ?** Suivez le modèle.

**Modèle:** — Est-ce que ce sont des cahiers?
— *Non, c'est un livre.*

**1.** Est-ce que c'est une porte?

**2.** Est-ce que ce sont des chaises?

**3.** Est-ce que c'est un bureau?

**4.** Est-ce que ce sont des cahiers?

**5.** Est-ce que c'est une craie?

**6.** Est-ce que c'est un tableau?

# Identification des personnes

**Bulletin** The French media are filled with news about American celebrities, especially those in the fields of art and entertainment. French-speaking celebrities are less likely to be household names in the United States. Let us introduce you to a few here. You will gradually meet more throughout the text.

**Qui est-ce?**

C'est Jean-Claude Van Damme. Il est acteur.

C'est Marguerite Duras. Elle est écrivain.

C'est Mathieu Kassovitz. Il est acteur, metteur en scène et mannequin.

C'est la princesse Caroline. Elle est princesse de Monaco, une principauté riche entre la France et l'Italie.

C'est Johnny Hallyday. Il est rocker, genre Elvis.

C'est Laetitia Casta. Elle est actrice et mannequin.

C'est Gérard Depardieu, un acteur français, connu *(known)* aux États-Unis.

C'est Vanessa Paradis. Elle est chanteuse et actrice. C'est la partenaire de Johnny Depp.

C'est Zinedine Zidane. Il est joueur de foot.

C'est Audrey Tautou. Elle est actrice.

C'est Jean-Paul Gaultier. Il est couturier *(fashion designer)*.

**Activité 6: Qui est-ce?** Suivez le modèle.

**Modèle:** — C'est Tommy Hilfiger?
— *Non, c'est Jean-Paul Gaultier.*

**1.** C'est Reese Witherspoon?

**2.** C'est Pete Sampras?

**3.** C'est Vanessa Paradis?

**4.** C'est Audrey Tautou?

**5.** C'est Arnold Schwarzenegger?

**6.** C'est Elvis Presley?

**7.** C'est Mathieu Kassovitz?

## La description des personnes

**Structures**    **1.4 Les pronoms sujets avec être**
            **1.5 Les adjectifs (introduction)**

In the following **thème,** you'll learn how to describe people. To accomplish this, you'll need to learn the verb **être** *(to be)* and some descriptive adjectives. The verb **être** is presented on page 22. See pages 23–24 for details on the formation of adjectives in French.

**La description physique**

**Comment sont-ils?**

**Activité 7: Écoutez votre professeur: Qui est sur l'image?** Qui est-ce que votre professeur décrit?

Modèle:    PROFESSEUR:    C'est une vieille femme avec les cheveux gris. Elle est un peu forte et elle porte des lunettes *(wears glasses)*. Qui est-ce?

ÉTUDIANT(E):    *C'est Mme Vincent.*

## La description de la personnalité

**Comment est-il?**

«Moi? euh... Je suis solitaire, assez optimiste et très patient.»

 **Activité 8: Comment es-tu?** Posez des questions à un(e) camarade de classe à propos de sa personnalité.

Modèles:  optimiste
— *Tu es optimiste?*
— *Oui, je suis assez optimiste.*

timide
— *Tu es timide?*
— *Non, je ne suis pas très timide.*

1. idéaliste
2. sympathique
3. timide
4. sociable
5. sérieux (sérieuse)
6. nerveux (nerveuse)
7. fatigué(e)
8. patient(e)

**Activité 9: Test! Qui est-ce?** Lisez les descriptions et identifiez les personnages célèbres.

Madonna
Gérard Depardieu
Céline Dion

Mike Myers
Catherine Deneuve
Shaquille O'Neal

Michel Cousteau
Oprah Winfrey
Tom Hanks

1. C'est un acteur canadien qui joue le rôle principal dans *Austin Powers* (1997, 1999, 2002). Il est petit et il n'est pas très beau. Il est comique.

2. C'est une chanteuse et danseuse très célèbre qui influence sa génération. Elle est blonde et d'un certain âge—pas très jeune, mais pas vieille. Elle n'est pas du tout timide. C'est une femme provocatrice! C'est la «Material Girl».

3. C'est une femme noire de Chicago. Elle est jolie mais un peu forte. Elle a une émission à la télévision qui est très populaire, surtout avec les femmes. C'est aussi une actrice. Elle est idéaliste et très riche.

4. C'est un océanographe français. Il fait des documentaires sur l'océan pour la télévision. C'est le fils d'un autre océanographe célèbre.

5. C'est un acteur français, célèbre aux États-Unis pour les films *Green Card* (1990) et *Man in the Iron Mask* (1997). Il est grand et un peu fort avec les cheveux assez longs.

# Perspectives culturelles

## Vocabulaire en mouvement

As an English speaker, you already have a more extensive French vocabulary than you may realize. Why? Because since the Middle Ages, English and French have been borrowing each other's words.

The English were the first to establish this tradition. In 1066, William the Conqueror of Normandy crossed the Channel and invaded England. With a French-speaking King on the English throne, French became the language of the Court, and soon was the language of choice among the aristocracy. French words were considered refined and cultivated in comparison to their plain English counterparts. **Combattre** *(to combat)* was more stylish than *fight*, **économie** *(economy)* more re-fined than *thrift*, and **égoïsme** *(egoism)* more high-brow than *selfishness*.

A mass migration of words crossed the Channel in the other direction during the nineteenth century, the golden era of the English sportsman. Since this period, the French have enjoyed talking about **le golf, le tennis, le football,** and **le ski.**

More recently, the French have become disturbed by the mass influx of Ameri-can words invading their country, especially in the areas of business, technology, and popular culture. Despite valiant efforts to stop the invasion of **le business, les stars, le living,** and **le look,** the flow of words from the United States to France shows no sign of slowing down. It is simply the nature of languages to borrow from one another. All of this puts you at a great advantage learning French, espe-cially when you read. To fully exploit this advantage, you'll need to learn to recog-nize these cognates, shared by French and English. **Il faut en profiter!**

### À vous!

1. Think of some French words or expressions used in English. When might you use them? For what kinds of topics?
2. What groups of people in France would you expect to use the most English? Why?

# Les vêtements et les couleurs

## Les couleurs

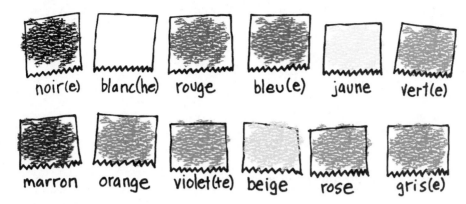

noir(e)  blanc(he)  rouge  bleu(e)  jaune  vert(e)

marron  orange  violet(te)  beige  rose  gris(e)

## Les vêtements

— Qu'est-ce que vous portez?
— Moi, je porte...

un blouson  un chapeau  des chaussures (f)  un sac

un parapluie  des tennis (f)  un jean  un manteau  des lunettes (f) de soleil

un T-shirt  un chemisier  une chemise

une jupe  un pantalon

une robe  un short  une cravate  un pull-over

**Activité 10: Écoutez votre professeur: Vrai ou faux?** Écoutez les descriptions de votre professeur des vêtements ci-dessus (above). Sont-elles vraies (true) ou fausses (false)?

> **Modèle:** — Le chapeau est blanc.
> — Vrai.

**Activité 11: De quelle couleur est... ?** Avec un(e) camarade de classe, regardez les illustrations à la page 11 et répondez aux questions en suivant *(following)* le modèle.

> **Modèle:** — De quelle couleur est le manteau?
> — *Il est noir.*

1. De quelle couleur sont les tennis? Elles sont...
2. De quelle couleur est la jupe? Elle est...
3. De quelle couleur est la chemise?
4. De quelle couleur est la robe?
5. De quelle couleur est le short?
6. De quelle couleur est le pull?

# Comment communiquer en classe

## Expressions utiles pour la communication en classe

**Le professeur dit:**

Écoutez.

Asseyez-vous.

Allez au tableau.

Fermez la porte.

Ouvrez votre livre.

Regardez.

Travaillez avec un(e) camarade de classe.

Rendez-moi vos devoirs, s'il vous plaît.

**L'étudiant dit:**

Pardon? Je ne comprends pas.    J'ai une question.    Comment dit-on *dog* en français?

Quelle page?    Répétez, s'il vous plaît.    Merci, monsieur.

Text Audio Track 3

**Écoutons ensemble! La communication en classe.** Listen to the various people communicating in a classroom, and number the following situations in the order that you hear them.

_____ **a.** Mathias wants to know how to say **anthropologie** in English.
_____ **b.** The instructor wants the students to turn in their homework.
_____ **c.** Camille doesn't understand what her instructor is saying.
_____ **d.** The instructor thinks it's too noisy and asks someone to close the door.
_____ **e.** The students are supposed to work with a partner on an activity.
_____ **f.** Marie has a question.
_____ **g.** The students are supposed to open their books.
_____ **h.** The instructor wants the students to speak English.

## L'alphabet

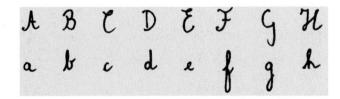

## Les accents

**L'accent aigu: é.** The **é** is pronounced [e]: **clé, thé, fée.**
**L'accent grave: è.** The **è** is pronounced [ɛ]: **cuillère, mère, père.**
**L'accent circonflexe: î, ê, â, ô, û.** This accent almost always represents an **s** that was part of a former spelling. A number of French words with this accent have a related English cognate spelled with an **s**: **la forêt** *forest* **la fête** *feast* **l'hôpital** *hospital*
**La cédille: ç** indicates a soft **c** pronounced like an **s** in words like **garçon** and **ça va.**

### Activité 12: Écoutez votre professeur: Devinez ensemble. Écoutez les phrases suivantes prononcées par votre professeur et trouvez l'équivalent en anglais. Suivez le modèle.

**Modèle:** PROFESSEUR: Répétez, s'il vous plaît.
ÉTUDIANT(E): *h.*

| | |
|---|---|
| 1. Répétez, s'il vous plaît. | **a.** *Study the vocabulary.* |
| 2. Lisez l'exercice à la page 4. | **b.** *How do you say "dog" in French?* |
| 3. Écoutez. | **c.** *Excuse me.* |
| 4. Excusez-moi. | **d.** *Read the exercise on page 4.* |
| 5. Étudiez le vocabulaire. | **e.** *Ask your neighbor the question.* |
| 6. Posez la question à votre voisin(e). | **f.** *In French, please.* |
| 7. En français, s'il vous plaît. | **g.** *Work with a partner.* |
| 8. Travaillez avec un(e) camarade. | **h.** *Please repeat.* |
| 9. Comment dit-on *dog* en français? | **i.** *The homework is on page 2.* |
| 10. Les devoirs sont à la page 2. | **j.** *Listen.* |

### Activité 13: Comment ça s'écrit? Jouez le dialogue avec un(e) camarade de classe. Substituez votre nom et le nom de votre professeur.

**Modèle:** — *Comment vous appelez-vous?*
— *Je m'appelle Claudine Rambouillet.*
— *Rambouillet? Comment ça s'écrit?*
— *C'est R-A-M-B-O-U-I-deux L-E-T, Rambouillet.*
— *Et comment s'appelle votre professeur?*
— *Il s'appelle M. Picard. P-I-C-A-R-D.*

### Les nombres de 0 à 60

$$1 \quad 2 \quad 3 \quad 4 \quad 5 \quad 6 \quad 7 \quad 8 \quad 9$$

| | | | |
|---|---|---|---|
| 0 zéro | 10 dix | 20 vingt | 30 trente |
| 1 un | 11 onze | 21 vingt et un | 31 trente et un |
| 2 deux | 12 douze | 22 vingt-deux | 32 trente-deux |
| 3 trois | 13 treize | 23 vingt-trois | 40 quarante |
| 4 quatre | 14 quatorze | 24 vingt-quatre | 50 cinquante |
| 5 cinq | 15 quinze | 25 vingt-cinq | 60 soixante |
| 6 six | 16 seize | 26 vingt-six | |
| 7 sept | 17 dix-sept | 27 vingt-sept | |
| 8 huit | 18 dix-huit | 28 vingt-huit | |
| 9 neuf | 19 dix-neuf | 29 vingt-neuf | |

### Activité 14: Combien? Avec un(e) partenaire, comptez ce qu'il y a dans la classe.

1. Combien d'étudiants y a-t-il dans la classe?
2. Combien de jeunes femmes?
3. Combien de jeunes hommes?
4. Il y a combien de chaises dans la classe?
5. Est-ce qu'il y a des chaises libres *(available)*? Combien?
6. Est-ce qu'il y a des pupitres? Combien?
7. Combien de tables y a-t-il?
8. Il y a combien de fenêtres dans la classe?
9. Combien de portes y a-t-il?
10. Combien de lampes y a-t-il?

**Activité 15: Comptez.** Comptez avec votre professeur.

    **1.** Comptez de 0 à 20.
    **2.** Comptez jusqu'à 60 en multiples de 10.
    **3.** Comptez jusqu'à 60 en multiples de 5.
    **4.** Comptez jusqu'à 30 en multiples de 2.
    **5.** Comptez jusqu'à 30 en multiples de 3.

**Activité 16: Écoutez votre professeur: Nombres en désordre.** Identifiez la série de nombres prononcés.

    liste A: 36, 38, 41, 43, 45, 18, 57, 12

    liste B: 26, 38, 41, 52, 43, 18, 17, 12

    liste C: 16, 28, 4, 52, 43, 13, 19, 2

    liste D: 36, 28, 42, 62, 45, 8, 16, 22

    liste E: 16, 8, 44, 50, 15, 13, 57, 2

 **Situations à jouer!**

Qu'est-ce qu'on dit dans les situations suivantes?

**1.**
> Find out from a classmate how to say *optimistic* in French. Then ask him/her if he/she is optimistic.

**2.**
> Your friend's mother opens the door. Greet her and tell her your name. She will respond politely.

**3.**
> Find out someone's name and where he or she is from by asking another classmate.

**4.**
> You want to write someone's name and phone number in your address book. Ask him/her to spell his/her last name to make sure you write it down correctly.

**5.**
> Class is over. Say good-bye to a classmate you will not see until the next meeting. He/She will respond appropriately.

# Lecture

**Anticipation**

You are about to read the words of a contemporary French song that consists largely of first names. The names the singer has selected are important for the song's message. Before reading the lyrics, jot down three French male and female names that you consider typical.

## Chanson: *Tout le monde*

Words and music by Zazie 1998 «*Made in love*» (album)

1 Michel, Marie
Djamel, Johnny
Victor, Igor
Mounia, Nastassia

5 Miguel, Farid
Marcel, David
Keïko, Solal
Antonio, Pascual

*Everyone*    Tout le monde° il est beau
10 Tout le monde il est beau

François, Franco
Francesca, Pablo
Thaïs, Elvis
Shantala, Nebilah

15 Salman, Loan
Peter, Günter
Martin, Kevin
Tatiana, Zorba

Tout le monde il est beau
20 Tout le monde il est beau

*At the risk of causing*    Quitte à faire de la peine à Jean-Marie°
*pain to Jean-Marie*

Prénom Zazie
Du même pays
Que Sigmund, que Sally
25 Qu'Alex, et Ali

Tout le monde il est beau
Tout le monde il est beau
Tout le monde il est beau

Assez grand pour tout l'monde

30 Nanananana...

## Activité de lecture

Look over the song to answer the following questions.

1. What's the name of the singer? Does her name figure in the lyrics?

2. Look for "typical" French names in the song. Do they correspond to names you included in your list?

3. Just as the United States is known for its ethnic diversity, France is comprised of people from many nations and continents. Locate names in the song that correspond to the following regions of the world. You may want to use the map at the beginning of the book to help you locate them.

   REGION                                    NAME(S)

   a. North Africa or the Middle East
   b. Hispanic countries
   c. Francophone Europe or Canada
   d. Asia
   e. Germany or Northern Europe
   f. Mediterranean Europe (Italy or Greece)
   g. Eastern Europe

## Compréhension et intégration

1. What is the message of this simple song?

2. After the release of *Tout le monde,* Zazie was interviewed about listener responses. She explained that she received an extremely insulting letter from someone on the extreme right, and a few letters from boys named Jean-Marie who felt attacked. She assured them that she thinks Jean-Marie is a very nice name. Why did she have to make this point?

## Maintenant à vous!

Zazie's favorite letter was from a kindergarten teacher who said the following:

«[J'ai] des Ali, des Nebilah, des Martine et des Mamadou et ils étaient (*were*) bien contents d'entendre (*to hear*) leurs noms ensemble dans la même chanson!»

*adapted from www.lesitedesanges.free.fr/fevrier2000.htm*

Can you think of a popular song that has these kinds of inclusive lyrics?

# Un pas en avant

http://motifs.heinle.com

## Naviguez le Web!

**Dis-moi ton prénom** *(Tell me your name).*    Do Pierre and Michel make the top ten list of French names given today? Based on your Internet research, try to learn about the dynamic nature of names both in France and the United States.

## À écrire

In this writing activity you will write a description of a famous person of your choice.

PREMIÈRE ÉTAPE.    Rewrite the following description changing Pierre-Louis to Marie-Louise. You'll need to change the gender of the underlined words.

> Voici <u>Pierre-Louis</u>. C'est <u>un</u> jeune <u>homme</u> de Marseille. <u>Il</u> est assez <u>grand</u> et <u>beau</u> avec des cheveux blonds et courts. <u>Il</u> n'est pas très <u>intelligent</u>, mais <u>il</u> est <u>patient</u> et sympathique. C'est un homme <u>intéressant.</u>

DEUXIÈME ÉTAPE.    Now describe a famous person, following the model above. Attach a picture or photograph to your description.

---

**Phrases:** describing people

**Grammar:** adjective agreement, adjective agreement (number)

**Vocabulary:** hair colors, people, personality, colors, clothing

---

# Structure 1.1   Tu et vous

When you are speaking to an individual in French, you need to choose between the formal (**vous**) and informal (**tu**) forms of address. When speaking with someone whom you don't know very well, who is older than you, or who is in a higher position, **vous** is in order.

The informal **tu** is used as follows:

- between students of the same age group and young people in general
- between people who are on a first-name basis
- among family members
- with children
- with animals

In some French-speaking countries, especially in Africa, the **tu** form, rather than **vous,** is used almost exclusively when speaking to a single individual.

> Tu es nerveux, Paul?
> Tu es étudiant ici?

**Vous** is always used in addressing more than one person. You will want to add **monsieur, madame,** or **mademoiselle** for politeness.

> Bonjour, mademoiselle, comment allez-vous?
> Dominique et Christine, vous comprenez le professeur?
> Bonjour, monsieur, comment allez-vous?
> Vous parlez très bien le français, mademoiselle.

**Vous** is also generally used as follows:

- with and between people who are not on a first-name basis
- among people who are meeting for the first time
- with those who are older than you

In cases of doubt, it is always preferable to use **vous.**

**Exercice 1. *Tu* or *vous*?**  Select the appropriate pronoun for the following situations.

| | | |
|---|---|---|
| **1.** You are speaking with your friend's mother, Mme Arnaud. | **tu** | **vous** |
| **2.** You are speaking to your dog. | **tu** | **vous** |
| **3.** You are speaking to your instructor. | **tu** | **vous** |
| **4.** You are speaking with a school acquaintance. | **tu** | **vous** |
| **5.** Your grandmother is speaking to you. | **tu** | **vous** |
| **6.** You are speaking with a business acquaintance, Jean-Claude Cassin. | **tu** | **vous** |
| **7.** You are speaking to a group of friends. | **tu** | **vous** |

# Structure 1.2   Qui est-ce? Qu'est-ce que c'est? Est-ce que... ?

To inquire about someone's identity, ask **Qui est-ce?**

| | |
|---|---|
| — Qui est-ce? | — *Who is it?* |
| — C'est Paul. | — *It's Paul.* |

If you want an object to be identified, ask **Qu'est-ce que c'est?**

| | |
|---|---|
| — Qu'est-ce que c'est? | —*What is it?* |
| — C'est un livre. | —*It's a book.* |

Any statement can be turned into a yes/no question by placing **est-ce que** in front of it and using rising intonation.

| | |
|---|---|
| C'est Richard. | *It's Richard.* |
| **Est-ce que** c'est Richard? | *Is it Richard?* |
| C'est une table. | *It's a table.* |
| **Est-ce que** c'est une table? | *Is it a table?* |

The **que** contracts to **qu'** when followed by a vowel sound.

| | |
|---|---|
| **Est-ce qu'**il est étudiant? | *Is he a student?* |

**Exercice 2.** Match the questions in column A with the appropriate answers in column B.

| A | B |
|---|---|
| **1.** Qu'est-ce que c'est? | **a.** Je m'appelle Patrick. |
| **2.** Qui est-ce? | **b.** Non, c'est la classe d'espagnol. |
| **3.** Est-ce que c'est Paul? | **c.** Non, c'est David. |
| **4.** Je m'appelle Fred. Et vous? | **d.** Non, elle s'appelle Margot. |
| **5.** Est-ce qu'elle s'appelle Marguerite? | **e.** Oui, c'est un dictionnaire. |
| **6.** Est-ce que c'est la classe de français? | **f.** C'est un livre. |
| **7.** Est-ce que c'est un dictionnaire? | **g.** C'est Jacqueline. |

**Exercice 3.** Write out an appropriate question for the following answers.

1. —_____?

   — Non, c'est un bureau.

2. —_____?

   — Non, il s'appelle Jean.

3. —_____?

   — C'est un cahier.

4. —_____?

   — C'est Jean-Jacques Rousseau.

5. —_____?

   — Oui, c'est une chaise.

# Structure 1.3  Les articles indéfinis

The French indefinite articles **un, une,** and **des** are equivalent to *a, an,* and *some.*

### GENRE *(GENDER)*

All French nouns are categorized by gender, as masculine or feminine, even when they refer to inanimate objects. The form of the article that precedes the noun indicates its gender. As one would expect, nouns that refer to males are masculine and, conversely, nouns that refer to females are feminine. However, the gender of inanimate nouns is unpredictable. For example, **parfum** *(perfume)* is masculine, **chemise** *(shirt)* is feminine, and **chemisier** *(blouse)* is masculine. We suggest that you learn each new noun together with the correct article as if it were one word.

|  | singular | plural |
|---|---|---|
| **masculine** | **un** livre | **des** livres |
| **feminine** | **une** fenêtre | **des** fenêtres |

### NOMBRE *(NUMBER)*

French nouns are also categorized according to number, as singular (one) or plural (more than one). The indefinite article **des** is used in front of plural nouns, regardless of gender. The most common way to make a noun plural is by adding **-s.** If the noun ends in **-eau,** add an **x** to form the plural. However, because final **s** generally is not pronounced in French, the listener must pay attention to the article to know whether a noun is plural or singular.

| singular | plural |
|---|---|
| un cahier | des cahier**s** |
| un professeur | des professeur**s** |
| une fenêtre | des fenêtre**s** |
| un tableau | des tableau**x** |

### NOTE DE PRONONCIATION

If **des** is followed by a noun beginning with a vowel sound, the **s** is pronounced like a **z.** When **un** is followed by a vowel sound, the **n** is pronounced. This linking is called **liaison.**

un‿étudiant      des‿étudiants
  n              z

**Exercice 4.**  Make the following nouns plural.

> **Modèle:**  une fenêtre  *des fenêtres*

1. un professeur _____
2. un étudiant _____
3. un pupitre _____
4. une porte _____
5. un cahier _____
6. un bureau _____

**Exercice 5.** Fill in the blanks with the appropriate indefinite article: **un, une,** or **des.**

1. C'est _____ livre.
2. Ce sont _____ fenêtres.
3. C'est _____ jeune homme.
4. C'est _____ femme extraordinaire!
5. Ce sont _____ étudiants.
6. C'est _____ table.
7. C'est _____ bureau.
8. Ce sont _____ cahiers.

# Structure 1.4   Les pronoms sujets avec être

Subject pronouns enable you to refer to people and things without repeating their names.

— Est-ce que Chantal est jolie?      — *Is Chantal pretty?*
— Oui, **elle** est très jolie.      — *Yes, she is very pretty.*
— C'est Jean-Yves. **Il** est de Montréal.      — *It's Jean-Yves. He's from Montreal.*

| Subject pronouns | | | |
|---|---|---|---|
| **singular** | | **plural** | |
| je | *I* | nous | *we* |
| tu | *you (informal)* | vous | *you (plural or formal)* |
| il | *he* | ils | *they (masculine or mixed masculine and feminine)* |
| elle | *she* | elles | *they (feminine)* |
| | | on | *one, people, we (familiar)* |

Note that **on** is considered singular even though its meaning may be both singular (*one*) and plural (*people* and *we*).

French verb endings change according to the subject. Although most of these changes follow regular patterns, a number of common verbs are irregular. **Être** (*to be*) is one of these irregular verbs.

| être (*to be*) | |
|---|---|
| je suis | nous sommes |
| tu es | vous êtes |
| il/elle/on est | ils/elles sont |

**Exercice 6.** Write the appropriate subject pronoun for the following situations.

1. You're talking to your best friend. _____
2. You're talking about your friend Anne. _____
3. You're discussing the students in your class. _____
4. You're talking about yourself and your family. _____
5. You're talking about the players on the women's basketball team.

_____

6. You're addressing a group of people. _____

**Exercice 7.** Jérôme overhears a student talking to his friends. Fill in the blanks with the verb **être.**

Philippe et Pierre, vous _____ [1] dans la classe de français de Mme Arnaud, n'est-ce pas? Moi, je _____ [2] dans la classe de Mme Bertheau. Elle _____ [3] très sympathique. Nous _____ [4] vingt-huit dans cette classe. La classe _____ [5] grande, et elle _____ [6] formidable aussi. Les étudiants _____ [7] sympathiques et intelligents. Pierre, est-ce que les étudiants _____ [8] sympathiques dans l'autre classe? Tu _____ [9] sûr *(sure)*?

# Structure 1.5    Les adjectifs (introduction)

Adjectives describe people, places, or things. In French, they agree in number and gender with the noun they modify.

|  | singular | plural |
|---|---|---|
| **masculine** | Il est petit. | Ils sont petit**s**. |
| **feminine** | Elle est petit**e**. | Elles sont petit**es**. |

### LE PLURIEL DES ADJECTIFS

Most French adjectives form their plural by adding **s** to the singular form as just shown. However, if the singular form ends in a final **s, x,** or **z,** the plural form does not change.

| singular | plural |
|---|---|
| Le pantalon est gris. | Les pantalons sont gris. |

### LE FÉMININ DES ADJECTIFS

Most feminine adjectives are formed by adding an **e** to the masculine singular form. If the masculine form ends in an **e,** the masculine and feminine forms are identical.

| masculine | feminine |
|---|---|
| Il est fort. | Elle est fort**e**. |
| Le short est jaune. | La robe est jaune. |

### NOTE DE PRONONCIATION

You can often distinguish between feminine and masculine adjectives by listening for the final consonant. In general, final French consonants are pronounced only when followed by an **e.**

Il est grand__ (*d silent*).        Elle est granDe (*d pronounced*).
Le bureau est petit__ (*t silent*).        La table est petiTe (*t pronounced*).
Le cahier est vert__ (*t silent*).        La robe est verTe (*t pronounced*).

**LES ADJECTIFS IRRÉGULIERS**

French has a number of irregular adjectives that differ from the pattern just described. Additional irregular adjectives are presented in **Module 3.**

| masculine | feminine |
|-----------|----------|
| blanc | blanche |
| vieux | vieille |
| beau | belle |
| gentil | gentille |

**Exercice 8.** Marc's twin brother and sister are remarkably similar. Complete the following sentences describing them.

> **Modèle:** Jean est petit; Jeanne est *petite* aussi.

1. Jean est blond; Jeanne est _____ aussi.
2. Jean est intelligent; Jeanne est _____ aussi.
3. Jean est charmant; Jeanne est _____ aussi.
4. Jeanne porte un vieux chemisier vert; Jean porte une _____ chemise.
5. Jeanne est très belle et Jean est très _____.
6. Jean est gentil; Jeanne est _____ aussi.

**Exercice 9.** Complete the following passage using the appropriate form of the adjectives in parentheses.

Ma mère est une (beau) _____[1] femme (intelligent) _____[2] avec des cheveux (blond) _____[3] et (court) _____[4] et des yeux (brun) _____[5]. Mon père est (fort) _____[6], et il est très sympathique. Mon frère et moi, nous sommes (content) _____[7] de nos parents.

# Tout ensemble!

**Éric sees his friends Paul and Anne at the cafeteria. Complete their conversation with the words from the list.**

| | | | |
|---|---|---|---|
| allez-vous | est | s'appelle | une |
| bleue | grande | sommes | une question |
| ça va | merci | et toi | |
| de | qui est-ce | un | |

ÉRIC:      Salut, Paul et Anne. Comment _____[1]?

PAUL:      _____[2] bien. _____[3]?

ÉRIC:      Bien, _____[4]. J'ai _____[5] pour vous.
Regardez la _____[6] fille blonde là-bas.
_____[7]?

PAUL:      La fille qui porte _____[8] jupe _____[9]?

ÉRIC:      Non, elle porte _____[10] jean.

ANNE:      Ah oui! Elle _____[11] Natalie. Elle est
_____[12] New York.

ÉRIC:      Ah bon? Elle _____[13] étudiante?

PAUL:      Oui, en lettres *(humanities)*. Nous _____[14] dans
la même classe de philosophie. Viens *(Come on)*, je vais vous
présenter.

ÉRIC:      Excellente idée!

# Vocabulaire

## Vocabulaire fondamental

### Noms

| La salle de classe | The classroom |
|---|---|
| une activité | an activity |
| un bureau | a desk |
| un cahier | a notebook |
| un(e) camarade de classe | a classmate |
| une chaise | a chair |
| une craie | a piece of chalk |
| un crayon | a pencil |
| les devoirs (m pl) | homework assignment |
| un dictionnaire | a dictionary |
| un(e) étudiant(e) | a student |
| une fenêtre | a window |
| une lampe | a lamp |
| un livre | a book |
| un mur | a wall |
| un ordinateur | a computer |
| une porte | a door |
| un professeur (prof, fam) | a teacher |
| une question | a question |
| un stylo | a pen |
| une table | a table |
| un tableau | a blackboard |

| Les vêtements | Clothing |
|---|---|
| un chapeau | a hat |
| des chaussures (f pl) | shoes |
| une chemise | a shirt |
| une jupe | a skirt |
| des lunettes (f pl) | glasses |
| un maillot de bain | a bathing suit |
| un manteau | a coat |
| un pantalon | pants |
| une robe | a dress |
| un sac | a purse |

**Mots apparentés:** un jean, un T-shirt, un pull-over (pull, *fam*), des sandales *(f pl)*, un short, des tennis *(f pl)*, un sweat *(a sweatshirt)*

| Les personnes | People |
|---|---|
| un(e) ami(e) | a friend |
| un(e) enfant | a child |
| une femme | a woman |
| une fille | a girl |
| un garçon | a boy |
| un homme | a man |

### Pronoms

| | |
|---|---|
| je | I |
| tu | you (singular, informal) |
| il | he |
| elle | she |
| on | one, people, we (fam) |
| nous | we |
| vous | you (plural or formal) |
| ils | they (m) |
| elles | they (f) |

### Adjectifs

| La description physique | Physical description |
|---|---|
| beau (belle) | handsome (beautiful) |
| blond(e) | blond |
| brun(e) | brown, brunette |
| (les cheveux) blonds, bruns, roux, gris, courts, longs | blond, brown, red, gray, short, long (hair) |
| de taille moyenne | average size |
| fort(e) | heavy, stocky, strong |
| grand(e) | big, tall |
| jeune | young |
| joli(e) | pretty |
| laid(e) | ugly |
| mince | thin |
| moche (fam) | ugly |
| petit(e) | little, small, short (person) |
| vieux (vieille) | old, elderly |

| La description de la personnalité | Personal characteristics |
|---|---|
| célèbre | famous |
| charmant(e) | charming |
| comique | funny |
| gentil(le) | nice |
| raisonnable | sensible |
| sympathique (sympa, fam) | nice |

**Mots apparentés:** amusant(e), fatigué(e), idéaliste, intelligent(e), nerveux (nerveuse), optimiste, patient(e), populaire, riche, sérieux (sérieuse), sociable, solitaire, timide

| Les couleurs | Colors |
|---|---|
| blanc (blanche) | white |
| bleu(e) | blue |
| brun(e) | brown |
| gris(e) | gray |
| jaune | yellow |
| marron | brown |
| noir(e) | black |
| rose | pink |
| rouge | red |
| vert(e) | green |

**Mots apparentés:** beige, orange, violet(te)

## Les nombres

*(See page 14 for numbers from 0–60.)* zéro, un, deux, trois...
soixante

## Verbes

| | |
|---|---|
| je m'appelle... | *my name is . . .* |
| il/elle s'appelle... | *his/her name is . . .* |
| être | *to be* |
| porter | *to wear* |

## Mots divers

| | |
|---|---|
| assez | *somewhat, kind of* |
| aussi | *also, too* |
| un chien | *a dog* |
| et | *and* |
| merci | *thank you* |
| moi aussi | *me too* |
| pas | *not* |
| pas du tout | *not at all* |
| s'il vous plaît | *please* |
| très | *very* |

## Expressions utiles

| **Comment se présenter et se saluer** | ***How to introduce oneself and greet people*** |
|---|---|

*(See pages 2–3 for additional expressions.)*

| | |
|---|---|
| (Allez), au revoir. À bientôt. | *Good-bye, So long. See you soon.* |
| Bonjour, madame. | *Hello ma'am.* |
| Comment allez-vous? | *How are you?* |
| Bonsoir, monsieur. | *Good evening, sir.* |
| Comment s'appelle-t-il/elle? | *What's his/her name?* |
| Je m'appelle Marie. Et vous? | *My name is Mary. What's yours?* |
| Je suis de Paris. Et vous? | *I'm from Paris. And you?* |
| Salut, ça va? | *Hi, how are you?* |

| **Comment communiquer en classe** | ***How to communicate in class*** |
|---|---|

*(See pages 12–13 for additional expressions.)*

| | |
|---|---|
| Ouvrez votre livre. | *Open your book.* |
| J'ai une question. | *I have a question.* |
| Je ne comprends pas. | *I don't understand.* |
| Comment ça s'écrit? | *How is it spelled?* |

## Questions

| | |
|---|---|
| De quelle couleur est... ? | *What color is . . . ?* |
| Qui est-ce? | *Who is it?* |
| Qu'est-ce que c'est? | *What is it?* |
| Est-ce que c'est un stylo? | *Is it a pen?* |

# Vocabulaire supplémentaire

## Noms

| | |
|---|---|
| un blouson | *a jacket* |
| une brosse | *a chalkboard eraser* |
| un chemisier | *a blouse* |
| une chose | *a thing* |
| un classeur | *a binder* |
| un complet | *a man's suit* |
| une cravate | *a tie* |
| une feuille de papier | *a sheet of paper* |
| un feutre | *a felt-tip pen* |
| une horloge | *a clock* |
| une idée | *an idea* |
| une lumière | *a light* |
| des lunettes *(f pl)* de soleil | *sunglasses* |
| le monde francophone | *the French-speaking world* |
| un parapluie | *an umbrella* |
| un pupitre | *a student desk* |
| un(e) voisin(e) | *a neighbor* |

## Verbes

| | |
|---|---|
| se présenter | *to introduce oneself* |
| se saluer | *to greet each other* |
| il y a | *there is, there are* |

## Les professions

| | |
|---|---|
| un acteur (une actrice) | *an actor* |
| un chanteur (une chanteuse) | *a singer* |
| un couturier (une couturière) | *a fashion designer* |
| un danseur (une danseuse) | *a dancer* |
| un écrivain | *a writer* |
| un joueur (une joueuse) de foot | *a soccer player* |
| un mannequin | *a model* |
| un metteur en scène | *a (film) director* |
| un prince (une princesse) | *a prince (princess)* |
| un rocker | *a rock musician* |

# Module 2

# La vie universitaire

This chapter introduces you to French student life: students' activities and interests, the university campus and courses, and the seasonal calendar. In the **Perspectives culturelles** section, you'll learn about the famous Latin Quarter in Paris, a center of student life.

## Thèmes et pratiques de conversation

▸ Les distractions

▸ Le campus
▸ Le calendrier
▸ Comment exprimer ses préférences
▸ Les cours

## Structures utiles

▸ **Aimer** et les verbes réguliers en **-er**
▸ La négation **ne... pas**
▸ Les articles définis
▸ **Il y a / Il n'y a pas de**
▸ Le verbe **avoir**

## Perspectives culturelles

Le Quartier latin et la Sorbonne

## Lecture

*Beur is beautiful*

## Un pas en avant

# Thèmes et pratiques de conversation

## Les distractions

### Les activités

*J'aime la musique.*

J'aime / Je n'aime pas...
    chanter
    danser
    écouter la radio
    étudier
    fumer
    jouer à l'ordinateur
    jouer au basket-ball
    manger
    parler au téléphone
    regarder la télévision
    rester à la maison
    travailler
    voyager

> **À noter:** **Rester** is a false cognate. It means *to stay* rather than *to rest*. To rest is expressed as **se reposer** in French. Generally when you see a French word that looks like an English equivalent, you can count on it having a similar meaning. Sometimes, however, you may stumble on a **faux ami,** or "false friend."

 **Activité 1: Tu aimes danser?** Utilisez la liste d'activités ci-dessus pour poser des questions à quatre camarades de classe. Ensuite, comparez les réponses.

Modèles:  — *Tu aimes danser?*
           — *Oui, j'aime danser.*

           — *Tu aimes étudier?*
           — *Non, je n'aime pas étudier.*

*Savez-vous danser le swing?*

**La musique, le cinéma et la télévision**

L'Europe en musique

européen
**fESTIVAL** 15 au 28 juillet 2002
**JEUNES TALENTS**

Centre Historique
des Archives Nationales
Hôtel de Rohan
87, rue Vieille du Temple, Paris 3ᵉ
Mᵉ St-Paul et Rambuteau
Tarifs : 15 euros/10 euros/5 euros
Réservation Fnac ou sur place à partir de 18 h|
01 40 20 09 34 - www.jeunes-talents.org

Musique classique
Le Romantisme
concerts à 19h30

**Bulletin** Paris est une grande capitale de la musique populaire internationale.

Le festival jeunes talents est pour quel genre de musique? Qui joue dans ce festival? Est-ce que c'est un festival national? C'est en quelle saison?

—Tu connais MC Solaar?
—Oui, je n'aime pas beaucoup le rap, mais MC Solaar, il est super!

**Structures**   2.1 **Aimer et les verbes réguliers en -er**
2.2 **La négation ne... pas**
2.3 **Les articles définis**

In the following activities, you will learn to talk about your preferences.

To accomplish this, you will need to learn to conjugate the verb **aimer** (*to like*), to form negative sentences, and to use definite articles to talk about general likes and dislikes. See page 43 for the verb **aimer,** and page 45 for negation and definite articles.

## Comment exprimer ses préférences

### Quelques expressions

**Pour dire ce qu'on aime et ce qu'on n'aime pas**
— Tu aimes voyager?
— Oui, j'adore voyager.
— J'aime **beaucoup** voyager.
— J'aime **bien** voyager.
— Non, je n'aime **pas beaucoup** voyager.
— Je n'aime **pas du tout** voyager.
— Je déteste voyager.

### Pour dire ce qu'on préfère
— Est-ce que tu préfères la sécurité ou le risque?
— Moi, je préfère le risque. Je suis fou d'aventures!
  (*I love adventure!*)

**Activité 2: Réponses courtes.** Répondez à votre camarade avec une réponse courte.

> **Modèle:** le tennis     — *Tu aimes le tennis?*
> Réponses possibles:   — *Oui, beaucoup!*
>     — *Oui, un peu.*
>     — *Non, pas beaucoup.*
>     — *Non, pas du tout!*

| | | |
|---|---|---|
| **1.** le cinéma | **7.** l'aventure | **12.** écouter de la musique |
| **2.** travailler | **8.** parler au téléphone | **13.** voyager |
| **3.** les maths | **9.** le camping | **14.** jouer au golf |
| **4.** étudier | **10.** danser | **15.** les vacances |
| **5.** fumer | **11.** le football | **16.** regarder la télévision |
| **6.** le sport | | |

 **Activité 3: Préférences.** Suivez le modèle avec votre camarade.

> **Modèle:** danser le rock ou le slow
> — *Tu préfères danser le rock ou le slow?*
> — *Je préfère danser le rock.*
> — *Moi aussi. / Moi, je préfère le slow.*

| | |
|---|---|
| **1.** le tennis ou le golf | **5.** les montagnes *(mountains)* ou la plage *(beach)* |
| **2.** étudier l'anglais ou les maths | **6.** les chats ou les chiens |
| **3.** les films d'action ou les histoires d'amour | **7.** le football français ou le football américain |
| **4.** le jazz ou le rap | **8.** regarder la télévision ou écouter la radio |

### Sondage *(Poll)*: Goûts et préférences

Philippe Dussert fait une enquête *(is doing a study)* sur les goûts *(tastes)* et les préférences des étudiants de son université. Voici le résumé de ses notes.

**Portrait: Mounir Mustafa**
12, rue des Gazelles
Aix-en-Provence
Tél. 04-26-60-35-10

> Voici Mounir Mustafa. C'est un jeune étudiant algérien de 20 ans. Il étudie les sciences économiques à l'Université d'Aix. C'est un étudiant sérieux, mais il aime aussi s'amuser. Mounir aime un peu la musique classique, mais il préfère le rock et il danse très bien. Il aime les films d'action et il va souvent au cinéma. Mounir n'aime pas beaucoup la télévision, mais il regarde parfois le sport à la télé, surtout des matches de football.

**Activité 4: Testez-vous!** Consultez le résumé de Mounir. Ensuite *(Then)*, indiquez si les phrases suivantes sont vraies ou fausses. Corrigez les phrases fausses.

1. Mounir Mustafa est français.
2. Mounir n'est pas un bon étudiant.
3. Il aime le rock, mais il préfère la musique classique.
4. Il danse bien.
5. Il va rarement au cinéma.
6. Il aime les drames psychologiques.
7. Il préfère regarder les matches de football à la télévision.

Voici Jeanne Dumas. C'est une jeune Française de 18 ans. Elle habite un petit studio avec une copine. Jeanne étudie l'anglais à l'Université d'Aix (l'anglais est facile pour elle; sa mère est américaine). Elle aime un peu le jazz, mais elle préfère le rock. Elle n'aime pas du tout la musique classique. Jeanne aime aller au cinéma, et elle regarde aussi des DVD chez elle. Elle préfère les comédies. Jeanne regarde régulièrement la série *Friends* à la télévision avec sa camarade de chambre.

**Portrait: Jeanne Dumas**
14, avenue Pasteur
Aix-en-Provence
Tél. 04-17-38-21-40

**Activité 5: Testez-vous!** Consultez le résumé de Jeanne. Ensuite, indiquez si les phrases sont vraies ou fausses. Corrigez les phrases fausses.

1. Jeanne a 18 ans.
2. Elle habite avec sa famille.
3. Elle étudie l'anglais.
4. Elle parle bien l'anglais.
5. Elle adore Mozart et Chopin.
6. Elle n'aime pas les séries américaines.

**Écoutons ensemble! Sondage sur les goûts et les préférences.** Listen to the following questionnaire given to a French student on her taste in entertainment, and fill out the form. Then interview a partner to fill out the form.

Text Audio Track 4

| Goûts et préférences | | | |
|---|---|---|---|
| Nom de famille: _____ | Prénom: _____ | | |
| | | étudiante française | camarade |
| Vous aimez la musique: | un peu | [ ] | [ ] |
| | beaucoup | [ ] | [ ] |
| | pas beaucoup | [ ] | [ ] |
| Vous préférez: | le rock | [ ] | [ ] |
| | le jazz | [ ] | [ ] |
| | la musique classique | [ ] | [ ] |
| | le rap | [ ] | [ ] |
| | la techno | [ ] | [ ] |
| Vous aimez le cinéma: | un peu | [ ] | [ ] |
| | beaucoup | [ ] | [ ] |
| | pas beaucoup | [ ] | [ ] |
| Vous préférez: | les drames psychologiques | [ ] | [ ] |
| | les films d'aventure | [ ] | [ ] |
| | les comédies | [ ] | [ ] |
| | les films d'horreur | [ ] | [ ] |
| Vous aimez la télévision: | un peu | [ ] | [ ] |
| | beaucoup | [ ] | [ ] |
| | pas beaucoup | [ ] | [ ] |
| Vous préférez: | les jeux télévisés | [ ] | [ ] |
| | les informations | [ ] | [ ] |
| | les séries | [ ] | [ ] |
| | le sport | [ ] | [ ] |

# Perspectives culturelles

## Le Quartier latin et la Sorbonne

*streets / bookstores*
*attract*

*until*
*colleges*
*humanities*

Le Quartier latin, où se trouve la Sorbonne (fondée en 1253), est célèbre pour ses rues° animées, ses cafés pleins d'étudiants et ses excellentes librairies°.

    L'animation et le rythme du boulevard Saint-Michel attirent° des visiteurs du monde entier. D'où vient le nom du Quartier latin? On parlait latin à la Sorbonne jusqu'à° la Révolution (1789). Aujourd'hui, la glorieuse Sorbonne s'appelle tout simplement Paris I et Paris IV. C'est une des treize facultés° de l'Université de Paris.

    À la Sorbonne, on étudie les lettres°.

*La Sorbonne*

**Avez-vous compris?** Indiquez si les phrases suivantes sont vraies ou fausses. Corrigez les phrases fausses.

1. Il y a beaucoup d'étudiants dans le Quartier latin.
2. Saint-Michel est une université.
3. On parle latin dans le Quartier latin aujourd'hui.
4. La Sorbonne s'appelle Paris I et Paris IV.
5. On étudie les sciences à Paris I.

# Le campus

## Qu'est-ce qu'il y a sur le campus?

> **Structure**   **2.4 Il y a / Il n'y a pas de**
>
> To talk about what is located on your campus, you will be using the expression
> **il y a** *(there is / there are).* See page 46.

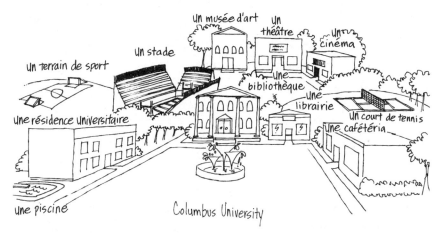

Un musée d'art   Un théâtre   Un cinéma   Un stade   Un terrain de sport   Une bibliothèque   Une librairie   Un court de tennis   Une résidence universitaire   Une cafétéria   Une piscine   Columbus University

Voici Columbus University, une université typiquement américaine. Son campus est comme un parc. Il y a des résidences universitaires, des salles de classe, une excellente bibliothèque, des laboratoires, une librairie et des cafétérias. Pour les activités culturelles, il y a un musée d'art, un théâtre et des salles de cinéma. Il y a aussi des terrains de sport, des courts de tennis, une piscine et un stade. Le campus a un jardin botanique avec des fleurs et des arbres exotiques.

Voici Jussieu au cœur *(heart)* du Quartier latin à Paris. C'est le campus où se trouvent Paris VI et VII, qui font partie de l'Université de Paris. Le campus n'est pas extraordinaire. Il y a des salles de classe, des amphithéâtres, une bibliothèque, un restaurant universitaire, une cafétéria et un petit gymnase. Mais il n'y a pas de piscine, de terrain de football ou de stade. Beaucoup d'universités françaises sont au centre-ville où il n'y a pas beaucoup d'espace.

> **À noter:** The abbreviation **la fac** from **la faculté** is often used to mean university, as in **Hélène est à la fac** (Hélène is at school/at the university). French universities generally have a number of **facultés** or college divisions such as the **faculté de médecine** (school of medicine) or the **faculté des lettres** (college of humanities). These **facultés** are often located throughout a major city rather than on a single campus.

 **Activité 6: Qu'est-ce qu'il y a sur le campus?** Consultez la page 35 et suivez les modèles avec votre camarade.

**Modèles:** courts de tennis / Columbus
— *Est-ce qu'il y a des courts de tennis à Columbus?*
— *Oui, il y a des courts de tennis.*

piscine / Jussieu
— *Est-ce qu'il y a une piscine à Jussieu?*
— *Non, il n'y a pas de piscine.*

1. un restaurant universitaire / Jussieu
2. des courts de tennis / Jussieu
3. un stade / Jussieu
4. des résidences universitaires / Columbus
5. des amphithéâtres / Jussieu
6. une salle de cinéma / Jussieu
7. une librairie / Jussieu
8. un jardin botanique / Columbus

**Activité 7: Et votre campus?** Est-ce que votre université ressemble plus à Jussieu ou à Columbus? Pourquoi? Écrivez au moins quatre phrases complètes.

**Modèle:** *Notre université ressemble plus à Columbus parce qu'il y a des terrains de sport... Il n'y a pas de...*

**Activité 8: Écoutez votre professeur: Où êtes-vous?** Qu'est-ce que votre professeur décrit? Écoutez les descriptions et dites où vous êtes sur le campus. Ensuite lisez les descriptions et corrigez vos réponses.

**Modèle:** — Vous portez un short blanc et des tennis. Vous jouez avec une raquette et trois balles. C'est votre service. Où êtes-vous?
— *Je suis sur un court de tennis.*

1. Vous êtes dans une grande salle silencieuse. Il y a beaucoup de livres sur les tables. Les étudiants regardent leurs notes et étudient.
2. Vous êtes dans une grande salle de classe avec 400 étudiants. Vous écoutez un professeur qui parle dans un microphone.
3. Il y a beaucoup d'étudiants qui habitent avec vous dans ce bâtiment. Les chambres sont très petites, et chaque personne habite avec un(e) camarade de chambre. Il y a aussi une cafétéria médiocre.
4. Vous êtes sur le campus dans un bâtiment où vous achetez *(buy)* des livres et des cahiers pour vos cours. Vous achetez aussi des stylos et des magazines.
5. Vous êtes assis(e) sur un banc avec beaucoup d'autres étudiants. Tout le monde regarde le match de football. Les spectateurs près de vous mangent des hot-dogs et du pop-corn.

# Les cours

**LES LETTRES**

**LES SCIENCES**

**LES SCIENCES HUMAINES**

**LES FORMATIONS COMMERCIALES/ PROFESSIONNELLES**

la littérature
la philosophie
les langues
  le français
  le japonais
  le latin
  l'espagnol
  l'allemand
  l'italien
l'histoire

les sciences
  naturelles
les sciences
  physiques
la biologie
la chimie
la médecine
les mathématiques
le génie civil
l'informatique

la sociologie
la psychologie
l'anthropologie
les sciences
  économiques
les sciences
  politiques

les affaires
  *(business)*
le marketing
le droit *(law)*
la comptabilité
  *(accounting)*

## Quelques expressions pour parler des études et des cours

Qu'est-ce que tu as comme cours ce semestre/trimestre?

J'ai français, mathématiques et sciences économiques.

Comment sont tes cours?

Mon cours de maths est (très) intéressant/ennuyeux; facile/difficile; pratique/pas pratique.

En français, j'ai beaucoup   de travail.
                  de devoirs.
                  d'examens.

Tu es en quelle année?

Je suis en première/deuxième/troisième/quatrième année.

Ma spécialisation, c'est la biologie.

## Activité 9: Qui a les mêmes cours que vous?

**A.** Sur une feuille de papier, faites une liste des cours que vous suivez ce trimestre/semestre.

    **Modèle:**   *la biologie*
                  *le français*

 **B.** Circulez dans la salle et trouvez un(e) étudiant(e) qui a le même cours que vous.

    **Modèle:**   — *Tu étudies l'anglais?*
                 — *Oui.*
                 — *Signe ici, s'il te plaît. L'anglais* _____

Text Audio Track 5

**Écoutons ensemble! On parle des cours.** A couple of students are talking about their classes, professors, and the university in general. Listen to their conversation and decide whether each statement is positive or negative.

1. positif  négatif
2. positif  négatif
3. positif  négatif
4. positif  négatif
5. positif  négatif
6. positif  négatif
7. positif  négatif

**Activité 10: Interaction.** Posez les questions suivantes à un(e) camarade de classe.

1. Quels cours est-ce que tu as ce trimestre/semestre?
2. Quel(s) cours est-ce que tu préfères? Pourquoi?
3. Quelle est ta spécialisation?
4. Est-ce que tu as beaucoup de devoirs? Pour quels cours?
5. Tu travailles? Où?
6. Qu'est-ce que tu aimes faire *(to do)* le week-end?

## Le calendrier

### Les jours de la semaine

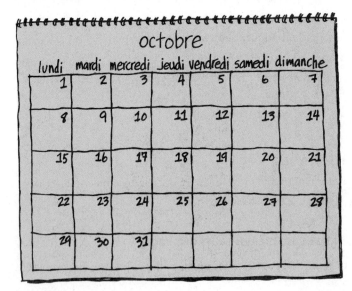

### Activité 11: Quels jours... ?

**A.** Répondez aux questions suivantes.

1. Quel est votre jour préféré?
2. Quel(s) jour(s) est-ce que vous travaillez?
3. Quel(s) jour(s) est-ce que vous regardez la télévision le soir?
4. Quel(s) jour(s) est-ce que vous avez votre cours préféré?
5. Quel(s) jour(s) est-ce que vous avez le français?
6. Quel(s) jour(s) est-ce que vous restez à la maison?
7. Quel(s) jour(s) est-ce que vous n'avez pas de cours?

**B.** Maintenant, posez les mêmes questions à votre camarade. (Use **tu** in your interview.) Comparez vos réponses.

## Les mois et les saisons

**L'été**, c'est les vacances. On passe les mois de juin, juillet et août à la plage ou à la montagne.

**juin**      **juillet**      **août**

**L'automne**, c'est la rentrée. En septembre, on recommence le travail et les études.

**septembre**      **octobre**      **novembre**

**L'hiver**, c'est le froid et la neige. Pendant les vacances d'hiver, on fait du ski.

**décembre**      **janvier**      **février**

**Le printemps**, c'est le beau temps. On fait des promenades dans le parc.

**mars**      **avril**      **mai**

## Quelques expressions utiles

— Quel jour sommes-nous?
— Nous sommes lundi aujourd'hui.

— Quel jour est-ce?
— C'est lundi.

— Quelle est la date aujourd'hui?
— C'est le 20 septembre.

— En quelle année sommes-nous?
— Nous sommes en deux mille quatre.

— Quels jours est-ce que tu as cours?
— J'ai cours le mardi et le jeudi.

— Quand est votre anniversaire?/Ton anniversaire, c'est quel jour?
— C'est le 24 juillet.

## Quelques fêtes de l'année

Jours fériés où l'on ne travaille pas:

| | | | | |
|---|---|---|---|---|
| la fête nationale ..... le 14 juillet | | le jour de l'an .......... le 1er janvier |
| la Toussaint ........... le 1er novembre | | la fête du Travail ...... le 1er mai |
| Noël .................... le 25 décembre | | Pâques .................... mars/avril |

### Activité 12: Dates importantes. Donnez les dates suivantes.

1. la Saint-Valentin
2. le jour de l'an
3. votre anniversaire
4. la fête nationale américaine
5. la fête nationale française
6. la rentrée scolaire

### Activité 13: Interaction. Posez les questions suivantes à votre camarade.

1. Quels jours de la semaine est-ce que tu préfères?
2. Est-ce qu'il y a un jour que tu n'aimes pas? Lequel?
3. Quel est le prochain jour férié *(holiday)*?
4. Quelle fête de l'année est-ce que tu préfères? Est-ce que tu passes cette fête en famille ou avec des amis?
5. Ton anniversaire, c'est quand?
6. En quel mois est-ce qu'on vote aux élections présidentielles américaines? Quel jour de la semaine?

---

**Structure**    2.5 Le verbe **avoir**

In the following activities, you will be using the verb **avoir** *(to have)* to say how old you are—in French one "has" years. For the conjugation of the verb **avoir,** see page 47.

---

### Activité 14: Quel est l'âge de ces gens célèbres?

**A.** Travaillez en groupes de quatre, et donnez l'âge et l'anniversaire de ces personnes célèbres.

**Modèle:** Juliette Binoche (9.3.64)
*L'anniversaire de Juliette Binoche est le neuf mars mille neuf cent soixante quatre. Elle a _____ ans.*

1. David Letterman (12.4.47)
2. Brigitte Bardot (28.10.34)
3. Mathieu Kassovitz (3.8.67)
4. Maya Angelou (4.4.28)
5. Luc Besson (18.3.59)
6. Jacques Chirac (29.11.32)

**B.** Maintenant, demandez l'âge de quatre camarades de classe.

### Activité 15: À quel âge? À quel âge est-ce qu'on commence à faire les activités suivantes?

**Modèle:** On commence à parler...
*Généralement, on commence à parler à l'âge de deux ans, mais ça dépend.*

1. On commence à voter...
2. On commence l'école primaire...
3. On commence les études universitaires...
4. On commence à travailler...
5. On commence à conduire *(to drive)*...

### Situation à jouer!

You are at a party where you want to meet people. Circulate in the room and talk to as many people as possible, through the following steps:

a. Go up to people; greet them and find out their names.
b. Ask them if they like the music.
c. Ask them what kind of music they prefer.
d. Find out where they study and what the campus is like.
e. Find out what courses they are taking and how they like them.
f. Find out where they live.
g. Excuse yourself by telling them you're looking for something to drink. (**Excusez-moi, je vais aller chercher quelque chose à boire.**); then introduce yourself to someone new and start over again.

# Lecture

## Anticipation

France is a country rich in ethnic diversity, much of which can be traced to its colonial past. Today, French people of North African descent as well as those coming from West Africa and the Caribbean are enlivening France's cultural scene and entertainment industry. **Beur** is a popular term for people born in France of North African immigrant parents.

The title "Beur is beautiful" is a takeoff on a popular American slogan of the sixties. What slogan does it bring to mind?

## Beur is beautiful

*Faudel, Jamel, Yamina... sont les nouvelles stars. Que ce soit° à la télé, dans les salles de concerts, en littérature ou au cinéma, on est tous sous le charme de la «beur attitude».*

Whether it is

1  Qui remplit° les plus grandes salles de concerts? Qui amuse la France entière? Qui est la star du journal télévisé à 13 heures sur France 2? Leurs familles
5  viennent d'Algérie, leurs cousins vivent° au Maroc... Ils sont de la première, deuxième, troisième génération... et sont glorifiés par tous les médias. Yamina, Rachid, Faudel, Khaled ou Jamel sont les héros de la «beur
10  attitude». Douce° et sensuelle, elle enrichit la France d'une fluidité méditerranéenne. En sport, en musique, au cinéma, les Beurs jouent avec optimisme.

fills

live

Soft, Sweet

Extrait d'*Elle*, avril 1999

## Compréhension et intégration

1. Look at the first sentences in bold. In what cultural arenas are **beurs** playing a role?
2. What two North African countries are named?
3. Have these new stars recently arrived in France?
4. According to this reading, what qualities are these French stars of North African heritage bringing to French culture, that is, what do you think is meant by **beur attitude**? Adjectives used in the text should give you a clue.

## Maintenant à vous!

Write the English words used in this text. What is it about the subject of this reading that might encourage the use of English?

# Un pas en avant

http://motifs.heinle.com

## Naviguez le Web!

Using the Internet to discover what happened in history on your birthday, view magazines, such as *Paris Match,* to know what made the top of the news today in France. Then find out what French people are watching on T.V. Does it look familiar?

## À écrire

In this activity, you will write a descriptive portrait of a classmate.

PREMIÈRE ÉTAPE.    Interview a member of the class to find out the following information, which you will include in your portrait. Use **tu** in your interview.

1. Quel âge a-t-il/elle?
2. D'où est-il/elle?
3. Où est-ce qu'il/elle habite maintenant?
4. En quelle année d'université est-il/elle?
5. Où est-ce qu'il/elle passe beaucoup de temps sur le campus?
6. Qu'est-ce qu'il/elle aime faire le week-end?
7. Qu'est-ce qu'il/elle n'aime pas?

DEUXIÈME ÉTAPE.    Follow the model to write your portrait.

> Voici Jennifer. C'est une étudiante de 19 ans aux cheveux bruns et courts. Elle est de Miami mais maintenant, elle étudie à Brandeis. Elle habite sur le campus dans une résidence universitaire. Jennifer est en première année à l'université. Elle étudie la biologie, la psychologie et les statistiques. Pour se reposer le week-end, elle aime aller au cinéma et écouter de la musique. Jennifer est belle et intelligente.

**Phrases:** describing people

**Grammar:** infinitive, adjective agreement

**Vocabulary:** leisure, studies, courses, university

# Structure 2.1 Aimer et les verbes réguliers en -er

Verbs are classified by their infinitive form. An infinitive is preceded by *to* as in *to like*. The largest group of French verbs have infinitives that end in **-er**. These regular **-er** verbs have the same conjugation pattern. To conjugate the verb **aimer,** remove the infinitive ending **-er** and add the endings shown in the chart in bold type.

| aimer *(to like, to love)* | |
| --- | --- |
| j'aim**e** | nous aim**ons** |
| tu aim**es** | vous aim**ez** |
| il/elle/on aim**e** | ils/elles aim**ent** |

The subject pronoun **je** contracts with the verb that follows if it begins with a vowel sound. Drop the **-e** in **je** and add an apostrophe. This is called **élision.**

> je chante    j'aime    j'écoute    j'insiste    j'habite (mute **h**\*)

### NOTE DE PRONONCIATION

- With the exception of the **nous** and **vous** forms, the **-er** verb endings are silent.

    ils partent        tu danses        elles jouent

- The final **-s** of **nous, vous, ils,** and **elles** links with verbs beginning with a vowel sound, producing a **-z** sound. This pronunciation linking is an example of **liaison.**

    vous‿aimez    nous‿écoutons    ils‿adorent    elles‿insistent    ils‿habitent\*
    /z/                /z/                    /z/                /z/                    /z/

Here are some common **-er** verbs.

| | | | |
| --- | --- | --- | --- |
| adorer | *to adore* | jouer | *to play* |
| chanter | *to sing* | manger | *to eat* |
| danser | *to dance* | parler | *to speak* |
| détester | *to hate* | préférer | *to prefer* |
| écouter | *to listen (to)* | regarder | *to watch, look at* |
| fumer | *to smoke* | rester | *to stay* |
| habiter | *to live* | travailler | *to work* |

### VERBES DE PRÉFÉRENCE

Verbs of preference (**aimer, détester, préférer**) can be followed by a noun or an infinitive.

| | |
| --- | --- |
| J'aime les films étrangers. | *I like foreign films.* |
| Nous aimons habiter sur le campus. | *We like to live on campus.* |

---

\*French distinguishes between "mute **h**," where **élision** and **liaison** occur (e.g., **l'homme, l'hôtel, habiter**), and "aspirated **h**," where there is no **élision** or **liaison** (e.g., **le héros, le hockey**). Most words beginning with **h** are of the first type. Note, however, that the **h** is never pronounced in French.

| préférer *(to prefer)* | |
|---|---|
| je préfère | nous préférons |
| tu préfères | vous préférez |
| il/elle/on préfère | ils/elles préfèrent |

Note the accents on the verb **préférer.**

To express how much you like something, you can use one of the adverbs shown here. Adverbs generally follow the verb they modify.

| beaucoup | *very much, a lot* |
|---|---|
| bien | *well* |
| assez bien | *fairly well* |
| un peu | *a little* |
| pas du tout | *not at all* |

J'aime **beaucoup** la musique brésilienne.    *I like Brazilian music a lot.*
Nous aimons **un peu** regarder la télé.    *We like watching television a little.*
Marc aime **bien** danser.    *Marc likes to dance.*
Paul danse **assez bien.**    *Paul dances fairly well.*
Je n'aime pas **du tout** les films policiers.    *I don't like detective films at all.*

Because **aimer** means both *to like* and *to love,* **aimer bien** is used to clarify that *like* is intended.

— Tu aimes Chantal?    — *Do you like Chantal?*
— Oui, j'aime bien Chantal.    — *Yes, I like Chantal (just fine).*

**Exercice 1.** You overhear parts of conversations at a party. Complete the following sentences by conjugating the verbs in parentheses, if necessary.

1. Tu _____ (aimer) cette musique?
2. Tu _____ (préférer) danser ou _____ (écouter) de la musique?
3. Ce groupe _____ (chanter) très bien.
4. Mes copains _____ (chercher) un bon film. Ils _____ (préférer) les drames psychologiques.
5. Vous _____ (regarder) beaucoup la télévision le week-end?
6. Nous _____ (habiter) près de l'université.

**Exercice 2.** Put the adverbs in parentheses in the correct place.

1. Pierre danse beaucoup. Il aime danser. (bien)
2. Je regarde les films avec Cary Grant à la télé. J'aime les films classiques. (beaucoup)
3. Malina n'aime pas aller au concert avec ses copains. Elle n'aime pas la musique classique. (du tout)
4. J'aime la musique brésilienne (un peu), mais j'adore la musique africaine!
5. Marc aime le cinéma (bien), surtout les comédies.

# Structure 2.2    La négation **ne... pas**

To make a verb negative, frame it with the negative markers **ne** and **pas**.

$$\boxed{\textbf{ne} + \text{verb} + \textbf{pas}}$$

Je **ne** chante **pas** dans un groupe.        *I don't sing in a group.*
Nous **ne** parlons **pas** italien.        *We don't speak Italian.*

Verbs that begin with a vowel, such as **aimer** and **avoir,** drop the **e** in **ne** and add an apostrophe.

Je **n'**aime **pas**...        *I don't like . . .*
Tu **n'**études **pas**...        *You don't study . . .*
Je **n'**ai **pas**...        *I don't have . . .*
Tu **n'**as **pas**...        *You don't have . . .*

**Exercice 3.**  Contradict the following statements by making the affirmative sentences negative and the negative sentences affirmative.

1. Vous regardez la télévision.
2. Joëlle et Martine n'aiment pas le cinéma.
3. Tu habites à Boston.
4. Nous ne fermons pas la porte.
5. Marc et moi, nous écoutons la radio.
6. Tu études l'anglais.
7. Je n'écoute pas le professeur.

# Structure 2.3    Les articles définis

The definite article (*the* in English) has the following forms:

|  | singular | plural |
|---|---|---|
| **masculine** | **le** professeur | **les** étudiants |
| **feminine** | **la** musique | **les** femmes |

Note that **l'** is used with singular nouns beginning with a vowel or a mute **h.**

**l'**étudiant        **l'**amour        **l'**homme

Definite articles are used to refer to specific people or things.

Regardez **le** professeur.        *Look at the teacher.*
**La** porte est fermée.        *The door is closed.*

French also uses definite articles for making general statements; this is why they are used with preference verbs. Notice that in the corresponding English sentences, no article is used.

Vous aimez **le** jazz?        *Do you like jazz?*
Je préfère **les** gens sérieux.        *I prefer serious people.*
**L'**amour est essentiel dans la vie!        *Love is essential in life!*

Note that the definite article remains unchanged in negative sentences.

J'aime **le** jazz, mais je n'aime pas        *I like jazz, but I don't like classical*
   **la** musique classique.           *music.*

**Exercice 4.** Add the appropriate definite article.

| | | | | | |
|---|---|---|---|---|---|
| 1. _____ musique | 5. _____ cinéma | 9. _____ fenêtres |
| 2. _____ étudiants | 6. _____ arbre | 10. _____ film |
| 3. _____ chaise | 7. _____ danse | 11. _____ week-end |
| 4. _____ homme | 8. _____ crayon | 12. _____ tableau |

**Exercice 5.** Use the correct definite article to complete the following interview with Léo Hardy, a young Brazilian performing in Paris.

INTERVIEWER: Vous aimez danser?

LÉO HARDY: Oui, j'adore danser! Je danse _____[1] tango (m), _____[2] valse (f), _____[3] samba (f) et _____[4] danses folkloriques.

INTERVIEWER: Et vous êtes sportif aussi?

LÉO HARDY: Oui! J'aime _____[5] football (m), _____[6] tennis (m), _____[7] golf (m) et _____[8] natation (f, swimming), mais pas _____[9] ski (m).

INTERVIEWER: Pas _____[10] ski? Pourquoi pas?

LÉO HARDY: _____[11] Brésiliens n'aiment pas _____[12] froid (m, cold).

# Structure 2.4  Il y a / Il n'y a pas de

**Il y a** (There is / There are) is used to state the existence of people and things. The negative expression **il n'y a pas** is followed by **de** or **d'**.

Il y a **un**
Il y a **une**  → Il n'y a pas **de/d'**
Il y a **des**

Il y a **un** concert aujourd'hui?  Non, il n'y a pas **de** concert.
*Is there a concert today?*  *No, there isn't a concert.*

Il y a **des** devoirs ce soir?  Non, il n'y a pas **de** devoirs.
*Is there homework tonight?*  *No, there isn't any homework.*

Il y a **une** fête à la résidence?  Non, il n'y a pas **de** fête.
*Is there a party in the dorm?*  *No, there isn't a party.*

Nouns that begin with a vowel, such as **exposition**, drop the **e** in **de** and add an apostrophe.

Il y a **une** exposition au musée cette semaine?  Non, il n'y a pas **d'**exposition.
*Is there an exhibit at the museum this week?*  *No, there isn't an exhibit.*

**Exercice 6.** Complete this passage about an unusual classroom by adding the correct indefinite article **un, une, des,** or **de.**

Dans la salle de classe, il y a _____[1] tableau, mais il n'y a pas _____[2] craie. Il y a _____[3] bureau pour le professeur, mais il n'y a pas _____[4] chaise. Il y a _____[5] porte, mais il n'y a pas _____[6] fenêtres. Il y a _____[7] étudiants, mais il n'y a pas _____[8] professeur.

**Exercice 7.** Complete the following exchanges with a definite article (**le, la, les**) or an indefinite article (**un[e]**, **des**, or **de**).

1. — Tu aimes _____ [1] week-end?
   — Oui, j'adore _____ [3] week-end, mais je n'aime pas _____ [3] lundi.
2. — Vous êtes français et vous n'aimez pas _____ [4] pain (*m, bread*)? C'est incroyable!
3. — Y a-t-il une piscine à la résidence universitaire?
   — Il n'y a pas _____ [5] piscine, mais il y a _____ [6] courts de tennis.
4. — Est-ce que vous avez un animal dans votre chambre?
   — Oui, nous avons _____ [7] chat.
5. — Vous aimez _____ [8] sciences naturelles?
   — Oui, beaucoup, mais je n'aime pas _____ [9] anglais.

# Structure 2.5    Le verbe avoir

The verb **avoir** (*to have*) is irregular.

| avoir (*to have*) | |
|---|---|
| j'ai | nous avons |
| tu as | vous avez |
| il/elle/on a | ils/elles ont |

| | |
|---|---|
| Nous avons beaucoup de devoirs ce soir. | *We have a lot of homework tonight.* |
| Tu as un nouveau numéro de téléphone? | *Do you have a new phone number?* |

In French, the verb **avoir** is used to express age.

| | |
|---|---|
| Quel âge **as**-tu? | *How old are you?* |
| J'**ai** 19 ans. | *I'm 19 (years old).* |

**Avoir** is often followed by an indefinite article (**un**, **une**, or **des**). In negative sentences, these articles become **de**.

| | |
|---|---|
| Il a **des** CD, mais il **n**'a **pas de** cassettes. | *He has CDs, but he doesn't have any cassettes.* |

**Exercice 8.** Use the correct form of the verb **avoir** to complete the following mini-dialogues.

1. — Quel âge avez-vous?
   — Moi, j(e) _____ [1] 18 ans et ma camarade de chambre Hélène _____ [2] 20 ans.
2. — Est-ce que vous _____ [3] une télé dans votre studio?
   — Oui, nous _____ [4] une petite télé.
3. — Tu _____ [5] un groupe préféré?
   — Oui, j(e) _____ [6] quelques groupes préférés.
4. — Est-ce que vos amis _____ [7] beaucoup de CD?
   — Jean-Claude _____ [8] beaucoup de CD, et Manuel _____ [9] des vieilles cassettes.

# Tout ensemble!

Complete this description of Jean-Luc and his friends by selecting the correct words to go in the blanks from the list below. Be sure to conjugate the verbs correctly.

| | | | |
|---|---|---|---|
| aimer | cours | résidence | de |
| maths | piscine | être (trois fois) | une |
| avoir | danser | stade | jouer |
| parler | | | |

Jean-Luc _____[1] 18 ans. Cette année, il commence ses études à l'Université de Lyon. Jean-Luc a trois _____[2]: biologie, chimie et _____[3]. Comme *(Since)* Jean-Luc n(e) _____[4] pas de la région de Lyon, il habite dans une _____[5] universitaire près de la faculté des sciences. L'université _____[6] excellente, mais elle n'a pas _____[7] campus «à l'américaine». Il n'y a pas de _____[8] pour nager *(to swim)* par exemple ou de _____[9] pour les matches de foot et de basket. Jean-Luc et ses copains _____[10] contents d'être indépendants. Ils _____[11] la vie d'étudiant. Le week-end, ils _____[12] avec leurs amis au café, _____[13] au basket ou _____[14] la salsa dans un club latin. (C'est _____[15] danse très populaire cette année.)

# Vocabulaire

## Vocabulaire fondamental

### Noms

| **Les distractions** | **Entertainment** |
|---|---|
| le cinéma | the movies |
| un concert | a concert |
| un copain (une copine) | a friend (fam) |
| la danse | dance |
| une fête | a party; a holiday |
| un film | a film |
| un match (de football) | a (soccer) game |
| la musique | music |
|    la musique classique | classical music |
|    le jazz | jazz |
|    le rap | rap music |
|    le rock | rock music, rock 'n' roll |
|    la techno | techno music, hip-hop |
| la radio | radio |
| la télévision (la télé, fam) | television |
| une vidéo | a video |

| **L'identification** | **Identification** |
|---|---|
| l'âge (m) | age |
| un anniversaire | a birthday |
| un nom de famille | a last name |
| un prénom | a first name |

**Mots apparentés:** une adresse, un numéro de téléphone

| **Les cours** | **Courses** |
|---|---|
| les affaires (f pl) | business |
| la chimie | chemistry |
| la comptabilité | accounting |
| un cours | a course |
| le droit | law |
| un examen | a test, an exam |
| le génie civil | civil engineering |
| l'histoire (f) | history |
| l'informatique (f) | computer science |
| les langues (f pl) | languages |
|    l'allemand (m) | German |
|    l'anglais (m) | English |
|    l'espagnol (m) | Spanish |
|    le français | French |
|    l'italien (m) | Italian |
|    le japonais | Japanese |
|    le latin | Latin |
| les sciences économiques (f pl) | economics |
| les sciences politiques (f pl) | political science |
| la spécialisation | major |
| le travail | work |

**Mots apparentés:** l'anthropologie (f), la biologie, la littérature, les mathématiques (f pl; les maths, fam), la médecine, la philosophie, la physique, la psychologie, la science, le semestre, la sociologie, le trimestre

| **Le campus** | **The campus** |
|---|---|
| une bibliothèque | a library |
| la fac (fam) | university |
| le jardin | garden |
| une librairie | a bookstore |
| un musée | a museum |
| un parc | a park |
| une piscine | a pool |
| une résidence universitaire | a college dorm |
| un restaurant universitaire, (un resto-U, fam) | a university restaurant |
| une université | a university |

**Mots apparentés:** une cafétéria, un laboratoire, un théâtre

| **Les jours de la semaine** | **Days of the week** |
|---|---|
| lundi | Monday |
| mardi | Tuesday |
| mercredi | Wednesday |
| jeudi | Thursday |
| vendredi | Friday |
| samedi | Saturday |
| dimanche | Sunday |
| aujourd'hui | today |
| le jour | day |
| la semaine | week |

**Mots apparentés:** le week-end, la date

| **Les mois de l'année** | **Months of the year** |
|---|---|
| le calendrier | calendar |
| janvier | January |
| février | February |
| mars | March |
| avril | April |
| mai | May |
| juin | June |
| juillet | July |
| août | August |
| septembre | September |
| octobre | October |
| novembre | November |
| décembre | December |

| **Les saisons** | **Seasons** |
|---|---|
| l'automne (m) | autumn |
| l'été (m) | summer |
| l'hiver (m) | winter |
| le printemps | spring |

## Mots divers

| | |
|---|---|
| mais | *but* |
| voici | *here is* |

## Verbes

| | |
|---|---|
| adorer | *to adore* |
| aimer | *to like; to love* |
| aimer mieux | *to prefer* |
| s'amuser | *to have fun* |
| avoir | *to have* |
| chanter | *to sing* |
| commencer | *to begin* |
| danser | *to dance* |
| détester | *to hate* |
| écouter | *to listen (to)* |
| étudier | *to study* |
| fumer | *to smoke* |
| habiter | *to live (in a place)* |
| jouer | *to play* |
| manger | *to eat* |
| parler | *to speak* |
| préférer | *to prefer* |
| regarder | *to watch* |
| rester | *to stay* |
| travailler | *to work* |
| voyager | *to travel* |

## Adjectifs

| | |
|---|---|
| bon(ne) | *good* |
| ennuyeux (ennuyeuse) | *boring* |
| facile | *easy* |
| intéressant(e) | *interesting* |
| pratique | *practical, useful* |

**Mots apparentés:** difficile, excellent(e)

## Adverbes

| | |
|---|---|
| assez bien | *fairly well* |
| beaucoup | *a lot* |
| bien | *well* |
| un peu | *a little* |

## Expressions utiles

| | |
|---|---|
| Vous connaissez/Tu connais (Francis Cabrel)? | *Are you familiar with (Francis Cabrel)?* |
| Quel âge avez-vous? | *How old are you?* |
| J'ai trois ans. | *I'm three years old.* |
| J'ai cours le samedi. | *I have classes on Saturday.* |

| | |
|---|---|
| **Comment exprimer ses préférences** | *How to express preference* |

*(See page 31 for additional expressions.)*

| | |
|---|---|
| J'aime bien (beaucoup) voyager. | *I (really) like to travel.* |
| Je déteste voyager. | *I hate to travel.* |

# Vocabulaire supplémentaire

## Noms

| | |
|---|---|
| un amphithéâtre | *an amphitheater, a lecture hall* |
| un arbre | *a tree* |
| un banc | *a bench* |
| un bâtiment | *a building* |
| le beau temps | *good weather* |
| le centre-ville | *downtown* |
| un chat | *a cat* |
| l'espace *(m)* | *space* |
| une exposition | *an exhibit* |
| une fleur | *a flower* |
| le froid | *cold* |
| le goût | *taste* |
| les informations *(f pl)* (les infos, *fam*) | *the news* |
| les jeux télévisés *(m pl)* | *game shows* |
| la montagne | *mountain* |
| la neige | *snow* |
| la plage | *beach* |
| la rentrée | *back to school/work* |
| une série | *TV series* |
| un stade | *a stadium* |
| un studio | *a studio apartment* |
| un terrain de football | *a soccer field* |
| les vacances *(f pl)* | *vacation* |

## Mots divers

| | |
|---|---|
| dur(e) | *hard, difficult* |
| en première (deuxième, troisième, quatrième) année | *1st (2nd, 3rd, 4th) year* |
| fou (folle) | *crazy* |
| parfois | *sometimes* |
| quel(s), quelle(s) | *which, what* |
| rarement | *rarely* |
| souvent | *often* |
| surtout | *most of all* |

**Mots apparentés:** un animal, une aventure, le camping, un centre culturel, un court de tennis, un documentaire, le football (américain), le golf, une interview, le marketing, médiocre, une préférence, régulièrement, le risque, la sculpture, la sécurité, silencieux (silencieuse), le sport, le tennis, typiquement

# Chez l'étudiant

This chapter expands on the topic of student life, exploring the relationships young people have with their families and their living situation. You will talk about your family and describe your room and your possessions.

## Thèmes et pratiques de conversation

▶ La famille

▶ Les caractéristiques personnelles

▶ La chambre et les affaires personnelles

▶ Des nombres à retenir (60 à 1 000 000)

▶ Comment louer une chambre

## Structures utiles

▶ Les adjectifs possessifs

▶ Le verbe **venir**

▶ La possession: **de** + nom

▶ Les adjectifs (suite)

▶ Les prépositions de lieu

## Perspectives culturelles

La famille française

Le téléphone portable

## Lecture

*La famille Bellelli*, du Guide du musée d'Orsay

## Un pas en avant

# Thèmes et pratiques de conversation

## La famille

> **Structures**
> **3.1 Les adjectifs possessifs**
> **3.2 Le verbe venir**
> **3.3 La possession: de + nom**
>
> To talk about your family, you will need to use possessive adjectives and the preposition **de + nom** to express relationships. You will also use the verb **venir** (*to come*) to talk about where people are from. For an explanation of possessive adjectives, see page 70. For the verb **venir,** see page 71. See page 71 for **de + nom.**

Arbre généalogique

Ce sont mes grands-parents!

Gérard et Soline Dubois

Guy et Marguerite Denôtre

C'est mon oncle! — Antoine — Marianne — Jeanne — Thierry — *C'est mon père!* — *C'est ma mère!* — Sandrine — Serge — Michèle — *C'est ma tante!*

C'est mon cousin! — Samuel — Sara (jumeaux) — Amélie — *C'est ma sœur!* — Catherine — Geoffroy — Pauline — *C'est moi!* — Manuel — *C'est mon frère!* — Jean-Pierre

**À noter:** In French, **les parents** can be used to refer to both parents and relatives.

**Bulletin** Les jeunes Français habitent de plus en plus longtemps (*longer*) chez leurs parents. À 24 ans, 51% des garçons et 30% des filles vivent chez leurs parents. La proportion est plus forte chez les étudiants.

*Adapté de* Francoscopie, 2003

**Activité 1: La famille Dubois.** Regardez l'arbre généalogique de Pauline et répondez aux questions suivantes.

1. Combien d(e)... a-t-elle?
   a. frères
   b. cousins
   c. oncles
   d. cousines
   e. enfants

2. Comment s'appelle(nt)...
   a. la femme de son oncle Serge?
   b. sa tante célibataire (*unmarried*)?
   c. le mari de sa tante Marianne?
   d. son cousin qui est fils unique (*only child*)?
   e. ses cousins jumeaux (*twin*)?
   f. ses grands-parents du côté de sa mère?
   g. ses sœurs?

3. Qui est/sont...
   a. Samuel et Sara?
   b. Gérard et Soline Dubois?
   c. Thierry et Sandrine?
   d. Amélie et Catherine?
   e. Jean-Pierre?
   f. Manuel et Geoffroy?

**Activité 2: Définitions.** Quelle définition correspond à chaque membre de la famille?

| | |
|---|---|
| 1. le grand-père | a. la mère de la mère ou du père |
| 2. la grand-mère | b. l'époux de la femme |
| 3. la belle-mère | c. le fils du frère ou de la sœur |
| 4. la tante | d. les enfants de l'oncle et de la tante |
| 5. les cousins | e. la sœur de la mère ou du père |
| 6. le neveu | f. le frère de la mère ou du père |
| 7. le mari | g. la mère de la femme ou du mari |
| 8. l'oncle | h. le père de la mère ou du père |

### Portraits de famille

Tam et ses amis sont étudiants à l'université, mais ils habitent
en famille. Ils ont des situations familiales différentes.

TAM: Ma famille est assez nombreuse. Mes parents
viennent du Vietnam et ils ont un petit restaurant vietnamien dans le Quartier latin. J'ai trois frères et une sœur.
Nous travaillons tous ensemble dans le restaurant. Mon
frère aîné est marié. Lui et sa femme habitent l'appartement d'à côté.

CAROLE: Mon père et ma mère sont divorcés. Moi, j'habite avec ma
mère, mon beau-père et mon demi-frère Serge. C'est le
bébé de la famille. Il est gâté et difficile! Je passe souvent
les vacances en Bretagne avec mon père. Il habite seul.

MOUSTAFA: Mes parents viennent d'Algérie, mais je suis de nationalité française.
J'ai deux frères et une sœur. Mon frère aîné a 20 ans et mon frère
cadet a 16 ans. Ma sœur Feza est institutrice. Elle est célibataire mais
elle a un nouveau fiancé.

JEAN-CLAUDE: Je n'ai pas de frère ni de sœur; je suis fils unique. Ma mère est morte.
J'habite avec mon père et ma belle-mère qui est super.

**Activité 3: Vrai ou faux?** Indiquez si les phrases suivantes sont vraies ou fausses.
Corrigez les phrases fausses.

1. La famille de Tam vient du Vietnam.
2. Tam a une belle-sœur.
3. Carole est la demi-sœur de Serge.
4. Les parents de Moustafa viennent d'Afrique du Nord.
5. La belle-mère de Jean-Claude est sympathique.
6. Jean-Claude a une famille nombreuse.

 **Activité 4: La parenté de gens célèbres.** Quelles sont les relations entre les
personnes suivantes? Posez les questions à un(e) autre étudiant(e) comme dans les
modèles.

**Modèles:** Caroline Kennedy (sœur) / Ted Kennedy
— *Est-ce que Caroline Kennedy est la sœur de Ted Kennedy?*
— *Non, c'est sa nièce.*

la princesse Caroline et la princesse Stéphanie (fils) / le prince Rainier
— *Est-ce que la princesse Caroline et la princesse Stéphanie sont les fils
du prince Rainier?*
— *Non, ce sont ses filles.*

1. George H. W. Bush (oncle) / George W. Bush
2. la reine Elizabeth (belle-mère) / le prince William
3. Bart et Maggie Simpson (enfants) / Marge et Homer Simpson
4. Michel Cousteau (cousin) / Jacques Cousteau
5. Catherine Zeta Jones (fille) / Michael Douglas
6. Chelsea Clinton (nièce) / Hillary Clinton

# Perspectives culturelles

## La famille française

Comme la famille américaine, la famille française se transforme: la mère travaille, le père participe plus à l'éducation de l'enfant et les grands-parents habitent moins souvent° avec leurs enfants. La famille nucléaire traditionnelle—homme, femme et leurs enfants—coexiste maintenant avec d'autres modèles familiaux. Le divorce (42 divorces sur 100 mariages) crée° un grand nombre de familles monoparentales°, et les remariages produisent des familles recomposées°. Un nombre croissant° de couples choisissent de vivre ensemble sans° se marier (l'union libre). Il y a de plus en plus d'enfants nés° de couples non mariés (53% des premières naissances).

*less often*

*creates / single-parent families*
*blended families / growing number*
*without*
*born*

*La famille Minot: le père, Sébastien, avec la mère, Lucette et ses quatre enfants: Marc, Gilles, Didier et Magolie.*

Malgré° ces changements, la famille reste une valeur sûre° pour les Français. La vie de famille est le centre de la vie sociale. La majorité des fêtes se passent° en famille. Pour l'étudiant, l'indépendance des parents n'est pas une grande valeur. On choisit souvent une université près de la maison et on rentre le week-end pour passer des moments agréables en famille. Beaucoup de jeunes estiment° les relations avec leurs parents excellentes. Dans un monde° incertain, le cocon familial offre protection et stabilité et le foyer° est un lieu sûr° pour développer son identité personnelle.

*Despite / clear-cut*
*Most holidays are spent*

*consider*
*world*
*home / safe place*

*Adapté de* Francoscopie, 2003

**Avez-vous compris?** Indiquez si les phrases suivantes sont vraies ou fausses. Corrigez les phrases fausses.

1. Les mères françaises ne travaillent pas.
2. Il y a plus d'un *(more than one)* modèle familial en France de nos jours.
3. Dans la famille traditionnelle française, il y a un seul *(only one)* parent.
4. La famille recomposée est souvent le résultat d'un divorce et d'un second mariage.
5. Les couples qui vivent en union libre sont mariés.
6. La famille joue un rôle central dans la vie des Français.
7. Les rapports entre les parents et les jeunes Français sont généralement mauvais.
8. La famille aide au développement de l'individu.

# Les caractéristiques personnelles

> ### Structure   3.4 Les adjectifs (suite)
>
> This **thème** presents additional adjectives for describing personal characteristics. See pages 72–73 for information on adjective placement and agreement rules.

optimiste, réaliste
sociable
sympathique, gentil(le), agréable
compréhensif (compréhensive)
heureux (heureuse), content(e)
intelligent(e)
calme, décontracté(e) *(relaxed)*
enthousiaste, passionné(e)
travailleur (travailleuse)
actif (active), sportif (sportive)
raisonnable
individualiste, indépendant(e)
sage, bien élevé(e) *(well-behaved)*
joli(e), adorable, mignon (mignonne)
   *(cute)*

pessimiste
timide, réservé(e)
désagréable, snob, égoïste, méchant(e)
stricte, sévère
mécontent(e), triste
stupide, bête *(fam)*
nerveux (nerveuse), stressé(e)
indifférent(e)
paresseux (paresseuse)
sédentaire
déraisonnable
conformiste
gâté(e) *(spoiled)*, mal élevé(e) *(badly-behaved)*
laid(e), moche *(fam)*

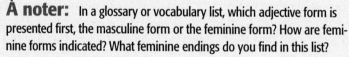

**À noter:** In a glossary or vocabulary list, which adjective form is presented first, the masculine form or the feminine form? How are feminine forms indicated? What feminine endings do you find in this list?

**Activité 5: Votre famille.** Quel membre de votre famille associez-vous aux adjectifs suivants? Pour qualifier votre description, utilisez **un peu, assez** ou **très.**

> **Modèles:** travailleur (travailleuse)
> *Ma sœur est très travailleuse.*
>
> pessimiste
> *Personne n'est (No one is) pessimiste dans ma famille.*

**1.** calme
**2.** raisonnable
**3.** gâté(e)
**4.** sportif (sportive)
**5.** pessimiste

**6.** égoïste
**7.** nerveux (nerveuse)
**8.** désagréable
**9.** bien élevé(e)
**10.** enthousiaste

**Activité 6: Êtes-vous d'accord?** Un(e) ami(e) parle de votre famille. Vous êtes d'accord, mais vous atténuez *(tone down)* les remarques en suivant les modèles.

> **Modèles:** — Ta mère est pessimiste.
> — *Oui, elle n'est pas très optimiste.*
>
> — Ton oncle est gentil.
> — *Oui, il est assez sympathique.*
>
> — Ton cousin est nerveux.
> — *Oui, il n'est pas très calme.*

1. Comme tes grands-parents sont sympathiques!
2. Ta cousine est moche!
3. Je trouve tes frères réservés.
4. Ton chien est méchant.
5. Ta mère est très active.
6. Ton oncle est paresseux.

*Astérix est un petit homme courageux. Son meilleur ami* (best friend) *Obélix est un gros homme fidèle. Comment est ton/ta meilleur(e) ami(e)?*

> **À noter:** Most descriptive adjectives follow the nouns they modify. Which adjectives in the caption describing Astérix and Obélix follow this pattern? Some adjectives precede the nouns they modify. A simple mnemonic device that may help you remember this group of adjectives is BAGS—Beauty, Age, Goodness, and Size (see p. 73). Which category applies to the adjectives that precede the noun in the cartoon caption?

**Activité 7: Identification.** Identifiez les personnes et les choses suivantes.

1. C'est une belle femme célèbre.
2. C'est le joli jardin de Monet.
3. C'est un grand compositeur français.
4. C'est une jeune joueuse de tennis française.
5. C'est une bonne montre *(watch)* suisse.
6. C'est une vieille ville italienne.
7. C'est un bel acteur français.
8. C'est un petit homme important.

a. Napoléon
b. Amélie Mauresmo
c. Daniel Auteuil
d. Catherine Deneuve
e. Rome
f. une Swatch
g. Giverny
h. Claude Debussy

**Activité 8: Ma grand-mère.** Ce portrait n'est pas très descriptif. Ajoutez des adjectifs: **beau (belle); joli(e); jeune; petit(e); grand(e); vieux (vieille); nouveau (nouvelle); sympathique; moderne; bon(ne).**

1. Ma grand-mère est une femme. (deux adjectifs)
2. Elle habite avec ses quatre chats dans une maison avec un jardin. (deux adjectifs)
3. Elle adore la musique. (un adjectif )
4. Elle a aussi beaucoup de CD de jazz. (un adjectif )

**Activité 9: Devinez!** En groupes de deux ou trois, choisissez une personne célèbre et écrivez cinq ou six phrases qui la décrivent. Utilisez une bonne variété d'adjectifs. Ensuite, présentez votre description à la classe et vos camarades vont deviner *(guess)* de qui vous parlez. Combien d'adjectifs utilisez-vous avant qu'on devine le nom de votre célébrité? Le groupe qui utilise le maximum d'adjectifs gagne!

**Activité 10: Interaction.** Répondez directement aux questions et élaborez votre réponse en ajoutant une ou deux remarques.

> **Modèle:** — Est-ce que tu viens d'une famille nombreuse?
> — *Non, je viens d'une famille moyenne. J'ai une sœur et un frère. Ma sœur a 15 ans et mon frère a 20 ans.*

1. Est-ce que tu viens d'une famille nombreuse?
2. D'où viennent tes parents? Où habitent-ils maintenant? Comment sont-ils?
3. Est-ce que tu préfères les petites familles ou les grandes familles? Pourquoi?
4. Est-ce que tu aimes les parents de tes amis? Comment sont-ils?
5. Est-ce que tes grands-parents sont vivants *(living)?* Quel âge ont-ils?

## La chambre et les affaires personnelles

> **Structure 3.5 Les prépositions de lieu**
>
> In the following descriptions of two students' rooms, you will learn how to use prepositions to describe the location of objects. For a list of these prepositions, see page 74.

**Chez Claudine**

Regardez la chambre de Claudine. Il y a un lit **entre** la table de nuit et le bureau. **Derrière** le lit, il y a une fenêtre avec des rideaux. **Sur** la table de nuit, il y a des fleurs dans un vase. **Dans** son placard, il y a des vêtements. **Devant** son bureau, il y a une chaise. Son petit chat blanc est assis **sous** la chaise. Son ordinateur est **sur** son bureau. **Au-dessus** du bureau, il y a une affiche d'Einstein. Le chapeau préféré de Claudine se trouve **sur** le tapis **près du** lit. Il y a une radiocassette **sur** l'étagère.

**Chez Christian**

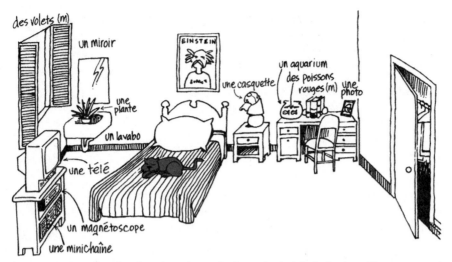

des volets (m)
un miroir
EINSTEIN
un aquarium
des poissons
rouges (m)
une photo
une casquette
une plante
un lavabo
une télé
un magnétoscope
une minichaîne

Regardez la chambre de Christian. Son miroir est **à côté de** la fenêtre. Il y a un gros chat noir **sur** le lit. **Au-dessus du** lit, il y a une affiche d'Einstein. **En face du** lit, il y a une chaîne hi-fi, un magnétoscope et une télé. La table de nuit est **entre** le lit et le bureau. **Devant** le bureau, il y a une chaise. **Dans** un aquarium **sur** le bureau, il y a des poissons rouges. **Près de** l'aquarium, il y a des livres et une photo. La casquette préférée de Christian est **sur** la lampe. Il y a une plante **dans** le lavabo.

### Activité 11: Vrai ou faux?  Indiquez si les phrases suivantes sont vraies ou fausses. Corrigez les phrases fausses.

1. Dans la chambre de Claudine, il y a...
   **a.** une chaise devant la fenêtre.
   **b.** un lit entre la table de nuit et le bureau.
   **c.** un chat sous la chaise.
   **d.** une affiche au-dessus du lit.
   **e.** des poissons rouges dans un aquarium.

2. Dans la chambre de Christian, il y a...
   **a.** un chat sur le tapis.
   **b.** un lit entre le bureau et la table de nuit.
   **c.** une affiche au-dessus du lit.
   **d.** un vase de fleurs sur le bureau.
   **e.** une plante dans le lavabo.

### Activité 12: Les affaires personnelles et la personnalité.  Donnez vos impressions de Françoise en regardant sa chambre et ses affaires personnelles. Comment est-elle? Qu'est-ce qu'elle aime faire?

*Françoise habite un studio près de la Faculté de lettres.*

## Les affaires personnelles

**Activité 13: Sondage *(Poll)* sur les affaires personnelles.** En groupes de trois ou quatre, trouvez quatre objets que tout le monde *(everyone)* possède et un objet qui n'appartient à personne *(no one has)*. Travaillez vite—le groupe qui finit le premier, gagne!

> **Modèle:** un livre de Shakespeare
> — *Qui a un livre de Shakespeare?*
> — *Moi.*
> — *Moi aussi.*
> — *Et un livre de Stephen King?*
> — *Personne (No one)?*

un dictionnaire anglais-français
un CD de Dave Matthews
un lecteur DVD
des affiches
une raquette de tennis
des rollerblades
une montre
un vélo
un sac à dos
des disques d'Elvis Presley
des skis
un chapeau de cow-boy
un instrument de musique

un baladeur CD
un répondeur
un livre de Montesquieu
une télé
des plantes
une chaîne hi-fi
une calculatrice
un magnétoscope
un téléphone portable
des livres de Stephen King
un petit frigo *(fam)*
un ballon
un radio-réveil

*un baladeur CD*

*une calculatrice*

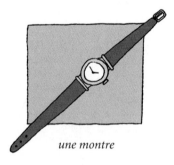

*une montre*

*un magnétoscope*

*un sac à dos*

*un ballon*          *un vélo*

*un radio-réveil*

**Activité 14: Interrogez le professeur.** Vous avez huit chances pour identifier quatre choses que votre professeur ne possède pas. Utilisez **vous** dans vos questions.

**Modèle:** Étudiant(e): *Vous n'avez pas de rollerblades, n'est-ce pas?*
Professeur: Mais si, j'ai des rollerblades.

## Des nombres à retenir (60 à 1 000 000)

Votre numéro de téléphone?     — C'est le 04 60 58 85 48.
Votre adresse?     — C'est 69, avenue des Lilas.

| | | |
|---|---|---|
| **60 soixante** | **70 soixante-dix** | **80 quatre-vingts** |
| 61 soixante et un | 71 soixante et onze | 81 quatre-vingt-un |
| 62 soixante-deux | 72 soixante-douze | 82 quatre-vingt-deux |
| 63 soixante-trois | 73 soixante-treize | 83 quatre-vingt-trois |
| 64 soixante-quatre | 74 soixante-quatorze | 84 quatre-vingt-quatre |
| 65 soixante-cinq | 75 soixante-quinze | 85 quatre-vingt-cinq |
| 66 soixante-six | 76 soixante-seize | 86 quatre-vingt-six |
| 67 soixante-sept | 77 soixante-dix-sept | 87 quatre-vingt-sept |
| 68 soixante-huit | 78 soixante-dix-huit | 88 quatre-vingt-huit |
| 69 soixante-neuf | 79 soixante-dix-neuf | 89 quatre-vingt-neuf |
| | | |
| **90 quatre-vingt-dix** | **100 cent** | **1 000 mille** |
| 91 quatre-vingt-onze | 101 cent un | 1 001 mille un |
| 92 quatre-vingt-douze | 102 cent deux | 1 002 mille deux |
| 93 quatre-vingt-treize | 103 cent trois | 2 000 deux mille |
| 94 quatre-vingt-quatorze | 200 deux cents | 2 001 deux mille un |
| 95 quatre-vingt-quinze | 201 deux cent un | 2 002 deux mille deux |
| 96 quatre-vingt-seize | 202 deux cent deux | 2 500 deux mille cinq cents |
| 97 quatre-vingt-dix-sept | | |
| 98 quatre-vingt-dix-huit | 1 000 000 un million | |
| 99 quatre-vingt-dix-neuf | | |

**À noter:** For numbers from 70 to 99, keep these "formulas" in mind: 70 = 60 + 10 (**soixante-dix**); 80 = 4 × 20 (**quatre-vingts**); 81 = 4 × 20 + 1 (**quatre-vingt-un**); 90 = 4 × 20 + 10 (**quatre-vingt-dix**); 95 = 4 × 20 + 15 (**quatre-vingt-quinze**). Try using these formulas to calculate the following numbers, and check your answers with the list.
78     85     93

**Activité 15: Comptez!** Pratiquez les nombres indiqués.

1. Comptez de 70 jusqu'à 100.
2. Donnez les multiples de dix de 60 jusqu'à 120.
3. Donnez les multiples de cinq de 50 jusqu'à 80.
4. Donnez les nombres impairs (*odd*) de 71 jusqu'à 101.
5. Lisez: 13, 15, 19, 25, 61, 71, 81, 91, 101, 14, 1 000, 186, 1 000 000.

**Soldes!**

**À noter:** With the arrival of the euro, prices are often not in even numbers. For example, **35,89€** is read **trente-cinq euros quatre-vingt-neuf.** Try saying these prices before doing **Activité 16: 15,30€, 29,90€, 82,99€.**

**Activité 16: Ça coûte...** Identifiez l'objet par son prix.

> **Modèle:** Ça coûte 35,89€.
> *C'est la montre.*

Ça coûte...

| | |
|---|---|
| **1.** 69,77€ | **5.** 197€ |
| **2.** 145,90€ | **6.** 399€ |
| **3.** 10 150€ | **7.** 16€ |
| **4.** 35,89€ | **8.** 429,99€ |

*une calculatrice*

*un lecteur DVD*

*un baladeur CD*

*une minichaîne*

*un magnétoscope*

*une montre*

*un vélo*

*une voiture*

# Perspectives culturelles

## Le téléphone portable

«Mon fils Paul est constamment° en train de tapoter° sur son mobile. Même quand on mange, il envoie° des messages discrètement sous la table. Le mois dernier, il a expédié environ 600 messages, soit une vingtaine° par jour en moyenne°!»

*Gérard, père d'un garçon de 18 ans*

*constantly / tapping*
*sends*

*about twenty*
*on average*

Voici la preuve° de la popularité des téléphones portables, même chez les jeunes. Partout° on voit les gens avec leur portable, et comme Paul, ils l'utilisent autant° pour envoyer des messages, «le texto», que pour parler. Près de 30 millions de personnes sont des usagers des mobiles en France. Le téléphone portable s'est installé relativement vite dans la vie quotidienne° des Français. Quels en sont les avantages? La facilité d'emploi, la mobilité et aussi l'individualité.

*proof*
*Everywhere / as much for*

*daily life*

**Avez-vous compris?** Indiquez si les phrases suivantes sont vraies ou fausses. Corrigez les phrases fausses.

1. Les jeunes utilisent souvent leur portable.
2. Si les jeunes Français veulent envoyer un message à un ami, ils utilisent surtout l'ordinateur.
3. Le texto, c'est quand on appelle quelqu'un au téléphone.
4. L'emploi du téléphone mobile est un phénomène qui avance très lentement en France.
5. Le portable est pratique pour la vie mouvementée d'aujourd'hui.

## Comment louer une chambre

### Quelques expressions utiles pour louer une chambre

| | |
|---|---|
| Est-ce que vous avez une chambre/un studio/ un appartement à louer°? | *to rent* |
| Je cherche° un studio à louer. | *I'm looking for* |
| C'est combien le loyer°? | *the rent* |
| Il y a des charges°? | *utility charges* |
| Est-ce qu'il y a une caution°? | *a deposit* |
| Vous avez la climatisation° (la clim, *fam*)? | *air conditioning* |
| Je peux° fumer? | *Can I . . .* |
| Je peux avoir un chat? | |
| Les animaux sont interdits°? | *prohibited* |
| Je voudrais le prendre°. | *I'd like to take it.* |
| Je voudrais réfléchir un peu°. | *I'd like to think it over.* |

**Activité 17: Le studio idéal.** Pour vous, quelle est l'importance des caractéristiques suivantes? Dites si chaque aspect est essentiel, important ou pas important et expliquez pourquoi.

**Modèle:** *Pour moi, un studio meublé est essentiel. Je n'ai pas de lit.*

1. un studio meublé *(furnished)*
2. un studio près de la fac
3. un studio près du centre-ville *(downtown)*
4. un studio avec un garage
5. un studio dans un quartier calme
6. un studio lumineux *(bright)*
7. un loyer bon marché *(inexpensive)*
8. un studio dans un immeuble *(building)* avec d'autres étudiants
9. un studio où on accepte les animaux
10. un grand studio
11. un studio dans un immeuble avec un beau jardin et une piscine
12. d'autres qualités?

Text Audio Track 6

**Écoutons ensemble! Jennifer cherche une chambre à louer.** Jennifer parle à la propriétaire d'une chambre à louer. Écoutez leur conversation et complétez le tableau avec les informations appropriées.

| LOGEMENT | ___ appartement | ___ studio | ___ chambre |
|---|---|---|---|
| DESCRIPTION | ___ calme | ___ grand | ___ pas loin de l'université |
| LOYER PAR MOIS | ___ 250 euros | ___ 205 euros | ___ 502 euros |
| AUTRES | ___ des charges | ___ une caution | ___ un immeuble |
| ANIMAUX ACCEPTÉS | ___ les chats | ___ les chiens | ___ les autres animaux |

**Activité 18: Je cherche un studio.** Écoutez et complétez le dialogue avec un(e) camarade de classe.

Text Audio Track 7

| | |
|---|---|
| LOCATAIRE: | Bonjour, madame. Vous _____ un studio à _____ ? |
| PROPRIÉTAIRE: | Oui, mademoiselle. Il y _____ le studio numéro 25 en face du jardin. |
| LOCATAIRE: | Est-ce qu'il est meublé? |
| PROPRIÉTAIRE: | Oui, il y a un _____, une _____, des _____ et un _____. |
| LOCATAIRE: | Très bien. Et vous êtes _____ de la fac? |
| PROPRIÉTAIRE: | Oui, ici nous sommes à trois kilomètres de la fac. J'ai beaucoup d'étudiants comme locataires. |
| LOCATAIRE: | _____? |
| PROPRIÉTAIRE: | 400 euros par mois plus les charges. |
| LOCATAIRE: | Y _____? |
| PROPRIÉTAIRE: | Oui, la caution est de 100 euros. |
| LOCATAIRE: | Est-ce que _____? |
| PROPRIÉTAIRE: | Non, les animaux sont strictement interdits. |
| LOCATAIRE: | Je voudrais réfléchir un peu. Merci, madame. |

*Selon cette publicité, quelle sorte de logement est-ce que les étudiants cherchent? Quelles options offre Hestia? Comment peut-on contacter Hestia?*

 **Situations à jouer!**

1.
> (Pairs) As a landlord, you've had bad experiences with renters in the past. Interview a potential renter to decide whether or not you'll accept him/her as a tenant. Find out about what he/she studies, his/her likes and dislikes, whether he/she smokes, if he/she has pets, and so on.

2.
> (Groups of three to five) You and several of your friends decide to look for a house to share. Discuss what you will require. Go visit the house and ask the landlord your questions in order to decide whether to rent the house or not.

3.
> (Groups of five to eight) On a piece of paper, list four of your belongings that reflect something about you. Pass the paper to another person. He/She will write down an impression of you based on your belongings. He/She will then conceal his/her comments by folding back the paper accordion style, and will pass the paper to another person. Continue until each group member has put comments on each paper. Finally, each member of the group will receive a set of comments from the other members.

# Lecture

## Anticipation

Degas, whose painting *La famille Bellelli* is reproduced here, is just one of the famous artists whose works are found in the **musée d'Orsay,** the former Parisian train station that now contains one of the world's finest collections of mid- to late-nineteenth-century art.

The description of Degas's painting below is excerpted from an official museum guide. By looking for cognates and guessing at meaning based on what you would expect to find in this kind of text, try to understand the gist of the reading.

Which of the following topics do you expect the guidebook to mention?

**a.** subject matter      **d.** color
**b.** composition and/or style      **e.** identity of painter's spouse
**c.** price

## Activité de lecture

Scan the text to find the French equivalents of the following words.

| | | |
|---|---|---|
| **a.** was started | **e.** portraits | **i.** refined |
| **b.** a sojourn | **f.** interior | **j.** painting |
| **c.** baroness | **g.** enriched | **k.** family drama |
| **d.** monumental | **h.** sober | |

## La famille Bellelli

*during*
*painting*

1    *L*a famille Bellelli a été commencé par Degas lors° d'un séjour à Florence chez sa tante, la baronne Bellelli. Ce tableau° monumental de portraits dans un intérieur, à la composition simple mais enrichie à l'aide de perspectives ouvertes par une porte ou un miroir, aux couleurs sobres mais raffinées (jeu des blancs et

*is taking place*
*taste*

5   des noirs), est aussi la peinture d'un drame familial qui se joue° entre Laure Bellelli et son mari, et dans lequel on reconnaît le goût° de Degas pour l'étude psychologique.

Extrait du *Guide du musée d'Orsay*

## Compréhension et intégration

1. Look again at the topics proposed in the **Anticipation** section. Were your predictions accurate? Explain.

2. Answer the following questions.
   a. Where was Degas when he began this painting?
   b. With whom was he staying?
   c. Is the painting small or large?
   d. What two possible sources of light in the room are suggested?
   e. What adjectives describe the quality of the color in the painting?
   f. What two colors predominate?
   g. Is Degas interested in capturing the interaction between family members?

## Maintenant à vous!

1. Qui regarde qui dans le tableau?

2. Comment est l'atmosphère? Choisissez parmi les adjectifs suivants: animée, calme, tranquille, joyeuse, décontractée *(relaxed),* tendue *(tense).*

3. Quelles sont les qualités universelles de cette famille? Quels aspects de la famille trouvez-vous démodés *(out of date)*?

# Un pas en avant

http://motifs.heinle.com

## Naviguez le Web!

Use the Internet to find out about student housing arrangements in France. How do they compare to your living situation?

---

**Phrases:** writing a letter

**Grammar:** adjective agreement, adjective position, possessive adjectives: **mon, ma, mes**

**Vocabulary:** family members, leisure, nationality, personality

## À écrire

In this writing activity, you will complete a letter about yourself to the *Club des 4 Vents* to assist them in finding you an appropriate host family.

**CLUB DES 4 VENTS**

**1, rue Gozlin - 75006 Paris - France**
**Tél. 33 (1) 43 29 60 20**
**Télex 202789 F CQV**
**Télécopieur / Téléfax 33 (1) 43 29 06 21**

**FIYTO**

Photos : Couverture  Maison de la France : Nicole Lejeune.
Intérieur : Documentation Française : Patrick Dewarez et Hubert Camille. Page 12 Peter Stumf.

*Sharing*

*host family / foreigners*

*room and meals*

**Séjours linguistiques en famille.**  Partager° la vie d'une famille, c'est une expérience riche en rencontres et en découvertes. La famille d'accueil° reçoit un ou deux jeunes étrangers° de langue et de nationalité différentes, et considère son hôte comme un membre de la famille. Elle offre la pension complète° et la possibilité de visiter la région.

PREMIÈRE ÉTAPE.  Begin by jotting down the following information about yourself: **votre nationalité, vos passe-temps, votre âge, vos études universitaires, vos qualités, votre niveau** *(level)* **de français (débutant, intermédiaire...), une description de votre famille, et des gens que vous aimez.**

DEUXIÈME ÉTAPE.  To convert your short answers into a letter, you will need to write complete sentences in paragraph form. For example, if you listed your hobbies as **le jogging, le cinéma,** you might write **J'aime le jogging et le cinéma.**

Following the letter guide provided, write a letter of inquiry to the *Club des 4 Vents,* including your personal information.

Le Club des 4 Vents
(adresse)

Le... 2004

Chers Messieurs,

Je désire participer à votre programme de séjours linguistiques dans une famille pour perfectionner mon français. Je suis de nationalité... *(Add personal information from the* **Première étape** *here.)*

J'aimerais beaucoup avoir l'occasion de vivre comme un membre d'une famille française et de suivre des cours de langue. Je suis très intéressé(e) par votre programme.

En attendant votre réponse, je vous prie d'agréer, Messieurs, l'expression de mes sentiments distingués.

(signature)

# Structure 3.1   Les adjectifs possessifs

Possessive adjectives are used to express relationship and possession. In French, they agree with the noun they modify, not with the possessor.

The following chart summarizes possessive adjectives.

| subject | masculine | feminine | plural | English equivalent |
|---------|-----------|----------|--------|--------------------|
| je | mon | ma | mes | *my* |
| tu | ton | ta | tes | *your* |
| il/elle/on | son | sa | ses | *his/her/its* |
| nous | | notre | nos | *our* |
| vous | | votre | vos | *your* |
| ils/elles | | leur | leurs | *their* |

Regardez M. Leclerc. Il est avec **sa** femme et **ses** enfants.
*Look at Mr. Leclerc. He is with his wife and his children.*

**Ma** tante Simone et **mon** oncle Renaud arrivent avec **leur** fille.
*My aunt Simone and my uncle Renaud are arriving with their daughter.*

**Mes** parents parlent rarement de **leurs** problèmes.
*My parents rarely talk about their problems.*

The masculine form (**mon, ton, son**) is used before singular feminine nouns beginning with a vowel or a mute **h** to provide **liaison.**

Mon oncle et **son** amie Susanne habitent à New York.
*My uncle and his friend Susanne live in New York.*

**Exercice 1.**  Chantal is discussing her family reunions with a friend. Choose the correct form of the possessive adjective.

1. Je danse avec (mon, ma, mes) cousins.
2. Charles et (son, sa, ses) sœur regardent souvent la télé.
3. (Mon, Ma, Mes) frère et moi, nous travaillons dans la cuisine *(kitchen)*.
4. (Ton, Ta, Tes) mère prend souvent des photos.
5. (Mon, Ma, Mes) tante et (mon, ma, mes) oncle arrivent avec (leur, leurs) chien.
6. Nous chantons (notre, nos) chansons *(songs)* préférées autour du piano.

**Exercice 2.**  Monique and Guy have struck up a conversation at the cafeteria. Complete their conversation with the correct possessive adjective (**mon, ma, mes, ton, ta, tes**, etc.).

GUY:  Est-ce que tu habites à la résidence universitaire ou avec _____¹ famille?

MONIQUE:  J'habite à la résidence universitaire, mais je rentre chez _____² famille le week-end. J'aime voir _____³ mère, _____⁴ père et surtout _____⁵ frère Manuel.

GUY:  Est-ce que _____⁶ grands-parents habitent chez toi?

MONIQUE:  Non. _____⁷ grands-parents habitent à la campagne. _____⁸ maison est très vieille et charmante. Et toi, est-ce que tu habites chez _____⁹ parents?

GUY:  Non, j'habite avec _____¹⁰ amis François et Jean-Luc.

# Structure 3.2 Le verbe venir

**Venir** is an irregular verb.

| venir *(to come)* | |
|---|---|
| je viens | nous venons |
| tu viens | vous venez |
| il/elle/on vient | ils/elles viennent |

The verb **venir** can be used when talking about one's place of origin.

Je suis canadienne. Je **viens** de Toronto.
*I'm Canadian. I come from Toronto.*

Est-ce que vous **venez** des États-Unis?
*Do you come from the United States?*

**Exercice 3.** Ousmane is talking about his friends who live in the international residence hall. Complete his sentences with the verb **venir.**

1. Nous _____ tous de pays *(countries)* différents.
2. Moi, par exemple, je suis sénégalais. Je _____ de Dakar.
3. Mes copains Miguel et Hector _____ de Barcelone; ils ont un léger accent espagnol.
4. Kim, tu _____ de Corée, n'est-ce pas?
5. Jean-Marc et Bernard, vous _____ de Montréal, non?
6. Et il y a Tsien. Il _____ de Chine.

# Structure 3.3 La possession: de + nom

The preposition **de** (or **d'**) *(of)* used with nouns expresses possession and relationship. This structure is used in place of the possessive *'s* in English.

Voici la mère **de** Charles.      *Here is Charles's mother.*
J'adore la maison **d'**Anne.      *I love Anne's house.*
Quel est le numéro de l'appartement **de**      *What is your brother's apartment*
    ton frère?      *number?*

The preposition **de** contracts with the definite articles **le** and **les.**

**de + le = du**      C'est le chien **du** petit garçon.
                   *It's the little boy's dog.*

**de + les = des**      Je n'ai pas l'adresse **des** parents de Serge.
                   *I don't have Serge's parents' address.*

**De** followed by **la** or **l'** is unchanged.

**de + l'**      Nous écoutons les CD **de l'**oncle d'Antoine.
            *We're listening to Antoine's uncle's CDs.*

**de + la**      Les clés **de la** voiture sont dans son sac.
            *The car keys are in her purse.*

**Exercice 4.** Henriette and Claudine are talking about the people they observe in the park. Complete their conversation with **du, de la, de l', de, des,** or **d'.**

1. Les enfants _____ tante de sophie adorent jouer avec leurs scooters sur les trottoirs *(sidewalks)* _____ parc.
2. Regarde le gros chien _____ petits enfants. Il est adorable!
3. J'aime le chapeau _____ jeune homme avec le baladeur.
4. Regarde la robe _____ femme africaine. Elle est belle, non?
5. Regarde la guitare _____ homme qui chante.
6. Voici le sac à dos _____ Sylvie. Elle l'a perdu *(lost it)*!

# Structure 3.4 Les adjectifs (suite)

As you saw in **Module 1,** most feminine adjectives are formed by adding an **-e** to the masculine ending.

Ton père est assez strict. Ta mère est-elle stric**te** aussi?
*Your father is rather strict. Is your mother strict too?*

Several other common regular endings are shown in the following chart.

| masculine ending | feminine ending | examples |
|---|---|---|
| -é | -ée | gâté (gâtée); stressé (stressée) |
| -if | -ive | sportif (sportive); actif (active) compréhensif (compréhensive) |
| -eux | -euse | nerveux (nerveuse); sérieux (sérieuse) |
| -eur | -euse | travailleur (travailleuse) |
| -on | -onne | bon (bonne); mignon (mignonne) |
| -os | -osse | gros (grosse) |

The following chart displays irregular feminine forms.

| masculine | feminine | |
|---|---|---|
| doux | douce | *soft, gentle, sweet* |
| gentil | gentille | *nice* |
| jaloux | jalouse | *jealous* |
| long | longue | *long* |

**PLACEMENT DE L'ADJECTIF**

As a general rule, adjectives in French follow the nouns they modify.

Elle a les cheveux **blonds** et les yeux **bleus.**     *She has blond hair and blue eyes.*
Est-ce que tu aimes les gens **sociables**?     *Do you like sociable people?*

However, there are a small number of adjectives that precede the noun. The mnemonic device BAGS (beauty, age, goodness, size) may help you remember them.

| adjectives that precede the noun | | |
| --- | --- | --- |
| adjective | examples | |
| grand(e) | une grande maison | *a big house* |
| gros(se) | un gros chat | *a big cat* |
| petit(e) | une petite fille | *a little girl* |
| jeune | un jeune garçon | *a young boy* |
| vieux (vieille) | un vieux livre | *an old book* |
| joli(e) | une jolie fleur | *a pretty flower* |
| beau (belle) | une belle chanson | *a beautiful song* |
| bon(ne) | un bon restaurant | *a good restaurant* |
| mauvais(e) | une mauvaise idée | *a bad idea* |
| nouveau (nouvelle) | un nouveau président | *a new president* |

The adjectives **beau, vieux,** and **nouveau** have a special form used when they precede a masculine singular noun beginning with a vowel or a mute **h.**

| un **beau** garçon | un **bel** homme |
| un **vieux** livre | un **vieil** ami |
| un **nouveau** film | un **nouvel** acteur |

**Exercice 5.** Armand is in a bad mood. Complete his description of his family with the correct form of the adjective in parentheses.

Je m'appelle Armand et je suis _____[1] (pessimiste). Ma mère est _____[2] (ennuyeux) et peu _____[3] (compréhensif). Mes parents ne sont pas assez _____[4] (enthousiaste). J'ai deux sœurs, Nadine et Claire. Elles sont _____[5] (paresseux), _____[6] (gâté) et _____[7] (méchant). Toute ma famille est _____[8] (désagréable) sauf *(except)* nos deux chattes *(female cats)*. Elles sont _____[9] (mignon).

**Exercice 6.** Armand's sister is more optimistic. Complete her family description with the correct form of the adjective in parentheses.

Je m'appelle Nadine et je suis _____[1] (optimiste). Ma mère est très _____[2] (actif) et mon père est _____[3] (compréhensif). J'ai un frère, Armand, qui n'est pas _____[4] (optimiste) comme moi. Ma sœur Claire est _____[5] (travailleur) et _____[6] (intelligent). Elle est très _____[7] (bien élevé). Toute la famille est _____[8] (gentil). Il y a deux petites exceptions: nos chattes. Elles sont trop _____[9] (indépendant) et _____[10] (indifférent).

**Exercice 7.** Expand on the following sentences by inserting the adjectives in parentheses. Be careful with both adjective agreement and placement.

> **Modèle:** Annette est une fille (jeune, sérieux).
> *Annette est une jeune fille sérieuse.*

1. C'est une chambre (lumineux, petit).
2. Je préfère la robe (blanc, joli).
3. Voilà un étudiant (jeune, individualiste).
4. J'aime les films (vieux, américain).
5. Le sénateur est un homme (vieux, ennuyeux).
6. Marc est un homme (beau, riche et charmant).
7. Le Havre est un port (vieux, important).
8. Paris est une ville (grand, magnifique).
9. J'écoute de la musique (beau, doux).

**Exercice 8.** Describe Jean-Claude's room using the words in parentheses.

La chambre de Jean-Claude est un désastre! Il y a une (photo/vieux) _____[1] par terre, et une (plante/petit) _____[2] dans le lavabo. Sur une chaise, il y a des (tennis/sale [*dirty*]) _____[3] et beaucoup de (cassettes/vieux) _____.[4] Près de la photo d'une (fille/joli, blond) _____[5] sur la table de nuit, il y a une (chemise/bleu) _____[6] et un (sandwich/gros) _____.[7] La chambre a une (odeur/mauvais) _____.[8] Ce n'est pas une (chambre/agréable) _____.[9]

# Structure 3.5   Les prépositions de lieu

Prepositions are used to describe the location of people and things. The following is a list of common prepositions.

| | | | |
|---|---|---|---|
| dans | *in* | loin de | *far from* |
| devant | *in front of* | près de | *near* |
| sur | *on* | en face de | *facing* |
| sous | *under* | au-dessus de | *above* |
| entre | *between* | au-dessous de | *below* |
| derrière | *behind* | à côté de | *next to* |

Prepositions that end in **de** contract with **le** and **les,** as shown in the following examples.

| | |
|---|---|
| La table est à côté **du** mur. | *The table is next to the wall.* |
| La porte est près **des** fenêtres. | *The door is near the windows.* |

**Exercice 9.** Lucas is a foreign student at Columbus University. Use the picture on page 35 to help him describe the campus to his friends in France. Use the appropriate preposition plus the article as needed.

1. La librairie est _____ bibliothèque.
2. _____ la bibliothèque, il y a une fontaine.
3. Le musée d'art est _____ bibliothèque.
4. La résidence est _____ cafétéria.
5. Les courts de tennis sont _____ terrain de sport.
6. Le théâtre est _____ le musée et le cinéma.

# Tout ensemble!

**Complete the following paragraph with the words from the list.**

| | | | |
|---|---|---|---|
| belle | de | française | leurs |
| nouveau | récents | son | vient |
| bons | de la | grand | meublé |
| petit | ses | viennent | |

Jean-Marc est étudiant à l'Université de Lyon. Il _____ ¹ de Beaune, une ville pas loin _____ ² Lyon. Il habite un studio près _____ ³ faculté de sciences. C'est un _____ ⁴ studio _____ ⁵ avec l'essentiel: un lit, un sofa, un bureau, une chaise. Sur le mur de _____ ⁶ studio, Jean-Marc a une _____ ⁷ affiche de son footballeur préféré, Zidane, _____ ⁸ champion de l'équipe _____.⁹ Il a aussi un _____ ¹⁰ lecteur de CD et beaucoup de _____ ¹¹ CD _____.¹² Quand _____ ¹³ amis _____ ¹⁴ le voir *(to see him)*, ils aiment apporter _____ ¹⁵ CD préférés et ils écoutent de la musique ensemble.

# Vocabulaire

## Vocabulaire fondamental

### Noms

| La famille | *Family* |
|---|---|
| un bébé | *a baby* |
| un(e) chat(te) | *a cat* |
| un(e) cousin(e) | *a cousin* |
| une femme | *a wife; a woman* |
| une fille | *a girl; a daughter* |
| un fils | *a son* |
| un frère | *a brother* |
| une grand-mère | *a grandmother* |
| un grand-père | *a grandfather* |
| des grands-parents | *grandparents* |
| un mari | *a husband* |
| une mère | *a mother* |
| un neveu | *a nephew* |
| une nièce | *a niece* |
| un oncle | *an uncle* |
| un père | *a father* |
| une sœur | *a sister* |
| une tante | *an aunt* |

| La chambre | *Bedroom* |
|---|---|
| une étagère | *a bookshelf* |
| une fleur | *a flower* |
| un lit | *a bed* |
| des meubles *(m pl)* | *furniture* |
| un miroir | *a mirror* |
| un placard | *a closet* |
| une plante | *a plant* |
| des rideaux *(m pl)* | *curtains* |
| une table de nuit | *a nightstand* |
| un tapis | *a rug* |
| un vase | *a vase* |

| Les affaires personnelles | *Personal possessions* |
|---|---|
| une affiche | *a poster* |
| un ballon | *a ball (soccer); a balloon* |
| une bicyclette, un vélo | *a bicycle* |
| une calculatrice | *a calculator* |
| une (mini)chaîne (hi-fi) | *a (shelf) stereo* |
| une chose | *a thing* |
| un instrument de musique | *a musical instrument* |
| une montre | *a watch* |
| une radiocassette | *a radio cassette player (often with a CD player)* |
| un sac à dos | *a backpack* |
| une télévision (une télé, *fam*) | *a television, TV* |
| une voiture | *a car* |

**Mots apparentés:** une cassette, un disque compact (CD), une photo, un téléphone (portable)

| Le logement | *Housing* |
|---|---|
| un appartement | *an apartment unit* |
| une maison | *a house* |
| un(e) propriétaire | *a landlord/landlady* |
| un studio | *a studio apartment* |

### Verbes

*You are responsible only for the infinitive form of the verbs marked with an asterisk.*

| chercher | *to look for* |
|---|---|
| coûter | *to cost* |
| louer | *to rent* |
| passer | *to pass (spend) time* |
| *payer | *to pay* |
| *prendre | *to take* |
| *réfléchir | *to think over* |
| venir | *to come* |
| *voir | *to see* |

## Adjectifs

| | |
|---|---|
| agréable | *likeable* |
| bête *(fam)* | *stupid* |
| bon marché | *inexpensive* |
| célibataire | *unmarried* |
| cher (chère) | *expensive* |
| désagréable | *unpleasant* |
| divorcé(e) | *divorced* |
| gros(se) | *large* |
| heureux (heureuse) | *happy* |
| marié(e) | *married* |
| mauvais(e) | *bad* |
| nouveau (nouvelle) | *new* |
| paresseux (paresseuse) | *lazy* |
| réaliste | *realistic* |
| réservé(e) | *reserved* |
| sportif (sportive) | *athletic* |
| travailleur (travailleuse) | *hardworking* |
| triste | *sad* |

**Mots apparentés:** actif (active), calme, content(e), important(e), indifférent(e), long(ue), pessimiste, strict(e), stupide

## Mots divers

| | |
|---|---|
| ici | *here* |
| où | *where* |
| Les nombres 60–1 000 000 | *(See page 61.)* |

## Prépositions

| | |
|---|---|
| à côté de | *next to* |
| au-dessous de | *underneath, below* |
| au-dessus de | *above* |
| chez | *at the home (place) of* |
| dans | *in* |
| derrière | *behind* |
| devant | *in front of* |
| en face de | *facing* |
| entre | *between* |
| loin de | *far from* |
| près de | *near* |
| sous | *under* |
| sur | *on* |

## Expressions utiles

| **Comment louer une chambre** | ***How to rent a room*** |
|---|---|
| *(See other expressions on page 64.)* | |
| Est-ce que vous avez une chambre à louer? | *Do you have a room to rent?* |
| C'est combien le loyer? | *How much is the rent?* |
| Vous avez la climatisation? | *Do you have air conditioning?* |
| Je peux avoir un chien? | *Can I have a dog?* |
| Non, les animaux sont interdits. | *No, animals are not allowed.* |
| Je voudrais réfléchir un peu. | *I'd like to think it over.* |

# Vocabulaire supplémentaire

## Noms

| **La famille** | **Family** |
|---|---|
| un beau-frère | *a brother-in-law* |
| un beau-père | *a father-in-law; a stepfather* |
| une belle-mère | *a mother-in-law;* |
| | *a stepmother* |
| une belle-sœur | *a sister-in-law* |
| un demi-frère | *a half-brother; a stepbrother* |
| une demi-sœur | *a half-sister; a stepsister* |
| une famille moyenne | *an average-size family* |
| une famille nombreuse | *a large family* |
| un fils (une fille) unique | *an only child* |
| un frère (une sœur) aîné(e) | *an older brother (sister)* |
| une petite-fille | *a granddaughter* |
| un petit-fils | *a grandson* |
| des petits-enfants | *grandchildren* |

| **La chambre** | **Bedroom** |
|---|---|
| un aquarium | *an aquarium* |
| une corbeille à papier | *a wastebasket* |
| un frigo *(fam)* | *a refrigerator* |
| un lavabo | *a sink* |
| des volets *(m pl)* | *shutters* |

| **Les objets personnels** | **Personal possessions** |
|---|---|
| un baladeur CD | *a CD Walkman* |
| une casquette | *a (baseball) cap* |
| un dictionnaire (un dico, *fam*) | *a dictionary* |
| une guitare | *a guitar* |
| un lecteur de CD/DVD | *a CD/DVD player* |
| un magnétoscope | *a VCR* |
| un radio-réveil | *a clock radio* |
| une raquette de tennis | *a tennis racket* |
| un répondeur | *an answering machine* |
| un réveil | *an alarm clock* |

**Mots apparentés:** des rollerblades (*m pl*), un scooter, des skis (*m pl*)

| **Le logement** | **Housing** |
|---|---|
| une caution | *a deposit* |
| des charges *(f pl)* | *utilities (charges)* |
| un immeuble | *a building* |
| un(e) locataire | *a tenant* |
| une location | *a rental* |

## Adjectifs

| | |
|---|---|
| aîné(e) | *older (brother or sister)* |
| assis(e) | *seated* |
| bien/mal élevé(e) | *well/bad-mannered* |
| cadet (cadette) | *younger (brother or sister)* |
| compréhensif (compréhensive) | *understanding* |
| déraisonnable | *unreasonable* |
| doux (douce) | *sweet, soft* |
| égoïste | *selfish* |
| gâté(e) | *spoiled* |
| jaloux (jalouse) | *jealous* |
| jumeau (jumelle) | *twin* |
| lumineux (lumineuse) | *sunny, bright (room)* |
| méchant(e) | *mean* |
| meublé(e) | *furnished* |
| mignon (mignonne) | *cute* |
| mort(e) | *dead* |
| ouvert(e) | *open* |
| passionné(e) | *enthusiastic, fanatic* |
| raisonnable | *reasonable* |
| sage | *well-behaved* |
| sévère | *severe, strict* |
| snob | *snobby* |
| vivant(e) | *alive, living* |

**Mots apparentés:** conformiste, enthousiaste, essentiel(le), indépendant(e), individualiste, sédentaire, stressé(e), super *(fam)*, tranquille

# Travail et loisirs

In this chapter, you will learn to talk about your work and leisure activities and how to tell time. You will also get a glimpse of how young people view work and read about France's most famous sporting event, the *Tour de France*.

## Thèmes et pratiques de conversation

- ▶ Les métiers
- ▶ Les lieux de travail
- ▶ Les loisirs
- ▶ Les projets
- ▶ Comment dire l'heure

## Structures utiles

- ▶ **Il/Elle est** ou **C'est** + métier
- ▶ Le verbe **aller** et la préposition **à**
- ▶ Les verbes **faire** et **jouer** pour parler des activités
- ▶ Le futur proche
- ▶ L'interrogatif

## Perspectives culturelles

Le travail moins traditionnel

## Lecture

Tour de France 2003: Lance Armstrong célèbre le Centenaire du Tour en entrant dans la légende

## Un pas en avant

# Thèmes et pratiques de conversation

Les métiers

un juge

un avocat

un médecin

un patient

une infirmière

une secrétaire

un cadre

une femme d'affaires
une cliente

un mécanicien

une institutrice

une femme au foyer

une informaticienne

un chauffeur de taxi

un agent de police

des ouvriers agricoles

un agriculteur

## Structure   4.1 Il/Elle est ou C'est + métier

When talking about professions, you will need to know the masculine and feminine forms of job titles. You will also have to choose between the structures **il/elle est** and **c'est** to state someone's profession. See pages 97–98 for more information.

 **Activité 1: Classez les métiers.** Avec un(e) camarade, classez les métiers où...

1. on a besoin d'un diplôme universitaire.
2. on emploie beaucoup de jeunes.
3. on gagne beaucoup d'argent.
4. on emploie traditionnellement beaucoup de femmes.
5. on est très stressé.

 **Activité 2: Quel métier?** Avec un(e) autre étudiant(e), associez chaque activité à un métier.

**Modèles:**   Il travaille avec ses mains *(hands)*.
*C'est un ouvrier.*

Elle travaille avec ses mains.
*C'est une ouvrière.*

| ACTIVITÉ | MÉTIER |
|---|---|
| 1. Il répare les voitures. | secrétaire |
| 2. Il tape à l'ordinateur et il s'occupe du bureau. | agriculteur |
| 3. Il baptise les bébés. | chanteur (chanteuse) |
| 4. Elle chante dans un groupe. | mécanicien(ne) |
| 5. Il cultive la terre. | homme (femme) au foyer |
| 6. Elle défend ses clients devant le juge. | avocat(e) |
| 7. Il reste à la maison pour s'occuper *(take care of )* des enfants. | prêtre |

**À noter:**   Notice that in the photo captions below and on page 82, some descriptions begin with **c'est/ce sont** and others with **il/elle est.**
1. Which form is followed by an article and a noun?
2. Find an example of a profession being used like an adjective.

Voici Marc Verstaen, le patron de Beatware dans la Silicon Valley. **C'est un créateur d'entreprise.** Ingénieur chez Renault, Verstaen, qui est belge, est venu *(came)* en Californie pour développer des logiciels *(software)*, car il trouve que cette région offre des avantages aux entrepreneurs.

Voici Zinedine Zidane et Emmanuel Petit. **Ce sont des footballeurs** de l'équipe de France qui a gagné la Coupe du monde en 1998.

Patrick Chamoiseau? **Il est martiniquais.** Il écrit en français mais utilise des expressions créoles. Chamoiseau a obtenu le prix Goncourt pour son livre *Texaco* en 1992.

Voici Anne Lauvergeon. **Elle est ingénieur** de formation *(training)*. Maintenant **elle est présidente** d'Areva, un groupe de trois entreprises nucléaires et technologiques qui emploie 50 000 personnes. C'est un poste très important. Lauvergeon a aussi beaucoup d'expérience en politique.

**Activité 3: Faisons connaissance.** Les personnes suivantes sont célèbres dans le monde francophone. Décrivez-les en employant **il/elle est, c'est** ou **ce sont**.

1. Zinedine Zidane et Emmanuel Petit? _____ des champions de football.
2. Le prince Rainier? _____ très riche et élégant.
3. Céline Dion? _____ chanteuse.
4. Pierre Boulez? _____ un compositeur et un chef d'orchestre.
5. Jean Chrétien? _____ premier ministre du Canada.
6. Patrick Chamoiseau? _____ un écrivain martiniquais.

**Activité 4: Jouons à *Jeopardy!*** Devinez les questions associées aux réponses suivantes.

**Modèle:** un vieil acteur
— *C'est un vieil acteur.*
— *Qui est Marlon Brando?*

**C'est/Ce sont...**

1. un juge célèbre
2. des hommes politiques conservateurs
3. des chanteuses populaires
4. un vieil acteur

5. un danseur classique
6. une athlète célèbre
7. des femmes politiques
8. des journalistes célèbres

## Les lieux de travail

> **Structure** 4.2 **Le verbe aller et la préposition à**
>
> In the working world, people are in constant movement. In this **thème,** you will learn the verb **aller** *(to go)* and the forms of the preposition **à** to talk about the active, everyday world of work. See page 99 for an explanation.

## Activité 5: Où vont-ils? Où est-ce que les personnes suivantes vont pour travailler? Regardez le plan de la ville et répondez en suivant le modèle.

**Modèle:** le cuisinier
*Il va au restaurant Le Gaulois.*

1. le médecin
2. l'agriculteur
3. l'ouvrier
4. l'agent de police
5. le professeur

6. le serveur
7. l'employée de banque
8. le prêtre
9. le pilote
10. la pharmacienne

 ## Activité 6: Où... Demandez à un(e) autre étudiant(e) où il/elle va d'habitude dans les situations indiquées.

**Modèle:** le samedi soir
*— Où est-ce que tu vas le samedi soir?*
*— D'habitude, je vais au cinéma.*

1. après le cours de français
2. pour travailler
3. le dimanche matin

4. pour étudier
5. pour déjeuner
6. le vendredi soir

## Activité 7: Écoutez votre professeur: C'est qui? Quelle profession est-ce que votre professeur décrit?

**Modèle:** Vous entendez: Il travaille au restaurant.
Vous écrivez: *C'est un cuisinier.*

1. _____
2. _____
3. _____
4. _____

5. _____
6. _____
7. _____
8. _____

**Bulletin** De tous les pays de l'Union européenne, c'est la France qui a la proportion la plus élevée *(the highest)* de femmes dans la vie active *(in the working world)*.

*Francoscopie, 2003*

# Comment dire l'heure

—Il est quelle heure?

— Il est midi vingt.

—Déjà? C'est l'heure de manger.

—Tu as l'heure?

— Oui, il est deux heures et demie.

—J'ai cours dans une demi-heure,
à trois heures.

—À quelle heure commence le film?

— À 20 heures.

—Zut! Nous sommes en retard!

## Quelques expressions utiles

### Pour demander l'heure

(Excusez-moi,) quelle heure est-il, s'il vous plaît?

Tu as l'heure? *(fam)*
Il est quelle heure? *(fam)*

### Pour dire l'heure non-officielle

Il est dix heures du matin.

Il est dix heures
et quart.

Il est dix heures
vingt-cinq.

Il est dix heures
et demie.

Il est trois heures de
l'après-midi.

Il est quatre heures moins
le quart.

Il est quatre heures
moins dix.

Il est neuf heures
du soir.

Il est midi/minuit.

Il est midi/minuit et demi.

**À noter:** The French frequently tell time based on a 24-hour clock. What American institution uses this system? What are the advantages of using the 24-hour clock?

### Pour dire l'heure officielle basée sur 24 heures

À quelle heure est-ce que la banque ferme?
La banque ferme à 18h00 (dix-huit heures).
Le train arrive à 10h55 (dix heures cinquante-cinq).
Le concert commence vers° 21h30 (vingt et une heures trente).    *about*

### Pour parler de l'heure

| | |
|---|---|
| La banque ouvre/ferme dans cinq minutes°. | *in five minutes* |
| Tu es à l'heure°. | *on time* |
| en avance°. | *early* |
| en retard°. | *late* |
| C'est l'heure (de manger)°. | *It's time (to eat).* |
| Qu'est-ce que tu fais le matin°? | *in the morning* |
| l'après-midi°? | *in the afternoon* |
| le soir°? | *in the evening* |
| Où vas-tu avant/après° ton travail? | *before/after* |

**Écoutons ensemble! L'heure.** Écoutez chaque mini-dialogue et écrivez l'heure que vous entendez.

1. _____

2. _____

3. _____

4. _____

5. _____

6. _____

**Activité 8: Quelle heure est-il?** Un(e) collègue impatient(e) vous demande souvent l'heure. Avec un(e) autre étudiant(e), demandez «Quelle heure est-il?» et, à tour de rôle, répondez avec l'heure non-officielle.

1.

2.

3.

4.

5.

6.

7.

**Activité 9: Heures d'ouverture.** Répondez aux questions suivantes en employant les informations données. Donnez d'abord l'heure officielle puis l'heure non-officielle quand c'est possible.

---

**Banque Nationale de Paris**
8h30–12h30; 15h30–17h30; fermeture les samedi et dimanche

**Bureau de Poste**
du lundi au vendredi 8h–19h; le samedi 9h–12h

**Pharmacie Dhéry**
9h00–1h00; 7 jours/7

**Galeries Lafayette**
9h30–18h30

**Samaritaine**
9h35–19h00; les mardi et vendredi 9h30–20h30

**Hypermarché Auchan**
Du lundi au jeudi 8h–21h; le vendredi de 8h–22h; le samedi de 8h–19h

---

1. Le bureau de poste ferme à quelle heure le jeudi? le samedi?
2. À quelle heure ouvrent les Galeries Lafayette?
3. Est-ce que l'Hypermarché Auchan est ouvert plus tard le mercredi ou le vendredi? À quelle heure est-ce qu'il ferme le vendredi?
4. Quel endroit (*place*) ferme pour le déjeuner? À quelle heure est-ce qu'il ouvre l'après-midi?
5. Quel jour la pharmacie est-elle fermée?

**Activité 10: Ouvert ou non?** Répondez aux questions de votre professeur avec **oui** ou **non**.

1. _____
2. _____
3. _____
4. _____
5. _____
6. _____

**Activité 11: Réponses logiques.** Vous entendez chacune des questions de la colonne A. Comment y répondre? Choisissez la réponse logique dans la colonne B. Ensuite, écoutez l'audio pour vérifier vos réponses.

Text Audio Track 9

| A | B |
|---|---|
| 1. Tu as cours à quelle heure? | **a.** Oui, c'est l'heure de déjeuner. |
| 2. Où est Michel? | **b.** Il est deux heures dix. |
| 3. Il est midi et demi? | **c.** À onze heures. |
| 4. Tu es libre maintenant? | **d.** Non, je n'ai pas de montre. |
| 5. Tu as l'heure? | **e.** Je ne sais pas. Il est en retard. |
| 6. Excusez-moi, monsieur. Quelle heure est-il? | **f.** Non, j'ai cours dans un quart d'heure. |

# Perspectives culturelles

## Le travail moins traditionnel

### Introduction

*salary*

*see*

En France la conception du travail, surtout chez les jeunes, est en évolution. Un bon salaire° est important, mais on accorde une importance prioritaire aux relations humaines dans le travail et on recherche le développement personnel.

Beaucoup de jeunes envisagent° le travail comme une aventure personnelle. Ils sont ouverts à toutes les nouvelles formes de travail et à l'utilisation des technologies dans l'entreprise. Ils sont aussi généralement plus mobiles et considèrent tout changement de travail, d'entreprise ou de région comme une opportunité.

### Profils

Voici deux portraits de jeunes qui illustrent cette tendance. Pour eux, profession et passion vont ensemble.

*Alain, un producteur nouvelle génération*

*Sara, «trekker» dans le désert*

*met*
*create / produce*

*short films / receives*

*excursion guide*
*travel agency*
*walking excursion*
*reassure them*

À 30 ans, Alain Ginot fait partie de la nouvelle génération des producteurs de cinéma. Il a rencontré° son associé, Marc Mouger, à l'université. Les deux étudiants sont en première année de fac quand ils créent° Fidélité Productions et produisent° leur premier film. Pendant trois ans, parallèlement à leurs études, les associés produisent des courts métrages°. Aujourd'hui, Alain reçoit° près de vingt propositions par semaine.

À 22 ans, Sara Marceau est un «trekker» de choc. Cette accompagnatrice de randonnées touristiques° passe six mois de l'année à Madère ou à Chypre et six mois dans le Sahara. Son agence de voyage° est spécialisée dans les randonnées à pied°. Chef d'expédition, elle organise le trek—d'une ou deux semaines—de A à Z. «Je guide les touristes, je les rassure°.» Une grande responsabilité mais parfaitement adaptée à Sara qui adore les voyages.

*Adapté de «Ils ont fait de leur passion leur métier» dans* L'Étudiant, *juillet et août 1999*

### Avez-vous compris?

**A.** Indiquez si les phrases suivantes sont vraies ou fausses. Corrigez les phrases fausses.

1. Pour les jeunes, un bon salaire est une priorité.
2. Beaucoup de jeunes utilisent les nouvelles technologies dans leur travail.
3. Les jeunes n'aiment pas changer de région pour leur travail.

**B.** Attribuez les phrases suivantes à la personne appropriée: Alain Ginot ou Sara Marceau.

1. Cette personne préfère travailler en plein air *(fresh air)*.
2. Cette personne travaille avec des clients qui cherchent l'aventure.
3. Cette personne a commencé à travailler dans le cinéma pendant ses études universitaires.
4. Cette personne travaille avec un ami de l'université.

# Les loisirs

**Structure** 4.3 Les verbes **faire** et **jouer** pour parler des activités

In this **thème**, you will use the verbs **faire** and **jouer** to talk about a number of sports and leisure activities. For additional information about these expressions, see page 100.

## Dans le parc

faire une promenade à vélo

faire du jogging

jouer au football

faire du tennis/
jouer au tennis

faire du roller

## À la maison

faire le ménage

faire la cuisine

faire les devoirs

jouer du piano

faire la grasse matinée

## En ville

faire les courses

faire du travail bénévole

faire un voyage

Qu'est-ce que vous faites après les cours ou après le travail? et le week-end?

### Activité 12: Qu'est-ce que vous faites? Utilisez une expression avec **faire** pour répondre aux questions suivantes.

1. Vous étudiez le français?
2. Vous voyagez ce week-end?
3. Vous jouez au tennis?
4. Vous nagez?
5. Vous aimez rester au lit tard le dimanche?
6. Vous jouez du piano?
7. Vous aimez vous promener dans le parc?
8. Vous skiez?

---

**Bulletin** Une année de loisirs

**Activités pratiquées en % de la population de 15 ans et plus.**

| Activité | Ont pratiqué |
|---|---|
| —Jouer aux cartes ou à des jeux de société° | 53 % |
| —Faire de «bons plats°» ou essayer de nouvelles recettes° | 50 % |
| —Faire une randonnée à pied ou à vélo | 34 % |
| —Faire des mots croisés° | 32 % |
| —Faire du footing ou du jogging | 18 % |
| —Jouer à des jeux électroniques | 16 % |
| —Aller à la pêche° | 14 % |
| —Faire du yoga ou de la relaxation | 4 % |
| —Pratiquer une autre activité physique ou sportive | 23 % |

*parlor and board games*
*good dishes*
*recipes*

*crossword puzzles*

*fishing*

Francoscopie *2003*

---

### Activité 13: Associations. Éliminez le mot qui ne va pas avec les autres et identifiez l'activité que vous associez à chaque liste.

| | | | | |
|---|---|---|---|---|
| 1. la piscine | l'été | la plage | une balle | un maillot de bain |
| 2. le printemps | l'argent | un sac | une liste | le supermarché |
| 3. un match | une équipe | un ballon | un stade | l'église |
| 4. un jean | la montagne | une raquette | un sac à dos | des chaussures de marche |

---

### Activité 14: La vie active des célébrités. Que font les personnes suivantes? Formez des phrases avec le verbe **faire**.

1. Gérard Depardieu        du football américain
2. le rappeur MC Solaar     la cuisine
3. les Cowboys de Dallas    du foot(ball)
4. Zinedine Zidane          de la musique
5. Emeril Lagasse           des promenades dans l'espace
6. les astronautes          des films
7. le prof de français      ?
8. mes amis et moi          ?

**Activité 15: Signez ici.** Qui dans la classe fait les activités suivantes? Préparez une feuille de papier avec les nombres de 1 à 10. Circulez dans la classe en posant les questions appropriées jusqu'à ce que vous ayez trouvé une réponse affirmative à chaque question. La personne qui répond «oui» doit marquer son nom sur votre papier.

> **Modèle:** jouer du piano
> — *Est-ce que tu joues du piano?*
> — *Oui, je joue du piano.* (Cette personne marque son nom.)
> — *Non, je ne joue pas de piano.* (Cette personne ne marque pas son nom.)

\_\_\_\_\_ **1.** jouer de la musique
\_\_\_\_\_ **2.** faire du ski sur des pistes *(slopes)* difficiles
\_\_\_\_\_ **3.** jouer dans une équipe *(team)* de sport à l'université
\_\_\_\_\_ **4.** faire ses devoirs à la bibliothèque
\_\_\_\_\_ **5.** faire du jogging régulièrement
\_\_\_\_\_ **6.** faire du travail bénévole
\_\_\_\_\_ **7.** faire souvent des voyages
\_\_\_\_\_ **8.** faire son lit tous les jours

# Les projets

> **Structure** **4.4 Le futur proche**
>
> In this **thème,** you will learn the **futur proche** to talk about your plans. See page 101 for an explanation.

Luc est un musicien qui joue du saxophone dans un groupe de jazz. Ce vendredi, il va donner un concert et sa femme est en voyage d'affaires, donc *(therefore)* il va s'occuper *(to take care of)* aussi des enfants. Quel emploi du temps chargé! Qu'est-ce qu'il va faire?

| vendredi 4 octobre | |
|---|---|
| 6h00 | jogging |
| 7h30 | petit déjeuner |
| 8h00 | emmener les enfants à l'école |
| 11h00 | faire les courses |
| 13h00 | déjeuner avec Rémy— directeur de production |
| 14h30 | gym |
| 16h00 | aller chercher les enfants à l'école—les déposer chez la baby-sitter |
| 16h30 | partir pour la salle de concert—vérifier l'acoustique |
| 17h30 | répéter |
| 20h00 | Concert! |

**Activité 16: Les projets de Luc.** Étudiez l'agenda de Luc et indiquez si les phrases suivantes sont vraies ou fausses. Corrigez les phrases fausses.

1. Il va faire une promenade dans le parc vendredi matin.
2. À huit heures, il va emmener ses enfants à l'école.
3. Ses enfants vont à l'école jusqu'à *(until)* trois heures de l'après-midi.
4. Il va déjeuner avec le directeur de production de son label à une heure.
5. Il va faire la sieste *(to take a nap)* avant le concert.
6. La baby-sitter va garder les enfants pendant qu'il donne son concert.

## Structure  4.5 L'interrogatif

In order to make plans with others, you must first coordinate your schedules; this involves asking questions. See page 102 for a summary of question forms and an explanation of inversion.

| | |
|---|---|
| PHILIPPE: | On va à la piscine demain matin? |
| JEAN-PIERRE: | Je ne sais pas... Qu'en penses-tu? |
| VALÉRIE: | C'est une bonne idée. Est-ce que c'est loin? |
| PHILIPPE: | Non, pas du tout. Jean-Pierre, tu aimes faire de la natation? |
| JEAN-PIERRE: | En général, oui... À quelle heure voulez-vous y aller? |
| PHILIPPE: | À 9h30? |
| JEAN-PIERRE: | Oh non! C'est trop tôt! |
| PHILIPPE: | Tu veux y aller l'après-midi? |
| VALÉRIE: | Oui, on peut faire la grasse matinée, n'est-ce pas? |
| PHILIPPE: | Alors, on se retrouve *(meet each other)* devant la piscine demain à 14h30? |
| VALÉRIE: | D'accord. À demain. |

**À noter:** Identify the question forms needed in the conversation above.

**Activité 18: Quels sont les projets?**  Jean-Pierre n'a pas fait attention pendant la conversation. Il téléphone donc à Philippe pour confirmer leurs projets. Jouez les rôles de Jean-Pierre et de Philippe. Variez la forme des questions.

> **Modèle:**  On va au cinéma.
> JEAN-PIERRE:  (intonation) *On va au cinéma?*
> (n'est-ce pas) *On va au cinéma, n'est-ce pas?*
> (est-ce que) *Est-ce qu'on va au cinéma?*
> (inversion) *Va-t-on au cinéma?*
> PHILIPPE:  *Mais non, on va à la piscine.*

1. On va à la piscine dimanche prochain.
2. La piscine est loin de chez nous.
3. Valérie déteste faire la grasse matinée.
4. On va à la piscine à 15h30.
5. On se retrouve devant la station de métro.

**Activité 18: Ce week-end.** Demandez à un(e) autre étudiant(e) s'il/si elle va faire les activités suivantes ce week-end. Si la réponse est «non», demandez ce qu'il/elle va faire.

**Modèle:** aller au match de basket
—*Tu vas aller au match de basket ce week-end?*
—*Oui, je vais aller au match.*

ou

—*Non, je ne vais pas aller au match.*
—*Qu'est-ce que tu vas faire alors?*
—*Je vais aller à la bibliothèque.*

1. retrouver des amis au café
2. aller au gymnase
3. travailler
4. aller au cinéma
5. aller en boîte *(club)*
6. faire la cuisine
7. faire les devoirs
8. regarder un DVD

 **Activité 19: Organisez-vous.**

**A.** Sur une feuille de papier, faites une liste de ce que vous allez faire aujourd'hui. Écrivez au moins sept phrases.

**Modèle:** *Je vais aller au cours de maths.*
...

**B.** Ensuite, circulez dans la classe pour trouver quelqu'un qui va faire les mêmes choses.

**Modèle:** —*Est-ce que tu vas aller au cours de maths?*
—*Oui, je vais aller au cours de maths cet après-midi.*
—*Signe ici, s'il te plaît.*

**Situations à jouer!**

1.
> You are in a bank and need to cash a traveler's check in a hurry. Ask the teller for the time and find out when the bank closes.

2.
> Talk to several classmates to find out what profession they would like to practice after college and why they find it interesting.
>
> **Modèle:** *J'aimerais être* (I would like to be) _____ *parce que je voudrais (gagner beaucoup d'argent, aider les gens, voyager, avoir beaucoup de vacances, avoir un travail intéressant).*

3.
> Talk to several classmates to compare what you like to do during your free time. With whom do you have the most in common?

# Lecture

## Anticipation

1. Cycling is a popular sport in France, for professionals and amateurs alike. Classify the following terms according to whether you associate them with professional (**professionnel**) cycling or pleasure biking (**amateur**), or both (**les deux**).

| | |
|---|---|
| un vélo de course *(racing bike)* | une promenade |
| un vélo de montagne | une course *(race)* |
| une épreuve contre la montre *(time trial)* | une équipe |
| un(e) athlète | le cyclotourisme |
| des tennis | un club |
| un pique-nique | un casque *(helmet)* |
| courir | remporter la victoire |
| un coureur *(racer)* | l'entraînement *(training)* |

2. You are going to read some facts about the Tour de France, an annual bike race which celebrated its one hundred year anniversary in 2003, and an article about five-time winner, American Lance Armstrong. What would you expect to find in each of these segments?

### Un coup d'œil sur le Tour de France

- **Origine:** créé en 1903 par le directeur du journal *L'Auto*
- **Date:** mois de juillet pendant 22 jours
- **Nombre de participants:** minimum 60 en 1903; maximum 210 en 1988 (198 en 2003)
- **Nombre d'arrivants:** minimum 11 en 1911; maximum 158 en 1991
- **Course:** divisée en une vingtaine° d'étapes journalières; composée d'étapes sur route et d'étapes de montagne
- **Maillot° jaune:** donné après chaque étape au coureur avec le meilleur temps pour cette étape
- **Vainqueur:** le coureur qui a le meilleur temps sur l'ensemble de la course
- **Nationalité des vainqueurs** (jusqu'en 2003): 36 victoires françaises, 18 belges, 9 italiennes, 8 espagnoles, 8 américaines, 4 luxembourgeoises, 2 suisses, 2 néerlandaises, 1 irlandaise, 1 allemande, 1 danoise
- **Position dans le hit-parade du sport:** 3e place après la Coupe du monde de foot(ball) et les Jeux olympiques

*about 20*

*Jersey*

## TOUR DE FRANCE 2003: LANCE ARMSTRONG CÉLÈBRE LE CENTENAIRE DU TOUR EN ENTRANT DANS LA LÉGENDE

Dimanche 27 juillet 2003. Champs-Élysées, Paris.

Ce centenaire° du Tour de France a été passionnant. Aujourd'hui après 83 heures 41 minutes et 12 secondes de course, l'Américain Lance Armstrong est à nouveau le premier à franchir° l'arrivée avec 1 minute 1 seconde d'avance sur l'Allemand Jan Ullrich. Armstrong, 31 ans, remporte ainsi sa cinquième victoire consécutive. Il devient ainsi le cinquième° coureur cycliste dans l'histoire du Tour de France à réaliser cet exploit.

*100 year anniversary*

*to cross*
*fifth*

| PALMARÈS DES QUINTUPLES VAINQUEURS° DU TOUR DE FRANCE | | |
| --- | --- | --- |
| JACQUES ANQUETIL | France | 1957, 1961, 1962, 1963, 1964 |
| EDDY MERCKX | Belgique | 1969, 1970, 1971, 1972, 1974 |
| BERNARD HINAULT | France | 1978, 1979, 1981, 1982, 1985 |
| MIGUEL INDURAIN | Espagne | 1991, 1992, 1993, 1994, 1995 |
| LANCE ARMSTRONG | États-Unis | 1999, 2000, 2001, 2002, 2003 |

*five-time winners*

Cette cinquième victoire a-t-elle été facile pour le Texan? À cette question, il répond:

«Cela a été le plus difficile de mes cinq Tours de France et c'est un rêve que je réalise. Je suis content parce que c'est fini et parce que je suis très fatigué.»

Quels sont les projets d'avenir° du champion? Tout d'abord, fêter° sa victoire avec ses amis de l'équipe° US Postal. Puis, Armstrong va donner, à Paris, une conférence de presse intitulée° «Vivre au delà° du cancer; une célébration de la vie». Pourquoi est-il impliqué dans la lutte° contre le cancer? Lance lui-même est un survivant°. Et est-ce que le cancer l'a changé? Lisez ses propres paroles°:

«Le cancer a tout changé. Physiquement, mentalement, émotionnellement. La maladie° a changé l'homme et elle a changé l'athlète. Cela a été une expérience inestimable. Une bonne chose pour moi.»

Et quant au Tour de France 2004, Lance Armstrong va-t-il tenter de devenir° le premier coureur dans l'histoire du Tour à remporter six victoires?

«Oui, dit-il, je serai là dans un an et pas pour faire deuxième ou perdre. Je sais qu'il y a beaucoup de choses à gérer°, de la chance° aussi, mais je serai là pour essayer° de gagner! Je pense que je serai plus fort que cette année.»

*future*
*to celebrate / team*

*entitled / Living beyond*
*fight*
*survivor*
*words*

*illness*

*to attempt to become*

*Lance Armstrong reçoit le trophée spécialement réalisé par le sculpteur Milcko Stack pour le Centenaire du Tour de France.*

*to manage/luck*
*to try*

## Compréhension et intégration

Complétez les phrases suivantes avec les mots du texte.

1. Ce Tour de France est important du point de vue historique parce que c'est le _____.
2. Armstrong a remporté la victoire avec _____ minute _____ seconde d'avance.
3. Son premier concurrent *(competitor)* s'appelle _____. Il est de nationalité _____.
4. Le Tour pour Armstrong cette année est (adjectif)_____.
5. Après le Tour, Armstrong est très (adjectif) _____.
6. Lance Armstrong va donner une conférence sur _____.
7. Il dit que le cancer l'a changé _____, _____ et _____.
8. Il dit qu'il va _____ le Tour en 2004.

## Maintenant à vous!

1. Vous êtes un(e) journaliste qui interviewe Lance Armstrong. Écrivez quatre questions à lui poser.
2. Lance Armstrong espère être le premier à gagner un sixième tour. Est-ce que vous pensez qu'il va réaliser ce rêve? Donnez vos raisons.

# Un pas en avant

http://motifs.heinle.com

## Naviguez le Web!

1. Visit a Web site that offers a wide variety of job information: advantages and disadvantages of different jobs, the background and qualities that are required to succeed in these professions, etc. See how many of these professions you recognize.

2. The Tour de France is a French sporting institution. Visit an official Tour de France Web site and find out more about this event—its itinerary, winners, and history.

**Phrases:** expressing hopes and aspirations

**Grammar:** future with **aller**

**Vocabulary:** dreams, aspirations, leisure

## À écrire

We often begin a new quarter or semester by setting specific goals for ourselves; maybe it's getting more exercise, studying more efficiently, improving our social life, doing something for others, or trying something new and adventurous. In this writing assignment, you will write a fairly detailed journal entry in which you outline your goals and make an action plan for accomplishing them. Remember, as in most writing activities, you can choose to write as yourself or take on a fictional identity.

PREMIÈRE ÉTAPE.    Make a list of the following:

1. one bad habit you want to change
2. two good habits you plan to adopt
3. two projects you're going to complete
4. one new activity you're going to try
5. two steps you'll take to improve your social life

**Modèle:**    *Je vais réorganiser mes placards, ranger ma chambre et organiser mes affaires* (things).
*Je vais m'inscrire* (to sign up) *au club de ski.*
*Je vais dormir moins et étudier plus.*
*Je vais inviter René à mon match de tennis.*

DEUXIÈME ÉTAPE.    Now make a journal entry in which you record your good intentions to check in one year's time. Use the **futur proche** for discussing your plans.

**Modèle:**    *Le 5 octobre 20 ___*
*Salut, c'est moi.*
    *Il y a beaucoup de choses que j'aimerais accomplir* (would like to accomplish) *ce trimestre/ce semestre/cette année, etc.*
    *Tout d'abord, j'ai des mauvaises habitudes à changer. ...*
*Je vais aussi faire des changements dans ma vie sociale. ...*
*J'ai tendance à ne pas finir les projets que je commence, alors je vais finir...*
    *Et finalement, j'aimerais essayer* (to try) *quelque chose de nouveau. ...*
*Voici mes projets. Maintenant à l'action!*

### VOCABULAIRE UTILE

| | |
|---|---|
| mauvaises habitudes | avoir tendance à |
| une perte *(waste)* de temps | essayer *(to try)* quelque chose |
| faire des changements | de nouveau |

# Structure 4.1  Il / Elle est ou C'est + métier

## LES MÉTIERS ET LES GENRES

Most professions in French have a masculine and a feminine form. In many cases, they follow the same patterns as adjectives.

| ending | | profession | | |
|---|---|---|---|---|
| **masculine** | **feminine** | **masculine** | **feminine** | |
| — | -e | un avocat | une avocate | *a lawyer* |
| | | un écrivain | une écrivaine | *a writer* |
| -ier | -ière | un infirmier | une infirmière | *a nurse* |
| -ien | -ienne | un informaticien | une informaticienne | *a computer specialist* |
| -eur | -euse | un serveur | une serveuse | *a waiter/waitress* |
| -eur | -rice | un acteur | une actrice | *an actor/actress* |

For some professions where the masculine form ends in **-e**, the article indicates the gender.

un secrétaire/une secrétaire          *a secretary*
un architecte/une architecte          *an architect*

The word **homme** or **femme** is included in some titles.

un homme d'affaires/une femme d'affaires     *a businessman/woman*

In spite of the growing range of work options available to French women, the French language does not always immediately reflect such changes in society. The following traditionally masculine professions have only a masculine form.

Il/Elle est professeur.          *He/She is a professor.*
Il/Elle est médecin.          *He/She is a doctor.*
Il/Elle est cadre.          *He/She is an executive.*

These professions are modified by masculine adjectives.

Mme Vonier est un bon professeur.          *Mrs. Vonier is a good professor.*
Mlle Dulac est un excellent médecin.          *Miss Dulac is an excellent doctor.*
Mme Vivier est un cadre compétent.          *Mrs. Vivier is a competent executive.*

## IL / ELLE EST OU C'EST

There are two ways to state a person's profession or nationality in French.

**1.** Like adjectives, without an article: subject + **être** + job or nationality

Marc est avocat.          *Marc is a lawyer.*
Il est très travailleur.          *He is very hardworking.*
Mes sœurs sont médecins.          *My sisters are doctors.*
Elles sont intelligentes.          *They are intelligent.*
Elle vient du Québec.          *She comes from Quebec.*
Céline est canadienne.          *Celine is Canadian.*

**2.** As nouns with **c'est** or **ce sont,** with the indefinite article (**un, une, des**). Note that nouns of nationality are capitalized, whereas adjectives are written in lower case.

| | |
|---|---|
| C'est un médecin. | *He/She is a doctor.* |
| Ce sont des étudiants. | *They are students.* |
| C'est une Belge. | *She's Belgian.* |

Whenever you modify the profession or nationality with an adjective or a phrase, you must use **c'est** or **ce sont.**

| | |
|---|---|
| C'est un bon médecin. | *She is/He is a good doctor.* |
| Ce sont des étudiants paresseux. | *They are lazy students.* |
| Ce sont des Suisses de Genève. | *They're Swiss from Geneva.* |

Some common nationalities are **allemand(e)** *(German)*, **anglais(e)** *(English)*, **belge** *(Belgian)*, **canadien(ne)** *(Canadian)*, **chinois(e)** *(Chinese)*, **espagnol(e)** *(Spanish)*, **italien(ne), mexicain(e),** and **russe** *(Russian)*.

**Exercice 1.** Complete each sentence with the appropriate job title and/or nationality for the female described. Choose from the list, making changes as needed.

**artiste, canadien, cuisinier, employé, homme d'affaires, instituteur, italien, musicien, serveur, vendeur**

1. Francine joue du piano dans un orchestre à Lyon.
   Elle est _____.
2. Geneviève travaille dans une banque.
   C'est une _____ de banque.
3. Christine travaille dans un restaurant où elle prépare des repas et fait de bonnes sauces. Elle est _____.
4. Massa travaille dans une boutique de vêtements.
   Elle est _____.
5. Céline Dion est une chanteuse célèbre.
   Elle est _____.
6. Simone travaille au Café du Parc. C'est une _____.
7. Colette est directrice du marketing pour une grosse entreprise.
   Elle est _____.
8. Sofia vient de Florence mais elle a son studio à Nice.
   C'est une _____ _____.

**Exercice 2.** Mme Pham is explaining to her granddaughter where different family members and friends work, what they do, and where they're from. Complete her descriptions using **il/elle est** and **ils/elles sont** or **c'est** and **ce sont.**

1. Ton oncle Nguyen travaille à l'Université de Montréal.
   _____ un bon professeur.
2. Ta tante travaille dans une boutique de prêt-à-porter.
   _____ vendeuse.
3. M. et Mme Tranh travaillent en ville. _____ cadres.
4. Le père de ton cousin Anh est très gentil.
   _____ un dentiste sympathique.
5. La mère d'Anh adore dessiner des maisons modernes.
   _____ architecte.
6. Tes parents travaillent au restaurant Apsara.
   _____ de bons cuisiniers.
7. Ta cousine est mariée à Paul. _____ français.

# Structure 4.2   Le verbe **aller** et la préposition **à**

The verb **aller** *(to go)* is irregular.

| aller *(to go)* | |
|---|---|
| je vais | nous allons |
| tu vas | vous allez |
| il/elle/on va | ils/elles vont |

| | |
|---|---|
| Je vais en cours. | *I'm going to class.* |
| Ils vont à Paris. | *They are going to Paris.* |

The preposition **à** *(to, at,* or *in)* is frequently used after verbs such as **aller** and **être.** When **à** is followed by the definite article **le** or **les,** a contraction is formed as shown in the chart.

| | |
|---|---|
| à + le → **au** | Mon père travaille **au** commissariat de police. |
| à + la → **à la** | Vous allez **à la** banque? |
| à + l' → **à l'** | L'institutrice est **à l'**école. |
| à + les → **aux** | Nous travaillons **aux** champs. |

**Aller** is also used to talk about how someone is feeling.

| | |
|---|---|
| Comment allez-vous? | *How are you?* |
| Ça va bien. | *I'm fine.* |

**Exercice 3.**  Élisabeth is telling her mother about her afternoon plans. Complete her description with **au, à la, à l',** or **aux.**

D'abord, j'emmène *(take)* les enfants _____[1] école. Puis, je vais _____[2] hôpital pour faire du travail bénévole. Avant midi, je passe _____[3] banque pour déposer un chèque *(make a deposit)* et puis je retrouve des amis _____[4] gymnase *(m)*. Après notre cours d'aérobic, nous allons déjeuner _____[5] café ensemble. Jean-Claude et Pierre ne déjeunent pas avec nous parce qu'ils travaillent _____[6] champs cet après-midi. Finalement, je vais _____[7] supermarché et je passe chercher les enfants _____[8] école à cinq heures.

**Exercice 4.**  Where are the following people likely to go? Complete each sentence logically, using the apppropriate form of **aller** and the preposition **à** as in the model.

> **Modèle:**   Vous aimez dîner en ville. Vous…
> *Vous allez au restaurant.*

| | |
|---|---|
| **1.** Vous aimez skier. Vous… | les courts de tennis |
| **2.** Kevin et Christine aiment le tennis. Ils… | la montagne |
| **3.** Nous aimons étudier. Nous… | le café |
| **4.** Mon père aime écouter un bon sermon. Il… | la librairie |
| **5.** Ma sœur cherche des aspirines. Elle… | le restaurant |
| **6.** Tu aimes acheter des livres. Tu… | la pharmacie |
| **7.** J'aime retrouver mes amis. Je… | la bibliothèque |
| | l'église |

# Structure 4.3 Les verbes **faire** et **jouer** pour parler des activités

The irregular verb **faire** *(to do* or *to make)* is one of the most commonly used verbs in French.

| faire *(to do, to make)* | |
| --- | --- |
| je fais | nous faisons |
| tu fais | vous faites |
| il/elle/on fait | ils/elles font |

A number of expressions for talking about work and leisure activities use **faire.**

| | |
| --- | --- |
| Je fais les courses le vendredi. | *I go shopping on Fridays.* |
| Mme Lu fait un voyage à Tokyo. | *Mrs. Lu is taking a trip to Tokyo.* |
| Nous faisons du ski à Noël. | *We go skiing at Christmas.* |
| Mon père aime faire la cuisine. | *My father likes to cook.* |

Note that the question **Qu'est-ce que tu fais?** can be answered with a variety of verbs.

| | |
| --- | --- |
| —Qu'est-ce que tu fais cet après-midi? | —*What are you doing this afternoon?* |
| —J'étudie. Plus tard, je fais une promenade en vélo. Ensuite, je vais faire la sieste. | —*I'm studying. Later on, I'm going for a bike ride. Then I'm going to take a nap.* |

Another way of expressing sports activities and games is with the regular -**er** verb **jouer** *(to play)*. Use the following structure:

**jouer** + **à** + definite article + sport

| | |
| --- | --- |
| Je joue au tennis. | *I play tennis.* |
| Vous jouez aux cartes. | *You play cards.* |

In most cases, either a **faire** expression or **jouer à** can be used. Compare the following:

| | |
| --- | --- |
| Zinedine Zidane fait du football. <br> Zinedine Zidane joue au football. | *Zinedine Zidane plays soccer.* |

To talk about playing a musical instrument, you use either a **faire** expression or the following construction:

**jouer** + **de** + definite article + instrument

| | |
| --- | --- |
| Il fait de la guitare. <br> Il joue de la guitare. | *He plays the guitar.* |

**Exercice 5.** What are the residents of the **Cité universitaire** doing today? Use the elements provided to write sentences describing their activities. Make any necessary changes.

1. Vous / faire / la grasse matinée / ce matin.
2. Évelyne / faire / ménage / quand / sa camarade de chambre / être / bureau.
3. Philippe et moi / faire / randonnée / à la campagne.
4. Les frères Thibaut / jouer / football.
5. Tu / jouer / basketball.
6. Je / faire / guitare / après mes cours.
7. Anne et toi / jouer / piano / ensemble.

**Exercice 6.** Mme Breton wants to know what everyone in the family is doing. Using the model as a guide, write five questions she might ask with the verb **faire** and five answers using the vocabulary provided.

> **Modèle:** —*Jacques et Renée, qu'est-ce qu'ils font?*
> —*Ils font une randonnée.*

| | | |
|---|---|---|
| Jacques et Renée | faire | une promenade |
| Martine | jouer | de la natation |
| Jean-Claude et moi | | le ménage |
| Philippe | | une randonnée |
| Tante Hélène | | au football |
| les gosses *(kids) (fam)* | | du ski |
| Papa | | aux cartes |
| | | leurs devoirs |

# Structure 4.4 Le futur proche

**Aller** + **infinitif** is used to express a future action. This construction is known as the **futur proche.**

| | |
|---|---|
| Nous allons faire du ski. | *We're going to go skiing.* |
| Tu vas étudier. | *You are going to study.* |

To negate the **futur proche,** put **ne… pas** around the conjugated form of **aller.**

| | |
|---|---|
| Il ne va pas travailler. | *He is not going to work.* |
| Vous n'allez pas jouer au football. | *You are not going to play soccer.* |

The following time expressions are often used with the future.

| | |
|---|---|
| ce soir | *this evening* |
| la semaine prochaine | *next week* |
| demain | *tomorrow* |
| demain matin | *tomorrow morning* |

**Exercice 7.** What are the following people going to do this weekend, given their particular circumstances? Complete the sentences with the **futur proche** using the information in parentheses.

1. Paul et Charlotte ont rendez-vous ce week-end. Ils _____ (aller) au cinéma.
2. Nous invitons des amis à dîner. Nous _____ (faire) la cuisine.
3. Maurice a un examen lundi. Il _____ (ne pas sortir) avec ses amis.
4. Tu détestes le football. Tu _____ (ne pas aller) au match.
5. Vous allez en boîte samedi soir. Vous _____ (danser).
6. Le film commence à 22h00. Je _____ (ne pas être) en retard.

**Exercice 8.** Pauline describes what she is going to do on her day off from school. Use the **futur proche** of the verbs in the list to tell what is going to happen.

> **ne pas aller   prendre** *(to take)*   **écouter   faire** *(trois fois)*
> **jouer   étudier   rester   retrouver**

Demain, c'est un jour de congé *(holiday)*. Je _____ ¹ à l'université. Je _____ ² au lit jusqu'à 10 heures du matin. À 11 heures, je _____ ³ mes amis chez Michelle et nous _____ ⁴ une promenade à vélo. On _____ ⁵ un panier de pique-nique *(picnic basket)* et une radiocassette. À midi, nous _____ ⁶ un pique-nique et nous _____ ⁷ de la musique. Si nous avons le temps, nous _____ ⁸ au tennis dans le parc. Et vous, qu'est-ce que vous _____ ⁹? Comment?! Vous _____ ¹⁰ à la bibliothèque?

# Structure 4.5  L'interrogatif

You are already familiar with two basic ways to ask questions in French.

- By using rising intonation:

| | |
|---|---|
| Tu parles français? | *You speak French?* |

- By adding **est-ce que (qu')** to a sentence:

| | |
|---|---|
| Est-ce que tu parles français? | *Do you speak French?* |
| Est-ce qu'ils jouent au rugby? | *Do they play rugby?* |

If you think you know the answer to a question but you want to get confirmation, add the tag question **n'est-ce pas** at the end of the sentence and use rising intonation. Note how the English equivalent of **n'est-ce pas** varies.

| | |
|---|---|
| Tu parles français, n'est-ce pas? | *You speak French, don't you?* |
| Nous allons jouer aux cartes, | *We're going to play cards, aren't we?* |
| n'est-ce pas? | |

Another way to form a question is by inversion, in which the normal position of the subject and the verb is reversed.

| | |
|---|---|
| Tu parles français. → Parles-tu français? | *Do you speak French?* |

Follow these guidelines for forming inversion questions:

**1.** When you invert the subject and verb, connect them with a hyphen.

| | |
|---|---|
| Allez-vous au bureau? | *Are you going to the office?* |

**2.** When inverting **il, elle,** or **on** with a verb that does not end in **d** or **t,** add a **t** between the verb and the subject.

| | |
|---|---|
| Joue-t-elle de la guitare? | *Does she play the guitar?* |
| Va-t-on à la banque? | *Are we going to the bank?* |

But:

| | |
|---|---|
| Fait-il les courses? | *Is he going shopping?* |
| Est-ce ta raquette? | *Is it your tennis racket?* |

**3.** When nouns are used in inversion questions, state the noun and then invert the verb with the corresponding subject pronoun.

| | |
|---|---|
| Ton ami fait-il le ménage? | *Does your friend do housework?* |
| Véronique va-t-elle en classe? | *Is Véronique going to class?* |

**4.** Inversion is generally not used when the subject is **je.** Use **est-ce que** instead.

| | |
|---|---|
| Est-ce que je vais chez Paul ou pas? | *Am I going to Paul's or not?* |

Inversion is considered somewhat formal, but it is usually used in the following frequently asked questions:

| | |
|---|---|
| Quel âge as-tu? | *How old are you?* |
| Comment t'appelles-tu? | *What is your name?* |
| Quelle heure est-il? | *What time is it?* |
| Quel temps fait-il? | *What's the weather like?* |
| Comment vas-tu? | *How are you?* |
| D'où es-tu? | *Where are you from?* |

**Exercice 9.** The following questions are included in a survey about finding a perfect partner. You decide to work some of the questions into a conversation with your boy/girlfriend. Use **est-ce que** in your questions in this casual context.

1. Aimes-tu danser?
2. Es-tu nerveux (nerveuse) quand tu es avec mes parents?
3. Tes parents sont-ils compréhensifs?
4. Aimes-tu lire, passer du temps sur ton ordinateur ou regarder la télévision le soir?
5. Après les cours, préfères-tu faire du sport ou passer du temps avec des amis?
6. Est-il important d'être romantique et affectueux (affectueuse)?

**Exercice 10.** You work for the school paper and plan to interview a new professor from France. As you prepare your notes for this formal interview, reformulate your questions with inversion.

1. Vous êtes d'où?
2. Vous enseignez les sciences politiques?
3. C'est votre première visite aux États-Unis?
4. Votre famille est ici avec vous?
5. Vous avez des enfants?
6. Votre mari est professeur aussi?
7. Il parle anglais?
8. Vous pensez rester aux États-Unis?

# Tout ensemble!

**Use the words from the list to complete the following passage about Sébastien.**

| | | | |
|---|---|---|---|
| randonnées | métier | va | bénévole |
| de la | sportif | informatique | ans |
| à l' | médecin | au tennis | a |
| banque | voyager | cadre | langues |
| du | c'est | travail | |
| d'entreprise | institutrice | est | |

Voici Sébastien Sportiche. _____¹ un étudiant en finance à l'École de commerce. Il _____² vingt-deux _____³. En juin, il _____⁴ finir ses études et après *(after)*, il va chercher du _____⁵ aux États-Unis. Sébastien vient d'une famille bourgeoise. Son père est _____⁶. Il travaille _____⁷ Hôpital Saint-Charles. Sa mère travaille comme chef _____⁸ chez L'Oréal. Sébastien ne sait pas *(doesn't know)* exactement quel _____⁹ il va faire. Avec son diplôme, il peut *(can)* travailler dans une _____¹⁰, mais il trouve ça ennuyeux et il recherche l'aventure. Il a beaucoup de talents. Il _____¹¹ musicien— il joue _____¹² piano et _____¹³ guitare *(f)*. Il est aussi très _____¹⁴. Il aime faire des _____¹⁵ à vélo le week-end avec ses copains et il a toujours sa raquette pour jouer _____¹⁶. Une fois par semaine, il fait du travail _____¹⁷ dans une école primaire. Il aide des enfants d'immigrés avec leurs devoirs. Sébastien adore les ordinateurs et il est doué *(gifted)* en _____¹⁸. Il parle aussi plusieurs _____¹⁹. Aux États-Unis, il va _____²⁰ à Yellowstone et à Yosemite avant de s'installer *(settle)* à San Francisco où il va habiter chez des amis. Sa copine, Anne, est _____²¹ dans une école bilingue français/anglais, et son copain Henri a un excellent poste chez Gap où il est _____²².

# Vocabulaire

## Vocabulaire fondamental

### Noms

| Les métiers | Professions |
|---|---|
| un(e) acteur (actrice) | an actor (actress) |
| un agent de police | a policeman/woman |
| un(e) avocat(e) | a lawyer |
| un cadre | an executive |
| un(e) chanteur (chanteuse) | a singer |
| un(e) commerçant(e) | a shopkeeper |
| un homme (une femme) au foyer | a homemaker |
| un homme (une femme) d'affaires | a businessman/woman |
| un(e) infirmier (infirmière) | a nurse |
| un médecin | a doctor |
| un(e) ouvrier (ouvrière) | a worker |
| un poste | a position (job) |
| un(e) secrétaire | a secretary |
| un(e) serveur (serveuse) | a waiter (waitress) |
| un(e) vendeur (vendeuse) | a salesperson |

**Mots apparentés:** un(e) artiste, un(e) client(e), un(e) employé(e), un(e) journaliste, un(e) patient(e), un pilote

| Les lieux de travail | Workplaces |
|---|---|
| un aéroport | an airport |
| un bureau | an office |
| un bureau de poste, une poste | a post office |
| le centre-ville | downtown |
| une école | a school |
| une église | a church |
| une entreprise | a company |
| un lycée | a high school |
| une usine | a factory |
| une ville | a city, town |

**Mots apparentés:** une banque, une boutique, un hôpital, une pharmacie, un restaurant

| Les sports | Sports |
|---|---|
| une équipe | a team |
| le football (foot) | soccer |
| le football américain | football |
| la natation | swimming |

**Mots apparentés:** le basket-ball (basket, *fam*), le jogging, le roller, le ski, le tennis, le yoga

| L'heure et les projets | Time and plans |
|---|---|
| un agenda | a daily planner |
| après | after |
| l'après-midi (*m*) | afternoon, in the afternoon |
| avant | before |
| déjà | already |
| demain | tomorrow |
| en avance | early |
| en retard | late |
| maintenant | now |
| le matin | morning, in the morning |
| une minute | minute |
| la semaine prochaine | next week |
| le soir | evening, in the evening |
| (trop) tard | (too) late |
| (trop) tôt | (too) early |

## Verbes

| | |
|---|---|
| aider | *to help* |
| aller | *to go* |
| arriver | *to arrive* |
| déjeuner | *to eat breakfast, to eat lunch* |
| demander | *to ask* |
| dîner | *to eat dinner* |
| faire | *to do, to make* |
| faire du roller | *to roller blade* |
| fermer | *to close* |
| gagner | *to win; to earn* |
| jouer à | *to play a sport* |
| jouer de | *to play a musical instrument* |
| ouvrir (il ouvre, ils ouvrent) | *to open* |
| poser une question | *to ask a question* |
| pratiquer un sport | *to practice (play) a sport* |
| prendre | *to take* |
| retrouver | *to meet up with* |
| skier | *to ski* |

### Les loisirs — *Leisure activities*

| | |
|---|---|
| faire de la natation | *to swim* |
| faire du français | *to study French* |
| faire du jogging/du ski | *to jog/to ski* |
| faire du piano/du violon | *to play the piano/the violin* |
| faire du sport | *to play a sport* |
| faire la cuisine | *to cook* |
| faire le ménage | *to do housework* |
| faire les courses | *to go shopping, to do errands* |
| faire les devoirs | *to do homework* |
| faire une promenade à pied/à vélo | *to take a walk/a bike ride* |
| faire une randonnée | *to take a hike, an excursion* |
| faire un voyage | *to take a trip* |
| jouer au tennis/au volley | *to play tennis/volleyball* |
| jouer aux cartes | *to play cards* |
| jouer de la guitare/du piano | *to play the guitar/piano* |

## Adjectifs

| | |
|---|---|
| allemand(e) | *German* |
| anglais(e) | *English* |
| cher (chère) | *dear . . . (in a letter)* |
| espagnol(e) | *Spanish* |
| occupé(e) | *busy* |
| ouvert(e) | *open* |
| prochain(e) | *next* |

**Mots apparentés:** belge, canadien(ne), chinois(e), italien(ne), mexicain(e), populaire, russe, suisse

## Mots divers

| | |
|---|---|
| l'argent *(m)* | *money* |
| parfois | *sometimes* |
| rarement | *rarely* |
| un salaire | *a salary* |
| souvent | *often* |

## Expressions utiles

### Comment dire l'heure — *How to tell time*
*(See other expressions on pp. 84–85.)*

| | |
|---|---|
| Excusez-moi. | *Excuse me.* |
| Quelle heure est-il? | *What time is it?* |
| Il est dix heures du matin. | *It's ten o'clock in the morning.* |
| Il est dix heures et quart. | *It's ten-fifteen.* |
| Il est dix heures et demie. | *It's ten-thirty.* |
| Il est onze heures moins le quart. | *It's a quarter to eleven.* |
| Il est midi/minuit. | *It's noon/midnight.* |
| À quelle heure commence... ? | *What time does . . . begin?* |

# Vocabulaire supplémentaire

## Noms

### Les métiers
### Professions

| | |
|---|---|
| un(e) agriculteur (agricultrice) | *an agriculturalist, a farmer* |
| un chauffeur de taxi | *a taxi driver* |
| un chef d'entreprise | *a company president* |
| un(e) cuisinier (cuisinière) | *a cook* |
| un(e) écrivain(e) | *a writer* |
| un footballeur | *a soccer player* |
| un homme (une femme) politique | *a politician* |
| un(e) informaticien(ne) | *a computer specialist* |
| un ingénieur | *an engineer* |
| un(e) instituteur (institutrice) | *an elementary school teacher* |
| un(e) mécanicien(ne) | *a mechanic* |
| un(e) patron(ne) | *an owner* |
| une personne sans emploi | *an unemployed person* |
| un prêtre | *a priest* |

**Mots apparentés:** un(e) architecte, un(e) artiste, un(e) athlète, un(e) baby-sitter, un(e) champion(ne), un(e) danseur (danseuse), un juge, un(e) musicien(ne), un pasteur

### Les lieux de travail et de loisirs
### Work and leisure places

| | |
|---|---|
| une boîte (de nuit) | *a (night)club* |
| un champ | *a field* |
| un commissariat | *a police station* |
| une ferme | *a farm* |
| un gymnase | *a gym* |
| une mairie | *a town hall* |

## Verbes

| | |
|---|---|
| baptiser | *to baptize* |
| commencer | *to begin* |
| cultiver | *to cultivate, to grow* |
| défendre | *to defend* |
| emmener | *to bring (a person)* |
| enseigner | *to teach* |
| faire attention | *to pay attention* |
| faire du travail bénévole | *to do charity/volunteer work* |
| faire la grasse matinée | *to sleep in* |
| faire la sieste | *to take a nap* |
| organiser | *to organize* |
| réparer | *to repair* |
| répéter | *to rehearse* |
| se retrouver | *to meet each other (by arrangement)* |
| taper (à l'ordinateur) | *to type (on a computer)* |

## Mots divers

| | |
|---|---|
| avancé(e) | *advanced* |
| chargé(e) | *full, busy* |
| conservateur (conservatrice) | *conservative* |
| un emploi du temps | *a schedule* |
| occupé(e) | *busy* |
| un jeu électronique | *a video game* |
| récent(e) | *recent* |

# On sort?

The focus of this chapter is going out with friends: phoning, making invitations, and ordering at a café. You will also learn to talk about the weather and practice some strategies for starting a conversation with someone you do not know. Notes on French cinema and cafés provide you with some background on these two important aspects of French culture.

## Thèmes et pratiques de conversation

▶ Au téléphone

▶ Comment inviter
▶ Rendez-vous au café

▶ Comment faire connaissance
▶ La météo

## Structures utiles

▶ Les verbes **vouloir, pouvoir** et **devoir**
▶ Les verbes comme **sortir**
▶ Les pronoms accentués
▶ **Prendre, boire** et les verbes réguliers en **-re**
▶ Les mots interrogatifs

## Perspectives culturelles

Le cinéma français
Le café

## Lecture

*Salut, Virginie! C'est la rentrée.* (un message électronique de Fabienne)

## Un pas en avant

# Thèmes et pratiques de conversation

## Au téléphone

| | |
|---|---|
| MARIE-JOSÉE: | Allô. Je **peux** parler à Marc? |
| PHILIPPE: | C'est de la part de qui? |
| MARIE-JOSÉE: | De Marie-Josée. |
| PHILIPPE: | Marc n'est pas là pour le moment... |
| MARIE-JOSÉE: | Est-ce que je **peux** laisser un message? |
| PHILIPPE: | Ne quittez pas. Je cherche un crayon. |

---

**Structure**  5.1 Les verbes **vouloir, pouvoir** et **devoir**

You *want* to go out this weekend but you *aren't able to* because you *have to* work. You can use the verbs **vouloir** *(to want)*, **pouvoir** *(can, to be able to)*, and **devoir** *(to have to)* to talk about your work and leisure plans. To see the present tense forms of these verbs, refer to pages 128–129.

---

**Bulletin**  Si vous voulez téléphoner d'une cabine téléphonique en France, vous devez acheter une télécarte dans un tabac *(newsstand)* ou à la poste. À chaque fois *(each time)* que vous introduisez la carte dans le téléphone, le coût de l'appel *(cost of the call)* est débité. Les télécartes, avec leurs images variées, sont très prisées *(valued)* en France et font l'objet de collections.

---

 **Activité 1: Au téléphone.** Dans cette activité, vous allez jouer deux rôles. D'abord, on vous téléphone et on demande de parler à une personne qui n'est pas là. Ensuite, vous téléphonez à un(e) autre étudiant(e) et vous demandez de parler à quelqu'un. Suivez les modèles.

| | | |
|---|---|---|
| **Modèles:** | ÉTUDIANT(E) 1: | *Allô, je peux parler à Henri?* |
| | ÉTUDIANT(E) 2: | *C'est de la part de qui?* |
| | ÉTUDIANT(E) 1: | *De Betty.* |
| | ÉTUDIANT(E) 2: | *Henri n'est pas là pour le moment...* |
| | ÉTUDIANT(E) 1: | *Est-ce que je peux laisser un message?* |
| | | |
| | ÉTUDIANT(E) 2: | *Allô, est-ce que je peux parler à Jennifer?* |
| | ÉTUDIANT(E) 3: | *C'est de la part de qui?* |
| | ÉTUDIANT(E) 2: | *De Tom.* |
| | ÉTUDIANT(E) 3: | *Jennifer n'est pas là pour le moment...* |
| | ÉTUDIANT(E) 2: | *D'accord. Je vais rappeler plus tard (call back later). Merci.* |

| MARIE-JOSÉE: | Allô, Henri? C'est Marie-Josée. |
|---|---|
| HENRI: | Salut. Ça va? |
| MARIE-JOSÉE: | Bien. Dis, Henri, j'ai des billets pour un concert. Tu **veux** m'accompagner? |
| HENRI: | Oui, je **veux** bien. C'est quand? |
| MARIE-JOSÉE: | Demain à 19h00. |
| HENRI: | Ah, dommage. Je ne **peux** pas. Je suis occupé demain soir. Je **dois** travailler. |
| MARIE-JOSÉE: | C'est pas grave. Un autre jour alors. |
| HENRI: | D'accord. Merci quand même. |
| MARIE-JOSÉE: | Allez, à plus. |

 **Activité 2: «Allô, Henri?»** Organisez-vous en groupes de quatre pour répondre aux questions suivantes.

1. Pourquoi est-ce que Marie-Josée téléphone à Henri?
2. Est-ce qu'Henri veut y aller?
3. Est-ce qu'il peut y aller?
4. Qu'est-ce qu'il doit faire?
5. Qu'est-ce que Marie-Josée dit pour inviter Henri?
6. Qu'est-ce qu'il dit pour refuser?
7. Comment finit la conversation?

**Activité 3: Est-ce que Jacques est là?** Vous appelez la résidence universitaire pour demander si vos copains peuvent sortir. Utilisez l'image pour créer quelques mini-dialogues.

ÉTUDIANT(E) 1: Allô... ici _____ . Je peux parler à _____?

ÉTUDIANT(E) 2: Non, il/elle _____.

ÉTUDIANT(E) 1: Bon, alors est-ce que je peux parler à _____?

ÉTUDIANT(E) 2: À _____? Non, il/elle _____.

ÉTUDIANT(E) 1: Eh bien, tu es là, toi. Qu'est-ce que tu fais?

ÉTUDIANT(E) 2: Moi, je _____.

ÉTUDIANT(E) 1: Tu veux _____?

ÉTUDIANT(E) 2: _____.

*Ce week-end, qu'est-ce que tu **voudrais** faire? J'**aimerais** faire de l'alpinisme. Mes amis et moi, nous **voudrions** aussi jouer au tennis mais nous ne pouvons pas. Nous devons faire les devoirs.*

**À noter:** Find the verbs **aimer** and **vouloir** in the caption. These verbs are used here in the polite conditional form. If **j'aime** means *I like* and **je veux** means *I want*, what do **j'aimerais** and **je voudrais** mean?

**Activité 4: Votre agenda.** Quels sont vos projets pour demain?

**A.** Répondez aux questions suivantes.

    **1.** Est-ce que vous êtes libre à 10h00?
    **2.** Qu'est-ce que vous devez faire à 10h00? À 11h00?
    **3.** À quelle heure est votre premier cours? C'est quel cours?
    **4.** À quelle heure déjeunez-vous? Avec qui? Où?
    **5.** L'après-midi, qu'est-ce que vous faites entre 2h00 et 4h00?
    **6.** Qu'est-ce que vous devez faire à 4h00?
    **7.** Avez-vous des projets pour le soir?

**B.** Maintenant, regardez l'agenda de Jean-Michel pour demain, et comparez vos projets à ses projets.

    **1.** Qu'est-ce qu'il doit faire à 9h00? À 10h00?
    **2.** À quelle heure est son premier cours? C'est quel cours?
    **3.** L'après-midi, qu'est-ce qu'il fait entre 2h00 et 4h00?
    **4.** Avez-vous des cours en commun? Lesquels?
    **5.** Qui est le (la) plus occupé(e), vous ou Jean-Michel?

 **Activité 5: Projets pour demain.** Voici les messages laissés pour Jean-Michel sur son répondeur aujourd'hui. Consultez son agenda pour demain. Jouez le rôle de Jean-Michel et téléphonez à chaque personne pour répondre à chaque message. Utilisez les verbes **aimer, pouvoir** et **devoir** comme dans le modèle.

    **Modèle:**    **Message:** Allô, chéri, c'est ta mère. Veux-tu venir dîner avec nous demain soir vers sept heures? Je vais sortir maintenant, mais rappelle-moi et laisse un message.

                **Réponse:** *Maman, j'aimerais beaucoup dîner à la maison, mais je dois étudier avec Martine à huit heures. Est-ce qu'on peut dîner un peu plus tôt?*

    **Message 1:**    Allô, ici Paul. Tu veux aller à la salle de sport demain matin? Je peux te retrouver là-bas à 8h30.

    **Message 2:**    Bonjour. C'est Georges. Est-ce que tu es libre demain vers une heure? On peut déjeuner ensemble avant d'aller en cours.

    **Message 3:**    Bonjour. C'est la secrétaire du docteur Briant. Je vous appelle pour vous dire qu'il est nécessaire de changer votre rendez-vous de demain. Pourriez-vous arriver à 15h00? Téléphonez-nous pour nous le dire aussitôt que *(as soon as)* possible. Merci beaucoup.

    **Message 4:**    Salut. C'est Martine. Tu viens chez moi demain soir à huit heures, n'est-ce pas? Tu peux apporter ton manuel d'anglais?

| 8 | |
|---|---|
| 9 | *cours d'anglais* |
| 10 | *cours de maths* |
| 11 | |
| 12 | |
| 13 | *déjeuner avec Alice — cafétéria* |
| 14 | *travaux pratiques* |
| 15 | *travaux pratiques* |
| 16 | *médecin* |
| 17 | |
| 18 | |
| 19 | |
| 20 | *étudier avec Martine* |

# Comment inviter

> ## Structure  5.2 Les verbes comme **sortir**
>
> To talk about dating and going out with friends, you will need to use the verb **sortir** *(to go out, to leave)*. Its forms and several verbs conjugated similarly are presented on page 130.

## Quelques expressions utiles

### Pour inviter quelqu'un à faire quelque chose

| | |
|---|---|
| Tu veux sortir ce soir? | |
| Tu es libre° ce soir? | *free* |
| Tu aimerais faire quelque chose°? | *something* |
| Tu aimes... | |
|    danser? | |
|    les films français? | |
| Tu aimerais (voudrais)... | |
|    aller en boîte? | |
|    voir le nouveau film de Luc Besson? | |
| Ça te dit d'aller prendre un café°? | *How about going for a cup of coffee?* |
| Qu'est-ce que tu vas faire ce week-end? | |
| Je t'invite°. | *It's my treat.* |

### Pour accepter

| | |
|---|---|
| D'accord°. | *OK.* |
| Oui, j'aimerais (je veux) bien°. | *Sure, I'd like to.* |
| C'est une bonne/excellente idée. | |
| Oui, à quelle heure? | |

### Pour hésiter

| | |
|---|---|
| Euh... je ne sais pas. | |
| Je dois réfléchir. | |
| Peut-être°, mais je dois regarder dans mon agenda. | *Maybe* |
| Euh... pourquoi? | |

### Pour refuser

| | |
|---|---|
| Non, c'est pas possible samedi. *(fam)* | |
| Tu sais, ça ne m'intéresse pas°. | *You know, that doesn't interest me.* |
| Désolé(e). Je suis occupé(e)°. | *I'm sorry. I'm busy.* |
| Non, malheureusement°, je ne peux pas. | *unfortunately* |
| Je dois... | |
|    travailler. | |
|    étudier. | |
| Je vais partir° pour le week-end. | *to go away, to leave* |

 **Activité 6: Invitations.** Invitez un(e) autre étudiant(e) à faire les activités suivantes. Il/Elle accepte, hésite ou refuse.

1. faire une promenade à vélo cet après-midi
2. aller dans un restaurant élégant en ville ce soir
3. regarder un film français demain soir
4. faire un voyage ensemble le week-end prochain
5. aller au café ensemble à midi
6. aller écouter de la musique dans (votre boîte préférée)

**Écoutons ensemble!** **Le dîner de Véro.** Véronique fait un dîner chez elle samedi soir. Écoutez les messages sur son répondeur et pour chaque invité(e), indiquez si il/elle peut venir, ne peut pas venir ou n'est pas encore sûr(e).

| | OUI | NON | PAS SÛR(E) |
|---|---|---|---|
| 1. Jean | _____ | _____ | _____ |
| 2. Yvonne | _____ | _____ | _____ |
| 3. Henri | _____ | _____ | _____ |
| 4. Rachid | _____ | _____ | _____ |
| 5. Rose | _____ | _____ | _____ |
| 6. Karima | _____ | _____ | _____ |

**Activité 7: Une invitation au cinéma.** Henri et Pauline essaient de prendre rendez-vous. Complétez leur conversation en vous référant aux expressions utiles à la page 112.

HENRI:     Tiens, Pauline. Qu'est-ce que tu _____ ce week-end?

PAULINE:   Oh là là, je vais travailler. Je dois beaucoup étudier.

HENRI:     Est-ce que tu es _____ samedi soir?

PAULINE:   Euh, je ne sais pas. Je dois _____ dans mon agenda. _____?

HENRI:     Il y a un très bon film au cinéma, un film avec Emmanuelle Béart.

PAULINE:   Ah oui? J'aime bien ses films. Voyons. _____ est le film?

HENRI:     À 20h00.

PAULINE:   Bon, d'accord, _____ bien y aller.

*Regardez la publicité pour le film «Femme fatale». À votre avis, est-ce que c'est une tragédie, une comédie, un drame psychologique ou un film avec du suspense?*

**Activité 8: Concert à la Sainte Chapelle.** Regardez l'affiche *(poster)* et répondez aux questions suivantes.

# La Sainte Chapelle

**4, boulevard du Palais**
Métro Cité, Châtelet, Saint-Michel

Samedi 24 - Lundi 26 à 21 h
Dimanche 25 - Mardi 27 - Jeudi 29 JUILLET à 19 h 15
Dimanche 1er et Lundi 2 AOÛT à 19 h 15

*CLASSIQUE - ROMANTIQUE*
*Les plus belles pages*
*et célèbres adagios de*

ALBINONI - PACHELBEL - MOZART - BACH - VIVALDI
SCHUBERT - DVORAK - HAYDN - MASSENET...

**LOCATION BOOKING**

Prix des places : **de 15 à 23 € - 2 concerts : 30,48 €**
Location : F.N.A.C. - VIRGIN - GALERIES LAFAYETTE MEDIA-SCENES :
**01.42.77.65.65** - A la Sainte Chapelle les jours de concert
de 11 heures à 18 heures et à l'entrée des concerts.
**http : //www.archetspf.asso.fr**

1. Où se trouve la Sainte Chapelle?
2. À quelle heure commence le concert le samedi? Et les autres jours?
3. C'est un concert de quel genre de musique?
4. Où est-ce qu'on peut acheter *(buy)* les billets? Combien est-ce qu'ils coûtent?
5. Est-ce qu'on peut trouver des informations sur ce concert sur le Web?
6. Est-ce que vous aimeriez aller à ce concert? Qui est-ce que vous aimeriez inviter?

# Perspectives culturelles

## Le cinéma français

Connaissez-vous les grands classiques du cinéma français? Les films de Jean Renoir, de Jean-Luc Godard et de François Truffaut sont très importants dans l'histoire du cinéma. Vous savez peut-être que c'est en 1895, dans un café de Paris, que les frères Lumière ont présenté leur invention, le cinématographe, et les premiers courts métrages°. Aujourd'hui, le cinéma est toujours très apprécié en France. Chaque année en mai, le Festival International du Film de Cannes attire° l'attention du monde entier sur les meilleurs° films de l'année. Les Français regardent plus de films que jamais° mais ils vont moins souvent au cinéma. Pouvez-vous deviner pourquoi? Naturellement, c'est à cause de la télévision, du magnétoscope et du lecteur de DVD. On peut regarder des films sans quitter la maison et sans devoir payer le prix d'un billet de cinéma (qui coûte en général 8 euros).

    Quels genres de films sont les plus populaires en France? Les films comiques, les films d'aventure et les films avec des effets spéciaux sont aux premières places du hit-parade cinématographique.

*short films*

*attracts*
*best/more films than ever*

*François Truffaut, metteur en scène du film L'Histoire d'Adèle H., avec Isabelle Adjani.*

**Avez-vous compris ?** Choisissez la meilleure réponse.

1. Renoir, Godard et Truffaut sont des _____.
   - **a.** acteurs
   - **b.** metteurs en scène (*directors*)
   - **c.** critiques de film

2. On a montré les premiers films _____.
   - **a.** dans un café
   - **b.** dans une salle de cinéma
   - **c.** à un festival de cinéma

3. L'attitude des Français envers le cinéma est _____.
   - **a.** neutre
   - **b.** positive
   - **c.** négative

4. Les meilleurs films de l'année sont présentés _____.
   - **a.** en avril
   - **b.** à la maison
   - **c.** à Cannes

5. Aujourd'hui, il est souvent plus économique de regarder un film _____.
   - **a.** au cinéma
   - **b.** aux festivals de films
   - **c.** à la maison

6. Le public français aime surtout les _____.
   - **a.** histoires d'amour
   - **b.** films d'aventures
   - **c.** drames psychologiques

**Activité 9: Interactions.** Posez les questions suivantes à un(e) autre étudiant(e).

1. Tu sors souvent avec tes amis? Où allez-vous d'habitude?
2. Quel film veux-tu voir en ce moment? À quel concert est-ce que tu aimerais aller?
3. Quand tu vas au cinéma ou au concert avec un(e) ami(e), qui paie?
4. Où vas-tu d'habitude après un film ou un concert?
5. Combien d'heures dors-tu normalement le week-end? Est-ce que tu voudrais dormir plus *(more)*?
6. Est-ce que tu pars bientôt en voyage? Où vas-tu?

**Activité 10: Que répondez-vous?** Répondez aux invitations. Acceptez si vous voulez. Si vous refusez, donnez vos raisons.

1. Tu veux faire du ski avec nous ce week-end? On part vendredi.
2. Ça te dit d'aller au concert ce week-end?
3. Allons au café. Je t'invite.
4. Tu es libre ce soir?
5. On va au cinéma demain soir?
6. Il y a une nouvelle exposition d'art expressionniste au musée d'Art moderne. Tu aimerais y aller?

## Rendez-vous au café

> **Structures**   **5.3 Les pronoms accentués**
> **5.4 Prendre, boire et les verbes réguliers en -re**
>
> You will frequently use stress pronouns, **des pronoms accentués,** when ordering food and drinks. To order, you need the verb **prendre** *(to take, to have something to eat or drink),* an irregular verb. Several **-re** verbs, such as **boire** *(to drink)* and **attendre** *(to wait),* are also useful during conversations at the café. To learn more about stress pronouns, see page 131. **Prendre, boire,** and regular **-re** verbs are explained on pages 132–133.

**Activité 11: Catégories.** Classez les boissons par catégorie.

1. des boissons chaudes
2. des boissons fraîches
3. des boissons pour enfants
4. des boissons alcoolisées
5. des boissons sucrées

# Perspectives culturelles

## Le café

Le café fait partie de la vie française depuis le 17ᵉ siècle°. Le café le plus ancien de *century*
Paris, le Procope, 13, rue de l'Ancienne Comédie, date de 1686. Parmi° ses clients *Among*
figurent des personnages célèbres tels que La Fontaine, Voltaire, Benjamin Franklin,
Robespierre, Napoléon, Victor Hugo, George Sand, Simone de Beauvoir et Jean-Paul
Sartre. C'est surtout au café que les gens découvraient de nouvelles idées et discu-
taient de nouveaux concepts en politique, en art et en philosophie.

Au 20ᵉ siècle, le nombre de cafés diminue, le rythme de la vie s'accélère, on
passe plus de temps devant la télévision et on a moins de temps pour la vie de café.
Le café disparaîtra-t-il° au 21ᵉ siècle? Très douteux°! Le café continue à jouer un *will disappear/doubtful*
rôle important dans la vie des Français. Les étudiants vont au café entre les cours.
À midi, beaucoup de gens déjeunent au café. Après le travail, on va souvent au café
pour se détendre° avant de rentrer à la maison. *to relax*

La carte,
Café Procope à Paris

Et le café évolue selon les goûts° populaires: il y a des cybercafés où l'on peut *tastes*
surfer le Web et des cafés où l'on va pour écouter et participer à des discussions
philosophiques.

**Avez-vous compris?** Indiquez si les phrases suivantes sont vraies ou fausses.
Corrigez les phrases fausses.

1. Le café est une invention récente.
2. Avant l'arrivée de la radio et de la télé, on allait au café pour apprendre les
   nouvelles et aussi pour en discuter.
3. Il y a de moins en moins de cafés en France.
4. On ne peut pas déjeuner au café.
5. Le café est un endroit *(place)* populaire pour retrouver des amis.
6. Il n'y a pas d'ordinateurs dans les cafés.

**Activité 12: Préférences.** Demandez à votre camarade de classe ce qu'il/elle préfère le matin, à midi, l'après-midi et le soir. Comparez vos réponses avec celles des autres étudiants de la classe. Quelles boissons sont les plus populaires?

> **Modèle:** — *Le matin, qu'est-ce que tu préfères, le café,*
> *le thé, le lait ou le chocolat chaud?*
> — *Moi, je bois du café.*

| LE MATIN | À MIDI | L'APRÈS-MIDI | LE SOIR |
|---|---|---|---|
| le café | le coca (light) | la bière | l'eau minérale |
| le thé | le jus de fruit | un expresso | le vin |
| le chocolat chaud | l'eau minérale | le coca (light) | le thé glacé (*iced tea*) |
| le lait | le lait | la limonade, | une infusion |
| | | l'Orangina | |

 **Activité 13: Quelque chose à boire.** Avec un(e) camarade de classe, dites ce que vous prenez dans les situations suivantes.

> **Modèle:** un après-midi gris de novembre
> — *Je prends un thé au lait. Et toi?*
> — *Moi, je prends une infusion.*

1. à la terrasse d'un café en juillet
2. en février au café d'une station de ski (*ski resort*)
3. à six heures du matin à la gare (*train station*)
4. au cinéma
5. après un film un samedi soir
6. chez des amis

## Commandons!

## D'autres expressions utiles

**Pour le client:**

| | |
|---|---|
| Monsieur/Madame/Mademoiselle, s'il vous plaît. | *Waiter . . . please. (to call the waiter)* |
| Moi, je prends... | *I'll have . . .* |
| C'est tout. | *That's all.* |

**Pour le serveur (la serveuse):**

| | |
|---|---|
| Messieurs-dames. | *Ladies and gentlemen. =* *(waiter addresses group)* |
| Un instant, s'il vous plaît. | *Just a moment, please.* |
| Vous voulez autre chose? | *Would you like something else?* |

**Activité 14: Je vous invite.** Vous avez invité un groupe d'amis au café. Tout le monde a fait son choix, alors vous passez la commande pour eux.

> **Modèle:** Fabien veut un jus d'orange.
> Commande: *Pour lui, un jus d'orange.*

1. Marie veut une eau minérale.
2. Suzanne et Mélanie prennent des cocas light.
3. David et Jennifer veulent un café crème.
4. Toi et moi, nous voulons des sandwiches au fromage.
5. Je prends aussi une infusion.

**Activité 15: Commandons (jeu de rôle en groupes de quatre).** Vous êtes au Café-tabac de la Sorbonne avec deux amis. Vous regardez la carte et discutez de ce que vous voulez commander. Une personne appelle le serveur (la serveuse) et passe la commande pour le groupe, comme dans le modèle.

> **Modèle:**
> ÉTUDIANT(E) 1: *Je prends un thé citron.*
> ÉTUDIANT(E) 2: *Un café pour moi.*
> ÉTUDIANT(E) 3: *Monsieur, s'il vous plaît...*
> SERVEUR: *Oui, monsieur. Un instant, s'il vous plaît...*
> *Oui, messieurs-dames. Vous désirez ?*
> ÉTUDIANT(E) 3: *Un thé citron pour elle (lui), un café pour lui (elle) et un vin chaud pour moi.*
> SERVEUR: *Alors, un thé citron, un café et un vin chaud.*
> ÉTUDIANT(E) 3: *Et un sandwich au jambon pour moi.*
> SERVEUR: *C'est tout?*
> ÉTUDIANT(E) 2: *Oui, c'est tout, merci.*

Maintenant, préparez-vous à présenter votre scène devant la classe.

## SANDWICHES

| | |
|---|---|
| THON *(Tuna fish)* | 4,90 € |
| CLUB *(Jambon, Emmental, tomate,* | 4,90 € |
| *mayonnaise) (Ham, cheese, tomato and mayonnaise)* | |
| CRUDITÉS *(Salade, carottes râpées,* | 4,30 € |
| *tomate, œuf dur, mayonnaise)* | |
| *(Lettuce, carrots, tomato, hard boiled egg, mayonnaise)* | |
| POULET *(Chicken sandwich)* | 4,90 € |
| Mixte *(Jambon, Emmental)* | 3,80 € |
| *(Ham and cheese sandwich)* | |
| Pâté *(Meat plate)* | 2,90 € |
| Rillettes *(Minced potted pork)* | 2,90 € |
| Jambon de Paris *(Parisian ham)* | 2,90 € |
| Saucisson sec *(Cured sausage)* | 2,90 € |
| Saucisson à l'ail *(Cured garlic sausage)* | 2,90 € |
| Camembert *(Camembert cheese)* | 2,90 € |
| Emmental *(Emmental cheese)* | 2,90 € |
| Suppl. cornichons *(Extra for pickles)* | 0,30 € |
| Suppl. ketchup *(Extra for ketchup)* | 0,50 € |
| Suppl. mayonnaise | 0,80 € |
| *(Extra for mayonnaise)* | |

| | |
|---|---|
| Thé de Ceylan | 3,35 € |
| Thé Yunnan Impérial *(Chine)* | 3,50 € |
| Thé citron ou lait | 3,50 € |
| Thés verts *(Menthe, Jasmin)* | 3,50 € |
| Thés noirs parfumés | 3,50 € |
| *(Vanille, Bergamote, Noix de coco, Mûre, Fruits de la passion)* | |
| Infusions *(Verveine, Tilleul, Menthe,* | 3,50 € |
| *Verveine-menthe, Tilleul-menthe)* | |
| Croissant | 1,20 € |
| Tartine beurrée | 1,05 € |
| Pain au chocolat | 1,35 € |
| Confiture | 0,95 € |

## BOISSONS CHAUDES

| | |
|---|---|
| Café express | 2,15 € |
| Café décaféiné | 2,15 € |
| Café noisette | 2,20 € |
| Café double express | 4,30 € |
| Café au lait *(grande tasse)* | 3,55 € |
| Café au lait *(petite tasse)* | 2,80 € |
| Décaféiné au lait | 3,55 € |
| Chocolat *(grande tasse)* | 3,55 € |
| Chocolat *(petite tasse)* | 2,80 € |
| Chocolat ou Café Viennois | 4,30 € |
| Cappucino | 4,30 € |
| Lait chaud *(grande tasse)* | 3,55 € |
| Lait chaud *(petite tasse)* | 2,80 € |
| Vin chaud | 3,35 € |
| Citron pressé chaud | 3,85 € |
| Viandox | 3,35 € |
| Grog au rhum | 4,15 € |
| Pot de lait | 0,50 € |

# La météo

Quel temps fait-il?

Il fait beau.

Il fait mauvais.

Il fait chaud. Il fait 36°.

Il fait doux. Il fait 17°.

Il fait froid. Il fait 4°.

Il fait du soleil.

Il fait du vent.

Il y a des nuages.

Il pleut.

Il y a des averses.

Il y a des orages.

Il y a des éclaircies.

Il neige.

Il y a du brouillard.

**À noter:** To convert temperatures, use the following formulas: from Celsius to Fahrenheit: (temperature in C) × 9/5 + 32; from Fahrenheit to Celsius: (temperature in F) × 5/9 − 32.

**Activité 16: Quel temps fait-il?** Demandez à un(e) camarade de classe quel temps il fait dans la ville indiquée.

> **Modèle:** Paris
> — *Quel temps fait-il à Paris?*
> — *Il fait froid et il y a des averses.*

1. Dijon
2. Biarritz
3. Grenoble
4. Lille
5. Perpignan
6. Nantes

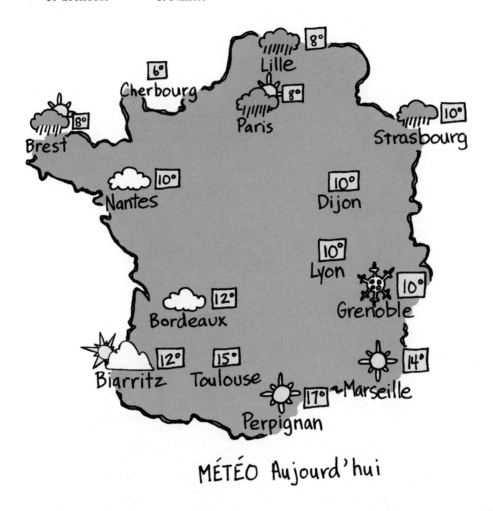

MÉTÉO Aujourd'hui

**Activité 17: La météo: Vrai ou faux?** Vous écoutez le météorologue mais malheureusement il fait quelques erreurs! Indiquez si chaque phrase est vraie ou fausse, et corrigez ses erreurs.

1. _____
2. _____
3. _____
4. _____
5. _____
6. _____
7. _____
8. _____

**Activité 18: Le temps chez vous.** Quel temps fait-il là où vous habitez aux moments indiqués? Quels vêtements portez-vous d'habitude?

> **Modèle:** en février
> *En février, il fait froid et il neige. Je porte un manteau.*

**1.** en janvier      un chapeau de paille *(straw)*
**2.** en mars      un short
**3.** en mai      un pull
**4.** en août      un maillot de bain *(bathing suit)*
**5.** en novembre      un jean
                       un blouson *(jacket)*
                       des lunettes de soleil
                       un manteau
                       un tee-shirt

**Activité 19: C'est logique?** Écrivez une phrase logique et une phrase qui n'est pas logique pour décrire comment vous vous habillez selon le temps. Ensuite, en groupes de quatre, lisez vos phrases. Les autres membres du groupe doivent décider si ce que vous dites est logique ou pas logique.

> **Modèles:**    — *Quand il fait froid, je porte un pantalon.*
>                  — *C'est logique.*
>
>                  — *Quand il pleut, je fais une promenade en short.*
>                  — *Ce n'est pas logique.*

**Activité 20: Sur la photo.** Décrivez le temps qu'il fait dans les différentes villes francophones d'après les photos.

*Mont-Saint-Michel, France*

*Ville de Québec, Canada*

*Ville de Fès, Maroc*

# Comment faire connaissance

> **Structure** **5.5 Les mots interrogatifs**
>
> What are some strategies for starting up a conversation with someone in French? In addition to commenting about the weather or introducing yourself, you will probably want to ask a few simple questions. Interrogative expressions are presented on pages 135–136.

## Quelques expressions utiles

### Pour commencer la conversation

| | |
|---|---|
| Pardon, est-ce que cette place° est libre? | *this seat* |
| Vous attendez (Tu attends) quelqu'un°? | *someone* |
| Je vous (t')en prie°. *(signaling to chair)* | *Go ahead.* |
| Quel beau/mauvais temps, n'est-ce pas? | *What good/bad weather, isn't it?* |
| Qu'est-ce qu'il fait froid/chaud°! | *My, it's cold/hot!* |
| Quelle neige°! | *What snow!* |
| Je vous (te) connais°? | *Do I know you?* |
| Vous êtes (Tu es) dans mon cours de philo? | |

### Pour continuer la conversation

Vous êtes (Tu es) étudiant(e)?
D'où êtes-vous (es-tu)?
Qu'est-ce que vous étudiez (tu étudies)?
Où travaillez-vous (travailles-tu)?
Moi, je m'appelle...

**Activité 21: Conversations au café.** Voici deux couples qui font connaissance. Complétez leurs mini-dialogues avec les expressions utiles que vous venez d'apprendre.

1. LE MONSIEUR: _____, mademoiselle. Est-ce que _____ est libre?

   LA DEMOISELLE: Oui, monsieur. Je vous _____.

   LE MONSIEUR: _____ mauvais temps!

   LA DEMOISELLE: Oui, il pleut à verse *(it's pouring)*.

   LE MONSIEUR: Vous êtes _____?

   LA DEMOISELLE: Oui, j'étudie les sciences po...

2. ÉTUDIANT(E) 1: Pardon, tu es dans _____ d'anglais?

   ÉTUDIANT(E) 2: Euh, je pense que oui.

   ÉTUDIANT(E) 1: Tu _____ quelqu'un?

   ÉTUDIANT(E) 2: Non, non. Je _____ prie.

   ÉTUDIANT(E) 1: Moi, je _____ Françoise...

**Écoutons ensemble!  Au café.** Vous entendez des questions dans un café. Écoutez et choisissez la réponse logique à chacune.

_____ 1.　　　　　**a.** Oui, je t'en prie.

_____ 2.　　　　　**b.** Ils habitent à San Francisco.

_____ 3.　　　　　**c.** Les sciences politiques.

_____ 4.　　　　　**d.** Un chocolat chaud pour moi.

_____ 5.　　　　　**e.** Oui, j'adore la neige, moi.

_____ 6.　　　　　**f.** Je suis de Philadelphie.

_____ 7.　　　　　**g.** Oui, je suis dans ton cours de maths.

 **Activité 22: Comment faire de nouvelles connaissances?** Voici quelques suggestions pour faire connaissance. Choisissez les quatre suggestions qui vous semblent les plus utiles, puis ajoutez une autre suggestion. Ensuite, avec un(e) autre étudiant(e), identifiez deux suggestions que vous avez en commun et une qui est différente.

**1.** aller au gymnase de l'université

**2.** aller voir des matches de sport

**3.** passer du temps dans les magasins de disques ou les librairies

**4.** suivre un cours (de photo, de mécanique, d'informatique, de danse)

**5.** passer du temps dans un bar

**6.** s'inscrire *(to register)* dans une agence matrimoniale

**7.** mettre *(to put)* une petite annonce *(personal ad)* dans un journal

**8.** ?

 **Situations à jouer!**

**1.** You try to call a friend but he/she is not home. Leave a message with his/her roommate.

**2.** You and a friend want to get together to study for the next French test. One of you phones the other to set up a date and time for your study session. Check your schedule to make sure there are no conflicts.

**3.** You really want to go out with a particular person, but the first time you asked him/her out, the person was busy. Try again, making several suggestions until you finally arrange something.

**4.** You go to a café after class where you think you see someone who is in your biology lab sitting alone at a table. Go up to that person and strike up a conversation. Then, using the menu on page 119, order something.

# Lecture

**Anticipation**

In France, coming back to school or work after summer vacation, known as **la rentrée**, is a big event. What are your main concerns when you return to school in the fall? Select your top five, and then compare them with those of another student.

| | | | |
|---|---|---|---|
| les amis | les sports | les professeurs | les films |
| les camarades | (la danse) | les projets | l'amour |
| de chambre | la musique | de week-end | les parents |
| le parking | le logement | le temps | autre: _____ |
| les transports | les vêtements | les cours | |
| l'argent | le travail | le shopping | |

*Fabienne, 22 ans, est étudiante à Nantes.*

## Salut, Virginie! C'est la rentrée!

*Fabienne, 22 ans, est étudiante à Nantes. Voici le message électronique qu'elle envoie à son amie Virginie à propos de sa rentrée à l'université.*

1 Chère Virginie,

Comment vas-tu? Comment se passe ton nouveau travail à Paris? Ici à Nantes, les études continuent. Encore une année avant ma maîtrise°! En plus, je viens de trouver un job d'étudiant. Ça me fait un peu d'argent de poche°.

5     Côté loisirs, je vois toujours Élizabeth. Tu sais qu'elle a un petit ami, Julien. Je ne sais pas si tu le connais. Il est en dentaire°. Dernièrement°, on est allés prendre un verre au *Loft*, une nouvelle boîte à Nantes. En fait, c'est un café où on peut danser. La musique est sympa. Avec mon amie Marie, je suis allée voir° *Sneaker Pimps*. C'est un groupe de rock pop British. J'aime bien. Au fait, est-ce que tu as
10 entendu le dernier° *Noir Désir*? J'aime particulièrement «I'm lost».

Je dois dire que, dans l'ensemble, ils ont changé de style, surtout si tu compares avec «Tostaky», un des meilleurs albums du rock français à mon avis. En plus, je suis dégoûtée°: ma sœur est allée les voir en concert et moi, je ne pouvais pas parce que je travaillais...

15     À part ça, je compte reprendre la danse. Maintenant qu'Élizabeth habite Nantes, nous pouvons suivre des cours ensemble. Le problème, c'est que les écoles sont assez chères et les cours ne sont pas toujours intéressants. On va réfléchir à la question.

    Voilà les nouvelles! J'espère que tout se passe bien pour toi. Quant à moi,
20 je compte bien continuer à lier° études et loisirs. Quand est-ce que tu viens dans la région? Envoie-moi° un mèl.

Gros bisous et à bientôt,
Fabienne

*master's degree*
*pocket*

*in dental school / Recently*

*went to see*

*have you heard the latest*

*disgusted*

*to link*
*Send me*

## Activité de lecture

Qu'est-ce qui est important pour Fabienne au moment de la rentrée? Utilisez la liste de l'**Anticipation** et mettez un X à côté de chaque chose mentionnée dans le message électronique. Qu'est-ce que vous avez en commun avec Fabienne?

## Expansion de vocabulaire

Trouvez le(s) mot(s) ou expression(s) dans le texte.

1. student job
2. spending money
3. boyfriend
4. to go have a drink
5. to take a class
6. an e-mail

## Compréhension et intégration

Avez-vous compris les commentaires de Fabienne sur sa rentrée à l'université? Indiquez si les phrases suivantes sont vraies ou fausses et trouvez, dans le texte, les phrases qui justifient vos réponses.

_____ 1. Virginie, l'amie de Fabienne, travaille à Paris. (ligne _____)

_____ 2. Fabienne prépare un diplôme gradué. (ligne _____)

_____ 3. Fabienne ne travaille pas. (ligne _____)

_____ 4. Fabienne et son petit ami Julien vont danser en boîte. (ligne _____)

_____ 5. Fabienne est allée au concert de *Sneaker Pimps* et au concert de *Noir Désir*. (ligne _____)

_____ 6. Fabienne aimerait suivre un cours de danse avec Élizabeth. (ligne _____)

_____ 7. Fabienne essaie d'étudier et de s'amuser aussi. (ligne _____)

## Maintenant à vous!

Comparez-vous à Fabienne et à ses copains.

1. Est-ce que vous allez en boîte avec vos amis? Où aimez-vous aller ensemble?
2. Écoutez-vous de la musique avec vos copains? Quels groupes aimez-vous?
3. Avez-vous un(e) petit(e) ami(e)? Sortez-vous en général avec un groupe de copains ou préférez-vous sortir à deux?
4. Est-il important de lier études et loisirs? Quels sont vos loisirs?

# Un pas en avant

p://motifs.heinle.com

## Naviguez le Web!

In the Web activity for this module, you will access French-language weather sites to see what the weather is like in francophone countries around the world. On these web pages you will see examples of more precise language for talking about the weather.

## À écrire

In this activity, you will write a short letter to someone you haven't seen for a while to invite him/her to visit you.

PREMIÈRE ÉTAPE.    Write down who you want to invite and when you would like him/her to visit you.

DEUXIÈME ÉTAPE.    Jot down the weather that can be expected and three or four activities you would like to suggest to your guest.

TROISIÈME ÉTAPE.    Write out a sentence or two in which you make your invitation. Review **Comment inviter** (p. 112) for some suggestions.

QUATRIÈME ÉTAPE.    What other details would be helpful to the person you are inviting to help him/her plan for the trip (clothes, interesting sites to see, etc.)? Is your invitation appealing?

CINQUIÈME ÉTAPE.    Now put together the information in the form of a brief letter.

Greeting: Cher (Chère) _____

Closing: Amitiés, Bisous, Grosses bises *(Big kisses)*

---

**Phrases:** inviting, describing weather, writing a letter
   (informal)

**Grammar:** interrogative, prepositions with times and
   dates, **faire** expressions, familiar forms

**Vocabulary:** leisure, sports, clothing,
   time expressions

---

# Structure 5.1 Les verbes **vouloir,** **pouvoir** et **devoir**

The verbs **vouloir** *(to want),* **pouvoir** *(can, to be able to),* and **devoir** *(must, to have to)* are irregular verbs. They are presented together because they have similar, although not identical, structures and are frequently used in the same context.

| vouloir *(to want)* | |
|---|---|
| je veux | nous voulons |
| tu veux | vous voulez |
| il/elle/on veut | ils/elles veulent |

| pouvoir *(can, to be able to)* | |
|---|---|
| je peux | nous pouvons |
| tu peux | vous pouvez |
| il/elle/on peut | ils/elles peuvent |

| devoir *(must, to have to)* | |
|---|---|
| je dois | nous devons |
| tu dois | vous devez |
| il/elle/on doit | ils/elles doivent |

| | |
|---|---|
| Tu veux aller au concert. | *You want to go to the concert.* |
| Ma sœur ne peut pas y aller. | *My sister can't go.* |
| Je dois travailler. | *I have to work.* |

The verb **devoir** can also mean *to owe.*

| | |
|---|---|
| Je dois 10 euros à mon père. | *I owe my father 10 euros.* |

Conditional forms of the verbs **vouloir** and **pouvoir** are frequently used to soften these verbs, making them sound more polite. This usage is known as the polite conditional, **le conditionnel de politesse.** Compare the following pairs of sentences:

| | |
|---|---|
| Tu veux sortir ce soir? | *Do you want to go out tonight?* |
| Tu voudrais sortir ce soir? | *Would you like to go out tonight?* |
| | |
| Vous pouvez aller au cinéma ce soir? | *Can you go to the movies this evening?* |
| Vous pourriez aller au cinéma ce soir? | *Could you go to the movies this evening?* |

The conditional of **aimer** is also used for polite requests.

| | |
|---|---|
| Je voudrais sortir ce soir. | *I would like to go out this evening.* |
| J'aimerais sortir ce soir. | |

You will study the conditional further in **Module 14.** For now, you will use **j'aimerais/ tu aimerais** and **je voudrais/tu voudrais**. The other forms are presented here primarily for recognition.

**vouloir:** je voudrais, tu voudrais, il/elle/on voudrait, nous voudrions, vous voudriez, ils/elles voudraient

**pouvoir:** je pourrais, tu pourrais, il/elle/on pourrait, nous pourrions, vous pourriez, ils/elles pourraient

**aimer:** j'aimerais, tu aimerais, il/elle/on aimerait, nous aimerions, vous aimeriez, ils/elles aimeraient

**Exercice 1.** Jean-Marie wants to do something with his friends but everyone is busy. Complete the conversation with the correct forms of the verbs given in parentheses.

JEAN-MARIE:   Dis Christine, tu _____¹ (vouloir) aller au cinéma ce soir?

CHRISTINE:   Je _____² (vouloir) bien, mais je ne _____³ (pouvoir) pas. Je _____⁴ (devoir) travailler.

JEAN-MARIE:   Marc, toi et Jean-Claude, vous _____⁵ (vouloir) y aller?

MARC:   Non, nous ne _____⁶ (pouvoir) pas. Nous n'avons pas assez de fric *(money, fam).*

JEAN-MARIE:   Mais dites donc... Vous êtes impossibles! Et ta sœur Martine, qu'est-ce qu'elle _____⁷ (faire)? Peut-être qu'elle _____⁸ (pouvoir) y aller avec moi.

MARC:   Impossible. Elle _____⁹ (devoir) garder la petite Pauline.

JEAN-MARIE:   Mais je ne _____¹⁰ (vouloir) pas y aller tout seul!

**Exercice 2.** You hear the following remarks at the café. Restate each remark, replacing the more polite conditional form of the verb with the more direct present tense form.

1. Nous pourrions aller au cinéma.
2. Tu voudrais voir le nouveau film de Depardieu?
3. Pourriez-vous téléphoner à Martine?
4. Tu ne pourrais pas parler plus lentement?
5. On voudrait faire une promenade.
6. Vous voudriez aller danser ce week-end?

# Structure 5.2   Les verbes comme **sortir**

The verb **sortir** means *to leave, to exit an enclosed place,* or *to go out with friends.*

| sortir *(to leave, to exit, to go out)* | |
|---|---|
| je sors | nous sortons |
| tu sors | vous sortez |
| il/elle/on sort | ils/elles sortent |

Notice that the verb **sortir** has two stems, one for the singular forms (**sor-**) and a slightly different stem for the plural forms (**sort-**).

| | |
|---|---|
| Tu sors avec Michel et Nicole? | *You're going out with Mike and Nicole?* |
| Nous sortons du gymnase à 9h00. | *We leave the gym at 9 o'clock.* |

The following verbs are conjugated like **sortir.** Note the different singular and plural stems.

| | | singulier | pluriel |
|---|---|---|---|
| **partir** *to leave, to depart* | | je **par**s | nous **part**ons |
| **servir** *to serve* | | je **ser**s | nous **serv**ons |
| **dormir** *to sleep* | | je **dor**s | nous **dorm**ons |

| | |
|---|---|
| Le train part pour Londres. | *The train is leaving for London.* |
| Les enfants dorment jusqu'à 10h00. | *The children sleep till 10:00.* |

**Exercice 3.**  Fill in the blanks with the appropriate form of the verb in parentheses.

1. À quelle heure est-ce que vous _____ (partir)?
2. C'est vrai qu'elle _____ (sortir) avec Pierre ce week-end?
3. Tu viens chez nous pour le dîner ce soir? Nous _____ (servir) une fondue suisse.
4. Ne faites pas trop de bruit, les enfants _____ (dormir) toujours.
5. Je _____ (partir) en vacances la semaine prochaine.
6. Tu _____ (sortir) à sept heures ce soir, n'est-ce pas?

**Exercice 4.**  What are the following people doing this weekend? Fill in the blanks with the correct forms of **dormir, partir, servir,** or **sortir** according to the context.

1. Nous _____ tard ce week-end. Nous adorons faire la grasse matinée.
2. Vous _____ avec Pierre ce soir? Vous allez au cinéma?
3. Elle _____ pour son bureau à neuf heures samedi matin.
4. Mes copains _____ de la boîte à minuit parce que leur résidence ferme à 1h00.
5. Tu _____ une salade et des sandwiches à tes amis.
6. Faustine et moi, nous _____ du magasin avec beaucoup de paquets.

# Structure 5.3  Les pronoms accentués

French has a special set of pronouns called **pronoms accentués,** or stress pronouns. The chart that follows summarizes the subject pronouns and their corresponding stress pronouns.

| pronom sujet | pronom accentué | pronom sujet | pronom accentué |
|---|---|---|---|
| je | **moi** | nous | **nous** |
| tu | **toi** | vous | **vous** |
| il | **lui** | ils | **eux** |
| elle | **elle** | elles | **elles** |

The primary function of stress pronouns is to highlight or to show emphasis.

| J'aime le jus d'orange, moi. | **I** *like orange juice.* |
|---|---|
| Lui, il aime le café. | **He** *likes coffee.* |

| — Qui est-ce? | *— Who is it?* |
|---|---|
| — C'est moi. | *— It's me.* |

Stress pronouns appear in many common expressions without a verb.

| J'aime le thé. Et toi? | *I like tea. And you?* |
|---|---|
| Moi aussi. | *Me too.* |
| Et lui? | *And him?* |

They frequently appear after prepositions.

| Pour nous, deux chocolats chauds. | *For us, two hot chocolates.* |
|---|---|
| Tu vas chez toi? | *Are you going home?* |
| Elle vient avec eux? | *Is she coming with them?* |

They can also be used with **à** to show possession.

| Ce livre est à toi? | *Is this book yours?* |
|---|---|

**Exercice 5.**  Choose the person that corresponds to the underlined stress pronoun.

1. Philippe sort avec <u>elle</u>. (Marie-Josée, Henri)
2. Je vais dîner chez <u>eux</u>. (Luc et Jean, Émilie et Hélène)
3. Nous partons en vacances avec <u>elles</u>. (Marie-Josée et Henri, Hélène et Monique)
4. Elle travaille chez <u>lui</u>. (Max, Monique et Sophie)

**Exercice 6.** Max and some friends meet at a café. Complete their conversation with the appropriate stress pronouns. Read each group of sentences carefully to determine which pronouns are needed.

CLAIRE: Michel, _____[1], il aime le chocolat chaud. _____[2], nous préférons l'eau minérale. Et _____[3], qu'est-ce que tu préfères?

MAX: J'aime le jus de fruits, alors pour _____[4], un jus d'orange. Et pour _____[5], Monique et Serge? Qu'est-ce que vous voulez?

MONIQUE: J'aime bien le thé au lait, _____[6]. Et _____[7], Serge?

SERGE: Je ne veux rien. Ah! Voilà mes frères. Je dois partir avec _____[8]. Au revoir.

MICHEL: Où sont Nicole et Sandrine? Regarde, ce sont _____[9] à la terrasse. Mais, qui est avec _____[10]?

MAX: Je pense que c'est Amadou. Il est très sympa. Je vais chez _____[11] pour mes leçons de piano. Sa mère est prof de musique....

# Structure 5.4   Prendre, boire et les verbes réguliers en -re

**PRENDRE**

The verb **prendre** *(to take)* is irregular. It is used figuratively to mean *to have something to eat or drink.*

| prendre *(to take)* | |
|---|---|
| je prends | nous prenons |
| tu prends | vous prenez |
| il/elle/on prend | ils/elles prennent |

| | |
|---|---|
| Elles ne prennent pas l'autobus. | *They're not taking the bus.* |
| Nous prenons deux chocolats chauds. | *We'll have two hot chocolates.* |

Two other verbs that are formed like **prendre** are **apprendre** *(to learn)* and **comprendre** *(to understand).*

| | |
|---|---|
| Je ne comprends pas. | *I don't understand.* |
| Nous apprenons le français. | *We are learning French.* |

**BOIRE**

The verb **boire** *(to drink)* is also irregular. It is used to talk about drinking habits and in the fixed expression **quelque chose à boire** *(something to drink)* but it is not used when you place an order.

| boire *(to drink)* | |
|---|---|
| je bois | nous buvons |
| tu bois | vous buvez |
| il/elle/on boit | ils/elles boivent |

À midi, je bois de l'eau.     *At noon, I drink water.*
Vous voulez quelque chose à boire?     *Do you want something to drink?*

**VERBES RÉGULIERS EN -RE**

To conjugate regular **-re** verbs, drop the **-re** ending of the infinitive and add the endings shown in the chart.

| attendre *(to wait for)* | |
|---|---|
| j'attend**s** | nous attend**ons** |
| tu attend**s** | vous attend**ez** |
| il/elle/on attend | ils/elles attend**ent** |

Ils attendent leurs amis au café.     *They are waiting for their friends at the café.*
Je n'attends pas le bus.     *I'm not waiting for the bus.*

Note that the verb **attendre** means *to wait for*, so it is never followed by a preposition. The preposition is already included in the meaning of the verb.

Other common regular **-re** verbs are the following:

| | |
|---|---|
| **descendre** | *to go downstairs, to get off (a train, bus, etc.)* |
| **entendre** | *to hear* |
| **perdre** | *to lose* |
| **rendre** | *to return (something)* |
| **rendre visite à** | *to visit (a person)* |
| **répondre** | *to answer* |
| **vendre** | *to sell* |

Tu vends ton vélo?     *Are you selling your bike?*
Vous descendez de l'autobus.     *You get off the bus.*

Note that the verb **visiter** is used only with places, whereas **rendre visite à** is used with people. You may wish to use **aller voir** *(to go see)* as an alternative.

Nous visitons Montréal.     *We are visiting Montréal.*
Nous rendons visite à
    nos grands-parents.     *We are visiting our grandparents.*
Nous allons voir nos cousins aussi.     *We are going to see our cousins too.*

**Exercice 7.** Paul and his friends are at the café. Complete their dialogue with the appropriate forms of the verb **prendre.**

PAUL:        Qu'est-ce que vous _____¹?

GUY:         Je _____² euh... je ne sais pas. Marie, qu'est-ce que
             tu _____³?

MARIE:       Un café.

GUY:         Moi, je préfère quelque chose de sucré. Alors, je voudrais un
             Orangina.

PAUL:        Alors, Marie et moi, nous _____⁴ un café.
             Guy _____⁵ un Orangina.

**Exercice 8.** It's 11 o'clock and everyone is busy. Fill in the blanks to describe what people are doing, using the correct forms of the verbs given in parentheses.

   1. J'_____ (attendre) ma camarade de chambre au café.
   2. L'instituteur _____ (perdre) patience avec les élèves.
   3. Nous _____ (boire) du thé avec nos croissants.
   4. Tu _____ (descendre) l'escalier *(stairs).*
   5. Les professeurs _____ (rendre) les devoirs aux étudiants.
   6. Toi et moi, nous _____ (attendre) l'autobus.
   7. Christine _____ (vendre) un livre à un client à la librairie
      universitaire.
   8. Vous _____ (apprendre) le français.

**Exercice 9.** Françoise is just leaving the café and sees her friend Lucienne at another table. Complete their conversation by choosing the logical verb for each sentence from the list provided and writing in the appropriate form.

   **aller   entendre   attendre (2 fois)**
   **être   comprendre   prendre (2 fois)**
   **descendre**

FRANÇOISE:   Salut, Lucienne. Ça va?

LUCIENNE:    Oui, ça va.

FRANÇOISE:   Tu _____¹ quelqu'un?

LUCIENNE:    J(e) _____² mon ami Denis. Et toi?

FRANÇOISE:   J'étudie. Écoute... qu'est-ce que c'est? Est-ce que tu
             _____³ de la musique?

LUCIENNE:    Oui, ça doit être Denis. Il a toujours sa radiocassette. Le voilà.
             Il _____⁴ de l'autobus.

DENIS:       Salut, vous deux. Vous _____⁵ quelque chose? Moi,
             j(e) _____⁶ une bière.

FRANÇOISE:   Bonjour, Denis. Je vous laisse. Je vais à la bibliothèque pour
             étudier ma leçon de chimie. Le cours _____⁷ très
             difficile et mes amis et moi, nous ne _____⁸ rien
             *(nothing).*

LUCIENNE:    Bon courage, Françoise. Au revoir et étudie bien.

# Structure 5.5   Les mots interrogatifs

Learning the basic question words can boost your communication skills in French. These words usually come first in the sentence, and they are an important clue to what the speaker is asking. When you are asking a question, knowing the appropriate interrogative word to use will help you get the information you want quickly and effectively.

| | |
|---|---|
| **combien (de)** | *how much, how many* |
| **comment** | *how, what* |
| **où** | *where* |
| **pourquoi** | *why* |
| **quand** | *when* |
| **que (qu')** | *what* |
| **quel(le)** | *which, what* |
| **qui** | *who* |
| **quoi** | *what* |

Questions are formed using the interrogative word and one of the basic patterns for forming questions: intonation, **est-ce que,** and inversion.

- intonation *(in conversation; fam)*

| | |
|---|---|
| Où tu habites? | *Where do you live?* |
| Tu habites où? | *You live where?* |

- **est-ce que**

| | |
|---|---|
| Qui est-ce que tu attends? | *Who are you waiting for?* |
| Qu'est-ce que tu prends? | *What'll you have?* |

- inversion

| | |
|---|---|
| Pourquoi vas-tu au café? | *Why are you going to the café?* |
| Où va-t-elle? | *Where is she going?* |

The following guidelines will help you use interrogative words correctly.

**1. Combien** is used alone, whereas **combien de** is followed by a noun.

| | |
|---|---|
| C'est combien? | *How much is it?* |
| Combien de croissants voulez-vous? | *How many croissants do you want?* |

**2.** Depending on the context, **comment** is the equivalent of *how* or *what.*

| | |
|---|---|
| Comment ça va? | *How are you?* |
| Comment vous appelez-vous? | *What is your name?* |
| Comment est ton frère? | *What is your brother like?* |
| Comment? | *What? Huh?* |

**3. Où** becomes **d'où** when asking *where . . . from?*

| | |
|---|---|
| Où est le Café de Flore? | *Where is the Café de Flore?* |
| D'où êtes-vous? | *Where are you from?* |

**4.** The question **pourquoi** is usually answered with **parce que...**

| | |
|---|---|
| — Pourquoi étudies-tu l'anglais? | *— Why are you studying English?* |
| — Parce que j'aime Shakespeare. | *— Because I like Shakespeare.* |

5. **Quel** (*which* or *what*) is an adjective that must agree with the noun it modifies. Its four forms are **quel, quelle, quels, quelles.**

| | |
|---|---|
| Quel jus préfères-tu? | *What/Which juice do you prefer?* |
| Quelle heure est-il? | *What time is it?* |
| Quels films veux-tu voir? | *What movies do you want to see?* |
| Quelles places sont libres? | *Which seats are free?* |

**Quel** and its forms are also used to make exclamations.

| | |
|---|---|
| Quel beau temps! | *What beautiful weather!* |
| Quelle belle robe! | *What a beautiful dress!* |

6. **Qu'est-ce que** is followed by normal word order, but **que** is used only with inversion.

| | |
|---|---|
| Qu'est-ce que tu prends? | *What are you having?* |
| Que prends-tu? | *What are you having?* |

7. In casual conversation, you may ask *what* using **quoi,** as in the following examples.

| | |
|---|---|
| Tu prends quoi? | *You are having what?* |
| Quoi? Pas possible! | *What? That's not possible!* |

**Exercice 10.** The following exchanges might be heard in a café as people chat. Based on the information provided in the answers, complete the questions with the appropriate question word(s).

1. — _____ sont tes parents?
   — Mes parents sont attentifs et relax.

2. — _____ habite ta sœur?
   — Elle habite à Atlanta.

3. — _____ est-ce?
   — C'est ma tante.

4. — _____ prends-tu un café?
   — Parce que j'ai un examen dans une heure.

5. — _____ tu étudies?
   — J'étudie la biologie.

6. — _____ s'appelle ton copain?
   — Il s'appelle Marc.

7. — _____ es-tu?
   — Je suis de Minneapolis.

8. — _____ chiens as-tu?
   — J'ai deux chiens.

9. — _____ cours as-tu aujourd'hui?
   — J'ai un cours d'histoire et un cours de maths.

10. — _____? Il est marié?
    — Oui, il est marié.

11. — _____ prends-tu, une eau minérale ou une bière?
    — Je prends une eau minérale.

12. — Tu vends _____?
    — Je vends mon ordinateur.

# Tout ensemble!

Two friends, Kathy and Isabelle, meet at the café. Complete their conversation by selecting the appropriate words from the list below.

| | | | |
|---|---|---|---|
| à quelle | sortent | est-ce que | moi |
| quelle | dois | pourquoi | prenez |
| où | pour | rendons | sors |
| que | toi | voudrais | voulez |

LE GARÇON:  Mesdames, qu'est-ce que vous _____[1]?

ISABELLE:  Je _____[2] un verre de vin rouge, s'il vous plaît.

KATHY:  Et _____[3] moi, un crème. Tiens, voilà ta sœur et son petit ami. Eux, ils _____[4] ensemble très souvent, n'est-ce pas? _____[5] vont-ils ce soir ?

ISABELLE:  Au cinéma. Ils vont voir le nouveau film d'Emmanuelle Béart. C'est mon actrice préférée. Quelle actrice _____[6] tu préfères?

KATHY:  J'aime Juliette Binoche, _____[7].

ISABELLE:  Ah oui? _____[8]?

KATHY:  Mmm, parce qu'elle est belle et puis, elle a du talent.

LE GARÇON:  Voilà, mesdames. Un verre de vin rouge et un crème. Vous _____[9] autre chose?

ISABELLE:  Non, c'est tout, merci. Kathy, il est déjà neuf heures. _____[10] heure est-ce que tu dois partir?

KATHY:  Je _____[11] rentrer chez moi vers dix heures. _____[12] fais-tu ce week-end?

ISABELLE:  Ce week-end? Dimanche, nous _____[13] visite à ma grand-mère. Et _____[14]?

KATHY:  Je travaille. Mais je _____[15] aussi avec des amis samedi soir. Tu veux venir avec nous?

ISABELLE:  Chouette! _____[16] bonne idée!

# Vocabulaire

## Vocabulaire fondamental

### Noms

**Les boissons (f)** — *Drinks*

| | |
|---|---|
| une bière | *a beer* |
| un café (au lait) | *a coffee (with milk)* |
| un (café) crème | *a coffee with cream* |
| un chocolat chaud | *a hot chocolate* |
| un coca (light) | *a (diet) Coca-Cola* |
| un demi | *a glass of draft beer* |
| une eau minérale | *a mineral water* |
| un expresso | *an espresso* |
| un jus d'orange | *an orange juice* |
| un thé au lait | *a hot tea with milk* |
| un thé citron | *a hot tea with lemon* |
| un thé nature | *a hot tea (plain)* |
| un (verre de vin) rouge | *a (glass of) red wine* |

**Le café** — *Café*

| | |
|---|---|
| une addition | *a check* |
| une carte | *a menu* |
| un sandwich jambon beurre | *a ham sandwich with butter* |

**Mots apparentés:** un croissant, un sandwich

**Le temps** — *Weather*

| | |
|---|---|
| Il fait 30° (trente degrés). | *It's 30 degrees.* |
| Il fait beau. | *It's nice weather.* |
| Il fait chaud. | *It's hot.* |
| Il fait du soleil. | *It's sunny.* |
| Il fait du vent. | *It's windy.* |
| Il fait froid. | *It's cold.* |
| Il fait mauvais. | *It's bad weather.* |
| Il neige. | *It's snowing.* |
| Il pleut. | *It's raining.* |
| Il y a des nuages. | *It's cloudy.* |
| la neige | *snow* |
| le soleil | *sun* |
| le vent | *wind* |

### Verbes

| | |
|---|---|
| aller en boîte | *to go to a club* |
| aller voir | *to go see* |
| apprendre | *to learn* |
| attendre | *to wait for* |
| boire | *to drink* |
| commander | *to order (at a café, restaurant)* |
| comprendre | *to understand* |
| descendre | *to go downstairs; to get off (a bus, a plane, etc.)* |
| désirer | *to want* |
| devoir | *must, to have to; to owe* |
| discuter (de) | *to discuss* |
| dormir | *to sleep* |
| entendre | *to hear* |
| faire la connaissance (de) | *to meet, to make someone's acquaintance* |
| inviter | *to invite* |
| laisser un message | *to leave a message* |
| partir | *to leave, to depart* |
| perdre | *to lose* |
| pouvoir | *can, to be able to* |
| prendre | *to take, to have food* |
| rendre | *to return (something)* |
| rendre visite à | *to visit (a person)* |
| répondre | *to answer* |
| sortir | *to leave, to go out* |
| vendre | *to sell* |
| vouloir | *to want* |

### Adjectifs

| | |
|---|---|
| chaud(e) | *hot* |
| désolé(e) | *sorry* |
| frais (fraîche) | *cool* |
| froid(e) | *cold* |
| impossible | *impossible* |
| libre | *free, available* |

### Pronoms

| | |
|---|---|
| moi | *me* |
| toi | *you* |
| elle(s) | *her (them)* |
| lui | *him* |
| nous | *us* |
| vous | *you* |
| eux | *them* |

## Mots interrogatifs

| | |
|---|---|
| combien (de) | *how much/how many?* |
| comment | *how? (what?, huh?)* |
| (d')où | *(from) where?* |
| pourquoi | *why?* |
| quand | *when?* |
| que | *what?* |
| quel(le) | *which/what?* |
| quoi | *what?* |

## Mots divers

| | |
|---|---|
| allô | *hello (on phone)* |
| avec | *with* |
| une boîte (de nuit) | *a club* |
| d'accord | *OK* |
| d'habitude | *usually* |
| un emploi du temps | *a schedule* |
| ensemble | *together* |
| parce que | *because* |
| peut-être | *maybe* |
| une place | *a seat* |
| pour | *for* |
| quelque chose (à boire) | *something (to drink)* |
| quelqu'un | *someone* |
| un rendez-vous | *an appointment, a date* |

**Mots apparentés:** une idée, un instant, un message, un moment

## Expressions utiles

**Comment inviter** *How to make plans*

*(See p. 112 for additional expressions.)*

| | |
|---|---|
| Tu veux sortir ce soir? | *Do you want to go out tonight?* |
| Tu aimerais faire quelque chose? | *Would you like to do something?* |
| Qu'est-ce que tu vas faire ce week-end? | *What are you going to do this weekend?* |
| Je veux bien. | *Sure. I'd like to.* |
| Désolé(e). Je suis occupé(e). | *Sorry. I'm busy.* |
| Malheureusement, je ne peux pas. | *Unfortunately, I can't.* |

**Comment faire connaissance** *How to get acquainted*

*(See p. 123 for additional expressions.)*

| | |
|---|---|
| D'où êtes-vous? | *Where are you from?* |
| Je vous (te) connais? | *Do I know you?* |
| Pardon, est-ce que cette place est libre? | *Excuse me, is this seat free?* |
| Quel beau temps, n'est-ce pas? | *What nice weather, isn't it?* |
| Vous attendez (Tu attends) quelqu'un? | *Are you waiting for someone?* |

## Vocabulaire supplémentaire

### Noms

**Les boissons**    *Drinks*
un citron pressé    *a lemonade*
une infusion    *an herbal tea*
un jus de pomme    *an apple juice*
une limonade    *a lemon-lime soda*
un Orangina    *an orange soda (brand name)*

**Le temps**    *Weather*
Il fait doux.    *It's mild.*
Il y a des averses.    *There are showers.*
Il y a des éclaircies.    *It's partly cloudy.*
Il y a des orages.    *There are storms.*
Il y a du brouillard.    *There is fog. It's foggy.*

### Verbes

appeler    *to call*
continuer    *to continue*
diminuer    *to diminish*
rappeler    *to call back*

### Adjectifs

alcoolisé(e)    *containing alcohol*
récent(e)    *recent*
sucré(e)    *sweetened*

### Mots divers

un billet    *a ticket*
une cabine téléphonique    *a phone booth*
C'est pas grave. *(fam)*    *It's not important.*
Ne quittez pas.    *Please hold. (on phone)*
quand même    *anyway*
une soirée    *an evening*
une télécarte    *a phone card*
une terrasse    *an outdoor sitting area of a café*

# Qu'est-ce qui s'est passé?

In this chapter you will learn how to talk about past events: what you did over the weekend or on your last vacation, how to recount an anecdote. In the **Perspectives culturelles** you will learn about the French press and read about the emperor Napoléon Bonaparte before learning how to talk about the lives of several other historical figures.

## Thèmes et pratiques de conversation

- ▶ Hier

- ▶ Comment raconter une histoire (introduction)
- ▶ Les informations
- ▶ Personnages historiques

## Structures utiles

- ▶ Le passé composé avec **avoir**
- ▶ Les expressions de temps au passé
- ▶ Le passé composé avec **être**

- ▶ Les verbes comme **finir**
- ▶ Les verbes comme **venir** et **venir de** + infinitif

## Perspectives culturelles

Comment les Français s'informent

Napoléon Bonaparte, empereur français

## Lecture

Jacques Brel: Chanteur en rébellion

## Un pas en avant

# Thèmes et pratiques de conversation

## Hier

**Structures**  **6.1 Le passé composé avec avoir**
**6.2 Les expressions de temps au passé**

The **thème "Hier"** highlights the **passé composé,** a verb tense used to tell what happened and to recount past events. See pages 159–160 for a discussion of this tense. Time expressions that explain when an event took place appear on page 161.

*Hier après-midi, Jérôme a joué avec un petit bateau dans le bassin du Jardin du Luxembourg. Et vous, qu'est-ce que vous avez fait hier?*

### Qu'est-ce que vous avez fait hier?

Angèle a étudié pour un examen.

M. et Mme Montaud ont joué aux cartes.

Yvette a travaillé à l'ordinateur.

Serge a regardé son émission favorite à la télévision.

Marthe et Joëlle ont parlé au téléphone pendant des heures.

Mme Ladoucette a fait une promenade dans le parc avec son chien.

Véronique a pris des photos du coucher de soleil.

Stéphane a perdu ses lunettes.

 **Activité 1: Interaction.** Qu'est-ce que les étudiants de la classe ont fait hier soir? Posez les questions suivantes à un(e) camarade.

> **Modèle:** — As-tu écouté la radio?
> — *Oui, j'ai écouté la radio.*

1. As-tu regardé la télé? À quelle heure? Où? Quelle(s) émission(s)?
2. Tu as parlé au téléphone? Quand? Avec qui?
3. Est-ce que tu as travaillé? Quand? Où?
4. As-tu dîné au restaurant universitaire? Avec qui? À quelle heure?
5. Tu as retrouvé des amis? Qui? Où? Quand?
6. Est-ce que tu as étudié? Pendant combien de temps?

## Quelques expressions de temps au passé

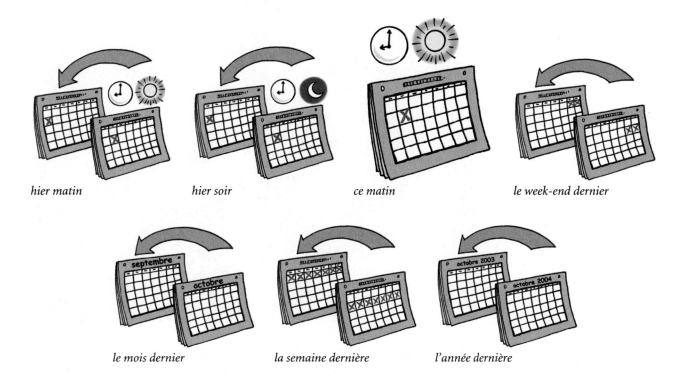

hier matin

hier soir

ce matin

le week-end dernier

le mois dernier

la semaine dernière

l'année dernière

**Activité 2: La dernière fois...** Avec un(e) partenaire, dites quand vous avez fait les activités suivantes la dernière fois.

> **Modèle:** parler anglais en classe
> — *Quand est-ce que tu as parlé anglais en classe la dernière fois?*
> — *J'ai parlé anglais en classe ce matin.*

1. écouter la radio
2. faire un voyage
3. être en retard à un rendez-vous
4. téléphoner à tes parents
5. perdre tes clés *(keys)*
6. sécher *(to skip)* un cours

 **Activité 3: Vous êtes curieux!** Qu'est-ce que votre professeur a fait le week-end dernier? Posez-lui dix questions pour obtenir le plus d'informations possibles. Il/Elle peut seulement répondre par **oui** ou **non**.

> **Modèle:** *Est-ce que vous avez regardé la télévision?*

Ensuite, faites la même activité avec un(e) camarade de classe. Utilisez **tu** avec votre camarade.

> **Modèle:** *Est-ce que tu as regardé la télévision?*

*Nicole a fait un voyage en Grèce pendant les vacances. Ses copines sont allées la chercher à l'aéroport, mais elles ont dû l'attendre longtemps. Son avion est arrivé en retard. Finalement, quand Nicole a débarqué de l'avion, elle a tout expliqué à ses copines. «Voilà ce qui s'est passé... »*

**Expressions utiles**

**Si vous écoutez une histoire...**

**Pour commencer**

| | |
|---|---|
| Qu'est-ce qui s'est passé? | *What happened?* |
| Racontez-moi ce qui s'est passé. | *Tell me what happened.* |

**Pour réagir**

| | |
|---|---|
| Ah oui? Qu'est-ce qui s'est passé? | *Really? What happened?* |
| Et alors? | *And then (what)?* |
| Ah oui? | *Yes? (Go on . . .)* |
| Vraiment? | *Really?* |
| Oh là là! | *Wow!* |

**Si vous racontez une histoire...**

**Pour commencer**

| | |
|---|---|
| Voilà ce qui s'est passé. | *Here's what happened.* |
| Eh ben... je commence. Voilà. | *Um . . . Well . . . I'll begin. Here.* |
| Euh, c'est comme ça. | *Uh, it's like this.* |

**Pour continuer**

| | |
|---|---|
| Et puis... | *And then . . .* |
| Alors... / Ensuite... | *Then . . .* |
| Euh... | *Uh, um . . .* |
| Enfin... | *Finally . . .* |
| Après... | *Then . . .* |

# Comment raconter une histoire (introduction)

**Écoutons ensemble! Dans la salle d'attente.** Vous êtes dans une salle d'attente où vous entendez des conversations.

ext Audio Track 12

**A.** Lisez d'abord les commentaires dans la colonne de gauche. Puis, trouvez la réponse appropriée à chacun dans la colonne de droite. Ensuite, écoutez les conversations et vérifiez vos réponses.

**1.** Tu sais, Marc a eu un accident de moto sur l'autoroute!

**2.** Dis, Claire, je pense que je vais avoir une promotion!

**3.** Tu connais ma cousine Anne? Elle est première dans sa classe!

**4.** Hervé m'a invitée à l'accompagner avec sa famille pour la durée de leurs vacances en Corse!

**5.** Sylvie, tu es toute rouge! Pourquoi?

**a.** Vraiment? Félicitations!

**b.** Mais comment ça? Elle est nulle!

**c.** Eh ben, voilà ce qui s'est passé. Je t'explique...

**d.** Chouette! Tu vas y aller? Tu connais bien sa famille?

**e.** Oh là là! C'est grave? Il est à l'hôpital?

**B.** Maintenant, lisez les mini-dialogues avec un(e) partenaire. Puis, inventez votre propre dialogue et jouez-le pour vos camarades.

éAé

**Activité 4: Routines logiques?** Arrangez les activités en ordre chronologique et lisez vos solutions à la classe. Utilisez **puis, ensuite, alors** et **enfin.**

1. **Une soirée entre amis.** Le week-end dernier, j'ai invité des amis chez moi pour une soirée. D'abord, j'ai...
   **a.** préparé le dîner.
   **b.** fait les présentations.
   **c.** téléphoné à mes amis pour les inviter.
   **d.** fait les courses.

2. **Un examen.** Vendredi dernier, Manuel avait un examen d'histoire. D'abord, il a...
   **a.** retrouvé un groupe d'amis pour étudier ensemble.
   **b.** passé l'examen pendant deux heures dans l'amphithéâtre.
   **c.** révisé les notes de classe.
   **d.** beaucoup dormi après l'examen.

3. **Un match de tennis.** Samedi dernier, tu as joué au tennis. D'abord, tu as...
   **a.** réservé un court au stade municipal.
   **b.** pris une douche *(shower)* avant de rentrer.
   **c.** joué deux sets de tennis.
   **d.** retrouvé ton partenaire au stade.

4. **Une soirée au cinéma.** Le week-end dernier, nous avons vu un film avec des amis. D'abord, nous avons...
   **a.** vu le film.
   **b.** pris le métro jusqu'au cinéma Rex.
   **c.** dîné dans un restaurant qui reste ouvert jusqu'à minuit.
   **d.** cherché un bon film dans *Pariscope.*

5. **Pour louer un appartement.** D'abord, Marianne a...
   **a.** regardé les petites annonces pour trouver un studio pas cher.
   **b.** décidé de le louer.
   **c.** téléphoné à la propriétaire pour prendre rendez-vous.
   **d.** visité le studio.

6. **La fin de la journée.** D'abord, j'ai...
   **a.** fait mes devoirs.
   **b.** décidé d'aller au lit.
   **c.** commencé à regarder un mauvais film.
   **d.** regardé les infos à la télé.

**Activité 5: Un voyage mal commencé.** Regardez les images et écoutez l'histoire racontée par votre professeur. Ensuite, recomposez l'histoire vous-même.

**Expressions utiles:** chercher l'équipement de camping, amener le chat, fermer les volets, ranger les bagages dans le coffre, accrocher la caravane, chercher les clés, trouver, démarrer *(to take off)*, entendre un bruit

## Structure   6.3 Le passé composé avec être

You have just learned to form the **passé composé** with the auxiliary verb **avoir.** French also has a small number of verbs conjugated with **être** in the **passé composé.** Many of them involve movement. For a complete discussion of the **passé composé** with **être**, see page 162.

### Activité 6: La Route des Montaud.

Text Audio Track 13

**A.** Monsieur et Madame Montaud sont en vacances. Qu'est-ce qui s'est passé quand ils sont arrivés aux Pins. Écoutez leur conversation et, avec un(e) partenaire, suivez la route des Montaud.

**B.** Maintenant, mettez-vous en groupes de quatre. Deux personnes jouent le rôle de Monsieur et Madame Montaud qui racontent leur voyage. Les deux autres—les auditeurs *(listeners)*—réagissent à l'histoire avec des expressions appropriées.

**Verbes utiles:** entrer, monter, passer, arriver, sortir, revenir, aller, tomber en panne, venir, partir

> **À noter:** You can use the events depicted in **Activité 6** as a mnemonic device to help you remember some of the verbs that form the **passé composé** with **être.** Note that the actions involve movement.

### Activité 7: L'inquisition d'un parent possessif.
Un parent possessif veut tout connaître sur la soirée de sa fille. Avec un(e) camarade, jouez le rôle du parent et de la fille.

> **Modèle:**   Avec qui es-tu sortie?
> — *Je suis sortie avec des copains.*

1. Avec qui es-tu sortie?
2. Où est-ce que tu es allée?
3. Combien de copains sont sortis avec toi?
4. Comment y es-tu allée?
5. Par où es-tu passée après?
6. Pendant combien de temps est-ce que tu y es restée?
7. À quelle heure es-tu rentrée?

### Activité 8: Toujours des excuses!
Vous êtes toujours prêt(e) à vous trouver des excuses. Utilisez les excuses suivantes dans l'ordre donné. Votre partenaire va réagir en utilisant les expressions à la page 145.

**Modèle:** — Pourquoi êtes-vous arrivé(e) à l'école en retard?
— *Euh, eh bien... d'abord, je suis allé(e) au lit très tard parce que j'ai travaillé jusqu'à une heure du matin.*
— *Ah oui? Et après... ?*

1. Pourquoi êtes-vous arrivé(e) à l'école en retard?
   a. je / aller au lit très tard hier soir parce que je / beaucoup / travailler
   b. je / ne pas entendre le réveil ce matin
   c. je / ne pas trouver mes clés
   d. je / décider de prendre le bus / mais je / arriver trop tard à l'arrêt d'autobus
   e. je / être à l'heure demain / je vous promets

2. Vous n'avez pas rendu votre composition!
   a. je / passer / toute la nuit / à préparer la composition
   b. je / taper la composition à l'ordinateur
   c. on / couper le courant *(the power went off)* / et donc / je / perdre tout mon travail
   d. mon ami / réussir à récupérer mon travail
   e. mon imprimante *(printer)* / tomber en panne

3. Tu n'as pas répondu à ma lettre. Qu'est-ce qui s'est passé?
   a. ta lettre / arriver / quand j'étais en vacances
   b. je / répondre à la lettre tout de suite après mon retour
   c. je / perdre / ton adresse
   d. je / trouver / l'adresse dans l'annuaire *(phone book)*
   e. ma secrétaire / oublier / d'envoyer la lettre, désolé(e)

### Activité 9: Des vacances ratées ou réussies?
Est-ce que vos dernières vacances ont été merveilleuses, médiocres ou désastreuses? Avec un(e) partenaire, dites pourquoi, en utilisant les éléments des deux colonnes. Commencez avec le modèle.

**Modèle:** — *As-tu passé de bonnes vacances?*
— *Oui et non.*
— *Comment? Qu'est-ce qui s'est passé?*
— *Bon, voilà, je commence...*

DES VACANCES RATÉES
1. J'ai perdu mon argent.
2. Il a plu.
3. Les hôtels ont coûté trop cher.
4. Ma voiture est tombée en panne.
5. J'ai eu un accident.
6. J'ai raté *(missed)* mon avion.
7. Je suis tombé(e) malade.
8. ?

DES VACANCES RÉUSSIES
1. J'ai rencontré des gens très sympathiques.
2. J'ai trouvé de bons restaurants.
3. Mes parents ont payé le voyage.
4. Je suis sorti(e) dans des clubs super!
5. Il a fait beau.
6. Je suis toujours arrivé(e) à l'aéroport à l'heure.
7. J'ai trouvé une plage *(beach)* exotique.
8. ?

### Activité 10: Interaction.

Posez les questions suivantes à un(e) camarade. Ensuite, racontez sa réponse la plus intéressante à la classe.

1. Où est-ce que tu as passé tes meilleures *(best)* vacances?
2. Comment as-tu voyagé?
3. Tu y es allé(e) avec qui?
4. Combien de temps est-ce que tu y es resté(e)?
5. Qu'est-ce que tu as vu d'intéressant?
6. Qu'est-ce que tu as fait pendant la journée? la nuit?
7. Tu aimerais y retourner l'année prochaine?

# Perspectives culturelles

## Comment les Français s'informent

*by reading*
*each / read*
*dry*

Traditionnellement, les Français s'informent en lisant° un quotidien, un journal publié chaque° jour. Les journaux les plus lus° par l'élite sont *Le Monde* et *Le Figaro*, des journaux au format assez sec°. Il y a aussi des journaux plutôt «populaires» tels que *France-Soir*, un journal du genre tabloid avec plus de photos et de scandales. *L'Équipe*, qui profite de la passion française pour le sport, est maintenant le premier quotidien national! Cependant, l'audience de la presse quotidienne de toute catégorie a récemment diminué, surtout chez les jeunes. On s'informe de plus en plus à travers le journal télévisé qui passe à 8 heures du soir—l'heure traditionnelle du dîner—et les hebdomadaires, les magazines publiés chaque semaine.

*Beaucoup de Français aiment acheter leurs journaux et magazines dans des kiosques à journaux comme ce kiosque-ci à Paris.*

Dans les kiosques à journaux on voit une véritable explosion de magazines spécialisés dans tous les domaines, de l'aventure à l'informatique. Plus de 3 000 titres!

*house projects*
*more*

*playful*

Les hommes lisent surtout les revues de loisirs: sport, automobile, bricolage°. Les femmes s'intéressent davantage° aux magazines féminins et à ceux de la décoration tels que *Marie-Claire, Elle, Art et Décoration* et *Femme actuelle*. Ces magazines sont agréables à lire avec leurs belles photos et leur présentation ludique°.

Parmi les hebdomadaires d'actualité générale, *Paris-Match* a le plus grand nombre de lecteurs. C'est un magazine avec beaucoup de photos en couleurs. Il est rare de ne pas y trouver un article sur une personnalité américaine telle que Britney Spears, Hillary Clinton ou Brad Pitt. Les magazines d'information *L'Express* et *Le Point* ressemblent à *Time* et *Newsweek*. Ils contiennent toujours des analyses politiques.

**Avez-vous compris?** Répondez aux questions suivantes.

1. Comment s'appelle un journal qui est publié tous les jours? Toutes les semaines?
2. Quel est l'équivalent français du «*six o'clock news*»?
3. Quels sont les deux journaux les plus lus par les cadres et les fonctionnaires?
4. *L'Express* et *Le Point* ressemblent à quels magazines américains?
5. Où est-ce qu'on peut acheter *(to buy)* des journaux et des magazines en France?
6. Est-ce que les jeunes que vous connaissez s'intéressent aux nouvelles?

# Les informations

> **Structure**  **6.4 Les verbes comme finir**
>
> You have already learned to conjugate a number of irregular **-ir** verbs. **Les informations** introduces regular **-ir** verbs. For a list of these verbs and their conjugation, see page 163.

 **Activité 11: Le sommaire de *L'Express*.** Parcourez *(Scan)* le sommaire avec un(e) partenaire pour trouver les informations suivantes.

1. Trouvez un article sur: a) le crime, b) des montagnes, c) les régions de vacances en France, d) le 19ᵉ siècle.
2. Sous quelle rubrique *(heading)* est-ce qu'on trouve un article sur: a) la bourse *(stock market)*, b) la Turquie, c) les plus belles régions de France, d) le milliardaire américain Warren Buffett?
3. Quel article est en couverture? Comment dit-on **parrain** en anglais?
4. Quel article est-ce que vous aimeriez lire?

 **Activité 12: Interaction.** Quelles sont vos préférences et vos opinions en ce qui concerne les médias? Posez les questions suivantes à un(e) autre étudiant(e).

1. Est-ce que tu t'informes en lisant la presse ou en regardant la télévision? Pourquoi?
2. Tu réussis à lire *(to read)* le journal tous les jours? Quel journal préfères-tu?
3. Est-ce que tu réagis *(react)* contre la violence à la télévision?
4. La télévision réussit-elle *(does she succeed)* à nous instruire ou seulement à nous amuser?
5. Est-ce qu'il y a une émission de télévision que tu regardes avant de te coucher? À quelle heure finit-elle?
6. À ton avis, est-ce que les gens réfléchissent quand ils regardent la télévision ou est-ce qu'ils sont plutôt passifs?

# Perspectives culturelles

## Napoléon Bonaparte, empereur français

Né en 1769, Napoléon Bonaparte **vient** d'une famille corse. Après une éducation militaire en France, il **devient** soldat. En 1796, il **obtient** le commandement de l'armée d'Italie où il remporte des victoires. Le gouvernement l'envoie au Moyen-Orient° où il organise l'Égypte et bat° les Turcs en Syrie.

*Middle East / defeats*

*Napoléon Bonaparte*

*power*

*seeks*

*defeats*

*beaten*

Après ses campagnes militaires, il **revient** en France où les modérés dans le gouvernement l'aident dans un coup d'état. Napoléon **devient** premier consul et **obtient** de plus en plus de pouvoir° grâce à la constitution autoritaire qu'il impose. Il gagne beaucoup de territoires pour la France en conquérant des pays voisins et amasse un empire européen. Napoléon **tient à°** la gloire et il se proclame empereur des Français en 1804. Hélas, Napoléon ne réussit pas à maintenir son Grand Empire. Après plusieurs défaites° militaires qui finissent par l'invasion de la France, Napoléon doit abdiquer et il part en exil sur l'île d'Elbe. En 1815, il **revient** en France où il reste pendant cent jours. Mais son armée est battue° à Waterloo et il doit abdiquer une seconde fois. Les Anglais l'envoient en exil à l'île de Sainte-Hélène, où il meurt quelques années plus tard en 1821.

**Avez-vous compris?** Répondez aux questions suivantes.

1. D'où vient Napoléon?
2. Qu'est-ce qu'il obtient en 1796?
3. Comment devient-il premier consul?
4. Est-ce un homme de paix ou de guerre?
5. Reste-t-il sur l'île d'Elbe après son premier exil?
6. Quel est le lieu célèbre où son armée a été vaincue *(defeated)*?

# Personnages historiques

**Structure**   6.5 Les verbes comme **venir** et **venir de** + infinitif

This **thème** presents a set of irregular **-ir** verbs conjugated like **venir**. You will also be working with **venir de** followed by the infinitive to talk about what has just taken place. See pages 164–165 for further information.

**Activité 13: Une biographie historique.**   Vous allez faire un bref portrait d'un des personnages historiques suivants. Dites où il/elle est né(e) et en quelle année, où il/elle a grandi, sa profession, sa contribution historique et l'année de sa mort.

**Mini-portraits historiques**

1.

**Nom:** Marie Joseph Gilbert Motier, Marquis de La Fayette
**Lieu et date de naissance:** 1757, château de Chavaniac
**Jeunesse:** Auvergne
**Profession:** général et homme politique
**Contribution:** Il a aidé dans la guerre d'indépendance en Amérique.
**Mort:** 1834

2.
**Nom:** Jean-Paul Sartre
**Date et lieu de naissance:** 1905, Paris
**Jeunesse:** Paris
**Profession:** écrivain, philosophe
**Contribution:** Il a développé la philosophie appelée «existentialisme». Ses livres *Huis clos* et *La Nausée* ont beaucoup influencé la pensée intellectuelle de son époque.
**Mort:** 1980

3.

**Nom:** Marie Curie
**Date et lieu de naissance:** 1867, Varsovie
**Jeunesse:** Pologne
**Profession:** savante, chercheuse
**Contribution:** Avec son mari Pierre Curie, elle a découvert le radium.
**Mort:** 1934 par exposition au radium

4.
**Nom:** Charles de Gaulle
**Date et lieu de naissance:** 1890, Lille
**Jeunesse:** Lille
**Profession:** général et président
**Contribution:** Général et homme d'état français, il a refusé l'armistice pendant la Seconde Guerre mondiale. De Londres, il a lancé un appel à la résistance et a été à la tête de la France Libre *(Free France)*. En 1944, il est devenu président de la République française. Il a démissionné *(retired)* en 1969.
**Mort:** 1970

**Activité 14: Histoire personnelle.** Répondez aux questions suivantes et ensuite, utilisez les mêmes *(same)* questions pour interviewer votre camarade.

1. D'où viennent tes ancêtres?
2. Pourquoi est-ce qu'ils sont venus aux États-Unis?
3. Où tes grands-parents sont-ils nés?
4. Ils ont eu combien d'enfants?
5. Où est-ce que tes parents ont grandi?
6. Est-ce que quelqu'un dans ta famille est célèbre? Pourquoi?

 **Activité 15: Étapes importantes.** Avec un(e) partenaire, dites quand vous avez fait les activités suivantes. Note: To avoid giving your age, you may use the indefinite expression **il y a longtemps** *(a long time ago)*.

**Modèle:** conduire *(to drive)* (apprendre)
— *Quand est-ce que tu as appris à conduire?*
— *J'ai appris à conduire à l'âge de seize ans, il y a quatre ans.*

1. utiliser un ordinateur? (apprendre)
2. travailler? (commencer)
3. apprendre le français? (commencer)
4. boire du café ou du thé? (commencer)
5. conduire? (commencer)
6. lire (apprendre)

**Activité 16: Qu'est-ce qu'on vient de faire?** Lisez les descriptions suivantes et imaginez ce que ces personnages viennent de faire.

**Modèle:** Jean-Marc est couvert de sueur *(perspiration)*.
*Il vient de courir dix kilomètres.*

1. Étienne rentre de la bibliothèque.
2. Les Dupuis défont *(unpack)* leurs valises.
3. Nous quittons le cinéma.
4. Tu attends tes boissons au café.
5. Maurice raccroche *(hangs up)* le téléphone.

**Les années 1995–2000**

 **Activité 17: Qu'est-ce qui s'est passé ces dernières années?** Lisez les informations et ensuite, posez des questions à vos camarades de classe sur les événements récents.

**Modèle:** — *Qu'est-ce qui s'est passé en 1995?*
— *Jacques Chirac a gagné les élections présidentielles en France.*

1995    Jacques Chirac a gagné les élections présidentielles en France.

1996    François Mitterrand, président de la République française de 1981 à 1995, est mort. Le vol TWA 800, New York–Paris, a explosé en plein vol; 228 passagers sont morts. Des scientifiques écossais ont annoncé la naissance de la brebis Dolly, premier animal cloné.

1997    Mère Térésa et la princesse Diana sont mortes. On a rendu Hongkong à la Chine.

**1998** La France a battu le Brésil et est devenue la 16e championne de la Coupe du monde de football. *Titanic,* film couronné de 11 Oscars, a battu tous les records de fréquentation et de recettes (plus de $1 milliard) du monde.

**1999** L'euro est devenu la monnaie officielle de 11 membres de l'Union européenne. Médecins Sans Frontières a reçu le prix Nobel de la Paix.

**2000** George W. Bush est devenu président des États-Unis suite à une décision de la Cour suprême après des résultats électoraux contestés.

 **Activité 18: «Trivial poursuite.»** Avez-vous une bonne mémoire? Répondez aux questions suivantes.

1. Quand est-ce qu'on a commencé à utiliser l'euro?
2. Quel avion a explosé en plein vol? En quelle année?
3. Quelles femmes célèbres sont mortes? En quelle année?
4. Quel film a eu le plus de succès au box-office? En quelle année?
5. Qui est le président actuel de la France? En quelle année a-t-il été élu? À qui a-t-il succédé?
6. Qui a gagné la Coupe du monde en 1998?
7. Qu'est-ce qui s'est passé juste avant l'an 2000?

 **Situation à jouer!**

**"20 questions"** Students divide into two teams and consult separately to choose 2–3 names of famous people they'll assign to members of the opposing team. A name is pinned on someone of the opposing team who must go to the front of the class and can ask up to twenty questions to figure out his/her identity.

**Modèle:** — *Est-ce que je suis mort(e)?*
— *Non.*

# Lecture

**Anticipation**

1. En France comme aux États-Unis, les années 60 ont été une période de rébellion des jeunes contre l'autorité. À Paris, les étudiants ont manifesté *(protested)* contre le gouvernement. Quelle université américaine associez-vous aux manifestations américaines des années 60?
2. D'après le titre, est-ce que Jacques Brel est considéré comme un chanteur conformiste ou non-conformiste?
3. La bourgeoisie est une catégorie sociale de gens relativement aisés *(well off)* qui ne font pas de travail manuel. Certaines valeurs sociales *(social values)* sont traditionnellement associées à la bourgeoisie. Quels adjectifs associez-vous à la bourgeoisie: riche, pauvre, conservatrice, traditionnelle, confortable, ouverte, fermée, conformiste, anticonformiste, capitaliste, socialiste, scandaleuse?
4. On dit qu'avec sa chanson *(song)* «Les bourgeois», Jacques Brel est devenu le porte-parole *(spokesperson)* de sa génération. Quel chanteur a été le porte-parole des années 60 aux États-Unis? Quel chanteur est le porte-parole de votre génération?

## Jacques Brel: Chanteur en rébellion

1 Jacques Brel, auteur et compositeur, est né en 1929 en Belgique.

Il a quitté l'usine° familiale pour aller chanter avec sa guitare dans les cabarets de Paris.

5 Ses chansons les plus célèbres, souvent composées sur le rythme d'une valse, sont «Quand on n'a que l'amour», «Ne me quitte pas», reprise par Nina Simone, «Le port d'Amsterdam» et «Les amants».

10 Il parle de la solitude, de la vie quotidienne, de l'amour, de la mort et de la bêtise° des gens. Mais il a surtout décrit et critiqué la classe bourgeoise française et ce qu'elle a représenté dans les années 60: la peur° du changement et de tout

15 risque, l'étroitesse° d'esprit, le conformisme et le désir de maintenir le pouvoir° par l'argent.

Il a fait beaucoup de portraits satiriques. Avec sa chanson «Les bourgeois», qui dit que la liberté est le contraire de la sécurité, il est devenu le porte-parole de la rébellion de beaucoup de jeunes contre l'autorité et les

20 contraintes de toutes sortes. Contre la guerre°, il a chanté la force et la violence de l'amour, de la jeunesse, de l'espoir.

En 1966, fatigué de son succès, il a arrêté de faire des concerts° pour vivre ses passions: il a appris à piloter et il a navigué autour du monde. En 1972, l'Amérique l'a invité à fêter sa carrière. Il a écrit ses dernières chansons sur le

25 thème de la mort et a fini sa vie à Tahiti en 1978, atteint d'un cancer, à l'âge de 49 ans.

*Margin glosses:*
factory (usine)
stupidity (bêtise)
fear (peur)
narrowness (étroitesse)
power (pouvoir)
war (guerre)
touring (concerts)

## Activités de lecture

1. La chronologie des événements est souvent importante dans une biographie. Parcourez *(Scan)* le texte pour repérer toutes les dates et leur importance.
2. Parcourez le texte pour trouver les chansons les plus célèbres de Jacques Brel.

## Expansion de vocabulaire

1. Utilisez le contexte et les mots apparentés pour trouver l'équivalent anglais des mots soulignés *(underlined)*.
   a. Ses chansons célèbres, souvent composées sur le rythme d'une <u>valse,</u> sont...
   b. La classe bourgeoise a représenté la peur du <u>changement</u> et de tout <u>risque</u>...
   c. Il a critiqué le désir de la classe bourgeoise de <u>maintenir</u> le pouvoir par l'argent.
   d. «Les bourgeois» disaient que la liberté était le <u>contraire</u> de la sécurité.
   e. Une rébellion contre l'autorité et les <u>contraintes</u> de toutes sortes...

2. Dans ce texte, il y a beaucoup de mots comme **autorité** qui se terminent en **-ité** ou **-été.** Ces mots représentent souvent une idée abstraite.
   a. Trouvez tous les mots qui se terminent en **-té** et notez leur genre.
   b. Traduisez les mots suivants en français: *society, fraternity, quality, maturity, identity, complexity.*

## Compréhension et intégration

1. Où Jacques Brel est-il né?
2. Quelle était sa nationalité?
3. Quel a été son premier acte de rébellion?
4. De quoi parlait-il dans ses chansons?
5. Quel groupe a-t-il critiqué et pourquoi?
6. Qu'est-ce qu'il a fait en 1966?
7. Comment et où est-il mort?

## Maintenant à vous!

1. Choisissez un(e) étudiant(e) pour jouer le rôle d'un(e) musicien(ne) célèbre. La classe va l'interviewer pour savoir: où il/elle est né(e), où il/elle a grandi, où il/elle est allé(e) au lycée, quand il/elle a commencé à faire de la musique ou à chanter, ce qu'il/elle pense de l'amour, de la vie, de la société, de la musique, etc.

2. D'après ce texte, quel(le) chanteur (chanteuse) contemporain(e) ressemble le plus à Jacques Brel? Faites une liste de chanteurs qui ressemblent à Brel et une autre liste de chanteurs qui ne lui ressemblent pas. Trouvez des adjectifs pour décrire chaque chanteur. Ensuite, en groupes de trois ou quatre, échangez vos idées et présentez vos listes à la classe.

| OUI | ADJECTIFS | NON | ADJECTIFS |
|-----|-----------|-----|-----------|
| Bob Dylan | anticonformiste | | |

# Un pas en avant

http://motifs.heinle.com

## Naviguez le Web!

Do you want to get an international perspective on world news? In the Web activity for this module, you will see what the lead stories are in several French-speaking countries and how events in the U.S. are represented abroad.

## À écrire

With your classmates you will create a student newspaper, *Échos*, by completing the following steps.

PREMIÈRE ÉTAPE.    In a brainstorming session with your class, select the kinds of stories you wish to include in the student paper: **sports, météo, santé, économie, monde, société, célébrités, arts/spectacles,** and so forth. Think together about the events you might want to include in these categories.

DEUXIÈME ÉTAPE.    In groups of three, select a topic area: Each member may develop his/her own "slant" to write up for homework.

TROISIÈME ÉTAPE.    Read your drafts to your reporting team. They will make suggestions, additions, clarifications, and corrections. Submit the corrected drafts to your instructor. Finally, news teams will present their stories to the class.

QUATRIÈME ÉTAPE.    Your instructor will edit your work; your group will retype your column to be included in the student newspaper and published for the class.

---

**Phrases:** writing a news item, describing weather, describing people, sequencing events, talking about past events, talking about the recent past, talking about the immediate past

**Grammar:** compound past tense, verbs with auxiliary **être,** verbs with auxiliary **avoir** or **être,** adverbs of time, pronouns

**Vocabulary:** entertainment, people, print journalism, time expressions, days of the week

---

# Structure 6.1   Le passé composé avec avoir

The **passé composé** *(compound past)* is used to talk about past events. Its English equivalent will depend on the context.

J'ai vu un bon film.
{
*I saw a good movie.*
*I have seen a good movie.*
*I did see a good movie.*
}

The **passé composé** has two parts: a helping or auxiliary verb, **l'auxiliaire,** and a past participle, **le participe passé.** The verb **avoir** is the most common auxiliary.

Here is the verb **voyager** conjugated in the **passé composé.**

| | |
|---|---|
| j'ai voyagé | nous avons voyagé |
| tu as voyagé | vous avez voyagé |
| il/elle/on a voyagé | ils/elles ont voyagé |

The past participle is formed by adding an ending to the verb stem.

Regular verbs take the following endings:

| Regular past participles |
|---|
| **-er** verbs take **-é:**  parler  → parlé |
| **-ir** verbs take **-i:**  finir  → fini; choisir  → choisi |
| **-re** verbs take **-u:**  perdre → perdu; répondre → répondu |

Many verbs have irregular past participles that you'll need to memorize.

| Irregular past participles | |
|---|---|
| **Infinitive** | **Past participle** |
| avoir | eu |
| boire | bu |
| devoir | dû |
| être | été |
| faire | fait |
| lire | lu |
| pleuvoir | plu |
| prendre | pris |
| recevoir | reçu |
| voir | vu |

For negative sentences, place the **ne... pas** around the auxiliary verb; then add the past participle.

Je **n'**ai **pas** trouvé mon porte-monnaie.

For inversion questions, invert the pronoun and the auxiliary.

| Tu as trouvé la clé? | *You found the key?* |
| As-tu trouvé la clé? | *Did you find the key?* |

**Exercice 1.** Écrivez le participe passé des verbes suivants.

| | | |
|---|---|---|
| **1.** parler | **5.** jouer | **9.** recevoir |
| **2.** voyager | **6.** avoir | **10.** choisir |
| **3.** faire | **7.** prendre | **11.** finir |
| **4.** voir | **8.** dormir | **12.** être |

**Exercice 2.** Complétez les phrases suivantes avec le participe passé du verbe approprié: **prendre, perdre, finir, téléphoner, trouver, parler, recevoir, voir, faire, répondre.**

**1.** As-tu ____vu____ le dernier film de Tom Hanks?
**2.** J'ai ____perdu____ mes clés; as-tu ____trouvé____ des clés?
**3.** Est-ce que vous avez ____faites____ vos devoirs?
**4.** Hélène a ____reçu____ la lettre, mais elle n'y a pas encore ____répondu____.
**5.** J'ai ____téléphoné____ à ma famille et nous avons ____parlé____ pendant une heure.

**Exercice 3.** Racontez le voyage en Amérique d'Arnaud et de son copain Renaud en écrivant les phrases au passé.

**1.** Arnaud et Renaud saluent leurs copains à l'aéroport.
**2.** Ils voyagent pendant huit heures.
**3.** Dans l'avion, Renaud regarde deux films, mais Arnaud écoute de la musique, puis il dort.
**4.** Arnaud appelle un taxi pour aller à l'hôtel.
**5.** Renaud prend beaucoup de mauvaises photos en route pour l'hôtel.
**6.** Après un peu de repos, ils boivent une bière au restaurant de l'hôtel et regardent les gens.

# Structure 6.2   Les expressions de temps au passé

The adverbial expressions in the following list often accompany the **passé composé**. They generally appear at the beginning or end of sentences.

| | |
|---|---|
| hier (matin, soir) | *yesterday (morning, evening)* |
| ce matin | *this morning* |
| le week-end dernier | *last weekend* |
| le mois dernier | *last month* |
| la semaine dernière | *last week* |
| l'année dernière | *last year* |

**il y a** + *time expression*

| | |
|---|---|
| il y a un an | *a year ago* |
| il y a deux jours | *two days ago* |

> **La semaine dernière,** j'ai vu un ancien ami.
> J'ai commencé mes études **il y a un an.**

Note that the preposition **pendant** in the following examples expresses duration and can be used with any verb tense. Use **pendant** and not **pour** when you are talking about a length of time.

> **Pendant** combien de temps avez-vous regardé le film? — *How long did you watch the film?*
> Hier soir, j'ai travaillé **pendant** deux heures. — *Last night I studied for two hours.*

Most one- and two-syllable adverbs precede the past participle in the **passé composé**.

| | | | |
|---|---|---|---|
| beaucoup | *a lot* | mal | *badly, poorly* |
| bien | *well* | pas encore | *not yet* |
| déjà | *already* | peu | *little* |

> — Avez-vous **déjà** fini?
> — Non, je n'ai **pas encore** commencé.

**Exercice 4.** Complétez chaque phrase avec l'adverbe approprié (**mal, bien, beaucoup, déjà, encore**) et le verbe entre parenthèses conjugué au passé composé.

1. Mary Pierce a perdu le match parce qu'elle (jouer) _a mal_.
2. Répétez, s'il vous plaît, je (ne pas comprendre) _bien_.
3. Le candidat (voyager) _beaucoup_ pendant la campagne électorale.
4. Elles (visiter) _deja_ Paris; maintenant elles veulent voir Londres.
5. Dis, tu veux aller au cinéma? Je (ne pas voir) _encore_ ce film.
6. Tu as dix-huit ans; est-ce que tu (apprendre) _déjà_ à conduire?

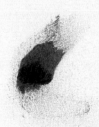

# Structure 6.3   Le passé composé avec être

A small group of verbs is conjugated in the **passé composé** with the auxiliary **être** instead of **avoir.** Here is a list of the most common verbs conjugated with **être.** Irregular past participles are indicated in parentheses.

| | | | |
|---|---|---|---|
| aller | *to go* | rentrer | *to go back, to go home* |
| arriver | *to arrive* | rester | *to stay* |
| descendre | *to go down; to get off* | retourner | *to return somewhere* |
| entrer | *to enter* | sortir | *to go out, to leave* |
| monter | *to go up; to get on* | tomber | *to fall* |
| mourir (*pp.* mort) | *to die* | tomber en panne | *to break down* |
| naître (*pp.* né) | *to be born* | venir (*pp.* venu) | *to come* |
| partir | *to leave* | revenir (*pp.* revenu) | *to come back* |
| passer | *to pass (by)* | devenir (*pp.* devenu) | *to become* |

The past participle of verbs conjugated with **être** agrees in gender and number with the subject.

> feminine singular: add **-e**
> masculine plural: add **-s**
> feminine plural: add **-es**

| | |
|---|---|
| Mon père est resté à la maison. | *My father stayed home.* |
| La voiture est tomb**e**e en panne. | *The car broke down.* |
| Éric et Claudine sont sort**is** ensemble. | *Éric and Claudine went out together.* |
| Ma sœur et sa copine sont part**ies** à l'heure. | *My sister and her friend left on time.* |

**Exercice 5.** Nicolas écrit une composition sur la visite d'un château avec des copains le week-end dernier. Mettez les verbes entre parenthèses au passé composé avec **être.** Attention à l'accord du participe passé.

Dimanche, on (aller) _____¹ visiter un château. D'abord, nous (arriver) _____² dans un parc magnifique. Puis, nous (entrer) _____³ dans le hall du château. Des guides (venir) _____⁴ nous chercher pour la visite. On (monter) _____⁵ dans la tour (*tower*) par un escalier étroit (*a narrow staircase*). Céline (rester) _____⁶ au premier étage à admirer les tapisseries. Son frère Jean-Guillaume (tomber) _____⁷ dans l'escalier. Ensuite, Céline (descendre) _____⁸ aux oubliettes (*dungeon*). Beaucoup de prisonniers y _____⁹ (mourir)! Céline avait peur (*was afraid*) et elle (remonter) _____¹⁰ très vite! Nous (ressortir) _____¹¹ par une grande porte. À la fin de la visite, nous (remonter) _____¹² dans l'autocar et je (repartir) _____¹³ chez nous.

**Exercice 6.** Complétez cette description d'une randonnée en montagne au passé composé. Choisissez entre l'auxiliaire **avoir** ou **être.**

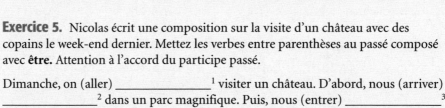

La semaine dernière, nous (aller) _____¹ en montagne. On (prendre) _____² les sacs à dos et on (emprunter [*to borrow*]) _____³ la tente aux voisins. Nous (quitter) _____⁴ la ville très tôt le matin. En route, nous (passer) _____⁵ par un magasin où Jean (sortir) _____⁶ acheter des boissons. Nous (rouler [*to drive*]) _____⁷ toute la journée. Enfin, quand nous (arriver) _____⁸ au camping, Jean et moi, nous (installer) _____⁹ la tente tout de suite et on (dormir) _____.¹⁰ Nous (partir) _____¹¹ en randonnée le matin.

# Structure 6.4   Les verbes comme finir

You have already learned a type of irregular -**ir** verb (**dormir, sortir,** etc.).
**Finir** *(to finish)* follows a slightly different pattern.

| finir *(to finish)* ||
| --- | --- |
| je finis | nous finissons |
| tu finis | vous finissez |
| il/elle/on finit | ils/elles finissent |

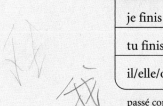

passé composé: j'ai **fini**

Mon cours de français **finit** à onze heures.  *My French class finishes at 11.*

Other regular -**ir** verbs include **réfléchir** *(to think)*, **obéir** *(to obey)*, **agir** *(to act)*,
**réagir** *(to react)*, **choisir** *(to choose)*, and **réussir** *(to succeed)*.

Je ne réussis pas à faire obéir mon chien.  *I'm not successful at making my dog*
   Quand je dis «assieds-toi», il finit  *obey. When I say, "sit down," he ends*
   par faire exactement ce qu'il veut.  *up doing exactly what he wants.*

A number of regular -**ir** verbs conjugated like **finir** are derived from adjectives, as in
the examples shown here.

| ADJECTIVE | VERB | MEANING |
| --- | --- | --- |
| brun(e) | brunir | *to become brown; to tan* |
| grand(e) | grandir | *to grow (up)* |
| rouge | rougir | *to redden; to blush* |
| pâle | pâlir | *to turn pale* |
| maigre | maigrir | *to lose weight* |
| gros(se) | grossir | *to gain weight* |

Tu ne manges pas assez,  *You aren't eating enough, you're*
   tu maigris!  *losing weight!*
Est-ce que vous rougissez  *Do you blush from embarrassment?*
   de gêne?

**Exercice 7.**  Complétez les phrases suivantes avec la forme correcte des verbes entre
parenthèses.

1. Est-ce que vous _____ (maigrir) ou bien est-ce que vous
   _____ (grossir) quand vous êtes stressé(e)?
2. Je suis impulsive. Je ne _____ (réfléchir) pas assez avant d'agir.
3. Vous _____ (choisir) de rester ici, n'est-ce pas?
4. Nous _____ (finir) nos devoirs et puis nous sortons.
5. Les enfants _____ (grandir) trop vite!
6. Nous, les roux, nous _____ (rougir) au soleil.

**Exercice 8.** Monique, à table chez elle, se plaint de *(is complaining about)* M. Éluard, son professeur d'anglais. Complétez le passage avec les verbes suivants: **agir, rougir, réussir, finir, choisir, obéir.**

Je ne comprends pas pourquoi M. Éluard _____ [1] (passé composé) d'être professeur. Il n(e) _____ [2] pas à maintenir l'ordre en classe parce qu'il n(e) _____ [3] pas avec autorité. Ses étudiants n(e) _____ [4] pas à ses ordres. Ils n(e) _____ [5] jamais leurs devoirs et ils n(e) _____ [6] pas à leurs examens. Le pauvre professeur est timide, et il _____ [7] quand il parle à la classe.

# Structure 6.5 Les verbes comme **venir** et **venir de** + infinitif

You learned the verb **venir** in **Module 3.** Here are some other useful verbs conjugated like **venir.** Derivations of **venir** are conjugated with **être** in the **passé composé.** Derivations of **tenir** are conjugated with **avoir.**

| venir *(to come)* | |
|---|---|
| je viens | nous venons |
| tu viens | vous venez |
| il/elle/on vient | ils/elles viennent |

passé composé: je suis **venu(e)**

| **être** auxiliary | **avoir** auxiliary |
|---|---|
| devenir *(to become)* | tenir *(to hold; to keep)*, tenir à *(to want to)* |
| revenir *(to come back)* | appartenir à *(to belong to)* |
| | maintenir *(to maintain)* |
| | obtenir *(to obtain)* |

Après huit ans d'études universitaires, Paul **est devenu** professeur de chimie.

*After eight years of university studies, Paul became a chemistry professor.*

Est-elle **revenue** en train?

*Did she come back by train?*

Les enfants **tiennent** la main de leur mère.

*The children are holding their mother's hand.*

**Tiens** and **tenez** can be used idiomatically in conversation to attract the listener's attention.

— **Tiens,** Jacques est à l'heure!
— Tu n'as pas de nouvelles de Claude? **Tiens,** je te donne sa dernière lettre.

*Well (hey), Jacques is on time!*
*You don't have any news from Claude? Here, I'll give you his last letter.*

**VENIR DE + INFINITIF (PASSÉ RÉCENT)**

Just as **aller** combined with the infinitive (**futur proche**) expresses an action that is going to take place, **venir de** combined with the infinitive (**passé récent**) expresses an action that has just taken place.

| | |
|---|---|
| — Avez-vous faim? | — *Are you hungry?* |
| — Non, je **viens de** manger. | —*No, I just ate.* |
| Nous sommes fatigués. Nous **venons de** courir cinq kilomètres. | *We're tired. We just ran five kilometers.* |

**Exercice 9.** Regardez les images aux pages 142–143. Dites ce que les gens suivants viennent de faire.

> **Modèle:** Angèle
> *Angèle vient d'étudier pour un examen.*

1. M. et Mme Montaud
2. Yvette
3. Serge
4. Marthe et Joëlle

5. Mme Ladoucette
6. Stéphane
7. Véronique

**Exercice 10.** Complétez ce profil de Marjan. Choisissez les verbes appropriés et mettez-les au temps qui convient: **devenir, venir, tenir, obtenir, maintenir, appartenir, revenir.**

Marjan ___vient___ de finir ses études universitaires à Aix-en-Provence. Elle ___obtenir___ [2] son diplôme universitaire il y a un mois. Maintenant, elle cherche un bon poste dans le gouvernement. Elle n'a rien trouvé à Aix, donc Marjan ___maintiens___ [3] habiter à Lyon, dans un appartement qui ___appartient___ [4] à ses parents. Elle travaille chez M. Forestier, un ami de son père qui ___tient___ [5] une petite boutique en ville. Marjan est contente parce qu'elle a du travail et parce qu'elle ___a devenu___ [6] amie avec la fille de M. Forestier.

# Tout ensemble!

Marie-Josée parle de son premier jour à son poste de juge. Choisissez un mot de la liste pour compléter son histoire. Mettez les verbes à l'infinitif au passé composé.

| | | | |
|---|---|---|---|
| apprendre | devenir | ~~ne pas marcher~~ | réussir |
| arriver | devoir | ~~ne pas pouvoir~~ | rougir |
| chercher | entrer | ne pas avoir | ~~tomber~~ |
| ~~commencer~~ | ~~être~~ | oublier | ~~venir de (d')~~ |
| ~~dernière~~ | ~~il y a~~ | pâlir | |

J(e) _venir d'_ [1] être nommée (named) à mon poste de juge _il y a_ [2] un mois. J'ai commencé ce nouveau travail la semaine _dernière_ [3] —et ma première journée a été inoubliable (unforgettable) pour beaucoup de raisons. D'abord, mon radio-réveil _est tombé_ [4] _n'a pas marché_ et ma journée _a commencé_ [5] en retard. J'ai vite fini mon café et j(e) _suis_ [6] à partir à l'heure. Mais, malheureusement, en sortant de mon immeuble, j(e) _suis tombé_ [7] dans l'escalier et j(e) _suis retourné_ [8] retourner à mon appartement pour changer de bas (hose). Ensuite, en route, je pensais à mes nouvelles responsabilités sans faire trop attention à ma vitesse (speed)—et voilà, un agent de police m'a arrêtée (stopped me)! Il _____ [9] gentil avec moi et j(e) _____ [10] de contravention (ticket). Puis, quand je _suis arrivé_ [11] au tribunal, j(e) _n'ai pas pu_ [12] trouver la clé de mon bureau. Donc j(e) _ai cherché_ [13] la concierge pour ouvrir (to open) la porte. Qu'est-ce que j(e) _ai rougi_ [14] en lui expliquant ma situation! Finalement, à dix heures, je _suis entré_ [15] dans la salle du tribunal (courtroom). Tout le monde (Everyone) _est devenu_ [16] silencieux. J'ai donné l'impression d'être calme, mais à l'intérieur, j'étais très nerveuse. J(e) _pâlir_ [17] quand on m'a présentée, mais une fois que le procès avait commencé, j(e) _oublier_ [18] mes doutes pour me concentrer sur mon travail. Après ça, tout s'est bien passé—j(e) _appris_ [19] une bonne leçon: ce qui commence mal peut bien finir.

# Vocabulaire

## Vocabulaire fondamental

### Noms

| | |
|---|---|
| un accident | an accident |
| un(e) adulte | an adult |
| un article | an article |
| un avion | an airplane |
| ✴ un bruit | a sound |
| un château | a château, a castle |
| une clé | a key |
| un coup de téléphone | a telephone call |
| un événement | an event |
| une guerre | a war |
| une histoire | a story |
| ✿ les informations (*f pl*) | the news |
| un journal | a newspaper |
| un magazine | a magazine |
| une photo | a photo |
| un pont | a bridge |
| la presse | the press |
| les vacances (*f pl*) | vacation |

### Verbes conjugués avec l'auxiliaire *avoir*

| | |
|---|---|
| brunir | to tan, to get brown |
| choisir | to choose |
| contribuer | to contribute |
| décider | to decide |
| expliquer | to explain |
| finir | to finish |
| grandir | to grow, to grow up |
| grossir | to gain weight |
| informer | to inform |
| maigrir | to lose weight |
| manquer | to miss |
| obéir | to obey |
| raconter | to tell |
| réagir | to react |
| réfléchir | to think, to consider |
| réparer | to repair |
| ✴ réussir | to succeed |
| rougir | to blush, to turn red |
| trouver | to find |
| vivre (*pp* vécu) | to live |

### Verbes conjugués avec l'auxiliaire *être*

| | |
|---|---|
| devenir (*p.p.* devenu) | to become |
| entrer (dans) | to enter |
| monter | to go up |
| mourir (*p.p.* mort) | to die |
| naître (*p.p.* né) | to be born |
| passer | to pass (by) |
| se passer | to happen |
| rentrer | to return (home) |
| revenir (*p.p.* revenu) | to come back |
| tomber | to fall |
| tomber en panne | to break down |

### Expressions de temps au passé

| | |
|---|---|
| la dernière fois | the last time |
| hier matin | yesterday morning |
| hier soir | last night, yesterday evening |
| il y a six ans (mois, jours) | six years (months, days) ago |
| longtemps | a long time |
| le mois dernier | last month |
| la semaine dernière | last week |
| le week-end dernier | last weekend |

### Mots divers

| | |
|---|---|
| jusqu'à | until |
| pas encore | not yet |
| mal | badly |
| pendant | during, for |
| peu | little |

### Expressions utiles

| | |
|---|---|
| **Comment raconter une histoire** | ***How to tell a story*** |

*(See additional expressions on page 145.)*

| | |
|---|---|
| après | *then* |
| d'abord | *first* |
| enfin | *finally* |
| ensuite | *then* |
| Et alors? | *And then?* |
| puis | *then* |
| Qu'est-ce qui se passe? | *What's happening?, What's going on?* |
| Qu'est-ce qui s'est passé? | *What happened?* |
| Racontez-moi ce qui s'est passé. | *Tell me what happened.* |
| Vraiment? | *Really?* |

# Vocabulaire supplémentaire

## Noms

| | |
|---|---|
| une caravane | *a trailer, a caravan* |
| un(e) chercheur (chercheuse) | *a scientist* |
| un coffre | *a car trunk* |
| le coucher de soleil | *the sunset* |
| une émission | *a (TV, radio) program* |
| un hebdomadaire | *a weekly (publication)* |
| la paix | *peace* |
| les provisions *(f pl)* | *food* |
| un quotidien | *a daily (publication)* |
| une rubrique | *a heading, a news column* |
| un(e) voisin(e) | *a neighbor* |
| les volets *(m pl)* | *shutters* |

## Verbes

| | |
|---|---|
| accrocher | *to hook; to hitch on* |
| agir | *to act* |
| amener | *to bring* |
| appartenir à | *to belong to (used with things)* |
| découvrir *(p.p.* découvert*)* | *to discover* |
| démarrer | *to start* |
| exploser | *to explode* |
| maintenir | *to maintain* |
| obtenir | *to obtain* |
| ouvrir *(p.p.* ouvert*)* | *to open* |
| ranger | *to put, to arrange* |
| recevoir *(p.p.* reçu*)* | *to receive* |
| sécher un cours | *to skip class* |
| tenir | *to hold* |
| tenir à | *to want* |

# On mange bien

Food plays an important role in French culture. In this chapter you will learn about French meals, specialty food shops, purchasing food, and how to order in a restaurant. You will also learn about popular dishes associated with various countries in the francophone world.

## Thèmes et pratiques de conversation

▶ Manger pour vivre

▶ Les courses: un éloge aux petits commerçants

▶ L'art de la table

▶ Les plats des pays francophones

▶ Comment se débrouiller au restaurant

## Structures utiles

▶ Les verbes avec changements orthographiques

▶ Le partitif

▶ Les expressions de quantité et le pronom **en**

▶ L'impératif

▶ Les pronoms d'objet direct: **me, te, le, la, nous, vous** et **les**

## Perspectives culturelles

Les Français à table

Où faire les courses?

## Lecture

*Le Hoquet*
par Léon G. Damas

## Un pas en avant

# Thèmes et pratiques de conversation

## Manger pour vivre

> **Structures**   **7.1 Les verbes avec changements orthographiques**
> **7.2 Le partitif**
>
> To express your eating habits and food preferences in French, you'll need to use **-er** verbs such as **manger** and **acheter,** which have slight spelling changes in their conjugations. You will also need to use the partitive article to discuss what you eat and drink. Verbs that require spelling changes are presented on pages 188–189. See pages 190–191 for an explanation of partitive articles.

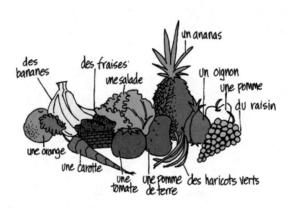

Les fruits et les légumes

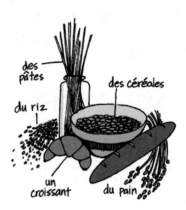

Les céréales

Les produits laitiers

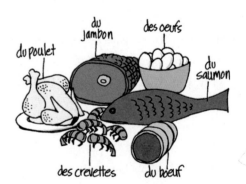

La viande, le poisson
et les œufs

**Activité 1: Goûts personnels.**

**A.** Pour chaque catégorie, indiquez les aliments a) que vous aimez beaucoup, b) que vous aimez assez et c) que vous n'aimez pas du tout.

> **Modèle:** les fruits et les légumes
> *J'aime beaucoup les pommes mais je n'aime pas du tout les bananes. J'aime assez les fraises.*

1. les fruits et les légumes
2. les céréales
3. les produits laitiers
4. la viande

**B.** Maintenant, pour chaque catégorie, dites a) ce que vous mangez souvent, b) ce que vous mangez rarement et c) ce que vous ne mangez pas.

> **Modèle:** les fruits et les légumes
> *Je mange souvent des oranges mais je mange rarement des cerises. Je ne mange pas de bananes.*

5. les fruits et les légumes
6. les céréales
7. les produits laitiers
8. la viande

**Activité 2: Liste d'achats.** Qu'est-ce qu'on achète pour préparer les choses suivantes?

> **Modèle:** un sandwich
> *Pour préparer un sandwich, on achète du pain, du fromage, de la salade et de la moutarde.*

un sandwich

**1.** une salade verte

**2.** une omelette

**3.** une soupe

**4.** une salade de fruits

**5.** une tarte aux fraises

# Perspectives culturelles

## Les Français à table

Les repas jouent un rôle central dans la vie des Français. Quelles sont les habitudes quotidiennes° des Français d'aujourd'hui en ce qui concerne les repas? Pendant la semaine, les repas sont assez simples. Le matin, vers 7h00 ou 7h30, on prend **le petit déjeuner,** un repas léger° composé de pain, de confiture et de café au lait. Les céréales sont de plus en plus populaires chez les enfants.

*daily*

*light*

Entre midi et deux heures, c'est l'heure du **déjeuner.** Traditionnellement, on rentre à la maison pour un repas copieux°: entrée, plat principal garni de légumes, salade, fromage, dessert et café. Avec les besoins° du travail, on passe moins de temps à table et on mange moins: un plat principal (bifteck ou poulet frites) avec un petit dessert et un café. On prend le déjeuner à la maison, au restaurant ou à la cafétéria du lieu de travail.

*hearty or substantial*

*needs*

Les enfants déjeunent souvent à la cantine de l'école. Le repas du soir, le **dîner,** est souvent assez léger (une soupe, une omelette ou de la charcuterie, du fromage et un dessert). Contrairement aux Américains, les Français ne mangent pas entre les repas. On grignote° très peu.

*snack*

*Les Français accordent beaucoup d'importance au plaisir et au rituel de la table. Le repas en famille est sacré!*

On constate une différence entre les repas quotidiens et les **repas de fêtes.** On retrouve les traditions pour les repas de fêtes ou du week-end où l'on se retrouve en famille autour de la table. Ce n'est pas rare de passer une grande partie de la journée à préparer et à manger un repas. On peut passer une heure avec un apéritif avant même de commencer les hors-d'œuvre. Et bien sûr, il faut arroser° les plats variés avec du vin. On finit le repas avec un dessert et un petit café. On profite de ce moment agréable de détente pour discuter de la bonne cuisine, du bon vin, de la politique et des nouvelles° de la famille.

*accompany*

*news*

**Avez-vous compris?** Indiquez si les phrases suivantes sont vraies ou fausses. Corrigez les phrases fausses.

1. Les Français prennent le déjeuner vers 7h00 ou 7h30.
2. Le petit déjeuner est un repas copieux.
3. Un déjeuner typiquement français est composé d'un sandwich, d'une salade et d'un fruit.
4. La salade est servie avant le plat principal au déjeuner.
5. Le fromage est considéré comme un hors-d'œuvre en France.
6. Contrairement aux repas de la semaine, les repas du week-end sont élaborés.

**Activité 3: Interaction.** Posez les questions suivantes à un(e) camarade de classe.

1. Où est-ce que tu déjeunes d'habitude? Qu'est-ce que tu manges au déjeuner? Que prends-tu comme boisson?
2. Qu'est-ce que tu préfères boire quand il fait chaud? quand il fait froid?
3. Quel jus de fruit préfères-tu, le jus d'orange, le jus de pomme, le jus d'ananas, etc.?
4. Est-ce que tu aimes grignoter *(to snack)*? Qu'est-ce que tu manges quand tu as faim entre les repas?
5. Où est-ce que tu as dîné hier soir? À quelle heure? Qu'est-ce que tu as mangé?
6. Décris ton repas favori.

**Activité 4: Sondage sur les goûts alimentaires de vos camarades de classe. Faites signer!** Trouvez quelqu'un qui...

1. _____ déteste le brocoli.
2. _____ ne mange pas de chocolat.
3. _____ a horreur du lait.
4. _____ aime la cuisine thaïlandaise.
5. _____ ne boit pas de café.
6. _____ mange des légumes frais tous les jours.
7. _____ aime les escargots.
8. _____ sait préparer les crêpes.
9. _____ n'a pas faim.
10. _____ ne mange pas de dinde à Noël.

# Perspectives culturelles

## Où faire les courses?

Faire les courses tous les jours chez les commerçants du quartier fait partie du rythme de la vie française. On va acheter du pain à la boulangerie, des légumes frais à l'épicerie, de la viande chez le boucher et des produits de porc à la charcuterie.

Ces petits commerces offrent plusieurs avantages: des produits frais locaux, un service personnalisé et aussi l'occasion de parler avec les voisins.

Les consommateurs français ont aussi d'autres possibilités. Il y a le marché en plein air, un véritable spectacle qui a lieu une ou deux fois par semaine sur une place° ou dans une rue spécifique. Là, les agriculteurs de la région vendent leurs produits: miel°, confiture maison°, fromage, charcuterie, fruits et légumes, fleurs, olives, viande et poissons frais, etc. Ces marchés, très pittoresques, offrent l'occasion d'admirer et de profiter de l'abondance et de la qualité des produits français.

*town square*
*honey / homemade*

Comme aux États-Unis, les Français font aussi leurs achats au supermarché. Grâce à la quantité de produits vendus en grandes surfaces, les prix sont générale-

*Voici le boucher du quartier. Comme tous les petits commerçants, il salue ses clients. Les français aiment fréquenter les petits commerçants du quartier. Quand on entre dans la boutique, il est poli de dire «Bonjour, monsieur/madame». Quand on part on dit «Merci monsieur/madame. Au revoir».*

ment meilleurs° que dans les petits commerces. La variété de produits permet aux clients de gagner du temps°; il n'est pas nécessaire d'aller d'un petit magasin à un autre pour trouver ce qu'on cherche. Mais les Français restent attachés aux petits commerces et aux aliments du terroir° qui font le charme du petit magasin.

*better*
*to save time*

*local products*

**Avez-vous compris?** Quelle(s) option(s) pour faire les courses associez-vous aux descriptions suivantes? Complétez les phrases en choisissant entre **à la boulangerie, à la boucherie, à l'épicerie, à la charcuterie, au marché** et **au supermarché.**

1. On trouve des produits régionaux...
2. On peut faire les courses tous les jours...
3. On fait les courses à l'extérieur...
4. On trouve du pain frais trois à quatre fois par jour...
5. Le service est impersonnel...
6. On trouve des saucissons...

# Les courses: un éloge aux petits commerçants

**Activité 5: Les petits commerçants.**   Vous voulez faire les courses dans des petits
commerces. Où est-ce qu'on va pour acheter les produits suivants?

**Modèle:**   *Pour acheter du fromage,*
*on va à l'épicerie.*

du fromage

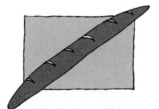

**1.** une baguette

**2.** des moules *(f)*

**3.** du pâté de
campagne

**4.** des asperges *(f)*

**5.** de la confiture

**6.** des tartelettes *(f)*
au citron

**7.** des côtelettes *(f)*
de porc

**8.** de la glace

**Activité 6: Au supermarché.** Qu'est-ce que vous allez mettre dans votre chariot *(shopping cart)*?

**Modèle:** *Je vais acheter une tranche de jambon.*

1. une tranche d(e)
2. un kilo d(e)
3. 250 grammes d(e)
4. une bouteille d(e)
5. une douzaine d(e)
6. une boîte d(e)
7. un pot d(e)
8. un litre d(e)

eau minérale
café
pommes
œufs
moutarde
vin
petits pois
pâté

## Activité 7: Faisons les courses!

**A.** Vous êtes au supermarché et vous entendez la conversation suivante.

**B.** Maintenant, c'est votre tour! Avec un(e) camarade de classe, jouez la scène entre l'épicier et la cliente qui veut acheter les produits indiqués.

1. spaghettis, un paquet (0,70€)
2. confiture de fraises, un pot (1,47€)
3. Orangina, une bouteille (1,39€)
4. camembert, 250 g (2,21€)
5. beurre, 250 g (1,59€)
6. tomates, 1/2 kilo (2,50€)

 **Activité 8: Au marché en plein air.** Vous achetez des provisions avec un(e) ami(e) au marché en plein air. Votre ami(e) remarque la qualité des produits et vous demande combien vous voulez en acheter. Répondez selon vos préférences en utilisant le pronom **en.**

**Modèle:** Ces tomates sont bien rouges! (kilos)
—*Ces tomates sont bien rouges! Combien de kilos en veux-tu?*
—*J'en veux un.*

1. Quelles belles cerises! (kilos)
2. Ces carottes ont l'air *(seem)* délicieuses. (kilos)
3. Regarde les fraises! (barquettes)
4. J'adore la confiture maison. (pots)
5. Voici du fromage fait à la ferme. (kilos)

 **Activité 9: Vos habitudes alimentaires.** Quelles sont vos habitudes alimentaires? Posez des questions à un(e) camarade de classe en utilisant les éléments suivants. Faites une liste des habitudes que vous avez en commun.

**Modèle:** verres de lait par jour
—*Combien de verres de lait est-ce que tu bois par jour?*
—*J'en bois deux. (Je n'en bois pas.)*

1. tasses de café le matin
2. pizzas/hamburgers/tacos par semaine
3. verres d'eau par jour
4. boules de glace quand tu vas chez le glacier
5. tranches de pain par jour
6. heures à table par jour (passer)

**Bulletin** Récemment, la consommation des produits allégés *(low fat)*, qui étaient populaires en France pendant les années 90, est un peu passée de mode *(out of fashion)* en raison de leur goût trop fade *(tasteless)*.

Et vous, quels produits allégés aimez-vous? Est-ce que pour vous le goût est aussi important que le nombre de calories?

*Adapté de L'Expansion juillet–août 2002*

**Activité 10: Testez-vous!**  Savez-vous manger pour vivre? Répondez aux questions suivantes.

1. On doit consommer au moins _____ portions de fruits et légumes par jour.
   - **a.** deux
   - **b.** trois
   - **c.** cinq
   - **d.** sept

2. Les légumes à feuilles vert foncé _____ le risque de certains cancers.
   - **a.** diminuent
   - **b.** augmentent
   - **c.** n'affectent pas
   - **d.** éliminent

3. Une alimentation équilibrée doit être _____ en matières grasses et en calories mais _____ en fibres.
   - **a.** pauvre, pauvre
   - **b.** pauvre, riche
   - **c.** riche, pauvre
   - **d.** riche, riche

4. N'oubliez pas de boire _____ chaque jour.
   - **a.** un litre d'eau
   - **b.** un litre de lait
   - **c.** deux verres de vin
   - **d.** deux tasses de café

5. Un adulte a besoin de _____ calories par jour.
   - **a.** 1 000 à 1 500
   - **b.** 1 500 à 2 000
   - **c.** 2 000 à 2 500
   - **d.** 2 500 à 3 000

# L'art de la table

> ## Structure  7.4 L'impératif
>
> When giving directions or orders or making suggestions, you often use the imperative tense. The formation of the imperative (**l'impératif**) is explained on page 194.

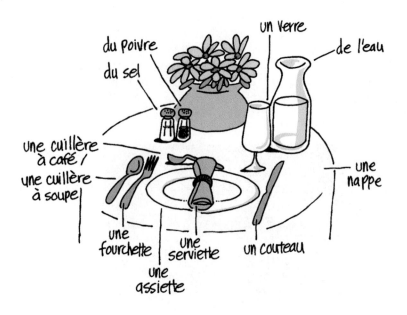

du poivre
du sel
une cuillère à café /
une cuillère à soupe
un verre
de l'eau
une nappe
une fourchette
une serviette
un couteau
une assiette

**Activité 11: Comment mettre la table à la française.** Votre ami américain explique comment mettre la table mais il fait des erreurs. Corrigez ses instructions.

**Nouveau vocabulaire:**
à gauche (de) *to the left (of)*
à droite (de) *to the right (of)*

1. D'abord, couvrez la table avec la serviette.
2. Ensuite, placez une assiette par personne sur la table.
3. Placez les fourchettes au-dessus de l'assiette.
4. Mettez le couteau à côté de la petite cuillère.
5. Mettez la cuillère à soupe à droite de l'assiette.
6. N'oubliez pas les verres; ils vont à gauche, au-dessus de la fourchette.
7. Et la serviette va à gauche des fourchettes.
8. Finalement, mettez de l'eau dans l'assiette.

**Activité 12: Les bonnes manières.** Lesquelles de ces bonnes manières sont françaises, lesquelles sont américaines et lesquelles sont partagées par les deux cultures? Classez-les.

| BONNES MANIÈRES | FRANÇAISES | AMÉRICAINES |
|---|---|---|
| 1. Quand on vous invite à la maison, apportez un petit cadeau (fleurs, bonbons, etc.) pour l'hôtesse. | | |
| 2. Ne posez pas les coudes (*elbows*) sur la table. | | |
| 3. Tenez la fourchette dans la main gauche. | | |
| 4. Ne demandez pas de ketchup. | | |
| 5. Ne parlez pas la bouche pleine (*full*). | | |
| 6. Ne buvez pas de coca avec le repas. | | |
| 7. Posez les mains sur la table, pas sur les genoux (*lap*). | | |
| 8. Ne commencez pas à manger avant l'hôtesse. | | |

**Activité 13: Un nouveau régime.** Votre petit(e) ami(e) veut commencer un nouveau régime. Regardez les suggestions suivantes et utilisez l'impératif pour lui expliquer ce qu'il/elle doit et ne doit pas faire.

1. faire les courses dans un magasin diététique
2. marcher une demi-heure avant de manger
3. boire huit verres d'eau par jour
4. manger de la pizza
5. boire de la bière
6. manger beaucoup de légumes frais
7. oublier de prendre des vitamines
8. ...

## Les plats des pays francophones

**Bulletin** **Qu'est-ce qu'on mange dans les pays francophones?**
Les Français ont adopté des plats étrangers comme la pizza et la paëlla il y a longtemps, et ils deviennent de plus en plus ethnivores. La mondialisation des assiettes est en progrès. Un nouveau restaurant sur deux à Paris est étranger! Voici quelques plats typiques des pays francophones qu'on peut trouver dans des restaurants à Paris. Est-ce qu'on **les** trouve aussi chez vous?

*Adapted from* L'Expansion *juillet-août 2002*

*En Algérie, en Tunisie et au Maroc, le couscous et le tajine sont les plats typiques. On doit **les** servir chauds dans un grand plat au centre de la table.*

*En Suisse, la fondue est un plat traditionnel. On **la** prépare avec du fromage Emmental ou du Gruyère, du vin blanc et un peu de Kirsch* (cherry liqueur).

*Voici des accras de morue* (codfish fritters), *une sorte de beignets antillais. On **les** trouve dans les restaurants martiniquais.*

**À noter:** Where are the highlighted direct object pronouns located in relation to the verb? Is this also the case when the verb is in the infinitive form?

**Activité 14: Voulez-vous goûter?**  Vous êtes à un festival francophone. Quels plats voulez-vous goûter? Travaillez avec un(e) partenaire.

> **Modèle:**  la fondue suisse
>> ÉTUDIANTE(E) 1:  *La fondue suisse, moi je voudrais la goûter.*
>> ÉTUDIANTE(E) 2:  *Moi, je ne voudrais pas la goûter.*

1. la fondue suisse
2. la quiche lorraine
3. la choucroute alsacienne (*sauerkraut*)
4. le jambalaya cajun
5. le couscous algérien
6. la tarte canadienne au sirop d'érable (*maple syrup*)
7. les accras de morue
8. la salade niçoise

**Activité 15: Un nouveau colocataire: Interview.**  Vous voulez vous installer dans un appartement avec d'autres étudiants. Ils vous posent des questions sur vos habitudes et vos préférences. Répondez aux questions en utilisant un pronom pour remplacer les mots soulignés. Jouez les deux rôles avec un(e) autre étudiant(e) et changez de rôle au milieu.

1. En général, à quelle heure est-ce que tu prends le petit déjeuner?
2. Nous aimons les plats ethniques. Et toi, tu aimes la cuisine chinoise? africaine? mexicaine?
3. Tu aimes regarder les infos à la télé pendant le dîner?
4. Est-ce que tu vas nous aider à faire la cuisine?
5. Comment est-ce que tu trouves l'appartement?
6. Est-ce que tu as d'autres questions à nous poser?

Appelle-nous si tu as des questions, d'accord?

# Comment se débrouiller au restaurant

## Le Kismet

**AUTHENTIQUE**

- Tandoorie et Cari
- Restaurant authentique des Indes
- Licence complète
- Musique relaxante des Indes
- Gastronomie dans une ambiance intime
- Escompte pour groupes

780, rue St-Jean, Québec
Réservation : (418) 523-0798

Quelle est la spécialité du Kismet? C'est de la cuisine de quel pays? Dans quel pays se trouve le restaurant? Qu'est-ce qui indique qu'on y sert de l'alcool?

**Bulletin** In France, restaurants frequently offer **un menu à prix fixe** that consists of a limited set of options among three or four courses. This is considerably less expensive than ordering **à la carte.** These menus are differentiated by price: **le menu à 18 euros, à 25 euros,** etc.

## Quelques expressions utiles au restaurant

**Pour réserver ou demander une table**
(au téléphone) Je voudrais réserver une table pour six à 20h00 ce soir.
(au restaurant) Une table pour six, s'il vous plaît.

**Pour appeler le serveur ou la serveuse**
S'il vous plaît...
La carte°, s'il vous plaît.                    *menu*

**Pour prendre la commande, le serveur dit:**
Que désirez-(voulez)-vous comme...
    hors-d'œuvre°?                    *appetizer*
    entrée°?                    *small first course*
    plat principal°?                    *main course*
    dessert?
    boisson°?                    *drink*
Vous êtes prêt(e) à commander?
Votre steak, vous le voulez saignant°                    *rare*
    à point° ou bien cuit°?                    *medium / well done*

**Pour commander**

| | |
|---|---|
| Qu'est-ce que vous nous conseillez? | *What do you recommend?* |
| Moi, je prends le menu à 15 euros. | |
| Pour commencer, je vais prendre... | |
| Ensuite, je voudrais... | |
| C'est tout. | *That's all.* |

**Pour parler de son appétit**

| | |
|---|---|
| J'ai (très) faim. | *I'm (very) hungry.* |
| J'ai soif. | *I'm thirsty.* |
| Je n'ai plus faim. | *I'm no longer hungry.* |

**Pour parler de la cuisine**

C'est...

| | |
|---|---|
| chaud/froid. | |
| délicieux/sans goût°. | *bland* |
| parfait. | |
| piquant/salé/sucré. | *spicy/salty/sweet* |
| tendre/dur. | *tender/tough* |
| Ça a un goût° bizarre. | *taste* |

*Je n'ai plus faim.*

**Pour régler l'addition**

| | |
|---|---|
| L'addition, s'il vous plaît. | *The check, please.* |
| Je crois qu'il y a une erreur. | *I think there is a mistake.* |
| Le service est compris? | *Is the tip included?* |
| Vous acceptez les cartes de crédit? | |
| On laisse un petit pourboire°? | *tip* |

**Bulletin** Even when the tip is included in the price, it can be appropriate to leave an additional tip of about 5% for the server when the service and/or food has been good or if you intend to return to the restaurant.

**À noter:** to say *I'm full,* the appropriate expression is **Je suis rassasié(e),** not **plein(e). Je n'ai plus faim** or **J'ai bien mangé** is considered more polite.

**Écoutons ensemble! Rendez-vous au restaurant.** Marie-Claire et son copain Charles ont rendez-vous au restaurant. D'abord, écoutez la scène en regardant les images. Puis mettez-vous en groupes de trois (deux clients et un serveur) et inventez votre propre dialogue.

**Activité 16: Aux Anciens Canadiens.** Regardez le menu de ce restaurant canadien et identifiez les plats offerts. Quels plats ne sont pas offerts sur ce menu? Quels plats ou ingrédients vous semblent typiquement canadiens?

*Notre table d'hôte - Menu Complet*

*Entrée*
*Potage*
*Plat principal*
*Dessert*
*Café ou thé*

### Nos Plats Principaux

| *Volailles* | *Table d'hôte* | *À la carte* |
|---|---|---|
| Suprême de poulet en feuilleté | 28.50 | 19.50 |
| Médaillons de dindon[1], grillés, sauce au parfum de noisettes[2] | 27.50 | 18.50 |

| *Spécialités Québécoises et Gibiers* | | |
|---|---|---|
| Tourtière[3] du Lac St-Jean et son mijoté de bison | 33.00 | 24.00 |
| Caribou à la crème et au vin du bleuet | 34.00 | 25.00 |

| *Viandes et poissons* | | |
|---|---|---|
| Filet d'agneau grillé, sauce à la menthe et au sherry | 31.00 | 22.00 |
| Mignon de bœuf, sauce à l'oseille | 36.50 | 26.50 |
| Assiette de fruits de mer et sa fricassée de légumes | 41.50 | 32.50 |
| Filet de saumon frais, sauce bisque de crevettes | 29.50 | 20.50 |

| *Plat végétarien* | | |
|---|---|---|
| Jardinière de légumes frais | 25.50 | 16.50 |

[1] turkey
[2] hazelnuts
[3] meat pie

### Nos Entrées

| | *Table d'hôte* | *À la carte* |
|---|---|---|
| Salade verte, crème fraîche et ciboulette | Inclus | 4.00 |
| Marmite de fèves au lard[4] | Inclus | 4.00 |
| Escargots à l'ail façon « Jean Michel » | suppl. 3.75 | 7.75 |
| Fromage de chèvre grillé en salade parfumé au basilic | suppl. 3.75 | 7.75 |

### Nos Potages

| | *Table d'hôte* | *À la carte* |
|---|---|---|
| Potage du chef en soupière | Inclus | 4.00 |
| Soupe aux pois Grand-mère | suppl. 1.00 | 5.00 |
| Soupe à l'oignon gratinée | suppl. 3.25 | 7.25 |

### Nos Desserts

| | *Table d'hôte* | *À la carte* |
|---|---|---|
| Tarte au sirop d'érable[5] et crème fraîche | Inclus | 5.00 |
| Tarte au fudge, coulis[6] de framboises | Inclus | 5.00 |
| Gâteau au chocolat et noisettes, coulis de fraises | Inclus | 5.00 |
| Glace maison à la vanille et coulis de fruits frais | Inclus | 5.00 |
| Assiette de fromages | Inclus | 5.00 |

[4] pot of baked beans
[5] maple syrup
[6] purée

### Activité 17: Commandons.

**A.** Les personnnes suivantes sont au restaurant *Aux Anciens Canadiens.* Étudiez la carte et puis choisissez des plats appropriés pour chaque personne.

1. une jeune femme qui est végétarienne
2. un homme qui a très faim
3. une touriste qui aime goûter les spécialités régionales
4. un enfant qui aime les plats sucrés
5. un homme qui ne veut pas grossir
6. vous-même

 **B.** Maintenant, avec un(e) camarade de classe, jouez le rôle des personnages au restaurant.

 **Situation à jouer!**

---

**Au restaurant.** Look over the 4 steps to the scene you will play in groups of three: two dinner companions and a waiter. Block out a dialogue and discuss vocabulary you will need with your group before you try acting it out. Be prepared to perform for the class.

**Step 1:** You're on a diet (**au régime**) and your dinner companion tries to tempt you with suggestions from the menu that are fattening.

**Step 2:** You can't make up your mind about what to order. Ask the waiter for a suggestion and then order.

**Step 3:** The waiter mixes up the orders. Once you have tasted your meal, comment on the food to your dinner companion.

**Step 4:** The bill arrives and you think there has been a mistake in the calculations. Clear up the matter. Also find out if the service was included or if you need to leave a tip.

---

# Lecture

**Anticipation**

En France, un enfant bien élevé doit avoir de bonnes manières à table. Dans ce poème, Léon G. Damas, un poète antillais, se révolte contre le désir des gens de son pays de s'identifier aux valeurs bourgeoises françaises et de rejeter leurs racines *(roots)* africaines. Ici, on voit une mère qui se préoccupe de *(worries about)* l'éducation de son fils dans l'espoir *(hope)* d'en faire un enfant «modèle» selon les normes de la métropole.

## Le Hoquet

### Léon-Gontran Damas

1  Ma mère voulant d'un fils très bonnes manières à table

   Les mains sur la table
   le pain ne se coupe pas
   le pain se rompt
5  le pain ne se gaspille pas
   le pain de Dieu°            *God*
   le pain de la sueur° du front° de votre Père   *sweat / forehead*
   le pain du pain

   Un os° se mange avec mesure et discrétion   *bone*
10 un estomac doit être sociable
   et tout estomac sociable
   se passe de rots°           *does without burping*
   une fourchette n'est pas un cure-dents°   *tooth pick*
   défense de se moucher
15 au su et
   au vu° de tout le monde      *in front of*
   et puis tenez-vous droit°     *sit up straight*
   un nez° bien élevé         *nose*
   ne balaye° pas l'assiette     *sweep*

20 Et puis et puis
   et puis au nom du Père
         du Fils
         du Saint-Esprit°      *Holy Ghost*

*Le Hoquet* par Léon-Gontran Damas (extrait) dans «Pigments et Névralgies», © Présence Africaine, 1972

## Compréhension et intégration

1. Qu'est-ce que la mère veut?
2. La pratique religieuse fait partie du comportement bourgeois envisagé par la mère. À quelle religion fait-on référence implicitement? Dans quelles lignes?
3. Parfois, les parents utilisent la culpabilité *(guilt)* pour faire obéir leurs enfants. Donnez un exemple de cette stratégie dans le poème.
4. À votre avis, est-ce que la mère veut surtout le bien-être *(well-being)* de son fils?
5. Quelle est l'attitude du fils envers sa mère?

## Maintenant à vous!

Dans plusieurs sociétés, les parents cherchent à impressionner les autres avec le comportement *(behavior)* de leurs enfants. Donnez trois exemples de cela.

# Un pas en avant

tp://motifs.heinle.com

## Naviguez le Web!

Looking for a recipe? Want to cook something Canadian? Senegalese? Belgian? In this module's Internet activity, you will visit a Web page where you can find recipes from a number of francophone countries. If you'd rather go out to eat, go online to find out about restaurants in Paris. Where would you like to go and what would you like to order there?

## À écrire

**Scène au restaurant**   You are going to write a script for a restaurant scene with three characters: two dining companions and a waiter.

PREMIÈRE ÉTAPE.   Look over the four steps of the restaurant scene in the **Situation à jouer!** on page 185. This is your basic outline. Supplement step 3 with a conversation about a topic of interest to you. Make a list of expressions you might need.

DEUXIÈME ÉTAPE.   Write out the dialogue. Make sure to include a couple of object pronouns (**le, la, les,** etc.) and **en**.

---

**Phrases:** asking the price, describing objects, expressing indecision, refusing or declining, requesting or ordering, stating a preference

**Grammar:** adjective position, adjective agreement, formal forms, indefinite articles

**Vocabulary:** bread, cheese, drinks, food, numbers, seafood, seasonings, table setting, taste (dishes), vegetables

---

# Structure 7.1 Les verbes avec changements orthographiques

Some -**er** verbs in French have regular endings but require slight spelling changes in the present tense to reflect their pronunciation.

For verbs ending in -**érer** and -**éter,** the pronunciation of the last vowel of the stem changes slightly when the ending is silent, and the written **é** (**e accent aigu**) becomes an **è** (**e accent grave**) in these forms (see the shaded portion of the chart). The verbs **préférer** (*to prefer*), introduced in **Module 2**, **espérer** (*to hope for*), and **répéter** (*to repeat*) follow this pattern.

| espérer (*to hope [for]*) | |
|---|---|
| j'espère | nous espérons |
| tu espères | vous espérez |
| il/elle/on espère | ils/elles espèrent |

| | |
|---|---|
| Ils espèrent trouver un bon restaurant. | *They hope to find a good restaurant.* |
| Nous préférons les légumes frais. | *We prefer fresh vegetables.* |
| Le serveur répète la commande. | *The waiter repeats the order.* |

For the verb **acheter,** the **e** of the stem is pronounced when the ending is silent, and is written **è** (**e accent grave),** as shown in the shaded portion of the chart.

| acheter (*to buy*) | |
|---|---|
| j'achète | nous achetons |
| tu achètes | vous achetez |
| il/elle/on achète | ils/elles achètent |

| | |
|---|---|
| Tu achètes du fromage et du pain. | *You're buying cheese and bread.* |
| Nous achetons du vin. | *We're buying wine.* |

Most verbs ending in -**eler** or -**eter** double the consonant before the silent endings. This is the case of the verbs **appeler** (*to call*), **s'appeler** (*to be named*) (which you saw in **Module 1**), and **jeter** (*to throw*).

| appeler (*to call*) | |
|---|---|
| j'appelle | nous appelons |
| tu appelles | vous appelez |
| il/elle/on appelle | ils/elles appellent |

| | |
|---|---|
| J'appelle mes parents le dimanche. | *I call my parents on Sunday.* |
| Elles s'appellent Marianne et Laure. | *Their names are Marianne and Laure.* |
| Comment vous appelez-vous? | *What is your name?* |
| Nous jetons la mauvaise poire dans la poubelle. | *We're throwing the rotten pear in the garbage can.* |

In **-ger** verbs like **manger** *(to eat)*, an **e** is added before the ending **-ons** to maintain the soft **g** sound. Similarly, in **-cer** verbs like **commencer** *(to begin)*, **c** changes to **ç** before the ending **-ons** to maintain the soft **c** sound.

| | |
|---|---|
| Mon frère mange de la viande mais mes sœurs et moi ne **mangeons** pas de bœuf. | *My brother eats meat but my sisters and I don't eat beef.* |
| Tu voyages souvent mais nous, nous **voyageons** très peu. | *You travel often but we travel very little.* |
| Le dîner commence à 20h00 et nous **commençons** à le préparer maintenant. | *Dinner begins at 8 and we are now beginning to prepare it.* |

The **passé composé** of these verbs with spelling changes is formed regularly.

| | | |
|---|---|---|
| espérer | → | j'ai espéré |
| répéter | → | j'ai répété |
| acheter | → | j'ai acheté |
| appeler | → | j'ai appelé |
| manger | → | j'ai mangé |
| commencer | → | j'ai commencé |

**Exercice 1.** On fait une enquête *(poll)* sur les habitudes des consommateurs au supermarché. Complétez les questions et les réponses avec la forme qui convient du verbe indiqué.

**1.** préférer

ENQUÊTEUR:      Madame, que _____-vous comme légume?

CLIENTE:      Moi, je _____ la salade; mon mari _____ les haricots verts et nos enfants _____ les pommes de terre.

**2.** acheter

ENQUÊTEUR:      Et _____-vous des aliments surgelés *(frozen)*?

CLIENTE:      Pas très souvent. Nos voisins _____ souvent des produits surgelés mais nous, nous _____ surtout des légumes frais. Euh, parfois quand je n'ai pas le temps de cuisiner, j(e) _____ un paquet d'épinards surgelés ou un sac de pommes frites surgelées.

**3.** manger

ENQUÊTEUR:      Que _____-vous quand vous êtes pressés *(in a hurry)*?

CLIENTE:      Oh, je ne sais pas. Nous _____ un peu de tout. Les enfants aiment _____ des tartines. Mon mari, lui, il _____ un sandwich au fromage. Et moi, euh, je _____ des fruits.

**4.** commencer, espérer

ENQUÊTEUR:      Et pour _____ un dîner typique, que prenez-vous?

CLIENTE:      Nous _____ avec une soupe ou un peu de charcuterie.

ENQUÊTEUR:      Eh bien, j(e) _____ que vous allez trouver tout ce qu'il vous faut ici au supermarché Champion. Merci, madame, de votre collaboration.

CLIENTE:      Je vous en prie.

**Exercice 2.** Fabienne parle de ses projets pour un repas de fête. Complétez ses remarques avec la forme qui convient du verbe entre parenthèses. Choisissez entre le présent et le passé composé.

Aujourd'hui, c'est l'anniversaire de mon ami et il _____¹ (préférer) dîner à la maison qu'aller au restaurant. Alors, je prépare un repas de fête délicieux. Hier j(e) _____² (commencer) les préparatifs. J(e) _____³ (appeler) des copains pour les inviter. Il va donc y avoir six personnes. J(e) _____⁴ (espérer) que tout le monde aime le bœuf parce que j(e) _____⁵ (acheter) un bon filet à la boucherie ce matin.

La dernière fois que nous _____⁶ (manger) ensemble, nous avons apporté le vin, alors cette fois-ci, Richard et Jules _____⁷ (acheter) deux bouteilles de vin rouge. Et quoi d'autre? Ah oui, le dessert! Nicole _____⁸ (acheter) un beau gâteau d'anniversaire. On va bien manger!

# Structure 7.2   Le partitif

By their nature, some nouns cannot be counted. In French, the partitive article is used to refer to *some* or a *part* of such noncount nouns.

| de la viande | *some meat* |
| de l'eau | *some water* |
| du temps | *some time* |

The partitive is also used with abstract nouns.

| Il a du courage. | *He is brave (has some courage).* |

Although the English equivalent for the partitive *(some* or *any)* can be omitted, the partitive article is necessary in French. Here are the forms of the partitive article:

| de + le → **du** | Vous prenez du vin. | *You're having some wine.* |
|---|---|---|
| de + la → **de la** | Il y a de la soupe à l'oignon. | *There is (some) onion soup.* |
| de + l' → **de l'** | Je bois de l'eau minérale. | *I drink mineral water.* |

In the negative, the partitive article becomes **de** (or **d'** before a vowel sound).

| Il n'y a pas de tarte. | *There isn't any pie.* |
| Elle ne mange pas d'ail. | *She doesn't eat garlic.* |

### ARTICLE PARTITIF, INDÉFINI OU DÉFINI?

The following guidelines will help you choose the appropriate article.

• Verbs that frequently require the partitive article are **prendre, manger, boire, avoir,** and **acheter.**

| Vous prenez **du** café? | *Are you having coffee?* |
| Mon père ne boit pas **de** café. | *My father doesn't drink (any) coffee.* |
| Est-ce qu'il y a **de la** confiture? | *Is there any jam?* |

- Some nouns can be both count and noncount nouns. In these cases, either the indefinite article (**un, une**) or the partitive can be used with a slight difference in meaning.

Je voudrais **une** salade.　　　*I'd like a salad.*
Je voudrais **de la** salade.　　*I'd like some salad.*

- Preference verbs such as **aimer, préférer, adorer,** and **détester** take the definite article (**le, la, les**).

J'adore **la** viande mais je　　*I love meat but I don't like fish.*
　n'aime pas **le** poisson.

- Use the definite article when referring to a specific item or when ordering a particular dish on a menu.

Passez-moi **le** sel, s'il vous plaît.　*Pass me the salt, please.*
Je voudrais **le** saumon.　　　　*I'd like the salmon.*

**Exercice 3.** Anaïs explique ses habitudes culinaires. Complétez les phrases avec l'article partitif ou indéfini approprié.

1. Je suis toujours pressée *(in a hurry)* le matin, donc je mange peu pour le petit déjeuner. Je prends _____ pain grillé avec _____ beurre et _____ confiture. Avec ça, je prends _____ chocolat chaud ou _____ café au lait; je ne bois pas _____ jus de fruits.

2. Normalement, à midi, je retrouve mes amis au resto-U et nous déjeunons ensemble. Parfois, je mange _____ soupe avec _____ poulet et _____ haricots verts. Généralement, je prends _____ eau minérale avec mes repas.

3. Le soir, je n'ai pas très faim et je n'ai pas _____ talent pour la cuisine. J'aime préparer _____ salade. Ma salade préférée est la salade composée. On utilise _____ salade, _____ tomates, _____ olives, _____ concombre, _____ champignons et _____ fromage. Et pour moi, pas _____ «French dressing» à l'américaine. Je prends _____ vinaigrette *(f)*.

**Exercice 4.** Émilie décrit sa routine du matin. Complétez le paragraphe avec la forme de l'article défini, indéfini ou partitif qui convient.

Alors, voici ma routine du matin pendant la semaine. D'abord, à 8h00, si j'ai _____[1] énergie, je fais du jogging. Vers 8h30, je fais ma toilette et je prépare le petit déjeuner. D'abord, je prends _____[2] jus de fruit; je préfère _____[3] jus d'orange. Ensuite, je me prépare _____[4] café. Je ne prends pas _____[5] sucre dans mon café mais j'aime ajouter _____[6] lait. Puis je mange _____[7] tartines de pain complet (je n'aime pas _____[8] baguette) avec _____[9] beurre et _____[10] confiture d'abricots. S'il n'est pas trop tard, je prépare _____[11] salade pour midi. À 9h00, je pars pour mon bureau en métro car je n'ai pas _____[12] voiture. C'est une matinée bien remplie!

# Structure 7.3  Les expressions de quantité et le pronom **en**

Quantity expressions have the following structure:

| quantité + **de** + nom | | |
|---|---|---|
| beaucoup | de | beurre. |
| Elle achète... une bouteille | d' | eau minérale. |
| un morceau | de | chocolat. |

Note that **d(e)** is used alone rather than with any other articles.

Il y a trop **d'**huile dans la salade.    *There is too much oil in the salad.*
Elle a peu **de** patience.    *She has little patience.*

The choice of unit of measure often depends on the item itself. In the metric system, liquids are usually measured in **litres** *(liters)* and solids in **grammes** *(grams)* or **kilos** *(kilograms)*.

un demi-litre d'huile    *a half liter of oil*
un kilo de pommes de terre    *a kilo of potatoes*

Sometimes the packaging determines the quantity.

une boîte de petits pois    *a can of peas*
un sac d'oranges    *a bag of oranges*

**Exercice 5.**  Anne veut préparer un gâteau. Elle examine ce qu'elle a dans sa cuisine. Complétez ses pensées en choisissant la réponse parmi les options données entre parenthèses.

Bon, dans le réfrigérateur il y a _____[1] (un kilo de, assez de, un sac de) lait. Mais je n'ai pas _____[2] (d', des, les) œufs. Que faire alors? Peut-être que je peux emprunter *(to borrow)* _____[3] (d', des, un) œufs à la voisine. Et, dans le placard... il y a _____[4] (de, de la, un litre de) farine *(flour)* et _____[5] (des, un paquet, du) sucre. Il y a encore _____[6] (la, de la, de) vanille *(f)* dans la bouteille. Selon la recette, il faut aussi _____[7] (de, le, 100 g de) chocolat. Où est mon chocolat? Zut! Il n'y en a pas! Je dois donc aller au supermarché. Je vais acheter _____[8] (une douzaine d', une boîte d', un pot d') œufs et _____[9] (de, du, un) chocolat. Je vais me dépêcher *(to hurry)*. Je n'ai pas beaucoup _____[10] (du, des, de) temps!

**Exercice 6.**  C'est mercredi, le jour du marché. Composez des phrases avec les éléments donnés pour indiquer ce que chaque personne achète. Ensuite, devinez le plat qu'on va préparer avec ces ingrédients.

1. M. Laurent: paquet/beurre; douzaine/œufs; et 200 g/fromage
2. Paulette: litre/huile d'olive; bouteille/vinaigre; 500 g/tomates; et salade
3. Jacques: trois tranches/pâté; un morceau/fromage; baguette; et bouteille/vin
4. Mme Pelletier: un peu/ail; 250 g/beurre; et douzaine/escargots
5. Nathalie: 1 melon; 1 ananas; 3 bananes; et barquette/fraises

## LE PRONOM EN

Broadly speaking, pronouns replace nouns that have already been mentioned in order to avoid repetition. In French, the pronoun **en** is used with quantities and quantity expressions to avoid repeating the name of the food item. Notice how the bold-faced words in the following question are replaced by the pronoun **en** in the answer.

| | |
|---|---|
| —Y a-t-il **des fraises**? | —*Are there any strawberries?* |
| —Oui, il y **en** a. | —*Yes, there are (some).* |

**En** replaces nouns preceded by indefinite or partitive articles.

| | |
|---|---|
| —Tu veux **un coca**? | —*Do you want a Coke?* |
| —Non, je n'**en** veux pas. | —*No, I don't want one (any).* |
| —Avez-vous **des cerises**? | —*Do you have any cherries?* |
| —Oui, nous **en** avons. | —*Yes, we do (have some).* |

Note that with quantity expressions and numbers, **en** replaces the noun and the quantity or number is stated.

| | |
|---|---|
| —<u>Combien de baguettes</u> voulez-vous? | —*How many baguettes do you want?* |
| —J'**en** veux **deux**. | —*I want two.* |
| —Achètes-tu <u>beaucoup de bananes</u>? | —*Do you buy a lot of bananas?* |
| —Non, je n'**en** achète pas **beaucoup**. | —*No, I don't buy a lot (of them).* |

## PLACE DU PRONOM

**En** precedes the conjugated verb and the expressions **voilà** and **voici**.

| | |
|---|---|
| Il y **en** a cinq. | *There are five (of them).* |
| J'**en** ai beaucoup mangé. | *I ate a lot (of it).* |
| Elle n'**en** veut pas. | *She doesn't want any (of it, them).* |
| **En** voilà un. | *There's one.* |

In sentences with a conjugated verb followed by an infinitive, **en** precedes the infinitive.

| | |
|---|---|
| Je vais **en** prendre. | *I'll have some.* |
| Nous voulons **en** acheter. | *We want to buy some.* |

**Exercice 7.** Michel va à l'épicerie pour faire les courses. Dans sa conversation avec l'épicière, remplacez les mots soulignés par le pronom **en** pour éviter la répétition.

| | |
|---|---|
| MICHEL: | Bonjour, madame. Avez-vous des cerises? |
| ÉPICIÈRE: | (1) Bien sûr, nous avons <u>des cerises</u>! Elles sont très belles parce que c'est la saison. |
| MICHEL: | Avec ça, donnez-moi une bouteille de vin blanc. |
| ÉPICIÈRE: | (2) Voilà <u>une bouteille de vin blanc</u>. Et avec ça? |
| MICHEL: | Avez-vous du gruyère? |
| ÉPICIÈRE: | Oui. (3) Vous voulez combien <u>de gruyère</u>? |
| MICHEL: | (4) Je voudrais 200 grammes <u>de gruyère</u>, s'il vous plaît. Je vais aussi acheter des petits pois. (5) Je voudrais deux boîtes <u>de petits pois</u>. Et c'est tout. |
| ÉPICIÈRE: | Très bien. |

**Exercice 8.** Voici des morceaux d'une conversation à table. Répondez selon les indications. Employez le pronom **en** pour éviter la répétition.

1. Voulez-vous des pommes de terre gratinées? (oui)
2. Vous allez prendre du pâté? (non)
3. Prennent-ils du vin? (oui)
4. Vous prenez de la salade verte? (non)
5. Moi, je prends des escargots. Et toi? (oui)
6. Mangez-vous souvent du pain complet? (oui)
7. Vas-tu prendre un dessert? (oui)

# Structure 7.4    L'impératif

The imperative verb form is used to give commands and directions and to make suggestions.

The three forms of the imperative, **tu, nous,** and **vous,** are similar to the present tense, but the subject pronoun is omitted.

| Présent | Impératif | |
|---------|-----------|---|
| tu achètes | Achète du pain. | *Buy some bread.* |
| nous achetons | Achetons du fromage. | *Let's buy some cheese.* |
| vous achetez | Achetez des crevettes. | *Buy some shrimp.* |

For the **tu** command form of **-er** verbs, including **aller,** drop the **s** from the **tu** form of the present tense verb.

| Mange tes légumes. | *Eat your vegetables.* |
|---|---|
| Va à la boulangerie. | *Go to the bakery.* |

With **-ir** and **-re** verbs, the **s** remains.

| Finis ton dîner. | *Finish your dinner.* |
|---|---|
| Prends du sucre. | *Have some sugar.* |

**Avoir** and **être** have irregular imperative forms.

| avoir | aie, ayons, ayez | |
|---|---|---|
| | Ayez de la patience. | *Have patience.* |
| être | sois, soyons, soyez | |
| | Sois sage. | *Be good.* |

In negative commands, the **ne** precedes the verb and the **pas** follows it.

| Ne bois pas de café après 16h00. | *Don't drink coffee after 4 o'clock.* |
|---|---|
| N'allons pas au restaurant. | *Let's not go to the restaurant.* |

Because the imperative can be harsh, you can make suggestions using **on** + verb.

| On prend un café? | *Shall we get a cup of coffee?* |
|---|---|

**Exercice 9.** La famille Gilbert est à table et Mme Gilbert donne des ordres à tout le monde. Complétez ce qu'elle dit avec la forme du verbe qui convient.

aider ~~aller~~ ~~attendre~~ boire être ~~ne pas manger~~ passer prendre

1. _____ votre père. Il arrive dans un instant.
2. _____-moi le sel, s'il te plaît.
3. Jeannot, _____ avec les doigts.
4. Chéri, _____ encore des haricots.
5. _____ chercher du pain dans la cuisine, Alexia.
6. _____Sois_____ patiente avec ton petit frère.
7. Les enfants, _____-moi avec les assiettes.
8. _____ ton eau minérale.

**Exercice 10.** C'est l'anniversaire de votre amie Carole. Faites des projets avec vos amis en acceptant ou en refusant leurs suggestions selon l'indication entre parenthèses.

> **Modèle:** On célèbre l'anniversaire de Carole? (oui)
> *Oui, célébrons l'anniversaire de Carole.*

1. On invite Jérôme? (oui)
2. On fait un pique-nique? (non)
3. On va dîner dans un restaurant? (oui)
4. On rentre chez nous après? (oui)
5. On achète un gros gâteau au chocolat? (oui)
6. On achète aussi de la glace? (non)
7. On prend du champagne? (oui)

# Structure 7.5   Les pronoms d'objet direct: me, te, la, nous, vous et les

In French as in English, the direct object commonly follows the verb.

Suzanne aime **les haricots verts.**          *Suzanne likes green beans.*

   sujet   verbe    objet direct

Nous retrouvons **Paul** au restaurant.          *We are meeting Paul at the restaurant.*

The direct object can be replaced with a direct object pronoun to avoid repeating a noun that has already been mentioned. The direct object pronoun generally precedes the verb.

Les haricots verts? Elle **les** aime.          *Green beans? She likes **them.***
Paul? Nous **le** retrouvons au café.          *Paul? We are meeting **him** at the café.*
Toi et moi? Oui, papa **nous**          *You and me? Yes, Dad loves **us***
   aime beaucoup.             *very much.*

Here are the French direct object pronouns:

| singular | plural |
|---|---|
| me (m') | nous |
| te (t') | vous |
| le, la (l') | les |

Note that **me, te, le,** and **la** contract before a vowel or a vowel sound.

| Je t'invite à prendre un verre. | *I'm inviting you to have a drink.* |
| Tu ne l'as pas acheté. | *You didn't buy it.* |

## PLACE DES PRONOMS D'OBJET DIRECT

Place direct object pronouns in sentences according to these guidelines:

- in front of the conjugated verb:

| Le couscous? Oui, je l'aime. | *Couscous? Yes, I like it.* |
| Serge? Je l'ai vu au café. | *Serge? I saw him at the café.* |

- in two-verb constructions such as the **futur proche,** the pronoun should be placed immediately before the infinitive:

| Le pourboire? Je vais le laisser sur la table. | *The tip? I'm going to leave it on the table.* |

## VERBES QUI SONT SUIVIS D'UN COMPLÉMENT D'OBJET DIRECT

The following are some frequently used verbs that often have direct objects: **appeler, chanter, connaître** *(to be acquainted with),* **faire, finir, inviter, mettre** *(to put, to place),* **payer, porter, prendre, savoir** *(to know),* **vendre, visiter, voir.**

| Il nous a invités au concert. | *He invited us to the concert.* |

Unlike English, the following verbs take direct objects in French.

| attendre *(to wait for)* | Je l'attends. | *I'm waiting for him/her.* |
| chercher *(to look for)* | On l'a cherché. | *We looked for it (him).* |
| écouter *(to listen to)* | Tu ne m'écoutes pas. | *You're not listening to me.* |
| regarder *(to look at)* | Il va les regarder. | *He is going to look at them.* |

## PRONOM D'OBJET DIRECT OU EN

In French, when a direct object is a proper name, a pronoun, or a noun preceded by a definite article (**le, la, les**), it can be replaced by a direct object pronoun (**me, te, le, la, l', nous, vous, les**).

Objects that are preceded by an indefinite article (**un, une, des**) or a partitive article (**du, de la, de l'**) are replaced by **en**.

| | |
|---|---|
| —Je **te** connais? | —*Do I know you?* |
| —Oui, tu **me** connais. Je suis dans ta classe de biologie. | —*Yes, you know me. I am in your biology class.* |
| —Tu aimes **la** glace au chocolat? | —*Do you like chocolate ice cream?* |
| —Oui, je **l'**aime beaucoup. | —*Yes, I like it a lot.* |
| —Y a-t-il **des** oranges dans le frigo? | —*Are there any oranges in the fridge?* |
| —Oui, il y **en** a. | —*Yes, there are (some).* |
| —Vous prenez **du** café? | —*Are you having coffee?* |
| —Non, merci. Je n'**en** prends pas. | —*No, thank you. I'm not having any.* |

**Exercice 11.** Dans les phrases suivantes, les pronoms soulignés peuvent représenter plusieurs noms. Trouvez l'élément (ou les éléments) que le pronom **ne peut pas** représenter.

1. Je <u>les</u> aime beaucoup.
   - **a.** le chocolat
   - **b.** du sucre
   - **c.** la confiture
   - **d.** mes cousins

2. Ma mère va <u>la</u> préparer ce soir.
   - **a.** le bœuf bourgignon
   - **b.** la fondue suisse
   - **c.** la salade niçoise
   - **d.** le steak au poivre

3. On ne <u>l'</u>a pas vu depuis une semaine.
   - **a.** mon oncle
   - **b.** mon oncle et ma tante
   - **c.** le livre de recettes
   - **d.** le CD de Ricky Martin

4. Stéphanie <u>m'</u>a invité au cinéma.
   - **a.** toi et moi
   - **b.** moi
   - **c.** moi et mes amis
   - **d.** nous

5. Cédric <u>en</u> boit beaucoup.
   - **a.** le vin
   - **b.** de la bière
   - **c.** l'autobus
   - **d.** du lait

6. Tu vas <u>le</u> mettre sur la table.
   - **a.** la pomme
   - **b.** le verre
   - **c.** le plat
   - **d.** les tartelettes

7. J'<u>en</u> ai acheté.
   - **a.** des crevettes
   - **b.** du pain
   - **c.** la viande
   - **d.** de la glace

8. Vous <u>nous</u> avez invités au restaurant.
   - **a.** moi
   - **b.** toi et ton copain
   - **c.** elle et moi
   - **d.** Marc et moi

**Exercice 12.** François aide sa mère à préparer le dîner. Complétez ce que sa mère lui dit avec le pronom d'objet direct qui convient.

1. Voici les tomates. Pourrais-tu _____ ajouter à la salade?
2. Je viens d'acheter cette baguette. Maintenant nous devons _____ couper en tranches.
3. N'oublie pas la charcuterie. Tu devrais _____ apporter à table.
4. Voici les fourchettes. On _____ met à gauche des assiettes.
5. Et le sel? Où est-ce que je _____ ai laissé?
6. J'ai acheté ce raisin. Tu veux _____ laver?
7. Où est ta sœur? Tu vas _____ appeler? C'est l'heure de nous mettre à table.
8. Enfin, voilà ton père qui arrive. On _____ attend depuis une demi-heure.

**Exercice 13.** Julie et Daniel sont des jeunes mariés *(newlyweds)*. Julie pose beaucoup de questions à Daniel. Répondez à ses questions en employant un pronom d'objet direct ou **en** pour éviter la répétition des mots soulignés.

1. Je trouve tes parents très gentils. Comment est-ce qu'ils <u>me</u> trouvent?
2. Est-ce que je peux voir <u>les photos de ton enfance</u>?
3. Est-ce que nous pouvons visiter <u>la ville où tu es né</u>?
4. Est-ce que nous allons inviter <u>tes parents</u> à dîner bientôt?
5. J'utilise les recettes de ma mère quand je fais la cuisine. Aimes-tu <u>ses recettes</u>?
6. Nous mangeons toujours <u>de la dinde</u> à Noël. Et ta famille?
7. Tu veux aller voir <u>ma mère</u> à Noël?

# Tout ensemble!

**Thomas et sa femme, Janine, font les courses ensemble à Casino. Complétez leur conversation en utilisant les verbes entre parenthèses et les mots de la liste.**

| belles | du | d' | les |
|--------|-----|-------|-----|
| côtelettes | la | de l' | te |
| de | pain | des | |
| de la | boucherie | en | |

THOMAS:     Tu as la liste d'achats que nous avons préparée?

JANINE:     _____¹ voilà. _____² (commencer) par les légumes et les fruits.

THOMAS:     Voici de _____³ salades. Tu _____⁴ veux?

JANINE:     Absolument! Si nous allons suivre notre régime *(diet),* nous devons manger beaucoup _____⁵ salades. Nous allons en acheter deux.

THOMAS:     Avec ça, prenons _____⁶ tomates.

JANINE:     Thomas, _____⁷ (choisir) trois belles tomates bien rouges. Je vais chercher les poivrons—un rouge et un vert.

THOMAS:     Avons-nous assez _____⁸ oignons?

JANINE:     Oui, mais nous devons acheter _____⁹ ail.

THOMAS:     Qu'est-ce qu'on va manger demain pour le déjeuner?

JANINE:     Euh... peut-être des _____¹⁰ de porc avec _____¹¹ riz.

THOMAS:     Pas de pommes de terre?

JANINE:     Si, si tu _____¹² (préférer)...

THOMAS:     Et au dessert?

JANINE:     Thomas, n'oublie pas que nous sommes au régime. _____¹³ (prendre) des fruits avec un fromage maigre. Ces pommes ont l'air délicieuses.

THOMAS:     Nous _____¹⁴ (manger) trop de pommes. _____¹⁵ (acheter) plutôt des poires. En voici deux qui sont belles.

JANINE:     D'accord. Veux-tu _____¹⁶ mettre dans le chariot *(shopping cart)*?

THOMAS:     Est-ce que nous avons fini?

JANINE:     Non, il nous faut *(we need)* aussi _____¹⁷ viande, du lait et du _____¹⁸. _____¹⁹ (aller) chercher le pain et le lait pendant que je vais à la _____²⁰.

THOMAS:     _____²¹ (ne pas acheter) de bœuf—c'est trop gras.

JANINE:     Bien. J(e) _____²² (espérer) trouver des côtelettes bien maigres...

THOMAS:     Je _____²³ retrouve à la boucherie alors.

# Vocabulaire

## Vocabulaire fondamental

### Noms

| **La nourriture** | **Food** |
|---|---|
| des asperges *(f pl)* | asparagus |
| une baguette | a loaf of French bread |
| le beurre | butter |
| le bœuf | beef |
| des céréales *(f pl)* | cereals, grains |
| la charcuterie | deli cold cuts |
| la confiture | jam |
| une côtelette | a meat cutlet |
| des crevettes *(f pl)* | shrimp |
| des fraises *(f pl)* | strawberries |
| le fromage | cheese |
| la glace | ice cream |
| des haricots (verts) *(m pl)* | (green) beans |
| le jambon | ham |
| le lait | milk |
| un légume | a vegetable |
| la moutarde | mustard |
| un œuf | an egg |
| un oignon | an onion |
| le pain | bread |
| les pâtes | pasta |
| le pâté (de campagne) | (country style) meat spread |
| des petits pois *(m pl)* | green peas |
| le poisson | fish |
| le poivre | pepper |
| une pomme | an apple |
| une pomme de terre | a potato |
| des pommes frites *(f pl)* (frites, *fam*) | French fries |
| le porc | pork |
| le poulet | chicken |
| du raisin | grapes |
| le riz | rice |
| la salade | salad, lettuce |
| un saucisson | a dry sausage |
| le saumon | salmon |
| le sel | salt |
| une tarte(lette) | a tart(let), a pie |
| le thon | tuna |
| la viande | meat |
| le yaourt | yogurt |

**Mots apparentés:** une banane, une carotte, le dessert, un fruit, la mayonnaise, une orange, une soupe, une tomate

| **Les repas** | **Meals** |
|---|---|
| la cuisine | food; cooking |
| une entrée | hot or cold dish served before the main course |
| un goût | a taste |
| les hors-d'œuvre *(m pl)* | appetizers |
| le menu | fixed-price meal |
| le petit déjeuner | breakfast |
| un plat (principal) | a (main) course, dish |
| un pourboire | a tip |
| le service | service |
| le service (non) compris | tip (not) included |

| **Les petits commerces** | **Shops** |
|---|---|
| une boucherie | a butcher shop |
| une boulangerie | a bakery (for bread) |
| une charcuterie | a delicatessen |
| une épicerie | a neighborhood grocery store |
| un marché (en plein air) | a(n) (open-air) market |
| une pâtisserie | a pastry shop |
| un supermarché | a supermarket |

| **Les ustensiles de cuisine** | **Kitchen utensils** |
|---|---|
| une assiette | a plate |
| un couteau | a knife |
| une cuillère | a spoon |
| une fourchette | a fork |
| une nappe | a tablecloth |
| une serviette | a napkin |
| une tasse | a cup |
| un verre | a glass |

| **Les quantités** | |
|---|---|
| assez (de) | enough (of) |
| beaucoup (de) | a lot (of) |
| une boîte (de) | a box, can (of) |
| une bouteille (de) | a bottle (of) |
| une douzaine (de) | a dozen (of) |
| un gramme (de) | a gram (of) |
| un (demi-)kilo (de) | (half) a kilogram (of) |
| un (demi-)litre (de) | a (half) liter (of) |
| un morceau (de) | a piece (of) |
| (un) peu (de) | (a) little (of) |
| un sac (de) | a sack, bag (of) |
| une tranche (de) | a slice (of) |
| trop (de) | too many, too much (of) |

## Verbes

| | |
|---|---|
| acheter | *to buy* |
| appeler | *to call* |
| s'appeler | *to be named* |
| avoir faim | *to be hungry* |
| avoir soif | *to be thirsty* |
| espérer | *to hope (for)* |
| être au régime | *to be on a diet* |
| mettre (la table) | *to put, to set (the table)* |
| oublier | *to forget* |
| réserver | *to reserve* |

## Adjectifs

| | |
|---|---|
| à point | *medium* |
| bien cuit(e) | *well done* |
| délicieux (délicieuse) | *delicious* |
| dur(e) | *tough* |
| frais (fraîche) | *fresh* |
| saignant(e) | *rare* |
| sucré(e) | *sweetened* |
| tendre | *tender* |

## Mots divers

| | |
|---|---|
| un ingrédient | *an ingredient* |
| par jour (semaine) | *per day (week)* |
| un pays francophone | *a country where French is spoken* |
| une recette | *a recipe* |
| un régime | *a diet* |

## Expressions utiles

**Comment se débrouiller au restaurant** — *How to get along at a restaurant*

(See pages 182–183 for additional expressions.)

| | |
|---|---|
| Une table pour six, s'il vous plaît. | *A table for six, please.* |
| Que désirez-vous comme plat principal? | *What do you want for your main course?* |
| Pour commencer, je vais prendre... | *To start with, I'll have . . .* |
| J'ai faim (soif). | *I'm hungry (thirsty).* |
| C'est délicieux (tendre). | *It's delicious (tender).* |
| Le service est compris? | *Is the tip included?* |

# Vocabulaire supplémentaire

## Noms

### La nourriture — *Food*

| | |
|---|---|
| l'agneau *(m)* | *lamb* |
| l'ail *(m)* | *garlic* |
| l'alimentation *(f)* | *food* |
| un ananas | *a pineapple* |
| des anchois *(m pl)* | *anchovies* |
| un biscuit | *a cookie, cracker* |
| une cerise | *a cherry* |
| un champignon | *a mushroom* |
| un concombre | *a cucumber* |
| une crêpe | *a crepe (thin pancake)* |
| les crevettes *(f pl)* | *shrimp* |
| une épice | *a spice* |
| les fruits de mer *(m pl)* | *seafood* |
| un gâteau | *a cake* |
| un goûter | *an afternoon snack* |
| la graisse | *fat* |
| l'huile *(f)* (d'olive) | *(olive) oil* |
| le pain complet | *whole-wheat bread* |
| un pamplemousse | *a grapefruit* |
| les petits pois *(m pl)* | *peas* |
| une poire | *a pear* |
| un poivron | *a bell pepper* |
| un produit laitier | *a dairy product* |
| une tartine | *bread with butter* |
| la vinaigrette | *salad dressing made with oil and vinegar* |

**Mots apparentés:** le brocoli, une sauce, la sole, la vanille, une vitamine

### Les quantités — Quantities

| | |
|---|---|
| un bol | *a bowl* |
| une cuillerée à café (à soupe) | *a teaspoonful (tablespoonful)* |
| un paquet | *a packet* |
| une pincée | *a pinch* |
| un pot | *a jar* |

### Les ustensiles — *Kitchen utensils*

| | |
|---|---|
| une cuillère à café (à soupe) | *a teaspoon (tablespoon)* |
| une poêle | *a frying pan* |
| un récipient | *a container* |
| un saladier | *a large (mixing) bowl* |

## Verbes

| | |
|---|---|
| ajouter | *to add* |
| conseiller | *to recommend, to advise* |
| couper | *to cut* |
| se débrouiller | *to get along* |
| éviter | *to avoid* |
| goûter | *to taste* |
| jeter | *to throw (away)* |
| mélanger | *to mix* |
| régler | *to pay (to take care of) a bill* |

## Adjectifs

| | |
|---|---|
| allégé(e) | *reduced fat/calories* |
| allergique | *allergic* |
| culinaire | *culinary* |
| dégoûtant(e) | *disgusting* |
| fondu(e) | *melted* |
| garni(e) | *garnished* |
| gratiné(e) | *with melted cheese* |
| grillé(e) | *grilled* |
| léger (légère) | *light* |
| maigre | *low fat* |
| végétarien(ne) | *vegetarian* |

# Souvenirs

In this chapter, you will read and talk about childhood memories and recall important events from the past. To help set the mood, you will make the acquaintance of two characters familiar to French young people: Titeuf, from the hit cartoon series by the same name, and Alceste, from the classic stories of *Petit Nicolas*.

## Thèmes et pratiques de conversation

- ▶ Souvenirs d'enfance
- ▶ L'album de photos
- ▶ Communiquer en famille

- ▶ Comment comparer (introduction)
- ▶ Souvenirs d'une époque

## Structures utiles

- ▶ L'imparfait
- ▶ Les pronoms relatifs **qui**, **que** et **où**
- ▶ Les verbes **lire, dire** et **écrire** avec les pronoms d'objet indirect
- ▶ Le comparatif (introduction)
- ▶ Le passé composé et l'imparfait (introduction)

## Perspectives culturelles

Les BD

Un survol du 20ᵉ siècle

## Lecture

*Alceste a été renvoyé,* de Sempé et Goscinny

## Un pas en avant

## Souvenirs d'enfance

> ### Structure 8.1 L'imparfait
>
> The **thème "Souvenirs d'enfance"** highlights the imperfect, **l'imparfait.** This past tense verb form is suited for talking about memories because it describes how things were. Whereas the **passé composé** tells what happened, the **imparfait** is descriptive. For further information on the **imparfait,** see pages 222-223.

### Quand j'étais petit(e)...

Ma mère ne **travaillait** pas à l'extérieur. Elle **restait** à la maison avec nous les enfants.

Nous **habitions** une petite maison à la campagne.

Je **dormais** dans une chambre avec ma sœur.

Mes parents n'**avaient** pas de télévision. Ils **écoutaient** la radio.

Nous **avions** une vieille Renault.

Les hommes **jouaient** aux boules sur la place.

Après l'école, je **jouais** à la poupée ou je **chassais** les papillons avec mon frère.

L'été, nous **allions** à la mer.

## Régine raconte ses souvenirs d'école

Régine Montaut, 54 ans, raconte ses souvenirs de l'école primaire dans un village français pendant les années 50.

L'information scolaire *de Doisneau*

*Régine Montaut*

**Est-ce que l'école primaire en France a beaucoup changé depuis l'époque de votre enfance?**

RM:        Oui, beaucoup. Par exemple, quand j'**étais** jeune, il y **avait** une école pour les filles et une autre école pour les garçons. Il n'y **avait** pas d'école mixte. À cette époque-là, les filles ne **portaient** pas de pantalon à l'école.

**Les élèves portaient-ils des uniformes?**

RM:        Seulement dans les écoles privées. Mais pour protéger leurs vêtements, les filles **portaient** un tablier° rose, et les garçons, une blouse° noire ou grise.

*pinafore*
*smock*

**Est-ce que le bâtiment° ressemblait à une école américaine?**

*building*

RM:        Non, pas du tout! Mon école **était** dans un vieux bâtiment autour d'une cour°; il n'y **avait** pas de pelouse°, pas de terrain de sport. Mais il y **avait** quatre arbres plantés au milieu de la cour. Toujours les quatre arbres.

*courtyard / grass*

**Et à l'intérieur?**

RM:        Il y **avait** des pupitres en rang°. Sur le mur, il y **avait** une carte de la France.

*in a row*

**Et comment une journée typique commençait-elle? Est-ce qu'on saluait le drapeau°?**

*flag*

RM:        Non, la première leçon du matin **était** l'instruction civique, ce qu'on **appelait** «la leçon de morale». L'instituteur **écrivait** un proverbe au tableau que nous **copiions** dans nos cahiers. En France, les élèves **copiaient** beaucoup dans leurs cahiers.

**Et la discipline?**

*to raise your finger*

RM: La discipline? Oh là là! C'**était** sévère. Il fallait lever le doigt° pour parler. Et comme punition, il y **avait** le châtiment corporel. La maîtresse **tirait** les oreilles°, elle **tapait** sur les doigts° avec une règle, on **allait** au coin°; et souvent elle **envoyait** les élèves chez la directrice. Il y **avait** aussi le bonnet d'âne°. Et l'institutrice **critiquait** beaucoup ses élèves.

*pulled their ears/hit their fingers*
*corner*
*dunce cap*

**Je suppose que vous étiez toujours très sage?**

RM: Moi? Oh non! Vous savez, en France l'écriture, c'est très important, et moi, je n'**écrivais** pas bien. Un jour, je suis arrivée à l'école avec mon devoir plein de taches°. L'institutrice a attaché mon cahier ouvert sur mon dos. Pendant la récréation j'ai dû marcher° autour de la cour pendant que toutes les petites filles **riaient**. Je **voulais** pleurer°. Ça a été une expérience humiliante!

*smudges*
*to walk*

*to cry*

**Activité 1: Vrai ou faux?** Selon l'interview sur les souvenirs d'école de Régine, Indiquez si les phrases suivantes sont vraies ou fausses. Corrigez les phrases fausses.

1. Quand Régine était jeune, elle étudiait dans une école mixte.
2. Pendant la récréation, les enfants jouaient au terrain de sport.
3. Pour commencer la journée, les élèves se mettaient debout *(stood up)* pour saluer le drapeau.
4. Il y avait toujours une carte de la France dans la salle de classe.
5. Les instituteurs étaient très gentils avec les élèves.
6. Régine était bonne en écriture.
7. L'humiliation était une forme de punition.

 **Activité 2: Interaction. Quand tu étais petit(e)...** Posez les questions suivantes à un(e) camarade de classe.

1. Où est-ce que tu habitais?
2. Est-ce que tu avais un ordinateur? À quels jeux est-ce que tu jouais?
3. Est-ce que ta mère travaillait à l'extérieur?
4. Est-ce que tu partageais ta chambre avec un frère ou une sœur?
5. Qu'est-ce que tu faisais après l'école? Avec qui?
6. Est-ce que tu allais en vacances avec ta famille? Où?
7. Qu'est-ce que tu n'aimais pas manger?
8. Est-ce que tu avais beaucoup de copains dans ton quartier *(neighborhood)*?

## L'album de photos

**8.2 Les pronoms relatifs qui, que et où**

The following activities introduce relative pronouns, **les pronoms relatifs,** which are used for joining clauses to form complex sentences. To read more about relative pronouns, see pages 224–225.

C'est moi avec mon ballon de foot **qui** était presque mon meilleur ami.

Et voilà notre vieille 2CV Citroën **que** nous avons achetée d'occasion *(used).*

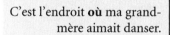

C'est l'endroit **où** ma grand-mère aimait danser.

**À noter:** Look at the caption for each photo. What words are the relative pronouns **qui, que,** and **où** replacing?

**Activité 3: Le hit parade de votre enfance.** Posez des questions à un(e) camarade en suivant le modèle. Ensuite mettez-vous en groupes de 6 pour trouver les souvenirs que vous avez en commun. Présentez-les à la classe.

> **Modèle:** un chanteur que tu écoutais?
> —*Est-ce qu'il y avait un chanteur que tu écoutais?*
> —*Oui, Charles Trénet.*

1. un lieu où tu aimais aller?
2. un film qui était populaire?
3. une chanson qui passait toujours à la radio?
4. une émission de télévision que tu regardais?
5. une activité que tu n'aimais pas faire?
6. une marque *(brand)* de vêtements que tout le monde portait?

**Activité 4: L'album de photos.** Marc montre son album de photos à un ami qui lui pose des questions. Complétez avec **qui, que** ou **où**.

Un ami: Qui est ce petit garçon en short?

Marc: C'est Serge, le voisin _____ chassait les papillons *(butterflies)* avec moi.

Un ami: Et le jeune homme à côté de lui?

Marc: C'est un garçon _____ sortait avec ma sœur. L'homme _____ tu vois à côté de lui, c'est mon grand-père.

Un ami: Où a-t-on pris cette photo?

Marc: Sur la place du village _____ les hommes âgés jouaient aux boules et les vieilles femmes bavardaient.

Un ami: Et le vieux bâtiment? Qu'est-ce que c'est?

Marc: C'est la mairie _____ il y avait une salle de cinéma. J'adorais tous les films _____ sortaient au village. L'autre bâtiment est l'église _____ nous allions à la messe.

—*Est-ce que **tu te souviens** de ton premier jour à l'école?*
—*Oui, **je me souviens** très bien de ce jour-là. J'avais quatre ans...*

> **À noter:** Notice that there is a pronoun before the verb. In the **tu** form, the pronoun is **te**. What is the pronoun used with the **je** form? You will learn more about pronominal verbs in **Module 10.**

**Activité 5: Est-ce que tu te souviens de... *(Do you remember...)*?** D'abord, utilisez les éléments suivants pour former six à huit questions que vous voulez poser à vos camarades de classe. Ensuite écoutez et vérifiez vos réponses.

> **Modèle:** —*Est-ce que tu te souviens d'une activité qui était interdite?*
> —*Oui, je ne pouvais pas sortir pendant la semaine.*

| | | |
|---|---|---|
| un président | qui | tu admirais |
| un pays | que | tu voulais aller |
| un(e) musicien(ne) | où | tes parents écoutaient |
| un écrivain | | était toujours très gentil(le) avec toi |
| un lieu | | tout le monde critiquait |
| un film | | a influencé ta vie |
| un(e) acteur (actrice) | | tu ne pouvais pas aller |
| une chose | | tu ne pouvais pas faire |
| une personne | | tes parents répétaient |

**Bulletin**  **À chaque génération ses prénoms.** Un prénom suit la mode: il naît, grandit, culmine et décline. Les enfants nés dans les années 80 s'appellent le plus souvent Aurélie, Amélie et Élodie pour les filles et Nicolas, Julien et Kevin pour les garçons. Leurs parents s'appellent Martine, Françoise, Michel et Alain. Quels sont les grands classiques? Pierre, Jean, Marie et Jeanne. Et quels sont les prénoms à la mode aujourd'hui? Léa, Camille, Lucas et Thomas.

*Source: INSEE*

**Activité 6: Vos souvenirs.** Travaillez en petits groupes pour en apprendre autant que possible sur les souvenirs de vos camarades.

> **Modèle:** *Parle-moi un peu de tes copains. Est-ce que tu te souviens de ton premier meilleur copain? Comment s'appelait-il? Est-ce qu'il habitait près de chez toi? Comment était-il? Qu'est-ce que vous faisiez ensemble?*

1. copains
2. anniversaires
3. vacances
4. animaux domestiques
5. passe-temps

## Communiquer en famille

> ### Structure   8.3 Les verbes **lire**, **dire** et **écrire** avec les pronoms d'objet indirect
>
> Because they involve transferring information from one source to another, communication verbs are commonly used with an indirect object. Here, you will learn to use some common verbs associated with communication, **lire**, **dire** and **écrire**, and indirect object pronouns (**me, te, lui, nous, vous,** and **leur**). For the verbs, see pages 225–226. For a full explanation of the use of indirect object pronouns, see pages 227–228.

Jules écrit à ses parents. Il **leur** écrit pour **leur** demander de l'argent.

Jacquot est déçu *(disappointed)* car son père **lui** a dit de ne pas sortir.

Mon père **nous** lisait des BD (bandes dessinées) d'Astérix et de Tintin.

Est-ce que ta grand-mère t'a donné ce joli vélo tout neuf *(brand new)*?

Est-ce que Charles va **me** téléphoner? Il **m'**a dit qu'il allait **m'**inviter au cinéma...

> **À noter:**  Look at the pronouns **me (m')** in the last caption. Which one represents an indirect object? A direct object? The pronouns **me, te, nous,** and **vous** replace both direct and indirect objects.

 **Activité 7: Associations rapides.**  Avec un(e) partenaire, répondez aussi vite que possible.

**Modèle:**   écrire des e-mails
—*Qui t'écrit des e-mails?*
—*Ma mère m'écrit des messages tous les jours.*

1. parler de ses problèmes
2. rendre visite
3. écouter
4. téléphoner souvent
5. écrire des e-mails
6. trouver difficile

**Activité 8: Un père inquiet.** Le jeune Nicolas, qui part en colonie de vacances *(summer camp)*, doit rassurer son père que tout va bien se passer. Utilisez un pronom d'objet direct ou indirect dans chaque réponse.

> **Modèle:** —Tu vas <u>me</u> téléphoner demain?
> —*Oui, je vais te téléphoner en arrivant* (upon arrival).

1. Tu as donné mon numéro de téléphone <u>au directeur</u>?
2. Tu vas <u>nous</u> écrire souvent?
3. Tu vas prendre <u>tes vitamines</u> le matin?
4. Tu vas obéir <u>aux moniteurs</u>?
5. Tu vas suivre <u>tous les règlements</u> *(rules)*?
6. Tu as <u>ton billet de train et ta carte d'identité</u>?
7. Est-ce que tu as dit au revoir <u>à tante Irène</u>?

 **Activité 9: À qui est-ce que vous écrivez?** Quand est-ce que vous écrivez aux personnes suivantes? Et quand est-ce qu'elles vous écrivent? En groupes de deux, posez les questions et répondez comme dans le modèle. Utilisez le pronom d'objet indirect approprié dans votre réponse.

> **Modèle:** ta tante et ton oncle
> —*Quand est-ce que tu écris à ta tante et à ton oncle?*
> —*Je leur écris une carte de vœux à Noël.*
> —*Quand est-ce qu'ils t'écrivent?*
> —*Ils m'écrivent pour mon anniversaire.*

| | | |
|---|---|---|
| 1. ta grand-mère | 4. ta mère | 7. tes cousins |
| 2. ta meilleure amie | 5. ton père | 8. ta tante ou ton oncle |
| 3. tes amis | 6. tes frères ou tes sœurs | |

 **Activité 10: Interview avec Jean-Luc Moncourtois, metteur en scène.** Avec un(e) camarade, associez les questions et les réponses pour reconstruire l'interview.

1. Vous aimiez beaucoup regarder des films quand vous étiez jeune?
2. Et vous alliez souvent au cinéma?
3. Vos parents comprenaient votre passion pour le cinéma?
4. Donc, vous ne leur parliez pas de votre fascination?
5. Est-ce que vous aviez une idole?
6. Êtes-vous content de votre nouveau film?
7. Qu'est-ce que vous dites aux jeunes qui veulent faire du cinéma?
8. Je peux vous parler de votre nouvelle copine Brigitte?
9. Pourquoi avez-vous choisi de quitter Hollywood et de revenir en France?
10. Merci, M. Moncourtois, de nous avoir accordé cette interview.

a. Je leur dis de ne jamais abandonner.
b. Non, ils ne me comprenaient pas. Ils étaient trop occupés par leurs propres affaires.
c. Oui, c'était Belmondo. Je l'adorais.
d. Non. Je ne veux pas vous parler de ma vie privée.
e. J'y allais tous les samedis.
f. Oui, j'adorais ça! C'était une affaire de cœur. J'étais un vrai fana!
g. Comment répondre? C'est mon meilleur travail jusqu'ici, mais je ne suis jamais satisfait. Je suis perfectionniste.
h. Non, je ne pouvais pas leur en parler. De toute façon, on se parlait peu chez moi.
i. Ce retour, j'y ai réfléchi pendant des années. Après tout, je suis un metteur en scène français!
j. Je vous en prie. C'était un plaisir.

# Comment comparer (introduction)

> **Structure**  **8.4 Le comparatif (introduction)**
>
> When we think about the past, we frequently compare our present situation with "the good old days" **"le bon vieux temps."** We make lots of other comparisons as well—age, abilities, qualities, and so on. For a full explanation of the comparative, see page 229.

### Quelques expressions utiles

**Pour comparer**

Quand j'étais jeune, j'étais **moins grand que** mon frère Frédéric, mais j'étais **plus sportif que** lui.

Nous étions **moins riches que** nos voisins les Lefèbvre. Ils avaient une **meilleure voiture que** notre vieille Citroën.

Voici un de mes anciens bulletins scolaires *(report cards)*. Hélas, mes notes étaient souvent **pires que** les notes de mon frère. En fait, elles étaient lamentables!

Septembre–Octobre 1996 — Nom: Jean-Pierre

| | DEVOIRS | | | LEÇONS | | | OBSERVATIONS DU PROFESSEUR |
|---|---|---|---|---|---|---|---|
| Philosophie | | | | | | | |
| Français (grammaire et orthographe) | 4 | 7 | | 8 | 2 | 4 | Ne travaille pas régulièrement à la maison. M. Tremblay |
| Français (composition et dissertation) | | | | | | | Faible participation M. Tremblay |
| Récitation | | | | | | | Mauvais travail–Doit améliorer la participation en classe Mlle Blanchard |
| Cinéma | 8 | 9 | | 7 | 9 | 6 | |
| Anglais (littérature) | | | | | | | |
| Thème Anglais | | | | | | | |
| Version Anglaise | | | | | | | |
| Histoire | 8 | 5 | | | | | Un travail plus intensif doit pouvoir améliorer les résultats M. Legrand |
| Algèbre | 5 | 7 | | 6 | 5 | 7 | |
| Géométrie | | | 6 | 6 | | | Doit travailler plus M. Sequin |
| Économie | | | | | | | |

### Pour poser une question au sujet de plusieurs choses

Est-ce que tu es très différent(e) de ta sœur?

Est-ce que tu ressembles plutôt à ta mère ou à ton père?

Quelles sont les différences entre ta ville natale et la ville où tu habites maintenant?

Est-ce que Montréal est comme Paris?

Est-ce que les États-Unis et le Canada sont semblables?

Est-ce que ta région est plutôt urbaine ou rurale?

Text Audio Track 16

### Écoutons ensemble! Alceste se compare à Jérôme.

Écoutez Alceste qui se compare à son cousin Jérôme. Pour chaque chose indiquée, cochez *(check)* la colonne appropriée, d'après la description d'Alceste.

| | + PLUS | − MOINS | = AUSSI |
|---|---|---|---|
| 1. maison (près de l'école) | _____ | _____ | _____ |
| 2a. voiture (vieille) | _____ | _____ | _____ |
| 2b. voiture (grande) | _____ | _____ | _____ |
| 3a. maths (fort) | _____ | _____ | _____ |
| 3b. langues (fort) | _____ | _____ | _____ |
| 4. parents (ouverts) | _____ | _____ | _____ |

# Perspectives culturelles

## Les BD

Qui est le deuxième héros cité par les jeunes Français derrière Zinedine Zidane? C'est Titeuf, *personnage principal*° d'une BD.

*main character*
*lock of hair*
*share*

Créé par le dessinateur suisse Zep, Titeuf représente sa génération. Avec sa *mèche*° blonde toujours dans l'air et ses rollers, lui et ses copains *partagent*° les difficultés de la vie adolescente avec humour. Les jeunes s'identifient facilement à cette bande: Titeuf qui collectionne des zéros en maths, Nadia son grand amour, Manu avec ses grosses lunettes, Jean-Claude avec son *appareil dentaire*°, Hugo qui ne pense qu'aux filles et au chocolat, Vomito qui, comme son nom l'indique, réagit à tout en vomissant. Ils sont tous torturés par leur maîtresse à l'école, et à la maison, il y a Maman et Papa qui règnent, avec Zizie, la petite sœur de Titeuf. Ensemble, ils font passer le message: il faut être heureux *malgré tout*°; on peut s'adapter au monde *si*° on a des amis.

*braces*

*in spite of everything / if*

*Titeuf*

*Astérix*

*Tintin*

*Titeuf* fait partie d'une tradition de BD écrites en français. Deux autres BD classiques sont *Tintin*, créée par Hergé, un dessinateur belge, et *Astérix*, œuvre de deux Français, Goscinny et Uderzo. Les aventures de Tintin, un jeune reporter, et de son chien Milou, ont été publiées en 40 langues différentes, et on retrouve les histoires d'Astérix, le petit Gaulois courageux qui triomphe de ses adversaires, en 70 langues.

Environ 30% des Français s'intéressent à la BD, 25% lisent de un à cinq albums par an et 65% la considèrent comme un art à part entière. Les dessins animés à la télé et au cinéma augmentent la popularité de cet art qui n'est pas uniquement pour les jeunes.

**Avez-vous compris?** Répondez aux questions suivantes.

1. Associez les mots et les descriptions suivants avec a. Titeuf, b. Tintin ou c. Astérix.
   - _____ **a.** un garçon et son chien
   - _____ **b.** un guerrier (*warrior*) gaulois
   - _____ **c.** une bande de jeunes amis
   - _____ **d.** une famille: mère, père et deux enfants
   - _____ **e.** Hergé
   - _____ **f.** Zep
   - _____ **g.** 70 langues
   - _____ **h.** une star de la BD pour les jeunes

2. À quelle autre bande dessinée ressemble *Titeuf* ?
3. Comparez Titeuf à un héros de BD que vous connaissez.
4. Quelles bandes dessinées lisiez-vous quand vous étiez plus jeune? Laquelle est-ce que vous préfériez? Quel(le) était le message (la morale) de cette BD?
5. Est-ce que vous lisez des BD maintenant? Quelle BD est-ce que vous préférez? Pourquoi l'aimez-vous?
6. Quel dessin animé est-ce que vous préférez? Est-ce basé sur une bande dessinée?
7. Est-ce que vous considérez les bandes dessinées comme un art?

**Activité 11: Comparaisons.** Comparez la ville d'où vous venez à votre ville universitaire en utilisant un adjectif de la liste. Choisissez entre **plus, moins, aussi, meilleur(e)** et **pire.**

1. les habitants: sympathique/désagréable, poli/impoli, stressé/décontracté
2. les commerces: grand/petit, important, prospère
3. le temps: beau/mauvais, variable/stable, humide/sec
4. l'économie: bon/mauvais
5. l'environnement naturel: beau, plat/montagneux, vert/aride
6. les bâtiments: grand/petit, moderne/historique

**Activité 12: Comparez les époques.** Que pensez-vous des phrases suivantes? Selon vous, sont-elles vraies ou fausses? Corrigez celles qui sont fausses.

1. La France des années 50 était plus homogène que la France d'aujourd'hui.
2. Les années 60 en France et aux États-Unis étaient moins turbulentes que les années 90.
3. Les ordinateurs sont meilleurs aujourd'hui qu'il y a dix ans.
4. Les jeunes filles de notre époque sont généralement aussi indépendantes que leurs mères.
5. La génération de nos parents était moins conservatrice que notre génération.
6. La violence dans les écoles américaines devient pire.
7. Un Français avec son béret et sa baguette est une image plus stéréotypée que correcte.
8. Aujourd'hui, les films d'action sont moins bons que dans les années 90.

# Souvenirs d'une époque

> **Structure**  8.5 **Le passé composé et l'imparfait (introduction)**
>
> In the following activities, you will begin to use the **imparfait** and the **passé composé** together. Remember to use the **imparfait** for description and background information and the **passé composé** to talk about specific events. For further comparison of these two tenses, see page 230.

*Paris, les années 20*

# Perspectives culturelles

## Un survol du 20ᵉ siècle

**1925–1927: Les années folles**

*war / bobbed hairstyle*

**D**ans les cafés de Paris, on retrouvait tous les nouveaux riches et les profiteurs de guerre°, avec des femmes aux cheveux coupés à la garçonne°. On rencontrait Hemingway, Fitzgerald, Cocteau et Aragon au Jockey, une boîte à la mode.

**1930–1940: Les années mouvementées**

*stock market crash / unemployment*

C'était le krach boursier°, il y avait beaucoup de chômage°, mais Paris s'amusait aux Folies bergères et écoutait du jazz et Maurice Chevalier.

**1947–1950: Les années après la libération**

*cellar nightclubs*

La fin de la guerre. Juliette Gréco chantait dans les caves°. Jean-Paul Sartre était l'écrivain le plus vénéré des Français.

**1955–1965: Les années prospères**

C'était le début du rock'n'roll avec le célèbre Elvis Presley. En 1956, Brigitte Bardot est devenue célèbre pour son film «*Et Dieu créa la femme*» de Roger Vadim.

**1965–1972: Les années révolutionnaires**

*resigned / from Beatle refrain, "yeah, yeah, yeah"*

Tout explosait. C'étaient les années de la pilule et de «l'amour libre», une époque politisée. Après la révolution de mai 68, le général de Gaulle a démissionné°. La génération yéyé° écoutait les Beatles et les Rolling Stones.

 *Hemingway*

 *Juliette Gréco*

 *Manifestation à Paris, mai 68*

**1973–1976: Les années de crise**

*growth*

La crise du pétrole a arrêté la croissance° économique. Avec l'angoisse du chômage, les jeunes étaient moins idéalistes. Les terroristes ont attaqué Munich, Rome et Paris.

**1977–1985: Les années américaines**

*Everyone for himself!*
*stock market*

Chacun pour soi!° Mitterrand, un socialiste, a été élu président, mais tout le monde voulait jouer à la bourse°.

**1985–1990: Les années cocooning**

Les années de la vidéocassette, du téléviseur où on restait chez soi.

**1995–2000: Les années Web**

La messagerie électronique, le shopping en ligne, les forums de discussion et les pages personnelles sont devenus populaires. La France se passionnait pour Internet.

**Avez-vous compris?**  Répondez aux questions suivantes.

1. À quelle époque Hemingway et Fitzgerald fréquentaient-ils les cafés de Paris?
2. Qu'est-ce qui a causé la grande crise des années 30?
3. Est-ce que Juliette Gréco était écrivain?
4. Quel mythe français régnait pendant les années 50–60?
5. À quelle époque est-ce que les étudiants parisiens ont manifesté *(demonstrated)* contre le statu quo? Qu'est-ce qui se passait aux États-Unis à cette époque?
6. Est-ce que le terrorisme était un problème dans les années 60?
7. Est-ce que les années 80 sont célèbres pour la compassion ou pour l'égoïsme? Quelle expression décrit cette époque?

**Activité 13: Testez-vous!** De quelle époque êtes-vous?

1. Quand mes parents étaient au lycée, ils écoutaient _____.
   a. Santana
   b. Bob Dylan
   c. Frank Sinatra
   d. Stevie Wonder
   e. Elvis Presley

2. Après l'école, je regardais _____ à la télévision.
   a. *Leave It to Beaver*
   b. *Saved by the Bell*
   c. *The Brady Bunch*
   d. *Sesame Street*
   e. *Full House*

3. Quand ma mère était au lycée, les _____ étaient très à la mode.
   a. mini-jupes
   b. vêtements hippie
   c. socquettes *(bobby socks)*
   d. chemises polo
   e. tennis Adidas

4. Quand mon père avait vingt ans, les _____ étaient à la mode pour les hommes.
   a. barbes
   b. moustaches
   c. cheveux longs
   d. cheveux courts
   e. pantalons à pattes d'éléphant *(bell bottoms)*

5. Quand ma mère avait vingt ans, _____ était le mythe le plus connu.
   a. Marilyn Monroe
   b. Madonna
   c. Brigitte Bardot
   d. Tina Turner
   e. Claudia Schiffer

**Activité 14: Quel âge avais-tu quand... ?** Posez la question à un(e) autre étudiant(e). Suivez le modèle.

**Modèle:** —*Quel âge avais-tu quand Challenger a explosé?*
—*J'avais dix ans.*

1. la princesse Diana est morte?
2. tu as conduit pour la première fois?
3. George W. Bush est devenu président des États-Unis?
4. Nelson Mandela est devenu président de l'Afrique du Sud?
5. *Survivor* est devenu populaire?
6. le mur de Berlin est tombé?
7. tu as commencé tes études universitaires?
8. Kurt Cobain est mort?

**Activité 15: L'arrivée à la fac.** Lisez le passage suivant et faites une liste des verbes qui décrivent *(describe)* et de ceux qui racontent *(say what happened)*.

—Vous souvenez-vous de votre premier jour à la fac ici aux États-Unis?

—Oui, **c'était**[1] le mois de septembre et il **faisait**[2] très chaud. Je **portais**[3] une robe d'été. J'**avais**[4] peur parce que mon anglais n'**était**[5] pas très bon et je me **sentais**[6] très seule. Quand je **suis arrivée**[7] dans ma chambre, j'**ai vu**[8] une blonde assise sur le lit qui **remplissait**[9] *(was filling in)* une fiche *(a form)*. Elle **m'a dit**[10] «bonjour» avec un bel accent texan. Nous **sommes parties**[11] ensemble à la cafétéria où j'**ai rencontré**[12] ses amis.

**décrire (liste):**
**raconter ce qui s'est passé (liste):**

**Activité 16: Une anecdote.** Créez une anecdote en répondant aux questions. Vous pouvez collaborer ainsi à une composition avec la classe.

VOTRE DERNIÈRE SORTIE AU CINÉMA

1. C'était quel jour de la semaine?
2. Quel temps faisait-il?
3. Est-ce que vous étiez seul(e)?
4. Où était le cinéma?
5. Comment est-ce que vous y êtes allé(e)(s)?
6. Vous êtes arrivé(e)(s) à l'heure, en avance ou en retard?
7. Combien est-ce que vous avez payé votre billet?
8. Vous avez acheté du popcorn ou une boisson?
9. Comment était le film?
10. Qu'est-ce que vous avez fait après le film?

 **Situations à jouer!**

1.
> Bring an old photograph to class and describe an earlier period of your life. Who/What is in the picture? What year was it? How old were you? Where were you living? Whom were you with? What were you wearing? What were you (or the people in the picture) like? Compare the people in the picture to each other or to yourself. If it is a picture of you, compare yourself at the time the picture was taken to how you are today.

2.
> You run into an old friend whom you haven't seen since high school. Find out about each other's lives. **Ah, bonjour, Robert. Ça fait longtemps qu'on ne s'est pas vus! Qu'est-ce que tu fais maintenant? Tu travailles? Quand est-ce que tu as fini tes études?** etc. Feel free to embellish your experiences.

# Lecture

## Anticipation

1. Un élève qui se comporte *(behaves)* mal à l'école est parfois renvoyé *(suspended)* de l'école pendant quelques jours. Imaginez les raisons possibles pour renvoyer un élève de l'école.
2. Dans ce texte, les enfants appellent le surveillant, la personne responsable de la discipline, «le Bouillon». Quand vous étiez jeune, aviez-vous un nom spécial pour les adultes que vous n'aimiez pas? Expliquez.

## Alceste a été renvoyé

Jean-Jacques Sempé et René Goscinny

1   Il est arrivé une chose terrible à l'école: Alceste a été renvoyé!

Ça s'est passé pendant la deuxième récré du matin. Nous étions tous là à jouer à la balle au chasseur, vous savez comment on y joue: celui qui a la balle, c'est le chasseur; alors, avec la balle il essaie de taper° sur un copain et puis le copain     *tries to hit*
5   pleure° et devient chasseur à son tour. C'est très chouette°. Les seuls qui ne     *cries / cool*
jouaient pas, c'étaient Geoffroy, qui est absent; Agnan, qui repasse toujours ses leçons pendant la récré; et Alceste, qui mangeait sa dernière tartine à la confiture du matin. Alceste garde toujours sa plus grande tartine pour la deuxième récré, qui est un peu plus longue que les autres. Le chasseur, c'était Eudes, et ça n'arrive
10   pas souvent: comme il est très fort, on essaie toujours de ne pas l'attraper avec la balle, parce que quand c'est lui qui chasse, il fait drôlement mal°. Et là, Eudes a     *it really hurts*
visé° Clotaire, qui s'est jeté par terre avec les mains sur la tête; la balle est passée     *aimed at*
au-dessus de lui, et bing! elle est venue taper dans le dos d'Alceste qui a lâché° sa     *let go of*
tartine, qui est tombée du côté de la confiture. Alceste, ça ne lui a pas plu°; il est     *he didn't like it*
15   devenu tout rouge et il s'est mis à pousser des cris; alors, le Bouillon—c'est notre surveillant—il est venu en courant pour voir ce qui s'est passé, ce qu'il n'a pas vu, c'est la tartine, et il a marché dessus, il a glissé et il y est presque° tombé. Il a     *almost*
été étonné°, le Bouillon, il avait tout plein de confiture sur sa chaussure. Alceste,     *surprised*
ça a été terrible, il a agité les bras et il a crié,

20   —*Nom d'un chien, zut! Pouvez pas faire attention où vous mettez les pieds? C'est vrai, quoi, sans blague°!*     *no kidding*

Il était drôlement en colère, Alceste; il faut dire qu'il ne faut jamais faire le guignol° avec sa nourriture, surtout quand c'est la tartine de la deuxième récré.     *to play around*
Le Bouillon, il n'était pas content non plus.

25   —*Regardez-moi bien dans les yeux,* il a dit à Alceste: *qu'est-ce que vous avez dit? —J'ai dit que nom d'un chien, zut, vous n'avez pas le droit de marcher sur mes tartines! a crié Alceste.*

Alors, le Bouillon a pris Alceste par le bras et il l'a emmené avec lui. Ça faisait chouic°, chouic, quand il marchait, le Bouillon, à cause de la confiture qu'il avait     *squish*
30   au pied.

Et puis le directeur a dit à Alceste de prendre ses affaires. Alceste y est allé en pleurant°, et puis il est parti, avec le directeur et le Bouillon.     *crying*
Nous, on a tous été très tristes. La maîtresse aussi.

*Adapté de Sempé et Goscinny: «Alceste a été renvoyé», Les récrés du petit Nicolas. © Éditions Denoël.*

## Expansion de vocabulaire

1. **La balle au chasseur** ressemble au jeu de _____.
   a. *hide and seek*
   b. *freeze tag*
   c. *dodge ball*
   d. *keep away*

2. En anglais, le mot **chasseur** se dit _____.
   a. *it*
   b. *out*
   c. *referee*
   d. *hunter*

3. L'occupation favorite d'Alceste est d(e) _____.
   a. manger
   b. jouer avec ses copains
   c. repasser ses devoirs
   d. aller à l'école

4. Quelle action ne se fait pas avec une balle?
   a. jouer    b. pleurer    c. attraper    d. lâcher

5. On ne vise pas avec _____.
   a. un revolver
   b. une balle
   c. un ballon
   d. une télévision

6. Agnan doit toujours **repasser** ses leçons pendant la récré parce qu(e)
   _____.
   a. il ne prépare pas assez ses leçons
   b. il n'aime pas jouer avec ses amis
   c. il est trop sérieux
   d. son instituteur ne l'aime pas

7. Alceste était **drôlement** en colère. Un synonyme de **drôlement** est
   _____.
   a. un peu    b. souvent    c. très    d. jamais

8. Ce que le Bouillon n'a pas vu, c'est la tartine. Il a marché dessus, il a **glissé**
   et il y est presque tombé. On peut **glisser** sur _____.
   a. une banane
   b. la glace *(ice)*
   c. une voiture
   d. du chewing gum

## Compréhension et intégration

1. Geoffroy, Agnan et Alceste ne jouaient pas pendant la récréation. Que faisaient-ils?
2. Pourquoi a-t-on peur quand Eudes est chasseur?
3. Pour quelle raison Alceste a-t-il laissé tomber sa tartine?
4. Qui a marché sur la tartine d'Alceste?
5. Qu'a dit Alceste au surveillant?
6. Quelles sont les indications qui montrent que c'est un enfant qui raconte l'histoire? Parlez du langage, du point de vue, etc.

## Maintenant à vous!

Racontez une anecdote sur un enfant qui a eu des ennuis *(got into trouble)* à l'école. Inspirez-vous de votre propre expérience.

# Un pas en avant

## Naviguez le Web!

p://motifs.heinle.com

French-speaking children grow up with the famous cast of characters in two popular comic books: **Astérix,** a valiant Gaulois soldier, and **Tintin,** an adventurous yet unassuming Belgian reporter. In this Web activity, you will become acquainted with some of these cultural icons. Can you think of any similar comic book characters familiar to you?

## À écrire

In this assignment, you will write about your arrival as a new student on campus.

PREMIÈRE ÉTAPE.    Using the **imparfait,** answer the following questions, elaborating whenever possible.

1. What time of year was it?
2. What was the weather like?
3. Who were you with?
4. What were you wearing?
5. What were your first impressions of the campus?
6. How did you feel?

DEUXIÈME ÉTAPE.    Answer the following questions in detail using the **passé composé.**

1. What is the first thing you did upon your arrival?
2. Whom did you meet?
3. What happened after your arrival? (What did you see? Where did you go? What did you do?)
4. How did you feel at the end of the day? What meaning does this experience have for you?

TROISIÈME ÉTAPE.    Now using the material above, develop your composition. You may want to share your work in groups of three by reading it out loud and asking for feedback.

---

**Phrases:** describing the past, expressing time relationships, sequencing events, talking about past events

**Grammar:** past imperfect, compound past tense, adverbs of time, verbs with auxiliary **avoir** or **être**

**Vocabulary:** clothing, days of the week, people, studies/courses, seasons, time of day, time expressions, university

---

# Structure 8.1    L'imparfait

In **Module 6** you studied the **passé composé**, a verb tense used for discussing what happened in the past. The **imparfait** is another past tense, but it serves a different function. It is used in the following situations.

- to describe how things were in the past:

**J'habitais** en ville avec ma mère et mon père. Mes parents **étaient** très indulgents envers moi, leur fille unique.

*I lived in town with my mother and father. My parents were very indulgent toward me, their only daughter.*

- to describe what people used to do:

Quand je **rentrais** de l'école, je **prenais** mon goûter devant la télé et puis je **retrouvais** mes amis. Avant le dîner, je **faisais** mes devoirs.

*When I returned from school, I would have my snack in front of the TV and then I would join my friends. Before dinner, I would do my homework.*

- to describe feelings and attitudes:

**J'étais** triste parce que je **savais** que ma meilleure amie **allait** déménager.

*I felt sad because I knew that my best friend was going to move.*

To form the **imparfait**, remove the **-ons** ending from the **nous** form of the present tense and add the following endings to this stem:

| | |
|------|--------|
| -ais | -ions |
| -ais | -iez |
| -ait | -aient |

| parler (imparfait) | |
|------------------|-----------------|
| je parlais | nous parlions |
| tu parlais | vous parliez |
| il/elle/on parlait | ils/elles parlaient |

| finir (imparfait) | |
|------------------|-----------------|
| je finissais | nous finissions |
| tu finissais | vous finissiez |
| il/elle/on finissait | ils/elles finissaient |

| vendre (imparfait) | |
|---|---|
| je vendais | nous vendions |
| tu vendais | vous vendiez |
| il/elle/on vendait | ils/elles vendaient |

The verb **être** has an irregular stem in the imperfect.

| être (imparfait) | |
|---|---|
| j'étais | nous étions |
| tu étais | vous étiez |
| il/elle/on était | ils/elles étaient |

Quand j'**avais** quinze ans, je **voulais** conduire, mais j'**étais** trop jeune.

*When I was fifteen, I wanted to drive, but I was too young.*

To form the **imparfait** of verbs whose infinitives end in **-cer,** you must add a cedilla (**cédille**) to the **c** before an **a.**

| commencer (imparfait) | |
|---|---|
| je commençais | nous commencions |
| tu commençais | vous commenciez |
| il/elle/on commençait | ils/elles commençaient |

For infinitives ending in **-ger,** you add an **e** before an **a.**

| manger (imparfait) | |
|---|---|
| je mangeais | nous mangions |
| tu mangeais | vous mangiez |
| il/elle/on mangeait | ils/elles mangeaient |

## NOTE DE PRONONCIATION

Except for the **nous** and **vous** forms, all the imperfect endings sound alike.

The verb **devoir** (*must, to have to*) changes its meaning slightly in the **imparfait.** It means *was supposed to.*

Il **devait** arriver avant minuit.

*He was supposed to arrive before midnight.*

Est-ce que nous **devions** lui téléphoner?

*Were we supposed to phone her/him?*

**Exercice 1.** Aurélie raconte les souvenirs qu'elle a de sa grand-mère. Mettez les verbes entre parenthèses à l'imparfait.

Quand j'étais jeune, je passais les week-ends chez ma grand-mère qui (habiter) _____ [1] une petite maison entourée de fleurs. La maison (être) _____ [2] blanche avec des volets bleus. Mamie y (vivre) _____ [3] seule avec ses chats et ses oiseaux *(birds)*. Elle avait une passion pour son jardin. Quand elle y (travailler) _____, [4] elle (porter) _____ [5] toujours un grand chapeau de paille. Je (rester) _____ [6] toujours à côté d'elle et j' (enlever *[to pull]*) _____ [7] les mauvaises herbes *(weeds)*. Mes parents (arriver) _____ [8] le dimanche. Ils l'(aider) _____ [9] à préparer le repas du dimanche pendant que nous, les enfants, nous (jouer) _____ [10] dehors. Et puis on (manger) _____ [11] tous ensemble autour d'une grande table. Nous (devoir) _____ [12] partir de bonne heure pour nous préparer pour l'école.

# Structure 8.2 Les pronoms relatifs qui, que et où

Relative pronouns enable you to create complex sentences and avoid repetition by combining two sentences or clauses. The information referred to by a relative pronoun is called its antecedent (**antécédent**).

### QUI (SUJET)

**Qui** is used to replace the subject of a sentence—a person, thing, or idea. The English equivalent of **qui** is *who, which,* or *that.* Note that **qui** is immediately followed by a verb.

| | | |
|---|---|---|
| J'ai un chien. Le chien adore jouer. | → | J'ai un chien **qui** adore jouer. |
| Nous avons une tante. Notre tante habite au Canada. | → | Nous avons une tante **qui** habite au Canada. |
| J'ai une voiture. Elle roule très vite. | → | J'ai une voiture **qui** roule très vite. |

### QUE (OBJET)

**Que** refers to the direct object of a sentence—a person, thing, or idea. The English equivalent of **que** is *who, whom, which,* or *that.* When **que** is followed by a word beginning with a vowel sound, the **e** is dropped (**qu'**). Note that **que** is immediately followed by a subject and a verb.

| *object* | *subject* |
|---|---|

| | | |
|---|---|---|
| Elle aimait la maison. La maison était dans ce village. | → | La <u>maison</u> **qu'**<u>elle</u> aimait était dans ce village. |

| *object* | *subject* |
|---|---|

| | | |
|---|---|---|
| Tu connais cet étudiant. L'étudiant est ici. | → | L'<u>étudiant</u> **que** <u>tu</u> connais est ici. |

**OÙ**

**Où** refers to places or expressions of time. Its English equivalent is *where, that,* or *when.* Although it can sometimes be omitted in English, it is obligatory in French.

| | |
|---|---|
| Voilà le café **où** j'ai rencontré Serge. | *There's the café where I met Serge.* |
| C'était l'année **où** il a commencé l'école. | *It was the year (that) he started school.* |

**Exercice 2.** Complétez ces phrases à propos des événements français avec **qui, que** ou **où**.

1. 1974 est l'année _____ la crise économique a commencé en France.
2. Édith Piaf était une chanteuse française _____ a séduit le monde entier.
3. La télévision est un appareil _____ a changé la vie de famille.
4. La 4CV était la voiture _____ on préférait pendant les années 60.
5. Le café «Les Deux Magots» est un lieu _____ les jeunes intellectuels se rencontraient.
6. La tour Eiffel est un monument _____ on vend beaucoup de souvenirs touristiques.
7. St. Tropez était l'endroit _____ Brigitte Bardot passait ses vacances pendant les années 60.

# Structure 8.3  Les verbes **lire, dire** et **écrire** et les pronoms d'objet indirect

**LES VERBES LIRE, DIRE ET ÉCRIRE**

The verbs **lire, dire,** and **écrire** have similar conjugations.

| lire *(to read)* | |
|---|---|
| je lis | nous lisons |
| tu lis | vous lisez |
| il/elle/on lit | ils/elles lisent |

passé composé: j'ai **lu**     imparfait: je **lisais**

| | |
|---|---|
| Nous **avons lu** le journal ce matin. | *We read the paper this morning.* |
| Marc **lit** un roman policier. | *Marc is reading a detective novel.* |

| dire *(to say; to tell)* | |
|---|---|
| je dis | nous disons |
| tu dis | vous **dites** |
| il/elle/on dit | ils/elles disent |

passé composé: j'ai **dit**    imparfait: je **disais**

| | |
|---|---|
| Qu'est-ce que vous **dites**? | *What are you saying?* |
| Comment **dit**-on «*I'm sorry*» en français? | *How do you say "I'm sorry" in French?* |
| **Dis,** tu es libre maintenant? | *Hey, are you free now?* |
| Tu **disais**? | *You were saying?* |

| écrire *(to write)* | |
|---|---|
| j'écris | nous écrivons |
| tu écris | vous écrivez |
| il/elle/on écrit | ils/elles écrivent |

passé composé: j'ai **écrit**    imparfait: j'**écrivais**

| | |
|---|---|
| Elle **écrit** régulièrement à son petit ami. | *She writes regularly to her boyfriend.* |
| Vous **écrivez** avec lucidité. | *You write with clarity.* |

The verb **décrire** *(to describe)* is conjugated like its base verb **écrire,** and **relire** *(to reread)* follows the pattern of **lire.**

**Exercice 3.**  Le jeune Marc reste en contact avec les membres de sa famille par courrier électronique, et il adore recevoir des nouvelles des autres. Complétez ce qu'il dit à propos du courrier avec les formes qui conviennent de **dire, lire** ou **écrire** au présent.

1. Ma cousine Fatima _____ qu'elle va nous rendre visite à Paris.
2. Nous _____ une lettre à notre grand-père une fois par mois. Il faut l'envoyer par la poste. Grand-père n'utilise pas le courrier électronique.
3. Tante Marie-Anne explique qu'elle vient de _____ le nouveau roman de Le Clézio.
4. Et oncle Patrice, qu'est-ce qu'il _____? Un autre récit historique!
5. Pour son anniversaire, j(e) _____ un poème pour Sophie.
6. Nous _____ immédiatement tous les e-mails que nous recevons.
7. Mes parents m(e) _____ au moins une fois par semaine.
8. _____-vous du courrier électronique à vos parents?
9. _____, est-ce que tu as une adresse e-mail?

## LES PRONOMS D'OBJET INDIRECT

In **Module 7,** you learned how to use direct object pronouns.

—Tu aimes **cette musique?**  —*You like this music?*
—Oui, je **l'**aime beaucoup!  —*Yes, I like it a lot!*

Communication verbs like **dire** and **écrire** generally include the notion of transferring information from one source to another. They are, therefore, commonly used with an indirect object, or an object preceded by a preposition.

Nous écrivons **au professeur.**  *We're writing **to the professor.***

Indirect objects can be replaced by indirect object pronouns to avoid repeating the noun.

—Tu vas parler **à ton prof de sciences po?**  —*Are you going to talk to your poli sci professor?*
—Oui, je vais **lui** parler demain après-midi.  —*Yes, I'm going to talk to him (her) tomorrow afternoon.*

—Je veux savoir si ton train arrive à l'heure.  —*I want to know if your train is arriving on time.*
—Je **te** téléphone tout de suite.  —*I'll call you right away.*

Indirect object pronouns are presented in the following chart along with direct object pronouns for comparison. Note that only the third person pronouns (in bold) are different.

| direct object pronouns | | indirect object pronouns | |
|---|---|---|---|
| **singular** | **plural** | **singular** | **plural** |
| me (m') | nous | me (m') | nous |
| te (t') | vous | te (t') | vous |
| **le, la (l')** | **les** | **lui** | **leur** |

Verbs involving any kind of transfer from one person to another take indirect objects.

| VERBS INVOLVING COMMUNICATION | | VERBS INVOLVING OTHER KINDS OF TRANSFER | |
|---|---|---|---|
| parler à | *to talk to* | donner à | *to give to* |
| dire à | *to say to* | emprunter à | *to borrow from* |
| écrire à | *to write to* | envoyer à | *to send to* |
| expliquer à | *to explain to* | montrer à | *to show to* |
| poser (une question) à | *to ask* | offrir à | *to offer to* |
| téléphoner à | *to phone* | payer à | *to pay to* |
| demander à | *to ask* | prêter à | *to lend to* |
| | | rendre à | *to return to* |

### Place des pronoms

Direct and indirect object pronouns precede the main verb of a sentence.

Elle **vous** donne son opinion.  *She's giving you her opinion.*

In the **passé composé,** they precede the auxiliary verb **avoir** or **être.**

Le journaliste **t'**a posé des questions?  *Did the journalist ask you questions?*
Il **nous** a parlé de ses ambitions.  *He spoke to us about his ambitions.*

In the **futur proche** or any other two-verb sentence, the pronoun precedes the infinitive.

Je vais **te** téléphoner ce soir.  *I'm going to phone you this evening.*
J'aimerais **lui** expliquer mon dilemme.  *I'd like to explain my dilemma to him.*

**Exercice 4.** Indiquez si les pronoms soulignés représentent des pronoms d'objet direct ou indirect en écrivant **D** ou **I.**

1. Vous m'irritez avec vos histoires! ___D___
2. Tu nous as déjà posé cette question. ___I___
3. Elle m'a répondu tout de suite. ___I___
4. Est-ce que tu me comprends? ___D___
5. Quand je te dis non, c'est non! ___I___
6. J'arrive. Je ne t'ai pas oublié. ___D___
7. Je devais lui dire la vérité. ___I___
8. Est-ce que la fumée *(smoke)* vous ennuie? ___D___
9. Je le voyais souvent au travail. ___D___
10. Peux-tu nous prêter vingt euros? ___D I___

**Exercice 5.** Camille quitte la Martinique pour aller en France. Ses meilleures amies lui parlent à l'aéroport. Associez les questions et les réponses.

1. Est-ce que tu vas nous écrire?
2. Tu vas nous donner ton adresse?
3. Quand est-ce qu'on peut te téléphoner?
4. Est-ce que nous t'ennuyons avec toutes ces questions?
5. Nous pouvons te rendre visite à Noël?

a. J'aimerais vous voir à Noël, mais je serai chez des amis en Espagne.
b. Non, avec vous c'est toujours l'interrogatoire. J'ai l'habitude.
c. Je vous l'ai déjà donnée.
d. Oui, je vous écrirai toutes les semaines. C'est promis.
e. Vous pouvez me téléphoner chez ma tante ce week-end.

**Exercice 6.** Bénédicte essaie d'avoir de très bonnes relations avec les différents membres de sa famille. Répondez logiquement aux questions en employant le pronom d'objet indirect **lui** ou **leur.**

1. Est-ce qu'elle offre un cadeau d'anniversaire à son père?
2. Est-ce qu'elle prête ses vêtements à ses sœurs?
3. Est-ce qu'elle téléphone régulièrement à sa grand-mère?
4. Est-ce qu'elle dit à sa mère de nettoyer *(to clean)* sa chambre?
5. Est-ce qu'elle a emprunté de l'argent à son cousin?
6. Est-ce qu'elle va envoyer une carte de Noël à sa tante et à son oncle?
7. Est-ce qu'elle va demander des conseils *(advice)* à son frère?
8. Est-ce qu'elle a expliqué à ses parents pourquoi elle a eu une mauvaise note en chimie?

# Structure 8.4 Le comparatif (introduction)

The following structures are used in descriptions that compare people and things.

| + | plus (adjectif) que |
|---|---|
| – | moins (adjectif) que |
| = | aussi (adjectif) que |

| Ma classe de sciences économiques est **plus grande que** ma classe d'italien. | *My economics class is bigger than my Italian class.* |
|---|---|
| J'étais toujours **moins prudent que** mon frère. | *I was always less careful than my brother.* |
| Est-ce que ta mère était **aussi stricte que** ton père? | *Was your mother as strict as your father?* |

The irregular adjective **bon** has three comparative forms:

| + | meilleur(e)(s) que | *better than* |
|---|---|---|
| – | moins bon(ne)(s) que/pire que | *worse than* |
| = | aussi bon(ne)(s) que | *as good as* |

| Je suis **meilleur** en lettres **qu**'en science. | *I'm better in the humanities than in science.* |
|---|---|
| Ce film n'était pas **aussi bon que** le dernier. | *That film wasn't as good as the last one.* |
| Est-ce que tu es **pire que** Pierre en anglais? | *Are you worse than Peter in English?* |

**Exercice 7.** Comparez les éléments suivants en utilisant les adjectifs entre parenthèses. Attention à la forme de l'adjectif.

1. les années 60 / les années 30 (+ prospère)
2. Brad Pitt / en France / aux États-Unis (= populaire)
3. le rap français / le rap américain (– violent)
4. les robes des couturiers comme Christian Lacroix / les robes de prêt-à-porter (+ cher)
5. le casino de Monte Carlo / les casinos de Las Vegas (+ élégant)
6. une Porsche / une Ferrari (= rapide)

**Exercice 8.** Comparez les éléments suivants en utilisant la forme appropriée de **bon** ou **mauvais**.

1. le pain au supermarché / le pain à la boulangerie (– bon)
2. la bière allemande / la bière américaine (+ bon)
3. l'hiver à Paris / l'hiver à Nice (– bon)
4. les pâtisseries françaises / les beignets *(donuts)* au supermarché (+ bon)
5. le vin anglais / le vin français (– bon)
6. la circulation à Paris / la circulation hors de la ville (– bon)
7. le chocolat belge / le chocolat suisse (= bon)

# Structure 8.5  Le passé composé et l'imparfait (introduction)

As you have seen, the **passé composé** and the **imparfait** are both used for talking about the past, but they serve different functions. The **imparfait** sets the scene by describing what things and people were like, as in a stage setting before the action has begun. The **passé composé** moves the story forward; it recounts events. The guidelines here will help you decide which tense to use.

### PASSÉ COMPOSÉ

In general, you will use the **passé composé** to

- tell what happened:

    Hier, j'**ai eu** un accident en allant à l'école.
    Les États-Unis **ont déclaré** leur indépendance en 1776.

- narrate a sequence of events:

    Ce matin, j'**ai préparé** le petit déjeuner pour la famille. Nous **avons mangé** ensemble, puis nous **sommes partis** pour l'école.

### IMPARFAIT

In general, you will use the **imparfait** to talk about

- feelings and thoughts:

    J'**étais** triste parce que mon meilleur copain n'était pas à l'école.
    Paul **avait** froid *(was cold)* parce qu'il ne portait pas de chapeau.

- age:

    Jean-Luc **avait** seize ans quand il a appris à conduire.

- weather:

    Il **faisait** beau quand nous sommes sortis pour faire une promenade.

- time:

    Il **était** déjà six heures quand le train est arrivé.

**Exercice 9.** Read the following passage, paying careful attention to the verb tenses used. Then retell the story in English in response to the prompts provided. Identify the French verb tense associated with each prompt.

C'était une nuit d'hiver à Grenoble; il faisait très froid et la neige tombait à gros flocons *(flakes)*. Dans la maison, j'écoutais du Beethoven et j'écrivais une lettre à Maurice, mon copain qui étudiait à Cambridge. Soudain, j'ai entendu du bruit. C'était comme si quelque chose tapait contre le mur de la maison. J'ai ouvert la porte mais il n'y avait rien. J'ai recommencé ma lettre. Quelques minutes plus tard, boum! une boule de neige a explosé contre la fenêtre. J'ai regardé à travers les rideaux et là, dans le jardin, j'ai aperçu un homme. J'allais téléphoner à la police mais, quand il s'est tourné vers moi, j'ai reconnu le visage de Maurice! Il était de retour.

1. What kind of night was it?
2. What was going on inside the house?
3. What happened to break up the activity that was taking place?
4. How did the narrator respond?
5. What happened next?
6. What did the narrator do? What did she see?
7. What was she thinking of doing when she saw the man?
8. Then what happened?

## Exercice 10

**A.** Read the following sentences in English, and identify which tense you would use to write these same sentences in French. Use **PC** for **passé composé,** and **I** for **imparfait.**

1. _____ It <u>was</u> September first.
2. _____ The weather <u>was</u> warm and sunny.
3. _____ I <u>was walking</u> to the library to work on some homework.
4. _____ I <u>was thinking</u> about what I needed to do at the library.
5. _____ Suddenly, I <u>heard</u> a voice say my name.
6. _____ I <u>turned</u> to see who it was.
7. _____ It <u>was</u> my friend Michel.
8. _____ Michel <u>invited</u> me to go have some pizza with him.
9. _____ I <u>thought</u> about the work I needed to do, and I <u>knew</u> I couldn't go out.
10. _____ I <u>told</u> Michel that I would go to the library now, and maybe we could get pizza later.

**B.** Now, write out the sentences above in French.

2. _____
5. _____
7. _____
8. _____

# Tout ensemble!

**Mathieu a trouvé un vieil album dans son grenier *(attic)* avec des photos d'un été qu'il a passé dans une colonie de vacances dans le sud de la France. Il écrit à son copain Jeff pour lui raconter ses souvenirs. Conjuguez les verbes entre parenthèses à l'imparfait ou au passé composé et utilisez les éléments suivants:**

| | | |
|---|---|---|
| qui | plus | me |
| que (deux fois) | moins | te |
| où | aussi | |

Cher Jeff,

Hier, je regardais un ancien album de photos _____[1] j'ai trouvé chez mes parents. Il y avait une photo de toi dans le lac à Menton _____[2] nous _____[3] (aller) à pied avec toute la colonie. Tu _____[4] (être) si fier, car tu _____[5] (pouvoir) faire de la planche à voile *(to windsurf)* sans tomber dans l'eau. Moi, je _____[6] (vouloir) être _____[7] fort que toi, mais j'_____[8] (être) tout maigre et maladroit *(clumsy)*! Tu te souviens de Georges? C'_____[9] est le garçon _____[10] _____[11] (manger) toujours des bonbons _____[12] sa mère _____[13] (envoyer). Il a un bon poste chez France Télécom maintenant, et heureusement, il est _____[14] gros! J(e) _____[15] (trouver) une photo de Marie-Laure aussi, notre idole, tu t'en souviens? Nous l'_____[16] (espionner, *to spy on*) dans sa cabine. Maintenant, elle est étudiante à la fac de Bordeaux, et elle _____[17] téléphone de temps en temps. Elle est _____[18] belle qu'avant, mais elle est _____[19] gentille!

    Et toi, tu vas bien? Est-ce que Pierre _____[20] _____[21] (écrire/*présent*)? Donne-moi de tes nouvelles!

                                      Amitiés,
                                        Mathieu

# Vocabulaire

## Vocabulaire fondamental

### Le monde de l'école — *School*

| | |
|---|---|
| un album (de photos) | *a (photo) album* |
| un animal domestique | *a pet* |
| un ballon (de foot) | *a (soccer) ball* |
| un bâtiment | *a building* |
| une carte | *a map* |
| une cour | *a courtyard* |
| un(e) directeur (directrice) | *a principal* |
| la discipline | *discipline* |
| un drapeau | *a flag* |
| une école maternelle | *a kindergarten* |
| une école primaire | *an elementary school* |
| l'écriture *(f)* | *writing, penmanship* |
| un(e) élève *(m, f)* | *a pupil (pre-university)* |
| l'enfance *(f)* | *childhood* |
| un(e) instituteur (institutrice) | *an elementary school teacher* |
| la jeunesse | *youth* |
| un lycée | *a high school* |
| la récréation (la récré, *fam*) | *recess* |
| un souvenir | *a memory* |

### Verbes

| | |
|---|---|
| chasser | *to chase* |
| comparer | *to compare* |
| copier | *to copy* |
| critiquer | *to criticize* |
| dire | *to say, to tell* |
| donner | *to give* |
| écrire | *to write* |
| emprunter | *to borrow* |
| ennuyer | *to bother* |
| expliquer | *to explain* |
| irriter | *to irritate* |
| lire | *to read* |
| partager | *to share* |
| poser (une question) | *to ask (a question)* |
| prêter | *to loan, to lend* |
| ressembler | *to resemble* |
| se souvenir de | *to remember (conjugated like* venir*)* |

### Expressions utiles

#### Comment comparer — *How to make comparisons*

*(See pages 212–213 for additional expressions.)*

| | |
|---|---|
| aussi bon que | *as good as* |
| moins prospère que | *less prosperous than* |
| plus sportif que | *more athletic than* |
| Quelles sont les différences entre... | *What are the differences between . . .* |

### Adjectifs

| | |
|---|---|
| différent(e) | *different* |
| élégant(e) | *elegant* |
| inquiet (inquiète) | *worried* |
| meilleur(e) | *better* |
| pire | *worse* |
| sage | *well-behaved* |
| semblable | *similar* |

### Mots divers

| | |
|---|---|
| à l'extérieur | *outside (the house)* |
| aussi... que | *as . . . as* |
| une bande dessinée (une BD, *fam*) | *a cartoon* |
| une chanson | *a song* |
| comme | *like, as* |
| couramment | *fluently* |
| le courrier (électronique) | *(e-)mail* |
| envers | *toward* |
| une époque | *an era* |
| à l'époque | *at that time* |
| un lieu | *a place* |
| moins... que | *less . . . than* |
| plus... que | *more . . . than* |
| plutôt | *rather* |
| vite | *fast* |

## Vocabulaire supplémentaire

### Noms

| | |
|---|---|
| une ardoise | *a (writing) slate* |
| un bonnet d'âne | *a dunce cap* |
| un bulletin scolaire | *a report card* |
| le châtiment corporel | *corporal punishment* |
| le conformisme | *conformity* |
| un mythe | *a myth* |
| un papillon | *a butterfly* |
| une pelouse | *a lawn* |
| une punition | *a punishment* |
| un quartier | *a neighborhood* |
| une règle | *a ruler; a rule* |
| un(e) surveillant(e) | *a person in charge of discipline* |

### Adjectifs

| | |
|---|---|
| humiliant(e) | *humiliating* |
| privé(e) | *private* |
| satisfait(e) | *satisfied* |
| seul(e) | *alone* |

**Mots apparentés:** homogène, lamentable, perfectionniste, turbulent(e)

### Mots divers

| | |
|---|---|
| en rang | *in a row* |

### Verbes

| | |
|---|---|
| avoir peur | *to be afraid* |
| se comporter | *to behave* |
| conduire (*p.p.* conduit) | *to drive* |
| décrire | *to describe* |
| démissionner | *to resign* |
| emmener | *to take* |
| envoyer | *to send* |
| être à la mode | *to be in fashion* |
| gâter | *to spoil* |
| glisser | *to slide* |
| gronder | *to scold* |
| influencer | *to influence* |
| jouer à la poupée | *to play with dolls* |
| jouer aux boules | *to play* **boules** |
| lâcher | *to release* |
| offrir | *to offer* |
| pousser un cri | *to shout* |
| protéger | *to protect* |
| renvoyer | *to suspend (from school)* |
| rire | *to laugh* |
| suivre | *to follow* |

# Module 9

# À la découverte du monde francophone

The rich diversity of the francophone world provides the ideal backdrop for you to learn some basics of geography and tourism while you explore travel destinations and talk about your vacation preferences.

## Thèmes et pratiques de conversation

- ▶ Les pays francophones

- ▶ Comment comparer (suite)
- ▶ Les moyens de transport
- ▶ Les vacances de vos rêves
- ▶ Comment demander des renseignements à l'agence de voyages

## Structures utiles

- ▶ Les prépositions et la géographie
- ▶ Le pronom **y**
- ▶ Le comparatif (suite) et le superlatif
- ▶ **Il faut, il vaut mieux** + infinitif
- ▶ Les verbes **savoir** et **connaître**

## Perspectives culturelles

Le monde francophone

Portrait d'une femme africaine

## Lecture

*Solitude la mulâtresse, martyre de la liberté*

## Un pas en avant

# Thèmes et pratiques de conversation

## Les pays francophones

### Images des peuples francophones

Au Sénégal, l'agriculture fait vivre 80% de la population. Selon la tradition africaine, c'est surtout la femme qui travaille dans les champs et vend ses produits au marché.

Le vieux Québec est pittoresque et animé. Comme les Français, les Québécois prennent plaisir à fréquenter les cafés en ville.

Le marché à la Guadeloupe est un centre d'activités et de convivialité: couleurs et odeurs intenses, conversations animées; il faut savoir marchander (to bargain).

**Activité 1: Vos impressions.** Regardez les images et répondez aux questions suivantes.

1. Que portent les femmes sénégalaises? Qu'est-ce qu'elles transportent sur la tête?
2. Est-ce que Québec ressemble à une autre ville que vous connaissez? Nommez une autre ville francophone du Canada.
3. Qu'est-ce qu'on vend au marché à la Guadeloupe? Qu'est-ce qu'on peut savoir sur la géographie et le climat de la Guadeloupe en regardant la photo?
4. Quel endroit aimeriez-vous le mieux visiter? Pourquoi?

**La géographie**

> Structure  9.1 Les prépositions et la géographie
>
> In this **thème,** you will be talking about cities, countries, and continents. You will need to learn how to use articles and prepositions with these geographical names. Explanations and examples are found on pages 256–257.

**Activité 2: Devinez!**  Identifiez les pays suivants. Consultez les cartes au début du livre.

1. C'est un petit pays francophone au nord de la France.
2. C'est un pays au nord-ouest de l'Algérie.
3. C'est une région francophone au nord du Vermont.
4. C'est un grand pays francophone au sud de la République centrafricaine.
5. C'est une petite île dans l'océan Indien à l'est de Madagascar.
6. C'est un pays désertique au sud-ouest du Tchad.
7. C'est une petite île francophone au sud-est de Cuba.
8. C'est une petite principauté dans le sud de la France près de l'Italie.

**Activité 3: Villes et pays.**  Dans quels endroits se trouvent les villes suivantes?

**Endroits:** la Belgique, le Canada, la Martinique, le Luxembourg, le Sénégal, le Burkina Faso, le Maroc, le Vietnam, les États-Unis

**Modèle:**  Alger
*Alger se trouve en Algérie.*

1. Dakar
2. Montréal
3. Luxembourg
4. Casablanca
5. Bruxelles
6. La Nouvelle-Orléans
7. Ouagadougou
8. Hô Chi Minh-Ville

# Perspectives culturelles

## Le monde francophone

*Outside*

Il y a plus de 120 000 000 (cent vingt millions) de personnes qui parlent français dans le monde. Le français est une langue importante en Europe. Hors° de la France, on parle français en Belgique, en Suisse, au Luxembourg et à Monaco. Le français est aussi la langue officielle d'un grand nombre de pays africains. Pourquoi? Parce que la France a acquis° un vaste empire colonial en Afrique au dix-neuvième siècle°. Parmi ses anciennes° colonies au sud du Sahara, on compte le Sénégal, le Tchad, le Cameroun, la Côte d'Ivoire, le Togo et la Guinée. On parle aussi français en République démocratique du Congo, une ancienne colonie belge. Les pays de l'Afrique du nord, ou région du Maghreb (composée de l'Algérie, du Maroc et de la Tunisie), sont aussi d'anciennes colonies françaises où on parle encore le français bien que° la langue officielle soit l'arabe. Sur le continent américain, on parle français au Québec et dans certaines parties de la Nouvelle-Angleterre et de la Louisiane. À Haïti, on parle français et créole.

*acquired / nineteenth century*
*former*

*even though*

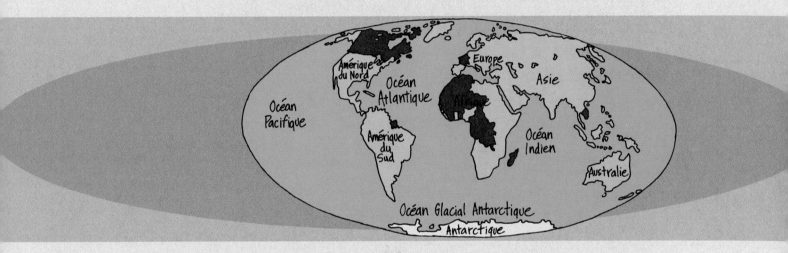

*close*
*overseas*

La France continue à avoir des relations étroites° avec plusieurs régions d'outre-mer°. Il y a quatre départements d'outre-mer (DOM) qui font partie de la France: la Martinique et la Guadeloupe dans les Antilles, la Réunion sur la côte africaine et la Guyane en Amérique du Sud. Il y a aussi des territoires d'outre-mer (TOM), un pays d'outre-mer et des collectivités territoriales (CT) qui ont des liens avec le gouvernement français: la Nouvelle-Calédonie, Wallis-et-Futuna, la Polynésie française, Saint-Pierre-et-Miquelon près du Canada et Mayotte.

L'influence de la langue et de la culture française est différente d'un pays à l'autre. Il y a un désir dans beaucoup de pays francophones de maintenir l'importance du français, mais le passé colonialiste est aussi une source de tension.

### Avez-vous compris?

Étudiez les cartes au début du livre ainsi que la note culturelle pour répondre aux questions suivantes.

1. Quels sont les pays francophones d'Europe?
2. Quels sont les continents où l'on parle français?
3. Quel pays francophone est une ancienne colonie belge? Où se trouve ce pays?
4. Dans quels endroits est-ce qu'on parle français et créole? français et arabe?
5. Où se trouve la Martinique? la Réunion?
6. Trouvez un pays francophone qui n'est pas mentionné dans la note culturelle.

**Activité 4: Projets de voyage.** Après un stage *(internship)* d'informatique à Paris, les étudiants suivants rentrent chez eux. Vous êtes l'agent de voyages chargé des réservations. Avec un(e) camarade de classe, trouvez la destination de chaque étudiant.

**Villes:** Alger, Montréal, Rome, Abidjan, Dakar, Conakry, Madrid

**Pays:** le Canada, l'Algérie, la Côte d'Ivoire, l'Italie, la Guinée, le Sénégal, l'Espagne

**Modèle:** Ousmane est sénégalais.
*Il vient du Sénégal? Alors, il va à Dakar au Sénégal.*

**1.** Fatima est algérienne.

**2.** Franco et Silvia sont italiens.

**3.** Lupinde est ivoirien.

**4.** Tierno est guinéen.

**5.** Jean-Paul et Claire sont québécois.

**6.** Guadalupe est espagnole.

---

**Structure**  **9.2 Le pronom y**

As you refer to locations in this **thème,** you will use the pronoun **y** to avoid repeating place names. For a more detailed explanation of this pronoun and its uses, see pages 258–259.

---

— Qu'est-ce qu'on trouve dans le sud-est de ce pays?
— On **y** trouve la ville de Lubumbashi.

— Qu'est-ce qu'on trouve dans la région d'Epulu?
— Les okapis, animaux spécifiques à la RDC, **y** vivent avec leurs voisins, les éléphants et les antilopes.

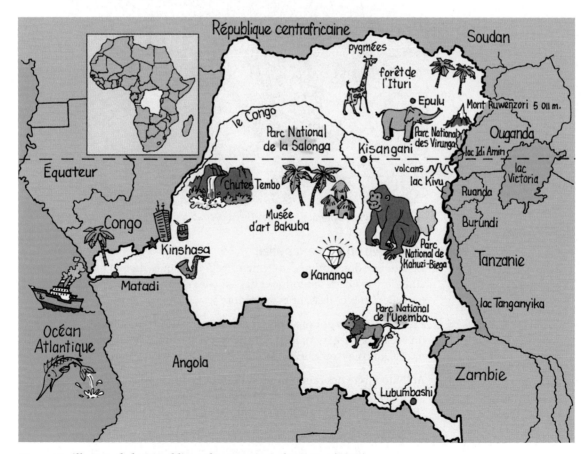

*Une carte illustrée de la République démocratique du Congo (RDC)*
*La RDC est un des plus grands pays d'Afrique. On y trouve une riche diversité géographique.*

**Activité 5: On y trouve…** Répondez aux questions posées par votre professeur. Dites ce que l'on trouve dans les lieux suivants en vous référant à la carte de la RDC à la page 239 et aux mots utiles. Utilisez le pronom **y**.

**Mots utiles:** Lubumbashi, le lac Kivu, des animaux en liberté, les chutes Tembo, Matadi, des pygmées, des bâtiments modernes et de la musique afro-pop, des diamants, le Mont Ruwenzori

**Modèle:** — Quelle ville est-ce qu'on trouve dans le sud-est de ce pays?
— *On y trouve la ville de Lubumbashi.*

1. Qu'est-ce qu'on trouve dans le Parc National de l'Upemba?
2. Qu'est-ce qu'on trouve à Kananga?
3. Quel peuple est-ce qu'on trouve dans la forêt de l'Ituri?
4. Quel port est-ce qu'on trouve près de l'Océan Atlantique?
5. Qu'est-ce qu'on trouve à la frontière entre la RDC et le Ruanda?
6. Quelles chutes est-ce qu'on trouve sur le fleuve Congo?
7. Quelle montagne est-ce qu'on trouve près de la frontière avec l'Ouganda?
8. Qu'est-ce qu'on trouve dans la capitale Kinshasa?

*Gorilles du Parc National de Kahuzi-Biega (République démocratique du Congo)*

### Activité 6: Le lieu où j'aimerais aller.

A. Écrivez une description des éléments géographiques du lieu où vous aimeriez aller dans le monde et des activités qu'on peut y faire. Utilisez les mots des listes ci-dessous et le pronom **y**.

**Éléments géographiques:** une savane, un désert, une montagne, une plage, un océan, une forêt, un fleuve, une chute d'eau, un volcan, un champ, une prairie, une île tropicale, un lac, la campagne, la ville

**Activités:** faire des randonnées, du camping, un safari-photo, du ski, des promenades, du shopping, du canoë, de la voile *(sailing)*, de l'équitation *(horseback riding)*, de la plongée sous-marine *(scuba diving)*

**Modèle:** *Le lieu où je voudrais aller a de très grandes montagnes avec des chutes d'eau. On peut y faire du camping, du canoë et des randonnées en montagne. C'est un parc national en Californie.*

**B.** Maintenant lisez votre description à un(e) autre étudiant(e). Il/Elle va deviner le lieu que vous avez décrit.

**Modèle:** ÉTUDIANT(E) 1: *Le lieu où je voudrais aller...*
ÉTUDIANT(E) 2: *Tu aimerais aller à Yosemite?*
ÉTUDIANT(E) 1: *Oui, j'aimerais y aller.*

## Le climat

En été, au Maroc, il fait très chaud et sec. Le soleil brille. Le ciel est bleu et il n'y a pas de nuages.

À la Guadeloupe, il y a deux saisons: la saison sèche et la saison des pluies. Pendant la saison des pluies, il y a des averses tous les jours.

L'hiver est très long au Québec. Il neige et le froid gèle les lacs.

Au printemps à Paris, le temps est incertain. Souvent il pleut et le ciel est couvert, mais il y a parfois de belles journées ensoleillées.

 **Activité 7: La météo.** Décrivez le climat d'un des endroits suivants au mois de décembre et au mois de juillet. Votre partenaire va deviner l'endroit que vous avez choisi. Puis, décidez quel pays francophone a un climat qui ressemble à celui de votre région. Partagez vos réflexions avec la classe.

1. l'Algérie
2. Monaco
3. La Nouvelle-Orléans
4. le Québec
5. la Belgique
6. l'endroit où vous habitez

# Comment comparer (suite)

## Structure   9.3 Le comparatif (suite) et le superlatif

In **Module 8,** you learned how to compare the qualities of people, places, and things. Here you will learn how to compare quantities and performance and to use the superlative for singling out the best, the biggest, the least populated, and so forth. See page 260 for further discussion of the comparative. The superlative is explained on page 261.

La culture africaine a une longue tradition orale. Voilà pourquoi, en général, les histoires racontées par les personnes âgées ont **plus d'importance** ici que dans d'autres sociétés.

Mesié dame bonjou, ka zotfè ?

La femme marocaine est souvent voilée *(veiled)*. La femme sénégalaise, qui est aussi islamique, porte **moins souvent** le voile.

Beaucoup d'Haïtiens **aiment mieux** parler le créole que le français quand ils sont entre amis.

Bruxelles, avec son vieux centre-ville, est une des villes **les plus charmantes** d'Europe. Elle est aussi le siège *(seat)* de la Communauté européenne.

Le Canada a deux langues officielles, le français et l'anglais. Ce n'est pas **autant de langues que** la République démocratique du Congo qui a quatre langues régionales en plus du français.

**À noter:** Read over the preceding captions to find examples of (a) the comparative form used with a noun, (b) the comparative form used with a verb, and (c) the superlative.

Text Audio Track 17

**Écoutons ensemble! Vrai ou faux?** Voici des informations sur trois villes francophones: Dakar, Bruxelles et Québec. Dites si les comparaisons que vous entendez sont vraies ou fausses.

| Ville | Nombre d'habitants | Langues principales | Moyens de transport public | Température moyenne |
|---|---|---|---|---|
| Dakar | 2 476 400 | français, wolof | taxi, autobus, avion | 26°C |
| Bruxelles | 981 200 | français, néerlandais ou flamand | métro, tramway, autobus, taxi, train, avion | 11,2°C |
| Québec | 670 000 | français, anglais | autobus, taxi, traversier (*ferry*), train, avion | 4°C |

_____ 1.　　　　　_____ 4.

_____ 2.　　　　　_____ 5.

_____ 3.　　　　　_____ 6.

**Activité 8: Parlons des États-Unis.** Lors d'un congrès (*conference*) international, on interroge les représentants américains à propos de leur pays. Utilisez le comparatif pour répondre aux questions 1–4 et le superlatif pour les questions 5–7.

> **Modèles:** — Est-ce que les Californiens fument autant que les autres Américains?
> — *Non, ils fument moins que les autres Américains.*
>
> — Comment sont les stations de ski dans le Colorado?
> — *Ce sont les meilleures stations des États-Unis.*

1. Est-ce qu'on aime mieux le vin de Californie ou le vin français?
2. Est-ce que les Américains boivent autant de bière que les Allemands?
3. Chez vous, est-ce qu'on écoute plus souvent du rock ou du rap?
4. Est-ce qu'il y a plus de gens qui habitent la ville ou la campagne?
5. Comment sont les plages de Floride?
6. Comment est le barbecue au Texas?
7. Comment est la ville de New York?

## Statistiques sur quelques pays francophones

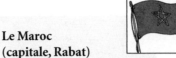

**La Suisse
(capitale, Berne)**
**Population:** 7 301 994
**Superficie:** 41 290 km²
**Relief géographique:** pays montagneux: Alpes dans le sud, Jura au nord-ouest, grands lacs
**Climat:** températures continentales, modérées; hivers neigeux
**Langues parlées:** allemand (63,7%), français (19,2%), italien (7,6%), romanche (0,6%)
**Langues officielles:** les mêmes
**Religion:** catholicisme (46%), protestantisme (40%), autre (5%), aucune (8,9%)
**Alphabétisme:** 99%
**Revenu annuel:** $31 100
**Espérance de vie:** 79,86

**Le Maroc
(capitale, Rabat)**
**Population:** 31 167 783
**Superficie:** 446 550 km²
**Relief géographique:** côtes et plaines sur la Méditerranée; terre montagneuse avec plateaux, à l'intérieur
**Climat:** méditerranéen près de la côte; à l'intérieur, plus chaud
**Langues parlées:** arabe, berbère, français (gouvernement, affaires, diplomatie)
**Langue officielle:** arabe
**Religion:** islam (98,7%), christianisme (1,1%), judaïsme (0,2%)
**Alphabétisme:** 44%
**Revenu annuel:** $3 700
**Espérance de vie:** 69,73

**La Martinique**
**Population:** 422 277
**Superficie:** 1 100 km² (six fois plus grande que Washington, DC)
**Relief géographique:** montagnes et plaines, plages sablonneuses, volcan
**Climat:** tropical toute l'année; 27°C moyenne, ouragans
**Langues parlées:** français, créole
**Langue officielle:** français
**Religion:** catholicisme (95%), hindou et autres (5%)
**Alphabétisme:** 93%
**Revenu annuel:** $11 000
**Espérance de vie:** 78,56

---

**Mots utiles:** alphabétisme = *literacy*; espérance de vie = *life expectancy*; revenu annuel = *average annual income*; superficie = *area*

---

**Activité 9: Écoutez votre professeur: Vrai ou faux?** Votre professeur va vous lire des phrases sur la Suisse, le Maroc et la Martinique. Consultez les tableaux pour dire si les phrases sont vraies ou fausses.

1._____    3._____    5._____
2._____    4._____    6._____

**Activité 10: Comparaison des pays francophones.** En consultant les tableaux ci-dessus avec un(e) partenaire ou en groupes, trouvez quelques éléments que ces pays ont en commun et quelques points différents. Utilisez des expressions comparatives et superlatives. Suivez le modèle. Vous pouvez prendre quelques notes avant de présenter vos résultats à la classe.

**Modèle:** *Le climat à la Martinique est moins variable que le climat en Suisse, mais le relief de la Suisse est plus montagneux.*

**Éléments à comparer**

1. superficie/grandeur
2. climat et relief géographique
3. langues parlées/officielles
4. religions
5. nombre d'habitants

# Les moyens de transport

> ## Structure 9.4 **Il faut, il vaut mieux** + infinitif
>
> The structure **il faut** + **infinitif** is used to say what one must do. **Il vaut mieux** + **infinitif** is used for giving advice about what one should do, what is preferable. For more information on these impersonal expressions, see page 262.

En Europe, les transports en commun sont excellents. Si vous voulez voir ce continent, **il vaut mieux voyager en train.** Il y a des tarifs réduits *(price reductions)* pour les familles nombreuses.

 La Suisse est réputée pour la ponctualité de ses trains. **Il faut arriver** à la gare à l'heure si vous ne voulez pas manquer votre train.

 Le bateau est beaucoup moins rapide que l'avion. Mais la vie en mer est agréable. Si vous avez de l'argent et du temps, faites une croisière **en bateau** dans la Méditerranée.

 L'été à Paris, les cyclistes ont la priorité dans certaines rues le dimanche. Alors, on peut y faire un tour **à vélo** ou **à pied.**

 Beaucoup d'Européens qui visitent les États-Unis font un tour du pays **en autocar** avec *Greyhound*. Mais dans certaines villes, comme à Los Angeles, **il faut avoir** une voiture. Les autres moyens de transport ne sont pas très pratiques.

**À noter:** What preposition do you see in front of most of the **moyens de transport** in bold? Which two are different?

**Activité 11: Comment voyager?** Utilisez **il faut** ou **il vaut mieux** + **infinitif** pour choisir le meilleur moyen de transport pour les destinations suivantes.

**Modèle:**   New York/Paris
*Il faut voyager en avion de New York à Paris si vous voulez arriver à votre destination assez vite.*

1. Paris/Lyon
2. votre hôtel à Paris/la tour Eiffel
3. Malibu/Los Angeles
4. la Floride/la Martinique
5. la plage/un café près de la plage
6. votre maison/l'université

 **Activité 12: Les moyens de transport et vous.** D'abord, trouvez une réponse logique et puis discutez de votre réponse avec un(e) partenaire.

1. Quel moyen de transport est le plus pratique pour...
   a. une famille nombreuse en France?
   b. une famille nombreuse aux États-Unis?
   c. un représentant de ventes régional *(regional sales representative)*?
   d. le cadre d'une très grande entreprise?
   e. un(e) étudiant(e) avec peu d'argent?
   f. un(e) sportif (sportive) qui aime être en plein air?

2. Dans la ville où vous étudiez,...
   a. est-ce que la plupart *(the majority)* des étudiants ont une voiture?
   b. est-ce qu'il y a de bons transports en commun?
   c. quel est le moyen de transport le plus populaire chez les étudiants?

Des piétons,
des autos,
des bus,
des taxis,
des motos,
des vélos,
des rollers
des camions,
des RER,
des métros,
des trains,
des poussettes...
et vous
et vous...
et vous!

# Perspectives culturelles

## Portrait d'une femme africaine

En octobre 1999, Assita Nagbila, petite agricultrice de 34 ans, originaire du Burkina, a pris l'avion pour la première fois de sa vie. Elle est allée à New York pour recevoir, au nom des 100 millions d'agricultrices africaines, le prestigieux *Prix Leadership Afrique 1999*, doté d'un million de dollars! Aujourd'hui, la jeune femme continue à vivre tranquillement dans son village avec ses cinq enfants et son mari, travailleur émigré en Côte d'Ivoire.

Assita ne parle ni français ni anglais mais elle sait lire dans sa propre langue. Elle est la présidente de *Manégré*, un groupement féminin d'environ 1 300 personnes qui s'adonnent à des activités diverses: élevage°, teinture°, petit commerce, etc. Dans la région quasiment désertique de Kaya, au centre-nord du Burkina, cette association de développement lutte° contre la désertification. Pierre° après pierre, ses membres construisent de petites murailles pour retenir° l'eau de pluie. Grâce à leurs efforts, les membres de *Manégré* produisent assez pour se nourrir° toute l'année.

*raising animals / dyeing cloth*

*fights / Stone*
*retaining walls*
*to feed themselves*

Qu'est devenu le million de dollars? On les a répartis° de façon égale entre les pays de l'Afrique de l'Ouest, le Bénin, le Sénégal, le Nigeria, le Ghana et le Burkina Faso, pour des projets variés au niveau des villages. «Le prix n'était pas un don° à une personne mais un don à toute l'Afrique», explique Assita. Qu'est-ce qu'elle a gagné dans cette opération? «Beaucoup. Ce voyage m'a appris énormément de choses. Je me suis rendue° là où je ne pouvais même pas rêver de me rendre, rencontrer des gens que je n'aurais jamais vus autrement°.»

*divided*

*gift*

*I went*
*that I never would have seen otherwise*

**Avez-vous compris?** Répondez aux questions suivantes.

1. Décrivez Assita. Donnez au moins trois à cinq détails.
2. Quelle sorte de travail est-ce qu'elle fait avec les autres femmes de son village?
3. Est-ce qu'elle est déçue *(disappointed)* de ne pas avoir reçu personnellement de l'argent? Quelle est son attitude?

# Les vacances de vos rêves

**Structure**   9.5 Les verbes **savoir** et **connaître**

In French you need to distinguish between the verb **savoir,** *to know* such things as dates, addresses, and times, and the verb **connaître,** *to know* or *to be acquainted with* places or people. These two verbs are presented on pages 262–263.

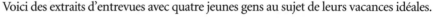

**Bulletin**   Au cours d'une année, 10% des Français passent leurs vacances à l'étranger. Où vont-ils? Par ordre décroissant, en Afrique, en Espagne, en Italie, en Amérique, en Grande-Bretagne ou en Irlande, dans les pays lointains *(faraway)* (en Asie ou en Océanie) et en Allemagne. Et qu'est-ce qu'ils cherchent? Les trois D: détente, divertissement et développement.

*Francoscopie, 2003*

Voici des extraits d'entrevues avec quatre jeunes gens au sujet de leurs vacances idéales.

ANNE: Les vacances de mes rêves? C'est simple—faire le tour du monde pour ma lune de miel *(honeymoon).* En bateau, peut-être, ou en avion... **Je sais** que ce n'est pas très pratique mais c'est un rêve, n'est-ce pas?

BOURAMA: Les vacances de luxe, ce n'est pas mon style. Moi, je préfère l'aventure. J'aimerais aller à la montagne faire du rafting, du canoë et de la marche avec mes copains. **Nous ne savons pas** faire du ski, alors nous y allons en été.

BÉATRICE: Moi, je rêve de passer mes vacances à la plage. **Je connais** l'endroit idéal: Èze. C'est un petit village où on n'a pas besoin de voiture; on peut aller partout à pied, à vélo ou en moto.

JULIEN: Euh… Je ne sais pas.  L'été prochain, je vais prendre le train jusqu'à Barcelone avec mon meilleur ami. **Nous connaissons** un étudiant qui y habite et nous pouvons loger chez lui. Ce n'est pas cher et puis en plus, on peut faire la connaissance de jeunes Espagnols.

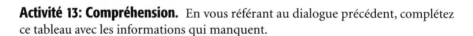

**À noter:**  In the dialogue, find the verb **savoir** used to express (a) how to do something and (b) knowing a fact. Find the verb **connaître** used for (a) knowing a person and (b) being familiar with a place.

**Activité 13: Compréhension.**  En vous référant au dialogue précédent, complétez ce tableau avec les informations qui manquent.

| Nom | destination | transport | compagnon(s) | objectif |
|---|---|---|---|---|
| Anne | tour du monde | | | découvrir le monde |
| Bourama | à la montagne | | des copains | |
| Béatrice | | à pied | | s'amuser |
| Julien | | | | |

**Activité 14: Une introduction au monde francophone.** Posez ces questions à un(e) camarade de classe en utilisant **tu sais** ou **tu connais**.

> **Modèle:** — *Tu connais Ouagadougou?*
> — *Non, je ne connais pas Ouagadougou.*

1. _____ quelle est la capitale du Canada?
2. _____ un bon restaurant marocain?
3. _____ La Nouvelle-Orléans?
4. _____ si Kinshasa est la capitale de la République démocratique du Congo?
5. _____ s'il y a un métro à Montréal?
6. _____ qui est le président de la France?
7. _____ où se trouve la Belgique?
8. _____ la ville de Québec?

**Activité 15: Bientôt les vacances!** Voici la liste des activités de trois stations de sports (*resorts*) à Saint Moritz, Fort-de-France et Dakar. Interviewez un(e) autre étudiant(e) pour savoir quels sports il/elle sait faire pour lui recommander une de ces stations de sports pour ses prochaines vacances.

| Tennis | Natation | Musculation | Patin à glace | Ski de fond | Ski alpin | Plongée libre, Plongée | Vélo, Équitation | Planche à voile | Voile | Aérobic | Golf | |
|---|---|---|---|---|---|---|---|---|---|---|---|---|
| 🎾 | 🏊 | 🏋 | ⛸ | 🎿 | 🎿 | | | | | 🤸 | | Saint Moritz  Suisse |
| 🎾 | 🏊 | 🏋 | | | | 🤿 | 🚴 | ⛵ | ⛵ | 🤸 | ⛳ | Fort-de-France  Martinique |
| 🎾 | 🏊 | 🏋 | | | | 🤿 | 🚴🐴 | ⛵ | ⛵ | 🤸 | | Dakar  Sénégal |

> **Modèle:** — *Sais-tu faire du vélo?*
> — *Oui, je sais en faire.*
> — *Alors, je te recommande d'aller à...*

**Activité 16: Interaction.** Posez les questions suivantes à votre partenaire. Quand il/elle répond, posez une autre question pour obtenir plus de détails.

1. D'habitude, est-ce que tu passes tes vacances en famille ou avec des amis?
2. Est-ce que tu préfères les vacances d'été ou les vacances d'hiver? Pourquoi?
3. Qu'est-ce que tu aimes faire quand tu es en vacances?
4. Est-ce que tu connais un endroit idéal pour passer les vacances? Où
5. Quelles sont les vacances de tes rêves? Est-ce qu'il vaut mieux aller dans un endroit que tu connais ou découvrir un endroit nouveau?
6. Est-ce que tu sais où tu vas passer les grandes vacances cette année? Où? Quand?

## Comment demander des renseignements à l'agence de voyages

### Quelques expressions utiles pour vous renseigner

Je voudrais    aller à Grenoble.

faire des réservations pour Grenoble.

réserver une place sur un vol° pour Grenoble.      *a flight*

acheter un billet Québec–Paris.

partir le 10 décembre et revenir le 30.

Est-ce qu'il y a un autre vol (train) plus tard (tôt)?

Vous avez quelque chose de moins cher?

Merci, je vais réfléchir un peu.

### Quelques questions posées par l'agent de voyages

Comment voulez-vous voyager, en train ou en avion?

Quand voulez-vous      partir?

revenir?

Préférez-vous voyager      en première classe?

en classe affaires?

en classe touriste?

Voulez-vous être      en section fumeurs°?      *smoking section*

en section non-fumeurs?

Voulez-vous      un (billet) aller-retour°?      *round-trip ticket*

un (billet) aller simple°?      *one-way ticket*

Text Audio Track 18

**Écoutons ensemble! À l'agence de voyages.** Vous travaillez comme agent de voyages. Prenez des notes sur ce que vos clients demandent.

| Client | Destination | Moyen de transport | Jour/date | Heure | Autres détails |
|--------|-------------|--------------------|-----------|-------|----------------|
| #1 | | | | | |
| #2 | | | | | |

**Activité 17: Chez l'agent de voyages.** Complétez le dialogue avec les expressions de la liste.

un aller-retour    bonjour    quelle    s'il vous plaît
un aller simple    partir    réserver    le vol
aider    plus tard    revenir

AGENT:    _____bonjour_____, monsieur. Est-ce que je peux vous _____aider_____ ?

CLIENT:    Euh, oui, madame. Je voudrais _____réserver_____ une place sur _____le vol_____ Dakar–Paris.

AGENT:    Quand désirez-vous _____partir_____ ?

CLIENT:    Le 15 novembre.

AGENT:    Il y a un vol direct Air France Dakar–Paris Orly Sud qui part à 13h30.

CLIENT:    Il y a un autre vol _____plus tard_____ ?

AGENT:    Non, monsieur. Désirez-vous _____un aller simple_____ ou un aller-retour?

CLIENT:    _____aller retour_____. Je voudrais _____revenir_____ le 29 novembre.

AGENT:    À _____quelle_____ heure voulez-vous revenir?

CLIENT:    Le matin, _____s'il vous plaît_____

AGENT:    Le vol de 10h10? Bien. Et voilà, la réservation est faite.

**Activité 18: Jeu de rôles à l'agence de voyages.** Un agent de voyages propose à un(e) client(e) des vacances à la Réunion, au Grand Hôtel des Mascareignes (voir ci-dessous). Le/La client(e) est très difficile. Il/Elle veut tout savoir sur l'île et sur l'hôtel. Avec un(e) autre étudiant(e), jouez la scène.

Modèle:    AGENT:    *Bonjour, monsieur (madame, mademoiselle). Est-ce que je peux vous aider?*

CLIENT(E):    *Je voudrais passer mes vacances dans une île tropicale.*

AGENT:    *La Réunion est une île exceptionnelle. Et je recommande le Grand Hôtel des Mascareignes, pas très loin de la capitale, St-Denis.*

CLIENT(E):    *Est-ce qu'on y parle français?*
*Est-ce qu'il faut un passeport?*
*Quel temps fait-il en août?*
etc.

### RENSEIGNEMENTS PRATIQUES

**Langue :** La langue officielle est le français.

**Heure :** heure française + 3 en hiver et + 2 en été.

**Climat :** Tropical tempéré par les vents venant de l'Océan et l'altitude qui déterminent une multitude de microclimats. Il y a deux saisons : de mai à novembre, la saison fraîche est synonyme de beau temps pour les Réunionais. Saison chaude et humide de décembre au mois d'avril.

**Formalités :** Pour les Français, carte nationale d'identité en cours de validité. Les ressortissants étrangers sont invités à se renseigner pour connaître les dispositions particulières propres à leur entrée dans le pays.

**Change :** Monnaie locale : l'euro. Les chèques de voyages sont acceptés partout, de même que certaines cartes de crédit. La carte de paiement de dépannage des chèques postaux permet d'effectuer des retraits dans tous les bureaux de poste.

Sur la côte Ouest de l'île, à une trentaine de kilomètres de St-Denis, le Grand Hôtel des Mascareignes domine la plage de Boucan Canot à St-Gilles. Etagé en arc de cercle, à flanc de colline, sur 5 niveaux, c'est le dernier né des hôtels de La Réunion, et le seul 4 étoiles balnéaire.

Ses 156 chambres font toutes face à la mer. Elles sont spacieuses, avec air conditionné, télévision-vidéo, téléphone, mini-bar, salle de bains complète, coffre individuel. Les chambres de catégorie luxe sont équipées d'un balcon privé.

**Services :** salon, salle de bridge, coiffeur, 1 bar près de la piscine, et 2 restaurants : le Souimanga, snack au bord de la piscine et les Longanes, restaurant gastronomique. Galerie marchande à proximité.

**Repas :** petit déjeuner proposé sous forme de buffet. Dîner servi à table au restaurant. Animation chaque soir : jazz et variétés.

**Loisirs gratuits :** très grande piscine (la plus grande de l'île), ping-pong, billard, jeux de société, tennis éclairé, à proximité plage de sable.

**Loisirs payants :** à proximité, casino et night-club, pêche au gros.

**Enfants :** bassin pour enfants, aire de jeux, baby-sitting sur demande.

**Cartes de crédits acceptées :** American Express - Visa - Diners - Mastercard.

**Notre avis :** fleuron de l'hôtellerie réunionnaise, son emplacement, le confort luxueux et la décoration de ses chambres, satisfairont les plus exigeants.

**Jeu des capitales.** Divide into teams and quiz each other on capitals of francophone countries.

**Équipe A: Quelle est la capitale du Maroc?**

**Équipe B: La capitale du Maroc, c'est Rabat.**

**D'autres pays francophones: la Belgique, la Côte d'Ivoire, la Martinique, la Suisse, le Canada, etc.**

1.

How good is your memory? The first player begins by saying, **Je vais faire un voyage. Dans ma valise, je vais mettre...** and she or he names one item to put in the suitcase. Player 2 repeats what the first player said and then adds a second item. The third player also begins with **Je vais faire un voyage,** and must repeat the items mentioned by players 1 and 2 before adding a third item of his or her choice. If a player incorrectly lists the items, she or he goes to the end of the line, the most challenging position because that person must recount all the items selected for the suitcase.

2.

With a partner, act out the following scenes.
a. You and a friend have decided to plan a vacation together. Discuss what you would like to do on vacation and settle on a destination. Decide how and when you will travel.
b. You need reservations for a flight to the destination of your choice. The travel agent finds a seat available for the day and time you requested, but the ticket costs too much. Adjust your plans to get a less expensive ticket.

3.

# Lecture

**Anticipation**

What was the renowned cry of the French revolution in 1789? Such lofty humanitarian ideals resulted in a decision to abolish slavery in France's colonial empire. However, the **colons** (*colonists*) running the plantations in Guadeloupe and Haiti did not partake of this abolitionist fervor and tried to maintain the status quo. The victory of Toussaint-Louverture, a mulatto military general who overthrew the French in Haiti in 1800, stirred the hope of Guadeloupeans of African descent, whose right to freedom was retracted in 1802 by Napoleon Bonaparte. This is the story of a young mulatto mother, Solitude, who is swept away by these tragic events.

**Activité de lecture: organisation**

The narrative about Solitude is organized in a circular pattern. As in a news story, it opens describing the tragic fate of the heroine. This is followed by a retelling of the historic events leading up to this fate, and then the story returns to the place where it began. Where in the text does the background history begin? What tense is used to tell the story?

## Solitude la mulâtresse, martyre de la liberté

1 Le 29 novembre 1802, sur l'île de la Guadeloupe, une femme est exécutée par pendaison° sur ordre de la République française. Elle a 30 ans. Son nom est Solitude la mulâtresse, Solitude à cause de sa peau° très claire, héritée du viol° d'une captive africaine sur le bateau qui la transportait vers le Nouveau Monde. Juste la
5 veille° de son exécution, Solitude a mis au monde° l'enfant qu'elle portait, aussitôt arraché au sein° de sa mère pour s'ajouter aux biens° d'un propriétaire d'esclaves°. Elle aurait été exécutée° quelques mois plus tôt, mais les colons ne voulaient pas de gâchis°: ce ventre° pouvait produire deux bras° de plus à une plantation.

> *hanging*
> *skin / inherited as the result of a rape*
> *the day before / gave birth / immediately torn / breast / to add to the property / slaveowner / would have been executed / waste / belly / arms*

> **Une pause pour réfléchir:** Faites une liste de toutes les informations que vous avez apprises sur Solitude, et ensuite comparez votre liste avec celle de deux partenaires.

Huit ans plus tôt, dans l'euphorie de l'après Révolution française, l'abolition
10 de l'esclavage° est décrétée, le 4 février 1794, dans les colonies françaises, malgré° l'opposition des colons blancs qui contrôlent les Antilles. Libérés de leurs chaînes, les Noirs s'enfuient° dans les montagnes où les autorités les voient comme une menace°. En mai 1802, Napoléon Bonaparte décide de rétablir l'esclavage. Son épouse°, Joséphine, est une fille de colons de la Martinique et
15 Bonaparte ne peut aller contre leurs intérêts. En Guadeloupe, les citoyens noirs redeviennent esclaves. On poursuit les Noirs récalcitrants qui refusent de rejoindre leurs anciens maîtres°.
La rébellion est violente et sanglante°. Les insurgés° guadeloupéens prennent de l'espoir° des réussites° d'un ex-esclave haïtien nommé Toussaint-Louverture
20 qui gagne l'indépendance d'Haïti. Mais la lutte des ex-esclaves pour préserver leur indépendance fait peur à° Napoléon. Il envoie des soldats en Guadeloupe pour réprimer° la révolte. Solitude, alors enceinte° d'un «Nègre congo», quitte sa retraite° dans les montagnes avec ses compagnons pour rejoindre les insurgés conduits par le commandant Louis Delgrès, premier officier de l'armée française,

> *slavery / despite*
> *escape*
> *threat*
> *wife*
> *masters*
> *bloody / insurgents*
> *hope / successes*
> *frightens*
> *to repress / pregnant*
> *hiding place*

*included*
*to blow themselves up*
*survived*
*hang*
*following day / delivery*

25 un mulâtre antillais qui décide d'aider ses frères de couleur dans l'insurrection. Les 300 combattants de la liberté, femmes et enfants compris°, choisissent la mort au lieu de se rendre à l'armée française. Ils décident de se faire sauter° avec de la dynamite. Solitude a miraculeusement survécu° au carnage. Elle est enceinte, donc on ne la pend° pas, mais pour quelques mois seulement... jusqu'au lendemain° de son accouchement°.

Extrait de *Mères ou femmes d'exception: Héroïnes du monde noir,* de *Divas* juin–juillet, 1999.

 ## Compréhension et intégration

1. Notez tous les éléments historiques de ce texte dans l'ordre chronologique. Comparez votre liste avec celle de deux partenaires.

2. Avec vos partenaires, trouvez une explication des décisions suivantes:
   **a.** Napoléon rétablit l'esclavage.
   **b.** Louis Delgrès aide les insurgés.
   **c.** Les combattants se suicident.
   **d.** On ne tue *(kill)* pas Solitude avec les autres.

## Maintenant à vous!

1. Comparez Solitude à une autre héroïne qui a lutté pour la liberté. Quelles autres héroïnes connaissez-vous?
2. Est-ce que, pour vous, la liberté mérite le sacrifice de la vie?

# Un pas en avant

p://motifs.heinle.com

## Naviguez le Web!

Il est l'heure de faire une présentation orale sur le pays francophone de votre choix. Heureusement, avec Internet, toutes les informations nécessaires sont à votre portée. Trouvez quelques sites qui vont faciliter vos recherches sur le pays que vous avez choisi ou, peut-être, sur votre pays natal.

## À écrire

You are taking a trip to a francophone country of your choice. From your research on the Web you'll gather enough information to plan your trip and write a postcard home.

PREMIÈRE ÉTAPE.   Write down three facts about the country that you did not know before reading about it.

DEUXIÈME ÉTAPE.   Write out three reasons why you would like to visit this country.

TROISIÈME ÉTAPE.   What activities would you like to take part in? Write down three that sound interesting to you.

QUATRIÈME ÉTAPE.   Describe what the weather is like at the time you are going to be there.

CINQUIÈME ÉTAPE.   You are now visiting the country you picked. Write a postcard to your best friend about your trip. In your message give some interesting facts, and talk about the scenery, weather, lodging, and so forth. Begin your message as in the sample.

---

**Grammar:** prepositions **à, en** with places, prepositions of location, direct object

**Phrases:** describing weather, planning a vacation, talking about the immediate past, talking about the recent past, writing a letter (informal), writing about nature

**Vocabulary:** countries, direction and distance, entertainment, geography, leisure, sports, time expressions, traveling

---

# Structure 9.1   Les prépositions et la géographie

The names of most cities are considered proper nouns and do not require definite articles.

> J'adore Genève.                 *I love Geneva.*
> Où se trouve Bruxelles?          *Where is Brussels?*

A few cities have the definite article as a part of their name. Note that the articles are capitalized.

> La Nouvelle-Orléans            Le Havre

If you wish to describe a city, it is preferable to use **la ville de...** with feminine adjectives.

> La ville de Genève est très belle.    *Geneva is very pretty.*

Names of states, countries, and continents are, with a few exceptions, feminine if they end in **-e** and masculine if they end otherwise. Use the article **le (l')** with masculine names, **la (l')** with feminine names, and **les** for plural.

| masculin | féminin | pluriel |
|----------|---------|---------|
| le Texas | la Californie | les Antilles *(f)* |
| le Sénégal | la France | les États-Unis *(m)* |
| l'Irak | l'Europe | les Pays-Bas *(m)* |

> La France est le centre du monde francophone.     *France is the center of the French-speaking world.*

> Le Mexique, le Canada et les États-Unis sont en Amérique du Nord.     *Mexico, Canada, and the United States are in North America.*

Note the following exceptions:

> le Mexique, le Maine

When you wish to express movement *to, at,* or *in a place,* or *from a place,* the choice of the preposition varies as shown in the following chart.

| | Cities | States, countries, and continents | | |
|---|--------|------------------------------------------------|-----------------|-------------|
| | | feminine and masculine names beginning with a vowel | masculine names | plural names |
| to, at, in | **à** Paris | **en** France **en** Israël | **au** Canada | **aux** États-Unis |
| from | **de** Paris | **de** France **d'**Israël | **du** Canada | **des** États-Unis |

- to, at, in

| | |
|---|---|
| Nous arrivons à Montréal. | *We arrive in/at Montreal.* |
| Nous allons en Allemagne à Noël. | *We are going to Germany at Christmas.* |
| Marc voyage aux Pays-Bas. | *Marc is traveling in the Netherlands.* |

- from

| | |
|---|---|
| Il arrive d'Athènes. | *He is arriving from Athens.* |
| Nous partons du Canada. | *We are leaving Canada.* |
| Ses parents sont des Antilles. | *Her/His parents are from the Antilles.* |

The pattern for states is less fixed. Feminine names follow the preceding pattern (**en, de**), but for masculine names, **dans le** is generally preferred in place of **au** (except for **au Texas** and **au Nouveau-Mexique**). For any state, you can use **dans l'état de.**

| | | | |
|---|---|---|---|
| Il travaille | { **dans le** / **dans l'état de** } | Maryland. | *He works in Maryland.* |
| Veux-tu aller | { **en** / **dans l'état de** } | Californie? | *Do you want to go to California?* |

For islands and some other small countries or principalities, usage varies.

| | |
|---|---|
| Sa famille est de Cuba. | *His family is from Cuba.* |
| Elle habite à Monaco. | *She lives in Monaco.* |
| Nous allons à la Martinique. | *We're traveling to Martinique.* |

In locating places on a map, it is often useful to refer to the compass directions.

le nord

| le nord-ouest | ↑ | le nord-est |
|---|---|---|
| l'ouest | ← le centre → | l'est |
| le sud-ouest | ↓ | le sud-est |

le sud

| | |
|---|---|
| Il habite dans le nord. | *He lives in the North.* |
| Le sud de la France a un climat doux. | *Southern France has a mild climate.* |

To indicate that a location is to the north/south/etc. of somewhere, use the following patterns. Note the preposition **de** (or **d'**) with a city name and **de** + **article** with other geographical locations.

| | |
|---|---|
| Lubumbashi est au sud-est **de** Kinshasa. | *Lubumbashi is southeast of Kinshasa.* |
| Andorre est au sud **de la** France. | *Andorra is south of France.* |
| Le Laos est à l'ouest **du** Vietnam. | *Laos is west of Vietnam.* |
| Le Canada est au nord **des** États-Unis. | *Canada is north of the United States.* |

**Exercice 1.** Vous donnez une petite leçon de géographie à votre classe de français. Complétez les phrases avec les informations appropriées.

1. _____ est la capitale du Canada.
2. _____ se trouvent au sud du Canada.
3. La province francophone qui se trouve dans l'est du Canada s'appelle

   _____.
4. _____ est une île à l'est du Canada qui appartient à la France.
5. _____ est la province qui se trouve entre le Saskatchewan et l'Ontario.
6. L'Alaska se trouve _____ Canada.

**Exercice 2.** Vous travaillez comme réceptionniste dans une agence internationale qui donne des renseignements aux jeunes qui désirent étudier à l'étranger. Expliquez d'où les étudiants viennent et où ils voudraient faire leurs études. Complétez les phrases suivantes avec les prépositions et les articles qui conviennent.

1. Maïmouna vient _____ Côte d'Ivoire. Elle veut faire ses études _____ France.
2. Heinrich vient _____ Allemagne. Il veut faire ses études _____ Genève.
3. José vient _____ Brésil. Il veut faire ses études _____ Mexique.
4. Mishiku vient _____ Japon. Elle veut faire ses études _____ États-Unis.
5. Ilke vient _____ Amsterdam. Elle veut faire ses études _____ Bruxelles.
6. Paolo vient _____ Italie. Il veut faire ses études _____ Canada.

**Exercice 3.** Vous êtes avec un groupe d'étudiants internationaux qui parlent de leurs situations. Complétez les phrases avec les prépositions et les articles qui conviennent.

1. Je m'appelle Tran. Je suis vietnamien. J'habite _____ Chicago avec mes parents depuis dix ans. Mes grands-parents sont toujours _____ Vietnam. Ils habitent dans un petit village au nord _____ Hô Chi Minh-Ville. Nous, nous aimons beaucoup _____ États-Unis mais je voudrais aller voir mes grands-parents.
2. Je suis Ntumba et je viens _____ République démocratique du Congo. Je fais mes études ici _____ Caroline du Nord mais je compte retourner _____ Kinshasa pour travailler. Avant de partir, j'aimerais aller _____ Canada parce que là, comme _____ Congo, le français est une langue officielle.
3. Je m'appelle Sophie et je suis _____ Luxembourg, la capitale _____ Luxembourg, un petit pays juste au nord _____ France, entre _____ France et _____ Belgique. _____ Luxembourg, on parle français.

# Structure 9.2   Le pronom **y**

Pronouns are used to avoid repeating nouns. The pronoun **y** is used to replace phrases that begin with a variety of prepositions such as **à, chez, dans, sur,** and **en** (but *not* **de**). When the prepositional phrase names a location, **y** is roughly the equivalent of the English *there*.

| | |
|---|---|
| — Mousassa est **en Afrique?** | — *Is Mousassa in Africa?* |
| — Oui, il **y** est. | — *Yes, he is **there**.* |
| — Ton ami arrive **à l'aéroport Orly-Ouest?** | — *Is your friend arriving at Orly-West?* |
| — Oui, il **y** arrive. | — *Yes, he is arriving **there**.* |
| — Tu vas **chez tes parents** pour Noël? | — *Are you going to your parents' house for Christmas?* |
| — Non, je n'**y** vais pas. | — *No, I'm not going (**there**).* |

**Y** can replace the phrase **à** + inanimate noun; the English equivalent in this case is likely to be *it*. Verbs often followed by **à** + noun include **penser à, réfléchir à,** and **répondre à.**

| | |
|---|---|
| — Pascal pense **à son voyage?** | — *Is Pascal thinking about his trip?* |
| — Oui, il **y** pense. | — *Yes, he is thinking about **it**.* |
| — L'agent de voyages répond **à la question?** | — *Is the travel agent answering the question?* |
| — L'agent de voyages **y** répond. | — *The travel agent answers **it**.* |

Place the pronoun **y** in sentences according to these guidelines:

**1.** before the conjugated verb in simple tenses

J'**y** vais.          *I'm going (there).*
Tu n'**y** vas pas.       *You are not going there.*

**2.** between the conjugated verb and an infinitive

Je voudrais **y** aller.       *I would like to go there.*

**Exercice 4.** Choisissez pour chaque phrase un antécédent logique du pronom **y**. Il y a plusieurs réponses possibles.

**Modèle:** J'y vais.
          *y* = a, b, d, f

**1.** Elle y est.
**2.** Vous n'y habitez pas.
**3.** Tu vas y réfléchir.
**4.** Nous y allons à pied.

**Antécédents possibles:**

**a.** dans le train
**b.** en Louisiane
**c.** à la situation économique
**d.** chez Nambé
**e.** à la possibilité de voyager en train
**f.** au café

**Exercice 5.** Cette conversation n'est pas très naturelle parce qu'il y a beaucoup de répétitions. Récrivez les phrases numérotées en utilisant le pronom **y** pour éviter la répétition des mots soulignés.

CHRISTOPHE:    Je vais au parc. (1) Tu veux aller <u>au parc</u> avec moi?

SERGE:    (2) Euh, je ne peux pas aller <u>au parc</u> parce que je dois aller à l'université.

CHRISTOPHE:    À l'université? (3) Pourquoi est-ce que tu vas <u>à l'université</u> aujourd'hui? C'est samedi après-midi.

SERGE:    (4) Eh bien, normalement je ne vais pas <u>à l'université</u> le samedi après-midi, mais j'ai un examen important lundi. Je préfère étudier à la bibliothèque.

CHRISTOPHE:    (5) À quelle heure est-ce que tu vas <u>à la bibliothèque</u>?

SERGE:    Vers deux heures.

CHRISTOPHE:    Oh là là, tu penses trop à tes notes.

SERGE:    (6) Non, je ne pense pas trop <u>à mes notes</u>. (7) Il faut que je pense <u>à mes notes</u> si je veux devenir médecin.

CHRISTOPHE:    D'accord. Étudie bien alors.

SERGE:    Merci. Et toi, amuse-toi bien *(have fun)* au parc.

# Structure 9.3 Le comparatif (suite) et le superlatif

## LE COMPARATIF

Adverb comparisons are patterned after those you learned for adjectives.

$$\left.\begin{array}{l} \text{plus} \\ \text{moins} \\ \text{aussi} \end{array}\right\} + \text{adverbe} + \text{que}$$

| | |
|---|---|
| Les Québécois parlent **aussi couramment** le français que les Belges. | *The inhabitants of Quebec speak French as fluently as Belgians.* |
| Les gorilles du Congo disparaissent **plus rapidement** aujourd'hui à cause des braconniers. | *The gorillas of the Congo are disappearing more rapidly now because of poachers.* |
| Les voitures **roulent moins vite** sur les autoroutes françaises que sur les autoroutes allemandes où il n'y a pas de limitation de vitesse. | *Cars go more slowly on French freeways than on German freeways where there is no speed limit.* |

The adverb **bien** has the following irregular comparative forms.

$$\begin{array}{lll} + \; \text{bien} & = & \text{mieux} \\ = \; \text{bien} & = & \text{aussi bien} \\ - \; \text{bien} & = & \text{moins bien} \end{array}$$

| | |
|---|---|
| Michel sait cuisiner **moins bien** que les autres. | *Michel doesn't know how to cook as well as the others.* |
| Il ne sait pas lire **aussi bien** que sa sœur. | *He can't read as well as his sister.* |
| Feza travaille **mieux** que les autres employés. | *Feza works better than the other employees.* |

## LA COMPARAISON AVEC LES NOMS

To compare nouns, use the following pattern:

$$\left.\begin{array}{l} \text{plus} \\ \text{moins} \\ \text{autant} \end{array}\right\} \text{de} + \text{nom} + \text{(que)}$$

| | |
|---|---|
| J'ai pris **plus de photos** pendant cette visite. | *I took more photos during this visit.* |
| Le Canada a **moins d'habitants au km² que** la Belgique. | *Canada is less densely populated than Belgium.* |
| Le Sénégal n'a pas **autant de flore et de faune que** dans le passé. | *Senegal doesn't have as much flora and fauna as in the past.* |

**LE SUPERLATIF**

The superlative is used for expressing extremes and when selecting one item from a group: big—the biggest; important—the least important. It is formed as follows:

$$\left.\begin{array}{l} \text{le} \\ \text{la} \\ \text{les} \end{array}\right\} + \left.\begin{array}{l} \text{plus} \\ \text{moins} \end{array}\right\} + \text{adjectif} + \text{(de)}$$

| | |
|---|---|
| Le Congo est **le plus grand** pays d'Afrique. | *Congo is the biggest country in Africa.* |
| Elle a choisi la solution **la moins difficile.** | *She chose the least difficult solution.* |

Adjectives that normally follow the noun maintain this position in the superlative. In this case, the definite article is repeated in the superlative construction.

| | |
|---|---|
| C'est la décision **la plus importante** de ma vie. | *It's the most important decision of my life.* |

Adjectives that normally precede the noun require only one article.

| | |
|---|---|
| C'est **la plus longue route** pour aller à la capitale. | *It's the longest route to the capital.* |

**Bon** and **mauvais** have irregular superlative forms similar to their forms in the comparative.

| | |
|---|---|
| C'est une bonne idée. En effet, c'est **la meilleure** idée. | *It's a good idea. Actually, it's the best idea.* |
| Tu as choisi **le pire** moment pour me dire cela. | *You picked the worst moment to tell me that.* |

To express superlative quantities, use **le plus de** and **le moins de.**

| | |
|---|---|
| C'est la France qui a **le plus de visiteurs** au monde. | *It's France that has the most visitors in the world.* |

Before adverbs, the definite article **le** is invariable. The superlative forms of the adverb **bien** are **le mieux** and **le moins bien.**

| | |
|---|---|
| Parmi les membres de son groupe, Charles chante **le moins bien** mais il joue **le mieux.** | *Charles sings the worst of the members of his group, but he plays the best.* |

**Exercice 6.** Testez votre connaissance des pays francophones en complétant les phrases suivantes. Utilisez le comparatif et le superlatif.

1. Les Belges mangent _____ pommes de terre que les Algériens, mais les Français en mangent _____ que les Belges.
2. Un Marocain typique parle _____ bien le français que l'arabe.
3. Dans beaucoup de pays africains, la famille étendue *(extended)* est très importante. En effet, c'est la valeur _____ importante de toutes. Dans les pays industrialisés, il y a _____ familles nucléaires et recomposées.
4. Le Mont Kenya, à 5 200 mètres, est moins élevé que le Kilimandjaro, qui est la montagne _____ élevée d'Afrique.
5. Un Québécois typique aime _____ parler le français que l'anglais.
6. Il y a _____ musulmans que de catholiques au Sénégal. Pourtant *(However)*, _____ femmes y portent le voile *(head covering)* que dans les pays arabes.
7. Les Québécois aiment _____ les cafés que les Français.

# Structure 9.4  Il faut, il vaut mieux + infinitif

The impersonal expression **il faut** followed by the infinitive expresses necessity or obligation, and is generally interchangeable with the expression **il est nécessaire de.** **Il vaut mieux,** which expresses what one should do, is frequently used for giving advice.

| | |
|---|---|
| **Il faut acheter** les billets d'avion deux semaines à l'avance pour avoir un bon prix. | *You have to buy airplane tickets two weeks in advance to get a good price.* |
| **Il vaut mieux réserver** une chambre d'hôtel. | *It's better to reserve a hotel room.* |

**Il ne faut pas** means *mustn't* or *shouldn't.*

| | |
|---|---|
| **Il ne faut pas fumer** sur un vol international. | *You mustn't smoke on an international flight.* |

The negative of **il vaut mieux** is **il vaut mieux ne pas.**

| | |
|---|---|
| **Il vaut mieux ne pas** visiter ce pays pendant la saison des pluies. | *It's better not to visit that country during the rainy season.* |

**Exercice 7.** Complétez les phrases avec **il faut, il ne faut pas,** ou **il vaut mieux** et un des verbes de la liste. Attention, quelques phrases sont négatives.

> **porter, sourire** *(to smile),* **prendre, aller, montrer, s'habiller, réserver, parler**

1. Si vous voulez aller de Paris à Marseille en train, _____ le TGV (train à grande vitesse).
2. _____ à tout le monde dans le métro à Paris.
3. Si les cigarettes vous ennuient, _____ de place dans la section fumeurs.
4. Pour bien connaître un pays et ses habitants, _____ la langue.
5. Si vous allez au Canada de France, _____ son passeport.
6. _____ un casque *(helmet)* quand on roule en motocyclette.

# Structure 9.5  Les verbes savoir et connaître

In French, *to know* is expressed by either the verb **savoir** or the verb **connaître,** depending on the context.

**SAVOIR**

The verb **savoir** means *to know something specific* such as *information* or *facts* or *to know how to do something.*

| savoir *(to know [facts], to know how)* | |
|---|---|
| je sais | nous savons |
| tu sais | vous savez |
| il/elle/on sait | ils/elles savent |

passé composé: j'ai **su**

| Nous savons la date. | We know the date. |
| Il sait faire du ski. | He knows how to ski. |

To talk about the past, the imperfect is usually used. The **passé composé** means *to have found out* or *learned something*.

| Il savait la réponse. | He knew the answer. |
| Il a su sa réponse. | He found out her answer. |

The **tu** and **vous** forms of **savoir** can also be used as conversational fillers.

| Il aime voyager, tu sais. | He likes to travel, you know. |
| Mais, vous savez, il déteste prendre l'avion. | But, you know, he hates to take planes. |

## CONNAÎTRE

**Connaître** means *to know,* in the global sense of *being acquainted or familiar with something or someone.*

| connaître (*to know, to be familiar with*) | |
|---|---|
| je connais | nous connaissons |
| tu connais | vous connaissez |
| il/elle/on connaît | ils/elles connaissent |

passé composé: j'ai **connu**

The verb **connaître** is used only with a noun or a pronoun.

| Nous connaissons Montréal. | We're familiar with Montreal. |
| Vous connaissez les Dubois. | You're acquainted with the Dubois family. |
| Je ne connaissais pas ce parc. | I wasn't familiar with that park. |

In the **passé composé**, the meaning is *to have met.*

| Il a connu sa femme en 1999. | He met his wife in 1999. |

**Exercice 8.** Écrivez trois phrases pour chaque numéro en combinant les éléments donnés.

**1.** Je viens de recevoir une carte postale de mon cousin Paul.

| Tu sais | Paul, n'est-ce pas? |
| Tu connais | que Paul est en Égypte, n'est-ce pas? |
| | quand il pense revenir? |

**2.** L'agent de voyages va téléphoner.

| Elle sait | que nous préférons un billet moins cher. |
| Elle connaît | bien la Suisse. |
| | trouver les meilleurs prix. |

**3.** Les vacances arrivent bientôt.

| Vous savez | moi, je suis très impatiente. |
| Vous connaissez | les meilleurs centres de vacances. |
| | la date de mon départ? |

**4.** Nous cherchons un bon hôtel pas cher.

| Nous savons | le numéro de téléphone de l'Hôtel d'Or. |
| Nous connaissons | où se trouve l'Hôtel Roc. |
| | tous les hôtels de la région. |

**5.** Rome. Quelle ville magnifique!

| Sais-tu | les catacombes? |
| Connais-tu | parler italien? |
| | une bonne pizzeria? |

**Exercice 9.** Tout le monde aime parler des vacances. Complétez ces bribes de conversation avec les formes appropriées de **savoir** ou de **connaître**.

1. Je _____ bien ma tante. Elle ne va pas passer ses vacances à la plage parce qu'elle ne _____ pas nager.

2. — _____-vous le Louvre?
   — Oui, c'est un musée d'art.
   — _____-vous l'adresse?
   — Pas exactement, mais je _____ que vous pouvez la trouver facilement dans un guide.

3. Pendant les vacances, nous allons en Suisse. _____-tu Neuchâtel? C'est une petite ville adorable sur un lac magnifique. Tu _____, nous préférons les petites villes... Nos amis y _____ un hôtel qui est extraordinaire. Et c'est là que nous allons passer deux semaines.

4. Tu _____ Brian? Je l'_____ quand j'étais au lycée. À cette époque, il ne _____ pas jouer de la guitare. Maintenant il est dans un groupe de rock que tout le monde *(everyone)* _____.

# Tout ensemble!

**Complétez le passage suivant sur les projets de voyage de Rémi. Choisissez des mots dans la liste. Conjuguez les verbes si nécessaire.**

| | | | |
|---|---|---|---|
| océan | en | plus | ~~sèche~~ |
| ~~au~~ | désert | aussi | ~~il faut~~ |
| ~~à~~ | ~~francophone~~ | ~~agence de voyages~~ | ~~vol~~ |
| ~~de~~ | ~~classe touriste~~ | projets | connaître |
| tour | frontières | savoir | climat |

Cet hiver, il fait très froid _____au_____ [1] Montréal et Rémi rêve de soleil.
En effet, il fait des _____projects_____ [2] pour un voyage d'été, un
_____tour_____ [3] du monde! Ce week-end, il va à l' _____agence de voyages_____
appelée «À l'aventure» pour se renseigner *(to get information)*. D'abord,
il veut réserver un _____vol_____ [5] Montréal-Paris. Il préfère voyager
en _____classe tarBse_____ [6], car il n'a pas beaucoup d'argent. _____De_____ [7]
Paris, il va aller en Land Rover _____à_____ [8] Maroc où il veut visiter
Fès et Marrakech. Rémi a déjà visité l'Europe plusieurs fois, mais il ne
_____connaît_____ [9] pas l'Afrique, et il ne _____save_____ [10] pas parler
arabe. Mais il peut toujours utiliser son français, car c'est un pays
_____francophone_____ [11]. Il doit acheter beaucoup de provisions car il va traverser
le Sahara. C'est le _____plus_____ [12] grand _____désert_____ [13] du monde!
Le _____climat_____ [14] du Sahara est si chaud qu'il faut prendre beaucoup
de précautions. Ce n'est pas _____aussi_____ [15] facile d'aller d'un pays à
un autre en Afrique qu(e) _____'en_____ [16] Europe. _____Il faut_____ [17]
avoir des visas pour traverser les _____frontières_____ [18]. Rémi espère arriver en
Afrique équatoriale avant la fin de la saison _____sèche_____ [19], car les routes
deviennent impraticables sous la pluie. D'Afrique du Sud, Rémi va traverser
l(e) _____océan_____ [20] en bateau pour aller au Brésil. Quel voyage!

# Vocabulaire

## Vocabulaire fondamental

### Noms

| La géographie | Geography |
|---|---|
| la campagne | the country(side) |
| une côte | a coast |
| un désert | a desert |
| un endroit | a place |
| l'est (m) | east |
| un état | a state |
| un fleuve | a river (major) |
| une forêt | a forest |
| une frontière | a border |
| une île | an island |
| un lac | a lake |
| une mer | a sea |
| le monde | world |
| une montagne | a mountain |
| le nord | north |
| un océan | an ocean |
| l'ouest (m) | west |
| un pays | a country |
| une plage | a beach |
| le sud | south |

**Mots apparentés:** une capitale, un centre, un continent, un port, une région, un village

| Le climat | Climate |
|---|---|
| une averse | a shower |
| un bulletin météorologique (la météo, fam) | a weather report |
| le ciel | sky |
| un orage | a storm |
| la pluie | rain |
| la saison (sèche, des pluies) | (dry, rainy) season |
| des températures (froides, douces, moyennes, chaudes) | (cold, mild, moderate, hot) temperatures |

| Les moyens de transport | Modes of transportation |
|---|---|
| un autobus, un autocar | a bus |
| un avion | an airplane |
| un bateau | a boat |
| une gare | a train station |
| un métro | a subway |
| une motocyclette (une moto, fam) | a motorcycle |
| un TGV (train à grande vitesse) | a high-speed train |
| les transports en commun | public transportation |

**Mots apparentés:** un taxi, un train

| Le tourisme | Tourism |
|---|---|
| une agence de voyages | a travel agency |
| un agent de voyages | a travel agent |
| une aventure | an adventure |
| un billet | a ticket |
| un (billet) aller simple | a one-way ticket |
| un (billet) aller-retour | a round-trip ticket |
| une carte postale | a postcard |
| des renseignements (m pl) | information |
| une réservation | a reservation |
| une section (non-)fumeurs | a (non)smoking section |
| les (grandes) vacances (f pl) | (summer) vacation |
| une valise | a suitcase |
| un vol | a flight |

### Verbes

| | |
|---|---|
| connaître | to know, to be acquainted (familiar) with |
| continuer | to continue |
| faire des projets | to make plans |
| faire le tour du monde | to travel around the world |
| faire un tour | to go to a ride |
| nager | to swim |
| penser à | to think about |
| savoir | to know (information), to know how |
| se trouver | to be located |
| visiter | to visit (a place) |

## Adjectifs

| | |
|---|---|
| ancien(ne) | *former, old* |
| autre | *other* |
| couvert(e) | *cloudy (sky)* |
| ensoleillé(e) | *sunny* |
| francophone | *French speaking* |
| haut(e) | *high* |

**Mots apparentés:** exceptionnel(le), extraordinaire, historique, idéal(e), magnifique, rapide, tropical(e), varié(e)

## Mots divers

| | |
|---|---|
| autant | *as many* |
| grosses bises | *hugs and kisses (in a letter)* |
| il faut | *it is necessary, one must* |
| il vaut mieux | *it is better to, you should* |
| mieux | *better* |

## Expressions utiles

| **Comment comparer** | *How to compare* |
|---|---|

*(See p. 242 for additional expressions.)*

| | |
|---|---|
| Le Canada a plus d'écoles bilingues que la Belgique. | *Canada has more bilingual schools than Belgium.* |
| Est-ce que Paris a autant de diversité ethnique que New York? | *Does Paris have as much ethnic diversity as New York?* |

| **Comment demander des renseignements touristiques à l'agence de voyages** | *How to ask for tourist information at the travel agency* |
|---|---|

*(See p. 250 for additional expressions.)*

| | |
|---|---|
| Je voudrais réserver une place sur un vol pour Grenoble. | *I would like to reserve a seat on a flight to Grenoble.* |
| Voulez-vous un billet aller-retour ou un aller simple? | *Do you want a round-trip ticket or a one-way?* |
| Préférez-vous voyager en (classe touriste, classe affaires, première classe)? | *Do you prefer to travel in (tourist class, business class, first class)?* |

# Vocabulaire supplémentaire

## Noms

| La géographie | Geography |
|---|---|
| une chute d'eau | a waterfall |
| un(e) habitant(e) | an inhabitant |
| une principauté | a principality |
| la savane | the savannah |

**Mots apparentés:** une colonie, une destination, la diversité, l'équateur (m), une plaine, une prairie, une province, une vallée, un volcan

## Verbes

| briller | to shine |
|---|---|
| faire sa valise | to pack one's bag |
| geler (il gèle) | to freeze (it's freezing) |
| rêver (de) | to dream (about) |

## Mots divers

| une croisière | a cruise |
|---|---|
| une éclaircie | a sunny spell |
| un ouragan | a hurricane |
| un rêve | a dream |

**Mots apparentés:** une antilope, une brochure, un casino, un éléphant, une girafe, un gorille, un lion, la population, la religion

## Les activités de vacances — Vacation activities

| Les activités de vacances | Vacation activities |
|---|---|
| l'aérobic (f) | aerobics |
| l'équitation (f) | horseback riding |
| la musculation | weight lifting |
| le patin à glace | ice skating |
| la plongée libre | snorkeling |
| la plongée sous-marine | scuba diving |
| le ski alpin | downhill skiing |
| le ski de fond | cross-country skiing |
| la voile | sailing |

**Mots apparentés:** le canoë, le golf, le rafting

## Adjectifs

| animé(e) | lively |
|---|---|
| élevé(e) | high |
| incertain(e) | variable (weather), uncertain |
| modéré(e) | moderate |
| montagneux (montagneuse) | mountainous |
| plat(e) | flat |
| sec (sèche) | dry |
| vaste | vast, big |

**Mots apparentés:** dense, fréquent(e), officiel(le), pittoresque, ponctuel(le)

# La maison et la routine quotidienne

In this chapter, you will focus on everyday life: your daily routine, your house and household chores. You will explore different types of housing in France and gain an understanding of their advantages and disadvantages. So you can express yourself more like French speakers, you will learn some useful common expressions including how to congratulate someone, how to ask others to do things, and how to complain.

## Thèmes et pratiques de conversation

▶ La vie de tous les jours

▶ La maison, les pièces et les meubles
▶ Les tâches domestiques
▶ Comment trouver le mot juste
▶ Comment se plaindre

## Structures utiles

▶ Les verbes pronominaux (introduction)
▶ Les verbes comme **mettre**
▶ L'impératif (suite)

▶ Les expressions négatives

## Perspectives culturelles

Les habitations françaises

## Lecture

*Premier conte pour enfants de moins de trois ans,* d'Eugène Ionesco

## Un pas en avant

# Thèmes et pratiques de conversation

## La vie de tous les jours

À Paris, l'expression «métro, boulot (travail, *fam*), dodo (sommeil, *fam*)» décrit la nature parfois monotone de la routine de tous les jours. Est-ce que cette expression décrit la réalité de nombreuses personnes là où vous habitez? Et votre vie quotidienne? Connaissez-vous une expression similaire en anglais?

### La routine quotidienne en images

> **Structure**   10.1 Les verbes pronominaux (introduction)
>
> In this **thème,** you will be talking about your daily routine, a topic that requires the use of reflexive verbs. To learn more about these **verbes pronominaux,** see page 288.

### Activité 1: Une journée typique.

**A.** Votre professeur va décrire la journée typique de Chantal. Suivez la description en regardant les images à la page 271. Ensuite, indiquez si la phrase est vraie ou fausse. Corrigez les phrases fausses.

1. Chantal se réveille à six heures du matin.
2. Elle s'habille avant de se brosser les dents.
3. Après les cours, elle étudie à la bibliothèque.
4. Elle rentre chez elle vers 6h30.
5. Elle dîne au restaurant universitaire.
6. Elle se couche à 1h.

**Une journée typique**

Eh ben, d'habitude le matin, **je me réveille** à huit heures et j'écoute la radio pendant quelques minutes.

Finalement, je **me lève** et je fais du café.

**Je me douche—je me lave** toujours **les cheveux**—

et **je m'habille.**

Après avoir mangé, **je me brosse les dents, je me maquille**

et je pars pour la fac.

J'ai cours toute la journée.

L'après-midi, je retrouve souvent mes amis au café et nous bavardons en général jusqu'à six heures.

Je rentre chez moi vers six heures et demie.

Le soir, je prépare quelque chose à manger et je regarde les informations à la télé ou je lis un magazine.

Vers minuit, **je me lave la figure**

et **je me couche.** Quelle vie tranquille, n'est-ce pas?

**B.** Répondez aux questions suivantes.

1. À quelle heure est-ce que Chantal se réveille?
2. Est-ce qu'elle se lève immédiatement?
3. Qu'est-ce qu'elle fait avant de prendre le petit déjeuner?
4. Qu'est-ce qu'elle fait avant de partir?
5. Où va-t-elle l'après-midi?
6. Comment est-ce qu'elle passe ses soirées?

**Une journée pas comme les autres**

Dimanche dernier, je suis sortie avec des amis et **nous nous sommes bien amusés.**

Je suis rentrée chez moi à trois heures du matin.

Alors, **je me suis couchée** très tard et j'ai fait la grasse matinée jusqu'à une heure de l'après-midi!

Quand **je me suis finalement levée,** je n'ai même pas eu le temps de **me doucher.** J'ai dû **me dépêcher** car j'avais rendez-vous chez le dentiste.

J'y suis arrivée une demi-heure en retard et malheureusement c'était trop tard pour mon rendez-vous.

Très énervée, j'ai pris le métro pour rentrer chez moi.

En route, **je me suis endormie** et j'ai manqué ma station.

Et pour couronner le tout, je dois retourner chez le dentiste parce que j'ai une carie *(cavity)*. Que la vie est dure!

**À noter:** In the **passé composé** of pronominal verbs, which auxiliary is always used, **avoir** or **être**? In these examples, what does the past participle agree with?

### Activité 2: Une journée pas comme les autres.

**A.** Votre professeur va décrire la journée difficile que Chantal a eue lundi dernier. Suivez la description en regardant les images à la page 272. Ensuite, indiquez si la phrase est vraie ou fausse. Corrigez les phrases fausses.

1. Chantal a travaillé jusqu'à deux heures du matin.
2. Elle s'est réveillée tôt le matin.
3. Elle a pris sa douche.
4. Elle s'est dépêchée d'aller chez le dentiste.
5. Elle a manqué son rendez-vous.
6. Elle s'est endormie chez le dentiste.

**B.** Répondez aux questions suivantes.

1. Avec qui est-ce que Chantal s'est amusée dimanche dernier?
2. À quelle heure est-elle rentrée chez elle?
3. Est-ce qu'elle s'est réveillée de bonne heure?
4. Qu'est-ce qu'elle n'a pas eu le temps de faire?
5. Où est-ce qu'elle s'est dépêchée d'aller?
6. Pourquoi a-t-elle raté sa station de métro?

### Activité 3: Ma journée d'hier. Parlez de vos activités d'hier.

1. Je me suis réveillé(e) à…
2. Je me suis levé(e) à…
3. Avant de partir j'ai/je me suis…
4. L'après-midi, j(e)…
5. Le soir, j(e)…
6. Je me suis couché(e) à…

### Activité 4: Comparez vos routines. Mettez-vous avec deux ou trois autres étudiant(e)s et posez-vous des questions appropriées pour comparer vos routines.

**Modèle:** *À quelle heure est-ce que tu te réveilles? Tu te sèches les cheveux?*
*Combien de temps est-ce que tu passes à te sécher les cheveux?*

Trouvez la personne qui...
   **a.** se réveille le plus tôt.
   **b.** passe le plus de temps à faire sa toilette: se raser, se maquiller, se coiffer, etc.
   **c.** se couche le plus tard.
   **d.** va au gymnase ou fait de l'exercice le plus régulièrement.
   **e.** travaille le plus.
   **f.** s'endort parfois en classe.

### Activité 5: Les choses de tous les jours. Une expression utile est **se servir de** *(is used to)*. On se sert de ces choses pour faire quelles activités?

**Modèle:** un sèche-cheveux
         *On se sert d'un sèche-cheveux pour se sécher les cheveux.*

1. une brosse à dents
2. un rasoir électrique
3. du rouge à lèvres
4. du shampooing
5. un réveil
6. une serviette de bain
7. des vêtements
8. une brosse

# La maison, les pièces et les meubles

## Structure  10.2 Les verbes comme **mettre**

The verb **mettre**, *to put* or *to place*, is particularly useful in the context of home and daily life: you put things in their place, put on clothes, put time into activities, and so on. The forms of this verb and verbs conjugated in a similar way can be found on page 291.

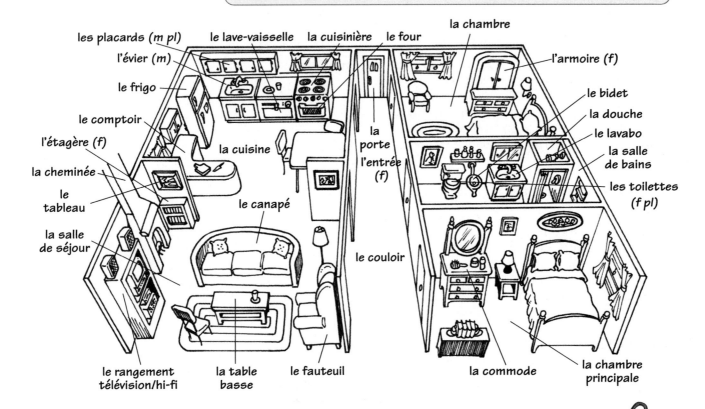

**À noter:** En France, le rez-de-chaussée est l'équivalent de notre «*first floor*». Ainsi, notre «*second floor*», c'est le premier étage.

Quand on loue ou quand on vend une maison ou un appartement, on donne le nombre de pièces. La cuisine et la salle de bains ne comptent généralement pas dans ce nombre. Ainsi, un appartement deux pièces est un appartement avec une salle de séjour, une chambre, une cuisine (souvent minuscule) et une salle de bains.

Comme vous voyez à la page 275, les Français aiment parfois donner des noms à leurs maisons.

**Activité 6: Dans quelle pièce?** Où (est-ce que)...

1. vous faites vos devoirs?
2. vous faites la cuisine?
3. vous regardez la télé?
4. vous dormez?
5. vous écoutez la radio?
6. vous lisez le journal?
7. vous vous lavez les cheveux?
8. vous parlez au téléphone?
9. vous vous brossez les dents?
10. vous vous reposez?
11. se trouve l'évier?
12. se trouve la cheminée?
13. se trouve le lave-vaisselle?
14. se trouve le lavabo?

**Activité 7: «Aux Lilas» ou «Les Colombiers»?** Votre professeur va décrire une des maisons dessinées ici. Indiquez quelle maison il/elle décrit.

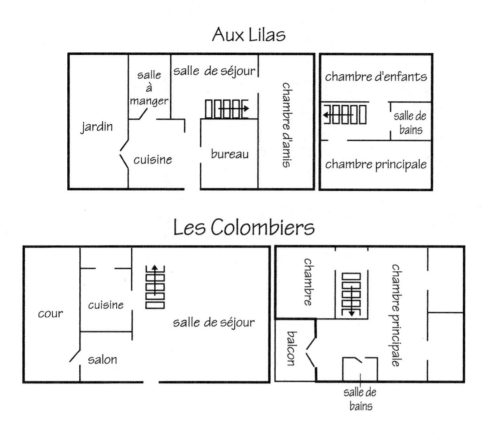

## Aux Lilas

jardin

salle à manger

cuisine

salle de séjour

bureau

chambre d'amis

chambre d'enfants

salle de bains

chambre principale

## Les Colombiers

cour

cuisine

salon

salle de séjour

chambre

balcon

chambre principale

salle de bains

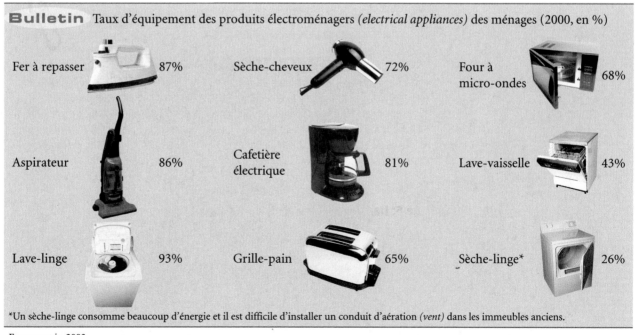

**Bulletin** Taux d'équipement des produits électroménagers *(electrical appliances)* des ménages (2000, en %)

| | | | | | |
|---|---|---|---|---|---|
| Fer à repasser | 87% | Sèche-cheveux | 72% | Four à micro-ondes | 68% |
| Aspirateur | 86% | Cafetière électrique | 81% | Lave-vaisselle | 43% |
| Lave-linge | 93% | Grille-pain | 65% | Sèche-linge* | 26% |

*Un sèche-linge consomme beaucoup d'énergie et il est difficile d'installer un conduit d'aération *(vent)* dans les immeubles anciens.

*Francoscopie,* 2003

**Activité 8: Où mettre... ?** Jeu de rôles. Les déménageurs *(movers)* ne savent pas où mettre vos meubles. Avec un(e) autre étudiant(e), jouez le rôle des deux déménageurs en suivant le modèle.

> **Modèle:** la lampe
> — *Où est-ce qu'on met la lampe?*
> — *On la met dans la chambre, sur la table de nuit.*

1. le canapé
2. la table basse
3. les fauteuils
4. la commode
5. la table de nuit
6. le four à micro-ondes
7. le téléviseur
8. le sèche-linge
9. la chaîne hi-fi
10. l'armoire
11. les serviettes
12. le grand lit
13. le vélo

 **Activité 9: Le temps de vivre.** En groupes de trois, répondez aux questions suivantes. Qui met le plus de temps pour faire chaque activité?

A. Combien de temps est-ce que tu mets pour faire les activités suivantes?

> **Modèle:** pour te maquiller/raser
> *Je mets cinq minutes pour me maquiller/raser.*

a. pour te doucher
b. pour préparer ton cours de français
c. pour préparer le petit déjeuner
d. pour aller à l'université
e. pour répondre aux e-mails

B. Combien de temps as-tu mis pour faire les choses suivantes?

> **Modèle:** pour faire ton lit ce matin
> *J'ai mis deux minutes pour faire mon lit.*

a. pour ranger ta chambre cette semaine
b. pour faire le marché la semaine passée
c. pour écrire ton dernier e-mail à tes parents
d. pour lire le journal ce matin
e. pour apprendre à conduire

*Horloge astrologique de la cathédrale de Strasbourg.*

# Perspectives culturelles

## Les habitations françaises

Votre professeur va vous diviser en 4 groupes. Chaque groupe est responsable d'une sorte de logement. Lisez les informations et répondez aux questions qui se trouvent à la fin de la section.

**Que disent ces Français de leur choix de logement?**

**GENEVIÈVE,** une jeune dessinatrice, habite au cœur° de Paris dans le 5ᵉ arrondissement.

    **Geneviève:** Je suis arrivée à Paris de Provence il y a dix ans; c'était le coup de foudre°! Je préfère ma petite studette° près du jardin du Luxembourg à mon ancien appart 2 pièces à Lille. Ici, j'habite à proximité de mon travail, c'est une petite marche° sympathique de 20 minutes. Je n'ai même pas besoin de voiture. Paris, ça vibre! On ne s'y ennuie jamais. Je fréquente mon bistrot de quartier où on me connaît. J'ai aussi une boulangerie, un café et une librairie préférés. Quand j'ai besoin de° calme, je me repose au jardin du Luxembourg ou je passe le week-end à la résidence secondaire de mes parents en Bretagne. On peut s'y rendre facilement en TGV.

*heart*

*love at first sight / small studio*
*a short walk*

*need*

**Pourquoi est-ce que Geneviève est contente de vivre à Paris? Qu'est-ce qu'elle fait quand elle a besoin de calme?**

*Un immeuble à Paris*

*Un pavillon typique*

**Quels sont les avantages et les inconvénients de vivre dans le centre de Paris?**

**NICOLE ET CHRISTOPHE** viennent de déménager de Paris pour s'installer dans un pavillon° à Cergy-Pontoise, une ville nouvelle à 30 kilomètres de la capitale.

    **Nicole:** Notre appartement à Paris est devenu trop petit quand notre deuxième enfant est né et moi, je voulais avoir plus de verdure° autour de moi. Ici, nous nous sommes installés dans un pavillon moderne de cinq pièces tout confort avec salle à manger, salle de séjour, trois chambres et deux salles de bains. Mon mari et moi n'avons pas besoin de faire la navette°, car nous travaillons tout près. On s'y adapte assez bien, mais parfois l'uniformité, le manque° de charme et de caractère de cette nouvelle ville me gênent°. Cependant, cette ville a beaucoup de qualités comme un centre culturel, un parc et une bonne école pour les enfants.

*small home (often found in the new suburbs)*
*greenery*

*to commute*
*lack*
*bother me*

**Pourquoi la France a-t-elle construit des villes nouvelles comme celle de Cergy-Pontoise? Est-ce que ces villes planifiées ressemblent à certaines villes américaines? Lesquelles?**

a good number

to renovate
closer
to lead / bees
honey

lavender / olive trees

**MADELEINE ET CYRIL,** comme pas mal° de jeunes gens de leur génération influencés par un esprit écologiste, ont voulu retourner à la terre. Ils ont quitté Bordeaux pour rénover° un vieux mas en Provence.

    **Cyril:** Nous sommes venus ici pour nous sentir plus proches° de la nature, pour mener° une vie plus authentique, plus simple. Moi, j'ai voulu élever des abeilles° et vendre du miel°. Mais la rénovation de notre maison est devenue notre passion. En même temps, cette région est devenue très chic. Alors, nous nous partageons maintenant entre notre boutique de marchandises provençales à Aix-en-Provence et notre mas en campagne au milieu des champs de lavande° et des oliviers° où nous retrouvons calme et sérénité.

**Pourquoi Madeleine et Cyril ont-ils décidé de quitter la ville de Bordeaux pour s'installer à la campagne en Provence? Voulaient-ils mener une vie «bourgeoise»?**

*Un mas en Provence*

*Un(e) HLM dans la banlieue de Paris*

power plants

greenery

**ALI,** un musicien, habite «La Forestière», une banlieue de Paris, avec sa famille. C'est une banlieue industrielle: usines à gaz, centrales thermiques° et logements massifs appelés HLM (habitations à loyer modéré). C'est un lieu impersonnel.

    **Ali:** Ici, pas de fleurs, pas de verdure° et les murs sont recouverts de graffitis. Je joue dans les clubs avec mes amis. Mon rêve, c'est de vendre un album et d'avoir assez d'argent pour installer ma famille dans un appartement en ville.

**Le mot «banlieue» en français se traduit par «suburb» en anglais. Est-ce que la banlieue parisienne ressemble à un «suburb» américain? Expliquez.**

### Avez-vous compris?

Maintenant, changez de groupe! Chaque nouveau groupe a «un expert» sur les quatre types de logement. Combinez les informations que vous avez apprises pour répondre aux questions suivantes.

1. Faites une liste des avantages et des inconvénients de ces logements.
2. Parmi *(Among)* les logements discutés par ces quatre personnes, choisissez celui que vous préférez et dites pourquoi.

**Activité 10: Chacun ses goûts** *(To each his own).* Dans cette activité, vous allez découvrir la demeure idéale de votre partenaire. D'abord, imaginez les qualités de sa demeure idéale. Donnez-lui vos idées en utilisant les informations ci-dessous. Il/Elle va vous dire si vous avez raison *(you're right)* ou si vous avez tort *(you're wrong).*

**Qualités possibles pour une maison idéale**
**Habitat:** maison individuelle, appartement, loft, chalet
**Lieu:** grande ville, petite ville, banlieue, village, campagne
**Style/meubles:** classique, traditionnel, sophistiqué, contemporain, fonctionnel, ethnique, minimaliste, élégant, rustique *(country)*
**Atmosphère:** chaleureuse *(warm)*, calme, sophistiquée, sobre *(austere)*, reposante, familiale, intime, conviviale
**Qualités importantes:** facile à vivre, facile à entretenir *(easy to maintain)*, spacieux (spacieuse), lumineux (lumineuse), plein(e) de gadgets électroniques—système audio, téléviseur à grand écran, lecteur DVD, etc.
**Matériaux:** briques, bois *(wood)*, plâtre *(plaster)*, pierre de taille *(stone)*, etc.

**Modèle:** PARTENAIRE A: *Je t'imagine dans un loft dans une grande ville. Le style des meubles est contemporain et l'atmosphère est sophistiquée. Tu as beaucoup de gadgets électroniques.*

PARTENAIRE B: *Non, tu as tort. Moi, j'aimerais habiter dans une petite maison à la campagne.*

**Bulletin** En 2001, 56% des ménages français habitent une maison individuelle, contre 48% en 1992.
*Francoscopie,* 2003

# Les tâches domestiques

**Structure** **10.3 L'impératif** (suite)

In the activities that follow, you will learn several ways to direct people's activity, including the imperative form of pronominal verbs. Note that the verb **vouloir** is frequently used to soften commands. See pages 292–293.

**Activité 11: À vous.** Avec un(e) camarade, classez les tâches domestiques dans les catégories suivantes.

| Activités | Partenaire A | Partenaire B |
|---|---|---|
| **1.** ce qu'on aime faire | | |
| **2.** ce qu'on déteste faire | | |
| **3.** ce qu'on fait souvent | | |
| **4.** ce qu'on fait rarement | | |

**Activité 12: Un matin fou.** Ce matin, rien ne va chez vous et c'est à vous de prendre la situation en main. On ne vous écoute pas, donc il faut répéter vos demandes de plusieurs façons. Élaborez!

Modèle: Les enfants dorment encore.
*Réveillez-vous, les enfants! Vous êtes en retard pour l'école!*
*Voulez-vous bien vous réveiller? L'école va commencer!*
*Il faut vous réveiller!*

1. Il est tard mais votre mari/femme veut rester au lit.
2. Vous n'arrivez pas à ouvrir le pot de confiture.
3. Votre fille met trop de temps à s'habiller.
4. Votre mari/femme annonce qu'il faut vider la poubelle.
5. Les enfants ont oublié de se brosser les dents.
6. Votre mari/femme laisse la chambre en désordre.
7. Votre fils va à table avec les mains sales *(dirty)*.
8. Vous avez besoin *(need)* d'une serviette.

**Activité 13: Qu'est-ce que vous dites?** Votre professeur va vous donner quelques scénarios. Expliquez ce que vous dites dans ces situations.

Modèle: PROFESSEUR: Votre colocataire ne paie pas sa partie du loyer de votre appartement. Qu'est-ce que vous allez lui dire?
ÉTUDIANT(E): *Veux-tu payer ta partie du loyer?* ou
*Paie ta partie du loyer.* ou
*Il faut payer...*

## Activité 14: Interaction. Répondez aux questions suivantes.

1. Quels sont les advantages et les inconvénients de votre propre logement?
2. Qui fait la cuisine et la vaisselle chez vous? Chez vos parents?
3. Combien de temps passez-vous à ranger votre chambre ou appartement?
4. Quelles tâches domestiques faites-vous chaque semaine?

# Comment trouver le mot juste

## Quelques expressions utiles

### Pour féliciter

Félicitations!
Bravo!
Chapeau!

### Pour souhaiter quelque chose

| | |
|---|---|
| à quelqu'un qui fête son anniversaire | Bon anniversaire! |
| à quelqu'un avant de manger | Bon appétit! |
| à quelqu'un qui a une tâche difficile à faire | Bon courage! |
| | Bonne chance! |
| à quelqu'un qui sort | Amuse-toi bien. |
| à quelqu'un qui va au travail ou à l'école | Travaille bien. |
| à quelqu'un qui est fatigué | Repose-toi bien. |
| à quelqu'un qui part en vacances | Bonnes vacances! / Bon voyage! |
| à quelqu'un qui va dormir | Bonne nuit! |
| | Fais de beaux rêves. |
| à quelqu'un qui est malade | Remets-toi vite. |
| à quelqu'un avec qui on veut rester en contact | Écris-moi. |
| | Téléphone-moi. |
| à quelqu'un qu'on n'a pas vu depuis longtemps | Tu m'as manqué. |
| | Tu me manques. |

**Écoutons ensemble! Qu'est-ce qu'on dit?** Écoutez les mini-conversations suivantes et choisissez l'expression appropriée pour les compléter.

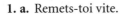

Text Audio Track 19

1. **a.** Remets-toi vite.    **b.** Fais de beaux rêves.    **c.** Travaille bien.
2. **a.** Bonne chance!    **b.** Tu me manques.    **c.** Chapeau!
3. **a.** Écris-moi.    **b.** Amuse-toi bien!    **c.** Félicitations!

**Activité 15: L'anniversaire de Sophie.** La voisine des Martin parle à Mme Martin. Complétez la conversation avec l'expression de la liste qui convient.

amusez-vous bien   bon anniversaire   dépêche-toi   téléphone-moi   travaille bien

MME MARTIN:   C'est l'anniversaire de Sophie aujourd'hui.

LA VOISINE:   _____, Sophie. Quel âge as-tu maintenant?

SOPHIE:   J'ai 9 ans. Nous allons au cinéma pour fêter mon anniversaire. Il faut partir, maman.

MME MARTIN:   Oui, c'est vrai. Pierre, _____! On part.

LA VOISINE:   Eh bien, _____ au cinéma. Moi, je dois aller travailler. À plus tard. _____ demain, d'accord?

MME MARTIN:   D'accord. Et _____.

**Activité 16: Que dit-on... ?** Qu'est-ce que vous dites dans les situations suivantes?

   **1.** Vos parents partent pour deux semaines en Europe.
   **2.** Votre camarade de chambre a un exposé à faire en cours de français.
   **3.** Vous n'avez pas reçu de message de votre correspondant depuis longtemps.
   **4.** Vous n'avez pas vu votre petite sœur depuis le début du semestre.
   **5.** Vous avez préparé un grand dîner pour la famille. On se met à table.
   **6.** Un copain est malade. Il va au centre médical pour consulter un médecin.
   **7.** Votre meilleure amie annonce qu'elle vient d'obtenir un nouveau travail.

# Comment se plaindre

> ## Structure   10.4 Les expressions négatives
>
> In this **pratique de conversation,** you will learn several negative expressions that are particularly useful when complaining. **Les expressions négatives** are fully explained on pages 294–295.

### Quelques expressions utiles

**Pour se plaindre**

| | |
|---|---|
| Ça m'énerve. | |
| Ça m'ennuie. | *That gets on my nerves.* |
| Ça m'embête. | |
| Mon petit ami **ne** fait **jamais** son travail. | *My boyfriend never does his work.* |
| Ma petite amie **ne** m'aime **plus.** | *My girlfriend doesn't love me anymore.* |
| **Personne ne** me comprend. | *Nobody understands me.* |
| Mon ami(e) **ne** fait **que** regarder la télé. | *My friend does nothing but watch TV.* |
| **Rien ne** va. | *Nothing's going well.* |
| Je suis débordé(e) de travail. | *I'm overworked.* |
| Ça suffit! J'en ai assez. | *That's it! I've had enough.* |
| C'est assez! J'en ai marre! | *That's enough! I'm fed up!* |
| Je **n'**en peux **plus.** | *I can't take it any longer.* |
| Je **n'**ai **ni** le temps **ni** l'argent. | *I have neither time nor money.* |

## Pour réagir

Mon/Ma pauvre!
Oh là là!
Mon Dieu!
Tu n'as vraiment pas de chance.

## Pour rassurer

| | |
|---|---|
| Tout va s'arranger. | *Everything will work out.* |
| Ça arrive à tout le monde. | *That happens to everyone.* |
| Allez, du courage! | *Come on, hang in there.* |
| Ne t'inquiète pas. | |
| Ne t'en fais pas. | *Don't worry.* |
| Ce n'est pas grave. | |

**Écoutons ensemble! Opinions opposées.** Vous n'êtes jamais d'accord avec votre colocataire. Écoutez ce qu'il dit et choisissez l'opinion opposée.

1. **a.** Personne ne me cherche.     **b.** Je ne cherche rien.
2. **a.** Du courage!     **b.** C'est pas grave.
3. **a.** Je ne sors plus avec lui.     **b.** Je ne sors jamais.
4. **a.** J'y vais souvent.     **b.** Je n'y suis pas encore allé(e).
5. **a.** Je ne veux rien à manger.     **b.** J'ai déjà mangé.
6. **a.** J'en ai marre.     **b.** Tout va s'arranger.

**Activité 17: Un étudiant déprimé.** Rien ne va pour Marc à l'université. Son meilleur ami Julien lui parle. Avec un(e) partenaire, ajoutez les expressions négatives qui manquent au dialogue.

JULIEN: Est-ce que tu as beaucoup d'amis?

MARC: Non, je ne connais _____.

JULIEN: Tu vois *(see)* souvent nos amis du lycée?

MARC: Non, je ne les vois _____.

JULIEN: Tu es toujours dans l'équipe de foot?

MARC: Non, je ne fais _____ partie de l'équipe depuis une semaine.

JULIEN: Mais pourquoi?

MARC: Mes cours sont difficiles et je ne fais _____ travailler.

JULIEN: Ah, mon pauvre vieux! Tu ne t'amuses même pas le week-end?

MARC: Tu sais, le week-end, je ne fais _____. Je suis débordé de travail. Je n'en peux _____.

JULIEN: Et est-ce que tu as déjà acheté ton billet pour rentrer chez tes parents?

MARC: Non, je n'ai _~~pas encore~~_ acheté de billet.

JULIEN: Allez, courage! Tu vas voir, tout va s'arranger.

**Activité 18: Le couple typique.** Jean et Patricia reçoivent des invités chez eux ce soir. Jean est l'époux français typique: il réagit toujours comme la majorité des hommes qui ont participé au sondage suivant. Que répond-il aux questions de sa femme? Choisissez dans la liste: **oui..., non, ne... jamais, pas encore, personne, plus, que, rien.**

### Qui fait quoi?

**Répartition des tâches domestiques dans les couples (en %):**

|  | Homme | Femme | Les deux également |
|---|---|---|---|
| **Tâches «féminines»** | | | |
| • laver le linge à la machine | 2,6 | 94,2 | 1,3 |
| • repasser | 2,2 | 89,3 | 0,9 |
| • recoudre *(to sew on)* un bouton | 2,0 | 93,3 | 0,9 |
| • faire les sanitaires *(to clean the bathroom)* | 4,4 | 89,7 | 1,9 |
| **Tâches «masculines»** | | | |
| • rentrer du bois, du charbon *(to carry in wood, coal)* | 74,1 | 20,2 | 2,2 |
| • laver la voiture | 71,3 | 12,3 | 2,3 |
| **Tâches négociables** | | | |
| • faire la cuisine | 8,3 | 84,0 | 5,1 |
| • passer l'aspirateur, le balai | 13,5 | 75,3 | 5,5 |
| • faire la vaisselle à la main | 16,4 | 73,7 | 6,8 |
| • remplir et vider le lave-vaisselle | 21,9 | 63,0 | 6,3 |
| • faire les courses | 19,9 | 67,4 | 10,6 |
| • mettre la table | 23,5 | 52,0 | 8,4 |

*Adapté de l'INSEE*

> **Modèle:** —*As-tu déjà vidé le lave-vaisselle?*
> —*Non, je n'ai pas encore vidé le lave-vaisselle.*

1. Chéri, as-tu déjà passé l'aspirateur?
2. Jean, as-tu acheté quelque chose pour le dessert?
3. As-tu rentré du bois pour la cheminée?
4. Dis, Jean, quelqu'un a mis la table?
5. Tu as lavé la vaisselle et la voiture, n'est-ce pas?
6. Tu vas faire la cuisine?
7. Quand tu étais jeune, tu passais le balai chez ta mère. Veux-tu le faire maintenant?

 **Situations à jouer!**

**1.** A friend invites you to spend the weekend at his/her parents' house. You would really like to go but you're planning to move into a new apartment. Explain why you can't go and tell your friend about your new apartment.

**2.** You and your roommate have had a very busy month full of exams and did not have any time to do housework. Discuss what needs to be done and in what order and decide who will do what.

**3.** After your math exam, you see a classmate who is terribly upset and looks awful. Your classmate complains about the exam, her/his teachers, her/his social life, and so on. React to what is said and give some advice.

# Lecture

**Anticipation**

1. Quelles sortes de contes est-ce que les parents racontent à leurs enfants? Pourquoi est-ce qu'on raconte des histoires aux enfants?
2. Quand les parents sont occupés, qu'est-ce qu'ils disent aux enfants de faire?

**Activités de lecture**

Lisez le titre et la première phrase du texte et répondez aux questions suivantes.

1. Quand est-ce que l'histoire a lieu?
2. Où se passe l'histoire?
3. Qui est Josette?
4. Quel âge a-t-elle?

## Premier conte pour enfants de moins de trois ans

Eugène Ionesco

1 Ce matin, comme d'habitude, Josette frappe° à la porte de la chambre à coucher de ses parents. Papa n'a pas très bien dormi. Maman est partie à la campagne pour quelques jours. Alors papa a profité 5 de cette absence pour manger beaucoup de saucisson, pour boire de la bière, pour manger du pâté de cochon°, et beaucoup d'autres choses que maman l'empêche° de manger parce que c'est pas bon pour la santé°. Alors, voilà, papa a mal au foie°, 10 il a mal à l'estomac, il a mal à la tête, et ne voudrait pas se réveiller. Mais Josette frappe toujours à la porte. Alors papa lui dit d'entrer. Elle entre, elle va chez son papa. Il n'y a pas maman.

Josette demande: — Où elle est maman?

15 Papa répond: Ta maman est allée se reposer à la campagne chez sa maman à elle.

Josette répond: Chez Mémée°?

Papa répond: Oui, chez Mémée.

— Écris à maman, dit Josette. Téléphone à maman, dit Josette.

Papa dit: Faut pas téléphoner. Et puis papa dit pour lui-même: parce qu'elle 20 est peut-être autre part°…

Josette dit: Raconte une histoire avec maman et toi, et moi.

— Non, dit papa, je vais aller au travail. Je me lève, je vais m'habiller.

Et papa se lève. Il met sa robe de chambre rouge, par-dessus son pyjama, il met les pieds dans ses «poutoufles»°. Il va dans la salle de bains. Il ferme la porte 25 de la salle de bains. Josette est à la porte de la salle de bains. Elle frappe avec ses petits poings°, elle pleure°.

Josette dit: Ouvre-moi la porte.

Papa répond: Je ne peux pas. Je suis tout nu°, je me lave, après je me rase.

— Tu rases ta barbe avec du savon, dit Josette. Je veux entrer. Je veux voir.

30 Papa dit: Tu ne peux pas me voir, parce que je ne suis plus dans la salle de bains.

Josette dit (derrière la porte): Alors, où tu es?

Papa répond: Je ne sais pas, va voir. Je suis peut-être dans la salle à manger, va me chercher.

Josette court° dans la salle à manger, et papa commence sa toilette. Josette 35 court avec ses petites jambes, elle va dans la salle à manger. Papa est tranquille, mais pas longtemps. Josette arrive de nouveau° devant la porte de la salle de bains, elle crie à travers la porte:

*knocks*

*pork*
*won't allow*
*health / liver*

*grandma*

*somewhere else*

*child's pronunciation of slippers*
*fists / cries*

*nude*

*runs*

*again*

Josette: Je t'ai cherché. Tu n'es pas dans la salle à manger.

Papa dit: Tu n'as pas bien cherché. Regarde sous la table.

40 Josette retourne dans la salle à manger. Elle revient.

Elle dit: Tu n'es pas sous la table.

Papa dit: Alors va voir dans le salon. Regarde bien si je suis sur le fauteuil, sur le canapé, derrière les livres, à la fenêtre.

Josette s'en va. Papa est tranquille, mais pas pour longtemps.

45 Josette revient.

Elle dit: Non, tu n'es pas dans le fauteuil, tu n'es pas à la fenêtre, tu n'es pas sur le canapé, tu n'es pas derrière les livres, tu n'es pas dans la télévision, tu n'es pas dans le salon.

Papa dit: Alors, va voir si je suis dans la cuisine.

50 Josette court à la cuisine. Papa est tranquille, mais pas pour longtemps.

Josette revient.

Elle dit: Tu n'es pas dans la cuisine.

Papa dit: Regarde bien, sous la table de la cuisine, regarde bien si je suis dans le buffet, regarde bien si je suis dans les casseroles, regarde bien si je suis dans le 55 four avec le poulet.

*doormat*
*pocket / handkerchief*

Josette va et vient. Papa n'est pas dans le four, papa n'est pas dans les casseroles, papa n'est pas dans le buffet, papa n'est pas sous le paillasson°, papa n'est pas dans la poche° de son pantalon, dans la poche du pantalon, il y a seulement le mouchoir°.

Josette revient devant la porte de la salle de bains.

60 Josette dit: J'ai cherché partout. Je ne t'ai pas trouvé. Où tu es?

Papa dit: Je suis là. Et papa, qui a eu le temps de faire sa toilette, qui s'est rasé, qui s'est habillé, ouvre la porte.

*arms*
*leaps from*
*throws herself*

Il dit: Je suis là. Il prend Josette dans ses bras°, et voilà aussi la porte de la maison qui s'ouvre, au fond du couloir, et c'est maman qui arrive. Josette saute des° bras de 65 son papa, elle se jette° dans les bras de sa maman, elle l'embrasse, elle dit:

— Maman, j'ai cherché papa sous la table, dans l'armoire, sous le tapis, derrière la glace, dans la cuisine, dans la poubelle, il n'était pas là.

Papa dit à maman: Je suis content que tu sois revenue. Il faisait beau à la campagne? Comment va ta mère?

70 Josette dit: Et Mémée, elle va bien? On va chez elle?

## Expansion de vocabulaire

1. Faites une liste des mots associés à la maison.
2. Faites une liste des ordres (a) que le père donne à Josette et (b) que Josette donne à son père.

## Compréhension et intégration

1. Que fait la petite Josette tous les matins?
2. Où est sa mère?
3. Pourquoi est-ce que papa a mal?
4. Pourquoi est-ce que papa ne veut pas téléphoner à maman?
5. Où est-ce que papa va pour faire sa toilette?
6. Comment Josette s'occupe-t-elle pendant que son père fait sa toilette?
7. Pourquoi est-ce que papa est content que maman soit revenue?
8. Ionesco écrit cette histoire dans un style d'enfant, avec des répétitions et des expressions enfantines. Trouvez quelques exemples.

## Maintenant à vous!

1. Écrivez un résumé de la routine quotidienne de papa.
2. Avec un(e) camarade, écrivez un résumé de cette histoire.
3. Maintenant que maman est revenue, imaginez la suite de l'histoire. Qu'est-ce qui va se passer?

# Un pas en avant

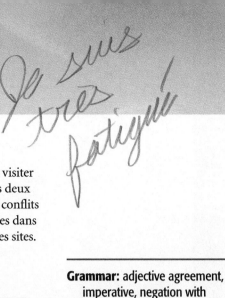

tp://motifs.heinle.com

## Naviguez le Web!

Est-ce que l'égalité entre les hommes et les femmes existe vraiment? Vous allez visiter quelques sites où vous pourrez voir la distribution du travail ménager entre les deux sexes dans plusieurs pays. On vous y offre aussi des conseils pour résoudre des conflits et pour rendre ce travail plus plaisant. Si vous voulez un jour éviter des querelles dans votre propre ménage, ou même maintenant avec votre colocataire, consultez ces sites.

## À écrire

In this writing assignment, after identifying characteristics of good and bad roommates, you will write a letter to a friend describing your present roommate. This friend will then respond with comments and suggestions.

PREMIÈRE ÉTAPE.    In the chart provided, describe your ideal roommate. In the first column, include adjectives that describe him/her. In the second column, describe what he/she does or doesn't do that you like and appreciate.

COMMENT EST-IL/ELLE?       QU'EST-CE QU'IL/ELLE FAIT OU NE FAIT PAS?

_____       _____
_____       _____
_____       _____
_____       _____

DEUXIÈME ÉTAPE.    Put a check mark beside the characteristics that are most important to you.

TROISIÈME ÉTAPE.    Now imagine the worst roommate possible. He/She probably has characteristics that are the opposite of those you already listed. Fill in the chart with a description of your most dreaded roommate.

COMMENT EST-IL/ELLE?       QU'EST-CE QU'IL/ELLE FAIT OU NE FAIT PAS?

_____       _____
_____       _____
_____       _____

QUATRIÈME ÉTAPE.    Write a letter to a classmate describing your (real or imaginary) roommate. Be sure to mention specific things your roommate does that annoy you in addition to the things you like.

CINQUIÈME ÉTAPE.    Exchange your letter with a classmate and read about each other's roommate. Then write a short note back with your reactions, comments, and advice.

**Modèle:**  *Dis-lui qu'il doit ranger sa chambre.*
*Rappelle-lui qu'il faut payer sa partie du loyer.*
*Propose-lui de t'aider avec la vaisselle.*
*Quelle chance! Ton camarade de chambre est super!*

**Grammar:** adjective agreement, imperative, negation with **ne... pas**, prepositions of location

**Phrases:** advising, describing people, expressing opinion or preference, talking about daily routines, talking about habitual actions

**Vocabulary:** bathroom, bedroom, kitchen, housing, house, garden, furniture, people, personality, toilette

# Structure 10.1 Les verbes pronominaux (introduction)

Verbs that are accompanied by a reflexive pronoun are called pronominal verbs. Often the action of the verb is reflected back on the subject or, in other words, the action is done *to oneself*. In French, verbs that express this kind of action are called **verbes pronominaux.**

| | |
|---|---|
| Elle se lève. | *She gets (herself) up.* |
| Ils s'habillent. | *They are getting dressed (dressing themselves).* |
| Nous nous amusons. | *We're having fun (amusing ourselves).* |

| se réveiller | *(to wake up)* |
|---|---|
| je **me** réveille | nous **nous** réveillons |
| tu **te** réveilles | vous **vous** réveillez |
| il/elle/on **se** réveille | ils/elles **se** réveillent |

passé composé: je **me** suis réveillé(e)

Although in English "self" is usually not stated, the reflexive pronouns, boldfaced in the above table, are required in French. The pronouns **me, te,** and **se** become **m', t',** and **s'** before a vowel sound.

| | |
|---|---|
| Tu **t'**amuses. | *You are having fun.* |
| Elle **se** promène. | *She is taking a walk.* |

Here is a list of common pronominal verbs. You will learn more pronominal verbs in **Module 14.**

| | |
|---|---|
| s'amuser | *to have fun, to enjoy oneself* |
| se brosser (les dents, les cheveux) | *to brush (one's teeth, hair)* |
| se dépêcher | *to hurry* |
| se disputer (avec) | *to argue, to quarrel (with)* |
| se doucher | *to shower* |
| s'endormir | *to fall asleep* |
| s'habiller | *to get dressed* |
| se laver | *to wash up* |
| se lever | *to get up* |
| se maquiller | *to put on makeup* |
| se préparer | *to prepare oneself, to get ready* |
| se promener | *to go for a walk* |
| se raser | *to shave* |
| se réveiller | *to wake up* |
| se sécher (les cheveux) | *to dry (one's hair)* |
| se servir de | *to use* |

### LE NÉGATIF

When forming the negative, the **ne (n')** precedes the reflexive pronoun; **pas** follows the conjugated verb.

| | |
|---|---|
| Il **ne** se lève **pas** tôt. | *He doesn't get up early.* |
| Vous **ne** vous couchez **pas** avant minuit. | *You don't go to bed before midnight.* |

## LE PASSÉ COMPOSÉ

In the **passé composé,** pronominal verbs require the auxiliary verb **être,** which, as you know, means the past participle should agree with the subject. An exception is made when the past participle is followed by a direct object, such as a part of the body; in this case, there is no agreement.

| | |
|---|---|
| Marie-Thérèse s'est lavé**e.** | (with agreement) |
| Marie-Thérèse s'est lavé la figure. | (no agreement due to direct object **la figure**) |
| Les enfants se sont séché**s.** | (with agreement) |
| Les enfants se sont séché les cheveux. | (no agreement due to direct object **les cheveux**) |

## AVEC UNE PARTIE DU CORPS

Note that when parts of the body are mentioned with pronominal verbs, the definite article is used instead of the possessive adjective.

Il se lave **les** mains.    *He washes **his** hands.*

## L'INTERROGATIF

For questions, use the **est-ce que** form or invert as shown in the example. Notice that the reflexive pronoun always precedes the verb.

| | |
|---|---|
| Est-ce qu'il se réveille avant 7h? | *Does he wake up before 7 o'clock?* |
| Se réveille-t-il avant 7h? | *Does he wake up before 7 o'clock?* |
| Est-ce qu'il s'est réveillé avant 7h? | *Did he wake up before 7 o'clock?* |
| S'est-il réveillé avant 7h? | *Did he wake up before 7 o'clock?* |

## L'INFINITIF

When using the infinitive form of reflexives, the reflexive pronoun must agree with the subject.

| | |
|---|---|
| **J'**aime **me** lever tard. | *I like to get up late.* |
| **Tu** ne veux pas **te** baigner avant de partir? | *Don't you want to bathe before leaving?* |
| **Nous** n'allons pas **nous** promener. | *We are not going to go for a walk.* |

## LE SENS NON-RÉFLÉCHI

Many pronominal verbs can also be used without the reflexive pronouns when the action is directed to someone or something else. Compare the following reflexive and nonreflexive pairs.

Je me réveille à 8h00. Ensuite je réveille mon camarade de chambre.
*I wake up at 8 o'clock. Then I wake my roommate up.*

Daniel lave la voiture. Ensuite il se lave.
*Daniel washes the car. Then he washes up.*

**Exercice 1.** Complétez ce paragraphe sur la vie d'étudiant avec la forme qui convient du verbe donné entre parenthèses.

Tous les matins, le réveil sonne à 6h45 mais je _____ [1] (ne pas se lever) avant 7h. Puis Paul, mon camarade de chambre, _____ [2] (se lever) et _____ [3] (se doucher). Je _____ [4] (se raser) et je _____ [5] (se brosser) les dents. À 7h30, nous _____ [6] (s'habiller) vite parce que nos amis nous attendent pour aller manger à 8h. La journée est très longue à l'université, mais le soir nous _____ [7] (s'amuser) beaucoup au centre de sport. À 22h, je fais mes devoirs et une heure après, fatigué, je vais _____ [8] (se coucher). Oh là là, heureusement, dans deux mois, c'est les vacances.

**Exercice 2.** Vous connaissez l'histoire d'Amélie Poulain? Complétez les phrases en choisissant la réponse correcte parmi les options données entre parenthèses.

Amélie (se, te, le) _____ [1] lève tous les jours assez tôt pour aller travailler. D'abord, elle (regarde, se regarde) _____ [2] dans le miroir et elle se brosse (ses, les, des) _____ [3] cheveux. Ensuite, elle va au café des Deux Moulins où elle travaille comme serveuse. Un jour, Amélie (regarde, se regarde) _____ [4] la télé et elle apprend la mort de la Princesse Diana. Elle fait tomber *(drops)* la bouteille de parfum qu'elle a dans les mains et quand elle ramasse *(picks up)* les morceaux, elle découvre une petite boîte cachée dans la salle de bains. Elle (lave, se lave) _____ [5] la boîte et elle décide de retrouver son proprié-taire. Est-ce que vous (vous, se, nous) _____ [6] levez souvent en pensant à rendre les gens heureux? Amélie décide de changer la vie des autres. Elle ne peut plus (t', m', s') _____ [7] endormir sans penser à tout le bonheur *(happi-ness)* qu'elle va apporter autour d'elle.

**Exercice 3.** Votre frère passe deux semaines dans un camp d'ados *(teen camp)*. Voici la lettre qu'il vous écrit. Complétez-la avec le passé composé des verbes de la liste.

| avoir | se coucher | déjeuner | se dépêcher | écouter |
|-------|-----------|----------|-------------|---------|
| jouer | se lever | prendre | se promener | se reposer |

Cher David,

Un grand bonjour de Passy. Ici tout va bien et il fait un temps magnifique. Je vais te raconter ce qu'on a fait hier puisque tu m'avais demandé de te l'expliquer.

Hier matin, on _se lève_ [1] vers 7h et on _a pris_ [2] le petit déjeuner. Ensuite, nous _avons eu_ [3] un cours d'informatique et après nous _nous sommes dépêchés_ [4] d'aller au lac pour faire du canotage. À midi on _a déjeuné_ [5]: du poulet et du riz avec une salade et du yaourt, et comme d'habitude, toujours aussi mauvais! Ensuite nous _nous sommes reposés_ [6] dans nos tentes pendant une demi-heure. L'après-midi, nous _nous sommes promenés_ [7] en ville (4 km). Le soir, après le dîner, nous _avons écouté_ [8] de la musique et moi, j(e) _ai joué_ [9] au ping-pong avec mes copains. Vers 22h, tous fatigués, nous _nous sommes couchés_ [10]! Et voilà comment je passe mon temps!

Grosses bises,

Gérard

# Structure 10.2    Les verbes comme **mettre**

The verb **mettre,** *to put (on)* or *to place,* is an irregular verb.

| mettre | *(to put, to place)* |
|---|---|
| je mets | nous mettons |
| tu mets | vous mettez |
| il/elle/on met | ils/elles mettent |

passé composé: j'ai **mis**

| | |
|---|---|
| M. Jacob met son portefeuille sur le bureau. | *Mr. Jacob puts his wallet on the desk.* |
| Brigitte a mis son t-shirt bleu. | *Brigitte put on her blue T-shirt.* |

Several common expressions use the verb **mettre** or its reflexive form **se mettre.**

| | |
|---|---|
| mettre la table | *to set the table* |
| se mettre à table | *to sit down at the table* |
| mettre en colère | *to make (someone else) angry* |
| se mettre en colère | *to get angry* |
| mettre + *(time)* pour + (infinitif) | *to take (time) to do something* |
| se mettre à (+ infinitif) | *to begin to do something* |

| | |
|---|---|
| Maurice met la table ce soir. | *Maurice is setting the table tonight.* |
| Je me mets en colère quand je perds mes clés. | *I get angry when I lose my keys.* |
| Mon père met cinq minutes pour se raser. | *It takes my father five minutes to shave.* |
| L'enfant s'est mis à crier. | *The child started screaming.* |

Other verbs conjugated like **mettre** are **permettre** *(to allow),* **promettre** *(to promise),* **remettre** *(to put back),* and **se remettre** *(to get well).*

Il ne permet pas à sa sœur d'entrer dans sa chambre.
*He doesn't allow his sister to go in his room.*

J'ai promis à ma camarade de chambre de faire la cuisine.
*I promised my roommate I'd cook.*

Remets tes jouets dans le placard.
*Put your toys back in the closet.*

Remets-toi vite.
*Get well soon.*

**Exercice 4.**  Quels vêtements met-on dans les circonstances suivantes? Utilisez les éléments donnés pour former des phrases logiques.

| 1. Quand il fait froid | je | | un imperméable |
|---|---|---|---|
| 2. Quand il pleut | tu | | un short |
| 3. Quand il fait chaud | il | | un pull-over |
| 4. Quand il fait du vent | nous | mettre | un manteau |
| 5. Quand il fait du soleil | vous | | des bottes |
| 6. Quand il neige | elles | | des lunettes de soleil |

**Exercice 5.** Sylvie parle de sa petite sœur. Utilisez le présent des verbes de la liste pour compléter le paragraphe.

| mettre | se mettre | se mettre à | permettre | promettre |

Je _____¹ rarement en colère contre ma petite sœur mais parfois elle m'énerve. Je ne lui _____² pas d'entrer dans ma chambre mais elle adore y entrer en secret pour _____³ mes nouveaux vêtements. Quand je lui dis de sortir, elle me répond: «Moi? Pourquoi?» Quand je commence à regarder mon émission préférée, elle _____⁴ parler et je ne peux plus l'arrêter. Elle me _____⁵ toujours de ne pas écouter mes conversations avec mon petit ami mais je sais qu'elle nous espionne discrètement au téléphone. Oh, les sœurs, quelles pestes!

**Exercice 6.** Jim et sa petite amie se sont disputés. Il raconte ce qui lui est arrivé. Complétez la conversation avec la forme qui convient des verbes **mettre, se mettre, remettre** ou **promettre**. Utilisez le passé composé.

JIM: Céleste m(e) _____¹ d'être à l'heure hier soir et elle est arrivée chez moi 20 minutes en retard.

SON AMI: Elle est souvent en retard, n'est-ce pas?

JIM: Oui, mais quand je lui ai dit que je n'étais pas content, elle _____² en colère. Ensuite nous _____³ à nous disputer. C'était horrible.

SON AMI: Et après?

JIM: Bon, elle _____⁴ son manteau et elle est partie! Nous n'avons même pas mangé le dîner que tu m'avais aidé à préparer. Tu _____⁵ la table pour rien! Et moi, je n'avais plus faim. J(e) _____⁶ tout le repas au frigo.

# Structure 10.3   L'impératif (suite)

In **Module 7,** you learned how to form the **impératif,** or the command form.

| | |
|---|---|
| Achète du pain. | *Buy some bread.* |
| Prenez le bus. | *Take the bus.* |
| Allons en ville. | *Let's go to town.* |

When pronouns are used with commands, follow these guidelines.

### L'AFFIRMATIF

In affirmative commands, the pronoun follows the verb and is connected to it in writing by a hyphen.

**Passe-moi** le journal, s'il te plaît. Je veux regarder la météo.
*Pass me the newspaper, please. I want to look at the weather report.*

**Allons-y!** Nous sommes en retard.
*Let's go! We're late.*

Ton père veut te parler. **Téléphone-lui** ce soir.
*Your father wants to talk to you. Telephone him tonight.*

When the pronoun is **y** or **en**, the affirmative **tu** command form always ends in **-s** and is pronounced with a liaison. Compare the following pairs of commands:

| | |
|---|---|
| Va en cours. | *Go to class.* |
| Vas-y. | *Go ahead.* |
| z | |
| Mange des fruits. | *Eat some fruit.* |
| Manges-en. | *Eat some.* |
| z | |

In commands with pronominal verbs, the pronouns follow the same word order. Note that **me** and **te** become **moi** and **toi** after verbs in affirmative commands.

**Brossez-vous** les dents avant de vous coucher, les enfants.
*Children, brush your teeth before going to bed.*

**Dépêche-toi,** nous sommes en retard.
*Hurry up, we're late.*

### AU NÉGATIF

In negative commands, place the pronoun before the verb.

| | |
|---|---|
| **Ne me téléphonez pas** avant sept heures. | *Don't phone before seven o'clock.* |
| **Ne vous endormez pas** en classe. | *Don't fall asleep in class.* |
| —Je peux avoir des biscuits? | —*Can I have cookies?* |
| — **Non, n'en mange pas** avant le dîner. | — *No, don't eat any before dinner.* |

### ADOUCIR LES ORDRES *(SOFTENING COMMANDS)*

The imperative form has a strong connotation. You've already learned how to communicate a need with **il faut** + **infinitif** and to make a suggestion using **on**.

| | |
|---|---|
| Il faut arriver à l'heure. | *You have to arrive on time.* |
| On part maintenant? | *Shall we leave now?* |

You can also ask someone to do something by using the verb **vouloir**.

| | |
|---|---|
| Tu veux bien m'aider à vider les poubelles? | *Do you want to help me empty the wastebaskets?* |
| Vous voulez faire la vaisselle aujourd'hui? | *Would you do the dishes today?* |

**Exercice 7.** Vos copains vous parlent de leurs problèmes personnels. Donnez-leur des instructions logiques en utilisant les verbes pronominaux entre parenthèses.

**Modèle:** Nous sommes très fatigués après cette longue promenade.
(se reposer)
*Reposez-vous.*

1. Nous arrivons toujours en retard à notre cours de 9h. (se lever)
2. Ma petite amie me trouve beau avec cette barbe. (se raser)
3. J'ai réparé ma voiture et j'ai les mains très sales. (se laver les mains)
4. Je suis toujours très fatigué le matin. (se coucher)
5. Il pleut et nous sommes tout mouillés *(wet)*. (se sécher)
6. On a mangé des épinards au déjeuner. Nous avons rendez-vous chez le dentiste dans une heure. (se brosser les dents)

**Exercice 8.** Vous et vos colocataires allez faire les courses. Reformulez les phrases en utilisant l'impératif.

1. Veux-tu te dépêcher? On t'attend.
2. Il faut fermer la porte à clé.
3. On prend le bus.
4. On entre dans l'épicerie Dupont avant la fermeture.
5. Tu veux aller chercher le jus d'orange? Moi, je m'occupe des gâteaux pour la fête de samedi.
6. Il ne faut pas se disputer. Cette marque *(brand)* est aussi bonne que l'autre.
7. Il faut payer avec ton argent. J'ai payé la dernière fois.

# Structure 10.4   Les expressions négatives

In addition to **ne... pas,** French has several negative expressions. In the following chart, these negatives are paired with the corresponding affirmative terms.

| affirmatives | | negatives | |
|---|---|---|---|
| toujours | *always* | **ne... jamais** | *never* |
| toujours, encore | *still* | **ne... plus** | *no longer, no more* |
| déjà | *already* | **ne... pas encore** | *not yet* |
| quelque chose | *something* | **ne... rien** | *nothing* |
| quelqu'un | *someone* | **ne... personne** | *no one* |
| ... et/ou... | *. . . and/or . . .* | **ni... ni** | *neither . . . nor* |

Elle est **toujours** à l'heure mais son mari **n'**est **jamais** à l'heure.

*She is **always** on time but her husband is **never** on time.*

Il habite **toujours** à Montréal mais ses parents **n'**y habitent **plus**.

*He **still** lives in Montreal but his parents do not live there **any longer**.*

Tu as **encore** de l'argent mais tu **n'**as **plus** de chèques de voyage.

*You **still** have some money but you don't have **any more** traveler's checks.*

— As-tu **déjà** vu ce film?
— Non, je **ne** l'ai **pas encore** vu.

*— Have you **already** seen this movie?*
*— No, I haven't seen it **yet**.*

— Vous avez dit **quelque chose**?
— Non, je **n'**ai **rien** dit.

*— Did you say **something**?*
*— No, I didn't say **anything**.*

— Vous connaissez **quelqu'un** ici?
— Non, je **ne** connais **personne**.

*— Do you know **anyone** here?*
*— No, I don't know **anybody**.*

— Vous avez un crayon **ou** un stylo?
— Non, je n'ai **ni** crayon **ni** stylo.

*— Do you have a pencil **or** a pen?*
*— No, I have **neither** a pencil **nor** a pen.*

Note that the placement of these elements in the **passé composé** is similar to **ne... pas. Personne,** however, follows the complete verb.

| | |
|---|---|
| Il **n**'a **rien** acheté. | *He didn't buy anything.* |
| Il **n**'a vu **personne.** | *He didn't see anybody.* |

**Rien** and **personne** can also be used as the subject of a verb.

| | |
|---|---|
| **Rien ne** va. | *Nothing is going right.* |
| **Personne n**'est à la maison. | *Nobody is home.* |

The expression **ne... que** expresses a limitation rather than negating the verb; the English equivalent is *only* or *nothing but.* Notice that the **que** precedes whatever "only" refers to.

| | |
|---|---|
| Il **n**'a **qu**'une sœur. | *He has only one sister.* |
| Elle **ne** fait **que** se plaindre. | *She does nothing but complain.* |
| Nous **n**'avons écrit **qu**'une lettre. | *We wrote only one letter.* |

The negative form of the common expression **Moi aussi** is **Moi non plus.**

| | |
|---|---|
| — J'aime me promener. | — *I like to go for walks.* |
| — **Moi aussi.** | — *Me too.* |
| | |
| — Je n'aime pas me dépêcher. | — *I don't like to hurry.* |
| — **Moi non plus.** | — *Me neither.* |

To contradict a negative statement or question, use **si.**

| | |
|---|---|
| — Tu n'es pas gentil. | — *You're not very nice.* |
| — Mais **si,** je suis gentil! | — *Yes, I am!* |
| | |
| — Tu n'aimes pas faire la cuisine? | — *You don't like to cook?* |
| — **Si,** j'aime ça. | — *Yes, I do.* |

**Exercice 9.** Emmanuelle et sa sœur Émilie ne se ressemblent pas du tout. Complétez les phrases suivantes en remplaçant l'expression soulignée par l'expression négative correspondante. Ou bien utilisez **non plus** ou **mais si.**

1. Emmanuelle est très ordonnée et sa chambre est <u>toujours</u> bien rangée. La chambre d'Émilie par contre...
2. <u>Tout le monde</u> téléphone à Émilie pour l'inviter à sortir. Au contraire,...
3. Émilie habite <u>toujours</u> chez ses parents mais Emmanuelle...
4. Emmanuelle travaille pour une entreprise internationale et gagne <u>beaucoup d'argent</u>. Émilie ne travaille pas et elle...
5. Émilie a <u>déjà</u> un rendez-vous pour le week-end. Sa sœur...
6. Je <u>ne</u> peux <u>pas</u> imaginer deux sœurs plus différentes. Et toi?
7. Les deux sœurs <u>ne</u> s'entendent <u>pas</u> *(do not get along)* bien? ... elles s'entendent bien!

**Exercice 10.** Remplacez l'adverbe **seulement** par l'expression **ne... que.**

1. J'ai seulement une sœur.
2. Vous êtes seulement arrivé hier?
3. Tu veux seulement te reposer en regardant la télé?
4. J'aime toi seulement.
5. Ils vont seulement au supermarché.

# Tout ensemble!

**Claudine Dubois est une mère divorcée avec deux enfants. Elle travaille comme agent immobilier à Lyon. Voici une journée typique de Claudine. Complétez le passage avec les éléments suivants:**

| | | |
|---|---|---|
| chambre | qu(e) | s'habiller |
| cuisine | réveiller | se lever |
| four à micro-ondes | salle de bains | se réveiller |
| frigo | se sécher | se maquiller |
| jamais | se dépêcher | |
| leur | se doucher | |

Claudine _____¹ à 6h30 du matin et elle écoute la radio pendant quelques minutes allongée au lit. Puis, elle _____² et elle va à la _____³ où elle _____⁴. (Elle aime l'eau très chaude.) Après sa douche, elle _____⁵ les cheveux. Elle passe beaucoup de temps à faire sa toilette, car elle doit avoir l'air chic et professionnel pour ses clients. Elle _____⁶ devant le miroir. (D'habitude, elle met du rouge à lèvres et un peu d'eye-liner.) Elle _____⁷ (généralement, elle met un tailleur) et ensuite elle va dans la _____⁸ où dorment ses enfants et elle les _____⁹. Une fois que les enfants sont réveillés, elle va dans la _____¹⁰ pour préparer le petit déjeuner. Il y a toujours du jus d'orange et du lait dans le _____¹¹. Parfois, elle réchauffe *(reheats)* du café dans le _____¹² car ça ne prend _____¹³ une minute. Les enfants n'ont _____¹⁴ assez de temps pour se préparer avant de partir pour l'école. Tout le monde est pressé. Claudine _____¹⁵ dit de _____¹⁶ car le bus est à 7h30. Puis Claudine va dans sa chambre et elle fait son lit.

# Vocabulaire

## Vocabulaire fondamental

### Noms

| | |
|---|---|
| **La maison** | *The house* |
| un couloir | *a hallway* |
| une cuisine | *a kitchen* |
| une entrée | *an entryway* |
| un escalier | *a staircase* |
| un garage | *a garage* |
| une pièce | *a room* |
| le premier étage | *first floor (American second floor)* |
| le rez-de-chaussée | *ground floor (American first floor)* |
| une salle à manger | *a dining room* |
| une salle de bains | *a bathroom* |
| une salle de séjour | *a living room* |
| une terrasse | *a courtyard, a patio* |
| les W.-C. (*m pl*) | *half bath* |

| | |
|---|---|
| **Les meubles et les appareils ménagers** | *Furniture and appliances* |
| une armoire | *a freestanding closet* |
| un buffet | *a buffet* |
| un canapé | *a couch, a sofa* |
| une cheminée | *a fireplace* |
| une commode | *a chest of drawers* |
| un fauteuil | *an armchair* |
| un four (à micro-ondes) | *a (microwave) oven* |
| un lavabo | *a sink* |
| un réfrigérateur (un frigo, *fam*) | *a refrigerator* |
| une table basse | *a coffee table* |
| des toilettes (*f pl*) | *toilet, lavatory* |

| | |
|---|---|
| **Les parties du corps** | *Parts of the body* |
| les dents (*f pl*) | *teeth* |
| la figure | *face* |
| la main | *hand* |

### Verbes

| | |
|---|---|
| **La routine quotidienne** | *Daily routine* |
| s'amuser | *to have fun, to enjoy oneself* |
| se brosser (les dents) | *to brush (one's teeth)* |
| se coucher | *to go to bed* |
| se dépêcher | *to hurry* |
| se disputer (avec) | *to argue, to quarrel (with)* |
| se doucher | *to shower* |
| s'endormir | *to fall asleep* |
| s'habiller | *to get dressed* |
| se laver | *to wash up* |
| se lever | *to get up* |
| se maquiller | *to put on makeup* |

| | |
|---|---|
| se préparer | *to prepare oneself, to get ready* |
| promener (le chien) | *to walk (the dog)* |
| se promener | *to go for a walk* |
| se raser | *to shave* |
| se reposer | *to rest* |
| se réveiller | *to wake up* |
| se servir de | *to use* |

| | |
|---|---|
| **Les tâches ménagères** | *Household chores* |
| faire la lessive | *to do the laundry* |
| faire le lit | *to make the bed* |
| faire la vaisselle | *to do the dishes* |
| passer l'aspirateur | *to vacuum* |
| ranger | *to straighten up, to organize* |
| vider la poubelle | *to empty the garbage* |

### Verbes divers

| | |
|---|---|
| déménager | *to move (out) (living quarters)* |
| mettre | *to put; to set* |
| se mettre en colère | *to get angry* |
| permettre | *to allow* |
| promettre | *to promise* |
| remettre | *to put back* |

### Adjectifs

| | |
|---|---|
| chaque | *each* |
| sale | *dirty* |

### Mots divers

| | |
|---|---|
| de bonne heure | *early* |
| une fois | *one time, once* |
| une journée | *a day* |
| même | *even* |
| si | *if* |

| | |
|---|---|
| **Les expressions affirmatives** | *Affirmative expressions* |
| encore | *still* |
| toujours | *always; still* |

| | |
|---|---|
| **Les expressions avec *ne*** | *Expressions with **ne*** |
| ne... jamais | *never* |
| ne... ni... ni | *neither . . . nor . . . nor* |
| ne... pas encore | *not yet* |
| ne... personne | *no one* |
| ne... plus | *not any longer* |
| ne... que | *only* |
| ne... rien | *nothing* |

**Mots apparentés:** une lettre, un problème

## Expressions utiles

**Comment trouver le mot juste** — *How to say the right thing*

*(See additional expressions on p. 281.)*

| | |
|---|---|
| Bonne chance! | *Good luck!* |
| Félicitations! | *Congratulations!* |
| Repose-toi. | *Rest up.* |

**Comment se plaindre** — *How to complain*

*(See additional expressions on pp. 282–283.)*

| | |
|---|---|
| Ça m'énerve. | *That gets on my nerves.* |
| Il ne fait jamais son travail. | *He never does his work.* |
| Je n'en peux plus. | *I can't take it any longer.* |
| Personne ne me comprend. | *Nobody understands me.* |
| Rien ne va. | *Nothing is going right.* |

## Vocabulaire supplémentaire

### Noms

| | |
|---|---|
| une barbe | *a beard* |
| le bois | *wood* |
| une brosse (à dents) | *a (tooth)brush* |
| un comptoir | *a counter(top)* |
| une cuisinière | *a stove* |
| un évier | *a kitchen sink* |
| un (e) HLM (habitation à loyer modéré) | *low-cost government housing* |
| le manque | *lack* |
| un mas | *a typical Provençal house* |
| des qualités *(f pl)* | *advantages* |
| un rangement télévision/hi-fi | *an entertainment center* |
| un rasoir (électrique) | *a(n) (electric) razor* |
| le rouge à lèvres | *lipstick* |
| un sèche-cheveux | *a hairdryer* |
| une serviette | *a towel* |
| le shampooing | *shampoo* |
| une station (de métro) | *a (metro) stop* |

### Verbes

| | |
|---|---|
| s'adapter | *to adapt* |
| s'arranger | *to work out* |
| arrêter de | *to stop (doing something)* |
| arriver | *to happen* |
| conduire | *to drive* |
| emménager | *to move (in)* |
| faire la navette | *to commute* |
| faire sa toilette | *to wash up, to get dressed* |
| s'installer | *to settle down, to move in* |
| se mettre à | *to begin to (do something)* |
| passer le balai | *to sweep* |
| passer la tondeuse | *to mow* |
| rater | *to miss* |
| se remettre | *to get well* |
| se sécher (les cheveux) | *to dry (one's hair)* |

### Adjectifs

| | |
|---|---|
| prêt(e) | *ready* |
| quotidien(ne) | *daily* |
| rangé(e) | *organized* |
| tout confort | *luxury* |

### Mots divers

| | |
|---|---|
| à l'intérieur | *inside* |
| en désordre | *untidy, disorderly* |
| en ordre | *tidy, orderly* |

# Voyager en France

This chapter will provide you with an insider's view of France, the heart of the French-speaking world, its distinctive regions and its world-renowned capital, Paris. You will learn tips for travel on a student budget, and expressions for asking for directions and for reserving a room in a hotel. You will also explore the question of national identity and look at some French attitudes towards the United States.

## Thèmes et pratiques de conversation

▶ Paris, j'aime!

▶ Voyager pas cher

▶ Comment réserver une chambre d'hôtel

▶ L'identité française

▶ Comment se repérer en ville

## Structures utiles

▶ Le futur

▶ **Avoir besoin de** et les mots interrogatifs (suite)

▶ L'accord du participe passé avec l'auxiliaire **avoir**

▶ Les verbes **voir** et **croire**

## Perspectives culturelles

La France et ses régions

La culture française face à l'Amérique

## Lecture

*Le Message*, de Jacques Prévert

## Un pas en avant

# Thèmes et pratiques de conversation

## Paris, j'aime!

**Bulletin** Depuis des siècles, la France et Paris, sa capitale, exercent une attraction mythique dans le monde entier. L'importance et le prestige de Paris dépassent ceux de toutes les autres capitales. Grâce à une longue tradition de centralisation, la capitale domine tous les aspects de la vie française: culturel, économique et politique. Pour le touriste qui y arrive pour la première fois, Paris est une ville-musée, pleine de monuments et de bâtiments anciens, une ville imaginée à travers les livres, les publicités et les cartes postales. Mais c'est aussi une ville tournée vers l'avenir. Sa perspective moderne est évidente dans son architecture contemporaine qui apparaît à côté de vieux bâtiments dans ses quartiers historiques. Paris, c'est le parfait équilibre entre la tradition et le modernisme.

Quelles sont vos impressions de Paris? Pour vous, est-ce que Paris exerce une attraction mythique? Pourquoi ou pourquoi pas? Êtes-vous d'accord avec la phrase «Paris, c'est le parfait équilibre entre la tradition et le modernisme»? Pourquoi ou pourquoi pas?

**Structure** **11.1 Le futur**

You have already learned to use the **futur proche.** This **thème** introduces the **futur,** another future tense. See pages 321–323 for further information on this tense and its forms.

## Quand vous serez à Paris...

Le musée d'Orsay possède des œuvres de la seconde moitié du 19ᵉ siècle de 1848 à 1914. Vous y **verrez** la plus grande collection d'art impressionniste du monde.

Le Quartier latin avec ses cafés, ses boutiques d'antiquités et ses librairies est le centre étudiant de Paris. Si vous vous asseyez à la terrasse d'un café sur le boulevard Saint-Germain, vous **observerez** toutes sortes de gens intéressants qui passent dans la rue.

Passez un moment agréable devant le centre culturel Pompidou, appelé Beaubourg. Vous y **verrez** des mimes, des acrobates, des cracheurs de feu *(fire eaters)* qui vous **amuseront.**

N'oubliez pas de visiter le musée du Louvre où vous **trouverez** la Joconde *(Mona Lisa)*. Il y **aura,** sans doute, une foule de gens assemblée devant ce petit tableau.

Si vous désirez visiter un quartier riche en diversité ethnique d'où on **aura** un beau panorama de Paris, montez au Sacré Cœur et puis descendez dans les petites rues animées de Montmartre. Vous **ne serez pas** déçu(e) *(disappointed)*.

Faites une balade sur l'avenue des Champs-Élysées. Au bout de cette grande avenue avec ses cafés et ses restaurants élégants, vous **aurez** une vue de l'Arc de Triomphe jusqu'à la pyramide du Louvre. Ne soyez pas choqué par la présence de MacDo, de Burger King, et même de Pizza Hut.

Flânez le long des quais de la Seine, le nez dans les «boîtes» des bouquinistes. Ici, vous **pourrez** feuilleter *(to leaf through)* des éditions rares et des collections de gravures *(engravings)* de toutes sortes, des estampes, des affiches.

Si vous vous intéressez aux technologies de pointe *(state of the art)*, vous **aimerez** visiter la Cité des sciences et de l'industrie au parc de la Villette. Vous **pourrez** aussi y assister aux concerts de musique.

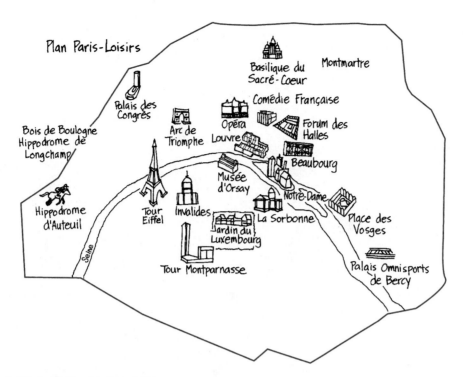

**Activité 1: Itinéraire touristique.** En vous servant des photos des monuments de Paris aux pages 300–302 et du plan Paris-Loisirs ci-dessus, indiquez où iront les touristes suivants en employant le futur des verbes donnés.

> **Modèle:** M. Tognozzi aime les courses de chevaux *(horseracing)*. Il (aller)...
> *Il ira à l'Hippodrome d'Auteuil.*

1. M. et Mme Schmitz veulent visiter la tour qui est devenue le symbole de Paris. Ils (monter)...
2. Mme Tanaka adore les peintres impressionnistes. Elle (visiter)...
3. Ses enfants Yuki et Noriko préfèrent jouer au parc. Ils (aller)...
4. Vous voulez prendre un goûter dans un café élégant, tout en regardant *(while looking at)* l'Arc de Triomphe. Vous (prendre un café)...
5. Je n'aime pas tellement les musées ni les monuments. Je préfère me détendre dans le quartier des étudiants. Je (passer la journée)...
6. Geraldo aime le théâtre de rue. Il (regarder les mimes et les musiciens)...
7. Ma mère veut regarder des gravures et des estampes. Elle (passer la journée)...
8. Nous ne voulons pas quitter Paris sans voir la Joconde. Cet après-midi, nous (visiter)...

## Comment se repérer en ville

### Quelques expressions utiles

### Pour demander son chemin

Pourriez-vous me dire où se trouve le Louvre?
S'il vous plaît, où se trouve le Louvre?
Pardon, monsieur, le Louvre, s'il vous plaît?
Dans quelle direction est le Louvre?
C'est loin/près d'ici?

### Pour indiquer le chemin

Vous quittez la gare et vous allez vers le centre-ville.
Prenez le boulevard...
Continuez tout droit *(straight ahead)*.

| | |
|---|---|
| Tournez | à gauche sur le boulevard... |
| | à droite dans la rue... |
| Vous allez | jusqu'au bout *(end)* de la rue. |
| | jusqu'à la rue... |

Vous traversez la place et l'Opéra Bastille est en face de vous.

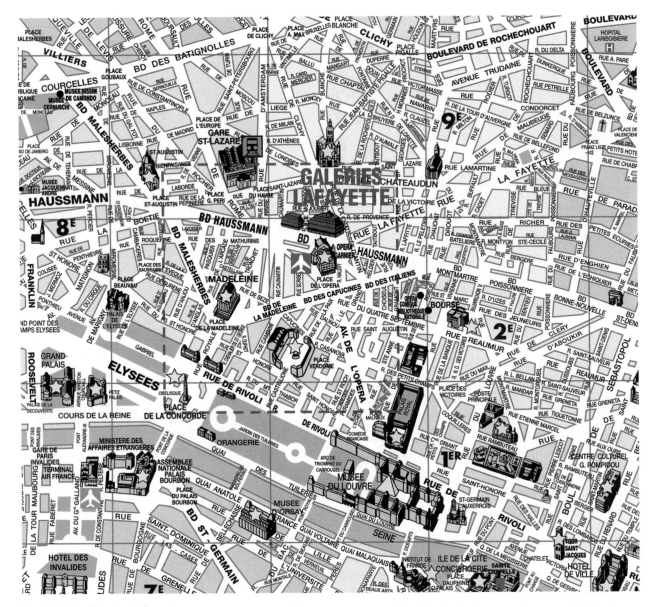

*Plan de Paris, Galeries Lafayette*

Text Audio Track 21

**Écoutons ensemble! Pardon monsieur, je cherche...** Un touriste vient de faire ses achats aux Galeries Lafayette. Maintenant on lui donne les directions pour aller à sa prochaine destination. Où veut-il aller? Écoutez les directions et choisissez parmi les destinations suivantes: **la Gare Saint-Lazare, l'Hôtel de Ville, le Palais de l'Élysée, le Musée du Louvre, le Musée d'Orsay** et **l'Opéra.**

**Activité 2: Quelle destination?** Vous êtes aux Galeries Lafayette. Suivez les instructions données dans **Écoutons ensemble.**

1. Mais il est tout près! Vous sortez du magasin et vous traversez le boulevard Haussmann. Il est juste en face. L'entrée du bâtiment se trouve sur la Place de l'Opéra.

2. Vous quittez le magasin et vous traversez le boulevard Haussmann. Continuez jusqu'à la Place de l'Opéra. Vous traversez le boulevard des Capucines et vous suivez l'avenue de l'Opéra jusqu'à la rue de Rivoli. Il sera devant vous.

3. Ce n'est pas loin. Vous sortez du magasin et vous prenez le boulevard Haussmann à droite. À la rue de Rome vous tournez à droite encore. Vous la verrez devant vous.

**Activité 3: Jouez la scène.** Demandez à l'agent de police devant le musée d'Orsay comment aller aux endroits indiqués. Suivez le modèle avec un(e) partenaire.

>**Modèle:** le Jardin des Tuileries
>— *Pourriez-vous me dire où se trouve le Jardin des Tuileries?*
>— *Bien sûr, mademoiselle. Prenez le quai Anatole France jusqu'au pont Solferino. Tournez à droite et traversez le pont. Continuez tout droit et le jardin sera juste devant vous.*

1. l'Hôtel de Ville
2. le Grand Palais
3. le Centre Pompidou
4. le Louvre
5. la Place Vendôme

**Activité 4: Soyez prêt à tout!** Complétez les phrases suivantes en disant ce que vous ferez pendant votre voyage dans les situations données.

>**Modèle:** Si tous les musées sont fermés le mardi...
>*Si tous les musées sont fermés le mardi, je passerai la journée dans les cafés du Quartier latin.*

1. S'il pleut...
2. Si les restaurants sont trop chers...
3. Si je suis invité(e) chez une famille française...
4. S'il fait très chaud...
5. S'il y a beaucoup de touristes...
6. Si je perds mes chèques de voyage...
7. Si nous ne pouvons pas trouver l'hôtel...

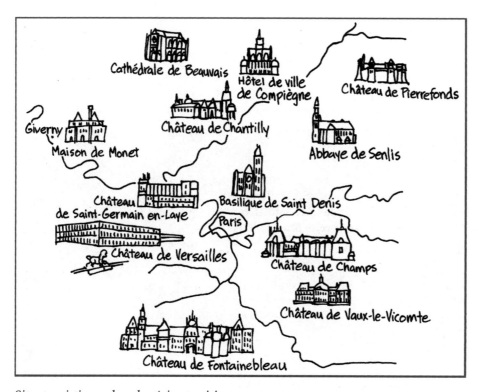

*Sites touristiques dans la région parisienne*

**Activité 5: Une semaine dans la région parisienne.** Avec un(e) camarade, choisissez votre itinéraire dans la région parisienne. Où irez-vous? Qu'est-ce que vous y ferez?

**Suggestions: acheter, admirer, assister à, faire, regarder, rester, visiter**

**Modèle:** — *Où est-ce que tu iras jeudi?*
— *J'irai à Giverny.*
— *Qu'est-ce que tu y feras?*
— *Je visiterai la maison de Monet; j'admirerai les beaux jardins.*

| | | | |
|---|---|---|---|
| Paris | le musée du Louvre | la Joconde | lundi |
| | le Quartier latin | une promenade | mardi |
| | le musée d'Orsay | l'art impressionniste | mercredi |
| | Roland-Garros | un match de tennis | jeudi |
| | la Villette | les dernières inventions | vendredi |
| Giverny | la maison de Monet | ses beaux jardins | samedi |
| Versailles | le château | la galerie des Glaces | dimanche |

**Bulletin** La France est la première destination touristique du monde, avec 76,5 millions de visiteurs, devant les États-Unis et l'Espagne. En tête sont les Allemands, suivis par les Britanniques.

*Francoscopie, 2003*

 **Activité 6: Votre prochain voyage.** Interviewez votre camarade sur son prochain voyage.

1. Où iras-tu?
2. Avec qui voyageras-tu? Comment?
3. Pendant quelle saison voyageras-tu? Pourquoi?
4. Qu'est-ce que tu y feras?
5. Pendant combien de temps y resteras-tu?
6. Logeras-tu à l'hôtel? dans une auberge de jeunesse? Feras-tu du camping?

*La maison de Monet à Giverny*

# Voyager pas cher

**Structure**   11.2 **Avoir besoin de** et les mots interrogatifs (suite)

The expression **avoir besoin de** is introduced here in the context of travel needs. See page 324 for an explanation of this structure and a presentation of interrogative pronouns.

— **De quoi** a-t-on **besoin** pour voyager en France?
— On a **besoin d'**un passeport, et bien sûr, on a toujours **besoin d'**argent. Si vous logez dans un hôtel à Paris en été, vous aurez **besoin d'**une réservation.
— Est-ce qu'il est nécessaire de savoir parler français?
— On n'a pas **besoin de** parler français, mais c'est un grand avantage.

## Le transport

### Le métro
Avec la formule **Paris Visite**, vous pouvez voyager cinq jours en métro. Si vous comptez rester un mois à Paris, achetez une carte Orange. Ces cartes sont aussi valables dans les autobus.

### Le train
Profitez de votre jeunesse! Achetez un **Eurailpass étudiant** à votre agence de voyages aux États-Unis pour obtenir des tarifs réduits dans les trains. Il y a aussi **la carte Jeune** et **la carte Inter-Rail**, mais elles sont réservées aux Européens.

### Le vélo
Le vélo est un excellent moyen de transport pour le touriste qui veut prendre le temps d'apprécier la nature. C'est aussi parfait pour rencontrer des gens et pour visiter les coins impraticables en voiture. D'autres avantages: le vélo ne consomme pas d'essence et ne coûte pas cher.

### Les auberges de jeunesse

La carte de la Fédération unie des auberges de jeunesse vous permet de fréquenter 5 000 auberges dans plus de cinquante pays! Le prix? Moins de 12 euros par nuit! L'atmosphère est généralement assez austère mais on y rencontre beaucoup de jeunes voyageurs du monde entier. Attention, les auberges ont souvent des couvre-feux *(curfews)*.

### Le camping

La France vous offre un grand nombre de terrains de camping aménagés. Ils se trouvent près des centres urbains aussi bien qu'à la campagne. Venez en caravane ou apportez votre tente et votre sac de couchage. Si vous trouvez un endroit agréable, demandez l'autorisation au propriétaire qui sera généralement enchanté d'accueillir de jeunes aventuriers américains.

### Les repas

### Les restos-U

Pour des repas à des prix très modestes, essayez les restaurants universitaires. Le **ticket repas** coûte environ 2 euros 50. Renseignez-vous au CROUS (Centre régional des œuvres universitaires et scolaires).

### Les croissanteries

Pour un sandwich, c'est pratique d'aller dans une croissanterie, version française d'un restaurant fast-food américain. Ou bien, achetez un sandwich dans une boulangerie et installez-vous dans un parc!

**Les activités**

### Les musées
Une carte d'étudiant internationale vous donne droit à des réductions dans beaucoup de musées. Vous pouvez aussi acheter une carte musées et monuments qui vous donne le droit de visiter plus de 63 musées à Paris et dans ses environs sans faire la queue *(waiting in line)*.

### Le cinéma
Le tarif est réduit pour les étudiants tous les jours sauf le vendredi, le samedi et les jours fériés.

### Les boîtes de nuit
Hélas pour les clubs, pas de réduction et les prix sont chers dans les clubs branchés *(trendy)* (les Bains, le Queen, le Duplex). Dansez toute la nuit au son de la musique techno, salsa, groove, soul ou house. Tenue *(Attire)* chic de rigueur!

**Activité 7: Pour voyager pas cher on a besoin de...** Complétez les phrases suivantes avec les informations nécessaires.

1. Pour voyager en train à tarifs réduits, on a besoin d'un _____.
2. Pour voyager en métro pendant un mois, on a besoin d'une

   _____.
3. Les touristes sportifs qui aiment la nature et la tranquillité peuvent voyager

   _____.
4. Pour faire du camping en France, on a besoin d'une _____ ou d'une caravane.
5. Pour loger dans une auberge de jeunesse, on a besoin d(e) _____.
6. Les repas dans les restos-U ne sont pas chers, mais on a besoin d'acheter un _____ à 2€50.
7. Hélas! Pour aller dans les clubs, on a besoin de _____ des vêtements assez chics.

**Activité 8: À discuter.** Répondez aux questions suivantes.

1. Quels sont les avantages de voyager à vélo?
2. Quelles sont les options pour le voyageur qui ne veut pas payer cher pour une chambre d'hôtel?
3. Quels sont les avantages et les inconvénients de loger dans une auberge de jeunesse?
4. Quels sont les tarifs spéciaux pour les étudiants ou les jeunes?
5. Où est-ce qu'on peut acheter un sandwich à emporter *(takeout)*?

**Activité 9: Des renseignements.** Un ami qui part en vacances vous pose des questions sur le voyage que vous venez de faire. Trouvez la bonne réponse pour chaque question.

1. Avec qui est-ce que vous avez voyagé?
2. Où est-ce que vous avez obtenu votre carte d'auberge de jeunesse?
3. De quoi a-t-on besoin pour payer moins cher l'entrée dans les musées?
4. À qui avez-vous téléphoné quand vous avez perdu votre porte-monnaie *(wallet)*?
5. Pendant toute la période de votre voyage, vous n'avez jamais eu le mal du pays *(homesickness)*?
6. Vous restez sur place maintenant ou pensez-vous repartir bientôt?

a. À mon père. Il m'a envoyé de l'argent à Londres. Et j'ai dû annuler *(to cancel)* ma carte bancaire.
b. Euh, j'aimerais bien repartir, mais pour le moment je suis fauché *(broke)*.
c. Avec personne. Je préfère voyager seul. On rencontre plus facilement des gens en route.
d. On a besoin d'une carte d'étudiant internationale.
e. À la Fédération unie des auberges de jeunesse à Paris.
f. Pas du tout! Voyager, c'est ma passion!

# Comment réserver une chambre d'hôtel

## Quelques expressions utiles

### Le touriste

Je voudrais une chambre pour deux personnes avec   un grand lit.
salle de bains.
douche.
W.-C.

C'est combien, la nuit?
Avez-vous   une chambre qui coûte moins cher?
une chambre qui donne sur la cour?
quelque chose d'autre?
Est-ce que le petit déjeuner est compris?
Bon, je la prends.
Y a-t-il un autre hôtel près d'ici?

### Le/La réceptionniste

Nous avons une chambre au deuxième étage avec salle de bains.
Je suis désolé(e). L'hôtel est complet.
Le petit déjeuner est compris.
Il y a un supplément de 8 euros pour le petit déjeuner.
Prenez l'ascenseur jusqu'au troisième étage.

**Écoutons ensemble! À l'hôtel.** Écoutez le dialogue et choisissez les mots qui manquent pour le compléter.

RÉCEPTIONNISTE: Bonjour, monsieur. Je peux vous _____?
    **a.** aider
    **b.** écouter
    **c.** renvoyer

TOURISTE: Oui, madame. Je cherche une chambre _____.
    **a.** avec salle de bains
    **b.** pour une personne avec salle de bains
    **c.** pour une personne avec douche

RÉCEPTIONNISTE: Voyons... Nous avons une chambre _____.
    **a.** au quatrième avec télévision
    **b.** au quatrième avec câble
    **c.** au quatrième qui donne sur la rue

TOURISTE: Elle fait combien?

RÉCEPTIONNISTE: C'est _____.
    **a.** cent vingt-cinq euros la nuit
    **b.** cent trente euros la nuit
    **c.** quatre-vingts euros la nuit

TOURISTE: Est-ce que _____?
    **a.** vous avez quelque chose de moins cher
    **b.** le petit déjeuner est compris
    **c.** vous avez quelque chose qui donne sur la cour

RÉCEPTIONNISTE: Oui.

TOURISTE: Alors, je la prends.

## Activité 10: Au Vieux Manoir.

**A.** Un touriste arrive à l'hôtel du Vieux Manoir. Écoutez et complétez la conversation.

RÉCEPTIONNISTE: Bonjour, monsieur. Est-ce que je peux vous aider?
TOURISTE: _____

RÉCEPTIONNISTE: Il reste la chambre 23 qui donne sur la rue. Combien de nuits comptez-vous rester?
TOURISTE: _____

RÉCEPTIONNISTE: 65 euros la nuit.
TOURISTE: _____

RÉCEPTIONNISTE: Oui, le petit déjeuner est compris.
TOURISTE: _____

RÉCEPTIONNISTE: Voici la clé. Prenez l'ascenseur jusqu'au deuxième étage.
TOURISTE: _____

**B.** Maintenant, jouez le dialogue devant la classe avec un(e) partenaire.

**Activité 11: À l'auberge de jeunesse.** Créez un dialogue entre le voyageur et le réceptionniste à l'auberge de jeunesse en utilisant les éléments donnés.

Si vous êtes le voyageur, vous voulez savoir...

- s'il y a encore de la place
- le tarif pour une nuit
- l'heure où les portes de la réception ferment
- si l'auberge est près du centre-ville
- quels sont les lieux touristiques intéressants près de Dinan

Si vous êtes le réceptionniste, vous voulez savoir...

- le nombre de personnes qui veulent loger à l'auberge
- s'ils veulent prendre le petit déjeuner
- si les voyageurs sont membres de la Fédération unie des auberges de jeunesse
- l'heure de leur arrivée
- s'ils ont d'autres questions

# Dinan

L'Auberge de Jeunesse est installée dans un ancien moulin à eau, niché dans une petite vallée boisée, à 2 km du centre ville et 600 m du port de plaisance. Dinan est une charmante cité médiévale, qui vous reposera après la visite de hauts lieux touristiques (Saint-Malo, Mont-Saint-Michel).

**Hébergement**
70 lits, répartis en chambre de 4,5,6 et 8 lits (majoritairement). Une chambre de 3 lits avec sanitaires.

**Accueil**
Individuels, familles adhérentes, groupes.

**Ouverture**
Du 01/02 au 31/12
Accueil de 9h00 à 12h00 et de 17h00 à 20h00 en semaine, horaires variables le week-end.

**Réservations et informations**
Tel : 02 96 39 10 83 - Fax : 02 96 39 10 62 - France Fax, Internet.

| Hébergement en Auberge de Jeunesse/Accommodation expenses | |
| --- | --- |
| ▲▲▲▲ 4 sapins (petit déjeuner inclus) / 4 fir trees (breakfast included) | 12,70 € |
| ▲▲▲ 3 sapins (la nuit) / 3 fir trees (bed only) | 8,85 € |
| 3 sapins (forfait nuit + petit déjeuner) / 3 fir trees (package bed and breakfast included) | 11,70 € |
| ▲▲ 2 sapins (la nuit) / 2 fir trees (bed only) | 8,40 € |
| ▲ 1 sapin (la nuit) / 1 fir tree (bed only) | 7,35 € |
| **Hébergement en camping** Y compris l'utilisation des locaux de l'A.J. (licence camping FFCC requise) | 5,00 € |
| **Repas/Meals** | |
| Petit déjeuner / Breakfast | 3,25 € |
| Déjeuner ou dîner (boisson en plus) / Lunch or dinner (exclusive of drinks) | 8,40 € |
| Plat unique / Single course | 4,75 € |
| **Draps ou draps sacs/Sheets** Location incluse dans le prix des stages d'activités d'été ou d'hiver. Rental included if you book a winter/summer package. | |
| Draps ou draps sacs - location pour une nuit ou un séjour de 1 à 7 nuits / Sheets or sleeping bag sheets - rental for a single night or the whole stay (1-7 nights) | 2,75 € |

# Perspectives culturelles

## La France et ses régions

*countryside*

La France est connue pour la richesse de ses paysages° et la diversité de ses régions, chacune avec une identité unique. En voyageant d'une région à une autre, la topographie, le climat, la gastronomie, l'architecture, et même les dialectes se transforment devant nos yeux.

*Chenonceau, offert par Henri II à sa «favorite», Diane de Poitiers, est peut-être le plus charmant des châteaux situés (located) dans la vallée de la Loire.*

*Des maisons à colombages (half-timbered) bordent cette rue pittoresque d'Alsace. L'Alsace et la Lorraine, à la frontière de l'Allemagne et de la France, ont changé de nationalité quatre fois depuis 1871. On y mange de la choucroute ou de la quiche, arrosées de bière ou de vin blanc. La route du vin passe par des vignobles et des villages aux tons pastel.*

*Une production de théâtre lors du Festival d'Art dramatique devant le Palais des Papes à Avignon. Une foule cosmopolite venue de l'Europe entière se retrouve en Provence pendant l'été pour se régaler de l'atmosphère gaie et animée de ce festival.*

*Qui n'a pas rêvé de découvrir les belles plages ensoleillées de la Côte d'Azur? La douceur méditerranéenne, l'accent chantant du Midi, la gastronomie et l'air décontracté des gens contribuent à l'atmosphère unique de cette région.*

*Une épicerie dans la ville charmante de Sarlat dans le Périgord, une région connue pour ses produits gastronomiques du terroir: le pâté de foie gras, les truffes et le vin. Ici, on peut aussi découvrir des grottes préhistoriques qui bordent la Dordogne.*

*Une maison sur la côte de Bretagne. La Bretagne est connue pour ses crêpes, ses églises et ses villes qui donnent sur l'océan Atlantique ou sur la Manche (English Channel).*

 **À vous!**

En groupes de trois, choisissez la photo d'une région qui vous intéresse et décrivez-la aux autres. Est-ce que cette région ressemble à un autre endroit dans le monde que vous connaissez? Vos partenaires vous poseront quelques questions.

You have already learned how to make the past participle agree with the subject when you're using the **passé composé** with the auxiliary **être**. Here you will learn agreement rules for past participles of verbs conjugated with **avoir**. For additional practice, see page 325.

**Des touristes blasés**

HÔTE: Il faut visiter les grottes *(caves)* du Périgord.
TOURISTES: Nous **les** avons déjà visit**ées**.
HÔTE: Je recommande les châteaux de la Loire.
TOURISTES: Nous **les** avons déjà vu**s**.
HÔTE: Et le Mont-Saint-Michel?
TOURISTE: Je **l'**ai visité pendant mon dernier voyage.
HÔTE: Et les plages **que** vous avez vu**es** sur la Côte d'Azur. Elles sont belles, n'est-ce pas?
TOURISTES: Oui, mais pas plus belles que les plages de Californie.

 **Activité 12: Testez votre esprit d'analyse.** Lisez le dialogue «Des touristes blasés» avec un(e) partenaire. Puis complétez, ensemble, l'analyse grammaticale suivant.

1. Nous **les** avons visitées.
   Le pronom **les** remplace le mot _____. Il faut ajouter les lettres _____ au participe passé **visité** parce que le pronom antécédent *(preceding)* est _____ (Donnez le genre et le nombre.).
2. Nous **les** avons déjà vus.
   Le pronom **les** remplace le mot _____. Il faut ajouter les lettres _____ au participe passé **vu** parce que le pronom antécédent est _____.
3. Je **l'**ai visité pendant mon dernier voyage.
   Le pronom **l'** remplace le mot _____. Il n'est pas nécessaire de changer le participe passé _____ parce que le pronom antécédent est _____.
4. Et les plages **que** vous avez vues.
   Le pronom relatif **que** remplace le mot _____. Il faut ajouter les lettres _____ au participe passé parce que le pronom antécédent est _____.

**Activité 13: Un(e) touriste difficile.** Un agent de voyages aide un(e) client(e) difficile à préparer son itinéraire pour un voyage en France. Trouvez la réponse qu'il/elle donne à chaque suggestion.

L'AGENT DE VOYAGES

1. Il faut assister au festival du théâtre en Provence pendant le mois de juillet.
2. Alors, je vous recommande de visiter les châteaux de Chenonceau et de Chambord dans la vallée de la Loire. Ils sont magnifiques!
3. Eh bien, vous avez vu les beaux villages alsaciens à la frontière de l'Allemagne?
4. Vous adorez la mer, n'est-ce pas? Alors, visitez les villes près de l'océan Atlantique ou de la Manche.
5. Alors, sur la Côte d'Azur, il faut aller à Nice et à Saint-Tropez!

LE/LA CLIENT(E)

a. Nice et Saint-Tropez? Je les ai déjà visit**ées**. J'aimerais voir quelque chose de différent.
b. Les châteaux? Je ne les ai pas visit**és**. Mais je n'ai pas envie d'y aller. Il y a trop de touristes.
c. Le festival d'Avignon? J'y ai déjà assisté une fois. Je trouve le théâtre ennuyeux.
d. La Bretagne, je ne l'ai pas visit**ée**. Mais je préfère les plages de la Méditerranée.
e. Les villages d'Alsace? C'est vrai, je ne les ai pas vu**s**. C'est peut-être une bonne idée d'y aller.

**Activité 14: A-t-on oublié quelque chose?** Un groupe de jeunes commence une randonnée dans les Alpes. Chacun porte quelque chose pour l'excursion dans son sac à dos. Lemuel, un peu nerveux, veut être sûr qu'on n'a rien oublié sur la liste. Suivez le modèle.

> **Modèle:** la boussole (*compass*)
> — *Qui a pris la boussole?*
> — *Lila l'a prise.*

**a.** Harmut/cartes topographiques
**b.** Renate/sandwichs
**c.** Dagmar/crème solaire
**d.** Kristen/lampes électriques
**e.** Stéphane/allumettes (*f pl*)
**f.** Jean/couteau suisse
**g.** Rainer/jumelles (*f pl*) (*binoculars*)
**h.** Sheila/eau (*f*)

Liste

1. la boussole
2. la crème solaire
3. l'eau
4. les sandwiches
5. les lampes électriques
6. les cartes topographiques
7. les allumettes
8. le couteau suisse
9. les jumelles

La France produit une variété extraordinaire de fromages, de vins et d'autres produits agricoles de renommée mondiale. Chaque produit est identifié à la région ou à la ville d'où il vient. Les Français sont très fiers de ces produits «du terroir». Le vrai champagne, par exemple, est fabriqué en Champagne. Ce que nous appelons le champagne est souvent du vin mousseux (*sparkling wine*).

**Activité 15: La France gastronomique.** Utilisez la carte gastronomique et créez des phrases avec les produits suivants. Utilisez les verbes **manger, acheter** et **boire** et les adjectifs **délicieux, authentique, bon** et **excellent**.

> **Modèle:** les crêpes
> *Les crêpes qu'on a mangées en Bretagne étaient délicieuses.*

**1.** le champagne
**2.** la quiche
**3.** le foie gras
**4.** la salade niçoise
**5.** les truffes (*f pl*) (*truffles*)
**6.** le roquefort

## L'identité française

> ### Structure    11.4 Les verbes **voir** et **croire**
>
> The irregular verbs **voir** and **croire** are introduced here in the context of cultural beliefs. See page 326–327 for their forms.

**Une discussion de Disneyland-Paris**

Lisez cette discussion entre M. et Mme Manot et un de leurs amis sur Disneyland-Paris. Puis, répondez aux questions.

**Conversation**

M. et Mme Manot discutent de leur point de vue sur Disneyland-Paris avec un ami.

| | |
|---|---|
| L'AMI: | Qu'est-ce que vous pensez de Disneyland-Paris? |
| M. ET MME MANOT: | Nous **croyons** que c'est encore une autre invasion culturelle américaine. |
| L'AMI: | Vraiment? Vous **croyez**? Je ne suis pas d'accord. |
| M. MANOT: | Pourquoi? |
| L'AMI: | Parce que les thèmes de Disney comme «Blanche-neige et les sept nains», «La Belle au bois dormant» ou «Pinocchio» viennent tous d'Europe. Vous **voyez,** c'est toujours la culture européenne. |
| MME MANOT: | Oui, je **vois.** Mais Disney déforme ces vieux contes. |
| L'AMI: | Vous voulez donc boycotter Disney? Vous **croyez** alors au protectionnisme culturel? |
| MME MANOT: | Non, peut-être pas. Mais, de toute façon, les médias américains ont trop d'influence ici. |

 **Activité 16: Attitudes—Qu'est-ce qu'on croit?**   Avec un(e) partenaire, posez-vous des questions et répondez-y à tour de rôle. Utilisez les expressions du modèle.

> **Modèle:**   Est-ce que les Français ont peur de l'influence américaine?
> *Je crois que oui.*
> *Je crois que non.*
> *Je ne sais pas.*
> *Je sais que certains Français ont peur de l'influence américaine. Mais je crois que les jeunes aiment la culture populaire américaine.*

1. Est-ce que les Français aiment Disneyland-Paris?
2. Est-ce que l'ami de M. et Mme Manot est d'accord avec eux?
3. Est-ce que l'histoire de «Pinocchio» est américaine?
4. Est-ce que Disney change les contes traditionnels?
5. Est-ce que Mme Manot va boycotter Disneyland-Paris?
6. Est-ce que vous allez visiter Disneyland-Paris quand vous serez en Europe?

---

**Bulletin**   Voici la religion déclarée par les Français en 2002 (en %):

| | |
|---|---|
| — Catholiques pratiquants | 7,2 |
| — Catholiques pratiquants occasionnels | 20,0 |
| — Catholiques non pratiquants | 44,2 |
| — Protestants | 1,7 |
| — Musulmans | 2,8 |
| — Juifs | 0,5 |
| — Sans religion | 20,9 |

On constate depuis quelques années un intérêt croissant pour le bouddhisme. La France compte aussi des astrologues, ou voyants, et des pratiquants du «new age».

D'après G. Mermet, Francoscopie, *2003*

---

# Perspectives culturelles

## La culture française face à l'Amérique

Pendant des siècles, la France a dominé la culture occidentale° dans les arts, la littérature, la philosophie, les sciences, la diplomatie, la gastronomie et la mode. La culture et la langue françaises jouissent° toujours d'un grand prestige culturel dans le monde contemporain, mais l'anglais et la culture populaire américaine jouent un rôle de plus en plus important. La France se trouve débordée° de restaurants MacDo, de Coca-Cola et de blue jeans. Les salles de cinéma diffusent des productions purement hollywoodiennes. Peut-être l'aspect le plus menaçant° de cette invasion américaine est la «corruption» de la langue par le «franglais». On parle du «look», des «livings», du «Coca light», des «rollers» et du «hit-parade des stars».

*Western*

*enjoy*

*flooded*

*menacing*

*L'ouverture en 1992 de Disneyland-Paris a fait trembler certains prophètes culturels. Une Amérique conquérante prête à coloniser l'Europe?*

Un grand nombre de Français sont ambivalents envers la culture populaire dominée par les États-Unis. Ils ne veulent pas que cette culture uniforme produite à Hollywood détruise l'individualité des traditions et des goûts français. La présence de Disneyland-Paris représente ainsi, pour certains Français, une invasion culturelle dangereuse.

**Avez-vous compris?** Discutez avec la classe.

1. Croyez-vous que Disneyland-Paris représente la culture américaine?
2. Quels aspects de la culture américaine représente ce parc?
3. Dans quels domaines est-ce que la culture française influence le monde?
4. Quels éléments de la culture américaine dominent la culture populaire du monde?
5. Comparez votre image culturelle de la France avec celle d'un autre pays. D'où viennent ces images culturelles?

**Activité 17: Interaction.** Interviewez votre camarade sur ses croyances. Demandez-lui d'élaborer sur quelques réponses.

> **Modèle:** OVNI (objets volants non identifiés) *(UFOs)*
> — *Crois-tu aux OVNI?*
> — *Oui, j'y crois.* ou
> — *Non, je n'y crois pas.* ou
> — *Je ne sais pas.*

1. le destin
2. l'astrologie
3. le grand amour
4. le paradis
5. le karma
6. l'amitié
7. les miracles
8. les voyants
   *(fortune tellers)*
9. les extra-terrestres

## Situation à jouer!

Vous voulez passer quelques jours dans les Alpes. Téléphonez à l'hôtel Le Grand Cœur à Méribel pour vous renseigner et faire des réservations. Le/La réceptionniste répondra à vos questions. Travaillez avec un(e) partenaire. Utilisez la brochure pour guider votre conversation.

| | Français | English | Deutsch | Español | Italiano |
|---|---|---|---|---|---|
|  | prix des repas | menu price | Preis einer Mahlzeit | precio de las comidas | prezzo dei pasti |
| | nombre de chambres | number of rooms | Anzahl der Zimmer | número de habitaciones | numero di camere |
| | prix pour deux personnes | price for two people | Preis für jwei Personen | precio para dos personas | prezzo per due persone |
| | nombre d'appartements | number of suites | Anzahl der Appartements | número de apartamentos | numero di appartamenti |
| | prix pour deux personnes | price for two people | Preis für jwei Personen | precio para dos personas | prezzo per due persone |
| | prix du petit déjeuner | price of breakfast | Frühstückspreis | precio del desayuno | prezzo della colazione |
| S.C. | service compris | service included | Bedienung inbegriffen | servicio incluido | servizio compreso |
| | chiens autorisés? | are dogs allowed? | Hunde erlaubt? | ¡se autorizan los perros? | i cani sono ammessi? |
| | ascenseur | lift | Fahrstuhl | ascensor | ascensore |
| * | chambres de plain-pied | ground floor rooms | Zimmer im Erdgeschoß | habitaciones en planta baja | camere al pianterreno |
| | aéroport de ligne | nearest commercial airport | Flugplatz für Linienverkehr | aeropuerto de linea | aeroporto di linea |
| | piscine privée ou à proximité | hotel swimming-pool or nearest available | Hoteleigenes oder nahegelegenes Schwimmbad | piscina privada o en las cercanias | piscina privatao nelle vicinanze |
| | tennis privé ou à proximité | hotel tennis court or nearest available | Hoteleigener oder nahegelegener Tennisplatz | tenis privado o en las cercanias | tennis privato o nelle vicinanze |
| | golf | golf | Golf | golf | golf |
| | garage | garage | Garage | garaje | garage |
| P | parking | car park | Parkplatz | aparcamiento | parcheggio |
| | possibilités de séminaire | seminar facilities | Tagungsmöglich-keiten | posibilidad de seminarios | possibilità di seminari |
| | visite de la cave | visit the cellar | Kellerbesichtigung | visita de la bodega | visita della cantina |
| | visite de la cuisine | visit the kitchen | Küchenbesichtigung | visita de la cocina | visita della cucina |
| F.H. | fermeture hebdomadaire | weekday closing | Wöchentlicher Ruhetag | cerrado semanalmente | chiusura settimanale |
| F.A. | fermeture annuelle | annual closing | Jahresurlaub | cerrado annualmente | chiusura annuale |
| CC | Cartes de crédit Credit cards | American Express | Carte Visa | Diner's Club | Eurocard Mastercard |

**Centre d'information: Relais & Châteaux**
9, avenue Marceau - 75116 Paris - Tél.: (01) 47.23.41.42
Télex: 651 213 ou 651 214 RCG - Fax: (01) 47.23.38.99

### Le Grand Cœur

**72** Relais de montagne
Altitude 1650 m

Menu 140/250 s.c.
Carte 215/350 s.c.
**36 chambres**
H.S. 700/950 s.c.
1/2 pension/pers.
**12 appartements**
à partir 1050 s.c.
1/2 pension/pers.
55 s.c.
oui avec supplément
oui
Chambéry 110 km
Genève-Lyon 150 km
Privée
500 m
3 km

*Déjeuner en terrasse, Ski, Vidéo, Sauna, Gym-room*
*Lunch on terrace, Skiing, Video, Sauna, Jacuzzi*

*Chalet de montagne raffiné et élégant situé au cœur de Méribel et des 3 Vallées. Plein sud, au calme et en bordure des pistes*

*Elegant, refined mountain chalet situated in the heart of Meribel and 3 Valleys alongside ski-slopes. South-facing.*

**73550 MÉRIBEL**
(Savoie)
Tél. **79.08.60.03**
Télex 309 623
Fax. 79.08.58.38
Prop. Evelyne et Jean Buchert
F.H. non
F.A. 23-04/17-12

CC AE VISA D E

# Lecture

## Le Message

Jacques Prévert

1 La porte que quelqu'un a ouverte

La porte que quelqu'un a refermée

La chaise où quelqu'un s'est assis

Le chat que quelqu'un a caressé

5 Le fruit que quelqu'un a mordu°     *bit into*

La lettre que quelqu'un a lue

La chaise que quelqu'un a renversée°   *overturned*

La porte que quelqu'un a ouverte

La route où quelqu'un court encore

10 Le bois que quelqu'un traverse

La rivière où quelqu'un se jette

L'hôpital où quelqu'un est mort.

### Compréhension et intégration

1. Imaginez ce mystérieux «quelqu'un». Est-ce un homme ou une femme?
2. Comment est-ce que vous l'imaginez?
3. Est-ce que cette personne était agitée *(upset)* quand elle est entrée dans la maison? Expliquez.
4. Quel est le message dans la lettre?
5. Comment cette personne y réagit-elle?

### Maintenant à vous!

1. Développez l'histoire suggérée par le poème.
2. Composez un essai selon le modèle du poème: l'objet/que; où/quelqu'un/ un verbe au passé composé.

# Un pas en avant

http://motifs.heinle.com

## Naviguez le Web!

Vous pensez visiter Paris ou peut-être d'autres régions de France? Trouvez des sites qui vous aideront à faire des projets de voyages. Allez-y!

## À écrire

Vous allez faire un exposé en groupe sur une région française que vous aimeriez visiter. Renseignez-vous sur votre région en vous servant d'un guide ou d'Internet (des sites Internet sur les régions accompagnent ce module). Finalement, faites un exposé oral en classe.

PREMIÈRE ÉTAPE: **Renseignements sur la région**
Divisez le travail en catégories et donnez une catégorie à chaque membre du groupe: le climat et les caractéristiques géographiques, les ressources, la vie culturelle, etc. Sur un brouillon *(draft)*, répondez aux questions suivantes:
**a.** Où se trouve cette région?
**b.** Quelles sont ses caractéristiques géographiques?
**c.** Quel est le climat?
**d.** Quelles sont ses ressources?
**e.** Qu'est-ce qu'elle offre d'intéressant au touriste?

DEUXIÈME ÉTAPE: **Itinéraire personnel**
Imaginez une visite de quatre jours dans cette région. Comme vous êtes étudiant(e), vous n'avez pas beaucoup d'argent à dépenser. Faites votre itinéraire en réfléchissant aux questions suivantes.
**a.** Comment voyagerez-vous?
**b.** Quel temps fera-t-il pendant votre visite?
**c.** Quels monuments/lieux culturels visiterez-vous?
**d.** Quelles sortes de plats régionaux mangerez-vous?
**e.** Quelles sortes d'activités en plein air pourrez-vous faire?
**f.** Où logerez-vous?
**g.** Qu'achèterez-vous comme souvenir?

TROISIÈME ÉTAPE: **Présentation**
**a.** Faites un poster sur votre région et montrez-le à la classe.
**b.** Faites votre exposé oral sur votre région avec les membres de votre groupe.
**c.** Donnez une copie écrite de votre rapport au professeur.

---

**Grammar: avoir** expressions, future tense, prepositions of location

**Phrases:** describing weather, expressing distance, expressing intention, giving directions, planning a vacation, sequencing events, stating a preference

**Vocabulary:** banking/credit cards, camping, continents, countries, cultural historical periods, cultural movements, directions and distance, entertainment, geography, leisure, meals, means of transportation, menu, money, monuments, sports, traveling

---

# Structure 11.1   Le futur

You have already learned to use the **futur proche (aller + infinitif)** for talking about the future. In this chapter you will learn another future tense, **le futur.** As its English equivalent, it is used more frequently in written than casual speech and involves the notion of intent.

| | |
|---|---|
| Ce week-end, je **vais voyager** à La Nouvelle-Orléans. | *This weekend I'm going to travel to New Orleans.* |
| Je **voyagerai** en France cet été. | *I will travel to France this summer.* |

The future stem of regular **-er** and **-ir** verbs is the infinitive. For **-re** verbs, drop the final **e** in the infinitive. The future endings are always regular.

| -ai | -ons |
|---|---|
| -as | -ez |
| -a | -ont |

| parler *(to speak)* | |
|---|---|
| je parlerai | nous parlerons |
| tu parleras | vous parlerez |
| il/elle/on parlera | ils/elles parleront |

| partir *(to leave)* | |
|---|---|
| je partirai | nous partirons |
| tu partiras | vous partirez |
| il/elle/on partira | ils/elles partiront |

| rendre *(to return, to give back)* | |
|---|---|
| je rendrai | nous rendrons |
| tu rendras | vous rendrez |
| il/elle/on rendra | ils/elles rendront |

| | |
|---|---|
| On partira pour Calais à 9h. | *We will leave for Calais at 9 o'clock.* |
| À l'hôtel, parlera-t-on anglais? | *Will they speak English at the hotel?* |
| Nous rendrons la voiture à la gare. | *We will return the car at the train station.* |

The following verbs have irregular future stems:

| Infinitive | stem | future |
| --- | --- | --- |
| être | ser- | je serai |
| avoir | aur- | j'aurai |
| aller | ir- | j'irai |
| faire | fer- | je ferai |
| pouvoir | pourr- | je pourrai |
| venir | viendr- | je viendrai |
| voir | verr- | je verrai |
| vouloir | voudr- | je voudrai |
| savoir | saur- | je saurai |

Vous serez président un jour!      *You will be president one day!*
Il y aura un concert dans la      *There will be a concert in the cathedral*
     cathédrale ce soir.      *this evening.*

Stem-changing **-er** verbs such as **acheter, appeler,** and **essayer** use the third person present tense form (**il/elle/on**) and **-r,** rather than the infinitive as the future stem.

| Infinitive | stem | future |
| --- | --- | --- |
| acheter | il/elle/on achète | j'achèterai |
| appeler | il/elle/on appelle | j'appellerai |
| essayer | il/elle/on essaie | j'essaierai |

However, verbs like **préférer** (with **é** in the next-to-last syllable) are regular in the future (based on the infinitive).

**PROPOSITIONS AVEC SI ET QUAND** *(IF AND WHEN CLAUSES)*

The future tense is used in hypothetical sentences with **si.** When the *if* clause is in the present tense, the result is stated in the future.

| *if clause* | *result* |
| --- | --- |
| **Si** + présent | futur |

S'il neige ce week-end, nous      *If it snows this weekend,*
     **ferons** du ski.      *we'll go skiing.*

The order of the two clauses can be reversed.

| *result* | *if clause* |
| --- | --- |
| futur | **si** + présent |

Nous **nous promènerons** s'il fait beau.      *We'll go for a walk if it's nice.*

Unlike English, French uses the future after **quand, lorsque,** and **aussitôt que** when the main verb is in the future.

| | quand | |
|---|---|---|
| futur | **aussitôt que** | + futur |
| | lorsque | |

Je **ferai** de longues promenades quand je **serai** à Paris.

*I'll take long walks when I'm in Paris.*

Lorsqu'il **arrivera,** nous **mangerons.**

*When he arrives, we'll eat.*

Je vous **téléphonerai** aussitôt que j'**aurai** des nouvelles.

*I'll call you as soon as I get some news.*

**Exercice 1.** Comment sera l'an 2025? Complétez les phrases avec les verbes indiqués au futur.

**1.** J(e) _____ (avoir) quarante-cinq ans.
**2.** Le président des États-Unis _____ (être) une femme.
**3.** Nous _____ (trouver) des solutions à nos problèmes écologiques.
**4.** Tout le monde _____ (parler) deux langues.
**5.** Nous _____ (faire) des voyages interplanétaires.
**6.** Les États-Unis _____ (fabriquer) des voitures électriques.
**7.** On _____ (pouvoir) communiquer par télépathie.
**8.** Washington, D.C. _____ (être) un état.

**Exercice 2.** Chaque ville française est connue pour certaines choses spéciales. Complétez les phrases suivantes pour expliquer ce que les touristes feront pendant leur voyage en France.

**Modèle:** Quand mes parents _____ à Paris, ils _____ (voir) la tour Eiffel.
*Quand mes parents **seront** à Paris, ils **verront** la tour Eiffel.*

**1.** Quand le président des États-Unis et sa femme _____ à Paris, ils _____ (visiter) l'Élysée, le palais du président français.
**2.** Lorsque Matt Damon _____ à Cannes, il _____ (aller) au festival du film.
**3.** Quand nous _____ à Strasbourg, nous _____ (prendre) un bon vin blanc.
**4.** Quand tu _____ à Versailles, tu _____ (faire) le tour du palais et de ses jardins.
**5.** Quand je _____ à Évian, je _____ (se baigner) dans le lac.

**Exercice 3.** Il y a toujours des conditions à considérer. Finissez les phrases suivantes à l'aide de la liste. Utilisez le présent ou le futur selon le cas.

**1.** Tu auras de bonnes notes si...
**2.** Si vous ne mangez pas mieux...
**3.** Ma mère viendra au campus quand...
**4.** Je resterai chez moi ce soir si...
**5.** Nous serons en retard si...
**6.** Mes parents ne seront pas contents si...
**7.** Si mon (ma) petit(e) ami(e) oublie mon anniversaire...

tomber malade
vouloir, pouvoir
étudier, faire les devoirs
ne pas se dépêcher
se mettre en colère
avoir besoin d'étudier
rater *(to fail)* mes examens

# Structure 11.2 Avoir besoin de et les mots interrogatifs (suite)

**AVOIR BESOIN DE**

A useful expression with **avoir** is **avoir besoin de** *(to need)*. This expression can be followed by an infinitive or a noun.

| | + article + noun | J'ai besoin d'un passeport. |
|---|---|---|
| | + plural noun | Nous avons besoin de réservations. |
| **avoir besoin d(e)** | + abstract or non-count noun | Elle a besoin de courage. |
| | | Tu as besoin d'argent? |
| | + infinitive | As-tu besoin d'étudier? |

**LES MOTS INTERROGATIFS (SUITE)**

To ask a general question with **avoir besoin de,** move **de** to the front of the question followed by **qui** for people and **quoi** for things.

— **De qui** avez-vous besoin?     — *Whom do you need?*
— J'ai besoin de mes amis.     — *I need my friends.*
— **De quoi** avez-vous besoin?     — *What do you need?*
— J'ai besoin de l'addition,     — *I need the check, please.*
   s'il vous plaît.

To make a question with any verb that is followed by a preposition in its declarative form, begin your question with the preposition, followed by the question word. Remember that questions may be formed using **est-ce que** or inverting the subject and the verb.

— **À qui** est-ce qu'ils parlent?     — *Whom are they speaking to?*
— Ils parlent **au** guide.     — *They're speaking to the guide.*
— **Avec qui** voyages-tu?     — *Whom are you traveling with?*
— Je voyage **avec** Sara.     — *I'm traveling with Sara.*
— **À quoi** réfléchissez-vous?     — *What are you thinking about?*
— Je réfléchis **à** mes vacances.     — *I'm thinking about my vacation.*
— **À quoi** est-ce qu'ils jouent?     — *What are they playing?*
— Ils jouent **au** football.     — *They're playing soccer.*
— **De qui** est-ce que tu parles?     — *Whom are you talking about?*
— Je parle **de** mon mari.     — *I'm talking about my husband.*

**Exercice 4.** Quand on voyage, il y a certaines nécessités qui se présentent. Complétez les commentaires de ces touristes avec **de, d', d'un** ou **d'une**.

1. Ma mère n'aime pas voyager en groupe; elle a besoin _____ solitude.
2. Quel beau paysage! J'ai besoin _____ appareil photo.
3. J'ai faim; nous avons besoin _____ trouver un bon restaurant.
4. On a besoin _____ courage pour voyager seul.
5. Si tu as besoin _____ cartes postales, tu peux aller à la librairie.
6. Je suis perdu. J'ai besoin _____ carte.

**Exercice 5.** Un touriste un peu sourd *(deaf)* n'entend pas bien ce qu'on lui dit. Formulez ses questions basées sur les éléments soulignés.

> **Modèles:** Nous avons besoin d'une banque.
> *De quoi avez-vous besoin?*
>
> Elle paie avec sa carte de crédit.
> *Avec quoi est-ce qu'elle paie?*

1. Je voyage avec mon meilleur ami.
2. Vous pouvez demander des renseignements à la réceptionniste.
3. Le guide parle à un groupe de touristes italiens.
4. Nous avons besoin de trouver un camping.
5. Elle a besoin de ses parents.
6. Elle pense à un jeune homme qu'elle a rencontré en Grèce.

# Structure 11.3  L'accord du participe passé avec l'auxiliaire **avoir**

You have learned that the past participles of verbs conjugated with **être** in the **passé composé** agree with the subject.

| | |
|---|---|
| **Fatima** est retourné**e** en Algérie après ses études en France. | *Fatima returned to Algeria after her studies in France.* |
| **Ma mère et moi, nous** sommes parti**es** hier. | *My mother and I left yesterday.* |

The past participle of verbs conjugated with **avoir** in the **passé composé** agrees with the direct object when it *precedes* the verb. This occurs in three instances:

**1.** When a direct object pronoun precedes the verb:

> La cassette? Je **l'**ai déjà écouté**e**.
> Il y a deux nouvelles filles dans ma classe. Je **les** ai vu**es** ce matin.

**2.** In sentences with the relative pronoun **que:**

> Les **touristes que** nous avons rencontré**s** étaient sympathiques.
> > *antecedent*
>
> Je n'aime pas **les robes qu'**elle a acheté**es**.
> > *antecedent*

The past participle agrees with the noun that **que** has replaced, its antecedent.

**3.** In sentences with the interrogative adjective **quel:**

> Quelles régions ont-ils visité**es?**
> Quelle route as-tu suivi**e?**

**NOTE DE PRONONCIATION**

Past participle agreement with **avoir** is primarily a written phenomenon. It changes pronunciation only with past participles ending in a consonant.

| | |
|---|---|
| — Où sont mes chaussures? | — *Where are my shoes?* |
| — Je les ai mis**es** dans ta chambre. | — *I put them in your room.* |
| — As-tu déjà écrit ta composition? | — *Have you already written your composition?* |
| — Oui, je l'ai écrit**e** pendant le week-end. | — *Yes, I wrote it over the weekend.* |

**Exercice 6.** Avez-vous fait les choses suivantes le week-end dernier?

**Modèle:** regarder la télé
— *Oui, je l'ai regardée.* ou
— *Non, je ne l'ai pas regardée.*

1. regarder les informations à la télé
2. faire vos devoirs
3. écouter la radio
4. voir vos amis
5. prendre le petit déjeuner
6. arroser *(to water)* vos plantes
7. faire votre lit
8. lire des bandes dessinées *(cartoons)*

**Exercice 7.** Un groupe de touristes parlent de leurs expériences. Complétez leurs observations avec la forme correcte du participe passé des verbes entre parenthèses. Attention à l'accord!

1. J'ai bien aimé les escargots que nous avons (manger) _____ au restaurant de l'hôtel.
2. Quelles œuvres *(f pl)* de Renoir as-tu (voir) _____ au musée d'Orsay?
3. Nous voulons revoir les touristes allemands que nous avons (rencontrer) _____.
4. As-tu trouvé les clés que j'ai (laisser) _____ sur la table?
5. Où se trouvent les billets de train que vous avez (acheter) _____?
6. Acceptera-t-on ces réservations qu'on a (faire) _____ de Rome?

# Structure 11.4   Les verbes **voir** et **croire**

You've already used **voir** *(to see)* in its infinitive. Here you'll learn to conjugate this verb as well as **croire** *(to believe),* which follows the same pattern.

| voir *(to see)* | |
|---|---|
| je vois | nous voyons |
| tu vois | vous voyez |
| il/elle/on voit | ils/elles voient |

passé composé: j'ai **vu**    futur: je **verrai**

Tu **vois** la tour Eiffel? — *Do you see the Eiffel Tower?*
Nous **avons vu** un beau tableau de Monet. — *We saw a beautiful painting by Monet.*

**Voir** can also be used figuratively as a synonym for **comprendre**.

Il ne **voit** pas pourquoi il doit arriver si tôt. — *He doesn't see why he has to arrive so early.*
— Est-ce que tu comprends? — *Do you understand?*
— Oui, je **vois.** — *Yes, I see.*
**Voyons...** — *Let's see... (This can be used as a hesitation device.)*

**Revoir** *(to see again)* is conjugated like **voir**.

J'adore ce ballet. Je le **revois**          *I adore this ballet. I see it again*
chaque année.                                *every year.*

On the other hand, **recevoir** has a different pattern.

| recevoir *(to receive)* | |
| --- | --- |
| je reçois | nous recevons |
| tu reçois | vous recevez |
| il/elle/on reçoit | ils/elles reçoivent |

passé composé: j'ai **reçu**    futur: je **recevrai**

| croire *(to believe)* | |
| --- | --- |
| je crois | nous croyons |
| tu crois | vous croyez |
| il/elle/on croit | ils/elles croient |

passé composé: j'ai **cru**    futur: je **croirai**

Je ne **crois** pas cette histoire.          *I don't believe this story.*
Il **a cru** entendre un bruit étrange.       *He thought he heard a strange noise.*

The expression **croire à** means *to believe in.*

Je **crois au** Père Noël.                   *I believe in Santa Claus.*
— Tu **crois aux** extra-terrestres?          *— Do you believe in extraterrestrials?*
— Oui, j'**y crois.**                        *— Yes, I believe in them.*

However, **croire en** is used to express one's belief in God.

Je **crois en** Dieu.                        *I believe in God.*

Common expressions with **croire** include the following:

— Est-ce qu'il va pleuvoir          *— Is it going to rain today?*
aujourd'hui?
— Je **crois** que oui.              *— I think so.*
— Il y a un examen demain?          *— Is there a test tomorrow?*
— Non, je ne **crois** pas.          *— No, I don't think so.*
— Il va se marier.                   *— He's going to get married.*
— Tu **crois**?                      *— Really? (You think so?)*

**Exercice 8.** Takeisha veut travailler pour le Corps de la paix. Complétez sa conversation avec John en utilisant les verbes **croire** et **voir**.

JOHN:        Où veux-tu travailler avec le Corps de la paix?

TAKEISHA:    Je _____[1] que j'aimerais aller au Togo.

JOHN:        Mais où est le Togo? Je ne le _____[2] pas sur la carte.

TAKEISHA:    Regarde en Afrique de l'ouest. Est-ce que tu _____[3] le petit pays entre le Ghana et le Bénin? C'est le Togo.

JOHN:        Ah oui, je le _____[4] maintenant. Moi, j'aimerais aussi aller en Afrique, mais mes parents _____[5] que ce n'est pas une bonne idée. Ils ne _____[6] pas pourquoi je veux partir si loin.

TAKEISHA:    Je _____[7] que tes parents sont trop protecteurs. Moi, je suis jeune et je veux _____[8] le monde.

# Tout ensemble!

**Complétez cette lettre avec les formes appropriées des verbes entre parenthèses ou avec d'autres mots qui conviennent. Utilisez le temps approprié et faites l'accord du participe passé.**

Chers Maman et Papa,

Je _____ ¹ (croire) que quand vous _____ ² (recevoir) cette lettre, je _____ ³ (être) déjà de retour. Hier, Jean-Michel et moi, nous nous sommes retrouvés en Bretagne. Les gens que nous _____ ⁴ (rencontrer) à l'auberge de jeunesse de Dinan sont super sympas! Ils nous ont parlé d'une plage exquise qu'ils _____ ⁵ (visiter) près de Toulon dans le sud. Nous y _____ ⁶ (aller) demain. La Bretagne est pittoresque, c'est vrai, mais j'ai besoin _____ ⁷ peu de soleil! Jean-Michel _____ ⁸ (ne pas voir) ce que je _____ ⁹ (faire) avec tous les souvenirs que j(e) _____ ¹⁰ (acheter) le long de notre route. Je suis trop encombrée *(loaded down)*— impossible de faire du stop! Nous _____ ¹¹ (prendre) le TGV à Marseille. Lorsque nous _____ ¹² (arriver), je _____ ¹³ (pouvoir) aller à la poste et expédier tous ces cadeaux chez vous à Dijon. D'accord? Et vous, comment ça va? Est-ce que Tante Maude se porte mieux? _____ ¹⁴ qui allez-vous passer le 14 juillet? Dites bonjour de notre part à tout le monde. Nous vous _____ ¹⁵ (revoir) très bientôt.

Grosses bises,
Sandrine

# Vocabulaire

## Vocabulaire fondamental

### Noms

| **La ville** | **The city** |
|---|---|
| l'avenir (m) | the future |
| un coin | a corner |
| une place | a (town) square |
| un plan | a map |
| un renseignement | information (a piece of) |
| une rue | a street |

**Mots apparentés:** une avenue, un boulevard, un monument

| **Voyages** | **Travels** |
|---|---|
| une auberge | an inn |
| une auberge de jeunesse | a youth hostel |
| un chèque de voyage | a traveler's check |
| la Côte d'Azur | the Riviera |
| une gare | a train station |
| un inconvénient | a disadvantage |
| un itinéraire | an itinerary |
| un parc d'attractions | an amusement park |
| un passeport | a passport |
| un supplément | an extra charge |
| un terrain de camping | a campground |

**Mots apparentés:** l'atmosphère (f), une attraction, un avantage, le camping, le confort, une excursion, la nature, un(e) réceptionniste, une tente, la tradition

### Verbes

| | |
|---|---|
| apporter | to carry, to bring |
| assister à | to attend |
| avoir besoin de | to need |
| compter | to intend to |
| courir | to run |
| croire | to believe |
| découvrir | to discover |
| donner sur (la cour) | to overlook (the courtyard) |
| fabriquer | to produce, to make |
| faire du camping | to go camping |
| loger | to lodge, to stay (at a hotel, pension, etc.) |
| penser de | to think about, to have an opinion of |
| recevoir | to receive |
| tourner | to turn |
| traverser | to cross |
| voir | to see |

**Mots apparentés:** admirer, apprécier, influencer

### Adjectifs

| | |
|---|---|
| animé(e) | animated, lively |
| contemporain(e) | contemporary |
| déçu(e) | disappointed |
| dépaysé(e) | disoriented |
| entier (entière) | entire, whole |
| fauché(e) | broke, out of money |
| gastronomique | gourmet |
| (le monde) occidental | Western (the Western world) |
| réduit(e) | reduced |
| valable | valid |

**Mots apparentés:** essentiel(le), impressionniste, touristique

### Mots divers

| | |
|---|---|
| à droite | to the right |
| à gauche | to the left |
| au bout de | at the end of |
| aussitôt que | as soon as |
| jusqu'à | until |
| lorsque | when |
| sauf | except |
| si | if |
| tout droit | straight ahead |

## Expressions utiles

### Comment se repérer en ville

*(See page 303 for additional expressions.)*

### How to find one's way in town

| | |
|---|---|
| L'Opéra Bastille, s'il vous plaît? | *The Bastille Opera, please?* |
| Pourriez-vous me dire où se trouve la gare? | *Could you tell me where the train station is?* |
| Allez tout droit et puis tournez à gauche. | *Go straight ahead, and then turn left.* |
| Allez jusqu'au bout de la rue. | *Go to the end of the street.* |
| De quoi avez-vous besoin? | *What do you need?* |

### Comment réserver une chambre d'hôtel

*(See page 310 for additional expressions.)*

### How to reserve a hotel room

| | |
|---|---|
| Je voudrais une chambre pour deux personnes avec douche. | *I would like a room for two with a shower.* |
| Désolé(e), madame, l'hôtel est complet. | *Sorry, ma'am, the hotel is full.* |
| Le petit déjeuner est compris. | *Breakfast is included.* |
| Prenez l'ascenseur jusqu'au quatrième étage. | *Take the elevator to the fifth floor.* |
| Vous pouvez avoir un prix/tarif réduit. | *You can get a reduced price.* |
| Il y a un supplément pour le petit déjeuner. | *There's an extra charge for breakfast.* |

---

# Vocabulaire supplémentaire

## Noms

| | |
|---|---|
| une agence de location de voitures | *a car rental agency* |
| une allumette | *a match* |
| l'amitié *(f)* | *friendship* |
| une balade | *a stroll* |
| le bonheur | *happiness* |
| un(e) bouquiniste | *a bookseller* |
| une boussole | *a compass* |
| un congrès | *a convention* |
| les draps *(m pl)* | *bedsheets* |
| le droit | *right, permission* |
| l'équilibre *(m)* | *balance* |
| l'essence *(f)* | *gasoline* |
| une formule (de vacances) | *a (vacation) package* |
| une foule | *a crowd* |
| les jumelles *(f pl)* | *binoculars* |
| une lampe électrique | *a flashlight* |
| une œuvre | *a work of art* |
| un palais des congrès | *a convention center* |
| un peintre | *a painter* |
| une réduction | *a reduction (in price)* |
| un sac de couchage | *a sleeping bag* |
| la technologie de pointe | *state-of-the-art technology* |

## Croyances / Beliefs

| | |
|---|---|
| le destin | *fate* |
| le diable | *the devil* |
| Dieu | *God* |
| un extra-terrestre | *an extra-terrestrial* |
| le karma | *karma* |
| un miracle | *a miracle* |
| les OVNI *(m pl)* | *UFOs* |
| le paradis | *paradise, heaven* |
| la télépathie | *telepathy* |
| un(e) voyant(e) | *a fortune teller* |

## Adjectifs

| | |
|---|---|
| aménagé | *with all the amenities* |
| choqué(e) | *shocked* |
| mythique | *mythical* |
| plein(e) | *full* |

## Verbes

| | |
|---|---|
| accueillir | *to greet* |
| (se) balader | *to stroll* |
| se détendre | *to relax* |
| dominer | *to dominate* |
| feuilleter | *to leaf through (pages)* |
| flâner | *to stroll* |
| profiter (de) | *to take advantage (of)* |
| se repérer | *to find one's way* |
| revoir | *to see again* |

# Les jeunes et la globalisation

This chapter focuses on French youth culture within the context of a globalized society. We will discuss issues of identity, education, and social change. You will also learn practical tips such as how to shop for clothing, and you will be introduced to some informal, youth-oriented language.

## Thèmes et pratiques de conversation

- ▶ Les jeunes et la consommation
- ▶ Comment «parler jeune»
- ▶ Les Français et l'argent
- ▶ La mode–tendances

- ▶ Comment faire les achats
- ▶ Le système éducatif français

## Structures utiles

- ▶ Les verbes comme **payer**

- ▶ **Lequel** et les adjectifs démonstratifs **ce, cet, cette** et **ces**
- ▶ L'ordre des pronoms
- ▶ Les pronoms relatifs **ce qui** et **ce que**

## Perspectives culturelles

La culture hip-hop incontournable en France

La sélection et la chasse aux concours

## Lecture

Multimédia: «Cher cyber-journal» par David Groison dans *Phosphore*

## Un pas en avant

# Thèmes et pratiques de conversation

## Les jeunes et la consommation

**Structure** 12.1 Les verbes comme **payer**

To talk about money and consumerism you will be using the verb **payer,** which undergoes a slight spelling change. For the forms of **payer** and a list of other verbs that follow this pattern, see page 353.

*Avec piercings et tatouages, les jeunes jouent avec leur identité et montrent leur appartenance à un groupe social, «une tribu».*

**Bulletin** Les 15–25 ans ont été appelés la «génération X» aux États-Unis. En France on les a baptisés bof *(indifferent [fam])* génération, génération conformiste, génération galère *(painful [fam])* ou tout simplement la génération transition. Transition entre deux appartenances géographiques. Ils sont nés Français mais ils vivront leur vie d'adulte comme Européens, et peut-être, citoyens du monde. La consommation joue un rôle essentiel dans leur vie.

**Les jeunes en France sont en transition entre une identité française et quelle autre identité? Est-ce que vous vous sentez citoyen du monde?**

D'après G. Mermet, *Francoscopie 2003,* Larousse-Bordas, 2003, p. 171.

 **Activité 1: Les grandes marques et les jeunes.** Lisez le texte puis, avec un(e) partenaire, faites l'activité en suivant le modèle.

*trendy*

*clothing (fam)*

*addicted (fam)*

### Les marques «tendances°»

Les adolescents représentent un marché gigantesque pour les fringues°, les gadgets électroniques comme le téléphone mobile (ou portable), et la musique. Ils sont tout simplement devenus accros° à la consommation. Les marques considérées comme les plus «in», entendez les plus «tendances», sont Nokia (93%), Nike (89%) et Levi's (86%).

Adapté de «*J'économise*», no. 35, juin/juillet 2002.

**93€**

> **Modèle:** les téléphones mobiles (Nokia)
> ÉTUDIANT(E) 1: —*Est-ce que les jeunes Français achètent des téléphones mobiles?*
> ÉTUDIANT(E) 2: —*Oui, Nokia, par exemple, est populaire/ très tendance.*
> ÉTUDIANT(E) 1: —*On paie combien pour un Nokia?*
> ÉTUDIANT(E) 2: —*On peut payer 93 euros.*

1. le fast-food (les Big Macs)
2. les boardshorts (les boardshorts Quiksilver)
3. les tennis américaines (Nike)
4. les organiseurs électroniques (Palm Pilot)
5. les jeans (Levi's)

89,95€

tennis, *Nike*, 67,50€

boardshort étoilé,
*Quiksilver*, 62€

Big Mac, 2€

77,22€

 **Activité 2: La consommation: vous et vos homologues *(peers)* français.** Lisez le texte suivant. Puis, mettez-vous avec un(e) partenaire et discutez des questions qui suivent. Vous allez ensuite partager vos idées avec la classe.

> ### Les principaux postes de dépenses°
> Le premier poste de dépenses des jeunes concerne l'apparence, avec les vêtements et les produits d'hygiène et de beauté. Viennent ensuite les sorties et les loisirs, puis les frais de téléphone. Les spécialistes notent que les attitudes et les comportements des jeunes sont semblables dans la plupart des pays développés. Malgré° leur attitude critique envers la société de consommation, les jeunes craquent° facilement devant les nombreuses innovations et sont sensibles au design, à l'esthétique et aux matières. La consommation joue un rôle important dans leur mode de vie.

*expense categories*

*Despite*
*fall for*

D'après G. Mermet, *Francoscopie 2003*, Larousse-Bordas, 2003, p. 172

1. Identifiez d'abord les quatre catégories de dépenses principales des jeunes Français.
2. À votre avis, est-ce que les jeunes Américains dépensent leur argent de la même façon? Expliquez.
3. Selon ce texte, l'attitude des jeunes envers la consommation est ambivalente. Expliquez la contradiction.
4. On dit que la consommation des jeunes est un signe de la globalisation. Expliquez pourquoi.

# Comment «parler jeune»

Comme dans la plupart des pays, les jeunes Français utilisent un langage familier pour parler entre eux.

## Pour porter un jugement sur les choses

### Évaluation positive

C'est hyper/super/vachement bien.
C'est extra.
C'est passionnant.
C'est chouette.
C'est cool.
C'est pas mal.
C'est plutôt bon.
C'est marrant/rigolo/amusant.

### Évaluation négative

C'est super/hyper/vachement mauvais.
C'est nul.
C'est plutôt mauvais.
C'est pas terrible.
C'est pas très intéressant.
C'est lamentable.

### Pour parler des gens

| | |
|---|---|
| un mec/type | un homme *(guy)* |
| une nana | une jeune fille |
| un pote | un copain *(buddy)* |
| un gosse | un enfant |

## L'abréviation

Vous avez sans doute remarqué que les Français ont tendance à raccourcir *(to shorten)* les mots pour simplifier le langage. Voici une petite liste de mots utiles considérés comme familiers.

le frigo, l'appart, le resto, le dico, le prof, le petit-déj,
le clip (le vidéo-clip), le bac (le baccalauréat), la fac, la pub (la publicité)

## Quelques mots utiles

D'autres objets importants qui font partie de la vie des jeunes sont:

les fringues *(clothing)*, le fric (l'argent), la bagnole (la voiture), le bouquin (le livre), la bouffe (la nourriture), un machin *(a thingy)*, un truc *(a thing)*

Text Audio Track 24

**Écoutons ensemble! Les jeunes parlent entre eux.** Répondez aux questions que vous entendez en utilisant un mot familier du vocabulaire que vous venez d'apprendre. Puis, vérifiez vos réponses.

1. Dans un _____ à Paris.
2. Non, je n'ai pas besoin d'une _____.
3. Je vais à _____ en métro.
4. Oui, j'ai pas mal de _____ à apporter.
5. Tu peux regarder dans le _____.
6. Oui, nous les _____, on fait de la bonne _____ ici!
7. Non, je suis crevé (fatigué, *fam*). Mangeons au _____.

**Activité 3: Qu'est-ce que tu penses?**

**A.** Trouvez un exemple spécifique pour les catégories suivantes.

> **Modèle:** le dernier CD d'un groupe/chanteur populaire [écouter]
> *le dernier CD de Norah Jones, «Come away with me»*

1. un nouveau film [voir]
2. le dernier CD d'un groupe/chanteur populaire [écouter]
3. une voiture populaire [voir/conduire]
4. un gadget populaire [utiliser/voir]
5. un jeu vidéo [jouer/voir/entendre parler de (*to hear about*)]
6. un site populaire sur Internet [visiter]
7. un acteur/une actrice [connaître]
8. un livre [lire]

**B.** Maintenant demandez l'opinion des autres étudiants sur vos choix.

> **Modèle:** le dernier CD d'un groupe/chanteur populaire [écouter]
> *— Dis, as-tu écouté le dernier CD de Norah Jones?*
> *— «Come away with me?» Oui, je l'aime bien! Mais il est
> presque trop populaire!*

*Une bande de jeunes se balade dans le Marais à Paris.*

# Les Français et l'argent

Nos attitudes envers l'argent font partie de notre culture.

 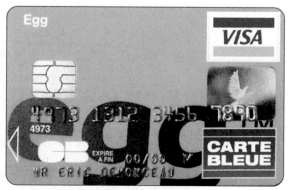

*Les Français sont assez conservateurs dans leurs dépenses et ils se méfient de l'endettement.*

**Activité 4: Attitudes françaises envers l'argent: Sondage.** Regardez le sondage pour répondre aux questions à la page 337.

ENQUÊTE D'OPINION

*Les riches*

Sondage exclusif **CHALLENGES** **France info** 105.5

# Les Français et l'argent : la fin d'un tabou ?

| Pour vous, être riche, serait-ce avant tout... | |
| --- | --- |
| Voyager beaucoup | 37% |
| Dépenser sans compter[1] | 24% |
| Ne plus travailler | 19% |
| Vivre dans le luxe | 6% |
| Ne se prononce pas | 14% |
| TOTAL | 100% |

■ **Heureux qui comme un riche...** *Ni le luxe ni l'oisiveté ne font rêver les Français. La vraie opulence, c'est d'être en mesure de voyager à sa guise. Ce sont les jeunes et les agriculteurs qui en rêvent le plus.*

| Selon vous, quel est le moyen le plus facile, parmi les suivants, pour faire fortune ? | |
| --- | --- |
| Créer sa propre entreprise | 30% |
| Jouer au Loto | 21% |
| Spéculer en Bourse[2] | 21% |
| Investir dans l'immobilier[3] | 18% |
| Ne se prononce pas | 10% |
| TOTAL | 100% |

■ **Non à la fortune du pot.** *Pour être riche, mieux vaut créer son entreprise que spéculer en Bourse ou jouer au Loto. Les jeunes sont les plus nombreux à le croire (50%) et les électeurs communistes les moins enclins (13%).*

| Acceptez-vous de répondre lorsque, dans votre entourage proche (famille, amis, collègues), on vous demande quel est... | | | | |
| --- | --- | --- | --- | --- |
| | Oui | Non | NSP | Total |
| Votre salaire | 78% | 18% | 4% | 100% |
| Votre patrimoine[4] | 73% | 23% | 4% | 100% |
| Votre endettement | 66% | 28% | 6% | 100% |

| Aujourd'hui, certains patrons français gagnent près d'un million d'euros par an. Compte tenu de leur niveau de responsabilités, trouvez-vous justifiés de tels salaires ? | |
| --- | --- |
| Oui, tout à fait | 12% |
| Oui, plutôt | 27% |
| TOTAL OUI | 39% |
| Non, plutôt pas | 27% |
| Non, plutôt pas du tout | 30% |
| TOTAL NON | 57% |
| Ne se prononce pas | 4% |
| TOTAL | 100% |

| Vous-même, personnellement, préférez-vous plutôt... | |
| --- | --- |
| Épargner pour constituer un patrimoine à transmettre à vos descendants | 54% |
| Ne pas épargner et profiter de votre argent en le dépensant | 38% |
| Ne se prononce pas | 8% |
| TOTAL | 100% |

■ **L'épargne populaire.** *Plus d'un Français sur deux prise le bas de laine. Mais on trouve quand même près de 40% de cigales. Les flambeurs sont majoritaires à l'extrême-gauche (54%) et au Front national (52%).*

[1]spending money without thinking about it
[2]stockmarket
[3]investing in real estate
[4]heritage

**Questions:**

1. ____ Français aimeraient être riches pour vivre dans le luxe.
   a. Beaucoup de
   b. Un bon nombre de
   c. Peu de
   d. La majorité des

2. Les Français pensent qu'il est ____ facile de faire fortune en spéculant en Bourse qu'en jouant au Loto.
   a. aussi
   b. plus
   c. moins

3. ____ Français aimeraient être riches pour voyager plus souvent.
   a. Bien des
   b. Peu de
   c. Tous les
   d. Très peu de

4. ____ Français préfèrent dépenser leur argent plutôt que de l'épargner.
   a. Bien des
   b. Une faible minorité de
   c. Peu de
   d. Très peu de

5. ____ Français sont prêts à parler de leur salaire, de leur patrimoine et de leur endettement si un ami, un collègue ou un membre de leur famille le leur demande. (Vous êtes sceptique? Vous n'avez qu'à essayer.)
   a. Un bon nombre de
   b. Quelques
   c. Une petite minorité de
   d. Peu de

 **Activité 5: Et vous?** Mettez-vous en groupes de trois ou quatre et donnez votre avis sur les sujets du sondage. Partagez vos pensées avec la classe.

> **Modèle:** ÉTUDIANT(E) 1: *Pour vous, est-ce qu'«être riche», c'est avant tout voyager beaucoup, dépenser sans compter, ne plus travailler ou vivre dans le luxe?*
> ÉTUDIANT(E) 2: *Pour moi, une personne riche peut dépenser sans compter. Mais je ne veux pas être très riche. Et vous?*

**Activité 6: Interaction.** Posez les questions suivantes à votre camarade.

1. Dépenses-tu tout ton argent ou mets-tu de l'argent de côté *(aside)*?
2. Quelle est ta plus grosse dépense?
3. Qu'est-ce que tu aimes le plus acheter? Où est-ce que tu vas pour l'acheter? Pourquoi?
4. Cherches-tu des soldes *(sales)* en général ou ne fais-tu pas attention aux promotions?
5. Est-ce que tu paies généralement en liquide *(in cash)*, par chèque ou par carte bancaire?
6. Tu préfères les boutiques individuelles ou les chaînes de magasins?

# Perspectives culturelles

## La culture hip-hop incontournable° en France

Depuis son importation en France dans les années 80, la France est le deuxième consommateur de rap dans le monde. La culture hip-hop définit un mode de vie, un langage, un mode d'esprit et une mode vestimentaire. Le hip-hop inspire le baggy, le sweat et la casquette souvent tournée à revers°.

    Cette musique née aux États-Unis avec des racines° dans la musique noire américaine s'adapte bien à la France où elle se mêle à° la musique de l'Afrique noire ou du Maghreb. Le rap possède une forte capacité d'évolution dans la culture où il se trouve. Le hip-hop inspire aussi les danseurs du «smurf», où des jeunes du quartier se rassemblent dans un lieu° public pour pratiquer leurs mouvements gymnastiques et renouer les liens sociaux°. Les arts du hip-hop regroupent des gens issus° de milieux très différents.

Adapté de *Phosphore*, avril 2001

**Avez-vous compris?** Répondez aux questions suivantes.

1. Donnez des exemples de vêtements inspirés par la culture hip-hop.
2. Où est-ce que le rap trouve ses origines?
3. Pourquoi est-ce que la culture hip-hop s'adapte bien en France?

## La mode–tendances

Structure  **12.2 Lequel et les adjectifs démonstratifs ce, cet, cette et ces**

**Lequel** (*Which one*) and demonstrative adjectives (**ce, cet, cette,** and **ces**) are used for asking about choices and referring to specific people and things. They are introduced here in the context of shopping. See pages 354–355 for a full explanation of these forms.

tentations **mode**

SOLDES

Pull
à col
roulé
manches courtes
26,00

Tongs
29,50

Pantalons cargo
67,80 €

Pull moulant
à manches longues
45,90

Mules
36,50

Tennis
newbalance
52,00

Sandales en cuir à haut talon
63,20

Débardeurs à
fines bretelles,
en coton
15 €

Baskets
41,00

— Vous aimez **ces** chaussures-**là**?
— **Lesquelles?**
— **Ces** baskets-**ci** en solde pour 41 euros
— Oui, elles ne sont pas mal. Et c'est un bon prix.

— Que pensez-vous de ce pull?
— **Lequel?**
— **Ce** pull-**là** avec le col roulé en solde pour 26 euros.
— Je le trouve moche.

**Activité 7: Un magazine de mode.** Vous regardez les vêtements en solde avec un copain/une copine. Demandez ce qu'il/elle pense des éléments suivants.

> **Modèle:** les tennis
> — *Qu'est-ce que tu penses de ces tennis?*
> — *Lesquels?*
> — *Ces baskets-là en solde pour 41 euros.*

**1.** le pull      **4.** le pantalon
**2.** les sandales      **5.** les tennis
**3.** le débardeur

**Activité 8: La mode des jeunes dépend de la situation.** Adrienne et Pierre doivent s'habiller pour des situations différentes.

**A. Chez Adrienne.** Ce week-end, elle rencontre les parents de son petit ami. Que porter? Lisez les recommandations et indiquez si les phrases suivantes sont vraies ou fausses.

*to project / clean and neat*
*knee length / not-revealing*
*tight-fitting / dark stockings*

L'image à afficher° est celle d'une gentille jeune fille, propre et rangée°. Toujours en robe ou en jupe au niveau du genou°. Ensembles coordonnés sagement déstructurés° (jamais de moulant°), collants foncés°. Jeans basiques avec un pull ou un chemisier customisé. Coiffure sage et maquillage naturel. L'exemple à imiter: Audrey Tautou dans «Le fabuleux destin d'Amélie Poulain».     *Adapté de Jeune et jolie, avril 2002.*

**1.** Adrienne porte cette tenue (*outfit*) pour impressionner son petit ami.
**2.** Elle porte une mini-jupe.
**3.** Porter une robe moulante est moins modeste que porter une robe déstructurée.
**4.** Le maquillage naturel, c'est assez modeste.
**5.** Adrienne cherche un «look» qui va la faire remarquer.

**B. Chez Pierre.** Ce soir il veut sortir en boîte. Que porter?

*to project / bon chic bon genre*
 *(clean-cut) / pleated slacks /*
 *turtle neck / outfit*
*turned away / bouncers*

L'image à afficher° est celle d'un jeune homme BCBG°. Recommandations pour ce soir: un pantalon à pinces° gris, un pull col roulé° sous une veste BCBG et des chaussures classiques. Il faut une tenue° qui ouvre les portes des boîtes de nuit. Premier objectif? Ne pas être refoulé° par les videurs°. Il a donc une sorte «d'uniforme», mais style.

**1.** Qu'est-ce que Pierre va faire ce soir?
**2.** Est-ce qu'on porte une cravate avec un pull col roulé?
**3.** Pourquoi Pierre doit-il s'habiller de façon classique?
**4.** Est-ce qu'un pantalon à pinces est «habillé» (*formal*)?
**5.** Imaginez que Pierre et Adrienne sont Américains. Est-ce que vous leur faites les mêmes recommandations? Faites les changements que vous trouvez nécessaires.

pull col roulé

coiffure sage

ensemble coordonné

pull déstructuré

jupe au niveau du genou

collants foncés

pantalon à pinces

mocassins

**Activité 9: À chaque génération son style.** En groupes de trois, regardez les vêtements sur la photo et répondez aux questions suivantes.

*Défilé de mode (fashion show) en 1973. Le jean est roi. On porte des pantalons taille basse (low waisted) à pattes d'éléphant (flared). Les couleurs sont vives et gaies.*

1. Qu'est-ce qu'on porte sur la photo? À quelle époque est-ce qu'on s'habillait comme ça?
2. Qu'est-ce que vous portez pour sortir en boîte?
3. Quelles sont les tendances-mode qui caractérisent votre génération?

**Bulletin** Les jeunes Français s'intéressent moins à l'engagement politique que leurs parents qui ont «fait» mai 68 *(date associated with large sixties student protest)*. Cependant, la tolérance, la préservation de l'environnement et la justice sont des valeurs importantes chez eux. Ils critiquent les inégalités créées par la globalisation.

**Est-ce que vous croyez que les valeurs des jeunes Américains et des jeunes Français sont semblables?**

## Structure   12.3 L'ordre des pronoms

When talking about borrowing something from someone or lending something to someone, two object pronouns are sometimes used in succession. One represents the object being offered, the other represents the recipient. In casual speech, two object pronouns are generally limited to common expressions. See pages 356–357 for an explanation of pronoun order.

—Tiens, j'ai besoin d'une veste pour ce soir. Je peux emprunter ta veste, Stéphane?
—Oui, je **te la** prête. Mais tu dois **me la** rendre demain.

**Activité 10: Une sortie et rien à mettre!** Avec un(e) camarade de classe, dites ce qu'il faut mettre dans les situations suivantes. Malheureusement *(Unfortunately)*, vous n'avez pas les vêtements appropriés, alors vous demandez qui pourrait vous les prêter.

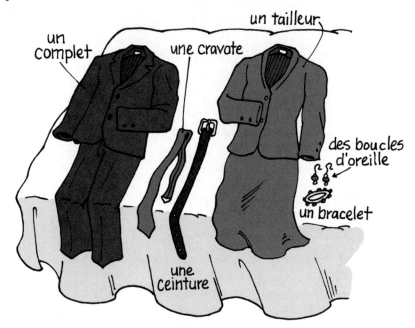

> **Modèle:** pour aller au mariage *(wedding)* d'un(e) ami(e)
>
> ÉTUDIANT 1: *Pour aller au mariage d'un ami(e), j'aurai besoin d'un complet avec une cravate et des chaussures classiques. Malheureusement, je n'ai pas de complet. Qui dans la classe a un complet?*
>
> ÉTUDIANT 2: *Moi, j'ai un complet.*
>
> ÉTUDIANT 1: *Est-ce que tu veux bien me le prêter?*
>
> ÉTUDIANT 2: *Oui, mais tu dois me le rendre tout de suite après.*

1. pour aller au mariage d'un copain
2. pour courir dans un marathon
3. pour passer une semaine à la plage
4. pour un entretien d'embauche *(job interview)*
5. pour aller dans une boîte de nuit

**Activité 11: Dis-moi la vérité.** Jean veut acheter un vêtement pour sa copine. Il demande l'opinion de son copain (sa copine). Travaillez avec un(e) partenaire et jouez les rôles de Jean et de son copain (sa copine).

> **Modèles:** pantalon / trop court / −
>
> ÉTUDIANT(E) 1: *Dis, je lui achète ce pantalon?*
>
> ÉTUDIANT(E) 2: *Mais non, ne le lui achète pas. Il est trop court!*
>
> manteau / confortable / +
>
> ÉTUDIANT(E) 1: *Dis, je lui achète ce manteau?*
>
> ÉTUDIANT(E) 2: *Oui, achète-le. Il a l'air très confortable.*

1. cette veste / épaules *(shoulders)* trop étroites *(tight)* / −
2. ce pantalon / trop large / −
3. cette chemise / élégante / +
4. ce débardeur / trop moulant / −
5. ces chaussures / talons *(heels)* trop hauts / −
6. cette écharpe *(scarf)* / pratique / +

# Comment faire les achats

*Galeries Lafayette près de l'Opéra à Paris.*

## Premier contact

| Vendeur (Vendeuse) | Client(e) |
| --- | --- |
| Je peux vous renseigner? | Oui, je cherche un pantalon. |
| Vous désirez, madame/monsieur? | Je cherche ce modèle en bleu. |
| | Euh, je regarde (tout simplement). |
| | Rien, merci. |

## Renseignements

| Vendeur (Vendeuse) | Client(e) |
| --- | --- |
| Quelle taille faites-vous? | Je fais du 40. |
| Quelle est votre pointure *(shoe size)*? | Je chausse (Je fais) du 39. |

## Pour demander le prix

| Client(e) | Vendeur (Vendeuse) |
| --- | --- |
| C'est combien, cette chemise? | Elle est en solde pour 48 euros. |
| Combien coûtent ces bottes? | C'est une très bonne affaire. Elles coûtent 89 euros. |
| C'est très cher! | Mais regardez un peu, la qualité est superbe! |

## Pour demander un avis et prendre une décision

| Client(e) | Vendeur (Vendeuse) |
| --- | --- |
| Je peux l'essayer? | Bien sûr. Voilà la cabine. |
| Est-ce que ça me va? | Ça vous va très bien/comme un gant. |
| | C'est peut-être un peu serré/large. |
| | Essayez une taille plus grande/petite. |

| Vendeur (Vendeuse) | Client(e) |
| --- | --- |
| Qu'est-ce que vous en pensez? | Je ne sais pas. C'est un peu trop cher/grand/juste. Je dois réfléchir. |
| | Je le prends. |

| Client(e) | Vendeur (Vendeuse) |
| --- | --- |
| Vous acceptez les cartes bancaires? | Bien sûr, madame/monsieur! |

Text Audio Track 25

**Écoutons ensemble! Dans une boutique de prêt-à-porter.** Écoutez le dialogue et écrivez les mots qui manquent.

VENDEUR: Bonjour, mademoiselle. Je peux _____?

CLIENTE: Oui, j'ai vu ce _____ dans la vitrine. Est-ce que vous avez ce _____ en _____?

VENDEUR: Je vais voir. Quelle _____-vous?

CLIENTE: Je fais _____.

VENDEUR: Le voilà. Vous voulez _____? La cabine est là-bas.

(*plus tard, devant le miroir*)

VENDEUR: Il vous va très bien. Et il est en _____. Qu'est-ce que vous en pensez?

CLIENTE: Je _____. Vous acceptez les cartes de crédit?

## Le système éducatif francais

**Bulletin** En France comme dans le monde entier, l'école et les études jouent un rôle central dans la vie des jeunes. Les professeurs français, comme leurs homologues (*peers*) améri-cains, se plaignent de (*complain about*) leurs élèves et de leur man-que (*lack*) de culture classique. Ils disent que la plupart connaissent mieux les noms des chanteurs ou des champions sportifs que les dates des grandes batailles de l'his-toire de France. Mais comme vous verrez dans les pages qui suivent, le système éducatif reste très conservateur (*conservative*).

*Des élèves se réunissent dans la cour du lycée Henri IV à Paris pendant la récréation.*

**Activité 12: La vie scolaire.** Consultez le diagramme à la page 345 pour compléter les phrases suivantes.

1. En France, les enfants commencent _____ à l'âge de 3 ans. Là, ils apprennent à jouer ensemble.
2. Après _____, à 11 ans, l'enfant commence le collège en 6ᵉ et le termine en _____.
3. Après le collège, l'élève qui préfère faire des études plus courtes va souvent dans un _____. Il y suit des cours techniques et fait un apprentissage de mécanicien, de charpentier (*carpenter*), de boulanger. Après _____ ans, il reçoit un BEP.
4. Les élèves qui continuent leurs études scolaires générales vont au _____ après le collège. Ils commencent le lycée en _____ à l'âge de _____ ans.
5. La dernière année de lycée s'appelle la _____. C'est une année consacrée à la préparation du _____, un examen long et difficile.
6. Tout élève possédant le bac a le droit (*has the right*) d'aller dans une _____.
7. Après le bac, les meilleurs élèves peuvent suivre des cours préparatoires pendant une ou plusieurs années pour préparer un concours extrêmement difficile qui donne accès aux _____, les écoles les plus prestigieuses de France.

**l'école maternelle (gratuite):** 3 ans à 6 ans

**l'école primaire:** 6 ans à 11 ans

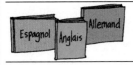

**le collège:** 11 ans à 15 ans, de la 6e à la 3e          **le BEPC** (le brevet d'études du premier cycle)

**le lycée d'enseignement général:**           **le bac** (le baccalauréat)
15 ans à 18 ans, de la seconde à la terminale

**le lycée d'enseignement professionnel:**          **le BEP** (le brevet d'études professionnelles)
**(LEP):** deux ans avec un apprentissage          *for higher level trades; generally students will*
*not pursue a university education*

**l'Institut universitaire de technologie**                    **le DUT** (le diplôme universitaire de tech-
**(IUT):** deux ans          nologie: études courtes à finalité professionnelle)

**l'université**  **1er cycle:** deux ans          **le DEUG** (le diplôme d'études universitaires
générales)
**2e cycle:** 3e année          **la licence**
4e année          **la maîtrise**
**3e cycle:** deux à sept ans          **le DEA** (le diplôme d'études approfondies)
**le doctorat**

**les grandes écoles**                    **diplômes et titres divers** (diplôme d'ingé-
Entrées par concours après un à trois ans          nieur, diplôme supérieur de commerce, etc.)
d'études dans une école préparatoire.
Les reçus composent l'élite du pays.
  l'École polytechnique
  l'École nationale d'administration (ENA)
  l'École normale supérieure: sciences et lettres
  l'École des hautes études commerciales (HEC)

# Perspectives culturelles

## La sélection et la chasse aux concours

*competitive exam*

Les concours° et la sélection jouent un grand rôle dans la vie scolaire de l'élève français. Jusqu'à la fin du collège, tous les jeunes suivent des cours ensemble, le fils du boulanger avec la fille du médecin.

*to worry*

Mais bien avant la fin du collège, les élèves et leurs parents commencent à s'inquiéter° de la sélection pour le lycée. Les meilleurs élèves poursuivront des études académiques au lycée; les autres seront orientés vers un lycée d'enseignement professionnel (LEP) pour suivre des études pratiques.

*accepted / right*

À la fin du lycée, le bac constitue une deuxième sélection. Seuls les élèves qui y sont reçus° ont le droit° de poursuivre des études avancées au niveau universitaire; entre 75% et 78% des candidats réussissent. Les grandes écoles sont réservées à une petite élite; elles représentent l'éducation française à son plus haut niveau.

*work like crazy (fam)*

Pour y être admis, il faut «bosser comme un fou°» pendant deux ans dans une classe préparatoire avant de passer un concours d'entrée. Une fois reçu au concours, l'étudiant peut se reposer. Son avenir professionnel est assuré.

*Un LEP à Besançon avec une forte population d'étudiants immigrés dont la langue maternelle n'est pas le français.*

*Étudiants à l'École polytechnique, une grande école fondée par Napoléon.*

*course of study*
*path*

Le système éducatif français est assez rigide. Une fois orienté dans une filière°, il est difficile pour l'étudiant de changer de voie°, de zigzaguer comme l'étudiant américain. Par conséquent, les parents s'inquiètent beaucoup de la réussite scolaire de leurs enfants. Ils les poussent dans leurs études et les encouragent à choisir une direction à un jeune âge. Le parent français sait que le diplôme ouvre de nombreuses portes dans la vie.

### Avez-vous compris?

**A.** Indiquez si les phrases suivantes sont vraies ou fausses. Corrigez les phrases fausses.

1. Jusqu'à la fin du collège, les élèves français suivent tous le même programme d'études.
2. Si on veut faire des études universitaires, il faut réussir au bac.
3. La majorité des élèves vont dans des écoles préparatoires après le lycée.
4. Comme aux États-Unis, l'étudiant français peut facilement changer la direction de ses études.
5. Les grandes écoles sont très prestigieuses.

**B.** Est-ce que les parents américains s'inquiètent aussi de la réussite scolaire de leurs enfants? Expliquez.

**Activité 13: Comparons nos deux systèmes.** Le système éducatif français est assez différent du système américain. Donnez l'équivalent approximatif de chaque mot anglais en français. Puis expliquez quelques différences entre les deux termes.

1. *middle school*
2. *university*
3. *Scholastic Aptitude Test*
4. *senior year (high school)*
5. *Ivy League schools*
6. *kindergarten*
7. *college prep high school*
8. *bachelor's degree*

a. l'école maternelle
b. le baccalauréat
c. les grandes écoles
d. l'université
e. le lycée
f. la terminale
g. le collège
h. la licence

 **Activité 14: Comparaison culturelle.** Après avoir lu les informations sur le système éducatif français, mettez-vous en groupe de trois ou quatre et parlez de deux similarités et de deux différences entre les deux systèmes.

**Similarités:**

**Différences:**

## Des programmes d'échange

> ### Structure  12.4 Les pronoms relatifs ce qui et ce que
>
> **Ce qui** and **ce que** are indefinite relative pronouns that both mean *what.* In spoken French, they are used with **c'est** for adding emphasis and for focusing attention, as shown in the examples here. See page 358 for further explanation.

Chaque année, des centaines de jeunes Français se rendent aux États-Unis, grâce à des bourses, pour étudier dans les *high schools* et dans les universités. Voici quelques remarques de ces étudiants.

LAURENT: **Ce que** j'apprécie aux États-Unis, **c'est** la beauté des campus.

CAMILLE: **Ce qui** est important dans les universités américaines contrairement à la fac, **c'est** la vie sociale, les clubs et le sport.

CYRILLE: **Ce que** j'aime, **c'est** l'ambiance décontractée dans les salles de classe.

BÉATRICE: **Ce qui** me manque, **ce sont** mes copains. Ici, je trouve les étudiants superficiels. Il y a moins de discussions animées.

RACHEL: **Ce que** je voudrais faire, **c'est** voir tout le pays avant de rentrer en France.

**Activité 15: Les étudiants parlent.** Répondez aux questions suivantes en utilisant la structure **ce qui** ou **ce que** + **c'est.**

1. Qu'est-ce que Laurent apprécie dans les universités américaines?
2. Qu'est-ce qui a beaucoup d'importance dans les universités américaines selon Camille?
3. Qu'est-ce que Cyrille aime?
4. Qu'est-ce qui manque à Béatrice?
5. Qu'est-ce que Rachel voudrait faire?

**Activité 16: Entrevue à la télévision.** Des étudiants américains qui étudient en France parlent de leurs impressions sur le système éducatif français. Répondez pour eux en suivant le modèle.

> **Modèle:**  Dawn, qu'est-ce qui vous a frappé *(struck you)* le plus au lycée?
> (Le travail et le niveau des cours)
> DAWN:  *Ce qui m'a frappé le plus, c'est le travail et le niveau des cours.*

1. Jeff, quel aspect de la vie sociale as-tu apprécié le plus? (Les discussions dans les cafés. Nous allions toujours dans le même café à cinq heures. C'était sympa!)

2. Qu'est-ce qui était difficile pour vous? (Les cours le samedi matin. Le mercredi après-midi libre n'était pas une vraie récompense.)

3. Jeff, quel aspect de l'organisation des classes était le plus différent? (Le niveau *[level]* des études).

4. Alex, qu'est-ce qui est problématique pour un étudiant américain? (Le manque de contrôle continu *[regular assignments]*. Comment évaluer ses progrès?)

 **Activité 17: À vous!** Depuis votre arrivée au campus, quelles sont vos impressions? Terminez les phrases suivantes avec un(e) camarade.

1. Ce que j'ai remarqué tout de suite quand je suis arrivé(e) sur ce campus, c'était...
2. Ce que j'aime le plus ici, c'est...
3. Ce qui me manque *(What I miss)* ici, c'est...
4. Ce que je trouve amusant, c'est...
5. ... voilà ce que je trouve insupportable.
6. Ce que j'ai vraiment envie de faire, c'est...

 **Situations à jouer!**

1. Vous venez d'acheter de nouveaux vêtements pour aller à une fête avec un(e) ami(e). Montrez les vêtements à votre ami(e) (vous pouvez utiliser une photo de mode). Demandez-lui ce qu'il/elle en pense. N'oubliez pas d'employer les mots familiers que vous venez d'apprendre.

2. Vous allez à la boutique où travaille votre ami(e). Demandez-lui de vous aider à trouver la tenue/les chaussures, etc. que vous voulez acheter. Parlez du prix, de la couleur, etc.

3. Vous interviewez un(e) étudiant(e) français(e) qui étudie sur votre campus sur ses observations de votre université et sur les différences qu'il/elle trouve entre le système éducatif français et américain. Préparez cinq questions à lui poser. Ensuite, posez d'autres questions basées sur ses réponses.

# Lecture

## Anticipation

Cet article parle des jeunes Français qui écrivent leur journal intime (*diaries*) en ligne. Il compare cette pratique chez les Français et chez les Américains.

1. Est-ce que vous connaissez des gens qui écrivent des cyber-journaux? Pourquoi est-ce paradoxal d'écrire un journal intime sur le Net?
2. Imaginez pourquoi certaines personnes préfèrent le Net à un vrai journal pour rapporter leurs pensées (*thoughts*) intimes.
   a. le désir de partager ses expériences avec les autres en restant anonyme
   b. le désir d'être publié
   c. la difficulté de cacher un journal intime aux autres, surtout aux parents
   d. une autre raison?

## Expansion de vocabulaire

Associez les mots de la liste avec la définition appropriée.

1. un cyber-journal          a. un surfeur sur Internet
2. un internaute             b. un pseudonyme
3. le Net                    c. le Web
4. le bonheur et le malheur  d. Internet
5. un pseudo                 e. un état de contentement et de mécontentement
6. la Toile                  f. parler de
7. rapporter                 g. un journal sur le Net

## Multimédia: «Cher cyber-journal»

1 Les journaux intimes en français débarquent sur le Net! Des états d'âme livrés° à la curiosité planétaire, ce n'est plus très intime, direz-vous. Détrompez-vous...°

*Soul-searching exposed*
*Don't be mistaken*

Damien a 20 ans et tous les jours, il rapporte ses bonheurs et ses malheurs° quotidiens dans son journal intime. Il ne tient pas de cahier pour autant°. «J'en avais
5 un, mais mes parents sont tombés dessus° il y a deux ans et ça a été la crise», dit-il. Depuis, il a décidé d'utiliser un pseudo, de se confier en ligne et il a «enfin la paix».

*ups and downs*
*as such*
*found it*

*protected*
*It makes little difference*

Un journal intime sur le Net, ça vous semble paradoxal? «Comme ils ne donnent pas leur nom, les auteurs se sentent protégés°», note Kenya Zanatta, un étudiante en sociologie. Peu importe° que leurs écrits soient destinés à un «cher cahier»,
10 à une amie imaginaire ou à des internautes anonymes. Dans tous les cas, ils se confient sincèrement.

### Écrivez-moi ou j'arrête de respirer

*abound*
*is just beginning*
*try to improve myself*

Du coup, sur la Toile, les cahiers foisonnent°. Des milliers aux États-Unis. Plusieurs centaines déjà en France, «où le phénomène débute à peine°».
    «Grâce à mon journal, je tente de m'améliorer°», écrit sur son site la jeune
15 Marie. À l'intérieur de leur journal, les Français justifient leur pratique, ils tentent d'élaborer des théories plus ou moins sociologiques. «Les Américains ont un rapport plus simple avec l'écriture», estime Kenya Zanatta. «Ils la vivent de façon beaucoup plus naturelle.» Ils se font souvent ironiques et se moquent° d'eux-mêmes.

*make fun of*

    Mais si, entre les deux pays, le ton diffère, les contenus se ressemblent. Les
20 journaux en ligne célèbrent la vie quotidienne, parlent des potes, des profs, des parents... Ce qui motive les auteurs, ce n'est pas tant° ce qu'ils ont à dire, mais le bonheur° de le partager°. Pour communiquer avec les autres ils donnent tous leur adresse e-mail et attendent avec impatience le moindre° retour. «Sans lecteurs, ils arrêtent vite leur travail», note, amusée, l'étudiante. Une auteure de
25 journal lui a confié: «Si je n'ai pas assez de messages, je raconte combien je suis triste et hop, j'en reçois plein°.»

*so much*
*happiness / share*
*least*

*a lot of them*

    Grâce à ces échanges électroniques, les auteurs de journaux intimes forment une petite communauté. Les deux tiers° sont des femmes, de 16 à 35 ans; en France aussi bien qu'aux États-Unis. Les membres de la communauté française
30 ont du mal à rester totalement anonymes. Mais le veulent-ils vraiment? «Ils rêvent presque tous d'être publiés», avance Zenatta.

*two thirds*

Texte de David Groison © *Phosphore*, Bayard Presse Jeunes, 2002

### Compréhension et intégration

Répondez aux questions suivantes.

1. Pourquoi Damien a-t-il commencé à écrire un cyber-journal?
2. Pourquoi les auteurs se sentent-ils protégés sur le Net?
3. Selon Kenya Zanatta, est-ce que les internautes anonymes écrivent de façon sincère?
4. Donnez deux différences entre le ton des cyber-journaux américains et français.
5. Sur quels points les contenus des journaux se ressemblent-ils?
6. Quelle est la motivation principale des auteurs?

### Maintenant à vous!

Quels sont les avantages et les inconvénients d'écrire dans un cyber-journal ou dans un journal traditionnel?

# Un pas en avant

ttp://motifs.heinle.com

## Naviguez le Web!

Les magasins en ligne deviennent de plus en plus populaires en France comme aux États-Unis. Vous pouvez y acheter quelque chose ou tout simplement faire du lèche-vitrines *(window shopping)* en ligne. Allez-y! Commencez votre recherche sur Internet!

## À écrire

### Et si c'était un objet? Choisissez le vôtre.

À la fin du 20$^e$ siècle, on a demandé aux Français de choisir un objet qui symbolise ce siècle. Veut-on célébrer la révolution domestique? On choisira le lave-linge ou la télécommande. Préfère-t-on souligner l'explosion de la communication? On mettra en avant le portable ou Internet.

Marie-Claire, amusé par l'idée, a demandé à plusieurs personnalités de se prêter au jeu. On leur a demandé de citer 1) l'objet qui représente le siècle, 2) l'objet qu'on voudrait voir disparaître au cours du prochain millénaire, et 3) celui qu'on souhaiterait voir inventé. Voici une réponse d'Agnès B, une styliste.

### Agnès B.
*Styliste*

MON OBJET: «C'est le briquet Bic jetable, car il n'est ni féminin ni masculin. Il est né dans ce siècle. On s'en sert de la main droite comme de la main gauche. Il porte en lui sa propre énergie. La flamme, c'est l'esprit. Il est perdable. Il n'a pas de valeur. Il est autonome et échangeable. Il a sa place dans l'histoire de l'homme et du feu. Il est catalyseur. Il favorise les relations et il est signe de joie dans les concerts.»

L'OBJET QUE J'AIMERAIS VOIR DISPARAÎTRE: «Toutes les armes, les mines anti-personnel, la bombe H, toutes les bombes, y compris celles pour les rosiers. La plus grosse des bombes comme la plus petite qui détruit la couche d'ozone.»

L'OBJET À INVENTER: «Ce serait un médicament contre la méchanceté, et un autre contre le chagrin d'amour. Il pourrait s'appeler: "Forget it".»

**Phrases:** describing objects, expressing hopes and aspirations, expressing opinions or preferences, expressing time relationships, hypothesizing, linking ideas, pointing to idea, person, object, stating a preference, talking about past events, writing an essay

**Grammar:** adjective agreement, conditional, conjunction **que,** demonstrative adjectives, **faire** expressions, nouns after **c'est** and **il est,** prepositions + relative pronouns **lequel** and **laquelle,** prepositions with times and dates, relative pronouns **ce qui** and **ce que**

**Vocabulary:** arts, automobile, clothing, computer, cultural historical periods, cultural movements, electronic products, entertainment, means of transportation, money, print journalism, telephone, working conditions

PREMIÈRE ÉTAPE. Afin de préparer chaque paragraphe de l'essai, faites les listes suivantes et puis comparez vos listes avec celles de vos camarades de classe.

1. D'abord, faites une liste des changements du 20e siècle que vous trouvez importants et que vous aimeriez fêter. Expliquez les implications de ces changements. Voici quelques possibilités: la révolution sexuelle, l'explosion de la communication, les droits de la femme, les progrès technologiques. Partagez vos idées avec d'autres personnes pour élargir les possibilités.

2. Choisissez un objet que vous associez à un de ces changements. Justifiez votre choix. Exemples: L'ordinateur portable est un instrument de liberté; le disque compact symbolise l'explosion de la culture jeune, le pantalon pour femmes représente la libération des femmes. Décrivez l'objet: il est de quelle taille, couleur, etc. En quoi est-il fabriqué?

3. Faites une liste des objets que vous aimeriez voir disparaître—le téléphone portable, la télé, les armes ou les mines anti-personnel, la bombe H, le plastique—et expliquez pourquoi.

4. Pensez à une invention qui pourrait aider le monde.


DEUXIÈME ÉTAPE. Maintenant écrivez votre essai en commençant vos trois paragraphes selon le modèle. Écrivez au moins cinq phrases pour chaque paragraphe.

A. **Premier paragraphe:** *À mon avis, l'objet qui marque le 20e siècle et le début du 21e siècle, c'est le/la _____ car _____.*

B. **Deuxième paragraphe:** *L'objet que j'aimerais voir disparaître, c'est...*

C. **Troisième paragraphe:** *L'objet à inventer, ce serait le/la...*

# Structure 12.1   Les verbes comme **payer**

Verbs with the infinitive ending -**yer** change **y** to **i** in all but the **nous** and **vous** forms.

| payer *(to pay, to pay for)* | |
|---|---|
| je paie | nous payons |
| tu paies | vous payez |
| il/elle/on paie | ils/elles paient |

passé composé: j'ai **payé** imparfait: je **payais**

| | |
|---|---|
| Elle **paie** son loyer. | *She pays her rent.* |
| Combien as-tu **payé** cette voiture? | *How much did you pay for that car?* |

Some common -**yer** verbs are **nettoyer** *(to clean)*, **employer** *(to use)*, **essayer** *(to try)*, **envoyer** *(to send)*, **ennuyer** *(to bore* or *to annoy)*, and **s'ennuyer** *(to be bored)*.

| | |
|---|---|
| Il **essaie** le pantalon avant de l'acheter. | *He's trying on the pants before buying them.* |
| Silence. J'**essaie** de me concentrer. | *Quiet. I'm trying to concentrate.* |
| Ils **envoient** la carte postale. | *They're sending the postcard.* |
| Ce film m'a **ennuyé.** | *That film bored me.* |

The verb **dépenser** *(to spend)* is frequently used as a synonym for **payer**.

| | |
|---|---|
| Combien as-tu **payé** ce jeu? | *How much did you pay for this game?* |
| Combien as-tu **dépensé** pour ce jeu? | *How much did you spend for this game?* |

**Exercice 1.** Complétez ces bribes de conversation que vous entendez en faisant vos courses.

1. Je _____ (s'ennuyer)! Je n'aime pas faire des achats!
2. Paul, tu _____ (payer) toujours trop pour tes affaires. Il faut attendre les soldes!
3. J'_____ (essayer) de trouver un cadeau pour la fête des mères. Vous pouvez me recommander un petit quelque chose?
4. Ma grand-mère m'_____ (envoyer) de l'argent pour mon anniversaire; donc, j'ai maintenant 25 euros à _____ (dépenser).
5. —Où est Claire?
   —Elle _____ (essayer) une robe.
6. Nous _____ (payer) un peu plus, mais nous préférons acheter chez les petits commerçants du coin.
7. Charles, tu _____ (dépenser) tout ton argent en bêtises *(to fritter away money)*!

**Exercice 2.** Un jeune homme parle de sa difficulté à faire des économies *(to save)*. Complétez le paragraphe avec **essayer, payer, dépenser, envoyer, ennuyer, épargner, gagner.**

Moi et mes copains, nous avons du mal à faire des économies. Nous _____[1] un peu d'argent en faisant de petits boulots, mais nous _____[2] trop de fric en bêtises. Moi, j'_____[3] d'être prudent, mais je _____[4] trop pour mon portable et mes fringues. Je _____[5] aussi l'essence et l'assurance pour ma voiture. Mes parents sont très économes. Ils _____[6] une partie de leur salaire tous les mois. En plus ils _____[7] de l'argent à des organisations bénévoles comme la Croix-Rouge. Ils n'aiment pas trop _____[8] pour les produits de consommation. Nos parents nous demandent toujours: «Et votre bas de laine *(nest egg)*?» Cela nous _____[9]! Nous sommes incapables de faire des économies!

# Structure 12.2 Lequel et les adjectifs démonstratifs ce, cet, cette et ces

**Lequel** *(Which one?)* is frequently used to ask about a choice between people or objects. It replaces the adjective **quel** *(which? what?)* and the noun it modifies. Here are its forms:

|  | singulier | pluriel |
|---|---|---|
| **masculin** | lequel | lesquels |
| **féminin** | laquelle | lesquelles |

| | |
|---|---|
| Serge, regarde ces chemises. **Laquelle** préfères-tu? | *Serge, look at these shirts. Which one do you prefer?* |
| Je vois plusieurs téléviseurs ici. **Lesquels** sont en solde? | *I see several TVs here. Which ones are on sale?* |

### ADJECTIFS DÉMONSTRATIFS

The demonstrative adjectives (**ce, cet, cette,** and **ces**) are equivalent to *this (that)* and *these (those)* and are used to refer to specific objects or people.

| | |
|---|---|
| **Ce** magasin est ouvert. | *This store is open.* |
| **Ces** disques compacts coûtent cher. | *These compact discs are expensive.* |

Like all other adjectives, they agree with the noun they modify.

| | |
|---|---|
| ce magasin | *this store* or *that store* |
| ces hommes | *these men* or *those men* |
| cette robe | *this dress* or *that dress* |
| ces femmes | *these women* or *those women* |

**Cet** is used before masculine singular nouns beginning with a vowel or a mute **h.**

Je ne comprendrai jamais **cet** homme!  *I'll never understand that man!*

To emphasize the distinction between *this* and *that,* attach the suffixes **-ci** *(here)* and **-là** *(there)* to the noun.

— Regarde ce baladeur.           — *Look at that Walkman.*
— Lequel?                         — *Which one?*
— **Ce** baladeur**-là,** en solde.   — *That Walkman, on sale.*

**Exercice 3.**  Votre copain (copine) n'arrive pas à se décider! Il (Elle) vous demande votre avis. Complétez ses questions avec la forme correcte de l'adjectif démonstratif **ce, cet, cette, ces.**

1. J'achète _____ bottes ou _____ sandales?
2. Préfères-tu _____ chemise en coton ou _____ chemisier en soie *(silk)*?
3. Est-ce que tu préfères _____ veste écossaise *(plaid)* ou _____ blouson en cuir?
4. J'aime beaucoup _____ pull-là, mais je trouve _____ chemise trop chère.
5. Est-ce que tu aimes mieux _____ cravate à rayures *(striped)* ou _____ nœud papillon *(m, bowtie)*?

**Exercice 4.**  Le vendeur vous encourage à acheter tout ce que vous regardez. Complétez les phrases en utilisant l'adjectif démonstratif qui convient.

1. _____ jupe plissée *(pleated)* vous va à la perfection.
2. _____ escarpins *(high heels)* vous vont à merveille.
3. _____ débardeur est en solde.
4. _____ pulls sont en promotion.
5. _____ pantalon à pinces vous va comme un gant.
6. _____ anorak *(parka)* est fabriqué ici en France.

**Exercice 5.**  La femme de Marc l'aide à décider ce qu'il devrait mettre dans sa valise. Complétez les questions de Marc en suivant le modèle.

**Modèle:**  — Apporte des chaussettes en coton.
            — *Lesquelles? Ces chaussettes-ci ou ces chaussettes-là?*

1. Prends un jean.
2. Il te faut une chemise.
3. Prends un pull-over.
4. N'oublie pas d'emporter un bon livre.
5. Il te faut des baskets.

# Structure 12.3   L'ordre des pronoms

You have already learned how to use direct and indirect object pronouns individually. Occasionally, two object pronouns are used in the same sentence. The chart that follows summarizes the required order when more than one pronoun is used.

| Order of Object Pronouns | | | | |
|---|---|---|---|---|
| me (m') | le/l' | | | |
| te (t') | la/l' | lui | y | en + verbe |
| nous | les | leur | | |
| vous | | | | |

As the chart shows, the third person indirect object pronouns (**lui** and **leur**) always follow the direct object pronouns (**le, la,** and **les**).

— Est-ce que tu donnes <u>ce cadeau</u> <u>à Jean</u>?
                            d.o.        i.o.

— Oui, je **le lui** donne.
         d.o.  i.o.

— A-t-il reçu le message?
— Oui, le réceptionniste **le lui** a donné.

In every other case, the indirect object pronoun precedes the direct object pronoun.

| | |
|---|---|
| — Peux-tu me prêter ta voiture? | *Can you lend me your car?* |
| — Non, je ne peux pas **te la** prêter. | *No, I can't lend it to you.* |
| — J'**en** ai besoin cet après-midi. | *I need it this afternoon.* |
| — J'adore ce pull! | *I love that top!* |
| — Tiens, il est à toi. Je te le donne. | *Here, it's yours. I'm giving it to you.* |
| — Tu **me l'**as donné? | *You gave it to me?* |

The pronouns **y** and **en** always come last.

| | |
|---|---|
| Je vais l'**y** emmener. | *I am going to take him/her there.* |
| Je vais lui **en** offrir. | *I'm going to offer him some.* |

## L'IMPÉRATIF

| Pronoun Order for Affirmative Commands | | |
|---|---|---|
| Verbe +    -le | -moi (m') | |
| -la | -lui | |
| -les | -leur | -y/-en |
| | -nous | |

In *affirmative commands*, the direct object pronoun always precedes the indirect, as shown in the chart. **Y** and **en** always come last.

| Achète-**le-moi.** | *Buy it for me.* |
|---|---|
| Donnez-**les-lui.** | *Give them to him.* |
| Achète-**m'en.** | *Buy me some.* |

In *negative commands,* the pronouns follow the same order as in declarative sentences.

| Ne **le lui** achète pas. | *Don't buy it for him.* |
|---|---|
| Ne **m'en** parlez pas. | *Don't talk to me about it.* |

**Exercice 6.** Les copains de Dylan veulent fêter son anniversaire en lui organisant une surprise-partie. Sa copine Marianne demande nerveusement si tout est préparé. Trouvez la réponse appropriée à ses questions.

1. Tu vas me donner la liste des invités?
2. Est-ce que Feza t'a parlé du disc-jockey qu'on a embauché *(hired)*?
3. Nous avons assez de temps pour mettre quelques décorations?
4. Tu as vu les autres invités à la fac?
5. Vas-tu aller chercher le gâteau?
6. Personne n'a rien dit à Dylan, c'est sûr?
7. Donc, il ne s'attend pas à la fête.

a. Je suis déjà allé le chercher.
b. Oui, je les y ai vus.
c. Mais, je te l'ai déjà donnée! La voici!
d. Écoute, Marianne. Personne ne lui en a parlé!
e. Non, elle ne m'en a rien dit. Mais c'est une excellente idée.
f. Oui, nous en avons assez.
g. Je te le promets; il n'en sait rien. On ne lui en a rien dit.

**Exercice 7.** C'est la veille de Noël *(Christmas Eve)* et la famille Poitier essaie de finir les préparatifs pour la fête. C'est Mme Poitier qui s'en occupe. Utilisez des pronoms dans les réponses pour éviter la répétition des mots soulignés.

**Modèle:** — Chérie, offrons-nous <u>ces fleurs</u> <u>aux Martin</u>? (oui)
        — *Oui, offrons-les-leur.*

1. Maman, je peux offrir <u>ces chaussures de ski</u> <u>à Hélène</u>? (oui)
2. Maman, est-ce que je dois envoyer <u>ce paquet</u> <u>à Grand-père</u>? (non)
3. Chérie, est-ce qu'on donne <u>ces photos</u> <u>à nos parents</u>? (non)
4. Maman, allons-nous écrire <u>une lettre</u> <u>à tante Simone</u>? (oui)
5. Chérie, est-ce qu'on donne <u>ce panier</u> *(basket)* <u>de fruits</u> <u>aux voisins</u>? (oui)

# Structure 12.4 Les pronoms relatifs ce qui et ce que

**Ce qui** and **ce que** are indefinite relative pronouns that mean *what* in English. **Ce qui** replaces a subject, and **ce que** replaces an object.

A small number of French verbs are followed by **ce qui** including **arriver, se passer** *(to happen)*, **plaire, passionner, gêner, ennuyer.**

| | |
|---|---|
| Je ne ne sais pas **ce que** je vais faire. | *I don't know what I'm going to do.* |
| Ma mère veut savoir **ce qui** se passe ici. | *My mother wants to know what's going on here.* |
| Dis-moi **ce qui** est arrivé à ta sœur. | *Tell me what happened to your sister.* |

### FOCALISATION

**Ce qui** and **ce que** are frequently used with **c'est** for emphasis in conversation, as shown in the following examples.

| | |
|---|---|
| Cette classe m'ennuie. | **Ce qui** m'ennuie, **c'est** cette classe. |
| Je veux voir un film. | **Ce que** je veux faire, **c'est** voir un film. |
| J'aime le chocolat. | **Ce que** j'aime, **c'est** le chocolat. |
| La musique me passionne. | **Ce qui** me passionne, **c'est** la musique. |

**Exercice 8.** Des amis discutent de ce qu'ils aiment et de ce qu'ils n'aiment pas. Mettez en valeur les éléments soulignés en utilisant **ce qui** ou **ce que.**

> **Modèle:** Je n'aime pas <u>travailler sans arrêt</u>.
> *Ce que je n'aime pas, c'est travailler sans arrêt.*

1. <u>Le conformisme</u> m'ennuie.
2. J'apprécie <u>mes copains et ma famille</u>.
3. Je n'aime pas <u>être malade</u>.
4. Je désire trouver <u>quelqu'un de bien qui me comprend</u>.
5. <u>Les gens qui parlent toujours d'eux-mêmes</u> m'ennuient.
6. <u>Une promenade sur la plage</u> me plaît.

**Exercice 9.** Complétez ces bribes de conversations entendues à une manifestation *(demonstration)* avec **ce qui** ou **ce que.**

1. Nos copains ne sont pas encore arrivés. Je ne comprends pas _____ arrive. Est-ce que tu sais _____ se passe?
2. As-tu décidé _____ tu vas faire si la police nous arrête?
3. Regarde ces skins *(skinheads)*. Il est difficile d'imaginer _____ ils vont faire!
4. _____ est important, c'est lutter *(fight)* pour la justice!
5. Je ne sais pas _____ tu veux dire par la justice.

# Tout ensemble!

**Complétez le paragraphe avec les mots de la liste.**

| | | | |
|---|---|---|---|
| ce que | leur en | payer | fringues |
| ce qui | y | globalisation | consommation |
| c'est | leur | portable | ciné |
| le lui | dépenser | | |

_____[1] est intéressant chez les jeunes en France et aux États-Unis, _____[2] les attitudes et activités qu'ils ont en commun. Cela fait partie de la _____[3] . Commençons d'abord avec la _____[4] qui joue un grand rôle dans leur vie. Ils aiment acheter, et ils _____[5] beaucoup pour le plaisir. Sorties entre copains, _____[6] et _____[7] arrivent en tête. Et leurs parents sont complices *(complicit)*. Prenons par exemple Ayméric. Hier, il a vu un téléphone _____[8] qu'il a voulu et sa mère _____[9] a acheté pour rester en contact. Quant à son look, ses parents ne _____[10] plus son coiffeur, car il se fait des coupes *(haircuts)* excentriques. Ayméric aime aussi faire plaisir à ses amis et sa famille en _____[11] offrant des cadeaux. Il va donc dans les magasins et il _____[12] dépense une grande partie de son argent de poche. Et pourquoi les parents donnent-ils tant d'argent à leurs enfants? Ils _____[13] donnent pour leur apprendre à gérer *(to manage)* leurs affaires. «C'est une question d'autonomie», explique le père d'Ayméric. «Voilà _____[14] je pense.»

# Vocabulaire

## Vocabulaire fondamental

### Noms

| L'argent et la consommation | Money and consumption |
|---|---|
| un billet (de banque) | a bill |
| un cadeau | a gift |
| une carte bancaire/de crédit | a debit/credit card |
| la consommation | consumption |
| une dépense | an expenditure |
| un euro | unit of European currency |
| un gadget | a gadget |
| la globalisation | globalization |
| une marque | a brand |
| la monnaie | coins, change |
| un prix | a price |
| un produit | a product |
| une solde | a sale |

| Les vêtements | Clothing |
|---|---|
| des boucles d'oreille (f pl) | earrings |
| un bracelet | a bracelet |
| une casquette | baseball cap |
| une ceinture | a belt |
| des chaussures à talons | high-heeled shoes |
| des collants | tights, pantyhose |
| un complet | a suit |
| une cravate | a tie |
| un débardeur | a tank top |
| une écharpe | a scarf |
| un ensemble | an outfit |
| un look | style/appearance |
| des manches courtes (longues) (f pl) | short (long) sleeves |
| la mode | fashion |
| la taille | size; waist |
| un tailleur | a woman's suit |
| des tongs (f pl) | flip flops |
| une veste | a sports jacket |

| Le système éducatif | The educational system |
|---|---|
| le baccalauréat (le bac, fam) | exam required for university admission; diploma |
| le collège | middle school |
| un concours | competitive exam |
| un diplôme | a diploma |
| l'école maternelle/primaire | kindergarten, primary school |
| une école préparatoire (la prépa) | intensive post-bac instruction to prepare the competitive exam for entry into a **grande école** |
| une grande école | an elite university requiring a difficult entrance exam |
| la maternelle | kindergarten |
| un programme d'études | a program of study |
| la terminale | senior year of high school |

### Verbes

| | |
|---|---|
| dépenser | to spend |
| emprunter | to lend |
| s'ennuyer | to get bored |
| envoyer | to send |
| épargner | to save |
| essayer | to try (on) |
| faire des économies | to save |
| mettre de l'argent de côté | to save money |
| montrer | to show |
| nettoyer | to clean |
| offrir | to offer, give (as with a gift) |
| payer    en liquide | to pay    in cash |
|          par chèque |            by check |
|          par carte de crédit |            with a credit card |

## Adjectifs

| | |
|---|---|
| BCBG (bon chic bon genre) | *clean-cut* |
| chouette *(fam)* | *neat* |
| classique | *classic* |
| cool *(fam)* | *cool, neat* |
| déstructuré(e) | *loose-fitting* |
| en cuir | *made of leather* |
| étroit(e) | *tight, narrow* |
| lamentable | *awful* |
| marrant(e), rigolo(te) *(fam)* | *funny* |
| modeste | *modest* |
| moulant(e) | *close-fitting* |
| naturel(le) | *natural* |
| nul(le) *(fam)* | *awful; stupid* |
| passionnant(e) | *wonderful* |
| pas terrible | *not great* |
| tendance | *popular; trendy* |

**Mots apparentés:** classique, modeste, naturel(le)

## Mots divers

| | |
|---|---|
| bien des, un bon nombre de | *a lot of* |
| ce, cet, cette, ces | *this, those* |
| ce qui, ce que | *what* |
| en soldes | *on sale* |
| extra *(fam)* | *very* |
| hyper *(fam)* | *very* |
| lequel, laquelle, lesquels, lesquelles | *which one(s)* |
| la plupart de | *most* |
| plusieurs | *some, several* |
| super *(fam)* | *very* |
| vachement *(fam)* | *very* |

## Expressions utiles

| **Comment faire les achats** | ***How to make purchases*** |
|---|---|
| *(For additional expressions, see p. 343.)* | |
| Je peux l'essayer? | *Can I try it on?* |
| Tu aimes ce modèle-ci ou ce modèle-là? | *Do you like this style or that style?* |
| Je fais du 40. | *I'm size 40.* |
| Ça vous va très bien. | *That looks very good on you.* |
| Il est en solde. | *It's on sale.* |
| Il est trop serré/large/juste. | *It's too tight/big/close a fit.* |
| à manches longues/courtes | *with long/short sleeves* |

| **Comment «parler jeune»** | ***How to speak like young people*** |
|---|---|
| c'est cool, chouette | |
| c'est extra/hyper ! super/vachement bien | *It's great!* |
| c'est passionnant | *It's great, wonderful!* |
| c'est marrant/rigolo | *It's funny* |
| c'est nul/lamentable | *It's awful* |
| c'est pas terrible | *It's not great* |
| | |
| une bagnole | *a car* |
| la bouffe | *food* |
| un bouquin | *a book* |
| un clip | *a video clip* |
| le fric | *money* |
| les fringues *(f pl)* | *clothing* |
| un(e) gosse | *a kid* |
| un mec | *a guy* |
| un pote | *buddy* |
| tendance | *trendy* |
| un truc | *a thing* |
| un type | *a guy* |

*(For additional expressions, see p. 334.)*

# Vocabulaire supplémentaire

## Noms

| | |
|---|---|
| des baskets *(f pl)* | *high tops* |
| une cabine d'essayage | *a fitting room* |
| la caisse | *cash register* |
| une coiffure | *hairstyle* |
| un défilé de mode | *a fashion show* |
| l'endettement *(m)* | *debt* |
| une garde-robe | *a wardrobe* |
| un journal intime | *a diary* |
| le luxe | *luxury* |
| des piercings *(m pl) (fam)* | *body piercings* |
| un tatouage | *a tattoo* |
| une vitrine | *a shop window* |
| un pantalon à pinces | *pleated slacks* |
| un pantalon pattes d'éléphant/taille basse | *bell-bottoms/low-waisted pants* |
| un pull-over à col roulé | *a turtleneck* |
| un pull-over à col en V | *a V-neck sweater* |

## Adjectifs

| | |
|---|---|
| habillé(e) | *dressed up* |
| propre | *clean* |

## Verbes

| | |
|---|---|
| faire fortune | *to get rich* |
| se méfier | *to be wary of* |

# Module 13

# La santé et le bonheur

In this chapter we discuss health, fitness, and well-being. You will learn how to ask for and give advice on these topics. The **Perspectives culturelles** section provides you with insights into French views on medical treatments and genetically modified foods.

## Thèmes et pratiques de conversation

- ▶ Les parties du corps
- ▶ Les maladies et les remèdes
- ▶ Comment parler au médecin
- ▶ Pour se sentir bien dans sa peau
- ▶ Comment donner des conseils

## Structures utiles

- ▶ Expressions idiomatiques avec **avoir** (récapitulation)
- ▶ L'emploi de **depuis**
- ▶ Les adverbes
- ▶ Le subjonctif (introduction)

## Perspectives culturelles

Comment les Français se soignent

Les aliments transgéniques: un export américain qui gêne

## Lecture

*Je suis malade*, de Sempé et Goscinny

## Un pas en avant

## Les parties du corps

la tête

le cou

la poitrine

l'estomac *(m)/*
le ventre

le genou

la cheville

la jambe

l'épaule *(f)*

le bras

le coude

le dos

le poignet

la hanche

la main

le doigt

l'ongle *(m)*

**Activité 1: Les activités du corps.** Trouvez l'intrus. Quelle action n'est pas associée aux parties du corps suivantes?

1. la main    **a.** gesticuler    **b.** écrire    **c.** tenir    **d.** caresser    **e.** respirer
2. les yeux    **a.** voir    **b.** lire    **c.** fermer    **d.** toucher    **e.** regarder
3. la gorge    **a.** avaler    **b.** parler    **c.** écrire    **d.** respirer    **e.** manger
4. les genoux    **a.** plier    **b.** courir    **c.** marcher    **d.** s'agenouiller    **e.** écouter
5. la bouche    **a.** parler    **b.** manger    **c.** avaler    **d.** courir    **e.** chanter

> **Bulletin** L'espérance de vie dans l'Union européenne est de 74,9 ans pour les hommes et 83 ans pour les femmes en 2000. En France, on estime qu'une fille sur deux née aujourd'hui deviendra centenaire *(100 years old)*. Les Françaises bénéficient de la durée de vie la plus longue parmi les quinze pays de l'UE (82,3 ans). Quels sont les facteurs qui contribuent à la longévité? À part les progrès réalisés dans le traitement des maladies infectieuses, cardio-vasculaires et génétiques, on constate l'importance du mode de vie, en particulier, la qualité du régime alimentaire.

Francoscopie, *2003*

*La figure: Catherine Deneuve a un joli visage.*

le front — le sourcil
l'œil *(m)* — les cils *(m pl)*
la joue — les yeux
l'oreille *(f)* — le nez
le menton — les lèvres *(f pl)*

**Activité 2: Associations.** Trouvez les autres parties du corps associées à la partie du corps donnée.

> **Modèle:** la bouche: *les lèvres, les dents, la langue*

1. les yeux
2. les jambes
3. le bras
4. le pied
5. la main
6. la tête

## Les maladies et les remèdes

> **Structure**  13.1 Expressions idiomatiques avec **avoir** (récapitulation)
>
> You have already learned a number of idiomatic expressions with the verb **avoir**, for example, **avoir faim, avoir soif, avoir dix ans.** Here you will learn other **avoir** expressions used for talking about feelings and sensations. Turn to page 385 for a complete discussion of **avoir** expressions.

### Qu'est-ce qu'ils ont?

**Le côté physique**
Ils se sentent malades.

Marc a mal à la tête.  M. Fabius a mal à l'estomac.  Armand a mal à la gorge.

### Qu'est-ce qui s'est passé?
Stéphane et Amélie ont eu un accident de voiture. Ils se sont blessés.

Il s'est cassé le bras.  Elle s'est coupé le doigt.  Elle s'est foulé la cheville.

> **Bulletin**  L'inventeur de la liposuccion, l'intervention esthétique la plus pratiquée au monde, est un Français. C'est le docteur Yves-Gérard Illuz.

**Le côté psychologique et affectif**

Jean-Guillaume **a peur** des animaux. Quand il voit un chien, il se met à pleurer et à crier en appelant sa mère.

Charlotte **a toujours sommeil.** Elle **a envie de** dormir en classe et au travail.

Nicolas **a honte** d'avoir triché (*cheated*) pendant l'examen. Il sait qu'il **a eu tort.**

Claudine **a l'air** triste et déprimée. Elle est isolée à l'école et ne sort jamais avec des amis. Elle **a du mal à** sourire ou à s'amuser.

**Activité 3: Interaction.** Posez les questions suivantes à un(e) camarade.

1. Qu'est-ce que tu fais quand tu veux dormir mais tu n'as pas sommeil?
2. Qu'est-ce que tu as envie de faire ce week-end?
3. Qui dans la classe a l'air content (sportif, fatigué) aujourd'hui?
4. As-tu honte de parler devant la classe? Pourquoi?
5. As-tu peur des animaux? Connais-tu quelqu'un qui a peur des animaux? Pourquoi?
6. As-tu du mal à étudier devant la télévision? avec la radio?
7. Quand tu as tort, est-ce que tu l'admets facilement?
8. Connais-tu quelqu'un qui doit toujours avoir raison? Qui?
9. As-tu besoin d'étudier ce soir? Quelles matières?

**Activité 4: Vos sentiments.** Mettez-vous par deux ou en petits groupes pour compléter les phrases suivantes.

1. Nous avons envie de...
2. Nous avons tous besoin de...
3. Nous avons honte de...
4. Nous avons peur de...
5. Nous avons du mal à...

## Pourquoi ne sont-ils pas au travail?

### Jean-Claude (la grippe)

Ce matin, Jean-Claude reste au lit avec la grippe. Sa température est élevée, et il a la tête qui brûle. Un moment il a froid, et un autre moment il a chaud. Quand il a froid, il a souvent des frissons. Sa femme lui a donné de la soupe, mais il n'a pas pu l'avaler parce qu'il a mal à la gorge. Il n'a pas envie de manger. Tout son corps lui fait mal; il souffre de courbatures *(achiness)*. Ce matin, sa femme va téléphoner au médecin pour lui demander conseil.

### Nathalie (un rhume)

Nathalie n'est pas au travail non plus. Mais elle n'a pas de fièvre; elle n'a qu'un petit rhume. Elle tousse, elle éternue de temps en temps et elle a le nez qui coule. Elle se mouche constamment et sa boîte de mouchoirs (en papier) n'est jamais très loin d'elle. Elle n'aime pas aller au travail enrhumée.

### Christophe (un accident de vélo)

Le pauvre Christophe est au service des urgences de l'hôpital parce qu'il a eu un accident de vélo ce matin. On l'a amené à l'hôpital parce qu'il ne pouvait pas marcher et parce qu'il avait quelques blessures à la tête. D'abord, une infirmière lui a mis un pansement *(bandage)* sur les blessures qui n'étaient pas graves, puis elle lui a fait une piqûre *(shot)*. Christophe, fier de sa belle mine, espère que la plaie *(wound)* ne laissera pas de cicatrice *(scar)*. Enfin, le médecin a fait une radio *(x-ray)* de sa jambe. Christophe a une fracture compliquée. Le médecin va mettre sa jambe dans le plâtre. Christophe doit marcher avec des béquilles pendant quelques semaines.

### Laurent (dépression)

Laurent reste chez lui. Il est un peu déprimé, de mauvaise humeur, et ce matin il a le cafard *(is feeling down in the dumps)*. Hier il s'est fâché contre son patron et aujourd'hui il n'a pas envie de se retrouver avec lui.

### Isabelle (enceinte)

Isabelle, enceinte de sept mois, est chez son obstétricien pour des tests. Son accouchement est dans deux mois, et elle est déjà un peu nerveuse parce que sa meilleure amie a eu un accouchement difficile. Ce matin, son médecin réserve la salle d'accouchement *(birthing room)* pour elle.

### Activité 5: Les symptômes. Trouvez l'intrus.

1. Quand on est enrhumé...
   - **a.** on se mouche.
   - **b.** on éternue.
   - **c.** on tousse.
   - **d.** on a des blessures.
   - **e.** on a le nez bouché.
2. Quand on a la grippe...
   - **a.** on frissonne.
   - **b.** on se foule la cheville.
   - **c.** on a la tête qui brûle.
   - **d.** on a les glandes enflées.
   - **e.** on a mal à la tête.
3. Quand on a le cafard...
   - **a.** on a un bleu (*bruise*).
   - **b.** on est de mauvaise humeur.
   - **c.** on pleure facilement.
   - **d.** on est mélancolique.
   - **e.** on n'est pas content.
4. Quand on a une blessure grave...
   - **a.** on perd du sang.
   - **b.** on a un bleu.
   - **c.** on a le nez bouché.
   - **d.** on a mal.
   - **e.** on s'évanouit (*faints*).
5. Quand on est enceinte...
   - **a.** on accouche.
   - **b.** on a des contractions.
   - **c.** on grossit.
   - **d.** on a souvent des nausées.
   - **e.** on éternue.

### Activité 6: Les symptômes et les remèdes. Qu'est-ce qu'il faut faire dans les situations suivantes?

**Modèle:** se couper le doigt
—*Qu'est-ce qu'il faut faire si on se coupe le doigt?*
—*Il faut mettre un pansement.*

1. tousser
2. avoir mal à la gorge
3. avoir un rhume
4. avoir mal à la tête
5. avoir mal au dos
6. être de mauvaise humeur
7. vouloir maigrir
8. être gravement malade
9. avoir une carie

- **a.** appeler le médecin
- **b.** sortir avec des amis
- **c.** se faire masser (*to get a massage*)
- **d.** manger moins de matières grasses et faire plus d'exercice
- **e.** prendre du sirop contre la toux
- **f.** faire des gargarismes (*to gargle*)
- **g.** aller chez le dentiste
- **h.** prendre de la vitamine C
- **i.** prendre de l'aspirine

### Activité 7: Où Paul a-t-il mal?
Devinez où Paul a mal.

**Modèle:** Il a trop mangé.
*Il a mal au ventre.*

1. Il passe des heures devant l'écran de son ordinateur.
2. Il est tombé en faisant du ski.
3. Il a une migraine.
4. Il passe des heures à jouer au tennis.
5. C'est un célèbre lanceur (*pitcher*) de baseball.
6. Il a mangé trop de bonbons et d'autres cochonneries (*junk food*).
7. Il a travaillé toute la journée dans le jardin.

Ne restez plus en tête à tête avec votre migraine

Près de 7 millions de français sont touchés par la migraine. Ils souffrent de douleurs insupportables qui affectent leur vie, ainsi que celle de leur entourage. La migraine est une maladie, pas une fatalité. Aujourd'hui des solutions existent.

**Association Action Migraine**

Appel gratuit

## Comment parler au médecin

> ### Structure 13.2 L'emploi de **depuis**
>
> A doctor will commonly ask patients how long they have had a particular complaint: **Depuis quand êtes-vous malade?** French uses **depuis** with the present tense to express conditions that began in the past and are still in effect. For additional information on the use of **depuis,** see page 386.

### Quelques expressions utiles

**Le patient**

| | |
|---|---|
| Je ne me sens pas bien du tout. | Je me sens très bien. |
| J'ai mal à la tête. | Je me porte très bien. |
| Mes yeux me font mal. | Je suis en (pleine) forme. |
| J'ai du mal à avaler. | Je suis bien dans ma peau. |
| Je fais une dépression. | |

**Le médecin**

Qu'est-ce qui ne va pas?

Vous avez mauvaise mine.°    *You don't look well.*

Qu'est-ce que vous avez?

Où avez-vous mal?

Quels sont vos symptômes?

Depuis quand êtes-vous malade?

C'est grave/Ce n'est pas grave.

Je vous fais une ordonnance° pour    *prescription*
des médicaments contre la migraine.

**Écoutons ensemble! Qu'est-ce qui ne va pas?** Identifiez l'image qui correspond à chaque mini-dialogue.

Text Audio Track 26

1. _____    2. _____    3. _____    4. _____

a.

b.

c.

d.

# Perspectives culturelles

## Comment les Français se soignent

Parmi les pays de l'Union européenne, c'est la France qui consacre la plus grande partie de son budget aux dépenses de santé. La sécurité sociale paie 74% des dépenses médicales de ses citoyens y compris les médicaments. Et ce n'est pas tout; 84% des Français disposent d'une assurance° maladie complémentaire. Il n'est pas surprenant, alors, que les Français détiennent le record dans la consommation de médicaments. Ils vont aussi le plus régulièrement chez le médecin, chez le psychiatre et chez le pharmacien. De quelles maladies souffrent-ils? Les médecins font souvent le diagnostic d'anxiété et de dépression en prescrivant des tranquillisants et des somnifères°. Le foie° est peut-être l'organe qui donne le plus d'inquiétude aux Français. Selon la sagesse° médicale populaire, un mauvais foie peut entraîner une multitude de complications telles que les dépressions nerveuses, le stress et l'insomnie.

*insurance*

*sleeping pills / liver*
*wisdom*

Récemment, en France comme ailleurs°, pour des rémèdes aux maladies bénignes comme les allergies et les problèmes gastriques, on se tourne de plus en plus vers les médecines «douces»: l'homéopathie, l'acuponcture, la phytothérapie (l'usage des plantes médicinales) et l'hypnose. Face à la médecine moderne ou conventionnelle avec sa technologie qui sépare le médecin de son patient, la médecine douce se préoccupe de l'esprit du patient: son contexte social, son état psychologique. Cette forme de traitement n'est pas tout à fait nouvelle. En France, il y a une longue tradition de remèdes doux: une infusion de tilleul° pour calmer les nerfs ou de camomille pour aider la digestion. L'eau minérale ne s'achète pas pour faire chic en France, mais pour sa vertu curative contre les problèmes gastriques, les rhumatismes et même les maladies nerveuses. Les bains thermaux où l'on va pour «prendre les eaux» offrent une autre «cure douce» dont les Français jouissent depuis des siècles, et on n'a plus besoin d'être riche pour en profiter. La sécurité sociale aide même les petits employés à passer une semaine aux bains thermaux. Quelle manière agréable de se soigner!

*elsewhere*

*lime-blossom tea*

### Avez-vous compris?
Indiquez si les phrases suivantes sont vraies ou fausses. Corrigez les phrases fausses.

1. Beaucoup de Français n'ont pas d'assurances maladie.
2. Les Français prennent moins de médicaments que les Allemands.
3. Les médecins français prescrivent beaucoup de tranquillisants.
4. La médecine douce traite le corps comme une machine séparée de l'esprit.
5. Les Français considèrent une infusion de tilleul comme un remède doux depuis longtemps.
6. En France, on boit de l'eau minérale parce que c'est bon pour la digestion.
7. Les cures dans les stations thermales sont réservées aux Français riches.

**Activité 8: Interaction.** Posez des questions avec **depuis quand** ou **depuis combien de temps** à vos camarades de classe.

> **Modèle:** savoir lire
> —*Depuis quand sais-tu lire?*
> —*Je sais lire depuis l'âge de 5 ans.*

1. être en cours aujourd'hui
2. habiter dans cette ville
3. être étudiant(e) à l'université
4. étudier le français
5. connaître ton (ta) meilleur(e) ami(e)
6. savoir conduire

Text Audio Track 27

**Activité 9: Dialogue chez le médecin.** Monsieur Lefèvre est chez le médecin parce qu'il ne se sent pas bien et il pense avoir la grippe. Écoutez et complétez le dialogue suivant.

DOCTEUR: Bonjour, Monsieur Lefèvre. Comment allez-vous?

PATIENT: _____ du tout.

DOCTEUR: Qu'est-ce qui ne va pas?

PATIENT: Je crois que j'ai _____. Mais je ne sais pas.

DOCTEUR: Quels sont vos symptômes?

PATIENT: J'ai mal à _____, j'ai mal à la _____ et j'ai mal au
_____.

DOCTEUR: Depuis quand êtes-vous malade?

PATIENT: Depuis _____.

DOCTEUR: Ouvrez la _____ et dites «ah». Je voudrais examiner la
_____. Oui, vous avez les glandes enflées et votre
_____ est rouge. Avez-vous des frissons?

PATIENT: Non, mais _____.

DOCTEUR: Je veux prendre votre _____. Ouvrez encore la bouche...
Vous avez _____ élevée. Retroussez *(Pull back)* votre manche
*(sleeve)* un peu s'il vous plaît. Je vais prendre votre tension... Normale.
Ce n'est pas grave. Vous avez _____. Je vais vous donner
une _____ pour des antibiotiques. Prenez ces pilules
_____ fois par jour, s'il vous plaît.

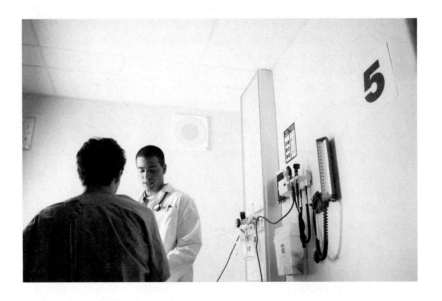

# Pour se sentir bien dans sa peau

> ## Structure  13.3 Les adverbes
>
> To talk about what makes you happy, you can use adverbs to make your descriptions more vivid. Many adverbs that end in *-ly* in English end in **-ment** in French (*rapidly* = **rapidement**). Guidelines for forming and using adverbs are found on page 387.

On dit **souvent** que pour être heureux il faut se sentir bien dans sa peau, c'est-à-dire bien dans son corps et dans sa tête. Des étudiants nous parlent de leur conception du bonheur.

STÉPHANE:    Pour moi, le bonheur c'est tout **simplement** sortir avec mes amis, parler avec eux **librement.** J'aime ces moments de plaisir et de détente entre amis.

VIRGINIE:    Moi, je pense que l'activité physique est liée à la santé et au bien-être. Je fais **régulièrement** du sport depuis que je suis toute petite. C'est bon pour le corps mais aussi pour l'esprit.

CHRISTOPHE:    Ce que je cherche, c'est une vie sans stress. Même si la vie est difficile parfois, il est important de rester positif. **Heureusement,** je prends le temps de vivre et d'apprécier tout ce qu'il y a autour de moi.

KARINE:    Être bien dans sa peau, c'est aussi s'accepter tel qu'on est. Je n'essaie pas de plaire aux autres. Je cherche **essentiellement** à avoir une attitude positive sur moi-même.

VINCENT:    Le bonheur pour moi, c'est de profiter **pleinement** de la vie. J'aime **vachement** manger dans de bons restaurants. Comment résister à un bon steak! On dit **souvent** qu'il faut croquer la vie à belles dents et c'est ce que je fais.

> **À noter:** The boldfaced words are all adverbs. Which ones are cognates? What adjectives form the basis for the adverbs in **-ment**? Is the masculine or feminine form of the adjective used?

**Activité 10: Conseils.** Choisissez un adjectif de la liste, formez l'adverbe, et complétez les phrases suivantes de façon logique: **absolu, actif, bon, courant, plein, régulier, sérieux, vrai, sain.**

> **Modèle:** Pour participer _activement_ en classe, il faut faire les devoirs à la maison avant d'aller en cours.

1. Pour manger _____, il faut manger des fruits, des légumes et des protéines.
2. Pour parler _____ une autre langue, il faut étudier et trouver des occasions pour l'utiliser.
3. Pour étudier _____, il vaut mieux aller à la bibliothèque où l'on peut travailler sans interruptions.
4. Pour faire du sport _____, on devrait considérer le sport comme une partie de sa routine quotidienne.
5. Est-ce que tu penses qu'il faut _____ être ambitieux pour réussir dans le travail?
6. Pour être _____ content(e), il faut se connaître et faire de son mieux pour vivre selon ses principes.
7. Pour profiter _____ de la vie, on devrait apprécier les petites choses de tous les jours.

**Activité 11: Conseils d'un prof.** Voulez-vous passer un semestre en France et en profiter au maximum? Voici ce qu'un professeur de français vous conseille. Ajoutez des adverbes à ce qu'il dit pour le rendre plus convaincant *(convincing)*. Adjectifs utiles: **bien, clair, constant, courant, facile, malheureux, rapide, simple, unique.**

On peut s'adapter (1) à la vie française si on fait l'effort de parler français et de rencontrer le plus de gens possibles. Alors là, vous verrez (2) une différence. Si vous restez (3) avec des étudiants américains, vous n'apprendrez pas aussi (4) la langue du pays et, (5), vous gaspillerez *(will waste)* beaucoup de temps. On me demande (6) la même chose: Est-ce que je vais parler (7) après un semestre? J'explique (8) que pour parler une langue, il faut s'immerger dans la culture du pays que vous visitez.

**Activité 12: Leurs recettes de bonheur.** Quelques Français célèbres discutent de leur concept du bonheur. Lisez ce qu'ils disent, et complétez ensuite les phrases qui suivent.

**JULIETTE BINOCHE**
*Actrice*

J.B.: Ce que j'ai appris, c'est que plus on travaille dans le bonheur, plus on arrive facilement à faire de beaux films et à être créatif. Je me souviens d'avoir fait appel à *(having called upon)* cette sorte de courage pendant le tournage *(making)* d'un film. À chaque interruption du film, j'ai fait le maximum pour continuer à créer, à être positive.

FIGARO MAGAZINE: Pour vous, c'est quoi le bonheur?

J.B.: C'est d'assumer ce qui m'arrive avec le sourire. C'est d'accomplir sa journée comme la première ou la dernière.

**GILBERT TRIGANO**
*PDG du Club Med*

Le bonheur? Des mots complices, le regard d'une jolie fille qu'on croise à la sauvette *(briefly, furtively)* dans un aéroport, le merci d'une vieille femme qu'on aide à porter une valise, des petits riens qui font les petits bonheurs de tous les jours. Comme la naissance de mon premier petit-fils...

**YANNICK NOAH**
*Champion de tennis*

Mon plus grand bonheur? Jouer devant mes enfants qui me crient: «Papa! Papa! Perds vite et rentrons à la maison!» Cela vous surprend, n'est-ce pas? Vous croyiez que j'allais vous répondre que c'était ma victoire à Roland-Garros! Cette victoire était un rêve de gosse, je ne savais pas ce qu'elle signifiait vraiment, mais en tout cas ce n'était pas le bonheur, c'était trop superficiel. Après, j'ai eu du mal à remettre tout en place: je n'avais plus de motivation, plus de but *(goal)*. Pour moi, le bonheur, c'était de devenir une star, de gagner des matches, des tournois... Et quand j'ai gagné ce truc-là, je me suis dit: «Merde, mais c'est rien»...

1. Pour Yannick Noah, ce qui est important, c'est _____. La victoire à Roland-Garros ne signifiait pas le bonheur pour ce joueur de tennis. C'était trop _____.
2. Pour Trigano, le bonheur, c'est des petits _____. Par exemple, c'est de regarder _____ ou d'aider une femme à _____.
3. Pour Juliette Binoche, le bonheur, c'est rester positif, assumer ce qui lui arrive avec un _____. À son avis, le bonheur aide la créativité.

**Activité 13: À quoi rêvent les Français?** Lisez les résultats du sondage et finissez les phrases suivantes.

En ce qui concerne votre situation personnelle, quels sont vos trois souhaits les plus chers pour l'année?

|  | 18 à 24 ans | 25 à 34 ans | 35 à 49 ans | 50 à 64 ans | 65 ans et plus |
|---|---|---|---|---|---|
| Rester en bonne santé | 78 | 82 | 84 | 92 | 97 |
| Entretenir de bonnes relations avec votre famille | 41 | 35 | 39 | 58 | 57 |
| Gagner davantage d'argent | 52 | 55 | 53 | 35 | 27 |
| Trouver un emploi ou garder celui que vous avez | 53 | 42 | 37 | 13 | 2 |
| Avoir plus de temps libre | 20 | 22 | 23 | 11 | 2 |
| Vous occuper davantage de vos enfants ou petits-enfants | 3 | 12 | 18 | 20 | 17 |
| Avoir un meilleur logement | 16 | 17 | 8 | 7 | 5 |
| Être moins pris par les tâches ménagères | 2 | 3 | 6 | 3 | 5 |
| Arrêter de travailler | 0 | 1 | 3 | 7 | 2 |
| Sans opinion | 1 | 1 | 1 | 1 | 0 |

Le total des pourcentages est supérieur à 100, les personnes interrogées ayant pu donner trois réponses.

1. Apparemment la première priorité de chaque génération, c'est...
2. Les jeunes de 18 à 24 ans se préoccupent principalement de...
3. Ce que les Français de plus de 50 ans recherchent essentiellement en ce qui concerne leur famille, c'est...
4. Ce qui préoccupe spécialement mes amis, c'est surtout...
5. Ce que je souhaite principalement, c'est...

 **Activité 14: Le bien-être de vos camarades de classe.** Demandez à un(e) partenaire si les éléments de la liste suivante sont importants pour son bien-être mental, et demandez-lui d'expliquer ses réponses. Incorporez des adverbes dans vos réponses. Puis, interviewez votre professeur.

**Modèles:** la télévision
    ÉTUDIANT(E) 1: *Est-ce que la télévision est importante pour ton bonheur?*
    ÉTUDIANT(E) 2: *Non, je peux me passer facilement de* (do without) *la télévision.*
    ÉTUDIANT(E) 1: *Pourquoi?*
    ÉTUDIANT(E) 2: *Je trouve que la télé est une perte de temps. Je la regarde rarement.*

    les fêtes
    ÉTUDIANT(E) 1: *Est-ce que les fêtes te rendent heureux (heureuse)?*
    ÉTUDIANT(E) 2: *Oui, en effet, les fêtes font partie de mon idée du bonheur. Je suis sociable et extroverti(e). Je vais souvent aux fêtes.*

1. le sommeil profond
2. l'activité physique
3. le silence ou la méditation
4. les jeux électroniques
5. le chocolat
6. une tasse de café le matin
7. la musique
8. un bon livre

# Comment donner des conseils

> **Structure**  13.4 Le subjonctif (introduction)
>
> In the following activities, you will learn several ways to give advice. French requires a special verb form called the subjunctive after expressions of obligation, desire, and necessity commonly used for influencing others. For information on how to form and use the subjunctive, see pages 388–390.

Si vous voulez mener une vie saine...

il faut  
il vaut mieux  } faire de l'exercice chaque jour et dormir suffisamment.

il ne faut pas        fumer.

il faut que  
il est essentiel que  
je voudrais que  } vous buviez assez d'eau pour rester en bonne forme.  
vous fassiez un régime.

il est nécessaire de  
je vous conseille de  } courir à votre rythme.

je vous déconseille de        boire beaucoup d'alcool.

Respirez profondément!

Prenez le temps de vous détendre.

**À noter:** Quelles expressions utilisent le subjontif? l'infinitif?

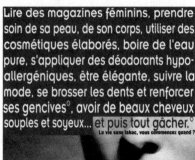

gums  
spoil

Text Audio Track 28

**Écoutons ensemble! C'est logique?**  Indiquez si les conseils que vous entendez sont logiques ou pas.

|  | Logique | Pas logique |  | Logique | Pas logique |
|---|---|---|---|---|---|
| **1.** | ____ | ____ | **4.** | ____ | ____ |
| **2.** | ____ | ____ | **5.** | ____ | ____ |
| **3.** | ____ | ____ | **6.** | ____ | ____ |

**Activité 15: Des conseils.** Donnez des conseils aux personnes suivantes en choisissant parmi les options données.

1 Je prends des bains de soleil régulièrement.
2. Je me mets en colère facilement.
3. Je m'endors pendant mon premier cours le matin.
4. Je suis obsédé(e) par le travail. J'ai besoin de réussir à tout prix.
5. J'ai besoin de perdre 10 kilos.
6. Je bois trop de bière le week-end.
7. J'ai une mauvaise toux, mais je ne peux pas m'empêcher de fumer.

a. Il faut que vous buviez avec modération.
b. Il faut que vous vous arrêtiez de fumer tout de suite.
c. Il est nécessaire que vous vous détendiez plus souvent avec vos amis.
d. Il vaudrait mieux que vous vous couchiez à une heure raisonnable!
e. Il est nécessaire que vous mettiez de la crème solaire.
f. Il est essentiel que vous suiviez votre régime.
g. Il vaut mieux que vous comptiez jusqu'à dix avant de répondre.

**Activité 16: C'est embêtant!** On est très exigeant *(demanding)* envers vous. Formez des phrases en utilisant les éléments donnés dans les trois colonnes. Suivez les modèles.

**Modèles:** *Ma mère veut que j'aie de bons résultats à mes cours.*
*Mes copains souhaitent que je sorte plus souvent.*

| | | |
|---|---|---|
| mes copains | vouloir | dépenser moins d'argent pour... |
| ma mère | désirer | lui écrire plus souvent |
| mon père | souhaiter | être plus ponctuel(le) |
| mon patron | exiger | rester à la maison |
| mon/ma meilleur(e) ami(e) | préférer | leur confier mes secrets |
| mes parents | | partir en vacances |
| | | me détendre davantage |
| | | sortir plus souvent |
| | | devenir expert(e) à l'ordinateur |

 **Activité 17: Comme les parents peuvent être casse-pieds *(a pain)*!** Est-ce que vos parents vous ont beaucoup embêté(e) avec leurs ordres quand vous étiez plus jeune? Dites combien de fois ils vous ont dit les phrases suivantes. Employez: **jamais, rarement, souvent, toujours.**

**Modèle:** — Brosse-toi les dents!
— *Ma mère m'a toujours demandé de me brosser les dents.*

1. Couvre-toi la tête!
2. Ne mange pas la bouche pleine!
3. Brosse-toi les cheveux!
4. Couche-toi de bonne heure!
5. Mange des fruits et des légumes!
6. Tiens-toi droit! *(Stand up straight!)*
7. Ne pose pas les coudes sur la table!
8 Fais ton lit!

**Activité 18: Au secours!**   Lisez la lettre et puis répondez aux questions suivantes.

1. Quel est le problème de la correspondante?
2. Qu'est-ce qu'elle a essayé de faire pour surmonter son problème?
3. Qu'est-ce que vous lui conseillez de faire?

**La main tendue**

# Vous pouvez les aider
*Ces lectrices ont un problème et demandent du réconfort. Si vous pensez pouvoir les aider, écrivez-leur par notre intermédiaire. Nous leur ferons parvenir vos lettres.*

## "Une très grande timidité m'empêche d'être heureuse"

**B**ientôt, j'aurai 26 ans et je suis d'une timidité telle que cela m'empêche°d'être heureuse et d'évoluer normalement dans la vie. Ce handicap me rend parfois agressive et je peux être très méchante. Parce que j'ai l'impression que tout le monde se moque de moi, et je me sens rabaissée. Pourtant, je fais beaucoup d'efforts. J'essaie de sortir, de rencontrer des gens. Je fais du rock acrobatique, de la gym, je vais à la piscine, mes semaines sont bien remplies. Il est rare que je n'aie rien de prévu le samedi.

Mais je manque de conversation, je ne parviens pas à parler devant plusieurs personnes. Mes yeux regardent partout, sauf les gens devant moi, et il m'arrive de bégayer,° de rougir. Je suis allée voir des psychologues, ils ne m'ont rien apporté. J'habite avec ma sœur, qui a quatre ans de plus que moi. Cette année, j'avais décidé de prendre un appartement, mais mon père n'a pas voulu. Je ne gagne que le Smic.°

J'ai eu un copain avec qui je m'entendais bien. J'avais tout pour être heureuse, mais au fond ça n'allait pas, comme si je n'avais pas droit au bonheur. Il me disait : « Parle, je t'écoute », mais rien à faire... Parfois, je me demande si je n'ai pas peur d'aimer et d'être aimée. Dites-moi si l'on peut guérir de la timidité. Je voudrais pouvoir me dire un jour que la vie est belle et qu'elle ne sera plus un calvaire... Merci à vous. Ça m'a fait du bien de communiquer.

**Evelyne**
**Réf. 509. 02**

*prevents*

*minimum wage*

*put down*

*to stutter*

 **Situations à jouer!**

1. (Discussion en groupes) Les Français sont connus pour leur capacité de transformer la vie en art. Beaucoup de Français pensent qu'il est important de prendre le temps de se réjouir des petits moments intimes de la vie: un long repas partagé en famille, une conversation entre amis, une promenade dans la nature, un après-midi passé à la terrasse d'un café. Est-ce que vous aimez le rythme rapide de la vie américaine? Aimeriez-vous ralentir *(to slow down)* et goûter aux petits plaisirs de la vie? Qu'est-ce que vous faites pour vous détendre ou pour mener une vie moins stressante?

   **Mots utiles:** fainéanter *(to be lazy)*, se détendre, le manque de temps, le rythme de la vie, prendre le temps de... , vivre à son rythme

2. Depuis quelques jours, vous avez un problème qui vous inquiète. Vous êtes silencieux (silencieuse) et vous avez l'air déprimé(e). Votre ami(e) veut savoir ce que vous avez et pourquoi vous êtes si silencieux (silencieuse) et solitaire. D'abord vous lui dites qu'il n'y a rien, mais finalement, votre ami(e) réussit à vous convaincre de lui faire confiance. Il/Elle essaiera de vous conseiller.

# Perspectives culturelles

## Les aliments transgéniques: un export américain qui gêne

Le consommateur européen est moins content que ses confrères américains de manger du soja génétiquement modifié ou des viandes gonflées° aux hormones et bourrées° d'organismes génétiquement modifiés (OGM). Selon un sondage, 60% des Français pensent que la consommation des OGM est dangereuse pour la santé.

Tous les grands pays céréaliers, les États-Unis, mais aussi le Canada et l'Argentine, ont déjà adopté l'agriculture biotechnologique. Et cette agriculture risque de devenir dominante. 265 millions d'Américains mangent avec angoisse° depuis cinq ans du soja et du maïs transgéniques° au nom de la science et de l'économie du marché. L'alimentation traditionnelle deviendra l'exception, même un luxe. C'est déjà le cas aux États-Unis où les aliments biologiques° restent réservés aux classes favorisées. On les trouve dans les petits marchés chics, tels que *Whole Foods* et *Bristol Farms*.

Adapté de *Le Point*, 10 septembre 1999.

*pumped up*
*stuffed*

*with anxiety*
*genetically modified corn*

*organic food*

### Avez-vous compris?

Indiquez si les phrases suivantes sont vraies ou fausses. Corrigez les phrases fausses.

1. Les Français pensent que les produits génétiquement modifiés sont mauvais pour la santé.
2. Les Européens en général n'ont pas peur de manger du soja ou du maïs transgénique.
3. Les États-Unis sont le seul pays qui a adopté l'agriculture biotechnologique.
4. Les produits «naturels», aussi appelés aliments biologiques, sont plus chers et plus difficiles à trouver.
5. Ce sont les gens qui ont le plus d'argent qui mangent des aliments biologiques.

# Lecture

## Anticipation

1. Quand vous étiez petit(e) et vous restiez à la maison à cause d'une maladie, qu'est-ce que vous faisiez pour vous amuser?

2. Qui restait avec vous? Est-ce que vous l'embêtiez parfois? Comment? (Par exemple, vous ne restiez pas au lit, vous étiez très exigeant[e], vous refusiez de prendre vos médicaments, vous gâchiez l'atmosphère à la maison, vous étiez désobéissant[e].)

3. Est-ce que vous aviez un médecin de famille? Si oui, comment était-il/elle? Aviez-vous peur du médecin? Pourquoi?

## Activité de lecture

Dans le Module 8, vous avez lu une histoire à propos d'un enfant, Alceste, qui est renvoyé de l'école. Ici, vous allez lire une histoire de la même série à propos d'un copain d'Alceste, Nicolas. En lisant le texte, soulignez les phrases qui expriment la logique d'un petit enfant.

## Je suis malade

*Sempé et Goscinny*

1   Je me sentais très bien hier, la preuve°, j'ai mangé des tas de caramels, de bonbons, de gâteaux, de frites et de glaces, et, dans la nuit, je me demande pourquoi, comme ça, j'ai été très malade.

Le docteur est venu ce matin. Quand il est entré dans ma chambre, j'ai
5  pleuré, mais plus par habitude que pour autre chose, parce que je le connais bien, le docteur, et il est rudement gentil. Et puis ça me plaît quand il met la tête sur ma poitrine, parce qu'il est tout chauve° et je vois son crâne° qui brille juste sous mon nez et c'est amusant. Le docteur n'est pas resté longtemps, il m'a donné une petite tape sur la joue° et il a dit à maman: «Mettez-le à la diète et
10 surtout, qu'il reste couché, qu'il se repose.» Et il est parti.

Maman m'a dit: «Tu as entendu ce qu'a dit le docteur. J'espère que tu vas être très sage et très obéissant.» Moi, j'ai dit à maman qu'elle pouvait être tranquille. C'est vrai, j'aime beaucoup ma maman et je lui obéis toujours. Il vaut mieux, parce que, sinon, ça fait des histoires.

15  J'ai pris un livre et j'ai commencé à lire, c'était chouette avec des images partout et ça parlait d'un petit ours° qui se perdait dans la forêt où il y avait des chasseurs°. Moi j'aime mieux les histoires de cow-boys, mais tante Pulchérie, à tous mes anniversaires, me donne des livres pleins de petits ours, de petits lapins°, de petits chats, de toutes sortes de petites bêtes°. Elle doit aimer ça, tante Pulchérie.

20  J'étais en train de lire°, là où le méchant loup° allait manger le petit ours, quand maman est entrée suivie d'Alceste. Alceste c'est mon copain, celui qui est très gros et qui mange tout le temps. «Regarde, Nicolas, m'a dit maman, ton petit ami Alceste est venu te rendre visite, n'est-ce pas gentil?»—«Bonjour, Alceste», j'ai dit, «c'est chouette d'être venu.» Maman a commencé à me dire
25 qu'il ne fallait pas dire «chouette» tout le temps, quand elle a vu la boîte qu'Alceste avait sous le bras. «Que portes-tu là, Alceste?» elle a demandé. «Des chocolats», a répondu Alceste. Maman, alors, a dit à Alceste qu'il était très gentil, mais qu'elle ne voulait pas qu'il me donne les chocolats, parce que j'étais à la diète. Alceste a dit à maman qu'il ne pensait pas me donner les chocolats, qu'il

*proof*

*bald / skull*

*he patted my cheek*

*bear*
*hunters*
*rabbits*
*animals*
*I was reading / mean wolf*

| | |
|---|---|
| *all by himself* | 30 les avait apportés pour les manger lui-même° et que si je voulais des chocolats, |
| *no kidding* | je n'avais qu'à aller m'en acheter, non mais sans blague°. Maman a regardé |
| *surprised / sighed* | Alceste, un peu étonnée°, elle a soupiré° et puis elle est sortie en nous disant |
| | d'être sages. Alceste s'est assis à côté de mon lit et il me regardait sans rien dire, |
| | en mangeant ses chocolats. Ça me faisait drôlement envie. «Alceste», j'ai dit, «tu |
| | 35 m'en donnes de tes chocolats?» —«T'es pas malade?» m'a répondu Alceste. |
| | «Alceste, t'es pas chouette», je lui ai dit. Alceste m'a dit qu'il ne fallait pas dire |
| *fought* | «chouette» et il s'est mis deux chocolats dans la bouche, alors on s'est battus°. |
| *came running* | Maman est arrivée en courant° et elle n'était pas contente. Elle a dit à |
| | Alceste de partir. Moi, ça m'embêtait de voir partir Alceste, on s'amusait bien, |
| | 40 tous les deux, mais j'ai compris qu'il valait mieux ne pas discuter avec maman, |
| *to be joking / shook hands* | elle n'avait vraiment pas l'air de rigoler°. Alceste m'a serré la main°, il m'a dit à |
| | bientôt et il est parti. Je l'aime bien, Alceste, c'est un copain. |
| | Maman, quand elle a regardé mon lit, elle s'est mise à crier. Il faut dire qu'en |
| | nous battant, Alceste et moi, on a écrasé° quelques chocolats sur les draps, il y |
| *crushed* | 45 en avait aussi sur mon pyjama et dans mes cheveux. Maman m'a dit que j'étais |
| | insupportable et elle a changé les draps, elle m'a emmené à la salle de bains, où |
| *rubbed* | elle m'a frotté° avec une éponge et de l'eau de Cologne et elle m'a mis un pyjama |
| *striped* | propre, le bleu à rayures°. Après, maman m'a couché et elle m'a dit de ne plus la |
| *bother her* | déranger°. Je suis resté seul et je me suis remis à mon livre et j'avais de plus en |
| *get into trouble* | 50 plus faim. J'ai pensé à appeler maman, mais je n'ai pas voulu me faire gronder°, |
| | elle m'avait dit de ne pas la déranger, alors je me suis levé pour aller voir s'il n'y |
| *icebox* | aurait pas quelque chose de bon dans la glacière°. |
| | Il y avait des tas de bonnes choses dans la glacière. On mange très bien à la |
| | maison. J'ai pris dans mes bras une cuisse de poulet, c'est bon froid, du gâteau à la |
| | 55 crème et une bouteille de lait. «Nicolas!» j'ai entendu crier derrière moi. J'ai eu très |
| *I dropped everything* | peur et j'ai tout lâché°. C'était maman qui était entrée dans la cuisine et qui ne |
| *didn't expect* | s'attendait° sans doute pas à me trouver là. J'ai pleuré à tout hasard, parce que |
| *mad* | maman avait l'air fâchée° comme tout. Alors, maman n'a rien dit, elle m'a emmené |
| | dans la salle de bains, elle m'a frotté avec l'éponge et l'eau de Cologne et elle m'a |
| | 60 changé de pyjama, parce que, sur celui que je portais, le lait et le gâteau à la crème |
| *stains / checked* | avaient fait des éclaboussures°. Maman m'a mis le pyjama rouge à carreaux° et elle |
| | m'a envoyé coucher en vitesse, parce qu'il fallait qu'elle nettoie la cuisine. |
| | De retour dans mon lit, je n'ai pas voulu reprendre le livre avec le petit ours |
| | que tout le monde voulait manger. J'en avais assez de cette espèce d'ours qui me |
| | 65 faisait faire des bêtises. Mais il ne m'amusait pas de rester comme ça, sans rien |
| *draw* | faire, alors j'ai décidé de dessiner°. Je suis allé chercher tout ce qu'il me fallait dans |
| | le bureau de papa. Je n'ai pas voulu prendre les belles feuilles de papier blanc avec |
| | le nom de papa écrit en lettres brillantes dans le coin, parce que je me serais fait |
| | gronder, j'ai préféré prendre des papiers où il y avait des choses écrites d'un côté |
| | 70 et qui ne servaient sûrement plus. J'ai pris aussi le vieux stylo de papa, celui qui |
| | ne risque plus rien. |
| | Vite, vite, vite, je suis rentré dans ma chambre et je me suis couché. J'ai |
| | commencé à dessiner des trucs formidables: des bateaux de guerre qui se |
| *cannon shots* | battaient à coups de canon° contre des avions qui explosaient dans le ciel, des |
| | 75 châteaux forts avec des tas de monde qui attaquaient et des tas de monde qui |
| *to prevent them* | leur jetaient des choses sur la tête pour les empêcher° d'attaquer. Comme je ne |
| | faisais pas de bruit depuis un moment, maman est venue voir ce qui se passait. |
| | Elle s'est mise à crier de nouveau. Il faut dire que le stylo de papa perd un peu |
| | d'encre, c'est pour ça d'ailleurs que papa ne s'en sert plus. C'est très pratique |
| | 80 pour dessiner les explosions, mais je me suis mis de l'encre partout et aussi sur |
| *bedspread* | les draps et le couvre-lit°. Maman était fâchée et ça ne lui a pas plu les papiers |
| | sur lesquels je dessinais, parce qu'il paraît que ce qui était écrit de l'autre côté du |
| | dessin, c'était des choses importantes pour papa. |
| | Maman m'a fait lever, elle a changé les draps du lit, elle m'a emmené dans la |
| *pumice* | 85 salle de bains, elle m'a frotté avec une pierre ponce°, l'éponge et ce qui restait au |

fond de la bouteille d'eau de Cologne et elle m'a mis une vieille chemise de papa à la place de mon pyjama, parce que, de pyjama propre, je n'en avais plus.

Le soir, le docteur est venu mettre sa tête sur ma poitrine, je lui ai tiré° la langue, il m'a donné une petite tape sur la joue et il m'a dit que j'étais guéri et 90 que je pouvais me lever. Mais on n'a vraiment pas de chance avec les maladies, à la maison, aujourd'hui. Le docteur a trouvé que maman avait mauvaise mine° et il lui a dit de se coucher et de se mettre à la diète.

*stuck out*

*didn't look well*

Adapté de Sempé et Goscinny: *Le Petit Nicolas,* © Editions Denoël

## Expansion de vocabulaire

Utilisez le contexte pour interpréter les expressions soulignées, qui sont surtout utilisées par des enfants ou dans le langage parlé.

1. J'ai mangé <u>des tas de</u> caramels, de bonbons, de gâteaux, de frites...
   - **a.** un peu de
   - **b.** beaucoup de
   - **c.** quelques
   - **d.** assez de
2. Je le connais bien le docteur, et il est <u>rudement</u> gentil.
   - **a.** vulgaire
   - **b.** probablement
   - **c.** jamais
   - **d.** très
3. Ça me plaît quand il met la tête sur ma poitrine, parce qu'il est <u>tout</u> chauve.
   - **a.** complètement
   - **b.** un peu
   - **c.** très
   - **d.** toujours
4. Il a dit à maman: «Mettez-le <u>à la diète</u> et surtout, qu'il reste couché... »
   - **a.** au lit
   - **b.** à la maison
   - **c.** au régime
   - **d.** à l'hôpital
5. J'ai pris un livre et j'ai commencé à lire, c'était <u>chouette</u> avec des images partout...
   - **a.** stupide
   - **b.** amusant
   - **c.** triste
   - **d.** difficile
6. Maman, <u>elle n'avait pas l'air de rigoler.</u>
   - **a.** elle était contente
   - **b.** elle était malade
   - **c.** elle toussait
   - **d.** elle n'était pas contente
7. Après, maman m'a couché et elle m'a dit de ne plus la <u>déranger.</u>
   - **a.** interrompre
   - **b.** parler
   - **c.** pleurer
   - **d.** battre
8. J'en avais assez de cette espèce d'ours qui me faisait <u>faire des bêtises.</u>
   - **a.** dessiner des animaux
   - **b.** manger
   - **c.** rigoler
   - **d.** faire quelque chose de stupide

## Compréhension et intégration

Répondez aux questions suivantes.

1. Pourquoi Nicolas est-il tombé malade?
2. Quelles sortes de livres préfère-t-il?
3. Est-ce qu'Alceste est très poli? Expliquez.
4. Quand Alceste est parti, qu'est-ce que la maman a trouvé sur les draps de Nicolas?
5. Pourquoi Nicolas a-t-il eu peur quand sa mère a crié «Nicolas!»?
6. Qu'est-ce que Nicolas a pris du bureau de son père? Pourquoi le stylo était-il très pratique pour dessiner des explosions?
7. Pourquoi la maman de Nicolas a-t-elle mauvaise mine à la fin de l'histoire?

## Maintenant à vous!

1. (Un débat en équipe.) En équipes de quatre à cinq étudiants, préparez quatre arguments pour débattre *(to debate)* l'assertion suivante: Nicolas est vraiment innocent, il ne comprend pas ce qu'il fait.

2. (Jeu de rôle: Personnages: le papa et la maman de Nicolas.) Papa rentre du travail. Il demande à maman pourquoi elle a mauvaise mine. Elle lui raconte les ennuis de sa journée et il lui pose des questions.

# Un pas en avant

## Naviguez le Web!

**La sécurité sociale en France.** Les Américains parlent beaucoup de la sécurité sociale, un des programmes les plus importants de notre gouvernement. En France, la sécurité sociale (la sécu) joue un rôle plus expansif dans la vie des gens. Pour vous renseigner sur la sécu à la française, visitez des sites Web.

##  À écrire

Les étapes présentées ici vous mèneront à écrire un essai sur le mouvement anti-tabac aux États-Unis.

**Introduction:** Aux États-Unis, on passe de plus en plus de lois *(laws)* anti-tabac. On ne peut plus fumer en avion pendant les vols intérieurs, dans les bureaux de travail ou dans les stades et salles de sport. Dans certains états comme la Californie, on passe même des lois qui interdisent de fumer dans les bars.

 PREMIÈRE ÉTAPE. Discutez des questions suivantes en petits groupes ou avec toute la classe.

**Vocabulaire utile:** la section fumeurs/non-fumeurs, la fumée, respirer, le cancer des poumons *(lung cancer)*, qui crée une accoutumance *(habit)*, la liberté, l'industrie du tabac, une drogue, les droits des autres *(the rights of others)*

1. Quel était l'attrait *(appeal)* des cigarettes quand elles étaient très populaires?
2. Pourquoi a-t-on changé d'attitude à propos de cette habitude?
3. Quelle est la situation actuelle pour les fumeurs?
4. Que pensez-vous de la campagne anti-tabac: est-ce qu'on a tout à fait raison de voter des lois strictes contre les fumeurs, d'augmenter les taxes sur les cigarettes, etc., ou est-ce qu'on va trop loin en réduisant les libertés individuelles?

DEUXIÈME ÉTAPE. Utilisez les questions de la première étape comme guide pour votre composition. Pour donner votre opinion, utilisez **à mon avis, je crois que, il est nécessaire que, il faut,** etc. Pour exprimer deux points de vue, utilisez **d'un côté... de l'autre (côté)** *(on the one hand . . . on the other hand)*.

> **Modèle:** *D'un côté, on ne devrait pas contrôler les habitudes des autres, mais de l'autre, il n'est pas juste que les non-fumeurs doivent respirer la fumée des fumeurs.*

---

**Grammar:** avoir expressions, impersonal **il,** relative pronoun **ce qui, ce que,** subjunctive

**Phrases:** asserting and insisting, comparing and contrasting, comparing and distinguishing, describing health, disapproving, expressing an opinion, expressing opinion or preference, making a judgement, persuading, stating a preference, talking about habitual actions, talking about past events, weighing alternatives, weighing the evidence, writing an essay

**Vocabulary:** body, body–heart, body–lungs, body–mouth, health, restaurant, sickness, working conditions

---

# Structure 13.1  Expressions idiomatiques avec avoir (récapitulation)

The verb **avoir** is used in many idiomatic expressions describing physical states and emotions. You are already familiar with several of them.

| | |
|---|---|
| avoir cinq ans | *to be five years old* |
| avoir besoin de | *to need* |
| avoir faim | *to be hungry* |
| avoir soif | *to be thirsty* |

Here are some additional expressions with **avoir.**

| | | |
|---|---|---|
| avoir sommeil | *to be sleepy* | Elle va se coucher. Elle a sommeil. |
| avoir peur (de) | *to be afraid (of )* | Il a peur de voyager seul. |
| avoir honte (de) | *to be ashamed (of)* | Il a honte de ses actions. |
| avoir raison (de) | *to be right* | Ma mère dit qu'elle a toujours raison. |
| avoir tort (de) | *to be wrong* | Tu as tort de ne pas dire la vérité. |
| avoir mal à | *to have an ache in* | J'ai mal à la tête. |
| avoir du mal à | *to have difficulty* | Nous avons du mal à parler français. |
| avoir envie de | *to want to, feel like* | J'ai envie d'aller en Europe. |
| avoir l'occasion de | *to have the opportunity to* | Il a l'occasion d'aller à Paris. |
| avoir de la patience | *to be patient* | L'institutrice doit avoir de la patience. |
| avoir de la chance | *to be lucky* | Marie a gagné à la loterie; elle a de la chance! |
| avoir lieu | *to take place* | Le concert a lieu à l'église St. Paul. |
| avoir froid | *to be cold* | J'ai toujours froid en hiver. |
| avoir chaud | *to be hot* | Tu n'as pas chaud avec ce manteau? |

**Avoir l'air** is used to describe how people and things appear. The adjective can agree either with the subject or with **l'air** (masculine). **Avoir l'air** + **de** may also be used with an infinitive.

Elle a l'air heureuse. }
Elle a l'air heureux. }   *She looks happy.*

Il a l'air de pleurer.   *He looks like he's crying.*

**Exercice 1.** Décrivez les sentiments des personnes suivantes en complétant les phrases avec une expression avec **avoir.**

> **Modèle:** Kavimbi pense que New York est la capitale des États-Unis, mais il *a tort*.

1. L'enfant _____, mais il refuse de dormir.
2. Elle prend de l'aspirine quand elle _____ la tête.
3. Qu'est-ce que tu as? Tu _____ malade!
4. Je n'aimerais pas être avocate; j(e) _____ être agressive.
5. Où est-ce que l'examen _____? Je ne veux pas arriver en retard.
6. Julie _____ d'aller en France avec sa meilleure amie.
7. Moustafa, qui ne boit pas d'alcool, n'a pas _____ d'aller au bar.
8. Lucille _____ des gros animaux.
9. Il faut _____ pour gagner à la loterie.
10. Camille _____ de montrer ses mauvaises notes à ses parents.
11. Vous travaillez bien avec les enfants parce que vous _____.
12. Je pensais que tu étais sincère, mais j'avais _____.

**Exercice 2.** Vous observez les gens dans le parc avec un copain/une copine. Suivez le modèle.

> **Modèle:** cet homme / nerveux
> *Cet homme a l'air nerveux.*

1. ces femmes / très jeune
2. ces garçons / bien s'amuser
3. cet homme / attendre quelqu'un
4. la mère sur le banc / très ennuyé
5. la petite blonde / malheureux
6. l'homme au chapeau / chercher quelque chose

# Structure 13.2   L'emploi de **depuis**

French does not have a special verb tense to describe actions that began in the past and are still in effect; it relies on the preposition **depuis** combined with the present tense to express this concept. Compare the following French and English sentences.

| | |
|---|---|
| Merrick **est** au lit **depuis** deux jours. | *Merrick **has been** in bed **for** two days.* |
| Jean **est** au travail **depuis** ce matin. | *Jean **has been** at work **since** this morning.* |

This contrast is a frequent source of errors for both French and English speakers as illustrated by a typical French speaker's error: "I am studying English for two years."

**Depuis quand** (*Since when*) is used to find out when a condition or activity began; **depuis combien de temps** (*for how long*) is used to inquire about the length of its duration.

| | |
|---|---|
| —**Depuis combien de temps** sont-ils ensemble? | *—How long have they been together?* |
| —Ils sont ensemble **depuis** deux mois. | *—They have been together for two months.* |
| —**Depuis quand** est-il malade? | *—Since when has he been sick?* |
| —Il est malade **depuis** hier. | *—He's been sick since yesterday.* |

**Depuis que** is followed by a clause containing a subject and a verb.

| | |
|---|---|
| Georges **est absent depuis** qu'il est tombé malade. | *George has been absent since he got sick.* |
| Il te **regarde depuis** que tu es arrivé. | *He has been watching you since you arrived.* |

In negative sentences, use the **passé composé** with **depuis**.

| | |
|---|---|
| Je **n'ai pas vu** Jules **depuis** longtemps. | *I haven't seen Jules for a long time.* |
| Il **n'a pas plu depuis** cinq mois. | *It hasn't rained for five months.* |

**Exercice 3.** Un psychiatre décrit les problèmes de ses patients. Utilisez **depuis** et le temps du verbe approprié en suivant les modèles.

> **Modèles:** Monsieur Hamed (parler au mur / cinq mois)
> *Monsieur Hamed parle au mur depuis cinq mois.*
>
> Raoul (refuser de manger / il a perdu sa sœur)
> *Raoul refuse de manger depuis qu'il a perdu sa sœur.*
>
> Serge (ne pas manger / hier)
> *Serge n'a pas mangé depuis hier.*

1. Anne (avoir de terribles migraines / l'âge de 10 ans)
2. Simone (répéter la même phrase / dix ans)
3. Agnès (avoir peur de l'eau / son accident de bateau)
4. Sophie (avoir horreur des hôpitaux / son enfance)
5. Monsieur Monneau (avoir peur de monter dans un avion / son parachute ne s'est pas ouvert)
6. Jeanne (faire une dépression / son chien est mort)
7. Madame Leclerc (ne pas conduire / son accident il y a cinq ans)
8. Guy (ne pas parler / ses parents ont divorcé)

# Structure 13.3   Les adverbes

Some common adverbs you have already learned are:

> bien    mal    souvent    rarement    assez    beaucoup

Many adverbs end in **-ment**, the equivalent of *-ly* in English.

> Elle est gravement malade.            *She is seriously ill.*

Most of these adverbs are formed by adding **-ment** to the feminine form of the adjective.

> actif → active → activement          *active → actively*
> sérieux → sérieuse → sérieusement     *serious → seriously*

If the masculine form of the adjective ends in a vowel, add **-ment** to the masculine adjective.

> probable → probablement          *probable → probably*
> vrai → vraiment                  *true, real → truly, really*

If the masculine adjective ends in **-ant** or **-ent,** drop the **-nt** and add **-mment,** with the exception of lent.

> constant → constamment          *constant → constantly*
> évident → évidemment             *evident → evidently*
> lent → lente → lentement         *slow → slowly*

Adverbs in **-ment** usually follow the verb.

> Bryan regarde constamment ses       *Bryan constantly reads his e-mail.*
>   e-mails.
> Elle va parler franchement à son    *She is going to speak frankly to her*
>   médecin.                              *doctor.*
> Le sénateur parlait très élégamment. *The senator was speaking very elegantly.*
> Ils sont entrés lentement.          *They entered slowly.*

When the adverb modifies the entire sentence, it may be placed at the beginning or the end.

> Malheureusement, l'avion n'est       *Unfortunately, the plane didn't arrive*
>   pas arrivé à l'heure.                 *on time.*
> Il n'en était pas content apparemment. *He wasn't happy about it, apparently.*

**Exercice 4.** Écrivez l'adjectif qui correspond aux adverbes suivants.

1. franchement 4. évidemment 7. activement
2. absolument 5. naturellement 8. suffisamment
3. différemment 6. vaguement

**Exercice 5.** Écrivez l'adverbe qui correspond aux adjectifs suivants.

1. silencieux 4. heureux 7. vrai
2. naturel 5. apparent 8. récent
3. constant 6. régulier

**Exercice 6.** Patricia décrit sa chatte. Complétez la description avec la forme adverbiale de chaque adjectif entre parenthèses.

Ma chatte Milou me fascine. Dans la maison, elle se promène (insolent) _____[1]. Elle s'assoit sur mes genoux et s'endort (indifférent) _____[2]. Quand elle se réveille, elle regarde (fixe) _____[3] par la fenêtre et décide de sortir. Une fois à l'extérieur, elle se cache (silencieux) _____[4] derrière un arbre puis soudain, elle chasse (énergique) _____[5] un oiseau *(bird)* ou un écureuil *(squirrel)*. Toute cette activité l'ennuie au bout de quelques minutes et elle reprend sa place sur l'escalier. Là, elle attend (patient) _____[6] que je lui ouvre la porte.

# Structure 13.4 Le subjonctif (introduction)

French uses several structures for giving advice and expressing obligation. You have already seen the impersonal expression **il faut** combined with an infinitive used for this purpose.

Monique, **il faut faire** tes devoirs avant de sortir.  *Monica, you have to do your homework before going out.*

French commonly uses a special verb form called the subjunctive for expressing obligation and giving strong advice. The subjunctive is required in clauses following **il faut que.**

Monique, **il faut que** tu **fasses** tes devoirs avant de sortir.
**Il faut que** Jean **finisse** l'examen.

The subjunctive is also used following other expressions of obligation and necessity shown here.

| | |
|---|---|
| il est essentiel que | *it's essential that* |
| il est nécessaire que | *it's necessary that* |
| il est important que | *it's important that* |
| il vaut mieux que | *it's preferable/better that* |
| je préfère que | *I prefer that* |
| je veux que | *I want* |
| je souhaite que | *I wish that* |

| | |
|---|---|
| Notre professeur veut que nous **parlions** français en classe. | *Our professor wants us to speak French in class.* |
| Il est important que vous **répondiez** à la question. | *It's important that you answer the question.* |
| Il est essentiel que vous **fassiez** attention. | *It's essential that you pay attention.* |
| Il vaut mieux que tu **prennes** tes médicaments. | *It's better that you take your medicine.* |

## FORMES RÉGULIÈRES DU SUBJONCTIF

To form the subjunctive of most verbs, start with the third person plural verb stem (**ils/elles**) of the present tense and add the endings **-e, -es, -e, -ions, -iez, -ent,** as shown in the chart.

| third-person plural | subjunctive stem | subjunctive |
|---|---|---|
| vendent | vend- | que je vende |
| disent | dis- | que tu dises |
| finissent | finiss- | que vous finissiez |
| sortent | sort- | que nous sortions |
| étudient | étudi- | que nous étudiions |

## FORMES IRRÉGULIÈRES DU SUBJONCTIF

The verbs **être** and **avoir** have irregular stems and endings.

| être | | avoir | |
|---|---|---|---|
| que je sois | que nous soyons | que j'aie | que nous ayons |
| que tu sois | que vous soyez | que tu aies | que vous ayez |
| qu'il soit | qu'ils soient | qu'il ait | qu'ils aient |

Several verbs have a second subjunctive stem for the **nous** and **vous** forms derived from the **nous** and **vous** form of the present tense. This is also true for verbs with spelling changes.

| boire | | prendre | | venir | | payer | |
|---|---|---|---|---|---|---|---|
| boive | buvions | prenne | prenions | vienne | venions | paie | payions |
| boives | buviez | prennes | preniez | viennes | veniez | paies | payiez |
| boive | boivent | prenne | prennent | vienne | viennent | paie | paient |

Other verbs that follow this pattern are **croire, devoir,** and **voir**.

The following five verbs have an irregular subjunctive stem. Note that **aller** and **vouloir** have a different stem in the **nous** and **vous** forms.

| pouvoir | savoir | faire |
|---|---|---|
| puisse | sache | fasse |
| puisses | saches | fasses |
| puisse | sache | fasse |
| puissions | sachions | fassions |
| puissiez | sachiez | fassiez |
| puissent | sachent | fassent |

| aller | vouloir |
|---|---|
| aille | veuille |
| ailles | veuilles |
| aille | veuille |
| allions | voulions |
| alliez | vouliez |
| aillent | veuillent |

**NOTE DE PRONONCIATION**

Pronunciation of regular -er verbs in the subjunctive and the present indicative is the same for **je, tu, il/elle/on,** and **ils/elles. Nous** and **vous** forms of regular verbs sound the same as the **imparfait.**

**COMMENT ÉVITER LE SUBJONCTIF** *(AVOIDING THE SUBJUNCTIVE)*

It is possible to avoid the subjunctive when giving advice by using an indirect object + verb + **de** + infinitive as shown here.

| | |
|---|---|
| Je **vous conseille de travailler** plus dur. | *I advise you to work harder.* |
| Mon médecin **me conseille de faire** de l'aérobic. | *My doctor advises me to do aerobics.* |
| Son professeur **lui a dit de parler** plus en classe. | *His professor told him to speak more in class.* |
| Ma mère **me suggère de me lever** plus tôt. | *My mother suggests that I get up earlier.* |

For negative sentences, use the negative infinitive: verb + **de ne pas** + infinitive.

| | |
|---|---|
| Mon entraîneur **me recommande de ne pas fumer.** | *My coach tells me not to smoke.* |

**Exercice 7.** Vos amis vous demandent conseil. Répondez en commençant par **Il faut que tu (vous)...**

**Expressions utiles:** se détendre dans une île déserte / faire de la musculation / mettre de la crème solaire pour protéger la peau / faire un régime et brûler des calories en faisant de l'exercice chaque jour / se laver le visage régulièrement avec du savon / se brosser les dents après chaque repas / dormir davantage

1. Je ne veux pas attraper de coup de soleil *(sunburn)*.
2. Nous voulons maigrir.
3. Je manque d'énergie.
4. Je veux me développer les muscles.
5. Nous sommes très stressés.
6. J'ai des caries *(cavities)*.
7. Je veux avoir une belle peau.

**Exercice 8.** On exige beaucoup de vous. Choisissez parmi les verbes suivants pour compléter les phrases avec la forme du subjonctif appropriée: **répondre, écrire, avoir, inviter, faire, être, aller, finir.**

1. Ma mère veut que je lui _____ une fois par semaine.
2. Le patron veut que vous _____ le projet avant la fin du mois.
3. Mon copain souhaite que nous _____ dans le même cours d'anglais.
4. Tes parents insistent pour que tu _____ de bonnes notes.
5. Le professeur exige que les étudiants _____ en classe.
6. Ma mère veut que j(e) _____ avec elle chez mes grands-parents.
7. Mon camarade de chambre veut que nous _____ des amis chez nous ce week-end.
8. Le médecin conseille que nous _____ de l'exercice régulièrement.

**Exercice 9.** Complétez les phrases suivantes avec le subjonctif.

Le médecin ordonne...

1. que je me _____ au régime.
2. que nous _____ six verres d'eau par jour.
3. que vous _____ de la vitamine C tous les jours.
4. que la patiente _____ de l'aérobic.
5. que vous _____ de la patience.
6. que vous _____ un chapeau au soleil.

**Exercice 10.** Savez-vous éviter le subjonctif? Transformez les phrases suivantes selon les modèles.

**Modèles:** Le médecin veut qu'il prenne des vitamines.
*Elle lui conseille de prendre des vitamines.*

Le dentiste veut que je me brosse les dents régulièrement.
*Il me dit de me brosser les dents régulièrement.*

1. Mes parents voudraient que je dépense moins d'argent.
2. Mon père veut que je conduise plus lentement.
3. Votre professeur aimerait que vous étudiiez davantage.
4. Notre tante voudrait que nous lui rendions visite plus souvent.
5. Leurs amis aimeraient qu'ils soient moins sérieux.
6. Ma petite amie veut que je perde des kilos.
7. Ton moniteur aimerait que tu fasses de la musculation.
8. Notre camarade de chambre veut que nous fassions moins de bruit.

# Tout ensemble!

**Françoise, qui travaille maintenant à Londres, n'est pas contente. Elle écrit finalement à sa mère et sa mère lui répond. Complétez les deux lettres avec des expressions avec: avoir, depuis, l'adverbe formé de l'adjectif entre parenthèses ou la forme correcte du verbe entre parenthèses.**

Chère Maman,
J'ai _____¹ de te parler _____² (franc) de ma situation depuis mon arrivée à Londres, mais je ne veux pas te décevoir *(to disappoint)*. D'abord, à la banque, ça ne va pas. J'ai _____³ de plaire *(to please)* à mon patron, mais il est très exigeant *(demanding)*, voire impossible. Il ne sourit jamais, et il a souvent l'_____⁴ d'être fâché contre moi. Dans mon angoisse, j'ai du _____⁵ à dormir, et donc j'ai toujours _____⁶. _____⁷ (évident) je ne comprends pas ce qu'il veut de moi. Je _____⁸ (travailler) _____⁹ (vache) depuis un mois sur le même projet et je ne sais pas quand ça va _____¹⁰ (final) se terminer.

Tu sais que je suis venue ici pour pratiquer mon anglais et me faire de nouveaux amis. _____¹¹ (malheureux), dans notre bureau on ne parle que français et je n'ai pas le temps de sortir. Chère maman, est-ce que j'ai pris une mauvaise décision? Qu'est-ce que je dois faire? J'ai _____¹² de tomber malade.

Grosses bises,

Françoise

Ma chère Françoise,
Pourquoi as-tu mis si longtemps à me dire la vérité? Tu ne dois _____¹³ (absolu) pas avoir _____¹⁴ d'être mécontente. D'abord, tu es _____¹⁵ (vrai) trop perfectionniste. Tu penses trop à ton patron. Je te suggère de _____¹⁶ (faire) de ton mieux et puis de l'oublier. Je t'assure que ces problèmes sont dans ta tête. Il faut que tu _____¹⁷ (sortir) un peu pour profiter de ton séjour à Londres. Je te suggère de _____¹⁸ (téléphoner) à tes cousins qui habitent tout près. Il faut aussi que tu _____¹⁹ (faire) _____²⁰ (régulier) de l'exercice—ta vie n'est pas assez équilibrée. Une promenade dans Hyde Park te ferait du bien.

Tu dois tout d'abord penser à ton propre bonheur. Je te téléphonerai ce week-end.

Grosses bises,

Maman

# Vocabulaire

## Vocabulaire fondamental

### Noms

| Les parties du corps | *Parts of the body* |
|---|---|
| la bouche | *mouth* |
| le bras | *arm* |
| le cœur | *heart* |
| le cou | *neck* |
| le doigt | *finger* |
| le dos | *back* |
| l'épaule *(f)* | *shoulder* |
| l'estomac *(m)* | *stomach* |
| le genou | *knee* |
| la gorge | *throat* |
| la jambe | *leg* |
| la langue | *tongue* |
| les lèvres *(f pl)* | *lips* |
| le nez | *nose* |
| le pied | *foot* |
| la tête | *head* |
| le ventre | *stomach* |
| le visage | *face* |
| les yeux *(m pl)*, un œil | *eyes, an eye* |

| Les blessures, les maladies et les remèdes | *Injuries, illnesses, and cures* |
|---|---|
| une blessure | *an injury* |
| le bonheur | *happiness* |
| un conseil | *advice* |
| la grippe | *flu* |
| un médicament | *a medicine* |
| un mouchoir | *a handkerchief* |
| une ordonnance | *a prescription* |
| un remède | *a cure* |
| un rhume | *a cold* |
| le sang | *blood* |
| la santé | *health* |

**Mots apparentés:** une aspirine, une opération, un symptôme, une vitamine

### Verbes

| arrêter | *to stop* |
|---|---|
| blesser | *to hurt, injure* |
| se casser (la jambe) | *to break (one's leg)* |
| conseiller | *to give advice* |
| se détendre | *to relax* |
| exiger | *to demand* |
| pleurer | *to cry* |
| se sentir | *to feel* |
| soigner | *to take care of, nurse* |

| souffrir (je souffre) | *to suffer* |
|---|---|
| souhaiter | *to wish* |
| tousser | *to cough* |

### Adjectifs

| déprimé(e) | *depressed* |
|---|---|
| élevé(e) | *high* |
| enceinte | *pregnant* |
| enrhumé(e) | *congested* |
| exigeant(e) | *demanding* |
| malade | *sick* |
| sain(e) | *healthful (food, habits)* |

### Adverbes

| couramment | *fluently* |
|---|---|
| facilement | *easily* |
| franchement | *frankly* |
| gravement | *seriously* |
| heureusement | *happily, fortunately* |
| malheureusement | *unhappily, unfortunately* |
| pleinement | *fully* |
| régulièrement | *regularly* |
| suffisamment | *sufficiently* |
| vachement *(fam)* | *very, a lot* |
| vraiment | *really* |

**Mots apparentés:** absolument, activement, constamment, essentiellement, évidemment, finalement, naturellement, patiemment, rapidement, récemment, simplement

### Expressions avec *avoir*

| avoir chaud | *to be hot* |
|---|---|
| avoir de la chance | *to be lucky* |
| avoir de la patience | *to be patient* |
| avoir du mal à | *to have difficulty* |
| avoir envie de | *to desire, feel like* |
| avoir froid | *to be cold* |
| avoir honte | *to be ashamed* |
| avoir l'air | *to seem, look* |
| avoir le cafard | *to be down in the dumps* |
| avoir lieu | *to take place* |
| avoir mal à (la tête) | *to have a (head)ache* |
| avoir mauvaise mine | *to not look well* |
| avoir l'occasion | *to have the opportunity* |
| avoir peur de | *to be afraid of* |
| avoir raison | *to be right* |
| avoir sommeil | *to be sleepy* |
| avoir tort | *to be wrong* |

## Mots divers

davantage — *more*
depuis — *for, since*

## Expressions utiles

**Comment parler au** — ***How to speak to the***
**médecin** — ***doctor***
*(See other expressions on page 370.)*

Je suis bien dans ma peau. — *I feel comfortable with myself.*

Je ne me sens pas bien du tout. — *I really don't feel well.*
Elle s'est cassé la jambe. — *She broke her leg.*
Il est en pleine forme. — *He's in top shape.*
Il est de très mauvaise/ bonne humeur. — *He's in a very bad/ good mood.*
Qu'est-ce qui ne va pas? — *What's wrong?*
Tu as mauvaise mine. — *You look sick.*

# Vocabulaire supplémentaire

## Noms

un accouchement — *a delivery (of a baby)*
une allergie — *an allergy*
l'assurance médicale *(f)* — *medical insurance*
les béquilles *(f pl)* — *crutches*
le bien-être — *well-being*
un bleu — *a bruise*
un cancer — *a cancer*
une carie — *a cavity*
la cheville — *ankle*
une cicatrice — *a scar*
le cil — *eyelash*
le coude — *elbow*
le foie — *liver*
un frisson — *a shiver, chill*
le front — *forehead*
une hanche — *hip*
le menton — *chin*
le muscle — *muscle*
l'ongle *(m)* — *fingernail*
l'orteil *(m)* — *toe*
un pansement — *a bandage*
le physique — *physical appearance*
une pilule — *a pill*
une piqûre — *a shot*
un plâtre — *a cast*
le poignet — *wrist*
une radio(graphie) — *an X-ray*
le service des urgences — *emergency room*
le sourcil — *eyebrow*
un sourire — *a smile*
une toux — *a cough*
un tranquillisant — *a tranquilizer*

## Verbes

s'agenouiller — *to kneel*
apprécier — *to appreciate*
avaler — *to swallow*
avoir le nez qui coule — *to have a runny nose*
brûler — *to burn*
caresser — *to caress*
confier — *to confide*
se couper — *to cut oneself*
déconseiller — *to advise against*
embêter — *to annoy*
éternuer — *to sneeze*
s'évanouir — *to faint*
faire de la musculation — *to lift weights*
faire des gargarismes — *to gargle*
se faire mal — *to hurt oneself*
se faire masser — *to get a massage*
se fouler la cheville — *to twist one's ankle*
gesticuler — *to gesture*
guérir — *to heal*
se moucher — *to blow one's nose*
paraître — *to seem*
se passer de — *to do without*
plaire — *to please*
prendre la tension — *to take (someone's) blood pressure*
râler — *to complain*
respirer — *to breathe*

## Adjectifs

bouché(e) — *stopped up*
franc (franche) — *frank*
obéissant(e) — *obedient*

# La vie sentimentale

In this chapter you will learn how to talk about friendship and the many facets of relationships: first encounters, dating, falling in love, and marriage. Some of these issues will be explored against the backdrop of changing social conventions. You will also learn how to talk about personal and social values.

## Thèmes et pratiques de conversation

▶ L'amour

▶ Valeurs et espoirs


▶ Comment exprimer ses sentiments

▶ Comment dire qu'on est d'accord ou qu'on n'est pas d'accord

## Structures utiles

▶ Les verbes pronominaux (suite)

▶ Les pronoms démonstratifs: **celui, celle(s), ceux**

▶ Le conditionnel

▶ Le subjonctif (suite)

## Perspectives culturelles

Le couple en transition

Perspectives sur l'amitié

## Lecture

*L'affaire du collier,* extrait des *Femmes du Prophète* de Magali Morsi

## Un pas en avant

## L'amour

> **Structure**  **14.1 Les verbes pronominaux (suite)**
>
> You have already learned to use pronominal verbs reflexively. In this **thème,** you will be exposed to a large number of pronominal verbs used reciprocally and idiomatically to talk about how people relate to each other. For further discussion of these verbs, see pages 412–413.

*«Le baiser à l'Hôtel de Ville» de Doisneau*

### Un feuilleton d'amour en trois épisodes

### Une rencontre amoureuse

Emmanuelle, coiffeuse à Poitiers, en vacances à Saint-Tropez, se bronze sur la plage lorsqu'elle aperçoit un jeune homme brun qui est venu s'asseoir près d'elle. Ils se regardent discrètement, mais ils ne se parlent pas. «Vous allez attraper un coup de soleil», lui dit-il finalement. Elle se méfie de lui *(is wary of him),* mais ne peut pas s'empêcher de regarder dans ses yeux verts fixés sur elle. C'est le coup de foudre! Ils se parlent, ils s'embrassent. Le jeune homme, Alain, lui propose une promenade à Saint-Raphaël. Elle ne refuse pas. Restaurant, boîte de nuit, et trois jours plus tard, il lui offre une bague de fiançailles et ils se fiancent. Trois mois plus tard, ils achètent des alliances et ils se marient.

## La vie conjugale

Après un mariage traditionnel suivi d'une nuit de noces et d'une lune de miel splendides passées en Grèce, les nouveaux époux s'installent dans un appartement à Paris. Au début, tout va bien pour le jeune ménage; ils s'aiment. Alain se dépêche après son travail pour retrouver sa femme; ils rentrent ensemble. Mais au bout de quelques mois, ils se voient de moins en moins. Elle s'ennuie à la maison le soir pendant qu'il retrouve ses vieux amis au bar. Les amoureux se disputent toujours. Ils ne s'entendent plus. Elle se demande si son mari la trompe avec une autre femme.

## La rupture

Une nuit, Alain ne rentre pas. Le lendemain, Emmanuelle n'est plus là. Il se rend compte qu'elle l'a quitté. Elle lui dit qu'elle veut se séparer de lui, divorcer. Mais il ne veut pas rompre avec elle; il l'aime toujours et décide de lui faire la cour comme avant...

## Activité 1: Avez-vous compris?  Répondez aux questions suivantes.

### Une rencontre amoureuse

1. Où Emmanuelle et Alain se rencontrent-ils?
2. Comment se regardent-ils? Pourquoi?
3. Qui parle le premier?
4. Pourquoi se méfie-t-elle de lui? A-t-elle raison?
5. Où sortent-ils ensemble?
6. Quand se fiancent-ils et quand se marient-ils?

### La vie conjugale

1. Où passent-ils leur lune de miel?
2. Est-ce qu'ils se voient souvent pendant les premiers mois de leur mariage? Expliquez.
3. Pourquoi Emmanuelle n'est-elle pas heureuse?
4. Qu'est-ce qu'elle se demande?

### La rupture

1. Pourquoi Emmanuelle quitte-t-elle son mari? A-t-elle raison?
2. Alain est-il content de la rupture?
3. Qu'est-ce qu'il pense faire pour regagner l'amour de sa femme?

**Activité 2: Trouvez l'intrus.** Encerclez le mot qui ne correspond pas au mot clé.

1. divorcer
   - **a.** s'entendre
   - **b.** se disputer
   - **c.** se battre
   - **d.** se séparer
   - **e.** rompre

2. se rencontrer
   - **a.** se connaître
   - **b.** se demander
   - **c.** faire la cour
   - **d.** faire connaissance

3. s'entendre bien
   - **a.** se disputer
   - **b.** s'aimer
   - **c.** se voir
   - **d.** se comprendre

4. se marier
   - **a.** participer à une cérémonie religieuse
   - **b.** s'installer ensemble
   - **c.** se méfier de
   - **d.** acheter une alliance
   - **e.** partir en lune de miel

5. se rendre compte
   - **a.** s'apercevoir
   - **b.** comprendre
   - **c.** remarquer
   - **d.** ignorer

 **Activité 3: Terminez le feuilleton.** Travaillez en groupes pour terminer cette histoire. Écrivez un paragraphe au présent.

**Quelques suggestions:** ils se réconcilient; ils divorcent; ils partent en voyage à Venise; elle rentre chez sa mère; ils ont un enfant; il lui offre un diamant; elle part pour les États-Unis; elle reprend ses études et devient femme d'affaires; ils vivent dans un bonheur infini *(they lived happily ever after)*

 **Activité 4: Où aller pour rencontrer quelqu'un? Les quatre meilleurs lieux.**
En groupes de trois, mettez les quatre meilleurs lieux de rencontres dans votre ordre de préférence. Ensuite indiquez le lieu où les chances de rencontres sont les moins bonnes. Élaborez sur une de vos réponses.

**Modèle:** ÉTUDIANT(E) 1: *Moi, je crois qu'une fête est numéro un. Et vous autres?*
ÉTUDIANT(E) 2: *Oui, c'est possible parce qu'on va souvent à une fête pour rencontrer des gens.*
ÉTUDIANT(E) 1: *Alors, qu'est-ce qu'on met en numéro deux?*

les concerts de rock
les vacances
les sorties à l'église
les transports en commun
les agences matrimoniales
le lieu de travail
un lavomatic *(laundromat)*

un match de sport
un club ou une association
un centre commercial
un café
un dîner entre amis
une fête
un site de rencontres en ligne

**Activité 5: Les grands classiques.** Résumez ces films et cette pièce classiques en mettant les phrases dans l'ordre correct.

Dans le film *Casablanca*...

    **1.** ils se séparent finalement sur une piste d'atterrissage *(on an airstrip)*.
    **2.** ils se retrouvent à Casablanca.
    **3.** la première fois, ils se quittent sur le quai d'une gare.
    **4.** Bogart et Bergman se rencontrent à Paris.

Dans le film *Autant en emporte le vent (Gone with the Wind)*...

    **1.** ils s'installent dans une grande maison somptueuse.
    **2.** Rhett Butler et Scarlett O'Hara se rencontrent pendant un bal juste avant la guerre de Sécession.
    **3.** ils se séparent à la fin, mais est-ce pour toujours?
    **4.** ils se retrouvent à Atlanta pendant la guerre.
    **5.** ils se marient.

Dans la pièce *Roméo et Juliette*...

    **1.** Juliette se tue *(kills herself)* en voyant Roméo mort.
    **2.** ils tombent tout de suite amoureux.
    **3.** les deux amoureux se marient en secret.
    **4.** leurs familles s'opposent au mariage.
    **5.** Juliette prend du poison pour faire semblant *(to pretend)* de mourir.
    **6.** Roméo et Juliette se rencontrent à un bal.
    **7.** en voyant Juliette qu'il croit morte, Roméo se suicide.

# Perspectives culturelles

## Le couple en transition

La révolution culturelle des années 70 a beaucoup changé la vie de couple en France. D'abord, le bouleversement° des anciens tabous et la disponibilité de la pilule ont abouti à° l'euphorie de l'amour physique et de la sexualité. Mais aujourd'hui on observe un retour aux qualités affectives de l'amour: la tendresse, la séduction, le romantisme et la fidélité. Ce n'est pas, cependant, un retour aux mœurs° des années 50. Pourquoi? D'abord, un nombre croissant° de couples préfère vivre en union libre sans les contraintes des papiers officiels. Les pressions° sociales en faveur du mariage ont peu à peu disparu. Aujourd'hui, environ neuf couples sur dix commencent leur vie commune sans se marier. Et l'arrivée d'un enfant n'est pas automatiquement vu comme une raison de légaliser le couple. Plus de la moitié° des couples ont leur premier enfant hors° mariage.

*overthrow*
*led to*

*social customs*
*growing*
*pressure*

*half*
*outside*

Pour les couples qui veulent être reconnus° par la loi mais qui ne peuvent pas ou ne veulent pas se marier, il y a le pacte social de solidarité (PACS) qui date de 1999. Le PACS offre la plupart des droits° et obligations traditionnellement associés au mariage aux adultes de même sexe ou de sexe différent: droits de succession°, à l'assurance° du partenaire, et l'obligation de l'aide mutuelle envers un partenaire en cas de maladie ou de chômage. Envisagée° principalement pour les couples gays, un bon nombre de couples hétérosexuels préfère le PACS au mariage.

Pour les rencontres, cependant, la tradition dure. Ceux qui viennent de la même classe sociale se marient. Le prince se marie rarement avec la bergère°.

*recognized*

*rights*
*inheritance rights*
*insurance*
*Designed*

*shepherdess*

### Avez-vous compris?

Indiquez si les phrases suivantes sont vraies ou fausses. Corrigez les phrases fausses.

1. Pour le couple du vingt-et-unième siècle, la fidélité est une valeur démodée.
2. L'union libre, ou mariage à l'essai *(trial)*, est rarement pratiquée en France.
3. En France, peu d'enfants naissent hors mariage.
4. Il y a des droits et des obligations associés au PACS.
5. Les Français se marient souvent avec quelqu'un d'une classe sociale différente.

 ### À vous!

Discutez de l'idée du PACS en groupes: Qu'est-ce que c'est? Est-ce une bonne idée? Quels en sont les avantages et les inconvénients? Partagez vos idées avec la classe.

# Valeurs et espoirs

---

**Structure** **14.2 Les pronoms démonstratifs: celui, celle(s), ceux**

Demonstrative pronouns are used to avoid repetition by replacing a previously specified noun. They are often used in comparisons, as in the examples shown in the following activities. For further explanation of **celui, celle(s),** and **ceux,** see page 414.

---

 **Activité 6: Les valeurs à travers *(throughout)* les générations.** Avec un(e) partenaire, regardez les remarques suivantes qui comparent les valeurs de la société contemporaine à celles d'autrefois.

**A.** Dites si vous êtes d'accord ou pas d'accord et expliquez pourquoi.

1. Les jeunes d'aujourd'hui s'intéressent moins à la politique que **ceux** d'autrefois.

2. Les familles sont plus égalitaires et ouvertes que **celles** d'autrefois.

3. Chez les jeunes, le désir de réussir dans sa carrière est souvent plus important que **celui** de fonder une famille.

4. Dans la société américaine, le bien-être de l'individu devient plus important que **celui** du groupe.

5. Parmi les valeurs partagées par les Français, **celles** qui sont les plus respectées sont la justice, l'honnêteté, la politesse, la liberté et l'esprit de famille.

**B.** Maintenant relisez les phrases. Pour chaque pronom relatif en caractères gras, trouvez l'antécédent et donnez son nombre et son genre.

**Modèle:** Les jeunes d'aujourd'hui s'intéressent moins à la politique que **ceux** d'autrefois.
l'antécédent de **ceux** est *les jeunes*. Ce mot est *masculin/pluriel*.

## Activité 7: Les valeurs d'aujourd'hui. Comparez la vie d'aujourd'hui à celle d'autrefois. Utilisez **celui, celle(s)** ou **ceux.**

**Modèle:** les femmes / indépendantes
*Les femmes d'aujourd'hui sont plus indépendantes que **celles** d'autrefois.*

1. les jeunes / conservateurs
2. les mariages / durables
3. les problèmes / complexes
4. les rôles sexuels / distincts
5. les femmes / ambitieuses
6. le style de vie / actif
7. les rencontres / difficiles
8. la famille / stable

**L'Abbé Pierre (Henry Grouès)**

Travailleur humanitaire, l'Abbé Pierre a fait partie de la Résistance pendant la Seconde Guerre mondiale. En 1949, il a créé une organisation bénévole pour aider les sans-abris (*homeless*) qui s'appelle «la communauté des chiffonniers d'Emmaüs».

Regardez le document ci-dessus sur la Fondation Abbé Pierre et répondez aux questions suivantes.

1. Est-ce que vous connaissez une organisation semblable aux États-Unis?

2. Lequel de nos ex-présidents est engagé dans ce même genre de travail aux États-Unis?

3. Est-ce que vous avez déjà fait du travail bénévole? Expliquez.

# Perspectives culturelles

## Perspectives sur l'amitié

Les Français constatent° que leur concept de l'amitié est plus profond, plus durable, *claim*
que l'amitié pratiquée aux États-Unis. Ils remarquent souvent que les Américains se
font de nouveaux amis très spontanément, et qu'ils les abandonnent aussi vite.
L'amitié à la française est vue comme une relation intime et durable. Il est vrai que
les Français sont traditionnellement moins nomades; ils restent souvent dans la
même région pendant toute leur vie. Ainsi, il est commun d'avoir le même meilleur
ami depuis l'enfance. Beaucoup d'amitiés se forment au lycée où le même groupe
d'élèves se retrouve dans une seule classe. Puisque les jeunes vont souvent à l'université près de chez eux, ces amitiés peuvent plus facilement durer° après l'adolescence. *to last*

La différence entre le concept de l'amitié dans les deux cultures crée des
malentendus°. Les Américains en France ont souvent l'impression que les *misunderstandings*
Français sont fermés, qu'ils ne répondent pas à leurs efforts pour les connaître.
Les Français, pour leur part, trouvent que les Américains font des démarches° *efforts*
superficielles vers une amitié sans prendre la situation au sérieux.

Ils sourient°, font des remarques comme «*We'll have to get together*», qui sont *smile*
tout simplement des formules de politesse. Un Français dira que l'amitié est sacrée.
Il ne faut pas hésiter à tout mettre en œuvre° pour la préserver. *to go to any length*

### Avez-vous compris?

Indiquez si les phrases suivantes sont vraies ou fausses, et trouvez, dans le texte, les
phrases qui justifient vos réponses.

1. Le concept de l'amitié est le même dans les cultures française et américaine.
2. Les Français ont l'impression que l'amitié à l'américaine est plutôt
   superficielle.
3. Les Américains en France trouvent parfois difficile de se faire des amis.
4. Un Français a tendance à garder les mêmes amis pendant toute sa vie.

**Activité 8: Interaction.** Posez les questions suivantes sur l'amitié à votre partenaire.

1. Pour toi, est-ce que l'amitié est une valeur importante? Quelles sont les qualités de ton/ta meilleur(e) ami(e): un bon sens de l'humour, la fidélité, l'honnêteté, un esprit ouvert, la gentillesse, l'intelligence, etc.?
2. Est-ce que tes parents connaissent ton/ta meilleur(e) ami(e)? Est-il/elle comme un membre de ta famille? Est-ce que tes parents sont critiques envers tes ami(e)s?
3. Dans quelles situations est-ce que tu critiques tes amis?
4. Est-ce qu'entre amis vous vous prêtez facilement de l'argent?
5. Est-ce que vous vous confiez vos secrets? Pourquoi/pourquoi pas?
6. Qu'est-ce qui détruit une amitié: la jalousie des autres, l'opinion des parents, le manque de temps, les déménagements?

---

**Structure**  **14.3 Le conditionnel**

When giving advice and imagining what one might do in a hypothetical situation, the conditional verb form is often used. You've already used this structure in a few polite forms such as **je voudrais un café, j'aimerais y aller** or to give advice: **Vous devriez écouter le professeur.** For further discussion of the conditional and its forms, see pages 415–416.

---

**Activité 9: Testez-vous!** Que feriez-vous dans les situations suivantes?

1. **Si** je **voyais** le copain/la copine de mon/ma meilleur(e) ami(e) sortir avec quelqu'un(e) d'autre...
   a. je lui en **parlerais**.
   b. je ne lui **dirais** rien.
   c. je **dirais** quelque chose à son copain/sa copine infidèle.

2. **Si** j'**avais** un cousin plus jeune qui voulait fuguer (*run away*) et venir chez moi...
   a. je l'**hébergerais** sans rien dire à ses parents.
   b. j'**appelerais** ses parents.
   c. je l'**encouragerais** à appeler ses parents.

3. **Si** je **voyais** un étudiant tricher (*cheat*) pendant un examen...
   a. je lui **ferais** signe d'arrêter.
   b. je le **dirais** au professeur.
   c. je l'**ignorerais**.

4. **Si** un employé de magasin me **rendait** trop d'argent lors d'un achat...
   a. je lui **rendrais** l'argent. Il pourrait perdre son travail.
   b. je ne **dirais** rien. Les prix sont trop élevés!
   c. je **dirais** quelque chose si la somme était importante.

5. **Si** je n'**aimais** pas le nouveau copain/la nouvelle copine de mon ami(e)...
   a. j'**attendrais** patiemment leur rupture.
   b. je lui **demanderais** ce qu'il/elle aime chez elle/lui.
   c. je **ferais** de mon mieux pour l'accepter.

**À noter:** Regardez les phrases dans l'**Activité 9.** Quel temps verbal vient après le mot **si**? Quel est le mode (*mood*) du verbe dans la proposition (*clause*) qui suit?

## Activité 10: Si j'étais une couleur, je serais le rouge.

**A. Le portrait chinois.** D'abord, travaillez individuellement en utilisant votre imagination pour compléter les phrases suivantes. Choisissez trois des phrases que vous avez terminées et récrivez-les *(rewrite them)* sur trois bouts *(scraps)* de papier que vous allez mettre dans un chapeau.

1. Si j'étais une couleur, je serais...
2. Si j'étais une saison, je serais...
3. Si j'étais une chanson, je serais...
4. Si j'étais une marque de voiture, je serais une...
5. Si j'étais un animal, je serais...
6. Si j'étais un(e) acteur/actrice, je serais...
7. Si j'étais une ville, je serais...
8. Si j'étais un film, je serais...
9. ???

 **B. Qui est-ce?** Mettez-vous en groupes de cinq et placez vos trois phrases dans un chapeau. À tour de rôle, tirez *(pull out)* un bout de papier du chapeau, lisez la phrase et devinez qui elle décrit *(whom it describes)*.

## Activité 11: Imaginez votre réaction. Que feriez-vous dans les situations suivantes?

1. Si je gagnais un million à la loterie, je...
2. Si je pouvais aller n'importe où, je...
3. Si je pouvais manger n'importe quoi sans grossir, je...
4. Si je pouvais exercer le métier de mes rêves, je...
5. Si je pouvais parler trois langues couramment, je choisirais...

# Comment dire qu'on est d'accord ou qu'on n'est pas d'accord

**Quelques expressions utiles**

| **oui** | **non** | **l'incertitude** |
| --- | --- | --- |
| Ah, ça oui! | Ah, non alors! | C'est bien possible. |
| C'est vrai, ça! | Je ne suis pas d'accord. | Ça se peut. |
| Absolument! | Ce n'est pas vrai. | Peut-être. |
| Tout à fait. | Absolument pas. | Bof! Je ne sais pas. |
| Je suis tout à fait d'accord! | Pas du tout! | Tu crois? / Vous croyez? |

ÉTUDIANT(E) 1: Pour toi, est-ce que les amis sont essentiels?
ÉTUDIANT(E) 2: Absolument!
ÉTUDIANT(E) 1: Tu confies tout à ton meilleur ami?
ÉTUDIANT(E) 2: Pas du tout! À mon avis, les amis, c'est pas fait pour ça.
ÉTUDIANT(E) 1: Tu crois que tu es un bon ami?
ÉTUDIANT(E) 2: Bof! J' sais pas.

Text Audio Track 29

**Écoutons ensemble! Entretenir l'amitié.** Écoutez les mini-échanges sur l'amitié. Dites si (a) on est d'accord, (b) pas d'accord ou (c) indécis. Notez, en anglais, le sujet général de chaque mini-conversation.

**1.** a. oui    b. non    c. incertitude
   Sujet: _____
**2.** a. oui    b. non    c. incertitude
   Sujet: _____
**3.** a. oui    b. non    c. incertitude
   Sujet: _____
**4.** a. oui    b. non    c. incertitude
   Sujet: _____
**5.** a. oui    b. non    c. incertitude
   Sujet: _____

**Activité 12: Êtes-vous d'accord?** Réagissez à ces propos sur l'amitié en utilisant les expressions utiles.

1. Respecter votre ami(e), c'est accepter vos différences.
2. Les amis d'enfance, c'est pour la vie. Même si on n'a plus rien en commun, il est bien de continuer à voir ses amis.
3. On ne doit jamais mélanger le travail et la vie privée.
4. Si on était de vrais amis, on se dirait tout.

**Activité 13: Quelques proverbes sur l'amour.** Que pensez-vous de ces proverbes sur l'amour? Dites si vous êtes d'accord ou pas en utilisant une des expressions utiles. Expliquez votre réponse.

1. **Qui se ressemble s'assemble.** Il faut se marier avec quelqu'un de sa classe sociale.
2. **L'amour est éternellement jeune.** La différence d'âge n'est pas importante.
3. **L'amour n'a pas de frontières.** Les mariages mixtes ne posent pas de problèmes.
4. **L'amour n'a pas de prix.** L'amour est ce qui est le plus important.

# Comment exprimer ses sentiments

## Structure  14.4 Le subjonctif (suite)

You have already learned to use the subjunctive following expressions of necessity and obligation. It is also used with expressions of feeling and doubt, as in the examples shown here. For further information, see page 417.

Je suis triste
    content(e)
    ravi(e)
    furieux (furieuse)     }  que vous vous **sépariez.**
    désolé(e)
    surpris(e)

J'ai peur                qu' elle ne **soit** pas honnête.

Je ne crois pas
Je ne pense pas    }  que vous **fassiez** un gros effort.
Je doute

Il est impensable
    incroyable
    étonnant
    triste            }  que vous lui **donniez** de l'argent.
    excellent
    bon/mauvais

**MAIS**
Je crois       }  que vous **avez** raison.
Il est clair

**À noter:** Quelles expressions utilisent l'indicatif? Pourquoi?

Text Audio Track 30

**Écoutons ensemble! Comment exprimer ses sentiments.** Écoutez les remarques suivantes et identifiez ce qu'elles expriment: le doute, la certitude ou un sentiment négatif/positif.

**1. a.** _____ doute    **b.** _____ certitude    **c.** _____ sentiment négatif/positif
**2. a.** _____ doute    **b.** _____ certitude    **c.** _____ sentiment négatif/positif
**3. a.** _____ doute    **b.** _____ certitude    **c.** _____ sentiment négatif/positif
**4. a.** _____ doute    **b.** _____ certitude    **c.** _____ sentiment négatif/positif
**5. a.** _____ doute    **b.** _____ certitude    **c.** _____ sentiment négatif/positif

**Activité 14: Réagissez!** Que pensez-vous des opinions et faits suivants? Réagissez en utilisant une expression de sentiment.

    **Modèle:** Les femmes d'aujourd'hui sont plus indépendantes.
               _Je suis content(e) que les femmes d'aujourd'hui soient plus indépendantes._

1. Les pères d'aujourd'hui s'occupent davantage (_more_) de leurs enfants.
2. Beaucoup de mariages se terminent par un divorce.
3. Les hommes se marient souvent avec des femmes beaucoup plus jeunes.
4. Beaucoup d'enfants habitent avec un seul parent.
5. Avant 1910, les amoureux français ne pouvaient pas s'embrasser dans la rue.
6. Une famille française reçoit une «allocation familiale» (de l'argent du gouvernement) pour chaque enfant.

**Activité 15: Vos sentiments, vos certitudes, vos doutes.** D'abord, décidez avec un(e) partenaire si les phrases doivent être terminées par le subjonctif, l'indicatif ou l'infinitif. Puis complétez les phrases ensemble.

**Modèle:** Mes parents sont contents...
*Mes parents sont contents **que je sois à l'université**.*

1. Ma mère a peur que je...
2. Mon/Ma petit(e) ami(e) croit que...
3. Je pense que...
4. Je suis sûr(e) que...

5. Mes amis doutent que...
6. Je suis étonné(e) que...
7. Je suis content(e) de...

**Activité 16: Rubrique conseils: On a besoin de votre aide!** Lisez cette lettre. Ensuite, utilisez les notes qui la suivent pour y répondre.

## Prince charmant recherche Cendrillon désespérément

Ma vie est devenue absolument inutile.

Je pense même au suicide. Je me suis marié trop jeune avec un amour de vacances. Après huit années de vie de couple et d'incompréhension, est venu le divorce: dépression, séparation avec les enfants, tentative de suicide. Depuis un an, je suis complètement seul. Pourtant, j'ai un physique plutôt plaisant, genre Al Pacino, et je ne suis pas un reclus. Je fais du sport, j'ai des loisirs. Je suis sensible, pas trop timide. Seulement je suis trop sérieux, trop roman-

tique. Je crois encore au coup de foudre, mais il faut croire que c'est démodé. Je pense que la fidélité est essentielle pour un couple, alors qu'autour de moi, je ne vois que l'adultère.

N'existe-t-il plus de jeunes filles sérieuses? Le romantisme est-il mort? Je suis la preuve qu'il reste encore des hommes fidèles, sérieux et voulant vivre une grande passion. Que pensez-vous de ma conception de la vie? Suis-je démodé et ridicule? Merci de tout cœur pour vos lettres.
**Patrick**

Adapté de *Femme Actuelle*

Répondez à Patrick en vous servant des notes suivantes.

- Il est dommage / vous / être / si seul
- Je suis choqué(e) / vous / vouloir / vous suicider
- Ce n'est pas juste / vous / ne pas pouvoir / vivre avec vos enfants
- Je suis étonné(e) / vous / ne pas trouver / de femme sérieuse comme vous
- Je suis content(e) / il y avoir encore / des hommes romantiques
- Il est bon / vous / faire du sport
- Il est possible / vous / être / un peu rigide
- Je suis sûr(e) que / le grand amour / exister toujours

 **Situation à jouer!**

Vous avez des valeurs très traditionnelles, tandis que votre camarade est beaucoup moins conservateur (conservatrice). Vous aimeriez vous connaître mieux, mais quand vous essayez d'avoir une conversation sérieuse sur vos attitudes sur la vie, l'amitié, le rôle du couple, le partage des tâches ménagères, la condition féminine, etc., vous recommencez à vous disputer.

# Lecture

## Anticipation

Vous allez lire une histoire à propos d'une des femmes du prophète Mohammed.

1. Encerclez la religion dont Mohammed est le prophète: le christianisme, le judaïsme, l'islam, le bouddhisme.
2. Choisissez les adjectifs que vous associez à une femme islamique du septième siècle: timide, fière, obéissante, chaste, forte, faible, courageuse, religieuse, indépendante.

## Expansion de vocabulaire

Utilisez votre connaissance des familles de mots pour trouver la définition des mots de la première colonne dans la deuxième colonne.

1. affectionner
2. la perte
3. la froideur
4. un remerciement
5. innocenter
6. reprendre
7. une légende dorée
8. patiemment
9. les proches parents
10. ramener

a. fait de dire merci
b. prouver l'innocence
c. les membres intimes de la famille
d. une légende célèbre
e. avoir de l'affection pour, aimer
f. qualité froide
g. reconduire
h. recommencer
i. avec patience
j. fait de perdre

# L'affaire du collier

**extrait des *Femmes du Prophète*, Magali Morsi**

*necklace*

*loss*

*enclosed chair carried on the back of an animal or by men*

*golden / recognizing*
*camel*
*bridle*
*caused rumors*

*relatives*

*beloved*

*suspicion*

1 C'est en 627 qu'il faut situer l'affaire du collier°. Aïcha, qui était la deuxième femme du prophète Mohammed, accompagnait son mari dans une de ses expéditions, lorsque, au campement, elle s'est aperçue de la perte° de son collier précieux qu'elle affectionnait. Elle est partie le chercher et pendant ce temps-là, 5 la caravane a repris la route sans s'apercevoir que la frêle Aïcha n'était plus dans la litière° qui la transportait. Retrouvant le campement désert quand elle y est retournée, Aïcha s'est assise et a attendu patiemment.

Un beau jeune homme est passé et ici l'histoire prend l'aspect d'une légende dorée°. C'était Safwan ibn al-Muattal qui, apercevant° l'épouse du prophète, est 10 descendu de son chameau° sur lequel il a placé Aïcha, et, conduisant le chameau par la bride°, a ramené la jeune femme auprès de sa famille.

L'affaire a fait du bruit°. Aïcha a tout de suite remarqué la froideur de son mari. La rumeur est vite devenue scandale. Le prophète a interrogé Aïcha et ses proches parents° qui, pour la plupart, n'ont pas pris la défense de la jeune 15 épouse. Il y avait même la menace du divorce.

N'oublions pas qu'Aïcha n'avait que 13 ans à cette époque mais la bien-aimée° avait un esprit extrêmement fort. Elle a refusé de se justifier devant son mari ou devant sa famille, disant qu'elle ne devait demander qu'à Dieu de l'innocenter. Et, en effet, peu après, elle a vu son mari revenir à elle avec le 20 sourire: «Dieu», a-t-il dit, «l'avait lavée de tout soupçon°.» Une fois de plus, Aïcha a montré son caractère fier. À sa mère qui lui disait de remercier le prophète de son indulgence, Aïcha a répondu qu'elle n'avait de remerciements à rendre qu'à Dieu.

Et Aïcha est redevenue la bien-aimée de Mohammed.

## Compréhension et intégration

**1.** Pourquoi Aïcha n'est-elle pas rentrée chez elle avec la caravane?

**2.** Quel était le scandale?

**3.** À votre avis, pourquoi la famille d'Aïcha n'a-t-elle pas pris sa défense?

**4.** Aïcha a-t-elle demandé pardon à son mari? Pourquoi ou pourquoi pas?

**5.** Qu'est-ce que vous apprenez sur cette culture en lisant cette histoire?

**6.** Quelle serait l'importance de cette légende pour le peuple qui vivait à cette époque-là?

## Maintenant à vous!

Imaginez la conversation entre Aïcha et sa mère ou son père à son retour au campement. Utilisez les expressions suivantes: **il faut que, je ne veux pas que, tu devrais, je ne crois pas que, ce n'est pas vrai que, c'est un scandale que.**

# Un pas en avant

http://motifs.heinle.com

## Naviguez le Web!

Chaque culture a des rites de mariage différents. Pour vous renseigner sur le mariage en France, consultez le site de *Motifs* et d'autres sites web.

## À écrire

Vous avez sûrement lu *Dear Abby* ou *Ann Landers* dans la presse pour vous amuser, ou peut-être que vous écoutez des conseils psychologiques diffusés à la radio. Dans cette activité, vous allez écrire votre propre lettre et recevoir une réponse. Utilisez «tu».

PREMIÈRE ÉTAPE.　Prenez quelques notes.

1. Pensez à la personne qui écrit cette lettre (vous-même ou un personnage fictif). En fonction des caractéristiques personnelles de cette personne, choisissez le ton que vous allez adopter. Par exemple, il peut être dramatique, hautain, furieux, timide ou obsédé.
2. Choisissez le problème que cette personne veut résoudre.
3. Écrivez les premières phrases qui décrivent le problème et qui montrent la gravité de la situation tout en révélant *(revealing)* le caractère de l'écrivain. Si vous voulez un exemple, relisez la lettre du «Prince charmant» à la page 408.
4. Donnez votre copie à un(e) camarade de classe pour lui demander s'il (si elle) peut deviner les caractéristiques de la personne qui l'a écrite. (C'est une sorte de «*peer-editing*».) Si ce n'est pas clair, il faut réviser la lettre pour qu'elle soit plus claire.

DEUXIÈME ÉTAPE.　Écrivez votre lettre en utilisant le subjonctif, le conditionnel et des pronoms démonstratifs.

TROISIÈME ÉTAPE.　Échangez votre lettre avec celle d'un(e) camarade de classe. Écrivez une réponse à sa lettre dans laquelle vous donnez des conseils. Variez entre des expressions qui utilisent le subjonctif et d'autres qui utilisent l'indicatif.

**Modèle:**　*Il faut que tu sortes davantage.*
*Il est important de s'amuser de temps en temps.*

---

**Phrases:** advising, asserting and insisting, describing people, disapproving, encouraging, expressing a need, expressing an opinion, expressing hopes and aspirations, expressing indecision, making a judgement, persuading, reassuring, talking about habitual actions, weighing alternatives, writing a letter (informal), writing a letter–introduction, writing a letter

**Grammar:** conditional, infinitive, interrogative **est-ce que**, subjunctive

**Vocabulary:** body, dreams and aspirations, people, personality, sickness, upbringing

---

# Structure 14.1   Les verbes pronominaux (suite)

## LES VERBES PRONOMINAUX À SENS RÉFLÉCHI

In **Module 10,** you learned a number of pronominal verbs used reflexively, such as **se laver, s'habiller,** and **se coucher.** The verbs **se marier** and **se fiancer** are additional examples of reflexive verbs.

Madonna **s'est mariée** avec Guy Richie en Angleterre.

*Madonna married Guy Richie in England.*

Je **me suis fiancée** avec Alex pendant l'été; nous **nous marierons** dans un an.

*I got engaged to Alex during the summer; we will get married in a year.*

## LES VERBES PRONOMINAUX À SENS RÉCIPROQUE

Many common French verbs can be used pronominally to express reciprocal action between two or more people.

Jules et moi, nous **nous disputons** rarement.

*Jules and I rarely argue (with each other).*

Nous **nous comprenons** très bien.

*We understand each other very well.*

In some cases, only the context indicates whether a verb is used reciprocally or reflexively.

Elles **se parlent.**

*They're talking to each other. / They're talking among themselves.*

These verbs are commonly used with a reciprocal meaning:

| | |
|---|---|
| s'admirer | se disputer |
| s'adorer | s'écouter |
| s'aimer | se parler |
| se comprendre | se téléphoner |
| se détester | se voir |

## LES VERBES PRONOMINAUX À SENS IDIOMATIQUE

A large number of pronominal verbs are neither reflexive nor reciprocal. The following verbs have a special idiomatic meaning in the pronominal form, and therefore do not translate word for word.

| | |
|---|---|
| s'amuser | *to enjoy oneself, to have fun* |
| se décider à | *to decide* |
| se demander | *to wonder* |
| se dépêcher (de) | *to hurry* |
| s'en aller | *to leave, to go away* |
| s'ennuyer | *to be bored* |
| s'entendre bien | *to get along* |
| se fâcher contre | *to get angry with* |
| s'intéresser à | *to be interested in* |
| se méfier de | *to be suspicious of* |
| se mettre à | *to begin* |

| se moquer de | to tease |
| s'occuper de | to look after, take care of |
| se rendre compte de/que | to realize |
| se servir de | to use |
| se souvenir de | to remember |

Louis et Anne **se demandent** s'ils se reverront un jour.

Louis and Anne wonder if they'll see each other again one day.

Je **me suis rendu compte** qu'elle m'aimait.

I realized she loved me.

## AU PASSÉ COMPOSÉ

When the reflexive pronoun represents an indirect object there is no past participle agreement. Most communication verbs, such as **se dire, se téléphoner, se parler, se répondre, se demander,** and **s'écrire,** have indirect objects and thus no agreement.

Nous ne nous sommes pas dit la vérité.

We didn't tell each other the truth.

Elles se sont écrit tous les mois.

They wrote each other every month.

**Exercice 1.** Complétez les phrases suivantes avec la forme correcte d'un des verbes entre parenthèses.

1. Jeanne et sa sœur n(e) _____ (s'écrire / écrire) pas souvent, mais elles _____ (se téléphoner / téléphoner) chaque samedi.
2. Ils travaillent dans le même bureau, mais ils ne _____ (se voir / voir) pas souvent.
3. Je suis végétarienne, mais mon frère _____ (se détester / détester) les légumes.
4. Au début, le jeune couple _____ (s'entendre / entendre) très bien mais au bout de cinq années de mariage, ils ont commencé à _____ (se disputer / disputer).
5. Le roi voulait _____ (se marier / marier) sa fille à un homme riche.
6. Nous _____ (se revoir / revoir) tous les ans à une grande réunion de famille.
7. Les étudiants _____ (se demander / demander) des renseignements sur la France à leur professeur.

**Exercice 2.** Choisissez un verbe pour chaque phrase. Utilisez la forme correcte: **se décider, se fâcher, s'occuper, se rendre compte, se demander, se dépêcher, s'en aller.**

1. Mme Bernaud _____ de ses petits enfants pendant que sa fille est au travail.
2. Est-ce que vous _____ que l'examen est dans deux jours?
3. Marchez vite! Il faut _____ pour arriver à l'heure.
4. Qu'est-ce que j'ai fait? Pourquoi est-ce que vous _____ contre moi?
5. Il n'y a plus de travail à faire ici. Tu peux _____.
6. Je _____ pourquoi elle s'est mariée avec lui.

**Exercice 3.** Ajoutez les terminaisons appropriées pour accorder les participes passés si c'est nécessaire.

1. Nous nous sommes bien amusé_____ ensemble.
2. Valérie s'est brossé_____ les cheveux avant de partir.
3. Nous nous sommes parlé_____ au café pendant des heures.
4. Mon mari et moi, nous nous sommes rencontré_____ dans une soirée à Londres; je suis partie pour la France, mais nous nous sommes écrit_____. L'année suivante, nous nous sommes retrouvé_____ à Paris.
5. Elle s'est dépêché_____ d'aller à l'aéroport.
6. Elles se sont vu_____ mais elles ne se sont pas parlé_____.

# Structure 14.2 Les pronoms démonstratifs: celui, celle(s), ceux

|  | masculin | féminin |
|---|---|---|
| singulier | celui | celle |
| pluriel | ceux | celles |

Demonstrative pronouns are used to refer to a previously mentioned person or object without repeating the noun.

| | |
|---|---|
| Ce dernier crime est plus violent que **celui** qui a été commis à Seattle. | *This last crime is more violent than the one that was committed in Seattle.* |
| Préférez-vous les tableaux de Van Gogh à **ceux** de Renoir? | *Do you prefer the paintings of Van Gogh to those of Renoir?* |
| Les plages de Californie sont moins encombrées que **celles** de la Côte d'Azur. | *California beaches are less crowded than those on the Riviera.* |

You have already learned to use demonstrative adjectives to point things out; demonstrative pronouns serve the same purpose.

| | |
|---|---|
| — Préférez-vous ces chaussures-ci ou ces chaussures-là? | — *Do you prefer these shoes or those shoes?* |
| — Je préfère **celles-ci.** | —*I prefer these.* |

**Exercice 4.** Complétez les phrases suivantes avec un pronom démonstratif (**celui, celle[s], ceux**).

1. Je m'entends assez bien avec mes professeurs, surtout avec _____ qui sont patients, vifs et compréhensifs.
2. Je préfère mon emploi du temps ce semestre à _____ du semestre dernier.
3. Je n'apprécie pas les égoïstes, _____ qui pensent toujours à eux-mêmes.
4. Elle aimerait revoir l'homme qu'elle a rencontré au concert, _____ qui portait un drôle de (*weird*) chapeau.
5. Dînerons-nous dans ce restaurant-ci ou dans _____-là?
6. De tous les livres de Victor Hugo, *Les Misérables* est _____ que je préfère.
7. Vos idées sont si différentes de _____ de vos parents!
8. Mes notes dans ce cours sont meilleures que _____ que j'ai eues le trimestre dernier.

# Structure 14.3 Le conditionnel

You have already used **le conditionnel de politesse** or polite conditional for softening demands or requests. The polite conditional is most often used with the verbs **aimer, vouloir,** and **pouvoir.**

> Je **voudrais** un café.
> J'**aimerais** t'accompagner.
> J'ai froid. **Pourrais**-tu fermer la fenêtre?

You have also learned to use the conditional of **devoir** to give advice.

| | |
|---|---|
| Tu **devrais** sortir plus souvent. | *You should go out more often.* |
| Vous **devriez** écouter vos parents. | *You should listen to your parents.* |

The conditional is also used to express the consequences of a hypothetical situation using the structure:

> **si** + imparfait + conditionnel

| | |
|---|---|
| Si vous **étiez** moins égoïste, vous **auriez** plus d'amis. | *If you weren't so selfish, you'd have more friends.* |

Note that the imperfect is always used in the **si** clause when the conditional is used in the consequence clause. The order of these clauses, however, can be switched without changing the meaning of the sentence.

| | |
|---|---|
| Si j'**étais** moins timide, je lui **demanderais** de sortir avec moi. | *If I were less shy, I would ask him/her to go out with me.* |
| Nous **serions** contents si vous **veniez** nous voir. | *We'd be happy if you came to see us.* |
| S'il **faisait** plus chaud, elle **irait** à la plage. | *If it were hotter, she'd go to the beach.* |

The conditional is formed by adding the **imparfait** endings to the future stem.

| parler | |
|---|---|
| je parler**ais** | nous parler**ions** |
| tu parler**ais** | vous parler**iez** |
| il/elle/on parler**ait** | ils/elles parler**aient** |

| | |
|---|---|
| Je **prendrais** l'avion s'il ne coûtait pas plus cher que le train. | *I would take a plane if it weren't any more expensive than the train.* |

Verbs that have an irregular stem in the future tense have the same irregular stem in the conditional.

| infinitif | conditionnel |
|---|---|
| avoir | j'aurais |
| être | tu serais |
| aller | il irait |
| devoir | elles devraient |
| savoir | on saurait |

| infinitif | conditionnel |
|---|---|
| faire | vous feriez |
| pouvoir | nous pourrions |
| venir | je viendrais |
| voir | ils verraient |
| vouloir | tu voudrais |

**Exercice 5.** Utilisez le conditionnel pour rendre les phrases plus polies.

1. Tu dois m'aider à faire les courses.
2. Nous préférons regarder la télé.
3. Nous voulons aller au cinéma.
4. Pouvez-vous m'amener au match de football?
5. Est-il possible de partir tout de suite?
6. Vous devez faire vos devoirs.

**Exercice 6.** Complétez ces hypothèses en mettant les verbes entre parenthèses au conditionnel ou à l'imparfait.

1. Si je pouvais aller au cinéma ce soir, je _____ (voir) le nouveau James Bond.
2. S'il y avait moins de voitures à Los Angeles, il y _____ (avoir) moins de pollution.
3. Si je pouvais recommencer mes études, j(e) _____ (étudier) la microbiologie.
4. Nous _____ (avoir) un meilleur travail si nous avions notre diplôme.
5. Si j'étais riche, j(e) _____ (offrir) une maison à mes parents.
6. Elle _____ (passer) les vacances chez nous si elle avait le temps.
7. Si les universités américaines étaient gratuites, les étudiants ne _____ (devoir) pas travailler autant.
8. Tu répondrais si tu _____ (savoir) la réponse.

# Structure 14.4  Le subjonctif (suite)

You have already learned to use the subjunctive after expressions of obligation and necessity.

Il faut que vous **restiez** ici ce soir.    *You have to stay here tonight.*

The subjunctive is also used following expressions of feeling and emotion.

Je suis contente qu'il **vienne** ce soir.    *I'm happy he's coming this evening.*

Here are some common expressions of sentiment that are followed by the subjunctive.

Je suis
- content(e)
- heureux (heureuse)
- ravi(e) *(delighted)*
- étonné(e) *(astonished)*
- surpris(e)
- désolé(e)
- triste
- malheureux (malheureuse)

que vous partiez aujourd'hui.

J'ai peur
Je regrette
Il est surprenant

que vous n'ayez pas d'argent.

The subjunctive is also used after expressions of doubt and uncertainty. Some of these expressions are shown here.

| | |
|---|---|
| Je **doute** qu'il pleuve aujourd'hui. | *I doubt it will rain today.* |
| Elle **n'est pas certaine** que sa mère comprenne la situation. | *She isn't sure that her mother understands the situation.* |
| Il est **possible** qu'elle ne vienne pas. | *It's possible she won't come.* |
| Il **se peut** que le train soit en retard. | *It might be that the train is late.* |
| Il est **douteux** qu'elle ait assez d'argent. | *It's doubtful she has enough money.* |

The verbs **penser** and **croire** are used with the indicative in affirmative sentences, but with the subjunctive in negative sentences.

| | |
|---|---|
| Je **crois** que tu **comprends** ce chapitre. | *I think you understand this chapter.* |
| Vous **pensez** qu'il **est** gentil. | *You think he is nice.* |
| Je **ne pense pas** qu'il **soit** à l'heure. | *I don't think he'll be on time.* |

Positive assertions (**il est certain que, il est clair que, il est sûr que, il est évident que, je suis sûr[e] que**) are also followed by the indicative mood.

**Il est évident** qu'il **peut** bien jouer.    *It's obvious he can play well.*

⚠️ If the subject of the main clause and the subordinate clause is the same, an infinitive is used rather than the subjunctive.

Marc est content que Marie revienne.    *Marc is happy that Marie is coming back.*

*but*

Marc est content de revenir.    *Marc is happy to come back.*

**Exercice 7.** Écrivez des phrases complètes au subjonctif avec les éléments donnés.

1. Je / regretter / tu / ne pas faire / de sport.
2. Nous / être / contents / vous / arriver / demain.
3. François / être / triste / Jeanne / ne pas vouloir / le revoir.
4. Nous / avoir / peur / elle / perdre / son argent.
5. Ma mère / être / furieuse / je / sortir / avec Pierre.
6. Je suis heureux / tu / pouvoir / venir / tout de suite.
7. Anne-Marie / être / désolée / son ami / être malade.
8. Nous sommes surpris / vous / aimer / ce film.

**Exercice 8.** Complétez les phrases suivantes avec la forme correcte du verbe entre parenthèses.

1. Il est évident qu'elle ne _____ (sache / sait) pas la réponse.
2. Je crois que les autres _____ (soient / sont) perdus.
3. Elle ne pense pas que son frère _____ (vienne / vient).
4. Il est clair que votre mère _____ (a / ait) raison.
5. Il n'est pas sûr qu'elle _____ (dise / dit) la vérité.
6. Nous ne pensons pas que vous _____ (fassiez / faites) de votre mieux.

# Tout ensemble!

**Complétez le passage avec des mots de la liste ou avec la forme correcte des verbes entre parenthèses.**

| | | |
|---|---|---|
| celui | ceux | se disputer |
| celle | se méfier | se fâcher |

Dans le couple on ne _____[1] (devoir) pas laisser la plus grosse personnalité dominer. Si on va, par exemple, toujours chez la famille du mari et on ignore _____[2] de la femme, il est important d' _____[3] (équilibrer) la situation. Il est essentiel que le couple _____[4] (prendre) le temps de discuter des problèmes sans _____[5]. Il faut aussi faire des concessions. Si Estelle, par exemple, prenait toutes les décisions de son couple, ils _____[6] (aller) souvent au théâtre et à l'opéra. Elle aimerait aussi que son mari, Luc, _____[7] (faire) de la natation avec elle. Mais elle comprend qu'il _____[8] (avoir) peur de l'eau. Luc, pour sa part, n'insiste plus pour qu'Estelle _____[9] (aller) avec lui aux matches de foot. Elle lui laisse aussi le contrôle de la télécommande (*remote control*). Il n'est pas clair, pourtant (*however*), qu'il _____[10] (comprendre) l'importance de ce sacrifice. Mais il est certain que leur mariage _____[11] (être) plus stable que _____[12] où le mari et la femme _____[13] de la perte de tout contrôle.

# Vocabulaire

## Vocabulaire fondamental

### Noms

| **L'amour et l'amitié** | *Love and friendship* |
|---|---|
| le coup de foudre | *love at first sight* |
| un époux (une épouse) | *a spouse* |
| un espoir | *a hope* |
| un(e) fiancé(e) | *a fiancé(e)* |
| la fidélité | *fidelity* |
| une lune de miel | *a honeymoon* |
| le romantisme | *romanticism* |
| un sentiment | *a feeling* |
| la tendresse | *tenderness* |
| une valeur | *a value* |
| la vie sentimentale | *love life* |

**Mots apparentés:** un couple, un divorce, un mariage, la passion, une rupture, un scandale, une séparation

### Verbes

| s'amuser à + verbe | *to have fun* |
|---|---|
| compter | *to count (on)* |
| confier | *to confide* |
| se décider à + verbe | *to come to a decision* |
| se demander | *to wonder* |
| divorcer | *to divorce* |
| douter | *to doubt* |
| embrasser | *to kiss* |
| s'embrasser | *to kiss each other* |
| s'entendre (bien) | *to get along (well)* |
| se fâcher contre | *to get angry with* |
| faire la cour | *to court* |
| faire semblant | *to pretend* |
| se fiancer | *to get engaged* |
| s'installer | *to set up residence, move in* |
| s'intéresser à | *to be interested in* |
| se marier (avec) | *to marry* |
| s'occuper de | *to take care of, watch out for* |
| penser à + verbe | *to think about* |
| regretter | *to regret* |
| se rendre compte | *to realize* |
| se séparer | *to separate* |
| tenir | *to hold (on)* |
| tomber amoureux (amoureuse) | *to fall in love* |

### Adjectifs

| clair(e) | *clear* |
|---|---|
| démodé(e) | *old-fashioned* |
| douteux (douteuse) | *doubtful* |
| étonnant(e) | *astonishing* |
| étonné(e) | *astonished* |
| évident(e) | *obvious* |
| impensable | *unthinkable* |
| incroyable | *incredible* |
| ravi(e) | *delighted* |
| romantique | *romantic* |
| sûr(e) | *sure, confident* |
| surprenant(e) | *surprising* |
| surpris(e) | *surprised* |

### Mots divers

| celui, celle | *this (one), that (one)* |
|---|---|
| ceux, celles | *these, those* |

### Expressions utiles

| **Comment dire qu'on est d'accord ou qu'on n'est pas d'accord** | ***How to say that you agree or you don't agree*** |
|---|---|

*(See page 406 for additional expressions.)*

| C'est vrai ça. | *That's true.* |
|---|---|
| Je suis tout à fait d'accord. | *I agree completely.* |
| Absolument pas. | *Absolutely not.* |
| Ça se peut. | *Maybe.* |

| **Comment exprimer ses sentiments** | ***How to express your feelings*** |
|---|---|

*(See page 407 for additional expressions.)*

| Je suis triste que vous vous sépariez. | *I'm sad you are separating.* |
|---|---|
| J'ai peur qu'elle ne soit pas honnête. | *I'm afraid she isn't honest.* |
| Je doute que vous fassiez un gros effort. | *I doubt you're making a big effort.* |
| Il est clair que vous avez raison. | *It is clear that you're right.* |

# Vocabulaire supplémentaire

## Noms

| | |
|---|---|
| l'adultère *(m)* | *adultery* |
| une alliance | *a wedding ring* |
| une bague de fiançailles | *an engagement ring* |
| un coup de soleil | *a sunburn* |
| l'incompréhension *(f)* | *misunderstanding* |
| la jalousie | *jealousy* |
| le lendemain | *the following day* |
| les noces *(f pl)* | *wedding* |
| un(e) reclus(e) | *a recluse* |
| les sans-abri *(m pl)* | *homeless* |
| une tentative | *an attempt* |
| la vie conjugale | *married life* |
| le vérité | *truth* |

## Verbes

| | |
|---|---|
| apercevoir | *to see* |
| s'apercevoir | *to notice* |
| se bronzer | *to sunbathe, to tan* |
| convaincre | *to convince* |
| détruire | *to destroy* |
| s'empêcher | *to stop oneself* |
| s'en aller | *to leave, to go away* |
| s'ennuyer | *to get bored* |
| fonder une famille | *to start a family* |
| se méfier de | *to be wary of* |
| se moquer de | *to make fun of* |
| se rejoindre | *to meet again* |
| rompre (avec) | *to break up (with)* |
| séduire | *to seduce, to charm* |
| se suicider | *to commit suicide* |
| tromper | *to be unfaithful to* |

## Mots divers

| | |
|---|---|
| ambitieux (ambiteuse) | *ambitious* |
| autrefois | *in the past* |
| égalitaire | *egalitarian* |
| honnête | *honest* |

# Module de récapitulation

# Fictions

This chapter recycles a number of important grammatical structures within the context of French fiction. Fairy tales, cartoons, and film critiques serve as a vehicle to help you review and synthesize material. In addition, the final short story includes grammar review activities.

### Thèmes et pratiques de conversation

- ▶ Comment raconter une histoire (suite)
- ▶ La bande dessinée
- ▶ Le septième art: l'art de raconter à travers le film
- ▶ Comment parler de la littérature

### Structures (Révision)

- ▶ Le passé
- ▶ Le conditionnel
- ▶ Le présent de narration
- ▶ Le comparatif
- ▶ Les pronoms d'objet direct et indirect, **y** et **en**

### Perspectives culturelles

Charles Perrault, père de *La mère l'Oie* (*Mother Goose*)

### Lecture

*Ô voleur, voleur, quelle vie est la tienne?* adapté de J.-M. G. Le Clézio

In the course of reading this text you will be reviewing the following structures: **le passé, l'interrogatif, le conditionnel, les expressions négatives,** and **le subjonctif.**

### Un pas en avant

# Thèmes et pratiques de conversation

## Comment raconter une histoire (suite)

### Révision du passé

The **passé composé** and the **imparfait** are used to narrate events. In telling a story, the **passé composé** is primarily used to move the plot forward, to recount the unfolding of a series of events, referred to in French as **le déroulement**. The **imparfait** is used primarily for background information or **le décor**. It describes what was going on, how people felt and what things were like. To review the **passé composé** see **Structures 6.1** and **6.3.** For the formation of the **imparfait**, see **Structure 8.1.** For the combined use of the **passé composé** and the **imparfait**, see **Structure 8.5.**

### Quelques expressions utiles

**Pour commencer une histoire traditionnelle
(le commencement)**

   Il était une fois...                    *Once upon a time . . .*

**Pour marquer la succession des événements importants
(le déroulement ou le développement)**

   D'abord...
   Ensuite...
   Puis...
   Alors...

**Pour conclure
(la conclusion ou le dénouement)**

   Enfin (Finalement, En somme,
      Par conséquent),
      ils **vécurent** heureux et          *They lived happily ever after . . .*
      **eurent** beaucoup d'enfants.

## IL ETAIT UNE FOIS...

## ONCE UPON A TIME . . .

*La Belle au bois
dormant*

*Blanche neige et
les sept nains*

*La Belle et la bête*

*Le Petit
Chaperon rouge*

*Cendrillon*

*Les Chevaliers de
la table ronde*

*Barbe-bleue*

*Le Magicien d'Oz*

*Alice aux pays
des merveilles*

*Jacques et le
haricot magique*

*Peter Pan*

**Activité 1: Quel conte?**  Quel conte dans les illustrations ci-dessus *(above)* associez-vous aux éléments suivants?

1. une méchante sorcière qui vole sur un balai *(broom)*
2. un beau prince qui réveille une belle princesse quand il l'embrasse
3. un géant qui compte ses pièces d'or *(gold coins)*
4. une fée qui transforme une citrouille *(pumpkin)* en carrosse avec sa baguette *(wand)* magique
5. un chevalier courageux avec une épée *(sword)*
6. un panier *(basket)* plein de bonnes choses à manger
7. un pirate qui a un crochet *(hook)* à la place de la main

> **À noter:**  In the following excerpts from classic tales, notice that verbs describing how things were **(le décor)** are in the **imparfait,** and verbs that move the story forward **(le déroulement)** appear in the **passé composé.** In the following activity, find an example of each of these uses of the past tense.

**Activité 2: Quelle partie de quel conte?**  Voici des extraits de contes. D'abord identifiez le conte. Ensuite indiquez si c'est l'introduction, le déroulement ou le dénouement de l'histoire.

1. Il était une fois un gentilhomme qui a épousé, en secondes noces *(marriage)*, une femme hautaine *(haughty)*. Elle avait deux filles qui lui ressemblaient en toutes choses.
2. —Ma grand-mère, que vous avez de grands yeux!
   —C'est pour mieux te voir, mon enfant!
3. Il était une fois un homme qui avait de belles maisons, de la vaisselle d'or et des carrosses dorés *(golden carriages)*. Mais, par malheur, cet homme avait la barbe *(beard)* bleue.
4. Enfin, quand son méchant mari est mort, elle a invité ses deux sœurs au palais, et les a mariées à deux grands seigneurs de la cour où elles ont vécu heureuses.
5. Et, en disant ces mots, le méchant loup s'est jeté sur... et l'a mangée.
6. Ensuite, la fée lui a dit: «Va dans le jardin, tu y trouveras six lézards; apporte-les-moi.»

# Perspectives culturelles

## Charles Perrault, père de *La mère l'Oie (Mother Goose)*

*Once upon a time . . .
carries us away*

«Il était une fois... »°. Cette formule magique inaugurée par Charles Perrault, nous emporte° tout de suite dans un monde merveilleux habité par des jeunes filles innocentes, des princes vaillants, des animaux capables de communiquer avec les êtres humains et des belles-mères cruelles. Qui ne connaît pas Cendrillon, la Belle au bois dormant ou le Petit Chaperon Rouge?

C'est Perrault, ministre culturel du roi Louis XIV au 17e siècle, qui a immortalisé ces histoires anciennes. Son rôle dans leur création originale n'est pas clair, car ces contes font partie de la tradition orale. Cependant, Perrault prend sa plume et les préserve pour la postérité. Son style simple et naïf fait penser au langage des enfants.

*Tales of Mother Goose*

En 1729, ces contes sont traduits en anglais. *Les contes de la mère l'Oie*° deviennent un grand classique de la littérature pour enfants dans les pays anglophones.

*Le Petit
Chaperon
rouge*

LA BELLE

*La Belle
au bois
dormant*

Ces histoires écrites pour divertir les dames de Versailles amusent toujours la société contemporaine, mais en version «antiseptisée» pour les jeunes. Le dénouement, surtout, est souvent récrit. Qui aimerait dire aux enfants que le Petit Chaperon rouge a été mangé par le loup ou que le Prince, une fois marié avec la Belle au bois dormant, hésite à aller chez sa mère, une ogresse, de peur qu'elle ne mange ses enfants? Qu'il s'agisse du château de la Belle au bois dormant à Disneyland ou du film *Pretty Woman* avec Julia Roberts dans le rôle d'une Cendrillon moderne, les contes de Perrault continuent à influencer l'imaginaire du monde entier.

### Avez-vous compris?

1. Par quelle formule est-ce que les contes de fée débutent souvent?
2. Charles Perrault a travaillé à la cour *(court)* de quel roi?
3. Pourquoi est-ce qu'on ne peut pas dire que Perrault est le créateur de ces contes?
4. Perrault a écrit ses contes pour quels lecteurs?
5. Pourquoi est-ce qu'on a dû modifier ces contes pour les enfants?

**Activité 3: Contes enfantins.** Vous rappelez-vous des événements dans des contes enfantins? Complétez les phrases suivantes en mettant les verbes au temps du passé qui convient.

> **Modèles:** Dorothée est fatiguée.
> *Dorothée **était** fatiguée.*
>
> Elle se décide à se reposer avec Toto près d'un champ de maïs *(cornfield).*
> *Elle **s'est décidée** à se reposer avec Toto près d'un champ de maïs.*
>
> Elle y voit un épouvantail *(scarecrow).*
> *Elle y **a vu** un épouvantail.*

1. Boucle d'Or entre dans la maison. Dans la cuisine elle voit trois assiettes de soupe. La jeune fille a faim. Elle prend une grande assiette de soupe. Trop chaude!

2. La belle-mère de Blanche neige est jalouse de la beauté de la jeune fille. Elle demande au bûcheron *(woodcutter)* d'emmener Blanche neige dans la forêt et de la tuer. Le bûcheron tue un cerf *(deer)* à sa place.

3. Pendant que le Petit Chaperon rouge se promène dans la forêt pour aller chez sa grand-mère, elle rencontre un loup qui lui parle. La petite fille est très naïve. Elle ne sait pas que le loup est méchant.

4. Cendrillon danse toute la nuit avec le prince. Quand l'horloge sonne minuit, elle court chez elle. Dans sa hâte *(haste)*, la jeune fille perd une pantoufle de verre *(glass slipper)* au bal.

 **Activité 4: Boucle d'or et les trois ours.** D'abord, avec un(e) partenaire, racontez ce passage au passé à haute voix en alternant les phrases. Puis lisez-le avec la classe.

Un beau matin une petite fille <u>se promène</u> dans une forêt. Elle <u>arrive</u> devant une petite maison charmante. Elle y <u>entre</u>. La fille <u>voit</u> une table où il y <u>a</u> trois assiettes de soupe. Elle en <u>mange</u>. Comme elle <u>a</u> sommeil, elle <u>a</u> envie de se reposer. Elle <u>monte</u> au premier étage où il y <u>a</u> trois lits; le premier <u>est</u> trop dur, le deuxième <u>est</u> trop mou, mais le troisième <u>est</u> très confortable. Elle <u>s'y couche</u> et <u>s'endort</u> tout de suite.

Plus tard, les trois ours qui <u>habitent</u> cette maison <u>rentrent</u> chez eux. D'abord ils <u>remarquent</u> que leurs assiettes de soupe <u>sont</u> vides. Ils <u>sont</u> étonnés! Quand ils <u>entrent</u> dans la chambre, ils <u>voient</u> la petite fille qui <u>dort</u>. Surpris, le petit ours <u>crie</u>. Ce bruit <u>réveille</u> la petite fille, qui <u>saute</u> du lit et <u>court</u> chez elle, terrifiée.

> ### Révision du conditionnel
>
> The conditional is used in hypothetical sentences in which one imagines how things might be under different conditions. For example, in imagining what details one might change to modernize a classic tale, the conditional would be a useful tool. The formula for the conditional is **si** + **imparfait** + **conditionnel**. For a complete review of the conditional, see **Structure 14.3.**

**Activité 5:** *Le Petit Chaperon rouge* **transformé.** Parfois un conte traditionnel est transformé en histoire contemporaine. Il faut souvent changer l'époque, le lieu et certains aspects des personnages. Avec un(e) partenaire, choisissez parmi les possibilités données. Il n'y a pas de réponses «correctes» ou «incorrectes», mais il faut créer une histoire cohérente.

**Si je voulais situer *Le Petit Chaperon rouge* dans un contexte contemporain...**

1. le «Petit Chaperon rouge» serait
   **a.** une petite fille de huit ans
   **b.** une jeune fille innocente de dix-sept ans
   **c.** une femme de trente ans
   **d.** ???
2. le «loup» serait
   **a.** un loup ou un autre animal sauvage (*wild*) comme...
   **b.** un chien
   **c.** un homme qui suit furtivement (*stalks*) les jeunes filles innocentes
   **d.** ???
3. le «Petit Chaperon rouge» irait
   **a.** chez sa grand-mère
   **b.** chez sa meilleure amie
   **c.** au bureau pour travailler
   **d.** ???
4. la rencontre entre «le loup» et le «Petit Chaperon rouge» aurait lieu
   **a.** dans une forêt
   **b.** dans un centre-ville dangereux
   **c.** à la plage
   **d.** ???
5. la «grand-mère» habiterait
   **a.** un chalet dans la forêt
   **b.** une petite maison à la mer
   **c.** un grand immeuble au centre-ville
   **d.** ???
6. À la fin de l'histoire...
   **a.** un héros tuerait «le loup» et sauverait le «Petit Chaperon rouge» et sa «grand-mère».
   **b.** un héros arriverait trop tard pour sauver la vie de la «grand-mère», mais il sauverait la vie du «Petit Chaperon rouge» et ils tomberaient amoureux.
   **c.** le «loup» tuerait tout le monde et serait victorieux.
   **d.** ???

## La bande dessinée

### Révision du présent

As you have learned, the present tense in French serves a variety of purposes. It can state a fact: **Paris est la capitale de la France;** describe what is going on: **Les enfants font leurs devoirs maintenant;** or state what one does in general: **D'habitude, je regarde la télévision après le dîner.** Frequently when telling a story the present is used to make it more lively and immediate to the reader or listener. This use of the present is called **le présent de narration.** See Appendix A for a complete list of verb forms.

**Activité 6: L'histoire de Gaston et de la Chaise tournante.** Dans une bande dessinée, on raconte une histoire à travers des images. Voici une BD de Gaston Lagaffe. Les cases *(frames)* sont dans le désordre. Regardez-les attentivement, et puis essayez de les remettre dans l'ordre pour raconter une histoire logique.

**Mots utiles:** la chaise tournante, la machine à écrire, un tube (de néon), donner un coup de pied *(to kick)*, donner une impulsion *(to push)*

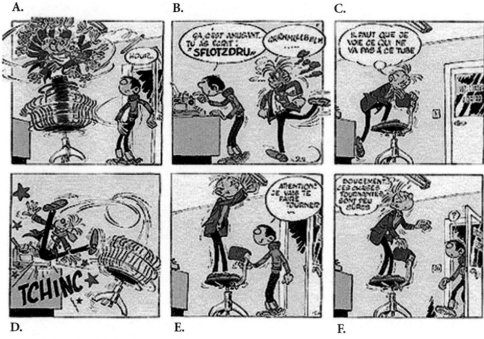

Gaston Lagaffe, *Éditions Dupuis*

Text Audio Track 31

**Écoutons ensemble! On raconte la BD.** Vous allez écouter ce qui se passe dans la BD. Écoutez bien et complétez l'histoire avec les verbes appropriés. Le narrateur emploie le **présent de narration.**

1. Fantasio _____ qu'il y a un problème avec la lumière dans son bureau. Alors, il _____ sur sa chaise roulante pour voir ce qui ne va pas avec le tube.
2. Pendant que Fantasio _____ debout en train de le réparer, Gaston _____ dans le bureau.
3. Soudain, Gaston _____ une impulsion à la chaise sur laquelle _____ Fantasio.
4. Fantasio _____ sur la machine à écrire. Crash!
5. Peut-être que Gaston a pensé que Fantasio trouverait ça drôle. Mais, il _____. Fantasio _____ très en colère.
6. Alors que Gaston _____ les mots que Fantasio a écrits sur sa copie, Fantasio _____ à lui donner un coup de pied.

# Le Fabuleux destin d'Amélie Poulain

Film français (2000). Comédie, Divers. Durée: 2h.
**Date de sortie:** <u>25 Avril 2001</u>
**Avec** <u>Audrey Tautou</u>, <u>Mathieu Kassovitz</u>,
<u>Isabelle Nanty</u>, <u>Rufus</u>, <u>Jamel Debbouze</u>
**Réalisé par** <u>Jean-Pierre Jeunet</u>
<u>Presse****</u> Spectateurs**** Donnez votre avis!

## SYNOPSIS

Amélie Poulain a eu une vie protégée. Instruite chez elle par des parents très protecteurs, elle se retire dans son propre monde fantaisiste et laisse son imagination divaguer *(wander)*. Finalement, elle quitte son foyer pour travailler comme jeune serveuse dans un bar de Montmartre. Sa vie reste très monotone jusqu'au jour où elle trouve une vieille boîte remplie de souvenirs d'enfance et décide de la rendre à son propriétaire. Amélie découvre sa vraie vocation – faire le bien des autres. Cette quête du bonheur amène Amélie à faire la connaissance de Nino Quincampoix, un «prince charmant» hors du commun *(out of the ordinary)* qui partage son temps entre un sex-shop et des photomatons *(photomats)*. Est-ce que cette jeune fille poursuivra son propre bonheur?

**Activité 7: Une critique de film.** Répondez aux questions suivantes sur la critique du film «Le Fabuleux destin d'Amélie Poulain».

1. Quel est le genre de ce film?
2. Qui joue le rôle principal?
3. Qui est le réalisateur?
4. Où le film a-t-il lieu?
5. Est-ce qu'il a été bien reçu par les spectateurs?
6. Selon le synopsis, quelles sont les qualités de cette jeune fille?
7. Pour elle, qu'est-ce que c'est que le bonheur?

## Révision du comparatif

To discuss similarities and differences between French and American cinema, you will need to use comparative structures. Remember that when comparing qualities (adjectives) one uses slightly different forms from those used to compare things (nouns). You'll see examples of both in **Activité 8** below. To review the comparative, see **Structures 8.4** and **9.3**.

**Bulletin** **Un cinéma intelligent mais un peu lent.** La production cinématographique française reste la plus importante de l'Europe. Le cinéma français est considéré comme l'un des trois meilleurs du monde, derrière les cinémas américain et britannique. L'image du cinéma français est liée *(linked)* aux notions de l'amour, du sentimentalisme, du romantisme, de l'intelligence, du raffinement *(refinement)* et de la profondeur *(depth)*, mais aussi de la lenteur et de l'ennui *(boredom)*. Comme aux États-Unis, beaucoup de films aux premières places du hit-parade sont destinés à un public jeune. Ce sont souvent des films d'action avec des effets spéciaux, ou des comédies.

Francoscopie, *2001*

**Activité 8: Box-office.** Voici les films français et américains en tête du box-office en février 2003. Étudiez les deux listes pour faire quelques comparaisons. Ensuite, répondez aux questions suivantes en utilisant une forme de comparaison.

1. Est-ce que les films étrangers sont <u>aussi</u> populaires aux États-Unis qu'en France?
2. Dans quel pays est-ce que les films d'horreur et de crime attirent <u>le plus de</u> spectateurs?
3. Quelle tranche d'âge *(age group)* de la population américaine semble sortir <u>le plus souvent</u> au cinéma?
4. Est-ce qu'il y a <u>autant de</u> films français qu'américains parmi les top ten en France?
5. Maintenant, faites vos propres observations sur les Français et les Américains en ce qui concerne le cinéma.

| | FRANCE | ÉTATS-UNIS |
|---|---|---|
| 1 | *Rire et châtiment* (comédie; français) | *The Recruit* (crime; américain) |
| 2 | *Gangs of New York* (historique/action; britannique/américain/allemand) | *Final Destination 2* (horreur/teen; américain) |
| 3 | *Mafia Blues 2 - la rechute* (comédie; américain) | *Biker Boys* (action-teen; américain) |
| 4 | *Le seigneur des anneaux (Lord of the Rings)* (aventure/fantaisie; américain/néo-zélandais) | *Kangaroo Jack* (action/américain) |
| 5 | *Le Château dans le ciel* (musical; américain) | *Chicago* (musical; américain) |
| 6 | *Punch Drunk Love (Ivre d'amour)* (comédie; américain) | *Darkness Falls* (horreur; américain) |
| 7 | *Harry Potter et la chambre des horreurs* (fantaisie; américain/britannique) | *The Lord of the Rings* (aventure/fantaisie; américain/néo-zélandais) |
| 8 | *Le Papillon* (comédie dramatique; français) | *Catch Me If You Can* (crime/comédie; américain) |
| 9 | *Pharmacien* (policier; français) | *Just Married* (comédie; américain) |
| 10 | *Respiro* (drame; français/italien) | *About Schmidt* (comédie dramatique; américain) |

*Généralement les films américains sortent en France avec un délai de quelques mois.

**Activité 9: Interaction.** Posez les questions suivantes à un(e) autre étudiant(e).

1. Quel(s) film(s) est-ce que tu as vu(s) récemment? As-tu vu ce(s) film(s) au cinéma, à la télé ou en DVD/vidéo?
2. Quand il faut choisir un film, qu'est-ce qui compte pour toi? le scénario? les acteurs? le genre? le réalisateur? les critiques favorables?
3. Tu aimes les films étrangers? Est-ce que tu préfères voir la version originale ou une version sous-titrée *(subtitled)* ou doublée? *(dubbed)?* Pourquoi?
4. Quel est ton film préféré? Quand est-il sorti? Quels sont les principaux acteurs? Pourquoi est-ce que tu l'aimes?
5. Est-ce que tu as déjà vu un film français? Lequel? Quelles différences as-tu remarquées entre les films français et les films américains?
6. Est-ce que tu crois que le cinéma est un art tout comme la littérature?

## Comment parler de la littérature

**Que lisez-vous monsieur?**
—Euh, c'est **un roman** de Arundhati Roy, **une écrivaine** indienne.

**Quel est le titre?**
*The God of small things*      —*Le Dieu des petits riens°*.

**Vous aimez?**
—Ah oui, c'est un **best-seller,** mais c'est aussi de la vraie littérature! Il est très bien écrit, même lyrique. **Les personnages** sont bien développés, surtout **le protagoniste,** et **le contexte culturel** est très intéressant. C'est un livre passionnant.

**Et vous, mademoiselle, que lisez-vous là?**
*escape*      —Eh bien, c'est le dernier Bretécher. Moi, j'adore les **BD.** Ça me fait rire, et ça me permet de me dépayser°.

**Et... monsieur?**
—Moi, il faut dire, je préfère les **analyses politiques** ou les **récits historiques.**

**Vous ne lisez jamais de BD alors?**
—Si. Parfois je m'accorde le plaisir de lire *Astérix* à mes enfants.

**Ah, vous lisez *Le Père Goriot.* De quoi s'agit-il?**
*ungrateful*      —**Il s'agit d'un** vieil homme pauvre qui a donné tout son argent à ses enfants ingrats°.

> **À noter:** To tell what a story is about in French, you need to use the impersonal expression **Il s'agit de.** You cannot precede the verb **s'agir** with a noun. For example to translate the sentence "Romeo and Juliette is about tragic love," you would say: **Dans *Roméo et Juliette,* il s'agit d'un amour tragique.** Now, choose another book and tell what it is about.

 **Écoutons ensemble! Goûts littéraires.** Quelques Français parlent de leurs goûts littéraires. Ils veulent lire quelque chose en anglais pour pratiquer la langue. Conseillez quelque chose d'approprié pour chacun d'eux.

| LES GENS | LES TEXTES |
|---|---|
| **1.** Soline, 12 ans _____ | **a.** *Passion's Promise*, Danielle Steele |
| **2.** Jean-Luc, 17 ans _____ | **b.** *The Incredible Hulk*, Marvel Comics |
| **3.** Marie-Jo, 40 ans _____ | **c.** *Jane Eyre*, Emily Brontë |
| **4.** Timothé, 25 ans _____ | **d.** *The Lord of the Rings*, J.R.R. Tolkien |

**Activité 10: Interaction.** Posez les questions suivantes à un(e) autre étudiant(e).

1. Est-ce que tu lis un bon livre maintenant? De quoi s'agit-il dans ce livre?
2. Quel genre de lecture est-ce que tu préfères?
3. As-tu un auteur préféré? Lequel? Quelles sortes de livres écrit-elle/il?
4. Quel est le dernier livre que tu as lu? L'as-tu aimé? Pourquoi ou pourquoi pas?

---

### Révision des pronoms d'objet direct et indirect, *y* et *en*

When talking about a story you will often want to refer to the same person or event a number of times. In order to avoid the repetitious use of the same proper or common nouns, you'll want to use pronouns. **Activité 12** on page 433 provides practice using pronouns for this purpose. For a review of **en,** see **Structure 7.3.** For **pronoms d'objet direct** see **Structure 7.6. Pronoms d'objet indirect** are presented in **Structure 8.3.** See **Structure 9.2** for the pronoun **y.** For pronoun order, see **Structure 12.2.**

---

# Cinq personnages de la littérature française

## *Tristan et Iseut (Moyen Âge)*

1 Tristan, chevalier courageux, et Iseut la Blonde, belle princesse d'Irlande, sont unis par un amour fatal et éternel. Après avoir vaincu un géant et un dragon en
5 Irlande, Tristan amène Iseut avec lui afin qu'elle épouse son oncle, le roi de Cornouailles. Pendant le voyage, ils boivent par erreur un philtre magique° qui **les** unit en amour. Iseut épouse le roi mais les deux
10 amants ne peuvent pas s'empêcher de se revoir en secret. Le roi découvre leur amour illicite et **les** bannit. Tristan s'exile et lors d'une bataille, il est blessé à mort°. Iseut essaie de **le** retrouver mais trop tard. Tristan
15 est déjà mort. Iseut meurt, elle aussi, et le roi **les** fait enterrer° dans deux tombes voisines.

*magic potion*

*mortally wounded*

*bury*

### Tartuffe (XVII<sup>e</sup> siècle)

_religious hypocrite_
_Blinded_

Tartuffe est un faux dévot° qui arrive à gagner la confiance du bourgeois Orgon. Aveuglé° par la fausse dévotion de Tartuffe, Orgon l'invite à vivre dans sa famille, **lui** confie le
20 contrôle de sa fortune et **lui** offre la main de sa fille qui avait pourtant l'intention d'épouser un autre homme. Mais on découvre la vérité sur Tartuffe quand il entre dans la chambre de la femme d'Orgon pour **la** séduire. Orgon, déçu et en colère, chasse son faux ami de la maison.
25 Tartuffe se croit pourtant maître de la situation à cause des documents compromettants qu'il a en sa possession. Mais grâce à l'intervention du roi, il est mis en prison.

### Madame Bovary (XIX<sup>e</sup> siècle)

_peasant / convent_

Emma, fille d'un riche paysan° et élevée dans un couvent°, accepte d'épouser Charles Bovary, un homme simple qui est
30 médecin dans un petit village normand. Il **l**'adore mais ne **la** comprend pas. C'est une femme romantique qui rêve de bals luxueux, d'hommes aristocratiques et d'amour idéal. Elle vit à travers sa lecture. Pour échapper à son existence banale et à

_lies_

son ennui, elle tombe dans le mensonge°, l'adultère et les
35 dettes. Elle finit par se suicider.

### Maigret (XX<sup>e</sup> siècle)

_witness_

Le commissaire Maigret, de la Police judiciaire, est souvent appelé sur la scène du crime. Il y arrive rapidement. Il **l**'examine de près, interroge le témoin° en fumant sa pipe et fait une analyse psychologique de l'assassin. Ce
40 héros français a son côté humain: il aime prendre un bon dîner chez lui préparé par sa femme. Chez lui, il n'arrête pas de réfléchir aux crimes, bien qu'il ne **lui en** parle pas. Il trouve la solution avec patience, intuition et une très bonne mémoire pour les détails.

**À noter:** What are the antecedents for the boldfaced pronouns in the summaries of the stories above?

**Activité 11: Qui est-ce?** Identifiez les personnages suivants. Si possible, nommez un personnage semblable d'une autre œuvre littéraire.

1. un héros de roman policier
2. le héros d'une légende
3. une héroïne qui meurt aux côtés de son bien-aimé
4. une héroïne qui rêve d'une vie luxueuse
5. un héros qui trompe son ami

**Activité 12: Quiz de compréhension.** Est-ce que vous avez compris ces histoires?
Complétez les réponses avec le pronom approprié: **le, la, l', les, lui, leur, en, y.**
N'oubliez pas d'ajouter **ne** ou **n'** dans les réponses négatives.

1. Est-ce que Tristan a tué <u>le géant et le dragon</u> qu'il a combattus en Irlande?
   **a.** Oui, il _____ a tués.
   **b.** Non, il _____ a pas tués.

2. Est-ce que Tristan et Iseut ont bu du <u>philtre magique</u> <u>dans le bateau</u>?
   **a.** Oui, ils _____ ont bu.
   **b.** Non, ils _____ ont pas bu.

3. Est-ce qu'Iseut épouse <u>Tristan</u>?
   **a.** Oui elle _____ épouse.
   **b.** Non, elle _____ épouse pas; elle se marie avec le roi.

4. Est-ce que le roi découvre <u>leur amour illicite</u>?
   **a.** Oui, il _____ découvre.
   **b.** Non, il _____ découvre pas.

5. Finalement, est-ce qu'Orgon permet <u>à Tartuffe</u> de se marier avec sa fille?
   **a.** Oui, il _____ permet de se marier avec elle.
   **b.** Non, il _____ permet pas de se marier avec elle.

6. Est-ce que Tartuffe entre <u>dans la chambre de la femme d'Orgon</u>?
   **a.** Oui, il _____ entre.
   **b.** Non, il _____ entre pas.

7. Est-ce que <u>Tartuffe</u> s'échappe?
   **a.** Oui, il s'échappe.
   **b.** Non, on _____ met en prison.

8. Est-ce qu'Emma a habité <u>dans un couvent</u> quand elle était jeune?
   **a.** Oui, elle _____ a habité.
   **b.** Non, elle _____ pas habité.

9. Est-ce que Charles comprend <u>sa femme</u>?
   **a.** Oui, il _____ comprend.
   **b.** Non, il _____ comprend pas.

10. Comment Maigret traite-t-il <u>les criminels</u>?
    **a.** Il _____ traite de façon professionnelle et il _____
    pose beaucoup de questions.
    **b.** Il _____ traite pas bien. Il _____ ignore.

 **Situation à jouer!**

Think of a common tale that will most likely be familiar to the students in your class. Make notes for yourself on the main character(s), the setting, the introduction, and the main plot. Then begin to tell your story to the class and see who is the first to guess the title.

**Modèle:**     *Dans mon histoire, il s'agit d'un jeune garçon qui ne veut pas grandir. Il veut toujours rester jeune. Sa meilleure amie est une petite fée. Les deux arrivent chez une famille britannique et le jeune homme invite les enfants sur une île magique qui s'appelle «Neverland».*

# Lecture

### Anticipation

Vous allez lire une histoire écrite par un écrivain français célèbre, J.-M. G. Le Clézio. Dans les exercices qui suivent, vous allez analyser le texte et en même temps vous allez faire une révision de plusieurs structures grammaticales.

### Expansion de vocabulaire

Testez votre aptitude verbale. D'après le contexte, trouvez le sens des mots soulignés tirés du texte.

1. «C'était un village de <u>pêcheurs</u>,... tout blanc au-dessus de la mer.»
   Un <u>pêcheur</u> gagne sa vie en attrapant des _____.
   a. criminels
   b. poissons
   c. prisonniers
   d. arbres

2. «Ce qui est terrible, c'est que ça s'est passé <u>d'un seul coup</u>, quand j'ai perdu mon travail.» Quelque chose qui se passe <u>d'un seul coup</u> se passe
   _____.
   a. lentement
   b. soudainement
   c. difficilement
   d. jamais

3. «J'ai perdu mon travail parce que l'entreprise avait <u>fait faillite</u>.» Une entreprise qui <u>fait faillite</u> _____.
   a. gagne beaucoup d'argent
   b. ne peut plus payer ses dettes
   c. a de gros revenus
   d. embauche de nouveaux employés

4. «Ma femme ne pouvait pas travailler, elle avait des <u>ennuis</u> de santé.»
   Quand on a des <u>ennuis</u>, on a des _____.
   a. problèmes
   b. médicaments
   c. traitements
   d. qualités

5. «Je fais ça pour eux, pour que ma femme et mes <u>gosses</u> aient de quoi manger.» En français familier, le mot <u>gosses</u> veut dire _____.
   a. amis
   b. parents
   c. collègues
   d. enfants

6. «Qu'est-ce que ça te fait, quand tu penses que tu es devenu un voleur?»...
   «ça me fait quelque chose, ça <u>me serre la gorge</u> et ça m'accable.» Quand quelque chose <u>vous serre la gorge</u>, vous vous sentez _____.
   a. tranquille
   b. neutre
   c. plein(e)
   d. malade d'émotion

### Activités de lecture

1. Ce texte commence par une question indirecte: «Dis-moi comment tout a commencé», puis le protagoniste commence à parler. Est-ce qu'il parlera du futur, du présent ou du passé?
2. Regardez brièvement les pages 435–436. Quel est le format du texte? Est-ce qu'il est écrit dans la langue écrite formelle ou dans la langue parlée, la langue familière?
3. Regardez le titre. Ce texte est à propos de qui?

**À noter:** This text is longer than many you have read. The side notes provide questions to help you focus on its meaning.

# Ô voleur°, voleur, quelle vie est la tienne?

*adapté de J.-M.G. Le Clézio*

*thief*

### Dis-moi comment tout a commencé.

1 Je ne sais pas, je ne sais plus, il y a si longtemps, je n'ai plus souvenir du temps maintenant, c'est la vie que je mène. Je suis né au Portugal, à Ericeira, c'était en ce temps-là un petit village de pêcheurs pas loin de Lisbonne, tout blanc au-dessus de la mer.

5 Ensuite mon père a dû partir pour des raisons politiques, et avec ma mère et ma tante on s'est installés en France, et je n'ai jamais revu mon grand-père. C'était juste après la guerre, je crois qu'il est mort à cette époque-là. Mais je me souviens bien de lui, c'était un pêcheur, il me racontait des histoires, mais maintenant je ne parle presque plus le portugais. Après cela, j'ai travaillé comme
10 apprenti maçon° avec mon père, et puis il est mort, et ma mère a dû travailler aussi, et moi je suis entré dans une entreprise, une affaire de rénovation de vieilles maisons, ça marchait bien.

*mason's apprentice*

En ce temps-là, j'étais content avec le monde, j'avais un travail, j'étais marié, j'avais des amis, je ne pensais pas au lendemain, je ne pensais pas à la maladie, ni
15 aux accidents, je travaillais beaucoup et l'argent était rare, mais je ne savais pas que j'avais de la chance. Après ça je me suis spécialisé dans l'électricité.

C'est moi qui refaisais les circuits électriques, j'installais les appareils ménagers, l'éclairage, je faisais les branchements°. Ça me plaisait bien, c'était un bon travail. Je ne savais pas que j'avais de la chance.

*connections*

### Et maintenant?

20 Ah, maintenant, tout a changé. Ce qui est terrible, c'est que ça s'est passé d'un seul coup, quand j'ai perdu mon travail parce que l'entreprise avait fait faillite°. Au début j'ai cru que tout allait s'arranger, j'ai cru que j'allais retrouver du travail facilement, mais il n'y avait rien. Et pour l'électricité, je n'avais pas de CAP°, personne ne m'aurait confié un travail comme ça. Alors les mois sont passés et je
25 n'avais toujours rien, et c'était difficile de manger, de payer l'éducation de mes fils, ma femme ne pouvait pas travailler, elle avait des ennuis de santé, on n'avait même pas d'argent pour acheter les médicaments. On allait mourir de faim, ma femme, mes enfants. C'est comme ça que je me suis décidé.

*gone bankrupt*

*certificate*

Au début, je me suis dit que c'était provisoire°, le temps de trouver un peu
30 d'argent, le temps d'attendre. Maintenant ça fait trois ans que ça dure, je sais que ça ne changera plus.

*temporary*

### Tu sors toutes les nuits?

Ça dépend. Ça dépend des endroits. Il n'y a pas de règles. En général, je ne veux pas faire ça le jour, j'attends la nuit, même le petit matin, tu sais, vers trois-quatre heures, c'est le meilleur moment. Mais je n'entre jamais dans une maison quand
35 il y a quelqu'un.

### Est-ce qu'ils savent?

Mes enfants? Non, non eux ne savent rien, on ne peut pas leur dire, ils sont trop jeunes, ils ne comprendraient pas que leur père est devenu un voleur. Non, je ne voudrais pas que mes enfants apprennent cela, ils sont trop jeunes. Ils croient que je travaille comme avant. Maintenant je leur dis que je travaille la nuit, et que c'est
40 pour ça que je dois partir la nuit, et que je dors une partie de la journée.

Pourquoi a-t-on l'impression que le texte commence au milieu de *(in the middle of )* l'histoire? Est-ce qu'on connaît l'identité de celui qui pose les questions et celle de celui qui répond?

Pourquoi le protagoniste était-il content de sa vie? Est-ce que vous avez le pressentiment que les choses vont mal tourner? Pourquoi?

Est-ce que vous pouvez deviner *(to guess)* ce qu'il s'est décidé à faire?

Que fait-il quand il sort? Pourquoi sort-il la nuit?

Qu'est-ce qu'il refuse de dire à ses enfants? Pourquoi?

### Tu aimes cette vie?

Non, au début je n'aimais pas ça du tout, mais qu'est-ce que je peux faire? Je fais ça pour vivre, pour que ma femme et mes gosses aient de quoi manger, des vêtements, pour que mes gosses aient une éducation, un vrai métier.

45 Si je retrouvais demain du travail, je m'arrêterais tout de suite de voler, je pourrais de nouveau rentrer chez moi tranquillement, le soir, je m'allongerais° sur le lit avant de dîner.

*would stretch out*

Pourquoi utilise-t-il le conditionnel ici?

### Qu'est-ce que ça te fait, quand tu penses que tu es devenu un voleur?

*overwhelms me*

Si ça me fait quelque chose, ça me serre la gorge et ça m'accable°, tu sais, quelquefois, le soir, je rentre à la maison à l'heure du dîner, et ce n'est plus du tout comme autrefois, il y a juste des sandwichs froids, et je mange en regardant 50 la télévision, avec les gosses qui ne disent rien. Alors je vois que ma femme me regarde, elle ne dit rien elle non plus, mais elle a l'air si fatigué, elle a les yeux gris et tristes, et je me souviens de ce qu'elle m'a dit, la première fois, quand elle m'a demandé s'il n'y avait pas de danger. Moi, je lui ai dit non, mais ça n'était pas vrai, parce que je sais bien qu'un jour, c'est fatal, il y aura un problème. Peut-être

*cops*
*shoot me*

55 que les flics° m'attraperont, et je ferai des années en prison, ou bien peut-être que je ne pourrai pas courir assez vite quand on me tirera dessus°, et je serai mort. Mort. C'est à elle que je pense, à ma femme, pas à moi, moi je ne vaux rien, je n'ai pas d'importance. C'est à elle que je pense, et à mes enfants aussi, que deviendront-ils, qui pensera à eux, sur cette terre?

*Adapté de J.-M.G. Le Clézio: Ô voleur, voleur, quelle vie est la tienne, La ronde et autres faits divers. Éditions Gallimard.*

## Compréhension et intégration

**A.** Répondez aux questions suivantes.

1. Où le voleur est-il né? Pourquoi est-il venu en France?
2. Comment a-t-il gagné sa vie?
3. Pourquoi a-t-il perdu son travail?
4. Quel est le nouveau métier de cet homme?
5. Pourquoi ne dit-il rien à ses enfants?
6. Quand entre-t-il dans les maisons et pourquoi?
7. Avec qui parle-t-il dans ce texte?

## B. Analyse de l'emploi du passé.

### Structure à réviser – Le passé

**Donnez une explication pour l'emploi du passé composé et de l'imparfait dans les lignes indiquées. Choisissez parmi les explications suivantes.**

Regardez les pages 159–164 et 222–224 et 230.

**Passé composé:** un verbe qui fait avancer le récit

**Imparfait:** a. une action habituelle ou répétée, b. un verbe qui décrit un état mental, ou **être** et **avoir,** c. la description au passé

1. ligne 6: on s'est installés en France
2. ligne 8: c'était un pêcheur, il me racontait des histoires.
3. lignes 9–11: Après cela, j'ai travaillé comme apprenti maçon avec mon père, et puis il est mort,... et moi je suis entré dans une entreprise...
4. lignes 12–16: ça marchait bien. En ce temps-là, j'étais content, j'avais un travail, j'étais marié, j'avais des amis... je ne savais pas que j'avais de la chance.
5. ligne 20: Ah, maintenant, tout a changé.
6. lignes 25–28: ...c'était difficile de manger... ma femme ne pouvait pas travailler, elle avait des ennuis de santé... on allait mourir de faim...
7. ligne 28: C'est comme ça que je me suis décidé.

## C. Un interrogatoire *(Interrogation)*.

### Structure à réviser – L'interrogatif

Regardez les pages 102–103 et 135–136.

PREMIÈRE ÉTAPE.    Dans cette histoire, les questions sont posées de façon indirecte ou énigmatique. Rendez-les plus directes et complètes.

1. Dis-moi comment tout à commencé.
2. Et maintenant?
3. Est-ce qu'ils savent?
4. Tu aimes cette vie?

DEUXIÈME ÉTAPE.    Vous êtes journaliste à *Paris-Match* et vous interrogez le voleur (qui est devenu une célébrité). Posez-lui quatre questions avec les mots interrogatifs suivants: **pourquoi, comment, quand/à quelle heure, où.** Un(e) autre camarade de classe jouera le rôle du voleur.

## D. Si seulement!

### Structure à réviser – Le conditionnel

Regardez les pages 415–416.

Jouez le rôle du voleur pour terminer les phrases suivantes.

1. Si j(e) _____ (avoir) mon CAP, je pourrais trouver du travail plus facilement.
2. Je n(e) _____ (entrer) jamais dans une maison s'il y avait quelqu'un.
3. Si je _____ (direr) la vérité à mes enfants, ils _____ (ne pas comprendre).
4. Si je_____ (ne pas voler), ma femme et mes enfants n'_____ (avoir) rien à manger.
5. Si je _____ (retrouver) du travail, je _____ (s'arrêter) tout de suite de voler.

## E. Que feriez-vous à sa place?

### Structure à réviser – Le conditionnel

Regardez les pages 415–416.

Avec un(e) partenaire, dites ce que vous feriez si vous étiez à la place du voleur. Donnez au moins quatre idées.

## F. Une attitude négative ou une victime du destin *(fate)*?

### Structure à réviser – Les expressions négatives

Regardez les pages 45–46 et 294–295.

Jouez le rôle du voleur en répondant à ces questions avec une expression négative.

1. Je sais que tu as travaillé dans l'électricité. Est-ce que tu y travailles toujours?
2. Qu'est ce que tu fais pour t'amuser?
3. Est-ce qu'il y a quelqu'un à qui tu peux te confier *(to confide in)*?
4. Mais tu as déjà parlé de ta situation à ta femme, je suppose.
5. Alors, quand est-ce que tu penses que ta situation va changer?

## G. Réactions différentes.

Regardez les pages
388–389 et 417.

### Structure à réviser – Le subjonctif

On réagit différemment à ce voleur et à sa situation. Complétez les réflexions suivantes en utilisant le subjonctif ou l'indicatif, selon le cas.

1. Moi, je pense que le voleur _____ (avoir) un bon cœur, mais qu'il _____ (se trouver) dans une situation impossible.
2. Moi aussi! Je trouve impardonnable qu'il n'y _____ (avoir) pas de programme social pour l'aider.
3. À mon avis, il est essentiel qu'il _____ (dire) la vérité à sa femme.
4. Est-il possible qu'elle _____ (ne pas savoir) la vérité?
5. Tu sais, c'est triste que les immigrés clandestins *(illegal aliens)* _____ (ne pas pouvoir) demander d'aide sociale.
6. Il faut que nous _____ (faire) un effort pour créer un monde plus juste.
7. Moi, je crois que les gens _____ (être) responsables de leurs propres actes. Je n'ai pas de sympathie pour lui.

### Maintenant à vous!

Décrivez le protagoniste dans *Ô voleur, voleur, quelle vie est la tienne?*

1. Quels sont ses qualités et ses défauts?
2. Est-ce un criminel, une victime ou les deux?
3. Est-ce qu'il a raison de voler?
4. À votre avis, le voleur pourrait-il changer sa vie?
5. En considérant tout ce qu'il nous a dit, suggérez ce qu'il devrait faire maintenant.

# Vocabulaire

## Vocabulaire fondamental

### Noms

| **Les contes** | *Stories, tales* |
|---|---|
| une barbe | *a beard* |
| un conte de fée | *a fairytale* |
| un événement | *an event* |
| un loup | *a wolf* |
| un prince (une princesse) | *a prince (princess)* |
| un roi (une reine) | *a king, a queen* |

| **La littérature** | *Literature* |
|---|---|
| un auteur | *an author* |
| un(e) écrivain(e) | *a writer* |
| un genre | *a literary/film genre* |
| une héroïne | *a heroine, main female character* |
| le héros | *the hero, main male character* |
| un personnage (principal) | *a (main) character* |
| un roman | *a novel* |

### Verbes

| attaquer | *to attack* |
|---|---|
| épouser | *to marry* |
| sauver | *to save* |
| tuer | *to kill* |
| voler | *to steal* |

### Adjectifs

| courageux (courageuse) | *courageous* |
|---|---|
| jaloux (jalouse) | *jealous* |
| magique | *magic* |
| méchant(e) | *mean* |

| **Comment raconter une histoire** | *How to tell a story* |
|---|---|
| Il était une fois... | *Once upon a time...* |
| Par conséquent... | *As a result* |

| **Comment parler de la litterature** | *How to talk about literature* |
|---|---|
| Quel est le titre? | *What is the title?* |
| J'aime (les romans, les récits historiques, les analyses politiques, les bandes dessinées, etc.). | *I like (novels, historical fiction, political anlayses, cartoons, etc.).* |
| Il s'agit d'(une princesse) | *It's about (a princess)* |

---

## Vocabulaire supplémentaire

### Noms

| **Les contes** | *Stories, tales* |
|---|---|
| un bal | *a dance* |
| un carrosse | *a carriage* |
| un chevalier | *a knight* |
| un fée | *a fairy* |
| un géant | *a giant* |
| un nain | *a dwarf* |
| un palais | *a palace* |
| un pirate | *a pirate* |
| un sorcier (une sorcière) | *a witch* |

| **Le cinéma** | *Film* |
|---|---|
| un(e) comédien(ne) | *an actor* |
| la durée | *the length* |
| un prix | *an award* |
| un(e) réalisateur (réalisatrice) | *a director* |
| un scénario | *a script* |
| un spectateur (une spectatrice) | *a spectator, member of the audience* |
| une vedette | *a star* |
| une version doublée | *a dubbed version* |
| la version originale | *the original version* |
| une version sous-titrée | *a subtitled version* |

| **La littérature** | *Literature* |
|---|---|
| un(e) amant(e) | *a lover* |
| un avis | *an opinion* |
| un critique | *a critic (art)* |
| une critique | *a critique* |
| un dénouement | *an ending* |
| un déroulement | *a plot, development* |
| une intrigue | *the plot, story line* |
| une protagoniste | *a protagonist, main character* |

### Verbes

| attirer | *to attract* |
|---|---|
| bannir | *to banish* |
| échapper | *to escape* |
| tourner (un film) | *to shoot (a film)* |
| transformer | *to transform* |
| tromper | *to trick* |
| tuer | *to kill* |
| vaincre | *to vanquish, beat* |

| **Vocabulaire tiré de *Ô voleur, voleur, quelle vie est la tienne?*** | |
|---|---|
| la vérité | *the truth* |
| un voleur | *a thief* |
| faire faillite | *to go bankrupt* |

# Appendices

# Appendix A

## VERBES AUXILIAIRES: AVOIR et ÊTRE

| Infinitif Participe passé | Présent | Passé composé | Imparfait | Passé simple |
|---|---|---|---|---|
| **avoir** | ai | ai eu | avais | |
| | as | as eu | avais | |
| eu | a | a eu | avait | eut |
| | avons | avons eu | avions | |
| | avez | avez eu | aviez | |
| | ont | ont eu | avaient | eurent |
| **être** | suis | ai été | étais | |
| | es | as été | étais | |
| été | est | a été | était | fut |
| | sommes | avons été | étions | |
| | êtes | avez été | étiez | |
| | sont | ont été | étaient | furent |

| Indicatif | | | Présent du conditionnel | Présent du subjonctif | Impératif |
|---|---|---|---|---|---|
| **Plus-que-parfait** | **Futur** | **Futur antérieur** | | | |
| avais eu | aurai | aurai eu | aurais | aie | |
| avais eu | auras | auras eu | aurais | aies | aie |
| avait eu | aura | aura eu | aurait | ait | |
| avions eu | aurons | aurons eu | aurions | ayons | ayons |
| aviez eu | aurez | aurez eu | auriez | ayez | ayez |
| avaient eu | auront | auront eu | auraient | aient | |
| avais été | serai | aurai été | serais | sois | |
| avais été | seras | auras été | serais | sois | sois |
| avait été | sera | aura été | serait | soit | |
| avions été | serons | aurons été | serions | soyons | soyons |
| aviez été | serez | aurez été | seriez | soyez | soyez |
| avaient été | seront | auront été | seraient | soient | |

| Verbes conjugués avec **être** au passé composé | | | |
|---|---|---|---|
| aller | entrer | partir | revenir |
| arriver | monter | rentrer | sortir |
| descendre | mourir | rester | tomber |
| devenir | naître | retourner | venir |

## VERBES RÉGULIERS

| Infinitif<br>Participe passé | Présent | Passé composé | Imparfait | Passé simple |
|---|---|---|---|---|
| **parler** | parle | ai parlé | parlais | |
| | parles | as parlé | parlais | |
| parlé | parle | a parlé | parlait | parla |
| | parlons | avons parlé | parlions | |
| | parlez | avez parlé | parliez | |
| | parlent | ont parlé | parlaient | parlèrent |
| **dormir** | dors | ai dormi | dormais | |
| **(partir, sortir)** | dors | as dormi | dormais | |
| | dort | a dormi | dormait | dormit |
| dormi | dormons | avons dormi | dormions | |
| | dormez | avez dormi | dormiez | |
| | dorment | ont dormi | dormaient | dormirent |
| **finir (choisir,** | finis | ai fini | finissais | |
| **grossir,** | finis | as fini | finissais | |
| **réfléchir,** | finit | a fini | finissait | finit |
| **réussir)** | finissons | avons fini | finissions | |
| | finissez | avez fini | finissiez | finirent |
| fini | finissent | ont fini | finissaient | |
| **vendre (attendre,** | vends | ai vendu | vendais | |
| **rendre,** | vends | as vendu | vendais | |
| **répondre)** | vend | a vendu | vendait | vendit |
| | vendons | avons vendu | vendions | |
| vendu | vendez | avez vendu | vendiez | |
| | vendent | ont vendu | vendaient | vendirent |

## VERBES PRONOMINAUX

| Infinitif<br>Participe passé | Présent | Passé composé | Imparfait | Passé simple |
|---|---|---|---|---|
| **se laver** | me lave | me suis lavé(e) | me lavais | |
| | te laves | t'es lavé(e) | te lavais | |
| lavé | se lave | s'est lavé(e) | se lavait | |
| | nous lavons | nous sommes lavé(e)s | nous lavions | se lava |
| | vous lavez | vous êtes lavé(e)(s) | vous laviez | |
| | se lavent | se sont lavé(e)s | se lavaient | se lavèrent |

| Indicatif | | | Présent du conditionnel | Présent du subjonctif | Impératif |
|---|---|---|---|---|---|
| **Plus-que-parfait** | **Futur** | **Futur antérieur** | | | |
| avais parlé | parlerai | aurai parlé | parlerais | parle | |
| avais parlé | parleras | auras parlé | parlerais | parles | parle |
| avait parlé | parlera | aura parlé | parlerait | parle | |
| avions parlé | parlerons | aurons parlé | parlerions | parlions | parlons |
| aviez parlé | parlerez | aurez parlé | parleriez | parliez | parlez |
| avaient parlé | parleront | auront parlé | parleraient | parlent | |
| avais dormi | dormirai | aurai dormi | dormirais | dorme | |
| avais dormi | dormiras | auras dormi | dormirais | dormes | dors |
| avait dormi | dormira | aura dormi | dormirait | dorme | |
| avions dormi | dormirons | aurons dormi | dormirions | dormions | dormons |
| aviez dormi | dormirez | aurez dormi | dormiriez | dormiez | dormez |
| avaient dormi | dormiront | auront dormi | dormiraient | dorment | |
| avais fini | finirai | aurai fini | finirais | finisse | |
| avais fini | finiras | auras fini | finirais | finisses | finis |
| avait fini | finira | aura fini | finirait | finisse | |
| avions fini | finirons | aurons fini | finirions | finissions | finissons |
| aviez fini | finirez | aurez fini | finiriez | finissiez | finissez |
| avaient fini | finiront | auront fini | finiraient | finissent | |
| avais vendu | vendrai | aurai vendu | vendrais | vende | |
| avais vendu | vendras | auras vendu | vendrais | vendes | vends |
| avait vendu | vendra | aura vendu | vendrait | vende | |
| avions vendu | vendrons | aurons vendu | vendrions | vendions | vendons |
| aviez vendu | vendrez | aurez vendu | vendriez | vendiez | vendez |
| avaient vendu | vendront | auront vendu | vendraient | vendent | |

| Indicatif | | | Présent du conditionnel | Présent du subjonctif | Impératif |
|---|---|---|---|---|---|
| **Plus-que-parfait** | **Futur** | **Futur antérieur** | | | |
| m'étais lavé(e) | me laverai | me serai lavé(e) | me laverais | me lave | |
| t'étais lavé(e) | te laveras | te seras lavé(e) | te laverais | te laves | lave-toi |
| s'était lavé(e) | se lavera | se sera lavé(e) | se laverait | se lave | |
| nous étions lavé(e)s | nous laverons | nous serons lavé(e)s | nous laverions | nous lavions | lavons-nous |
| vous étiez lavé(e)(s) | vous laverez | vous serez lavé(e)(s) | vous laveriez | vous laviez | lavez-vous |
| s'étaient lavé(e)s | se laveront | se seront lavé(e)s | se laveraient | se lavent | |

# VERBES AVEC CHANGEMENTS ORTHOGRAPHIQUES

| Infinitif<br>Participe passé | Présent | Passé composé | Imparfait | Passé simple |
|---|---|---|---|---|
| **acheter (se lever,<br>   se promener)**<br><br>acheté | achète<br>achètes<br>achète<br>achetons<br>achetez<br>achètent | ai acheté<br>as acheté<br>a acheté<br>avons acheté<br>avez acheté<br>ont acheté | achetais<br>achetais<br>achetait<br>achetions<br>achetiez<br>achetaient | <br><br>acheta<br><br><br>achetèrent |
| **appeler (jeter)**<br><br>appelé | appelle<br>appelles<br>appelle<br>appelons<br>appelez<br>appellent | ai appelé<br>as appelé<br>a appelé<br>avons appelé<br>avez appelé<br>ont appelé | appelais<br>appelais<br>appelait<br>appelions<br>appeliez<br>appelaient | <br><br>appela<br><br><br>appelèrent |
| **commencer<br>   (prononcer)**<br><br>commencé | commence<br>commences<br>commence<br>commençons<br>commencez<br>commencent | ai commencé<br>as commencé<br>a commencé<br>avons commencé<br>avez commencé<br>ont commencé | commençais<br>commençais<br>commençait<br>commencions<br>commenciez<br>commençaient | <br><br>commença<br><br><br>commencèrent |
| **manger (changer,<br>   nager, voyager)**<br><br>mangé | mange<br>manges<br>mange<br>mangeons<br>mangez<br>mangent | ai mangé<br>as mangé<br>a mangé<br>avons mangé<br>avez mangé<br>ont mangé | mangeais<br>mangeais<br>mangeait<br>mangions<br>mangiez<br>mangeaient | <br><br>mangea<br><br><br>mangèrent |
| **payer (essayer,<br>   employer)**<br><br>payé | paie<br>paies<br>paie<br>payons<br>payez<br>paient | ai payé<br>as payé<br>a payé<br>avons payé<br>avez payé<br>ont payé | payais<br>payais<br>payait<br>payions<br>payiez<br>payaient | <br><br>paya<br><br><br>payèrent |
| **préférer (espérer,<br>   répéter)**<br><br>préféré | préfère<br>préfères<br>préfère<br>préférons<br>préférez<br>préfèrent | ai préféré<br>as préféré<br>a préféré<br>avons préféré<br>avez préféré<br>ont préféré | préférais<br>préférais<br>préférait<br>préférions<br>préfériez<br>préféraient | <br><br>préféra<br><br><br>préférèrent |

| Indicatif | | | Présent du conditionnel | Présent du subjonctif | Impératif |
|---|---|---|---|---|---|
| Plus-que-parfait | Futur | Futur antérieur | | | |
| avais acheté | achèterai | aurai acheté | achèterais | achète | |
| avais acheté | achèteras | auras acheté | achèterais | achètes | achète |
| avait acheté | achètera | aura acheté | achèterait | achète | |
| avions acheté | achèterons | aurons acheté | achèterions | achetions | achetons |
| aviez acheté | achèterez | aurez acheté | achèteriez | achetiez | achetez |
| avaient acheté | achèteront | auront acheté | achèteraient | achètent | |
| avais appelé | appellerai | aurai appelé | appellerais | appelle | |
| avais appelé | appelleras | auras appelé | appellerais | appelles | appelle |
| avait appelé | appellera | aura appelé | appellerait | appelle | |
| avions appelé | appellerons | aurons appelé | appellerions | appelions | appelons |
| aviez appelé | appellerez | aurez appelé | appelleriez | appeliez | appelez |
| avaient appelé | appelleront | auront appelé | appelleraient | appellent | |
| avais commencé | commencerai | aurai commencé | commencerais | commence | |
| avais commencé | commenceras | auras commencé | commencerais | commences | commence |
| avait commencé | commencera | aura commencé | commencerait | commence | |
| avions commencé | commencerons | aurons commencé | commencerions | commencions | commençons |
| aviez commencé | commencerez | aurez commencé | commenceriez | commenciez | commencez |
| avaient commencé | commenceront | auront commencé | commenceraient | commencent | |
| avais mangé | mangerai | aurai mangé | mangerais | mange | |
| avais mangé | mangeras | auras mangé | mangerais | manges | mange |
| avait mangé | mangera | aura mangé | mangerait | mange | |
| avions mangé | mangerons | aurons mangé | mangerions | mangions | mangeons |
| aviez mangé | mangerez | aurez mangé | mangeriez | mangiez | mangez |
| avaient mangé | mangeront | auront mangé | mangeraient | mangent | |
| avais payé | paierai | aurai payé | paierais | paie | |
| avais payé | paieras | auras payé | paierais | paies | paie |
| avait payé | paiera | aura payé | paierait | paie | |
| avions payé | paierons | aurons payé | paierions | payions | payons |
| aviez payé | paierez | aurez payé | paieriez | payiez | payez |
| avaient payé | paieront | auront payé | paieraient | paient | |
| avais préféré | préférerai | aurai préféré | préférerais | préfère | |
| avais préféré | préféreras | auras préféré | préférerais | préfères | préfère |
| avait préféré | préférera | aura préféré | préférerait | préfère | |
| avions préféré | préférerons | aurons préféré | préférerions | préférions | préférons |
| aviez préféré | préférerez | aurez préféré | préféreriez | préfériez | préférez |
| avaient préféré | préféreront | auront préféré | préféreraient | préfèrent | |

# VERBES IRRÉGULIERS

| Infinitif<br>Participe passé | Présent | Passé composé | Imparfait | Passé simple |
|---|---|---|---|---|
| **aller**<br><br>allé | vais<br>vas<br>va<br>allons<br>allez<br>vont | suis allé(e)<br>es allé(e)<br>est allé(e)<br>sommes allé(e)s<br>êtes allé(e)(s)<br>sont allé(e)s | allais<br>allais<br>allait<br>allions<br>alliez<br>allaient | <br><br>alla<br><br><br>allèrent |
| **boire**<br><br>bu | bois<br>bois<br>boit<br>buvons<br>buvez<br>boivent | ai bu<br>as bu<br>a bu<br>avons bu<br>avez bu<br>ont bu | buvais<br>buvais<br>buvait<br>buvions<br>buviez<br>buvaient | <br><br>but<br><br><br>burent |
| **conduire**<br><br>conduit | conduis<br>conduis<br>conduit<br>conduisons<br>conduisez<br>conduisent | ai conduit<br>as conduit<br>a conduit<br>avons conduit<br>avez conduit<br>ont conduit | conduisais<br>conduisais<br>conduisait<br>conduisions<br>conduisiez<br>conduisaient | <br><br>conduisit<br><br><br>conduisirent |
| **connaître**<br>**(paraître)**<br><br>connu | connais<br>connais<br>connaît<br>connaissons<br>connaissez<br>connaissent | ai connu<br>as connu<br>a connu<br>avons connu<br>avez connu<br>ont connu | connaissais<br>connaissais<br>connaissait<br>connaissions<br>connaissiez<br>connaissaient | <br><br>connut<br><br><br>connurent |
| **courir**<br><br>couru | cours<br>cours<br>court<br>courons<br>courez<br>courent | ai couru<br>as couru<br>a couru<br>avons couru<br>avez couru<br>ont couru | courais<br>courais<br>courait<br>courions<br>couriez<br>couraient | <br><br>courut<br><br><br>coururent |
| **croire**<br><br>cru | crois<br>crois<br>croit<br>croyons<br>croyez<br>croient | ai cru<br>as cru<br>a cru<br>avons cru<br>avez cru<br>ont cru | croyais<br>croyais<br>croyait<br>croyions<br>croyiez<br>croyaient | <br><br>crut<br><br><br>crurent |
| **devoir**<br><br>dû | dois<br>dois<br>doit<br>devons<br>devez<br>doivent | ai dû<br>as dû<br>a dû<br>avons dû<br>avez dû<br>ont dû | devais<br>devais<br>devait<br>devions<br>deviez<br>devaient | <br><br>dut<br><br><br>durent |

| Indicatif | | | Présent du conditionnel | Présent du subjonctif | Impératif |
|---|---|---|---|---|---|
| **Plus-que-parfait** | **Futur** | **Futur antérieur** | | | |
| étais allé(e) | irai | serai allé(e) | irais | aille | |
| étais allé(e) | iras | seras allé(e) | irais | ailles | va |
| était allé(e) | ira | sera allé(e) | irait | aille | |
| étions allé(e)s | irons | serons allé(e)s | irions | allions | allons |
| étiez allé(e)(s) | irez | serez allé(e)(s) | iriez | alliez | allez |
| étaient allé(e)s | iront | seront allé(e)s | iraient | aillent | |
| avais bu | boirai | aurai bu | boirais | boive | |
| avais bu | boiras | auras bu | boirais | boives | bois |
| avait bu | boira | aura bu | boirait | boive | |
| avions bu | boirons | aurons bu | boirions | buvions | buvons |
| aviez bu | boirez | aurez bu | boiriez | buviez | buvez |
| avaient bu | boiront | auront bu | boiraient | boivent | |
| avais conduit | conduirai | aurai conduit | conduirais | conduise | conduis |
| avais conduit | conduiras | auras conduit | conduirais | conduises | |
| avait conduit | conduira | aura conduit | conduirait | conduise | conduisons |
| avions conduit | conduirons | aurons conduit | conduirions | conduisions | conduisez |
| aviez conduit | conduirez | aurez conduit | conduiriez | conduisiez | |
| avaient conduit | conduiront | auront conduit | conduiraient | conduisent | |
| avais connu | connaîtrai | aurai connu | connaîtrais | connaisse | |
| avais connu | connaîtras | auras connu | connaîtrais | connaisses | connais |
| avait connu | connaîtra | aura connu | connaîtrait | connaisse | |
| avions connu | connaîtrons | aurons connu | connaîtrions | connaissions | connaissons |
| aviez connu | connaîtrez | aurez connu | connaîtriez | connaissiez | connaissez |
| avaient connu | connaîtront | auront connu | connaîtraient | connaissent | |
| avais couru | courrai | aurai couru | courrais | coure | |
| avais couru | courras | auras couru | courrais | coures | cours |
| avait couru | courra | aura couru | courrait | coure | |
| avions couru | courrons | aurons couru | courrions | courions | courons |
| aviez couru | courrez | aurez couru | courriez | couriez | courez |
| avaient couru | courront | auront couru | courraient | courent | |
| avais cru | croirai | aurai cru | croirais | croie | |
| avais cru | croiras | auras cru | croirais | croies | crois |
| avait cru | croira | aura cru | croirait | croie | |
| avions cru | croirons | aurons cru | croirions | croyions | croyons |
| aviez cru | croirez | aurez cru | croiriez | croyiez | croyez |
| avaient cru | croiront | auront cru | croiraient | croient | |
| avais dû | devrai | aurai dû | devrais | doive | |
| avais dû | devras | auras dû | devrais | doives | dois |
| avait dû | devra | aura dû | devrait | doive | |
| avions dû | devrons | aurons dû | devrions | devions | devons |
| aviez dû | devrez | aurez dû | devriez | deviez | devez |
| avaient dû | devront | auront dû | devraient | doivent | |

| | Présent | Passé composé | Imparfait | Passé simple |
|---|---|---|---|---|
| **dire** | dis | ai dit | disais | |
| | dis | as dit | disais | |
| dit | dit | a dit | disait | dit |
| | disons | avons dit | disions | |
| | dites | avez dit | disiez | |
| | disent | ont dit | disaient | dirent |
| **écrire (décrire)** | écris | ai écrit | écrivais | |
| | écris | as écrit | écrivais | |
| écrit | écrit | a écrit | écrivait | écrivit |
| | écrivons | avons écrit | écrivions | |
| | écrivez | avez écrit | écriviez | |
| | écrivent | ont écrit | écrivaient | écrivirent |
| **envoyer** | envoie | ai envoyé | envoyais | |
| | envoies | as envoyé | envoyais | |
| envoyé | envoie | a envoyé | envoyait | envoya |
| | envoyons | avons envoyé | envoyions | |
| | envoyez | avez envoyé | envoyiez | |
| | envoient | ont envoyé | envoyaient | envoyèrent |
| **faire** | fais | ai fait | faisais | |
| | fais | as fait | faisais | |
| fait | fait | a fait | faisait | fit |
| | faisons | avons fait | faisions | |
| | faites | avez fait | faisiez | |
| | font | ont fait | faisaient | firent |
| **falloir** | | | | |
| fallu | faut | a fallu | fallait | fallut |
| **lire** | lis | ai lu | lisais | |
| | lis | as lu | lisais | |
| lu | lit | a lu | lisait | lut |
| | lisons | avons lu | lisions | |
| | lisez | avez lu | lisiez | |
| | lisent | ont lu | lisaient | lurent |
| **mettre (permet-tre, promettre, remettre)** | mets | ai mis | mettais | |
| | mets | as mis | mettais | |
| | met | a mis | mettait | mit |
| | mettons | avons mis | mettions | |
| | mettez | avez mis | mettiez | |
| mis | mettent | ont mis | mettaient | mirent |
| **mourir** | meurs | suis mort(e) | mourais | |
| | meurs | es mort(e) | mourais | |
| mort | meurt | est mort(e) | mourait | mourut |
| | mourons | sommes mort(e)s | mourions | |
| | mourez | êtes mort(e)(s) | mouriez | |
| | meurent | sont mort(e)s | mouraient | moururent |

| Indicatif | | | Présent du conditionnel | Présent du subjonctif | Impératif |
|---|---|---|---|---|---|
| **Plus-que-parfait** | **Futur** | **Futur antérieur** | | | |
| avais dit | dirai | aurai dit | dirais | dise | |
| avais dit | diras | auras dit | dirais | dises | dis |
| avait dit | dira | aura dit | dirait | dise | |
| avions dit | dirons | aurons dit | dirions | disions | disons |
| aviez dit | direz | aurez dit | diriez | disiez | dites |
| avaient dit | diront | auront dit | diraient | disent | |
| avais écrit | écrirai | aurai écrit | écrirais | écrive | |
| avais écrit | écriras | auras écrit | écrirais | écrives | écris |
| avait écrit | écrira | aura écrit | écrirait | écrive | |
| avions écrit | écrirons | aurons écrit | écririons | écrivions | écrivons |
| aviez écrit | écrirez | aurez écrit | écririez | écriviez | écrivez |
| avaient écrit | écriront | auront écrit | écriraient | écrivent | |
| avais envoyé | enverrai | aurai envoyé | enverrais | envoie | |
| avais envoyé | enverras | auras envoyé | enverrais | envoies | envoie |
| avait envoyé | enverra | aura envoyé | enverrait | envoie | |
| avions envoyé | enverrons | aurons envoyé | enverrions | envoyions | envoyons |
| aviez envoyé | enverrez | aurez envoyé | enverriez | envoyiez | envoyez |
| avaient envoyé | enverront | auront envoyé | enverraient | envoient | |
| avais fait | ferai | aurai fait | ferais | fasse | |
| avais fait | feras | auras fait | ferais | fasses | fais |
| avait fait | fera | aura fait | ferait | fasse | |
| avions fait | ferons | aurons fait | ferions | fassions | faisons |
| aviez fait | ferez | aurez fait | feriez | fassiez | faites |
| avaient fait | feront | auront fait | feraient | fassent | |
| avait fallu | faudra | aura fallu | faudrait | faille | |
| avais lu | lirai | aurai lu | lirais | lise | |
| avais lu | liras | auras lu | lirais | lises | lis |
| avait lu | lira | aura lu | lirait | lise | |
| avions lu | lirons | aurons lu | lirions | lisions | lisons |
| aviez lu | lirez | aurez lu | liriez | lisiez | lisez |
| avaient lu | liront | auront lu | liraient | lisent | |
| avais mis | mettrai | aurai mis | mettrais | mette | |
| avais mis | mettras | auras mis | mettrais | mettes | mets |
| avait mis | mettra | aura mis | mettrait | mette | |
| avions mis | mettrons | aurons mis | mettrions | mettions | mettons |
| aviez mis | mettrez | aurez mis | mettriez | mettiez | mettez |
| avaient mis | mettront | auront mis | mettraient | mettent | |
| étais mort(e) | mourrai | serai mort(e) | mourrais | meure | |
| étais mort(e) | mourras | seras mort(e) | mourrais | meures | meurs |
| était mort(e) | mourra | sera mort(e) | mourrait | meure | |
| étions mort(e)s | mourrons | serons mort(e)s | mourrions | mourions | mourons |
| étiez mort(e)(s) | mourrez | serez mort(e)(s) | mourriez | mouriez | mourez |
| étaient mort(e)s | mourront | seront mort(e)s | mourraient | meurent | |

| Infinitif<br>Participe passé | | Présent | Passé composé | Imparfait | Passé simple |
|---|---|---|---|---|---|
| **naître** | | nais | suis né(e) | naissais | |
| | | nais | es né(e) | naissais | |
| né | | naît | est né(e) | naissait | naquit |
| | | naissons | sommes né(e)s | naissions | |
| | | naissez | êtes né(e)(s) | naissiez | |
| | | naissent | sont né(e)s | naissaient | naquirent |
| **offrir (souffrir)** | | offre | ai offert | offrais | |
| | | offres | as offert | offrais | |
| offert | | offre | a offert | offrait | offrit |
| | | offrons | avons offert | offrions | |
| | | offrez | avez offert | offriez | |
| | | offrent | ont offert | offraient | offrirent |
| **ouvrir (couvrir,<br> découvrir)** | | ouvre | ai ouvert | ouvrais | |
| | | ouvres | as ouvert | ouvrais | |
| | | ouvre | a ouvert | ouvrait | ouvrit |
| ouvert | | ouvrons | avons ouvert | ouvrions | |
| | | ouvrez | avez ouvert | ouvriez | |
| | | ouvrent | ont ouvert | ouvraient | ouvrirent |
| **pleuvoir** | | | | | |
| plu | | pleut | a plu | pleuvait | plut |
| **pouvoir** | | peux | ai pu | pouvais | |
| | | peux | as pu | pouvais | |
| pu | | peut | a pu | pouvait | put |
| | | pouvons | avons pu | pouvions | |
| | | pouvez | avez pu | pouviez | |
| | | peuvent | ont pu | pouvaient | purent |
| **prendre<br> (apprendre,<br> comprendre)** | | prends | ai pris | prenais | |
| | | prends | as pris | prenais | |
| | | prend | a pris | prenait | prit |
| | | prenons | avons pris | prenions | |
| pris | | prenez | avez pris | preniez | |
| | | prennent | ont pris | prenaient | prirent |
| **recevoir** | | reçois | ai reçu | recevais | |
| | | reçois | as reçu | recevais | |
| reçu | | reçoit | a reçu | recevait | reçut |
| | | recevons | avons reçu | recevions | |
| | | recevez | avez reçu | receviez | |
| | | reçoivent | ont reçu | recevaient | reçurent |
| **savoir** | | sais | ai su | savais | |
| | | sais | as su | savais | |
| su | | sait | a su | savait | sut |
| | | savons | avons su | savions | |
| | | savez | avez su | saviez | |
| | | savent | ont su | savaient | surent |

| Indicatif | | | Présent du conditionnel | Présent du subjonctif | Impératif |
|---|---|---|---|---|---|
| **Plus-que-parfait** | **Futur** | **Futur antérieur** | | | |
| étais né(e) | naîtrai | serai né(e) | naîtrais | naisse | |
| étais né(e) | naîtras | seras né(e) | naîtrais | naisses | nais |
| était né(e) | naîtra | sera né(e) | naîtrait | naisse | |
| étions né(e)s | naîtrons | serons né(e)s | naîtrions | naissions | naissons |
| étiez né(e)(s) | naîtrez | serez né(e)(s) | naîtriez | naissiez | naissez |
| étaient né(e)s | naîtront | seront né(e)s | naîtraient | naissent | |
| avais offert | offrirai | aurai offert | offrirais | offre | |
| avais offert | offriras | auras offert | offrirais | offres | offre |
| avait offert | offrira | aura offert | offrirait | offre | |
| avions offert | offrirons | aurons offert | offririons | offrions | offrons |
| aviez offert | offrirez | aurez offert | offririez | offriez | offrez |
| avaient offert | offriront | auront offert | offriraient | offrent | |
| avais ouvert | ouvrirai | aurai ouvert | ouvrirais | ouvre | |
| avais ouvert | ouvriras | auras ouvert | ouvrirais | ouvres | ouvre |
| avait ouvert | ouvrira | aura ouvert | ouvrirait | ouvre | |
| avions ouvert | ouvrirons | aurons ouvert | ouvririons | ouvrions | ouvrons |
| aviez ouvert | ouvrirez | aurez ouvert | ouvririez | ouvriez | ouvrez |
| avaient ouvert | ouvriront | auront ouvert | ouvriraient | ouvrent | |
| avait plu | pleuvra | aura plu | pleuvrait | pleuve | |
| avais pu | pourrai | aurai pu | pourrais | puisse | |
| avais pu | pourras | auras pu | pourrais | puisses | |
| avait pu | pourra | aura pu | pourrait | puisse | |
| avions pu | pourrons | aurons pu | pourrions | puissions | |
| aviez pu | pourrez | aurez pu | pourriez | puissiez | |
| avaient pu | pourront | auront pu | pourraient | puissent | |
| avais pris | prendrai | aurai pris | prendrais | prenne | |
| avais pris | prendras | auras pris | prendrais | prennes | prends |
| avait pris | prendra | aura pris | prendrait | prenne | |
| avions pris | prendrons | aurons pris | prendrions | prenions | prenons |
| aviez pris | prendrez | aurez pris | prendriez | preniez | prenez |
| avaient pris | prendront | auront pris | prendraient | prennent | |
| avais reçu | recevrai | aurai reçu | recevrais | reçoive | |
| avais reçu | recevras | auras reçu | recevrais | reçoives | reçois |
| avait reçu | recevra | aura reçu | recevrait | reçoive | |
| avions reçu | recevrons | aurons reçu | recevrions | recevions | recevons |
| aviez reçu | recevrez | aurez reçu | recevriez | receviez | recevez |
| avaient reçu | recevront | auront reçu | recevraient | reçoivent | |
| avais su | saurai | aurai su | saurais | sache | |
| avais su | sauras | auras su | saurais | saches | sache |
| avait su | saura | aura su | saurait | sache | |
| avions su | saurons | aurons su | saurions | sachions | sachons |
| aviez su | saurez | aurez su | sauriez | sachiez | sachez |
| avaient su | sauront | auront su | sauraient | sachent | |

| | Présent | Passé composé | Imparfait | Passé simple |
|---|---|---|---|---|
| **suivre** | suis | ai suivi | suivais | |
| | suis | as suivi | suivais | |
| suivi | suit | a suivi | suivait | suivit |
| | suivons | avons suivi | suivions | |
| | suivez | avez suivi | suiviez | |
| | suivent | ont suivi | suivaient | suivirent |
| **venir (devenir,** | viens | suis venu(e) | venais | |
| **revenir, tenir)** | viens | es venu(e) | venais | |
| | vient | est venu(e) | venait | vint |
| venu | venons | sommes venu(e)s | venions | |
| | venez | êtes venu(e)(s) | veniez | |
| | viennent | sont venu(e)s | venaient | vinrent |
| **vivre** | vis | ai vécu | vivais | |
| | vis | as vécu | vivais | |
| vécu | vit | a vécu | vivait | vécut |
| | vivons | avons vécu | vivions | |
| | vivez | avez vécu | viviez | |
| | vivent | ont vécu | vivaient | vécurent |
| **voir** | vois | ai vu | voyais | |
| | vois | as vu | voyais | |
| vu | voit | a vu | voyait | vit |
| | voyons | avons vu | voyions | |
| | voyez | avez vu | voyiez | |
| | voient | ont vu | voyaient | virent |
| **vouloir** | veux | ai voulu | voulais | |
| | veux | as voulu | voulais | |
| voulu | veut | a voulu | voulait | voulut |
| | voulons | avons voulu | voulions | |
| | voulez | avez voulu | vouliez | |
| | veulent | ont voulu | voulaient | voulurent |

| Indicatif | | | Présent du conditionnel | Présent du subjonctif | Impératif |
|---|---|---|---|---|---|
| **Plus-que-parfait** | **Futur** | **Futur antérieur** | | | |
| avais suivi | suivrai | aurai suivi | suivrais | suive | |
| avais suivi | suivras | auras suivi | suivrais | suives | suis |
| avait suivi | suivra | aura suivi | suivrait | suive | |
| avions suivi | suivrons | aurons suivi | suivrions | suivions | suivons |
| aviez suivi | suivrez | aurez suivi | suivriez | suiviez | suivez |
| avaient suivi | suivront | auront suivi | suivraient | suivent | |
| étais venu(e) | viendrai | serai venu(e) | viendrais | vienne | |
| étais venu(e) | viendras | seras venu(e) | viendrais | viennes | viens |
| était venu(e) | viendra | sera venu(e) | viendrait | vienne | |
| étions venu(e)s | viendrons | serons venu(e)s | viendrions | venions | venons |
| étiez venu(e)(s) | viendrez | serez venu(e)(s) | viendriez | veniez | venez |
| étaient venu(e)s | viendront | seront venu(e)s | viendraient | viennent | |
| avais vécu | vivrai | aurai vécu | vivrais | vive | |
| avais vécu | vivras | auras vécu | vivrais | vives | vis |
| avait vécu | vivra | aura vécu | vivrait | vive | |
| avions vécu | vivrons | aurons vécu | vivrions | vivions | vivons |
| aviez vécu | vivrez | aurez vécu | vivriez | viviez | vivez |
| avaient vécu | vivront | auront vécu | vivraient | vivent | |
| avais vu | verrai | aurai vu | verrais | voie | |
| avais vu | verras | auras vu | verrais | voies | vois |
| avait vu | verra | aura vu | verrait | voie | |
| avions vu | verrons | aurons vu | verrions | voyions | voyons |
| aviez vu | verrez | aurez vu | verriez | voyiez | voyez |
| avaient vu | verront | auront vu | verraient | voient | |
| avais voulu | voudrai | aurai voulu | voudrais | veuille | |
| avais voulu | voudras | auras voulu | voudrais | veuilles | veuille |
| avait voulu | voudra | aura voulu | voudrait | veuille | |
| avions voulu | voudrons | aurons voulu | voudrions | voulions | veuillons |
| aviez voulu | voudrez | aurez voulu | voudriez | vouliez | veuillez |
| avaient voulu | voudront | auront voulu | voudraient | veuillent | |

# Appendix B
## RÉPONSES AUX EXERCICES

## Module 1
**Exercice 1**
1. vous 2. tu 3. vous 4. tu 5. tu
6. vous 7. vous

**Exercice 2**
1. f 2. g 3. c 4. a 5. d 6. b 7. e

**Exercice 3**
*Answers may vary.*
*Possible answers:*
1. Est-ce que c'est une chaise?
2. Est-ce qu'il s'appelle Henri?
3. Qu'est-ce que c'est? 4. Qui
est-ce? 5. Est-ce que c'est une
chaise?

**Exercice 4**
1. des professeurs 2. des
étudiants 3. des pupitres
4. des portes 5. des cahiers
6. des bureaux

**Exercice 5**
1. un 2. des 3. un 4. une 5. des
6. une 7. un 8. des

**Exercice 6**
1. tu 2. elle 3. ils 4. nous
5. elles 6. vous

**Exercice 7**
1. êtes 2. suis 3. est 4. sommes
5. est 6. est 7. sont 8. sont 9. es

**Exercice 8**
1. blonde 2. intelligente
3. charmante 4. vieille, verte
5. beau 6. gentille

**Exercice 9**
1. belle 2. intelligente
3. blonds 4. courts 5. bruns
6. fort 7. contents

**Tout ensemble!**
1. allez-vous 2. Ça va 3. Et toi
4. merci 5. une question
6. grande 7. Qui est-ce 8. une
9. bleue 10. un 11. s'appelle
12. de 13. est 14. sommes

## Module 2
**Exercice 1**
1. aimes 2. préfères, écouter
3. chante 4. cherchent,
préfèrent 5. regardez
6. habitons

**Exercice 2**
1. Il aime bien danser.
2. J'aime beaucoup les films
classiques. 3. Elle n'aime pas
du tout la musique classique.
4. J'aime un peu la musique
brésilienne... 5. Marc aime
bien le cinéma.

**Exercice 3**
1. Vous ne regardez pas la
télévision. 2. Joëlle et Martine
aiment le cinéma. 3. Tu
n'habites pas à Boston.
4. Nous fermons la porte.
5. Marc et moi, nous
n'écoutons pas la radio.
6. Tu n' étudies pas l'anglais.
7. J'écoute le professeur.

**Exercice 4**
1. la 2. les 3. la 4. l' 5. le 6. l' 7. la
8. le 9. les 10. le 11. le 12. le

**Exercice 5**
1. le 2. la 3. la. 4. les 5. le 6. le
7. le 8. la 9. le 10. le 11. Les
12. le

**Exercice 6**
1. un 2. de 3. un 4. de 5. une
6. de 7. des 8. de

**Exercice 7**
1. le 2. le 3. le 4. le 5. de 6. des
7. un 8. les 9. l'

**Exercice 8**
1. ai 2. a 3. avez 4. avons 5. as
6. ai 7. ont 8. a 9. a

**Tout ensemble!**
1. a 2. cours 3. maths 4. est
5. résidence 6. est 7. de
8. piscine 9. stade 10. sont
11. aiment 12. parlent
13. jouent 14. dansent 15. une

## Module 3
**Exercice 1**
1. mes 2. sa 3. Mon 4. Ta
5. Ma, mon, leur 6. nos

**Exercice 2**
1. ta 2. ma 3. ma 4. mon
5. mon 6. tes 7. Mes 8. Leur
9. tes 10. mes

**Exercice 3**
1. venons 2. viens 3. viennent
4. viens 5. venez 6. vient

**Exercice 4**
1. de la, du 2. des 3. du 4. de la
5. de l' 6. de

**Exercice 5**
1. pessimiste 2. ennuyeuse
3. compréhensive
4. enthousiastes 5. paresseuses
6. gâtées 7. méchantes
8. désagréable 9. mignonnes

**Exercice 6**
1. optimiste 2. active
3. compréhensif 4. optimiste
5. travailleuse 6. intelligente

7. bien élevée 8. gentille
9. indépendantes
10. indifférentes

**Exercice 7**
1. C'est une petite chambre
lumineuse. 2. Je préfère la
jolie robe blanche. 3. Voilà un
jeune étudiant individualiste.
4. J'aime les vieux films
américains. 5. Le sénateur est
un vieil homme ennuyeux.
6. Marc est un bel homme
riche et charmant. 7. Le
Havre est un vieux port
important. 8. Paris est une
grande ville magnifique.
9. J'écoute de la belle
musique douce.

**Exercice 8**
1. vieille photo 2. petite
plante 3. tennis sales 4. vieilles
cassettes 5. jolie fille blonde
6. chemise bleue 7. gros
sandwich 8. mauvaise odeur
9. chambre agréable

**Exercice 9**
1. à coté de la 2. Devant
3. derrière la 4. en face de la
5. loin du 6. entre

**Tout ensemble!**
1. vient 2. de 3. de la 4. grand
(petit) 5. meublé 6. son
7. belle 8. grand 9. française
10. nouveau 11. bons
12. récents 13. ses
14. viennent 15. leurs

## Module 4
**Exercice 1**
1. musicienne 2. employée
3. cuisinière 4. vendeuse
5. canadienne 6. serveuse
7. femme d'affaires 8. artiste,
italienne

**Exercice 2**
1. C'est 2. Elle est 3. Ils sont
4. C'est 5. Elle est 6. Ce sont
7. Il est

**Exercice 3**
1. à l' 2. à l' 3. à la 4. au 5. au
6. aux 7. au 8. à l'

**Exercice 4**
1. allez à la montagne 2. vont
aux courts de tennis 3. allons
à la bibliothèque 4. va à
l'église 5. va à la pharmacie
6. vas à la librairie
7. vais au café

**Exercice 5**
1. Vous faites la grasse matinée ce matin. 2. Évelyne fait le ménage quand sa camarade de chambre est au bureau. 3. Philippe et moi faisons une randonnée à la campagne. 4. Les frères Thibaut jouent au football. 5. Tu joues au basketball. 6. Je fais de la guitare après mes cours. 7. Anne et toi jouez du piano ensemble.

**Exercice 6**
*Answers may vary.*
*Sample answers:*
1. Martine, qu'est-ce qu'elle fait? Elle fait du ski. 2. Jean-Claude et moi, qu'est-ce que nous faisons? Nous jouons aux cartes. 3. Philippe, qu'est-ce qu'il fait? Il fait de la natation. 4. Tante Hélène, qu'est-ce qu'elle fait? Elle fait le ménage. 5. Les gosses, qu'est-ce qu'ils font? Ils jouent au football. 6. Papa, qu'est-ce qu'il fait? Il fait une promenade.

**Exercice 7**
1. vont aller 2. allons faire 3. ne va pas sortir 4. ne vas pas aller 5. allez danser 6. ne vais pas être

**Exercice 8**
1. ne vais pas aller 2. vais rester 3. vais retrouver 4. allons faire 5. va prendre 6. allons faire 7. allons écouter 8. allons jouer 9. allez faire 10. allez étudier

**Exercice 9**
1. Est-ce que tu aimes danser? 2. Est-ce que tu es nerveux (nerveuse) quand tu es avec mes parents? 3. Est-ce que tes parents sont compréhensifs? 4. Est-ce que tu aimes lire, passer du temps sur ton ordinateur ou regarder la télévision le soir? 5. Après les cours, est-ce que tu préfères faire du sport ou passer du temps avec des amis? 6. Est-ce qu'il est important d'être romantique et affectueux (affectueuse)?

**Exercice 10**
1. D'où êtes-vous? 2. Enseignez-vous les sciences politiques? 3. Est-ce votre première visite aux États-Unis? 4. Votre famille est-elle ici avec vous? 5. Avez-vous des enfants? 6. Votre mari est-il professeur aussi?

7. Parle-t-il anglais? 8. Pensez-vous rester aux États-Unis?

**Tout ensemble!**
1. C'est 2. a 3. ans 4. va 5. travail 6. médecin 7. à l' 8. d'entreprise 9. métier 10. banque. 11. est 12. du 13. de la 14. sportif 15. randonnées 16. au tennis 17. bénévole 18. informatique 19. langues 20. voyager 21. institutrice 22. cadre

## Module 5

**Exercice 1**
1. veux (voudrais) 2. veux (voudrais) 3. peux 4. dois 5. voulez (voudriez) 6. pouvons 7. fait 8. peut (pourrait) 9. doit 10. veux

**Exercice 2**
1. Nous pouvons aller au cinéma. 2. Tu veux voir le nouveau film de Depardieu? 3. Pouvez-vous téléphoner à Martine? 4. Tu ne peux pas parler plus lentement? 5. On veut faire une promenade. 6. Vous voulez aller danser ce week-end?

**Exercice 3**
1. partez 2. sort 3. servons 4. dorment 5. pars 6. sors

**Exercice 4**
1. dormons 2. sortez 3. part 4. sortent 5. sers 6. sortons

**Exercice 5**
1. Marie-Josée 2. Luc et Jean 3. Hélène et Monique 4. Max

**Exercice 6**
1. lui 2. Nous 3. toi 4. moi 5. vous 6. moi 7. toi 8. eux 9. elles 10. elles 11. lui

**Exercice 7**
1. prenez 2. prends 3. prends 4. prenons 5. prend

**Exercice 8**
1. attends 2. perd 3. buvons 4. descends 5. rendent 6. attendons 7. vend 8. apprenez

**Exercice 9**
1. attends 2. attends 3. entends 4. descend 5. prenez 6. prends 7. est 8. comprenons

**Exercice 10**
1. Comment 2. Où 3. Qui 4. Pourquoi 5. Qu'est-ce que 6. Comment 7. D'où 8. Combien de 9. Combien de 10. Comment 11. Que 12. quoi

**Tout ensemble!**
1. prenez (voulez) 2. voudrais 3. pour 4. sortent 5. Où 6. est-ce que 7. moi 8. pourquoi 9. voulez (prenez) 10. À quelle 11. dois 12. que 13. rendons 14. toi 15. sors 16. Quelle

## Module 6

**Exercice 1**
1. parlé 2. voyagé 3. fait 4. vu 5. joué 6. eu 7. pris 8. dormi 9. reçu 10. choisi 11. fini 11. été

**Exercice 2**
1. vu 2. perdu, trouvé 3. fini 4. reçu, répondu 5. téléphoné, parlé

**Exercice 3**
1. Arnaud et Renaud ont salué leurs copains à l'aéroport. 2. Ils ont voyagé pendant huit heures. 3. Dans l'avion, Renaud a regardé deux films, mais Arnaud a écouté de la musique, puis il a dormi. 4. Arnaud a appelé un taxi pour aller à l'hôtel. 5. Renaud a pris beaucoup de mauvaises photos en route pour l'hôtel. 6. Après un peu de repos, ils ont bu une bière au restaurant de l'hôtel et ont regardé les gens.

**Exercice 4**
1. a mal joué 2. n'ai pas bien compris 3. a beaucoup voyagé 4. ont déjà visité 5. n'ai pas encore vu 6. as déjà appris

**Exercice 5**
1. est allé 2. sommes arrivés 3. sommes entrés 4. sont venus 5. est monté 6. est restée 7. est tombé 8. est descendue 9. sont morts 10. est remontée 11. sommes ressortis 12. sommes remontés 13. suis reparti

**Exercice 6**
1. sommes allés 2. a pris 3. a emprunté 4. avons quitté 5. sommes passés 6. est sorti 7. avons roulé 8. sommes arrivés 9. avons installé 10. a dormi 11. sommes partis

**Exercice 7**
1. maigrissez, grossissez 2. réfléchis 3. choisissez 4. finissons 5. grandissent 6. rougissons

**Exercice 8**
1. a choisi 2. réussit 3. agit 4. obéissent 5. finissent 6. réussissent 7. rougit

**Exercice 9**

1. M. et Mme Montaud viennent de jouer aux cartes. 2. Yvette vient de travailler à l'ordinateur. 3. Serge vient de regarder son émission préférée à la télé. 4. Marthe et Joëlle viennent de parler au téléphone. 5. Mme Ladoucette vient de faire une promenade dans le parc avec son chien. 6. Véronique vient de prendre des photos du coucher de soleil. 7. Stéphane vient de perdre ses lunettes.

**Exercice 10**

1. vient 2. a obtenu 3. est venue 4. appartient 5. tient 6. devient

**Tout ensemble!**

1. viens d' 2. il y a 3. dernière 4. n'a pas marché 5. a commencé 6. ai réussi 7. suis tombée 8. ai dû 9. a été 10. n'ai pas reçu 11. suis arrivée 12. n'ai pas pu 13. ai cherché 14. ai rougi 15. suis entrée 16. est devenu 17. ai pâli 18. ai oublié 19. ai appris

## Module 7

**Exercice 1**

1. préférez, préfère, préfère, préfèrent 2. achetez, achètent, achetons, achète 3. mangez, mangeons, manger, mange, mange 4. commencer, commençons, espère

**Exercice 2**

1. préfère 2. ai commencé 3. ai appelé 4. espère 5. ai acheté 6. avons mangé 7. ont acheté (achètent) 8. a acheté (achète)

**Exercice 3**

1. du, du, de la, du (un), du (un), de 2. de la (une), du, des, de l' 3. de, de la (une), de la, des, des, du, des, du, de, de la

**Exercice 4**

1. de l' 2. du (un) 3. le 4. du (un) 5. de 6. du 7. des 8. la 9. du 10. de la 11. une (de la) 12. de

**Exercice 5**

1. assez de 2. d' 3. des 4. de la 5. du 6. de la 7. 100 g de 8. une douzaine d' 9. du 10. de

**Exercice 6**

1. M. Laurent achète un paquet de beurre, une douzaine d'œufs et 200 g de fromage (une omelette au fromage). 2. Paulette achète un litre d'huile d'olive, une bouteille de vinaigre, 500 g de tomates et une salade (une salade de tomates). 3. Jacques achète trois tranches de pâté, un morceau de fromage, une baguette et une bouteille de vin (des sandwichs au fromage et au pâté). 4. Mme Pelletier achète un peu d'ail, 250 g de beurre et une douzaine d'escargots (des escargots à l'ail). 5. Nathalie achète un melon, un ananas, trois bananes et une barquette de fraises (une salade de fruits).

**Exercice 7**

1. Bien sûr, nous en avons. 2. En voilà une bouteille. 3. Vous en voulez combien? 4. J'en veux 200 grammes, s'il vous plaît. 5. J'en voudrais deux boîtes.

**Exercice 8**

1. Oui, j'en veux. 2. Non, je ne vais pas en prendre. 3. Oui, ils en prennent. 4. Non, je n'en prends pas. 5. Oui, j'en prends. 6. Oui, j'en mange souvent. 7. Oui, je vais en prendre un.

**Exercice 9**

1. Attendez 2. Passe 3. ne mange pas 4. prends 5. Va 6. Sois 7. aidez 8. Bois

**Exercice 10**

1. Oui, invitons Jérôme. 2. Non, ne faisons pas de pique-nique. 3. Oui, allons dîner dans un restaurant. 4. Oui, rentrons chez nous après. 5. Oui, achetons un gros gâteau au chocolat. 6. Non, n'achetons pas de glace. 7. Oui, prenons du champagne.

**Exercice 11**

1. a, b, c 2. a, d 3. b 4. a, c, d 5. a, c 6. a, d 7. c 8. a, b

**Exercice 12**

1. les 2. la 3. l' 4. les 5. l' 6. le 7. l' 8. l'

**Exercice 13**

1. Ils te trouvent très gentille aussi. 2. Oui, tu peux les voir. 3. Oui, nous pouvons la visiter. 4. Oui, nous allons les inviter à dîner bientôt. 5. Oui, je les aime beaucoup. 6. Oui, ma famille en mange aussi. 7. Non, je ne veux pas aller la voir.

**Tout ensemble!**

1. La 2. Commençons 3. belles 4. en 5. de 6. des 7. choisis 8. d' 9. de l' 10. côtelettes 11. du 12. préfères 13. Prends (Prenons) 14. mangeons 15. Achète (Achetons)

16. les 17. de la 18. pain 19. Va 20. boucherie 21. N'achète(achetons) pas 22. espère 23. te

## Module 8

**Exercice 1**

1. habitait 2. était 3. vivait 4. travaillait 5. portait 6. restais 7. enlevais 8. arrivaient 9. aidaient 10. jouions 11. mangeait 12. devions

**Exercice 2**

1. où 2. qui 3. qui 4. qu' 5. où 6. où 7. où

**Exercice 3**

1. dit (écrit) 2. écrivons 3. lire 4. lit (écrit) 5. écris (lis) 6. lisons 7. écrivent 8. Écrivez 9. Dis

**Exercice 4**

1. D 2. I 3. I 4. D 5. I 6. D 7. I 8. D 9. D 10. I

**Exercice 5**

1. d 2. c 3. e 4. b 5. a

**Exercice 6**

1. Oui, elle lui offre un cadeau. 2. Oui, elle leur prête ses vêtements. 3. Oui, elle lui téléphone régulièrement 4. Non, elle ne lui dit pas de nettoyer sa chambre. 5. Non, elle ne lui a pas emprunté d'argent. 6. Oui, elle va leur envoyer une carte. 7. Oui, elle va lui demander des conseils. 8. Oui, elle leur a expliqué pourquoi elle a eu une mauvaise note en chimie.

**Exercice 7**

1. Les années 60 étaient plus prospères que les années 30. 2. Brad Pitt est aussi populaire en France qu'aux États-Unis. 3. Le rap français est moins violent que le rap américain. 4. Les robes des couturiers comme Christian Lacroix sont plus chères que les robes de prêt-à-porter. 5. Le casino de Monte-Carlo est plus élégant que les casinos de Las Vegas. 6. Une Porsche est aussi rapide qu'une Ferrari.

**Exercice 8**

1. Le pain au supermarché est moins bon que le pain à la boulangerie. 2. La bière allemande est meilleure que la bière américaine. 3. L'hiver à Paris est moins bon qu'à Nice. 4. Les pâtisseries françaises sont meilleures que les beignets au supermarché.

5. Le vin anglais est moins bon que le vin français.
6. La circulation à Paris est moins bonne que la circulation hors de la ville.
7. Le chocolat belge est aussi bon que le chocolat suisse.

**Exercice 9**

1. Imparfait (It was a winter night, it was very cold and it snowed with big flakes.)
2. Imparfait (The character was listening to Beethoven and was writing a letter to Maurice, her friend who was studying at cambridge.)
3. Passé composé (Suddenly, she heard a noise.) 4. Passé composé (She opened the door but didn't see anything.)
5. Passé composé (She started to write the letter again, but suddenly a snowball exploded against the window.) 6. Passé composé (She looked out the window and saw a man in the yard.) 7. Imparfait (She wanted to call the police.)
8. Passé composé (When the man turned to her, she recognized Maurice's face.)

**Exercice 10 A**

1. I 2. I 3. I 4. I 5. PC
6. PC 7. I 8. PC 9. PC, I 10. PC

**Exercice 10 B**

2. Le temps était agréable et ensoleillé. 5. Soudain, j'ai entendu une voix dire mon nom. 7. C'était mon ami Michel. 8. Michel m'a invité(e) à aller manger une pizza avec lui.

**Tout ensemble!**

1. que 2. où 3. nous allions 4. étais 5. pouvais 6. voulais 7. aussi 8. étais 9. était 10. qui 11. mangeait 12. que 13. envoyait 14. moins 15. ai trouvé 16. espionnions 17. me 18. moins 19. plus 20. t' 21. écrit

## Module 9

**Exercice 1**

1. Ottawa 2 . Les États-Unis 3. Le Québec 4. St-Pierre-et-Miquelon 5. Le Manitoba 6. au nord-ouest du

**Exercice 2**

1. de, en 2. d', à 3. du, au 4. du, aux 5. d', à 6. d', au

**Exercice 3**

1. à, au, d', les 2. de, en, à, au, au 3. de, du, de la, la, la, Au

**Exercice 4**

1. a, b, d, f 2. b, d 3. c, e 4. b, d, f

**Exercice 5**

1. Tu veux y aller avec moi?
2. Euh, je ne peux pas y aller...
3. Pourquoi est-ce que tu y vas aujourd'hui? 4. Eh bien, normalement, je n'y vais pas le samedi après-midi...
5. À quelle heure est-ce que tu y vas? 6. Non, je n'y pense pas trop. 7. Il faut que j'y pense pour pouvoir devenir médecin.

**Exercice 6**

1. plus de, plus 2. moins
3. la plus, plus de 4. la plus
5. mieux 6. plus de, moins de
7. aussi bien

**Exercice 7**

1. il vaut mieux prendre 2. Il ne faut pas sourire 3. il ne faut pas réserver 4. il faut (il vaut mieux) parler 5. il faut montrer 6. Il faut porter

**Exercice 8**

1. Tu connais Paul, n'est-ce pas? / Tu sais que Paul est en Égypte, n'est-ce pas? / Tu sais quand il pense revenir? 2. Elle sait que nous préférons un billet moins cher. / Elle connaît bien la Suisse. / Elle sait trouver les meilleurs prix.
3. Vous savez, moi, je suis très impatiente. / Vous connaissez les meilleurs centres de vacances. / Vous savez la date de mon départ? 4. Nous savons le numéro de téléphone de l'Hôtel d'Or. / Nous savons où se trouve l'Hôtel Roc. / Nous connaissons tous les hôtels de cette région. 5. Sais-tu parler italien? / Connais-tu les catacombes? / Connais-tu une bonne pizzeria?

**Exercice 9**

1. connais, sait 2. Connaissez, Savez, sais 3. Connais, sais, connaissent 4. connais, ai connu, savait, connaît

**Tout ensemble!**

1. à 2. projets 3. tour 4. agence de voyages 5. vol 6. classe touriste 7. De 9. au 9. connaît 10. sait 11. francophone 12. plus 13. désert 14. climat 15. aussi 16. en 17. Il faut 18. frontières 19. sèche 20. océan

## Module 10

**Exercice 1**

1. ne me lève pas 2. se lève 3. se douche 4. me rase 5. me brosse 6. nous habillons 7. nous amusons 8. me coucher

**Exercice 2**

1. se 2. se regarde 3. les 4. regarde 5. lave 6. vous 7. s'

**Exercice 3**

1. s'est levé 2. a pris 3. avons eu 4. nous sommes dépêchés 5. a déjeuné 6. nous sommes reposés 7. nous sommes promenés 8. avons écouté 9. ai joué 10. nous sommes couchés

**Exercice 4**

1. Quand il fait froid, je mets un manteau. 2. Quand il pleut, tu mets un imperméable. 3. Quand il fait chaud, il met un short. 4. Quand il fait du vent, nous mettons un pull-over. 5. Quand il fait du soleil, vous mettez des lunettes de soleil. 6. Quand il neige, elles mettent des bottes.

**Exercice 5**

1. me mets 2. permets 3. mettre 4. se met à 5. promet

**Exercice 6**

1. a promis 2. s'est mise 3. nous sommes mis 4. a mis 5. as mis 6. ai remis

**Exercice 7**

1. Levez-vous plus tôt. 2. Ne te rase pas. 3. Lave-toi les mains. 4. Couche-toi avant minuit. 5. Séchez-vous. 6. Brossez-vous les dents.

**Exercice 8**

1. Dépêche-toi! On t'attends. 2. Ferme la porte à clé! 3. Prenons le bus! 4. Entrons dans l'épicerie Dupont avant la fermeture! 5. Va chercher le jus d'orange! Moi, je m'occupe des gâteaux pour la fête de samedi. 6. Ne vous disputez pas! Cette marque est aussi bonne que l'autre. 7. Payez avec votre argent. J'ai payé la dernière fois.

**Exercice 9**

1. ... n'est jamais bien rangée. 2. ... personne ne téléphone à Emmanuelle. 3. n'y habite plus. 4. ... ne gagne rien. 5. n'a pas encore de rendez-vous. 6. Moi non plus. 7. Mais si...

**Exercice 10**

1. Je n'ai qu'une sœur. 2. Vous n'êtes arrivé qu'hier? 3. Tu ne veux que te reposer en regardant la télé? 4. Je n'aime que toi. 5. Ils ne vont qu'au supermarché.

**Tout ensemble!**

1. se réveille 2. se lève 3. salle de bains 4. se douche 5. se

sèche 6. se maquille 7. s'habille
8. chambre 9. réveille
10. cuisine 11. frigo 12. four à
micro-ondes 13. qu' 14. jamais
15. leur 16. se dépêcher

## Module 11
### Exercice 1
1. aurai 2. sera 3. trouverons
4. parlera 5. ferons
6. fabriqueront 7. pourra
8. sera

### Exercice 2
1. seront, visiteront 2. sera, ira
3. serons, prendrons 4. seras,
feras 5. serai, me baignerai

### Exercice 3
*Answers may vary.*
*Possible answers:*
1. Tu auras de bonnes notes si
tu étudies. 2. Si vous ne mangez
pas mieux, vous tomberez
malade. 3. Ma mère viendra
au campus quand elle pourra.
4. Je resterai chez moi ce soir
si j'ai besoin d'étudier. 5. Nous
serons en retard si nous ne
nous dépêchons pas. 6. Mes
parents ne seront pas contents
si je râte mes examens. 7. Si
mon (ma) petit(e) ami(e)
oublie mon anniversaire, je
me mettrai en colère.

### Exercice 4
1. de 2. d'un 3. de 4. de 5. de
6. d'une

### Exercice 5
1. Avec qui est-ce que tu
voyages? 2. À qui est-ce que
nous pouvons demander des
renseignements? 3. À qui est-
ce que le guide parle? 4. De
quoi est-ce que vous avez
besoin? 5. De qui est-ce
qu'elle a besoin? 6. À qui
est-ce qu'elle pense?

### Exercice 6
*Answers may vary.*
*Possible answers:*
1. Non, je ne les ai pas
regardées. 2. Oui, je les ai faits.
3. Oui, je l'ai écoutée 4. Non, je
ne les ai pas vus. 5. Oui, je l'ai
pris. 6. Non, je ne les ai pas
arrosées. 7. Oui, je l'ai fait.
8. Non, je ne les ai pas lues.

### Exercice 7
1. mangés 2. vues
3. rencontrés 4. laissées
5. achetés 6. faites

### Exercice 8
1. crois 2. vois 3. vois 4. vois
5. croient 6. voient 7. crois
8. voir

## Tout ensemble!
1. crois 2. recevrez 3. serai
4. avons rencontrés 5. ont
visitée 6. iront 7. d'un 8. ne
voit pas 9. ferai (vais faire)
10. ai achetés 11. prendrons
12. arriverons 13. pourrai
14. Avec 15. reverrons

## Module 12
### Exercice 1
1. m'ennuie 2. paies 3. essaie
4. envoie 5. dépenser 6. essaie
7. payons 8. dépenses

### Exercice 2
1. gagnons 2. dépensons
3. essaie 4. dépense 5. paie
6. épargnent 7. envoient
8. dépenser 9. ennuie

### Exercice 3
1. ces, ces 2. cette, ce 3. cette,
ce 4. ce, cette 5. cette, ce

### Exercice 4
1. Cette 2. Ces 3. Ce 4. Ces
5. Ce 6. Cet

### Exercice 5
1. Lequel? Ce jean-ci ou ce
jean là? 2. Laquelle? Cette
chemise-ci ou cette chemise
là? 3. Lequel? Ce pull-over-ci
ou ce pull-over là? 4. Lequel?
Ce livre-ci ou ce livre-là?
5. Lesquelles? Ces baskets-ci
ou ces baskets-là?

### Exercice 6
1. c 2. e 3. f 4. b 5. a 6. g 7. d

### Exercice 7
1 Oui, tu peux les lui offrir.
2. Non, tu ne dois pas le lui
envoyer. 3. Non, on ne les leur
donne pas. 4. Oui, nous allons
lui en écrire une. 5. Oui, on le
leur donne.

### Exercice 8
1. Ce qui m'ennuie, c'est le
conformisme. 2. Ce que
j'apprécie, ce sont mes
copains et ma famille. 3. Ce
que je n'aime pas, c'est être
malade. 4. Ce que je désire,
c'est trouver quelqu'un de
bien qui me comprend.
5. Ce qui m'ennuie, ce sont
les gens qui parlent toujours
d'eux-même. 6. Ce qui me
plaît, c'est une promenade
sur la plage.

### Exercice 9
1. ce qui, ce qui 2. ce que
3. ce qu' 4. Ce qui 5. ce que

## Tout ensemble!
1. Ce qui 2. ce sont 3. globalisation 4. consommation
5. dépensent 6. ciné 7. fringues

8. portable 9. le lui 10. paient
11. leur 12. y 13. leur en
14. ce que

## Module 13
### Exercice 1
1. a sommeil 2. a mal 3. as
l'air 4. ai du mal à 5. a lieu
6. a envie (a l'occasion)
7. envie 8. a peur 9. avoir de
la chance 10. a honte 11. avez
de la patience 12. tort

### Exercice 2
1. Ces femmes ont l'air très
jeune. 2. Ces garçons ont
l'air de bien s'amuser. 3. Cet
homme a l'air d'attendre
quelqu'un. 4. La mère sur
le banc a l'air très ennuyé.
5. La petite blonde a l'air
malheureux. 6. L'homme au
chapeau a l'air de chercher
quelque chose.

### Exercice 3
1. Anne a de terribles
migraines depuis l'âge de
10 ans. 2. Simone répète la
même phrase depuis dix
ans. 3. Agnès a peur de l'eau
depuis son accident de
bateau. 4. Sophie a horreur
des hôpitaux depuis son
enfance. 5. Monsieur
Monneau a peur de monter
dans un avion depuis que son
parachute ne s'est pas ouvert.
6. Jeanne fait une dépression
depuis que son chien est
mort. 7. Madame Leclerc
n'a pas conduit depuis son
accident il y a cinq ans. 8. Guy
ne parle pas depuis que ses
parents ont divorcé.

### Exercice 4
1. franc 2. absolu 3. différent
4. évident 5. naturel 6. vague
7. actif 8. suffisant

### Exercice 5
1. silencieusement
2. naturellement
3. constamment
4. heureusement
5. apparemment
6. régulièrement
7. vraiment
8. récemment

### Exercice 6
1. insolemment
2. indifféremment
3. fixement
4. silencieusement
5. énergiquement
6. patiemment

### Exercice 7

1. Il faut que tu te mettes de la crème solaire pour protéger ta peau. 2. Il faut que vous fassiez un régime et brûliez des calories en faisant de l'exercice chaque jour. 3. Il faut que tu dormes davantage. 4. Il faut que tu fasses de la musculation. 5. Il faut que vous vous détendiez dans une île déserte. 6. Il faut que tu te brosses les dents après chaque repas. 7. Il faut que tu te laves régulièrement le visage avec du savon.

### Exercice 8

1. écrive 2. finissiez 3. soyons 4. aies 5. répondent 6. aille 7. invitions 8. fassions

### Exercice 9

1. mette 2. buvions 3. preniez 4. fasse 5. ayez 6. portiez

### Exercice 10

1. Ils me conseillent de dépenser moins d'argent. 2. Il me dit de conduire plus lentement. 3. Il vous recommande d'étudier davantage. 4. Elle nous dit de lui rendre visite plus souvent. 5. Ils leur conseillent d'être moins sérieux. 6. Elle me suggère de perdre des kilos. 7. Il te dit de faire de la musculation. 8. Il nous dit de faire moins de bruit.

### Tout ensemble!

1. besoin 2. franchement 3. envie 4. air 5. mal 6. sommeil 7. Évidemment 8. travaille 9. vachement 10. finalement 11. Malheureusement 12. peur 13. absolument 14. honte 15. vraiment 16. faire 17. sortes 18. téléphoner 19. fasses 20. régulièrement

## Module 14

### Exercice 1

1. s'écrivent, se téléphonent 2. se voient 3. déteste 4. s'entendait, se disputer 5. marier 6. nous revoyons 7. demandent

### Exercice 2

1. s'occupe 2. vous rendez compte 3. se dépêcher 4. vous fâchez 5. t'en aller 6. me demande

### Exercice 3

1. (e)s 2. Ø 3. Ø 4. s, Ø, s 5. e 6. es, Ø

### Exercice 4

1. ceux 2. celui 3. ceux 4. celui 5. celui 6. celui 7. celles 8. celles

### Exercice 5

1. Tu devrais m'aider à faire les courses. 2. Nous préférerions regarder la télé. 3. Nous voudrions aller au cinéma. 4. Pourriez-vous m'amener au match de football? 5. Serait-il possible de partir tout de suite? 6. Vous devriez faire vos devoirs.

### Exercice 6

1. verrais 2. aurait 3. étudierais 4. aurions 5. offrirais 6. passerait 7. devraient 8. savais

### Exercice 7

1. Je regrette que tu ne fasses pas de sport. 2. Nous sommes contents que vous arriviez demain. 3. François est triste que Jeanne ne veuille pas le revoir. 4. Nous avons peur qu'elle perde son argent. 5. Ma mère est furieuse que je sorte avec Pierre. 6. Je suis heureux que tu puisses venir tout de suite. 7. Anne-Marie est désolée que son ami soit malade. 8. Nous sommes surpris que vous aimiez ce film.

### Exercice 8

1. sait 2. sont 3. vienne 4. a 5. dise 6. fassiez

### Tout ensemble!

1. devrait 2. celle 3. équilibrer 4. prenne 5. se disputer (se fâcher) 6. iraient 7. fasse 8. a 9. aille 10. comprenne 11. est 12. celui 13. se méfient

# VOCABULAIRE FRANÇAIS-ANGLAIS

This list contains the words and expressions actively taught in *Motifs,* including the *Vocabulaire fondamental* and other frequently used supplemental words. The number references indicate the chapter where the words are introduced; *s* following the number indicates that the word appears within the **Vocabulaire supplémentaire.** To facilitate study at home, words used in exercise directions are also listed. In subentries, the symbol — indicates the repetition of the key word.

Nouns are presented with their gender, irregular plural forms, and familiar forms. Adjectives are listed in the masculine form with regular feminine endings and irregular feminine forms following in parentheses. Verb irregularities such as spelling changes and irregular past participles are also included. Words marked with * begin with an **h-aspiré.**

The following abbreviations are used.

| | |
|---|---|
| *adv.* adverb | *m.* masculine |
| *conj.* conjunction | *pl.* plural |
| *f.* feminine | *p.p.* past participle |

## A

**à** to, at, in; **— côté (de)** next to, by 3; **— droite (de)** to the right (of) 11; **— gauche (de)** to the left (of) 11; **— pied** on foot 4; **au bout de** at the end of 11 s; **au-dessous (de)** underneath 3; **au-dessus (de)** above 3; **au printemps** in spring 7

**au revoir** good-bye 1

**absolument** absolutely 13

**accident** *m.* accident 6

**accompagner** to accompany

**accorder** to grant

**accord** *m.* agreement; **d'—** OK, all right 5

**accouchement** *m.* delivery (of a baby) 13 s

**accrocher** to hook, hitch on 6 s

**accueillir** to welcome, greet 11 s

**achat** *m.* purchase 12

**acheter (j'achète)** to buy 7

**acteur/trice** *m., f.* actor 1 s, 4

**actif(-ive)** active 3

**activement** actively 13

**activité** *f.* activity 1

**s'adapter** to adapt 10 s

**addition** *f.* check, tab (at a restaurant) 5

**admirer** to admire 11

**adorer** to love, adore 2

**adresse** *f.* address 2

**adulte** *m., f.* adult 6

**adultère** *m.* adultery 14 s

**aérobic** *f.* aerobics; **faire de l'—** to do aerobics 9 s

**aéroport** *m.* airport 4

**affaire** *f.* affair, business; *pl.* business studies 2; **une bonne —** a bargain 12 s; **homme (femme) d'affaires** *m., f.* businessman (businesswoman) 4

**affiche** *f.* poster 3

**africain(e)** African

**Afrique** *f.* Africa

**âge** *m.* age 2; **quel — avez-vous ?** how old are you? 2; **d'un certain —** middle aged 1

**âgé(e)** old, elderly (person) 1

**agence** *f.* agency; **— de voyages** travel agency 9

**agenda** *m.* personal datebook 4

**s'agenouiller** to kneel 13 s

**agent** *m.* agent 4; **— de police** *m., f.* policeman/woman 4; **— de voyages** *m., f.* travel agent 9; **— immobilier** real estate agent

**agir** to act 6; **il s'agit de...** it's about... Récap

**agneau** *m.* lamb 7 s, 15 s

**agréable** likeable 3

**agriculteur(-trice)** *m., f.* agriculturalist, farmer 4 s

**aider** to help 4

**ail** *m.* garlic 7 s

**ailleurs** elsewhere

**aimer** to like, love 2; **— bien** to like 2; **— mieux** to prefer 2

**aîné(e)** older (brother/sister) 3 s

**ainsi** thus

**air** *m.* air; **avoir l'— de** to seem, look 13; **en plein —** outdoors 7

**ajouter** to add 7 s

**album** *m.* **— de photos** photo album 8

**alcoolisé(e)** containing alcohol

**alimentation** *f.* food, diet 7 s

**allégé(e)** reduced fat/calories 7 s

**allemand(e)** German 4; *m.* German language 2

**aller** to go 4; **—voir** to go see 5; **comment allez-vous?** how are you? 1; **s'en — to go away 14 s

**allergie** *f.* allergy 13 s

**allergique** allergic 7 s

**alliance** *f.* wedding ring 14 s

**allô** hello (on the telephone) 5

**allumette** *f.* match 11 s

**alors** then, therefore; **et —?** and then? 6

**alphabétisme** *m.* literacy rate 9

**amant(e)** *m., f.* lover 15 s

**ambitieux(-ieuse)** ambitious 14 s

**aménagé(e)** with all the amenities 11 s

**amener (j'amène)** to bring, take along (a person) 6

**américain(e)** American

**Amérique** *f.* America, the Americas; **— du Nord** North America; **— du Sud** South America

**ami(e)** *m., f.* friend 1; **petit(e) —** boyfriend/girlfriend

**amitié** *f.* friendship 11 s, 14

**amour** *m.* love 14

**amoureux(-euse)** in love; **tomber — de** to fall in love with 14

**amphithéâtre** *m.* amphitheater, lecture hall 2 s

**amusant(e)** funny 1

**amuser** to amuse; **s'—** to have fun, enjoy oneself 2, 10

**an** *m.* year 2; **avoir (dix-huit) ans** to be (18) years old 2

**ananas** *m.* pineapple 7 s

**anchois** *m.* anchovies 7 s

**ancien(ne)** former, old 9

**anglais(e)** English 4; *m.* English language 2

**animal** *m.*(*pl.* **animaux**) animal 2 s, 3; **— familier, — domestique** house pet 8

**animé(e)** lively 9 s, 11

**année** *f.* year 2 s

**anniversaire** *m.* birthday 2

**annoncer** to announce

**anthropologie** *f.* anthropology 2

**antilope** *f.* antilope 9 s

**août** August 2

**apercevoir** to see 14 s; **s'—** to notice 14 s

**appareil** *m.* device; **—ménager** appliance 10; **— photo** camera 12

**appartement** *m.* (*fam.* **appart**) apartment 3

**appartenir à** to belong to 6 s

**appeler (j'appelle)** to call 5 s, 7; **Comment vous appelez-vous?** What is your name?; **je m'appelle** my name is 1; **s'— to be named 7

**appétit: bon —** enjoy your meal 10

**apporter** to bring, carry 11

**apprécier** to appreciate 11, 13 s

**apprendre** (*p.p.* **appris**) to learn 5

**apprentissage** *m.* apprenticeship 16

**approprié(e)** appropriate

**après** after 4; then 6

**après-midi** *m.* afternoon 4

**aquarium** *m.* aquarium 3 s

arbre *m.* tree 2 s
architecte *m., f.* architect 4 s
ardoise *f.* writing slate 8 s
argent *m.* money 4
armoire *f.* armoire, closet 10
s'arranger to resolve itself, work out 10 s
arrête! stop it! 8
arrêter to stop; to arrest; — (de) to stop
        (doing something) 10 s, 13
arriver to arrive 4; to happen 10 s
article *m.* article
artiste *m., f.* artist 4 s
ascenseur *m.* elevator 10 s, 11
Asie *f.* Asia
asperges *f. pl.* asparagus 7
aspirateur *m.* vacuum cleaner 10; passer
        l' — to vacuum 10
aspirine *f.* aspirin 13
asseoir (*p.p.* assis) to seat; asseyez-vous
        sit down 1; s'— to sit down
assez somewhat, sort of 1; — bien fairly
        well 2; — de enough of 7
assiette *f.* plate 7
assis(e) seated 3 s
assister (à) to attend 11
assurance *f.* insurance 13 s
athlète *m., f.* athlete 4 s
atmosphère *f.* atmosphere 11
attaquer to attack Récap
attendre to wait (for) 5; s'— à to expect
        to 14
attention *f.* attention; faire — to pay
        attention 4 s
attirer to attract Récap
attraction *f.* attraction 11
attraper to catch
auberge *f.* inn 11; — de jeunesse youth
        hostel 11
augmenter to increase 16
aujourd'hui today 2
auparavant previously
aussi also 1; — ...que as . . . as 8; moi
        — me too 1
aussitôt que as soon as 11
Australie *f.* Australia
autant as much, as many 9; — de (travail)
        que... as much (work) as . . . 9
auteur *m.* author Récap
autobus *m.* bus 9
autocar *m.* bus 9
automne *m.* autumn 2; en — in autumn 9
autre other, another 9
autrefois formerly, in the past 14 s
avaler to swallow 13 s
avance: en — early 4
avancé(e) advanced 4 s, 16
avant before 4
avantage *m.* advantage 11
avec with 5
avenir *m.* future 11
aventure *f.* adventure 2 s, 9
avenue *f.* avenue 11
averse *f.* rain shower 5 s, 9
avion *m.* airplane 6 s, 9
avis *m.* opinion Récap; à mon
        — in my opinion
avocat(e) *m., f.* lawyer 4

avoir (*p.p.* eu) to have 2; — besoin de
        to need 11; — chaud to be hot 13;
        — de la chance to be lucky 13;
        — de la patience to be patient 13;
        — du mal à to have difficulty 13;
        — envie de to desire, feel like 13;
        — faim to be hungry 7; — froid to
        be cold 13; — honte to be ashamed
        13; — l'air to seem, look 13;
        — l'occasion de to have the opportu-
        nity 13; — le cafard to have the
        blues, be depressed 13; — lieu to take
        place 13; — mal à la tête to have a
        head-ache 13; — mauvaise mine to
        look
        ill 13; — peur (de) to be afraid 8 s, 13;
        — raison to be right 13; — soif to be
        thirsty 7; — sommeil to be sleepy 13;
        — tort to be wrong 13
avril April 2

# B

baby-sitter *m., f.* babysitter 4 s
baccalauréat *m.* (*fam.* bac) French sec-
        ondary school program of study;
        examination required for university
        admission; diploma 12
bagnole *f. fam.* car 12
bague (de fiançailles) *f.* (engagement)
        ring 14 s
baguette *f.* loaf of French bread 7
bain *m.* bath; salle de bains *f.* bathroom 10
bal *m.* dance, ball Récap s
(se) balader to stroll 11 s
baladeur *m.* Walkman, personal stereo 3 s
balai *m.* broom 10; passer le — to sweep 10
balcon *m.* balcony 10
balle *f.* small ball 2 s, 3
ballon *m.* (inflatable) ball 3, 8
banane *f.* banana 7
banc *m.* bench 2 s
bande dessinée *f.* (*fam.* BD) cartoon strip
        8
banlieue *f.* suburb 10
bannir to banish 15 s
banque *f.* bank 4
baptiser to baptise 4 s
barbe *f.* beard 10 s, Récap
bas(se) low; table basse coffee table 10
basket-ball *m.* (*fam.* basket) basketball 4;
        jouer au basket to play basketball 4
bateau *m.* boat 9
bâtiment *m.* building 2 s, 8
battre to beat, hit
bavard(e) talkative 3 s
bavarder to chat 4 s
beau (bel, belle) (*pl.* beaux, belles) hand-
        some, beautiful 1; il fait — it's nice
        weather 5; le — temps nice weather 2 s
beaucoup a lot 2; — de a lot of 7
bébé *m.* baby 3
beige beige 1
belge Belgian 4
bénéficier to benefit
bénévole voluntary, unpaid; faire du tra-
        vail — to do volunteer work 4
béquilles *f. pl.* crutches 13 s

besoin *m.* need; avoir — de to need 11
bête (*fam.*) stupid 3
beurre *m.* butter 7
bibliothèque *f.* library 2
bicyclette *f.* bicycle 3
bien well 2; — des a good many 12;
        — élevé(e) well-mannered 3 s;
        — -être well-being 13 s; — que
        although; — sûr of course
bientôt soon; à — see you soon 1
bienvenue *f.* welcome
bière *f.* beer 5
bilingue bilingual 9
billet *m.* ticket 5 s, 9; ; — aller simple one-
        way ticket 9; — aller-retour round-
        trip ticket 9; — de banque bill (paper
        money) 12
biologie *f.* biology 2
biscuit *m.* cookie 7 s
bise *f.* (*fam*) kiss; grosses bises hugs and
        kisses (in a letter)
blague *f.* joke 10; sans — no kidding 10
blanc(he) white 1
blesser to hurt, injure 13
blessure *f.* injury 13
bleu(e) blue 1; *m.* bruise 13 s
blond(e) blond 1
blouson *m.* jacket 1
blue-jean *m.* (*fam.* jean) jeans 1
bœuf *m.* beef 7
boire (*p.p.* bu) to drink 5
bois *m.* wood 10 s
boisson *f.* drink 5
boîte *f.* box, can 7; — de nuit *f.* night-
        club 4 s, 5; aller en — to go to a club
        4 s, 5
bol *m.* bowl 7 s
bon(ne) good, correct 2
bonbon *m.* candy 7
bonheur *m.* happiness 11 s, 13
bonjour hello 1
bon marché inexpensive 3
bonnet d'âne *m.* dunce cap 8 s
bonsoir good evening 1
botte *f.* boot 12
bouche *f.* mouth 13
bouché(e) stopped up 13 s
boucherie *f.* butcher shop 7
boucle d'oreille *f.* earring 12
bouffe *f.* (*fam.*) food 12
boulangerie *f.* bakery (for bread) 7
boulevard *m.* boulevard 11
boulot *m.* (*fam.*) job (10)
bouquin *m.* (*fam.*) book 12
bouquiniste *m., f.* bookseller 11 s
bourgeois(e) middle class (6)
boussole *f.* compass 11 s
bout: au — de at the end of 11
bouteille *f.* bottle 7
boutique *f.* boutique, small shop 4
bracelet *m.* bracelet 12
bras *m.* arm 13
bref (brève) brief
briller to shine 9 s
brochure *f.* brochure 9 s
brocoli *m.* broccoli 7 s
se bronzer to sunbathe, tan 14 s

**brosse** *f.* brush 10 s; chalkboard eraser 1 s; — **à dents** toothbrush 10 s

**brosser** to brush; **se** — **les cheveux (les dents)** to brush one's hair (teeth) 10

**brouillard** *m.* fog 5 s; **il y a du** — it's foggy 5 s

**bruit** *m.* sound, noise 6

**brûler** to burn 13 s

**brun(e)** brown, brunette 1

**brunir** to tan, get brown 6

**buffet** *m.* buffet 10

**bulletin** *m.* bulletin; — **météorologique** (*fam. f.* **météo**) weather report 9; — **scolaire** report card 8 s

**bureau** *m.* desk 1; office 4; — **de poste** post office 4; —**de tourisme** tourist office 11

**but** *m.* goal

## C

**ça** that; — **va?** how's it going? 1

**cabine** *f.* booth; — **téléphonique** phone booth 5 s; — **d'essayage** dressing room 12 s

**cadeau** *m.* gift 12

**cadet(te)** younger brother/sister 3 s

**cadre** *m.* executive 4

**café** *m.* coffee, coffee shop 5; — **au lait** coffee with milk 5; — **crème** (*fam.* **un crème**) coffee with cream 5

**cafétéria** *f.* cafeteria 2

**cahier** *m.* notebook 1

**calculatrice** *f.* calculator 3

**calendrier** *m.* calendar 2

**calme** calm 3

**camarade** *m., f.* friend; — **de chambre** roommate 2; — **de classe** classmate 1

**campagne** *f.* country 9

**camping** *m.* camping 2 s, 11; **faire du** — to go camping 11

**campus** *m.* campus 2

**canadien(ne)** Canadian 4

**canapé** *m.* couch, sofa 10

**cancer** *m.* cancer 13 s

**canoë** *m.* canoe, canoeing 9 s

**capitale** *f.* capital 9

**car** because

**caravane** *f.* trailer, caravan 6 s

**carie** *f.* cavity 10 s; 13 s

**caresser** to caress 13 s

**carosse** *f.* carriage Récap s

**carrière** *f.* career

**carotte** *f.* carrot 7

**carte** *f.* card 4; map 8; menu 5; — **bancaire/de crédit/debit/credit card 12; — **postale** postcard 9; **jouer aux cartes** to play cards 4

**casquette** *f.* baseball cap 3s, 13

**casser** to break; **se** — **(la jambe)** to break (one's leg) 13

**cassette** *f.* cassette 3

**caution** *f.* deposit 3 s

**CD** *m. s./pl.* compact disc(s)

**ce(t) (cette)** (*pl.* **ces**) this/that; these/those 12

**ceinture** *f.* belt 12

**célèbre** famous 1

**célibataire** unmarried 3

**celui (celle)** (*pl.* **ceux, celles**) this one; that one; (these) 14

**cent** one hundred 3; **deux cents** two hundred 3

**centre** *m.* center 9; — **commercial** *m.* shopping mall 12; — **culturel** *m.* cultural center 2s; — **ville** *m.* downtown 2 s, 4

**cependant** however

**céréales** *f. pl.* cereal, grain 7

**cerise** *f.* cherry 7 s

**certain(e)s** certain ones, some 12

**chaîne hi-fi** *f.* stereo system 3; **mini**— bookshelf stereo 3

**chaise** *f.* chair 1

**chambre** *f.* bedroom 3

**champ** *m.* field 4 s

**champagne** *m.* champagne (11)

**champignon** *m.* mushroom 7 s

**champion(ne)** *m., f.* champion 4 s

**chance** *f.* luck; **avoir de la** — to be lucky 13; **bonne** — good luck 10

**changement** *m.* change

**chanson** *f.* song 8

**chanter** to sing 2

**chanteur(-euse)** *m., f.* singer 1 s, 4

**chapeau** *m.* hat 1

**chaque** each 10

**charcuterie** *f.* delicatessen, cold cuts 7

**chargé(e)** busy 4 s, 10 s

**charges** *f. pl.* utility bills 3 s

**charmant(e)** charming 1

**chasser** to hunt, chase 8

**chat(te)** *m./f.* cat 2 s, 3

**château** *m.* chateau, castle, palace 6

**châtiment corporel** *m.* corporal punishment 8 s

**chaud(e)** hot 5; **il fait** — it's hot 5

**chauffeur de taxi** *m.* taxi driver 4 s

**chaussettes** *f. pl.* socks (12)

**chaussures** *f. pl.* shoes 1; — **à talons** high heels 12

**chef** *m.* leader, head person 4

**chef d'entreprise** *m.* company president 4 s

**cheminée** *f.* fireplace 10

**chemise** *f.* shirt 1

**chemisier** *m.* blouse 1

**chèque** *m.* check; — **de voyage** traveler's check 11; **payer par** — pay by check 12

**cher (chère)** expensive 3; dear (salutation in a letter) 4

**chercher** to look for 3; — **à** to try to 14

**chercheur(-euse)** *m., f.* researcher, scientist 6 s

**chevalier** *m.* knight Récap s

**cheveux** *m. pl.* hair 1; — **blonds (bruns, gris, roux)** blond (brown, gray, red) hair 1; — **courts (longs)** short (long) hair 1

**cheville** *f.* ankle 13 s

**chez** at the house or place of 3; — **moi** at my place 5

**chic** stylish 10

**chien(ne)** *m(f.)* dog 1

**chimie** *f.* chemistry 2

**chinois(e)** 4

**chocolat chaud** *m.* hot chocolate 5

**choisir** to choose 6

**chômage** *m* unemployment

**choqué(e)** shocked 11 s

**chose** *f.* thing 1 s, 3; **quelque** — something 5

**chouette** cool 12

**chute (d'eau)** *f.* (water)fall 9 s

**cicatrice** *f.* scar 13 s

**ciel** *m.* sky 9

**cil** *m.* eyelash 13 s

**cinéma** *m.* movies, movie theater 2

**cinq** five 1

**cinquante** fifty 1

**citron pressé** *m.* lemonade 5 s

**clair(e)** sunny, light 3 s; clear 14

**classe** *f.* class 1; **en** — in class; **en première** — in first class 9; **en** — **touriste** in tourist class 9

**classer** to classify, categorize

**classeur** *m.* binder 1 s

**clé** *f.* key 6 s

**client(e)** *m., f.* client 4

**climat** *m.* climate 9

**climatisation** *f.* air conditioning 3

**clip** *m.* video clip 12

**coca (light)** *m.* (diet) Coca-Cola 5

**cœur** *m.* heart 13

**coffre** *m.* car trunk 6 s

**coiffure** *f.* hairstyle 12 s

**coin** *m.* corner 11

**col** *m.* collar; **à** — **roulé** turtleneck 12 s; **à** — **en V** V-neck 12 s

**colère** *f.* anger; **se mettre en** — to get angry 10

**collants** *m. pl.* hosiery; tights 12

**collège** *m.* middle school (in France) 12

**collègue** *m., f.* colleague (12)

**colonie** *f.* colony 9 s

**combien** how much 5; **c'est** — how much is it? 3; — **de** how many 5

**comédie** *f.* comedy 2

**comédien(ne)** *m., f.* actor Récap s

**comique** funny 1

**commander** to order (in a café, restaurant) 5

**comme** like, as 8

**commencer (nous commençons)** to begin 2, 4 s, 7

**comment** how (what) 5; — **allez-vous** how are you 1

**commerçant(e)** *m., f.* shopkeeper 4

**commerce** *m.* business 2

**commissariat** *m.* police station 4 s

**commode** *f.* chest of drawers 10

**communiquer** to communicate

**comparer** to compare 8

**complet (complète)** filled, booked 11

**complet** *m.* man's suit 12

**compléter (je complète)** to complete

**se comporter** to behave 8 s

**compositeur(-trice)** *m., f.* composer (4)

**comprehensive(-ive)** understanding 3 s

**comprendre** (*p.p.* **compris**) to understand 5

**compris(e)** included 11; **service** — tip included 7

**compromettant(e)** compromising (15)

**comptabilité** *f.* accounting 2

**compter** to count 1 s; to intend to 11; — **sur** to count on 14

**comptoir** *m.* counter(top) 10 s
**concert** *m.* concert 2, 5
**concombre** *m.* cucumber 7 s
**concours** *m.* competitive exam 12
**conduire** (*p.p.* **conduit**) to drive 8 s, 10 s
**confier** to confide 13, 14
**confiture** *f.* jam 7
**conformisme** *m.* conformity 8 s
**conformiste** conformist 3 s
**confort** *m.* comfort 11; **tout —** luxury 10 s
**congrès** *m.* convention 11 s
**connaissance** *f.* knowledge; **faire la**
— **de** to make the acquaintance of 5
**connaître** (*p.p.* **connu**) to know, be
acquainted or familiar with 2, 9
**consacrer** to devote to
**constater** to note, notice
**conseil** *m.* advice 13
**conseiller** to recommend, advise 7 s, 13
**conservateur(-trice)** conservative 4 s
**considérer** (**je considère**) to consider 9
**consommation** *f.* consumption 12
**constamment** constantly 13
**construire** to construct
**consulter** to consult
**conte** *m.* story Récap;
— **de fées** fairy tale Récap
**contemporain(e)** contemporary 11
**content(e)** happy 3
**continent** *m.* continent 9
**continuer** to continue 5 s, 9
**contraire** *m.* opposite
**contre** against
**contribuer** to contribute 6
**convaincre** to convince 14 s
**convenable** appropriate, proper
**copain (copine)** *m., f.* friend 2
**copier** to copy 8
**corbeille à papier** *f.* wastebasket 3 s
**corps** *m.* body 13
**corriger** to correct
**côte** *f.* coast 9; — **d'Azur** Riviera 11
**côté: à — de** next to 3
**côtelette** *f.* meat cutlet 7
**coton** *m.* cotton; **en —** made of cotton (12)
**cou** *m.* neck 13
**coucher** to put to bed; **se —** to go to bed
10; — **de soleil** *m.* sunset 6 s
**coude** *m.* elbow 13 s
**couleur** *f.* color 1; **de quelle —?** what
color?
**couloir** *m.* hallway 10
**coup** *m.* blow, hit; — **de foudre** love at first
sight 14; — **de soleil** sunburn 14 s;
— **de téléphone** telephone call 6
**couper** to cut 7 s; **se — le doigt** to cut one's
finger 13 s
**couple** *m.* couple 14
**cour** *f.* courtyard 8
**courage: Bon —** hang in there 10
**courageux(-euse)** brave 3 s, Récap
**couramment** fluently 8, 13
**courir** (*p.p.* **couru**) to run 11
**courrier électronique** *m.* e-mail 8
**cours** *m.* course 2
**course** *f.* errand; **faire les courses**
to go shopping 4

**court(e)** short 1
**court de tennis** *m.* tennis court 2 s
**cousin(e)** *m., f.* cousin 3
**couteau** *m.* knife 7
**coûter** to cost 3
**couturier(-ière)** *m., f.* fashion designer 1 s
**couvert(e)** covered; **le ciel est —** it's cloudy 9
**craie** *f.* chalk 1
**cravate** *f.* tie 1 s, 12
**crayon** *m.* pencil 1
**créer** to create
**crêpe** *f.* crepe (thin pancake) 7 s
**crevette** *f.* shrimp 7
**crier** to shout
**critique** *m.* critique Récap
**critiquer** to criticize 8
**croire** (*p.p.* **cru**) to believe 11
**croisière** *f.* cruise 9 s
**croissance** *f.* growth
**croissant** *m.* croissant (roll) 5
**cuillère** *f.* spoon 7; — **à café** teaspoon 7 s;
— **à soupe** soup spoon, tablespoon
7 s
**cuir** *m.* leather; **en —** made of leather 12
**cuisine** *f.* food, cooking 7; kitchen 10;
**faire la —** to cook 4
**cuisinier(-ère)** *m., f.* cook 4 s
**cuisinière** *f.* stove 10 s
**cuit(e)** cooked; **bien —** well done 7
**culinaire** culinary 7 s
**cultiver** to cultivate 4 s

# D

**d'abord** first 6
**d'accord** OK, all right 5, 14
**dans** in 3
**danse** *f.* dance 2
**danser** to dance 2
**danseur(-euse)** *m., f.* dancer 1 s, 4 s
**date** *f.* date 2
**davantage** more 13
**de** of, from, about 3
**débardeur** *m.* tank top 12
**débarquer** to disembark, get off
(plane, boat)
**débarrasser** to clear, remove 11 s
**débordé(e)** overwhelmed; — **de travail**
overworked 10 s
**se débrouiller** to get along, manage 7 s
**début** *m.* beginning; **au —** in/at the
beginning
**décembre** December 2
**décider** to decide 6; **se — à** to decide to 14
**déconseiller** to advise against 13 s
**décontracté(e)** relaxed 3 s,
**découvrir** (*p.p.* **découvert**) to discover 6 s,
11
**décrire** (*p.p.* **décrit**) to describe 8
**déçu(e)** disappointed 11, 14
**défendre** to defend 4 s
**défilé** *m.* parade; — **de mode** fashion
show 12 s
**dégoûtant(e)** disgusting 7 s
**déjà** already 4
**déjeuner** *m.* lunch 7; to eat lunch 4
**délicieux(-ieuse)** delicious 7
**demain** tomorrow 4

**demander** to ask (for) 4; **se**
— to wonder 14
**démarrer** to start 6 s
**déménager (nous déménageons)** to move
(house) 10
**demi(e)** half; **il est une heure et demie**
it's one-thirty 4; **un —** *m.* glass of
draft beer 5
**démissionner** to resign 8 s
**démodé(e)** old-fashioned 14
**dénouement** *m.* ending Récap
**dense** dense 9 s
**dent** *f.* tooth 10
**dépaysé(e)** homesick 11
**se dépêcher** to hurry 10
**dépense** *f.* expense 12
**dépenser** to spend (money) 12
**déprimé(e)** depressed 13
**depuis** for, since 13; — **combien de temps?**
how long (for how much time)? 13;
— **longtemps** for a long time 13;
— **quand?** how long (since when)?
13
**déraisonnable** unreasonable 3 s
**dernier(-ière)** last, past 6; **la semaine**
**dernière** last week 6; **la dernière fois**
last time 6
**déroulement** *m.* plot Récap
**derrière** behind 3
**désagréable** unpleasant 3
**descendre** (*p.p.* **descendu**) to go down,
downstairs; get off (a bus, a plane) 5
**description** *f.* description 1
**désert** *m.* desert 9
**désirer** to want, desire 5
**désolé(e)** sorry 5
**désordre, en —** messy, untidy, disorderly 10 s
**dessert** *m.* dessert 7
**dessin** *m.* drawing
**destin** *m.* destiny 11 s
**destination** *f.* destination 9 s
**déstructuré(e)** loose fitting 12 s
**détail** *m.* detail
**se détendre** to relax 11 s, 13
**détenir le record** to hold the record
**détester** to hate 2
**détruire** to destroy 14 s
**deux** two 1
**deuxième** second 2 s
**devant** in front of 3
**développer** to develop
**devenir** (*p.p.* **devenu**) to become 6
**deviner** to guess
**devoir** (*p.p.* **dû**) must, to have to, to owe 5
**devoirs** *m. pl.* homework assignment 1;
**faire les —** to do homework 4
**d'habitude** usually 5
**diable** *m.* devil 11 s
**dictionnaire** *m.* (*fam.* **dico**) dictionary 1
**dieu** *m.* god; **Dieu** God 11 s
**différence** *f.* difference 8
**différent(e)** different 8
**difficile** difficult 2
**dimanche** Sunday 2
**diminuer** to diminish 5 s
**dîner** *m.* dinner 6; to eat dinner 4
**diplôme** *m.* diploma 12

**dire** (*p.p.* **dit**) to say, tell 8
**directeur(-trice)** *m., f.* director, school principal 8
**discipline** *f.* discipline 8
**discuter (de)** to discuss 5
**disponible** available
**se disputer (avec)** to argue, quarrel (with) 10
**disque compact** *m.* (*fam.* **CD**) compact disc 3
**distraction** *f.* entertainment 2
**diversité** *f.* diversity 9 s
**divorce** *m.* divorce 14
**divorcé(e)** divorced 3
**divorcer** to divorce 14
**dix** ten 1
**doctorat** *m.* doctorate (12)
**documentaire** *m.* documentary 2 s
**doigt** *m.* finger 13
**dominer** to dominate 11 s
**dommage** *m.* damage, pity; **quel — what a shame**; **il est — it's too bad**
**donc** then, therefore
**donner** to give 8; **— sur** to open onto, overlook 11
**dormir** to sleep 5
**dos** *m.* back 13
**se doucher** to shower 10
**douter** to doubt 14
**douteux(-euse)** doubtful 14
**doux (douce)** sweet, gentle 3 s; **il fait — it's mild weather 5**
**douze** twelve 1
**douzaine** *f.* dozen 7
**drame** *m.* drama 2
**drapeau** *m.* flag 8
**draps** *m. pl.* bedsheets 11 s
**droit** *m.* law 2; right, permission 11 s;
**droit(e)** right, straight 11; **à droite** to the right 11; **tout droit** straight ahead 11
**dur(e)** tough 2 s, 7; **dur** *adv.* hard
**durable** durable Récap
**durée** *f.* length (of time) Récap

**E**
**eau** *f.* water 5; **— minérale** mineral water 5
**échanger** to exchange
**échapper (à)** to escape (from) Récap s
**écharpe** *f.* scarf 12
**éclaircie** *f.* sunny spell; **il y a des éclaircies** it's partly cloudy 9 s
**école** *f.* school 4; **grande —** elite university 12; **— maternelle** nursery school, kindergarten 8, 12; **— primaire** elementary school 8, 16
**économie** *f.* economy; *pl.* savings; **faire des économies** to save money 12
**écouter** to listen (to) 2
**écrire** (*p.p.* **écrit**) to write 8
**écriture** *f.* writing, penmanship 8
**écrivain(e)** *m., f.* writer 4 s
**égalitaire** egalitarian 14 s
**église** *f.* church 4
**égoïste** selfish 3 s
**élaborer** to elaborate, develop
**élégant(e)** elegant 8
**élément** *m.* element

**éléphant** *m.* elephant 9 s
**élève** *m., f.* pupil (pre-university) 8
**élevé(e)** high, raised 9 s, 13; **bien/mal — well/bad mannered 3 s**
**elle** she, it 1; **elles** they 1
**embêter** to annoy 13s
**embrasser** to kiss 14; **s'—** to kiss each other 14
**émission** *f.* program 6 s
**emménager** to move in 10 s
**emmener** (**j'emmène**) to take (someone) along 4 s, 8 s
**s'empêcher** to stop oneself 14 s
**emploi du temps** *m.* schedule 4 s, 5
**employé(e)** *m., f.* employee 4
**employer** (**j'emploie**) to employ, use 12
**emprunter** to borrow 8, 12
**en** at, in, on, to; **— face (de)** facing 3; **— avance** early 4; **— rang** in a row 8; **— retard** late 4; **— solde** on sale 12 s
**enceinte** pregnant 13
**encore** still, yet, even more 10; **pas — not yet 6**
**endormir** to put to sleep 13; **s' — to fall asleep 10**
**endroit** *m.* place 9
**énerver** to annoy, get on one's nerves 10
**enfance** *f.* childhood 8
**enfant** *m., f.* child 1; **petit(e) —** grandchild 3 s
**enfer** *m.* hell 11 s
**enfin** finally 6
**enflé(e)** swollen 13 s
**ennuyer** (**j'ennuie**) to annoy, bother 8; **s' —** to get bored, be bored 12
**ennuyeux(-euse)** boring 2
**enrhumé(e)** congested 13
**enrichir** to enrich
**enseigner** to teach 4 s
**ensemble** together 5; *m.* outfit 12
**ensoleillé(e)** sunny 9
**ensuite** then 6
**entendre** to hear 5; **s'— bien** to get along well 14
**enthousiaste** enthusiastic 3 s
**entrie(-ière)** entire, whole 11
**entre** between 3
**entrée** *f.* entryway 10; first course (meal) 7
**entreprise** *f.* company, business 4
**entrer (dans)** to enter, go in 6
**envers** towards 8
**environ** about, around
**envoyer** (**j'envoie**) to send 8 s, 12
**épargner** to save 12
**épaule** *f.* shoulder 13
**épeler** to spell 1 s
**épice** *f.* spice 7 s
**épicerie** *f.* grocery store 7
**époque** *f.* era 8; **à l'—** at that time 8
**épouser** to marry Récap
**époux (épouse)** *m., f.* spouse 14
**équateur** *m.* equator 9 s
**équilibre** *m.* balance 11 s
**équipe** *f.* team 4
**équitation** *f.* horseback riding 9 s
**erreur** *f.* error 7
**escalier** *m.* staircase 10

**espace** *m.* space 2 s
**espagnol(e)** Spanish 4; *m.* Spanish language 2
**espérance de vie** *f.* life expectancy (9)
**espérer** (**j'espère**) to hope for 7
**espoir** *m.* hope 14
**esprit** *m.* mind
**essayer** (**j'essaie**) to try (on) 12
**essence** *f.* gasoline 11 s
**essentiel(le)** essential 3 s, 11
**essentiellement** essentially 13
**est** east 9; **à l' — (de)** to/in the east (of) 9
**estomac** *m.* stomach 13
**et** and 1
**établir** to establish
**étage** *m.* floor (of a building); **premier — first floor (American second floor) 10**
**étagère** *f.* bookshelf 3
**étape** *f.* stage, step
**état** *m.* state 9
**États-Unis** *m. pl.* United States; **aux — in, to the United States**
**été** *m.* summer 2; **en —** in summer 9
**éternuer** to sneeze 13 s
**étonnant(e)** astonishing 14
**étonné(e)** astonished 14
**étranger/ère** foreign; **à l'étranger** abroad
**être** (*p.p.* **été**) to be 1; **— à la mode** to be in fashion 8 s; **— au régime** to be on a diet 7; **— bien dans sa peau** to be comfortable with oneself 13; **— de mauvaise humeur** to be in a bad mood 13; **— en terminale** to be a senior (in high school) 12
**études** *f. pl.* studies 12
**étudiant(e)** *m., f.* student 1
**étroit(e)** tight, narrow 12
**étudier** to study 2
**euh** um
**euro** *m.* unified European monetary unit 12
**Europe** *f.* Europe
**européen(ne)** European
**eux** them 5
**s'évanouir** to faint 13 s
**événement** *m.* event, happening 6, Récap
**évidemment** evidently 13
**évident(e)** obvious 14
**évier** *m.* kitchen sink 10 s
**éviter** to avoid 7 s
**examen** *m.* exam 2
**excellent(e)** excellent 2
**exceptionnel(le)** exceptional 9
**excursion** *f.* excursion 11
**s'excuser** to excuse oneself; **excusez-moi** excuse me, pardon me 4
**exemple** *m.* example; **par —** for example
**exigeant(e)** demanding 13
**exiger** to demand, insist on 13
**expliquer** to explain 6, 8
**exploser** to explode 6 s
**exposition** *f.* exhibit 2 s
**expresso** *m.* espresso 5
**exprimer** to express
**extérieur** *m.* exterior; **à l'—** outside 8
**extra** (*fam.*) very, great 12
**extra-terrestre** extra-terrestrial 11 s

extrait(e) excerpted; *m.* excerpt
extraordinaire extraordinary 9

## F

fabriquer to produce, make 11
face: en — de facing 3
se fâcher (contre) to get angry (with) 14
facile easy 2
facilement easily 13
façon *f.* way 15
faculté *f. (fam.* la fac) school of a university 2
faim: avoir — to be hungry 7
faire (*p.p.* fait) to do, make 4; — attention to pay attention 4 s; — de l'aérobic to do aerobics 9 s; — de la musculation to lift weights 13 s; — de la natation to swim 4, — des économies to save money 12; — des gargarismes to gargle 13 s; — des projets to make plans 9; — du camping to go camping 11; — du français to study French 4; — du jogging to jog 4; — du piano to play the piano 4; — du ski to go skiing 4; — du sport to play a sport 4; — du travail bénévole to do volunteer work 4 s; — faillite to go bankrupt Récap s; — fortune to get rich 12 s, — la connaissance (de) to meet 5; — la cour to court 14; — la cuisine to cook 4; — la grasse matinée to sleep late 4 s; — la lessive to do the laundry 10; — la navette to commute 10 s; — la vaisselle to do the dishes 10; — le lit to make the bed 10; — le ménage to do housework 4; — les courses to go shopping, to do errands 4; — les devoirs to do homework 4; — le tour du monde to travel around the world 9; — mal to hurt 13; — sa toilette to get dressed 10 s; — sa valise to pack one's bag 9; — semblant de to pretend 14 s; — une promenade à pied to take a walk 4; — une promenade en voiture to go for a drive 4; — une promenade en vélo to ride bikes 4; — une randonnée to take a hike 4; — un pique-nique to go on a picnic 4; — un voyage to take a trip 4; se — mal to hurt oneself 13 s; se — masser to get a massage 13 s
fameux(-euse) famous
famille *f.* family 3
fatigué(e) tired 1
fauché(e) *(fam.)* broke, out of money 11
fauteuil *m.* armchair 10
faux (fausse) false
fée *f.* fairy Récap
félicitations *f. pl.* congratulations 10
féminin(e) feminine
femme *f.* woman 1; wife 3; — au foyer homemaker 4; — d'affaires business woman 4; — politique politician 4 s
fenêtre *f.* window 1
ferme *f.* farm 4 s
fermer to close 4

fête *f.* holiday, party 2
feuille (de papier) *f.* leaf, sheet (of paper) 1 s
feuilleter to leaf through 11 s
feutre *m.* marking pen 1 s
février February 2
fiancé(e) *m., f.* fiancé(e) 14
se fiancer to get engaged 14
fidélité *f.* fidelity 14
fièvre *f.* fever 13
figure *f.* face 10
fille *f.* girl 1; daughter 3; — unique only child 3 s; petite- — granddaughter 3 s
film *m.* movie, film 2; — d'amour romantic film 2 s; — d'horreur horror movie 2 s; — de science fiction sci-fi movie 2 s; — d'aventure adventure movie 2 s
fils *m.* son 3; — unique only child 3 s; petit- — grandson 3 s
finalement finally 13
finir to finish 6
flâner to stroll 11 s
fleur *f.* flower 2 s, 3
fleuve *m.* river (major) 9
foie *m.* liver 13 s
fois *f.* time 10; deux — two times; la dernière — the last time 6
fonder to found, start 14 s
fondu(e) melted 7 s
football *m. (fam.* foot) soccer 2 s, 4; — américain football 4
footballeur *m.* soccer player 4 s
forêt *f.* forest 9
forme shape; être en pleine — to be in top shape 13
formule de vacances *f.* vacation package 11 s
fort(e) heavy, stocky 1
fou (folle) crazy 2 s
foule *f.* crowd 11 s
se fouler to twist 13 s
four *m.* oven 10; — à micro-ondes microwave oven 10
fourchette *f.* fork 7
foyer: homme (femme) au — homemaker 4
frais (fraîche) cool 5; fresh 7; il fait frais it's cool (weather) 5
fraise *f.* strawberry 7
français(e) French; *m.* French language 2
franc(he) frank 13 s
franchement frankly, honestly 13
francophone French-speaking 1 s, 7, 9
frapper to knock
fréquent(e) frequent 9 s
frère *m.* brother 3; beau- — brother-in-law, step brother 3 s; demi- — half brother 3 s
fric *m. (fam.)* money 12
frigo *m. (fam.)* fridge 3 s
fringues *f., pl. (fam.)* clothes 12
frisson *m.* shiver, chill 13 s
froid *m.* cold 2 s; avoir — to be cold 13; il fait — it's cold 5
froid(e) cold 5
fromage *m.* cheese 7

front *m.* forehead 13 s
frontière *f.* border 9
fruit *m.* fruit 7; fruits de mer *m. pl.* seafood 7 s
fumer to smoke 2

## G

gagner to earn, to win 4
gadget *m.* gadget 12
gant *m.* glove 12
garage *m.* garage 10
garçon *m.* boy 1
garde-robe *f.* wardrobe 12 s
gare *f.* train station 9, 11
garni(e) garnished with vegetables 7 s
gastronomique gourmet 11
gâté(e) spoiled 3 s
gâteau *m.* cake 7 s
gâter to spoil 8 s
gauche left; à — to the left 11
géant *m.* giant Récap s
geler to freeze; il gèle it's freezing 9 s
génération *f.* generation (12)
généreux(-euse) generous
génie civil *m.* civil engineering 2
genou (*pl.* genoux) *m.* knee 13
genre *m.* type; literary genre Récap
gens *m. pl.* people 3; — sans abri homeless people 14 s
gentil(le) nice 3
géographie *f.* geography 9
gesticuler to gesture 13 s
girafe *f.* giraffe 9 s
glace *f.* ice cream 7; faire du patin à — to go ice skating 9 s
glisser to slide 8 s
globalisation *f.* globalization 12
golf *m.* golf 9 s
gorge *f.* throat 13
gorille *m.* gorilla 9 s
gosse *m., f. (fam.)* kid 12
goût *m.* taste 2 s, 7
goûter *m.* snack 7 s
goûter to taste 7 s
grâce: grâce à thanks to
graisse *f.* fat, grease 7 s
gramme *m.* gram 7
grand(e) big, tall 1
grand-mère *f.* grandmother 3
grand-père *m.* grandfather 3
grandir to grow, grow up 6
grands-parents *m. pl.* grandparents 3
gratiné(e) with melted cheese 7 s
grave serious 5 s, 13
gravement seriously 13
grillé(e) grilled 7 s
grippe *f.* flu 13
gris(e) gray 1
gronder to scold 8 s
gros(se) large 3
grossir to gain weight 6
grotte *f.* cave, grotto (11)
groupe *m.* group
guérir to heal 13 s
guerre *f.* war 6
guitare *f.* guitar 3 s; 4
gymnase *m.* gym 4 s

## H

**habillé(e)** dressed up 12 s
**habiller** to dress; **s'—** to get dressed 10
**habitant** m. inhabitant 9 s
**habiter** to live, live in 2
***hanche** f. hip 13 s
***haricots (verts)** m. pl. (green) beans 7
***haut(e)** high 9
**hebdomadaire** m. weekly 6 s
***héros (héroïne)** m., f. hero, heroine Récap
**hésiter (à)** to hesitate (to) (14)
**heure** f. hour, o'clock 4; **dans une
— ** in an hour 4; **à l'—** on time 4;
**de bonne —** early 10
**heureusement** fortunately 13
**heureux(-euse)** happy 3
**hier** yesterday 6; **— matin** yesterday morning 6; **— soir** last night 6
**histoire** f. history 2; story 6
**historique** historical 9
**hiver** m. winter 2; **en —** in winter 9
***hockey** m. hockey
**homme** m. man 1; **— au foyer** homemaker
4; **— d'affaires** businessman 4;
**— politique** m. politician 4 s
**honnête** honest 14 s
***honte** f. shame 13; **avoir
— ** to be ashamed 13
**hôpital** m. hospital 4
**horaire** m. time schedule 4
**horloge** f. clock 1 s
***hors-d'œuvre** m. appetizer 7
**huile** f. oil 7 s; **— d'olive** olive oil 7 s
**huit** eight 1
**humeur** f. mood; **être de mauvaise
(bonne) —** to be in a bad (good)
mood 13
**humiliant(e)** humiliaing 8 s
**hyper** (fam.) very 12

## I

**ici** here 3
**idéal(e)** ideal 9
**idéaliste** idealistic 1
**idée** f. idea 1 s, 5
**identifier** to identify
**il** he, it 1; **— faut** it is necessary 9; **— vaut
mieux** it is better 9; **— y a** there is,
there are 2; **— y a** (+ time) ago 6
**île** f. island 9
**ils** they 1
**image** f. image, picture
**immeuble** m. apartment or office building
3 s
**impensable** unthinkable 14
**important(e)** important 3, 4
**impossible** impossible 5
**impressionniste** impressionist 11
**incertain(e)** uncertain, variable (weather)
9 s
**incompréhension** f. misunderstanding 14
s
**inconvénient** m. disadvantage, drawback
11
**incroyable** incredible 2 s; 14
**indépendant(e)** independent 3 s
**indifférent(e)** indifferent 3

**indiquer** to indicate
**individualiste** individualistic 3 s
**infirmier(-ière)** m., f. nurse 4
**influencer** to influence 8 s, 11
**informaticien(ne)** m., f. computer specialist 4 s
**informations** f. pl. (fam. **les infos**) news 2 s;
6
**informatique** f. computer science 2
**informer** to inform 6
**infusion** f. herbal tea 5 s
**ingénieur** m. engineer 4 s
**ingrédient** m. ingredient 7
**inquiet(-iète)** worried 8
**s'inscrire** to sign up
**s'inquiéter (je m'inquiète)** to worry (12)
**s'installer** to settle in, move in, set up residence 10 s, 14
**instant** m. moment 5
**instituteur(-trice)** m., f. elementary school
teacher 4 s, 8
**instrument de musique** m. musical instrument 3
**intelligent(e)** (fam. **intello**) intelligent 1
**interdit(e)** prohibited 3
**intéressant(e)** interesting 2
**s'intéresser à** to be interested in 14
**intérieur** m. interior; **à l'—** inside 10 s
**interview** f. interview 2 s
**intime** intimate; **journal —** diary 12 s
**intrigue** f. story line Récap
**inviter** to invite 5
**irriter** to irritate 8
**italien(ne)** Italian 4; m. Italian language 2
**italique: en —** in italics
**itinéraire** m. itinerary 11

## J

**jalousie** f. jealousy 14 s
**jaloux(-se)** jealous 3 s
**jamais** never 10; **ne... —** I never 10
**jambe** f. leg 13
**jambon** m. ham 7
**janvier** January 2
**japonais(e)** Japanese; m. Japanese language
2
**jardin** m. garden, yard 2
**jaune** yellow 1
**jazz** m. jazz 2
**je** I
**jean** m. blue jeans 1
**jeter** to throw 7 s
**jeu** m. game; **— télevisé** TV game show 2 s;
**— video, électronique** video game
4 s, 12
**jeudi** Thursday 2
**jeune** young 1
**jeunesse** f. youth 8
**jogging** m. jogging 4; **faire du —**
to go jogging 4
**joli(e)** pretty 1
**joue** f. cheek 13
**jouer** to play 2; **— à** to play a game or sport
4; **— au football (tennis, volleyball,
cartes)** to play soccer (tennis, volleyball, cards) 4; **— à la poupée** to play
with dolls 8 s; **— aux boules** to play

boules 8 s; **— de** to play a musical
instrument 4; **— de la guitare** to play
guitar 4; **— du piano** to play piano 4
**joueur (joueuse)** m., f. player 1 s
**jour** m. day 2, **par —** per day 7
**journal** m. (pl. **journaux**) newspaper 6;
**— intime** diary 12 s
**journaliste** m., f. journalist 4
**journée** f. day 10
**juge** m. judge 4 s
**juillet** July 2
**juin** June 2
**jumeau (jumelle)** twin 3 s; **jumelles** f. pl.
binoculars 11 s
**jupe** f. skirt 1
**jus** m. juice 5; **— d'orange** orange juice 5;
**— de pomme** apple juice 5 s
**jusqu'à** prep. until 6, 11
**juste** just, fair; (clothes) tight 12

## K

**karma** m. karma 11 s
**kilo** m. kilogram 7; **demi-kilo** half kilogram
7

## L

**là** there 2; **là-bas** over there 12
**laboratoire** m. (fam. **labo**) laboratory 2
**lac** m. lake 9
**lâcher** to release 8 s
**laid(e)** ugly 1
**laisser** to leave 5
**lait** m. milk 7; **café au —** coffee with milk 5
**laitier: produit —** m. milk product 7
**lamentable** (fam.) awful 8 s, 12
**lampe** f. lamp, light 1; **— électrique** f.
flashlight 11 s
**lancer** to launch (8)
**langue** f. language 2; tongue 13
**large** wide, big 12
**latin(e)** Latin 2 s; m. Latin language 2
**lavabo** m. sink 3 s, 10
**laver** to wash; **se —** to wash, to wash up 10
**leçon** f. lesson
**lecteur (laser de CD/DVD)** m. CD/DVD
player 3 s
**lecture** f. reading
**légende** f. legend 15
**léger(-ère)** light 7 s
**légume** m. vegetable 7
**lendemain** m. next day, day after 14 s
**lequel (laquelle)** (pl. **lesquels, lesquelles**)
which one(s) 12
**lessive** f. laundry 10; **faire la —** to do the
laundry 10
**lettre** f. letter 10; **—s** humanities 2 s
**lever (je lève)** to raise; **se —** to get up 10
**lèvres** f. pl. lips 13
**lézard** m. lizard (15)
**librairie** f. bookstore 2
**libre** free, available 5
**licence** f. university diploma Récap
**lieu** m. place; **— de travail** workplace 4;
**avoir —** to take place 13
**limonade** f. lemon-lime soda 5 s
**linge** m. laundry, linen 10; **laver le —** to do
the wash (10)

**lion** *m.* lion 9 s
**liquide** *m.* liquid; **en** — in cash 12
**lire** (*p.p.* **lu**) to read 8
**liste** *f.* list
**lit** *m.* bed 3; **faire son** — to make one's bed 10
**litre** *m.* liter 7; **demi-litre** half liter 7
**littéraire** literary Récap
**littérature** *f.* literature 2
**livre** *m.* book 1
**locataire** *m., f.* tenant 3 s
**location** *f.* rental 3 s, 11 s
**logement** *m.* lodging 3
**loger** to lodge, stay (at a hotel, pension, etc.) 11
**logiciel** *m.* computer software
**loin** (**de**) far (from) 3
**loisirs** *m. pl.* leisure activities 4
**long(ue)** long 1, 3
**longtemps** a long time 6
**look** *m. fam.* style, appearance 12
**lorsque** when 11
**louer** to rent 3
**loup** *m.* wolf Récap
**loyer** *m.* rent 3
**lui** him 5
**lumière** *f.* light 1 s
**lumineux(-euse)** sunny, bright (room) 3 s
**lundi** Monday 2
**lune de miel** *f.* honeymoon 14
**lunettes** *f. pl.* eyeglasses 1; — **de soleil** sunglasses 1 s
**luxe** *m.* luxury 14 s
**lycée** *m.* high school 4, 8

## M

**machin** *m. fam.* thingy 12
**madame** *f.* (**Mme**) (*pl.* **Mesdames**) ma'am, Mrs. 1
**mademoiselle** *f.* (**Mlle**) (*pl.* **Mesdemoiselles**) miss, Miss 1
**magasin** *m.* store 12
**magazine** *m.* magazine 6
**magique** magic Récap
**magnétoscope** *m.* VCR 3 s
**magnifique** magnificent 9
**mai** May 2
**maigre** thin; lowfat 7 s
**maigrir** to lose weight 6
**maillot** *m.* jersey, t-shirt; — **de bain** swimsuit 1
**main** *f.* hand 10
**maintenant** now 4
**maintenir** to maintain 6 s
**maire** *m.* mayor (4)
**mairie** *f.* town hall 4 s
**mais** but 2
**maïs** *m.* corn
**maison** *f.* house 3
**maîtrise** *f.* master's degree 12
**majorité** *f.* majority; **la** — **de** the majority of 12
**mal** bad, badly 6; — **élevé(e)** bad-mannered, impolite 3 s; **avoir** — **à la tête** to have a headache 13
**malade** sick 13
**maladie** *f.* illness 13

**malgré** despite
**malheureusement** unfortunately 5, 13
**manche** *f.* sleeve 12 s
**manger** (**nous mangeons**) to eat 2, 7
**manière** *f.* manner; **les bonnes manières** good manners 6 s
**mannequin** *m.* model 1 s
**manque** *m.* lack 10 s
**manquer** to miss 6
**manteau** *m.* coat, overcoat 1
**se maquiller** to put on makeup 10
**marâtre** *f.* stepmother (Récap)
**marché** *m.* market 7; — **en plein air** open air market 7; **bon** — inexpensive 3
**marcher** to walk, to function
**mardi** Tuesday 2
**mari** *m.* husband 3
**mariage** *m.* marriage 14
**marié(e)** married 3
**se marier** (**avec**) to marry 14
**marketing** *m.* marketing 2 s
**marque** *f.* brand 12
**marron** brown 1
**mars** March 2
**mas** *m.* typical Provençal house 10 s
**masculin(e)** masculine
**match** *m.* game 2
**maternelle** *f.* kindergarten 12
**mathématiques** *f. pl.* (*fam.* **maths**) mathematics 2
**matin** *m.* morning, in the morning 4
**mauvais(e)** bad 3; **il fait** — it's bad weather 5
**mayonnaise** *f.* mayonnaise 7
**mec** *m. fam.* guy 12
**mécanicien(ne)** *m., f.* mechanic 4 s
**méchant(e)** mean, evil 3 s, Récap
**médecin** *m.* doctor 4
**médecine** *f.* field of medicine 2
**médicament** *m.* medicine 13
**médiocre** mediocre 2 s
**se méfier de** to be wary of 12 s, 14 s
**meilleur(e)** better 8
**mélanger** to mix 7 s
**même** same, even 10
**ménage** *m.* housework; **faire le** — to do the housework 4
**mener** to lead
**mentionner** to mention
**menton** *m.* chin 13 s
**menu** *m.* fixed-price meal 7
**mer** *f.* sea 9; **fruits de** — *m. pl.* seafood 7; **département d'outre-mer** (**DOM**) overseas department 9
**merci** thank you 1
**mercredi** Wednesday 2
**mère** *f.* mother 3; **belle-** — stepmother, mother-in-law 3 s; **grand-** — grandmother 3
**message** *m.* message 5
**métier** *m.* occupation, profession 4
**métro** *m.* subway 9
**metteur en scène** *m., f.* movie director 1 s
**mettre** (*p.p.* **mis**) to put, set 7, 10; — **la table** to set the table 7; **se** — **à** to begin to (do something) 10 s; **se** — **en colère** to get angry 10
**meublé** furnished 3 s

**meubles** furniture 3
**mexicain(e)** Mexican 4
**micro-ondes** *m.* microwave; **four à** — *m.* microwave oven 10
**midi** noon 4
**miel** *m.* honey; **lune de** — *f.* honeymoon 14
**mieux** *adv.* better 2, 9; **aimer** — to prefer 2
**mignon(ne)** sweet, cute 3 s
**mille** one thousand 3; **deux** — two thousand 3
**million** million
**mince** thin 1
**minéral(e)** mineral; **eau minérale** *f.* mineral water 5
**minorité** *f.* minority 12
**minuit** midnight 4
**minute** *f.* minute 4
**miracle** *m.* miracle 11 s
**miroir** *m.* mirror 3
**moche** *fam.* ugly 1
**mode** *f.* fashion 12
**modèle** *m.* model; style 12
**modéré(e)** moderate 9 s
**moderne** modern (10)
**mœurs** *f. pl.* social customs (14)
**moi** me 5; — **aussi** me too 1; — **non plus** me neither 10
**moins... que** less . . . than 9
**mois** *m.* month 2
**moment** *m.* moment 5
**monde** *m.* world 1 s, 9; **tout le** — everyone
**monnaie** *f.* coins; change 12
**monsieur** *m.* (**M.**) (*pl.* **messieurs**) sir, Mr. 1
**montagne** *f.* mountain 2 s, 9
**montagneux(-euse)** mountainous 9 s
**monter** to climb, go up 6
**montre** *f.* watch 3
**montrer** to show 12
**monument** *m.* monument 11
**se moquer de** to make fun of 14 s
**morceau** *m.* piece 7
**mort(e)** dead 3 s
**mot** *m.* word; — **apparenté** related word, cognate,
**motocyclette** *f.* (*fam.* **moto**) motorcycle 9
**se moucher** to blow one's nose 13 s
**mouchoir** *m.* handkerchief 13
**moulant(e)** close-fitting 12
**mourir** (*p.p.* **mort**) to die 6
**moutarde** *f.* mustard 7
**moyen(ne)** average, average size 3 s
**moyen de transport** *m.* means of transportation 9
**mur** *m.* wall 1
**muscle** *m.* muscle 13 s
**musculation** *f.* weight lifting 9 s
**musée** *m.* museum 2
**musicien(ne)** *m., f.* musician 4 s
**musique** *f.* music 2; — **classique** classical music 2
**mythe** *m.* legend 8s
**mythique** mythical 11 s

## N

**nager** (**nous nageons**) to swim 9
**naître** (*p.p.* **né**) to be born 6
**naissance** *f.* birth

naïveté *f.* naivete 15 s
nana *f. fam.* girl 12
nappe *f.* tablecloth 7
narrateur(-trice) *m., f.* narrator 15
natation *f.* swimming 4
nature *f.* nature 11
naturellement naturally 13
négliger (de) to neglect 14
neige *f.* snow 2 s, 5; **il —** it's snowing 5
nerveux(-euse) nervous 1
nettoyer to clean 12
neuf nine 1
neveu *m.* nephew 3
nez *m.* nose 13
ni... ni... neither... nor 10; **ne... ni... ni**
    neither... nor 10
nièce *f.* niece 3
noces *f. pl.* wedding 14 s
noir(e) black 1
nom *m.* name 2; **— de famille**
last name 2
nombre *m.* number 1, 3
nombreux(-euse) numerous; **une famille**
    **nombreuse** a big family 3 s
nommer to name
nord north 9; **au — (de)** to/in the north
    (of) 9
nourriture *f.* food 7
nous we 1
nouveau (nouvelle) new 3; **de —** again
novembre November 2
nuage *m.* cloud 5
nul(le) *fam.* awful
numéro *m.* number 2; **— de téléphone**
    telephone number 2

## O

obéir to obey 6
obéissant(e) obedient 13 s
objet *m.* object 3
obtenir (*p.p.* obtenu) to obtain 6 s
occidental(e) Western 11
occupé(e) busy 4 s
s'occuper de to take care of, watch out for 14
océan *m.* ocean 9
octobre October 2
œil *m.* (*pl.* yeux) eye 13
œuf *m.* egg 7
œuvre *f.* work of art 11 s
officiel(le) official 9
offrir (*p.p.* offert) to give, to offer 8 s, 12
oignon *m.* onion 7
on one, you, we 1
oncle *m.* uncle 3
ongle *m.* fingernail 13 s
opération *f.* operation 13
opossum *m.* opossum
optimiste optimistic 1
or *m.* gold (Récap)
orage *m.* storm 5 s, 9
orange orange 1; *f.* orange (fruit) 7
ordinateur *m.* computer 1
ordonnance *f.* prescription 13
ordonné(e) tidy (10)
ordre *m.* order; **en —** orderly, tidy 10 s
organiser to organize 4 s
orteil *m.* toe 13 s

où where 3; **d'où** from where 5
oublier (de) to forget 7
ouest west 9; **à l'— (de)** to/in the west
    (of) 9
ouragan *m.* hurricane 9 s
ours *m.* bear (Récap)
ouvert(e) open 3 s, 4
ouvrier/ière *m., f.* worker 4
ouvrir (*p.p.* ouvert) to open 4, 6 s

## P

pain *m.* bread 7; **— complet** whole wheat
    bread 7 s
paix *f.* peace 6 s
palais *m.* palace Récap s; **— des congrès**
    convention center 11 s
pamplemousse *m.* grapefruit 7 s
panne: tomber en — to have a (mechani-
    cal) breakdown 6 s
pansement *m.* bandage 13 s
pantalon *m.* pants 1; **— à pattes**
    **d'éléphant** bell bottoms 12 s
papillon *m.* butterfly 8 s
paquet *m.* packet 7 s
par by, per; **— jour** per day 7
paradis *m.* paradise 11 s
paragraphe *m.* paragraph
parapluie *m.* umbrella 1 s
paraître (*p.p.* paru) to seem 13 s
parc *m.* park 2; **— d'attractions** amusement
    park 11
parce que because 5
pardon pardon me 5
parenthèse: entre parenthèses in parenthe-
    ses
paresseux(-euse) lazy 3
parfois sometimes 2 s, 4
parler to speak 2
parmi among
partager to share 8
partenaire *m., f.* partner
participer to participate
partir to leave 5
pas not 1; **— du tout** not at all 1;
    **— encore** not yet 6
pas mal not bad 1
passeport *m.* passport 11
passer to spend (time) 3; to pass (by) 6;
    **— l'aspirateur** to vacuum 10;
    **— le balai** to sweep 10 s; **— la ton-**
    **deuse** to mow 10 s; **— un examen**
    to take an exam 8; **se —** to happen 6;
    **se — de** to do without 13 s
passion *f.* passion 14
passionnant(e) exciting, wonderful 8, 12
passionné(e) enthusiastic, fanatic 3 s
pasteur *m.* preacher 4 s
pâte *f.* pasta, pastry dough 7
pâté *m.* meat spread; **— de campagne**
    country-style meat spread 7
patient(e) patient 1; **un(e) —** patient 4
patiemment patiently 13
patin à glace *m.* ice skating 9 s
pâtisserie *f.* pastry; pastry shop 7
patron(ne) *m., f.* boss 4 s
pauvre poor 10
pavillon *m.* small house 10

payer (je paie) to pay 3, 12; **— en liquide**
    pay in cash 12; **— par chèque** pay
    by check 12
pays *m.* country 7
paysan(ne) *m., f.* peasant (Récap)
peau *f.* skin 13
peintre *m., f.* painter 11 s
peinture *f.* painting
pelouse *f.* grass 8
pendant during 6; **— que** while
penser to think; **— à** to think about 9;
    **— de** to think about (opinion) 11, 14
perdre to lose 5
père *m.* father 3; **beau-—** stepfather,
    father-in-law 3 s
perfectionniste perfectionist 8 s
permettre (*p.p.* permis) to permit 10
personnage *m.* character Récap;
    **— principal** main character Récap
personne *f.* person 1; nobody 10;
    **— sans emploi** unemployed person
    4; **ne... —** not anyone 10
perte *f.* loss
pessimiste pessimistic 3
petit(e) little, small 1; **— déjeuner** *m.*
    breakfast 7
petit-fils *m.* grandson 3 s; **petite-fille** *f.*
    granddaughter 3 s; **petits-enfants**
    *m. pl.* grandchildren 3 s
petits pois *m. pl.* peas 7
peu (de) little 6, 7; **un —** a little 2
peur *f.* fear; **avoir — de** to be afraid 13
peut-être maybe 5
pharmacie *f.* pharmacy 4
philosophie *f.* philosophy 2
photo *f.* photograph 3, 6
phrase *f.* sentence
physique *f.* physics 2; *m.* physical appearance
    13 s
piano *m.* piano 4
pièce *f.* room 10; **— de théâtre** play 15
pied *m.* foot 13; **à —** on foot 4
pierre *f.* stone
pilote *m., f.* pilot 4
pilule *f.* pill 13 s
à pinces pleated 12 s
pincée *f.* pinch 7 s
pique-nique *m.* picnic; **faire un —** to go
    on a picnic 4
piqûre *f.* shot 13 s
pirate *m.* pirate Récap s
pire worse 8
piscine *f.* swimming pool 2
pittoresque picturesque 9 s
placard *m.* closet, cupboard 3
place *f.* seat, position 5; town square 11
plage *f.* beach 2 s, 9
se plaindre (*p.p.* plaint) to complain 10
plaine *f.* plain (geog.) 9 s
plaire to please
plan *m.* map 11
planche à voile *f.* windsurfing 9 s
plante *f.* plant 3
plat *m.* course, dish 7; **— principal**
    main course 7
plat(e) flat 9 s
plâtre *m.* plaster, cast 13 s

**plein(e)** full
**pleinement** fully 13
**pleurer** to cry 13
**pleuvoir** (*p.p.* **plu**) to rain; **il pleut** it's raining 5
**plissé(e)** pleated (12)
**plongée libre** *f.* snorkeling 9 s; **plongée sous marine** scuba diving 9 s
**pluie** *f.* rain 9
**plupart** *f.* **la — (de)** most (of) 12
**plus** more; **—... que** more . . . than 8; **ne... — not** any longer 10; **moi non — me** neither 10
**plusieurs** several 12
**plutôt** rather, somewhat 8
**poêle** *f.* frying pan 7 s
**poème** *m.* poem (11)
**poète** *m., f.* poet 4 s
**poignet** *m.* wrist 13 s
**à point** medium (meat) 7
**pointure** *f.* shoe size 12
**poire** *f.* pear 7 s
**pois** *m.* pea; **petits —** green peas 7
**poisson** *m.* fish 7
**poivre** *m.* pepper 7
**poivron** *m.* bell pepper 7 s
**poli(e)** polite
**pomme** *f.* apple 7; **— de terre** potato 7; **pommes frites** *f. pl.* (*fam.* **frites**) French fries 7
**ponctuel(le)** punctual 9 s
**pont** *m.* bridge 6
**populaire** popular 4
**population** *f.* population 9 s
**porc** *m.* pork 7
**port** *m.* port 9
**porte** *f.* door 1
**porter** to wear 1
**poser une question** to ask a question 4
**possible** possible 3 s, 5
**poste** *f.* post office 4; *m.* job, position 4
**pot** *m.* ceramic or glass jar 7 s
**pote** *m. fam.* buddy
**poubelle** *f.* garbage can 10; **vider la — to** empty the garbage 10
**poulet** *m.* chicken 7
**poupée** *f.* doll 8 s; **jouer à la — to** play with dolls 8 s
**pour** for 5; **— moi** for me 5
**pourboire** *m.* tip 7
**pourquoi** why 5
**poursuivre** to pursue
**pourtant** however
**pousser** to push; **— un cri** to shout 8 s
**pouvoir** (*p.p.* **pu**) can, to be able to 5
**prairie** *f.* prairie 9 s
**pratique** practical, useful 2
**pratiquer** to practice 4
**préférence** *f.* preference 2 s
**préférer** (**je préfère**) to prefer 2, 7
**premier(-ière)** first 2; **premier étage** *m.* first floor 10; **en première année,** first year (freshman)
**prendre** (*p.p.* **pris**) to take 3, 4, 5; **— la tension** to take blood pressure 13 s; **—soin** to take care
**prénom** *m.* first name 2

**préparer** to prepare; **se — to** prepare oneself, get ready 10
**près (de)** near 3
**présenter** to present, introduce; **se — to** introduce oneself 1 s
**presque** almost
**presse** *f.* press, news media 6
**pressé(e)** in a hurry
**prestigieux(-euse)** prestigious
**prêt(e)** ready 10 s
**prêter** to lend 8
**prêtre** *m.* priest 4 s
**prince (princesse)** *m., f.* prince, princess Récap
**principauté** *f.* principality 9 s
**printemps** *m.* spring 2; **au — in** the spring 9
**prison** *m.* prison (15)
**privé(e)** private 8 s
**prix** *m.* price 3 s, 11, 12; award, prize Récap s
**probable** probable 14
**probablement** probably
**problème** *m.* problem 10
**prochain(e)** next 4
**proche** near
**producteur(-trice)** *m., f.* (film) producer (4)
**produit** *m.* product 12; **— laitier** milk product 7 s
**professeur** *m.* (*fam.* **prof**) professor, instructor 1
**profiter** to take advantage of 11 s
**profond(e)** deep
**programme** *m.* program; **— d'échanges** exchange program 12; **— d'études** program of study 12
**projets** *m. pl.* plans 4; **faire des — to** make plans 9
**promenade** *f.* walk; **faire une — to** take a walk 4
**promener** to walk 10; **se — to** go for a walk 10
**promettre (de)** (*p.p.* **promis**) to promise 10, 14
**promotion** *f.* promotion, special offer (12)
**prononcer** (**nous prononçons**) to pronounce
**propre** clean 12 s
**propriétaire** *m., f.* landlord/landlady 3
**prospère** prosperous 8
**protagoniste** *m., f.* main character Récap
**protéger** to protect 8 s
**province** *f.* province 7 s
**provisions** *f. pl.* food 6
**psychologie** *f.* psychology 2
**publicité** *f.* (*fam.* **la pub**) advertising 12
**puis** then 6
**pull-over** *m.* (*fam.* **pull**) pullover sweater 1; **— à col en V** V neck sweater 12 s; **— à col roulé** turtleneck sweater 12 s
**punition** *f.* punishment 8 s

**Q**

**qualité** *f.* quality, advantage 10 s
**quand** when 5; **— même** anyway 5 s
**quantité** *f.* quantity 7
**quarante** forty 1
**quartier** *m.* neighborhood 3, 8 s

**quatorze** fourteen 1
**quatre** four 1
**quatre-vingts** eighty 3
**quatre-vingt-dix** ninety 3
**que** what 5; **qu'est-ce —** what 1; **qu'est-ce que c'est?** what is it? 1; **ne... — only** 10
**quel(s), quelle(s)** which or what 2 s, 5
**quelque chose** something 5; **— à boire** something to drink 5
**quelques** some (12)
**quelqu'un** someone 5
**question** *f.* question 1; **poser une — to** ask a question 4
**qui** who 1; **— est-ce?** Who is it? 1
**quitter** to leave 5
**quoi** what 5
**quotidien(ne)** daily 10 s; *m.* daily publication 6 s

**R**

**raconter** to tell (a story) 6
**radio** *f.* radio 2; **— réveil** *m.* clock radio 3 s
**radiocassette** *f.* portable radio cassette player 3
**radiographie** *f.* X ray 13 s
**rafting** *m.* rafting 9 s
**raisin** *m.* grapes 7
**raison** *f.* reason; **avoir — to** be right 13
**raisonnable** sensible 1, 3 s
**randonnée** *f.* hike, excursion 4
**rangé(e)** organized 10 s
**rangement télévision/hi-fi** *m.* entertainment center 10 s
**ranger** (**nous rangeons**) to arrange, straighten 6 s, 10
**rap** *m.* rap music 2
**rapide** fast 9
**rapidement** quickly 13
**rappeler** to call back 5 s
**se rappeler** (**je me rappelle**) to remember 8
**raquette de tennis** *f.* tennis racket 3 s
**rarement** rarely 2 s, 4
**raser** to shave; **se — to** shave (oneself) 10
**rasoir** *m.* razor; **— électrique** electric razor 10 s
**rater** to miss (the bus); to fail 10 s
**ravi(e)** delighted 14
**réagir** to react 6
**réalisateur(-trice)** *m., f.* movie director Récap
**réaliste** realistic 3
**récemment** recently 13
**récent(e)** recent 4 s, 5 s
**réceptionniste** *m., f.* receptionist 11
**recevoir** (*p.p.* **reçu**) to receive 6 s; 11
**récipient** *m.* container 7 s
**récit** *m.* story, narrative Récap; **— historique** historical fiction Récap
**reclus(e)** *m./f..* recluse 14 s
**recommander** to recommend
**récréation** *f.* (*fam.* **la récré**) recess 8
**réduction** *f.* (price) reduction 11 s
**réduit(e)** reduced 11
**réfléchir** to think, reflect 3, 6, 8
**réfrigérateur** *m.* (*fam.* **frigo** 3 s) refrigerator 10

**refuser** to refuse 14
**regarder** to look (at), watch 2
**région** *f.* region 9
**régime** *m.* diet 7
**règle** *f.* ruler 8 s; a rule
**régler** to pay or settle a bill 7 s
**regretter** to regret 14
**régulièrement** regularly 2 s, 13
**se rejoindre** to meet up (again) 14 s
**religion** *f.* religion 9 s
**remarquer** to notice
**remède** *m.* cure 13
**remettre (*p.p.* remis)** to put back 10; **se —** to get well 10 s
**remplacer (nous remplaçons)** to replace
**remplir** to fill (in)
**rencontrer** to meet up (with someone you know)
**rendez-vous** *m.* appointment, meeting, date 5
**rendre** to return (something) 5; **— visite (à)** to visit (someone) 5; **se — compte** to realize 14
**renseignements** *m. pl.* information 9; **un renseignement** a piece of information 11
**rentrée** *f.* back to school/work 2 s, (5)
**rentrer** to return home 6
**renvoyer** to expel (from school) 8 s
**réparer** to repair 4 s, 6
**repas** *m.* meal 7
**se répérer** to find one's way 11 s
**répéter (je répète)** to repeat 1, 7; to rehearse 4 s
**répondeur** *m.* telephone answering machine 3 s
**répondre** to respond, answer 5
**se reposer** to rest 10
**réservation** *f.* reservation 9
**réservé(e)** reserved 3
**réserver** to reserve 7
**résidence universitaire** *f.* college dormitory 2
**respirer** to breathe 13 s
**responsabilité** *f.* responsibility
**ressembler** to resemble 8
**restaurant** *m.* (*fam.* **resto**) restaurant 4; 12 **— universitaire** (*fam.* **resto-u**) university cafeteria 2
**rester** to stay 2
**résultat** *m.* result
**résumé** *m.* summary; résumé
**retard: en —** late 4
**retour** *m.* return; **aller-retour** round-trip 9
**retrouver** to meet up with 4; **se —** to meet each other (by arrangement) 4 s; to meet again 14
**réussir** to succeed 6; **— à** to succeed at 14
**rêve** *m.* dream 9 s
**réveil** *m.* alarm clock 3 s
**réveiller** to awaken (someone); **se —** to wake (oneself) up 10
**revenir (*p.p.* revenu)** to return, come back 6
**rêver** to dream 9 s
**revoir (*p.p.* revu)** to see again 11 s; **au —** good-bye 1

**rez-de-chaussée** *m.* ground floor (of a building) (American first floor) 10
**rhume** *m.* cold 13
**riche** rich 1
**rideaux** *m. pl.* curtains 3
**rien** nothing 10; **ne... —** not anything 10
**rire** to laugh 8 s
**risque** *m.* risk 2 s
**riz** *m.* rice 7
**robe** *f.* dress 1
**rock** *m.* rock music, rock 'n roll 2
**rocker** *m.* rock musician
**roi (reine)** *m., f.* king, queen Récap
**rôle** *m.* role; **jouer un —** to play a role
**rollerblades** *m. pl.* rollerblades 3 s; **faire du roller** to rollerblade 4
**roman** *m.* novel Récap; **— policier** detective novel Récap
**romantique** romantic 14
**romantisme** *m.* romaticism 14
**rompre (avec)** to break up with 14 s
**rose** pink 1
**rouge** red 1; **— à lèvres** *m.* lipstick 10 s; **un verre de —** *m.* a glass of red wine 5
**rougir** to blush, turn red 8
**rouler** to drive
**routine** *f.* routine 10; **— quotidienne** daily routine 10
**roux (rousse)** red haired 1
**rubrique** *f.* heading, news column 6 s
**rue** *f.* street 11
**rupture** *f.* split (of a couple) 14
**russe** Russian 4; *m.* Russian language

## S

**sac** *m.* purse 1; sack, bag 7; **— à dos** backpack 3; **— de couchage** *m.* sleeping bag 11
**sage** well behaved 3 s, 8
**sain(e)** healthy 13
**saison** *f.* season 2; **— sèche** dry season 9; **— des pluies** rainy season 9
**salade** *f.* salad, lettuce 7
**saladier** *m.* large (mixing) bowl 7 s
**salaire** *m.* salary 4
**sale** dirty 10
**salle** *f.* room; **— à manger** dining room 10; **— de bains** bathroom 10; **— de classe** classroom 1; **— de séjour** living room 10
**saluer** to greet, **se saluer** to greet each other 1 s
**salut** hi, bye 1
**samedi** Saturday 2
**sandales** *f. pl.* sandals 1
**sandwich** *m.* sandwich 5; **— jambon beurre** ham sandwich with butter 5
**sang** *m.* blood 13
**sans** without; **—abri** homeless people 14 s; **— blague** *fam.* no kidding 10 s
**santé** *f.* health 13
**satisfait(e)** satisfied 8 s
**sauce** *f.* sauce, gravy 7 s
**saucisson** *m.* dry sausage 7
**sauf** except 11
**saumon** *m.* salmon 7
**sauver** to save Récap

**savane** *f.* savannah 9 s
**savoir (*p.p.* su)** to know (information), to know how 9
**scandale** *m.* scandal 14
**scénario** *m.* script Récap s
**science** *f.* science 2; **sciences économiques** *f. pl.* economics 2; **sciences politiques** *f. pl.* political science 2
**scooter** *m.* scooter 3 s
**sculpture** *f.* sculpture 2 s
**sec (sèche)** dry 9 s
**sèche-cheveux** *m.* hair dryer 10 s
**sécher (je sèche)** to dry; **— un cours (l' école)** *fam.* to cut a class (school) 6 s; **se —** to dry (oneself) off 10 s
**secrétaire** *m., f.* secretary 4
**section (non-)fumeurs** *f.* (non) smoking section 9
**sécurité** *f.* security 2 s
**sédentaire** sedentary 3 s
**séduire** to seduce 14 s
**séjour** *m.* trip
**sel** *m.* salt 7
**sélectionner** to select
**selon** according to
**semaine** *f.* week 2
**semblable** similar 8
**semestre** *m.* semester 2
**sens** *m.* meaning, sense
**sentiment** *m.* feeling 14
**sentir** to sense; to smell; **se —** to feel 13
**séparation** *f.* separation 14
**se séparer** to separate, break up 14
**sept** seven 1
**septembre** September 2
**série** *f.* series; TV series 2 s
**sérieux(-euse)** serious 1
**serré(e)** tight 12
**serveur(-euse)** *m., f.* waiter, waitress 4
**service** *m.* service 7; **— compris** tip included 7; **non-compris** tip not included 7; **— des urgences** emergency room 13 s
**serviette** *f.* napkin 7; towel 10 s
**servir** to serve; **se — de** to use 10
**seul(e)** alone 8 s
**shampooing** *m.* shampoo 10 s
**short** *m.* shorts 1
**si** if 10, 11
**s'il vous plaît** please 1
**siècle** *m.* century
**signer** to sign
**silencieux(-euse)** quiet, silent 2 s
**simplement** 13
**six** six 1
**ski** *m.* ski, skiing 4; **— alpin** downhill skiing 9 s; **— de fond** cross-country skiing 9 s; **faire du —** to go skiing 4
**skier** to ski 4
**snob** snobby 3 s
**sociable** sociable 1
**société** *f.* society
**sociologie** *f.* sociology 2
**sœur** *f.* sister 3; **belle-—** sister-in-law, step-sister 3 s; **demi-—** half sister 3 s
**soie** *f.* silk
**soif: avoir —** to be thirsty 7

**soigner** to take care of, nurse 13

**soir** *m.* evening, in the evening 4; **bon —** good evening 1; **ce —** this evening 5

**soirée** *f.* evening 5 s

**soixante** sixty 1

**soixante-dix** seventy 3

**solde** *m.* sale 12; **en solde** on sale 12

**sole** *f.* sole (fish) 7 s

**soleil** *m.* sun 5; **il fait du —** it's sunny 5

**solitaire** solitary 1

**sommeil: avoir —** to be sleepy 13

**sondage** *m.* survey

**sorcier(-ière)** *m., f.* witch Récap s

**sorte** *f.* sort

**sortir** to go out 5

**souffrir** (**je souffre;** *p.p.* **souffert**) to suffer 13

**souhaiter** to wish 13

**souligner** to underline

**soupçonner** to suspect

**soupe** *f.* soup 7

**sourcil** *m.* eyebrow 13 s

**sourire** to smile 13 s

**sous** under, beneath 3

**souvenir** *m.* memory 8

**se souvenir de** (*p.p.* **souvenu**) to remember 8

**souvent** often 2 s, 4

**spécialisation** *f.* academic major 2

**sport** *m.* sport 4

**sportif(-ive)** athletic, active in sports 3

**stade** *m.* stadium 2 s

**station de métro** *f.* metro stop 10 s

**stressé(e)** (*fam.*) stressed 3 s, 4

**stricte** strict 3 s

**studio** *m.* studio apartment 2 s, 3

**stupide** stupid 3

**stylo** *m.* pen 1

**sucré(e)** sweetened 5 s, 7

**sud** south 9; **au — (de)** to/in the south (of) 9

**suffire** (*p.p.* **suffi**)*:* **ça suffit** that's enough 10

**suffisamment** sufficiently 13

**suggérer** (**je suggère**) to suggest

**se suicider** to commit suicide 14 s

**suisse** Swiss 4

**suivant(e)** next, following

**suivre** (*p.p.* **suivi**) to follow 8 s; **— un cours** to take a course

**super** *fam.* super 3 s, 12

**supermarché** *m.* supermarket 7

**supplément** *m.* extra charge 11

**supporter** to hold up, bear

**superficie** *f.* surface area (9)

**sur** on 3

**sûr(e)** sure, safe 14; **bien sûr** of course 2

**surprenant(e)** surprising 14

**surpris(e)** surprised 14

**surtout** most of all, especially 2 s

**surveillant(e)** *m., f.* person in charge of discipline 8 s

**surveiller** to watch, keep an eye on, supervise

**sweat** *m.* sweatshirt 1

**sympathique** (*fam.* **sympa**) nice, friendly 1

**symptôme** *m.* symptom 13

## T

**T-shirt** *m.* T-shirt 1

**table** *f.* table 1; **— basse** coffee table 10; **— de nuit** nightstand 3; **mettre la —** set the table 7

**tableau** *m.* chalkboard 1; painting

**tâche ménagère** *f.* household chore 10

**taille** *f.* size 12; **de — moyenne** average size 1

**tailleur** *m.* woman's suit 12

**talon** *m.* heel; **des chaussures à —s** high heels 12 s

**tante** *f.* aunt 3

**taper à l'ordinateur** to type on a computer 4 s

**tapis** *m.* rug 3

**tard** late 4

**tarif** *m.* fare, price 11

**tarte** *f.* tart, pie

**tartelette** *f.* mini-tart 7

**tartine** *f.* bread with butter and jam, a typical after-school snack 7 s

**tasse** *f.* cup 7

**tatouage** *m.* tatoo 12 s

**taxi** *m.* taxi 9

**techno** *f. fam.* techno music 2

**technologie de pointe** *f.* state-of-the-art technology 11 s

**télécarte** *f.* phone card 5 s

**télépathie** *f.* telepathy 11 s

**téléphone** *m.* telephone 3; **— mobile (portable)** cell phone 5

**télévision** *f.* (*fam.* **télé**) television 2

**tellement** so, so much

**témoin** *m.* witness

**température** *f.* temperature 9

**temps** *m.* weather 5; **quel — fait-il?** what is the weather? 5; **emploi du — m.** schedule 5; **le beau —** good weather 2 s

**tendance** popular, trendy 12

**tendre** tender 7

**tendresse** *f.* tenderness 14

**tenir** (*p.p.* **tenu**) to hold 6 s; to hold on 14; **— à** to be bent on doing something, to want to 6 s

**tennis** *m.* tennis 4; **des — m. pl.** tennis shoes 1; **jouer au —** to play tennis 4

**tension** *f.* blood pressure 13 s

**tentative** *f.* attempt 14 s

**tente** *f.* tent 11

**tenter** to try

**terminale** *f.* senior year of high school 12

**terrain** *m.* land; **— de camping** campground 11; **— de sport** sports field 8; **— de football** soccer field 2 s

**terrasse** *f.* terrace, patio 5 s, 10

**tête** *f.* head 13; **avoir mal à la —** to have a headache 13

**thé** *m.* tea 5; **— nature** plain tea 5 **— au citron** hot tea with lemon 5; **— au lait** hot tea with milk 5

**théâtre** *m.* theater

**thème** *m.* theme

**thon** *m.* tuna 7

**timide** timid 1

**titre** *m.* title Récap

**toi** you 5

**toilettes** *f. pl.* toilet 10

**tomate** *f.* tomato 7

**tomber** to fall 6; **— amoureux(-euse)** to fall in love 14; **— en panne** to have a (mechanical) breakdown 6

**tondeuse** *f.* lawnmower 10 s

**tongs** *f. pl.* flip flops 12

**tort: avoir —** to be wrong 13

**tôt** early 4

**toujours** always 10

**tour** *f.* tower (11); *m.* **le tour de France** bicycle race 4

**tourisme** *m.* tourism 9

**touriste** *m., f.* tourist

**touristique** tourist, popular with tourists 11

**tourner** to turn 11; to film Récap s

**tousser** to cough 13

**tout(e)** (*pl.* **tous, toutes**) all; **— confort** luxury 10 s; **— droit** straight ahead 11; **— de suite** immediately; **— le monde** everyone; **c'est — que** that's all 5

**tradition** *f.* tradition 11

**train** *m.* train 9

**tranche** *f.* slice 7

**tranquille** calm 3 s

**tranquillisant** *m.* tranquilizer 13 s

**transformer** to transform Récap

**transport** *m.* transportation 9; **transports en commun** *m. pl.* public transportation 9; **moyen de — m.** means of transportation 9

**travail** *m.* (*pl.* **travaux**) work 2; **— bénévole** volunteer work 4 s

**travailler** to work 2, **— à plein temps** to work full time 4 s, 12; **— à mi-temps** to work part time 12

**travailleur(-euse)** hardworking 3

**traverser** to cross 11

**treize** thirteen 1

**trente** thirty 1

**très** very 1

**trimestre** *m.* trimester 2

**triste** sad 3

**trois** three 1

**troisième** third 2; **être en —** to be a college junior 3

**tromper** to be unfaithful 14 s; to trick Récap

**trop (de)** too much, too many (of) 7

**tropical(e)** tropical 9

**trouver** to find 6; **se —** to be located 9

**truc** *m. fam.* thing 12

**tu** you 1

**tuer** to kill Récap

**type** *m. fam.* guy 12

**typiquement** typically 2 s

## U

**un(e)** one 1; a

**unir** to unite Récap s

**université** *f.* university 2

**usine** *f.* factory 4

**utiliser** to utilize, use

## V

**vacances** *f. pl.* vacation 2 s, 6, 9; **les grandes —** summer vacation 9

**vachement** *fam.* very, a lot 12

**vaincre** to vanquish Récap s
**vaisselle** *f.* dishes 10; **faire la** — to do the dishes 10
**valable** valid 11
**valeur** *f.* value 14
**valise** *f.* suitcase 9; **faire sa** — to pack one's bag 9
**vallée** *f.* valley 9 s
**vanille** *f.* vanilla 7 s
**varié(e)** varied 9
**vase** *m.* vase 3
**vaste** vast, big 9 s
**vedette** *f.* star Récap s
**végétarien(ne)** *m., f.* vegetarian 7 s
**vélo** *m.* bicycle 3; **en à** — by bike 9
**vendeur(-euse)** *m., f.* salesperson 4
**vendre** to sell 5
**vendredi** Friday 2
**venir** (*p.p.* **venu**) to come 3; — **de** to have just 6
**vent** *m.* wind 5; **il fait du** — it's windy 5
**ventre** *m.* stomach 13
**verité** *m.* truth 14 s, Récap s
**verre** *m.* glass 7
**vers** around (time); towards (direction)
**version originale (doublée, sous-titrée)** *f.* original (dubbed, subtitled) movie Récap s
**vert(e)** green 1

**veste** *f.* jacket, sport coat 12
**vêtements** *m. pl.* clothes, clothing 1
**viande** *f.* meat 7
**vidéo** *f.* video 2
**vider** to empty; — **la poubelle** to empty the garbage 10
**vie** *f.* life; — **conjugale** *f.* married life 14 s; — **sentimentale** love life 14
**vieux (vieil, vieille)** old, elderly 1
**village** *m.* town 9
**ville** *f.* city 4
**vin** *m.* wine 5
**vinaigrette** *f.* salad dressing made with oil and vinegar 7 s
**vingt** twenty 1
**violet(te)** violet, purple 1
**visage** *m.* face 13
**visiter** to visit (a place) 9
**vitamine** *f.* vitamin 7 s, 13
**vite** fast, quickly 8
**vitrine** *f.* shop window 12 s
**vivant(e)** alive 3 s
**vivre** (*p.p.* **vécu**) to live 6
**vocabulaire** *m.* vocabulary
**voici** here is, here are 2
**voilà** there is, there are
**voile** *f.* sailing 9 s
**voir** (*p.p.* **vu**) to see 3, 11
**voisin(e)** *m., f.* neighbor 1 s, 6 s

**voiture** *f.* car 3; **en** — by car 9
**vol** *m.* flight 9
**volcan** *m.* volcano 9 s
**voler** to steal, to fly Récap
**volets** *m. pl.* shutters 3 s, 6 s, 9
**voleur** *m.* thief Récap
**vouloir** (*p.p.* **voulu**) to want 5
**vous** you 1
**voyage** *m.* trip 4; **faire un** — to take a trip 4
**voyager (nous voyageons)** to travel 2
**voyant(e)** *m., f.* fortune teller 11 s
**vrai(e)** true
**vraiment** really 6, 13

## W

**W.C.** *m. pl.* half bath (abbreviation of water closet) 10
**week-end** *m.* weekend 2

## Y

**yaourt** *m.* yogurt 7
**yeux** *m. pl.* eyes (**œil** *m.* eye) 13
**yoga** *m.* yoga 4

## Z

**zèbre** *m.* zebra 7 s
**zéro** *m.* zero 1

## A

**a** un(e)
**able: to be —** pouvoir
**abortion** avortement *m.*
**about** à propos de, au sujet de
**above** au-dessus (de)
**abroad** à l'étranger
**absolute** absolu(e)
**absolutely** absolument
**about: (the book) is about:** il s'agit de
**accident** accident *m.*
**to accompany** accompagner
**to accomplish** accomplir
**according to** selon
**accounting** comptabilité *f.*
**to ache** avoir mal (à)
**across** à travers
**to act** agir
**active** actif(-ive)
**actively** activement
**activity** activité *f.*; **leisure activities** loisirs
    *m. pl.*
**actor** acteur(-trice) *m., f.*; comédien(ne)
    *m., f.*
**to adapt** s'adapter
**to add** ajouter
**address** adresse *f.*
**to admire** admirer
**to adore** adorer
**adult** adulte *m., f.*
**advanced** avancé(e)
**advantage** avantage *m.*; qualité *f.* **to take**
    **—of** profiter
**adventure** aventure *f.*; **— movie** film
    d'aventure *m.*
**advertisement** réclame *f.*; publicité *f.*
    (*fam.* la pub)
**advice** conseil *m.*
**to advise** conseiller; **— against** décon-
    seiller
**aerobics** aérobic *f.*; **to do —** faire de
    l'aérobic
**affectionate** affectueux(-euse)
**afraid: to be —** avoir peur (de)
**Africa** Afrique *f.*
**African** africain(e)
**after** après
**afternoon** après-midi *m.*
**again** de nouveau
**against** contre
**age** âge *m.*
**agency** agence *f.*; **travel —** agence de voyages
**agent** agent *m., f.*; **travel —** agent de
    voyages *m.*
**aggressive** agressif(-ive)
**ago** il y a (+ time)
**to agree** être d'accord
**agricultural** agricole
**air conditioning** climatisation *f.*
**airplane** avion *m.*
**airport** aéroport *m.*
**alarm clock** réveil *m.*
**alcoholic** alcoolisé(e)

**alive** vivant(e)
**all** tout(e) (*pl.* tous, toutes)
**allergic** allergique
**allergy** allergie *f.*
**to allow** permettre
**almost** presque
**alone** seul(e)
**already** déjà
**also** aussi
**although** bien que
**always** toujours
**ambitious** ambitieux(-euse)
**American** américain(e)
**among** parmi
**anchovies** anchois *m.*
**and** et
**angry: to get —** se mettre en colère, se
    fâcher contre; **to make someone**
    **—** mettre en colère
**animal** animal *m.*
**ankle** cheville *f.*
**to announce** annoncer
**announcement** annonce *f.*
**to annoy** ennuyer; embêter; énerver
**to answer** répondre (à)
**anthropology** anthropologie *f.*
**anxious** angoissé(e)
**apartment** appartement *m.*, studio *m.*;
    **— building** immeuble *m.*
**appetite** appétit *m.*
**appetizer** hors-d'œuvre *m.*
**apple** pomme *f.*
**appliance** appareil ménager *m.*
**to apply (for a job)** poser sa candidature
**appointment** rendez-vous *m.*
**to appreciate** apprécier
**April** avril
**aquarium** aquarium *m.*
**architect** architecte *m., f.*
**to argue (with)** se disputer (avec)
**arid** aride
**arm** bras *m.*
**armchair** fauteuil *m.*
**armoire** armoire *f.*
**around** (time) vers; autour; environ
**to arrange** arranger; ranger
**to arrive** arriver
**article** article *m.*
**artisan** artisan *m., f.*
**artist** artiste *m., f.*
**as** comme; **— . . . —** aussi... que;
    **— much, — many** autant;
    **— soon —** aussitôt que
**Asia** Asie *f.*
**to ask (for)** demander; **— a question** poser
    une question
**asparagus** asperges *f.pl.*
**aspirin** aspirine *f.*
**assured** assuré(e)
**astonished** étonné(e)
**astonishing** étonnant(e)
**at** à, en
**athlete** athlète *m., f.*

**athletic** sportif(-ive)
**ATM (automatic teller machine)**
    distributeur automatique *f.*
**atmosphere** atmosphère *m.*
**to attack** attaquer
**attempt** tentative *f.*
**to attend** assister à
**attention** attention *f.*; **to pay**
    **—** faire attention
**to attract** attirer
**attraction** attraction *f.*
**August** août
**aunt** tante *f.*
**Australia** Australie *f.*
**author** auteur *m.*
**autumn** automne *m.*
**available** disponible
**avenue** avenue *f.*
**average** moyen(ne)
**to avoid** éviter
**to awaken (someone)** réveiller

## B

**baby** bébé *m.*
**babysitter** baby-sitter *m., f.*; **to babysit**
    faire du baby-sitting
**back** dos *m.*
**backpack** sac à dos *m.*
**bad** mauvais(e); **not —** pas mal
**badly** mal
**bag** sac *m.*
**bakery** boulangerie *f.*; pâtisserie *f.*
**balance** équilibre *m.*
**balcony** balcon *m.*
**ball** balle *f.*; (inflatable) ballon *m.*; (dance)
    bal *m.*
**banal** banal(e)
**banana** banane *f.*
**bandage** pansement *m.*
**to banish** bannir
**bank** banque *f.*
**banker** banquier(-ière) *m., f.*
**bankrupt: to go —** faire faillite
**to baptize** baptiser
**bargain** bonne affaire *f.*; **to —** marchander
**basketball** basketball *m.*; **to play —** jouer
    au basket
**to bathe** baigner; **to take a bath** se baigner
**bathing suit** maillot de bain *m.*
**bathroom** salle de bains *f.*; **half —** les W.C.
    *m. pl.*
**battle** bataille *f.*
**to be** être
**beach** plage *f.*
**bean** haricot *m.*
**bear** ours *m.*
**to bear, hold up** supporter
**beard** barbe *f.*
**to beat** battre
**beautiful** beau (bel, belle), (*pl.* beaux,
    belles)
**because** parce que, car
**to become** devenir

**bed** lit *m.;* **to make the** — faire le lit; **to put to** — coucher; **to go to** — se coucher
**bedroom** chambre *f.*
**bedsheets** draps *m. pl.*
**bee** abeille *f.*
**beef** bœuf *m.*
**beer** bière *f.;* **glass of draft** — demi *m.*
**before** avant
**to beg** prier
**to begin** commencer; — **to** se mettre à
**beginning** début *m.;* **in the** — au début
**to behave** se comporter
**behind** derrière
**beige** beige
**Belgian** belge
**to believe** croire
**bell pepper** poivron *m.*
**to belong to** appartenir à
**bench** banc *m.*
**to benefit** bénéficier
**better** meilleur(e); *adv.* mieux; **it is** — il vaut mieux
**between** entre
**bicycle** bicyclette *f.,* vélo *m.*
**big** grand(e); vaste
**bill** (paper money) billet de banque *m.*
**bilingual** bilingue
**binder** classeur *m.*
**binoculars** jumelles *f. pl.*
**biology** biologie *f.*
**birth** naissance *f.*
**birthday** anniversaire *m.;* **happy** — bon anniversaire
**black** noir(e)
**blackboard** tableau *m.*
**blazer** blazer *m.*
**blond** blond(e)
**blood** sang *m.;* — **pressure** tension *f.*
**blouse** chemisier *m.*
**blue** bleu(e)
**blue jeans** jean *m.*
**to blush** rougir
**boat** bateau *m.*
**body** corps *m.*
**to boil** faire bouillir
**book** livre *m.*
**bookseller** bouquiniste *m., f.*
**bookshelf** étagère *f.*
**bookstore** librairie *f.*
**boot** botte *f.*
**border** frontière *f.*
**boring** ennuyeux(-euse)
**born: to be** — naître
**to borrow** emprunter
**boss** patron(ne) *m., f.*
**to bother** déranger
**bottle** bouteille *f.*
**boulevard** boulevard *m.*
**boutique** boutique *f.*
**bowl** bol *m.;* **mixing** — saladier *m.*
**box** boîte *f.*
**boy** garçon *m.;* — **friend** petit ami *m.*
**bracelet** bracelet *m.*
**brand** marque *f.*
**bread** pain *m.;* **whole wheat** — pain complet *m.*
**to break** casser; — **(one's leg)** se casser (la jambe); — **up with** rompre (avec)

**breakfast** petit déjeuner *m.*
**to breathe** respirer
**bridge** pont *m.*
**brief** bref (brève)
**to bring (person)** amener; **(thing)** apporter
**broadcast** émission *f.*
**broccoli** brocoli *m.*
**brochure** brochure *f.*
**broom** balai *m.*
**brother** frère *m.;* **brother-in-law,** beau-frère *m.,* **half-brother, stepbrother** demi-frère *m.*
**brown** marron; **to get** — brunir
**bruise** bleu *m.*
**brunette** brun(e)
**brush** brosse *f.;* **to** — brosser; **to** — **one's hair** se brosser les cheveux
**buddy** pote *m. fam.*
**to build** construire
**building** bâtiment *m.*
**to burn** brûler
**bus** autobus *m.,* autocar *m.*
**business** commerce *m.;* affaires *f. pl.;* **e-business** commerce électronique
**businessman/woman** homme (femme) d'affaires *m., f.*
**busy** occupé(e); chargé(e)
**but** mais
**butcher shop** boucherie *f.*
**butter** beurre *m.*
**butterfly** papillon *m.*
**to buy** acheter
**by** par

## C

**cafeteria** cafétéria *f.*
**café** café *m.*
**cake** gâteau *m.*
**calculator** calculatrice *f.*
**calendar** calendrier *m.*
**to call** appeler; téléphoner (à); — **back** rappeler
**calm** calme, tranquille
**camel** chameau *m.*
**camera** appareil photo *m.*
**campground** terrain de camping *m.*
**camping** camping *m.;* **to go** — faire du camping
**can** boîte *f.*
**can, to be able to** pouvoir
**cancer** cancer *m.*
**candy** bonbon *m.*
**canoe** canoë *m.*
**cap (baseball)** casquette *f.*
**capital** capitale *f.*
**car** voiture *f.,* bagnole *f. fam.*
**card** carte *f.;* **debit** — carte bancaire; **credit** — carte de crédit; **postcard** carte postale; **to play cards** jouer aux cartes
**care: to take** — **of** s'occuper de; **to** — **for** se soucier de; **to take** — **of oneself** se soigner; **to take**—**of** prendre soin (de)
**career** carrière *f.*
**careful: to be** — faire attention
**to carress** caresser
**carriage** carosse *f.*
**carrot** carotte *f.*
**cartoon** bande dessinée *f.,* BD *f.)*

**cash** en liquide; — **register** caisse *f.*
**cassette** cassette *f.*
**cast** plâtre *m.*
**castle** château *m.*
**cat** chat *m.*
**to catch** attraper
**cave** grotte *f.*
**cavity** carie *f.*
**CD** disque compact *m.* CD *m. fam.;* — **player** lecteur (laser) de CD *m.*
**cemetery** cimetière *m.*
**center** centre *m.;* **cultural** — centre culturel *m.*
**century** siècle *m.*
**cereal** céréales *f. pl.*
**certain** certain(e)
**chair** chaise *f.*
**chalk** craie *f.*
**challenge** défi *m.*
**champagne** champagne *m.*
**champion** champion(ne) *m., f.*
**change** changement *m.;* (money) monnaie *f.*
**to change** changer
**character** personnage *m.;* **main** — personnage principal *m.;* protagoniste *m., f.*
**charge: extra** — supplément *m.*
**charming** charmant(e)
**to chase** chasser
**to chat** bavarder
**cheap** bon marché, pas cher
**check** chèque *m.;* **restaurant** — addition *f.;* **checkered (fabric)** à carreaux
**cheek** joue *f.*
**cheese** fromage *m.;* **with melted** — gratiné(e)
**chemistry** chimie *f.*
**cherry** cerise *f.*
**chest of drawers** commode *f.*
**chicken** poulet *m.*
**child** enfant *m., f.;* gosse *m., f., fam.;* **only** — fils (fille) unique
**childhood** enfance *f.*
**chill** frisson *m.*
**chin** menton *m.*
**chocolate** chocolat *m.*
**to choose** choisir
**church** église *f.*
**city** ville *f.*
**class** classe *f.;* **classmate** camarade de classe *m., f.;* **classroom** salle de classe *f.*
**classified ads** petites annonces *f. pl.*
**clean** propre; **to** — nettoyer
**clear** clair(e)
**client** client (cliente) *m., f.*
**climate** climat *m.*
**to climb** monter
**clock** horloge *f.,* — **radio** radioréveil *m.*
**to close** fermer
**close (to)** près (de)
**closet** placard *m.,* armoire *f.*
**clothes** vêtements *m. pl.*
**cloud** nuage *m.;* **it's cloudy** le ciel est couvert; **it's partly cloudy** il y a des éclaircies
**coast** côte *f.*
**coat** manteau *m.*
**Coca-Cola** coca *m.;* **diet Coke** coca light

**coffee** café *m.;* — **with cream** café crème (*fam.* un crème*);* — **table** table basse *f.*
**coin(s)** monnaie *f.*
**cold** froid(e); (illness) rhume *m.,* **it's** — il fait froid; **to be** — avoir froid
**collar** col *m.*
**colleague** collègue *m., f.*
**colony** colonie *f.*
**color** couleur *f.*
**comb** peigne *m.*
**to come** venir; **to** — **back** revenir
**comedy** comédie *f.*
**comfort** confort *m.*
**to commute** faire la navette
**to communicate** communiquer
**compact disc** disque compact *m.,* CD *m.*
**company** entreprise *f.;* — **president** chef d'entreprise *m.*
**to compare** comparer
**compass** boussole *f.*
**competition** concours *m.*
**to complain** se plaindre, râler
**completely** complètement, tout à fait
**composer** compositeur(-trice) *m., f.*
**compromising** compromettant(e)
**computer** ordinateur *m.;* — **science** informatique *f.;* — **software** logiciel *m.;* — **specialist** informaticien(ne) *m., f.*
**concert** concert *m.*
**to confide** confier
**confident** confiant(e)
**conflict** conflit *m.*
**conformist** conformiste *m., f.*
**conformity** conformisme *m.*
**congested** enrhumé(e)
**consequently** par conséquent
**conservative** conservateur(-trice)
**to consider** considérer
**constantly** constamment
**to consult** consulter
**consumer** consommateur(-trice) *m., f.*
**consumption** consommation *f.*
**container** récipient *m.*
**contemporary** contemporain(e)
**continent** continent *m.*
**to continue** continuer
**contrary: on the** — au contraire
**to contribute** contribuer
**convention** congrès *m.*
**to convince** convaincre
**cook** cuisinier(-ière) *m., f.;* **to** — faire la cuisine; **to** — **(something)** faire cuire (quelque chose)
**cookie** biscuit *m.*
**cool** frais (fraîche); cool, chouette *fam.;* **it's** — (weather) il fait frais;
**copy** copier; copie *f.*
**corduroy** velours côtelé *m.*
**corn** maïs *m.*
**corner** coin *m.*
**cosmopolitan** cosmopolite
**to cost** coûter
**cotton** coton *m.*
**couch** canapé *m.*
**to cough** tousser
**to count (on)** compter (sur)
**counter(top)** comptoir *m.*
**country** campagne *f.;* pays *m.*

**couple** couple *m.*
**courage** courage *m.*
**courageous** courageux(-euse)
**course** cours *m.;* **of** — bien sûr
**to court** faire la cour
**courtyard** cour *f.,* terrasse *f.*
**cousin** cousin(e) *m., f.*
**to cram** (for an exam) bachoter
**crazy** fou (folle)
**cream** crème *f.*
**to create** créer
**credit card** carte de crédit *f.*
**to criticize** critiquer
**to cross** traverser
**crow** corbeau *m.*
**crowd** foule *f.*
**cruise** croisière *f.*
**crutches** béquilles *f. pl.*
**to cry** pleurer
**cucumber** concombre *m.*
**culinary** culinaire
**to cultivate** cultiver
**cup** tasse *f.*
**cure** remède *m.*
**curtains** rideaux *m. pl.*
**customer** client(e) *m., f.*
**to cut** couper; **a class** sécher un cour *fam.;* — **one's finger** se couper le doigt
**cute** mignon(ne)

# D

**daily** quotidien(ne); — **publication** quotidien *m.*
**dance** danse *f.;* bal *m.;* **to** — danser
**dancer** danseur (danseuse) *m., f.*
**date** date *f.;* rendez-vous *m.*
**datebook** agenda *m.*
**daughter** fille *f.*
**day** jour *m.;* journée *f.;* **all** — **long** toute la journée; — **after** lendemain *m.*
**dead** mort(e)
**dear** cher (chère)
**death penalty** peine de mort *f.*
**debit card** carte bancaire *f.*
**December** décembre
**to decide** décider; se décider à
**to decrease** diminuer
**deep** profond(e)
**to defend** défendre
**degree** degré *m.;* **bachelor's** — license *f.* (equivalent); **Master's** — maîtrise *f.*
**delicatessen** charcuterie *f.*
**delicious** délicieux(-ieuse)
**delighted** ravi(e)
**delivery** (of a baby) accouchement *m.*
**to demand** exiger
**demanding** exigeant(e)
**dental floss** fil dentaire *m.*
**dentist** dentiste *m., f.*
**department store** grand magasin *m.*
**to depend (on)** dépendre (de); **it depends** ça dépend
**deposit** caution *f.*
**depressed** déprimé(e); **to be** — avoir le cafard, faire une dépression
**to describe** décrire
**description** description *f.*

**desert** désert *m.*
**to desire** désirer; avoir envie de
**desk** bureau *m.;* **student** — pupitre *m.*
**despite** malgré
**dessert** dessert *m.*
**destination** destination *f.*
**destiny** destin *m.*
**to destroy** détruire
**to develop** développer
**developed** developpé(e)
**devil** diable *m.*
**to devote** consacrer
**to devour** dévorer
**dialog(ue)** dialogue *m.*
**diary** journal intime *m.*
**dictionary** dictionnaire *m.,* dico *m. fam.*
**to die** mourir ( *p.p.* mort)
**diet** régime *m.;* alimentation *f.;* **to be on a** — être au régime
**difference** différence *f.*
**different** différent(e)
**difficult** difficile
**to diminish** diminuer
**to dine** dîner
**dinner** dîner *m.*
**diploma** diplôme *m.*
**direction** direction *f.*
**director** directeur(-trice); réalisateur (-trice) *m., f;* metteur en scène *m.*
**dirty** sale
**disadvantage** inconvénient *m.*
**disappointed** déçu(e)
**discipline** discipline *f.*
**to discover** découvrir
**to discuss** discuter (de)
**disgusting** dégoûtant(e)
**dish** assiette *f.;* (of food) plat *m.;* **to wash dishes** faire la vaisselle
**diversity** diversité *f.*
**divorce** divorce *m.;* **to** — divorcer
**divorced** divorcé(e)
**to do** faire
**doctor** médecin *m.*
**doctorate** doctorat *m.*
**documentary** documentaire *m.*
**dog** chien(ne) *m., f.*
**doll** poupée *f.;* **to play dolls** jouer à la poupée
**to dominate** dominer
**door** porte *f.*
**dormitory** résidence universitaire *f.;* dortoir *m.*
**to doubt** douter
**doubtful** douteux (douteuse)
**down: to go downstairs, get off** descendre
**downtown** centre-ville *m.*
**dozen** douzaine *f.*
**dragon** dragon *m.*
**drama** drame *m.*
**drawing** dessin *m.,* image *f.*
**dream** rêve *m.;* **to** — rêver
**dress** robe *f.;* **to** — habiller; **to get dressed** s'habiller; **dressed up** habillé(e)
**drink** boisson *f.;* **to** — boire; **something to** — quelque chose à boire
**to drive** conduire, rouler; **to go for a drive** faire une promenade en voiture
**drug** drogue *f.*

dry sec (sèche); **to —** **(oneself) off** se
    sécher; **—** **cleaners** pressing *m.*
**dunce cap** bonnet d'âne *m.*
**during** pendant
**DVD** DVD *m.*

# E

**each** chaque
**eagle** aigle *m.*
**ear** oreille *f.*
**early** tôt, de bonne heure; **to be**
    **—** être en avance
**to earn** gagner
**earring** boucle d'oreille *f.*
**earthquake** tremblement de terre *m.*
**east** est; **to/in the — (of)** à l'est (de)
**easy** facile
**to eat** manger; **— lunch** déjeuner;
    **— dinner** dîner
**ecology** écologie *f.*
**economics** sciences économiques *f. pl.*
**education** formation *f.;* enseignement *m.*
**egalitarian** égalitaire
**egg** œuf *m.*
**eight** huit
**eighty** quatre-vingts
**elbow** coude *m.*
**elegant** élégant(e)
**element** élément *m.*
**elephant** éléphant *m.*
**elevator** ascenseur *m.*
**elsewhere** ailleurs
**email** courrier électronique *m.,*
    courriel *m.,* e-mail *m.,* mèl *m.*
**to emphasize** mettre en valeur
**to employ** employer
**employee** employé(e) *m., f.*
**employer** employeur(-euse) *m., f.*
**to empty the garbage** vider la poubelle
**end** fin *f.;* **at the end of** au bout de
**ending** dénouement *m.*
**energetic** énergique
**engaged: to get —** se fiancer
**engineer** ingénieur *m.*
**English** anglais(e); **— language**
    anglais *m.*
**enough** assez (de)
**to enrich** enrichir
**to enter** entrer
**entertainment** distraction *f.;* **— center**
    rangement télévision/hi-fi, *m.*
**enthusiastic** enthousiaste, passionné(e)
**entry (hall)** entrée *f.*
**environment** environnement *m.*
**equator** équateur *m.*
**errand** course *f.;* **to do errands** faire les
    courses
**error** erreur *f.*
**especially** surtout
**espresso** expresso *m.*
**to establish** établir
**eternal** éternel(le)
**Europe** Europe *f.*
**evening** soir *m.;* soirée *f.;* **good —** bonsoir;
    **yesterday —** hier soir; **this —** ce soir
**event** événement *m.;* **current events** actua-
    lités *f. pl.*

**every: everyone** tout le monde; **every-**
    **where** partout
**evidently** évidemment
**exactly** exactement
**exam** examen *m.;* **competitive**
    **—** concours *m.*
**example** exemple *m.;* **for —** par exemple
**excellent** excellent
**except** sauf
**exceptional** exceptionnel(le)
**to exchange** échanger
**excited** animé(e)
**exciting** passionnant(e)
**excursion** excursion *f.*
**excuse me** excusez-moi
**executive** cadre *m.*
**exercise** exercice *m.*
**exhibit** exposition *f.*
**exile: to go into exile** s'exiler
**to expect** attendre; **—** **to** s'attendre à
**to expel (from school)** renvoyer
**expense** dépense *f.*
**expensive** cher (chère)
**to explain** expliquer
**to explode** exploser
**to express** exprimer
**eyebrow** sourcil *m.*
**eyeglasses** lunettes *f. pl.;* **sunglasses**
    lunettes de soleil
**eyelash** cil *m.*
**eyes** yeux *m. pl.* (œil *m. sing.*)

# F

**fable** fable *f.*
**face** figure *f.;* visage *m.*
**facing** en face (de)
**factory** usine *f.*
**to fail** rater
**to faint** s'évanouir
**fairy** fée *f.;* **— tale** conte de fées *m.*
**faithfulness** fidélité *f.*
**to fall** tomber; **— asleep** s'endormir;
    **— in love (with)** tomber amoureux
    (-euse) (de)
**false** faux (fausse)
**family** famille *f.*
**famous** célèbre; fameux(-euse)
**far (from)** loin (de)
**fare** tarif *m.*
**farm** ferme *f.*
**farmer** agriculteur(-trice) *m., f.*
**fashion** mode *f.;* **— designer** couturier
    (-ière) *m., f.;* **— show** défilé de
    mode *m.,* **to be in**—être à la mode
**fat** gros(se); graisse *f.,* **low —** maigre
**father** père *m.;* **father-in-law, stepfather**
    beau-père *m.*
**favorite** préféré(e)
**fear** peur *f.;* **to be afraid** avoir peur
**February** février
**to feel** se sentir; **— like** avoir envie de
**fever** fièvre *f.*
**few** peu (de); **a —** quelques
**fiancé(e)** fiancé(e) *m., f.*
**field** champ *m.;* **soccer —** terrain de foot-
    ball *m.;* **sports —** terrain de sport *m.*
**fifty** cinquante

**to fight** lutter
**to fill (in)** remplir
**filled** complet (complète)
**film** film *m.;* (for camera) pellicule *f.,*
    **to —** tourner (un film), filmer
**film maker** cinéaste, *m., f.;* réalisateur
    (-trice) *m., f.*
**finally** enfin, finalement
**to find one's way** se repérer
**finger** doigt *m.*
**fingernail** ongle *m.*
**to finish** finir
**fireplace** cheminée *f.*
**first** premier(-ière); *adv.* d'abord
**fish** poisson *m.*
**five** cinq
**flag** drapeau *m.*
**flashlight** lampe électrique *f.*
**flat** plat(e)
**to flatter** flatter
**flight** vol *m.*
**floor** étage *m.;* **first — (American second**
    **floor)** premier étage
**florist** fleuriste *m., f.*
**flower** fleur *f.;* **— print** à fleurs
**flu** grippe *f.*
**fluently** couramment
**to fly** voler
**fog** brouillard *m.;* **it's foggy** il fait du
    brouillard
**to follow** suivre; **following** suivant(e)
**food** nourriture *f.;* provisions *f. pl.;* cuisine
    *f.;* alimentation *f.;* bouffe *f. fam.*
**foot** pied *m.;* **on —** à pied
**football** football américain *m.*
**for** pour
**forehead** front *m.*
**foreign** étranger(-ère)
**foresight** prévoyance *f.*
**forest** forêt *f.*
**to forget** oublier
**fork** fourchette *f.*
**form** formulaire *m.*
**former** ancien(ne)
**formerly** autrefois
**fortunately** heureusement
**fortune teller** voyant(e) *m., f.*
**four** quatre
**fox** renard *m.*
**free** libre; **— (of charge)** gratuit(e)
**to freeze** geler; **it's freezing** il gèle
**French** français(e); **— language** français *m.*
**French-speaking** francophone
**frequent** fréquent(e)
**to frequent** fréquenter
**fresh** frais (fraîche)
**freshman** (in school) en première année
**Friday** vendredi
**friend** ami(e) *m., f.;* copain (copine) *m., f.;*
    camarade *m., f.;* **boyfriend/girl-**
    **friend** petit(e) ami(e)
**friendship** amitié *f.*
**from** de
**front: in — of** devant
**fruit** fruit *m.*
**full** plein(e); **— time** à plein temps
**fun: to have —** s'amuser

**funny** amusant(e), drôle, comique, marant(e) *fam.*; rigolo(te) *fam.*
**furnished** meublé(e)
**furniture** meubles *m. pl*
**future** avenir *m.*

## G

**gadget** gadget *m.*
**to gain weight** grossir
**game** jeu *m.*; (sports) match *m.*
**gang** gang *m.*
**garage** garage *m.*
**garbage can** poubelle *f.*
**garden** jardin *m.*
**to gargle** faire des gargarismes
**garlic** ail *m.*
**gasoline** essence *f.*
**general** général(e); **in —** en général
**generation** génération *f.*
**generous** généreux(-euse)
**geography** géographie *f.*
**German** allemand(e); **— language** allemand *m.*
**to gesture** gesticuler
**to get** obtenir; **— a job** décrocher; **— rich** faire fortune
**to get along** s'entendre (bien)
**to get down** descendre
**to get dressed** s'habiller
**to get up** se lever
**to get used to** s'habituer
**to get well** se remettre
**giant** géant *m.*
**gift** cadeau *m.*
**giraffe** girafe *f.*
**girl** fille *f.* nana *f. fam.*
**girlfriend** petite amie *f.*
**to give** donner
**glass** verre *m.*
**globalization** globalisation *f.*
**glove** gant *m.*
**to go** aller; **— away** s'en aller; **— to bed** se coucher, **— see** aller voir
**goal** but *m.*
**goblet** verre à pied *m.*
**god, God** dieu *m.*, Dieu *m.*
**gold** or *m.*; **made of —** en or
**golf** golf *m.*
**good** bon(ne); **— evening** bonsoir
**good-bye** au revoir, salut, *fam.*
**gorilla** gorille *m.*
**gourmet** gastronomique
**gram** gramme *m.*
**granddaughter** petite-fille *f.*
**grandchildren** petits-enfants *m. pl.*
**grandfather** grand-père *m.*
**grandmother** grand-mère *f.*
**grandparents** grands-parents *m. pl.*
**grandson** petit-fils *m.*
**grape** raisin *m.*
**grapefruit** pamplemousse *m.*
**grass** pelouse *f.*
**gray** gris(e)
**great** super *fam.*; chouette *fam.*
**green** vert(e)
**green beans** haricots verts *m. pl.*
**to greet** saluer; **— each other** se saluer

**grilled** grillé(e)
**grocery store** épicerie *f.*
**ground floor** (of a building) (American first floor) rez-de-chaussée *m.*
**group** groupe *m.*
**to grow (up)** grandir
**growth** croissance *f.*
**to guess** deviner
**guitar** guitare *f.*
**guy** mec *m.*, type *m. fam.*
**gymn** gymnase *m.*

## H

**hair** cheveux *m. pl.*; **— dryer** sèche-cheveux *m.*; **short (long) —** cheveux courts (longs); **blond (brown, gray, red) —** cheveux blonds (bruns, gris, roux)
**hairstyle** coiffure *f.*
**half** demi(e)
**hallway** couloir *m.*
**ham** jambon *m.*
**hand** main *f.*
**handkerchief** mouchoir *m.*
**handsome** beau (bel, belle) (*pl.* beaux, belles)
**to happen** se passer, arriver
**happiness** bonheur *m.*
**happy** heureux(-euse); content(e)
**hard** *adv.* dur
**hardware store** quincaillerie *f.*
**hard-working** travailleur(-euse)
**hat** chapeau *m.*
**to hate** détester
**to have** avoir; **— a great time** s'éclater *fam.*; **— difficulty** avoir du mal à ; **— fun, enjoy oneself** s'amuser; **— to** devoir
**he** il
**head** tête *f.*; **to have a headache** avoir mal à la tête
**to heal** guérir
**health** santé *f.*
**healthy** sain(e)
**to hear** entendre
**heart** cœur *m.*
**heavy** lourd(e); **(stocky)** fort(e)
**heel** talon *m.*; **high heels** chaussures à talons hauts *f.*
**hell** enfer *m.*
**hello** bonjour; (telephone) allô
**to help** aider
**here** ici; **— is/are** voici
**hero** héros *m.*
**heroine** héroïne *f.*
**to hesitate** hésiter (à)
**hi** salut *fam.*
**to hide** se cacher
**hide-and-seek** cache-cache *m.*
**high** élevé(e)
**high school** lycée *m.*
**highway** autoroute *f.*
**hike** randonnée *f.*; **to go for a —** faire une randonnée
**hiker (biker)** randonneur(-euse) *m., f.*
**hip** hanche *f.*
**to hire** embaucher
**historical** historique
**history** histoire *f.*

**to hit** taper
**to hitch together** accrocher
**to hitchhike** faire de l'auto-stop
**hockey** hockey *m.*; **to play —** jouer au hockey
**to hold (out)** tenir; **— the record** détenir le record
**holiday** fête *f.*
**home** foyer *m.*
**homeless people** gens sans-abri *m. pl.*
**homemaker** homme (femme) au foyer *m., f.*
**homesick** dépaysé(e)
**homework** devoirs *m. pl.*; **to do —** faire les devoirs
**honest** honnête
**honestly** franchement
**honeymoon** lune de miel *f.*
**to hook (hitch on)** accrocher
**hope** espoir *m.*
**to hope** espérer
**horrible** horrible
**horror movie** film d'horreur *m.*
**horse** cheval *m.*
**horseback riding** équitation *f.*
**hosiery (tights)** collants *m. pl.*
**hospital** hôpital *m.*
**hot** chaud(e); **— chocolate** chocolat chaud *m.*; **— plate** réchaud *m.*; **it's —** il fait chaud; **to be —** avoir chaud
**hotel** hôtel *m.*
**hour** heure *f.*; **in an —** dans une heure
**house** maison *f.*; **at someone's —** chez
**household chore** tâche ménagère *f.*
**housework** ménage *m.*; **to do —** faire le ménage
**how** comment; **— are you?** comment allez-vous?; **— long** (for how much time) depuis combien de temps; **— long** (since when, since what point of time) depuis quand; **— many** combien de; **— much** combien; **— much is it?** c'est combien? **— 's it going?** ça va?
**however** cependant, pourtant
**humiliating** humiliant(e)
**hundred** cent; **two —** deux cents
**hungry: to be —** avoir faim
**hurricane** ouragan *m.*
**to hurry** se dépêcher
**to hurt** blesser
**husband** mari *m.*

## I

**I** je
**ice cream** glace *f.*
**ice skating** patin à glace *m.*
**ideal** idéal(e)
**identification** identification *f.*
**to identify** identifier
**if** si
**illness** maladie *f.*
**to imagine** imaginer
**immediately** immédiatement, tout de suite
**immigration** immigration *f.*
**important** important(e)
**in** à, dans; **— class** en classe; **— first class** en première classe; **— front of**

devant; — **tourist class** en classe touriste
**included** compris(e)
**to increase** augmenter
**independent** indépendant(e)
**independence** indépendance *f.*
**indifferent** indifférent(e)
**individualistic** individualiste
**industrialized** industrialisé(e)
**inexpensive** bon marché
**to influence** influencer
**to inform** informer
**information** renseignements *m. pl.*
**ingredient** ingrédient *m.*
**inhabitant** habitant *m.*
**to injure** blesser
**injury** blessure *f.*
**inn** auberge *f.*
**inside** à l'intérieur
**insurance** assurance *f.*
**intellectual** intellectuel(le)
**intelligent** intelligent(e)
**interest: to be interested in** s'intéresser à
**interesting** intéressant(e)
**international** international(e)
**internship: to do an** — faire un stage
**interview** interview *f.*
**to introduce** présenter; **— oneself** se présenter
**to invite** inviter
**to iron clothes** repasser le linge
**to irritate** irriter
**island** île *f.*
**itinerary** itinéraire *m.*

## J

**jacket** blouson *m.*
**jam** confiture *f.*
**January** janvier
**Japanese** japonais(e); **— language** japonais *m.*
**jar** pot *m.*
**jazz** jazz *m.*
**jealous** jaloux(-se)
**jealousy** jalousie *f.*
**jeans** blue-jean *m.*
**jewelry** bijoux *m. pl*
**job** travail *m.*, job *m.*; boulot *m. (fam.)*;
**jogging** jogging *m.*; **to jog** faire du jogging
**joke** blague *f.*; **to** — plaisanter; **no kidding** sans blague *(fam.)*
**journalist** journaliste *m., f.*
**judge** juge *m.*
**juice** jus *m.*; **orange** — jus d'orange; **apple** — jus de pomme
**July** juillet
**June** juin
**junior** (in school) en troisième année
**just: to have** — venir de

## K

**to keep** garder
**key** clé *f.*
**kid** gosse *m., f. fam*
**to kill** tuer
**kilogram** kilo *m.*
**kind** (**type**) sorte *f.*; (**nice**) gentil(le)

**kindergarten** école maternelle *f.*
**kindness** gentillesse *f.*
**king** roi *m.*
**kiss** baiser *m.*, bise *f. (fam.)*; **to** — embrasser; **to** — **each other** s'embrasser; **hugs and kisses** (letter closing) grosses bises
**kitchen** cuisine *f.*; **— utensil** ustensile de cuisine *m.*
**knee** genou *m. (pl.* genoux*)*
**to kneel** s'agenouiller
**knife** couteau *m.*
**knight** chevalier *m.*
**to knock** frapper
**to know** connaître, savoir
**knowledge** connaissance *f.*

## L

**laboratory** laboratoire *m.*
**lack** manque *m.*
**lake** lac *m.*
**lamb** agneau *m.*
**lamp** lampe *f.*
**landlord/landlady** propriétaire *m., f.*
**language** langue *f.*
**to last** durer
**last** dernier/ière; **— week** la semaine dernière
**late** tard; **to be** — être en retard
**later** plus tard
**Latin** latin(e); **— language** latin *m.*
**to laugh** rire
**to launch** lancer
**laundry** lessive *f. ;* **to do the** — faire la lessive
**law** droit *m.*
**lawnmower** tondeuse *f.*
**lawyer** avocat(e) *m., f.*
**laziness** paresse *f.*
**lazy** paresseux(-euse)
**to lead** (**direct**) diriger; mener
**leaf** feuille *f.*
**to leaf** feuilleter
**to learn** apprendre
**leather** cuir *m.*
**to leave** quitter, partir, sortir; **to — behind** laisser
**lecture hall** amphithéâtre *m.*
**left** gauche, à gauche
**leg** jambe *f.*
**legend** légende *f.*
**lemonade** citron pressé *m.*
**lemon-lime soda** limonade *f.*
**to lend** prêter
**length** (**of time**) durée *f.*
**less** moins; **— than** moins... que
**lesson** leçon *f.*
**letter** lettre *f.*
**lettuce** salade *f.*, laitue *f.*
**library** bibliothèque *f.*
**life** vie *f.*; **married** — vie conjugale *f.*; **— expectancy** espérance de vie *f.*
**to lift weights** faire de la musculation
**light** léger/ère; (**color**) clair(e); (**lowfat**) allégé(e), maigre
**light bulb** ampoule *f.*
**like** comme
**to like** aimer, aimer bien
**line** ligne *f.*; **to stand in** — faire la queue
**lion** lion *m.*

**lips** lèvres *f. pl.*
**lipstick** rouge à lèvres *m.*
**list** liste *f.*
**to listen to** écouter
**liter** litre *m.*
**literacy** alphabétisme *m.*
**literature** littérature *f.*
**little** petit(e); peu; **a** — un peu (de)
**to live** habiter, vivre
**lively** animé(e)
**liver** foie *m.*
**living room** salle de séjour *f.*
**lizard** lézard *m.*
**loafers** mocassins *m. pl.*
**located** situé(e); **to be** — se trouver
**lodging** logement *m.*
**long** long(ue)
**to look** (**at**) regarder; **— for** chercher; **— ill** avoir mauvaise mine; **— like** avoir l'air (de), ressembler
**loose fitting** déstructuré(e)
**to lose** perdre; **— weight** maigrir
**loss** perte *f.*
**lot: a** — (**of**) beaucoup (de)
**love** amour *m.*; **at first sight** coup de foudre *m.*; **to** — aimer, adorer; **to be in** — (**with**) être amoureux(-euse) (de)
**lover** amant(e) *m., f.*
**low** bas(se)
**lowfat** allégé(e)
**luck** chance *f.*; **to be lucky** avoir de la chance
**lunch** déjeuner *m.*; **to eat** — déjeuner
**luxury** tout confort, luxe *m.*

## M

**ma'am** madame
**magazine** magazine *m.*; revue *f.*
**mail** courrier *m.*
**main** principal(e)
**to maintain** maintenir
**major** (academic) spécialisation *f.*
**to major** se spécialiser
**majority** majorité (de) *f.*
**to make** faire, fabriquer; **—fun of** se moquer de
**makeup: to put on** — se maquiller
**man** homme *m.*
**management** gestion *f.*
**manager** manager *m., f.*
**manner** manière *f.*; **good manners** bonnes manières; **well/bad mannered** bien/mal élevé(e)
**many** beaucoup (de); **a good** — bien des
**map** carte *f.*, plan *m.*
**marble** bille *f. ;* **to play marbles** jouer aux billes
**March** mars
**market** marché *m.*; **open air** — marché en plein air *m.*; **—ing** marketing *m.*
**marriage** mariage *m.*
**married** marié(e)
**to marry** épouser; **to get married** se marier (avec)
**massage: to get a** — se faire masser
**match** allumette *f.*
**mathematics** mathématiques *f. pl.* (*fam.*maths)

May mai

maybe peut-être

mayonnaise mayonnaise *f.*

mayor maire *m.*

me moi; — too moi aussi; — neither moi non plus

meal repas *m.;* enjoy your — bon appétit

mean méchant(e)

meaning sens *m.*

meat viande *f.* ; — cutlet côtelette *f.;* — spread pâté *m.*

mechanic mécanicien(ne) *m., f.*

medicine médicament *m.,* field of — médecine *f.*

mediocre médiocre

to meet rencontrer; — again se retrouver, se rejoindre; to make someone's acquaintance faire la connaissance de

to melt faire fondre

melted fondu(e)

memory mémoire *f.,* souvenir *m.*

to mention mentionner

menu carte *f.*

message message *m.*

messy en désordre

microwave micro-ondes *f.;* — oven four à micro-ondes *m.*

midnight minuit *m.*

mild doux (douce); it's — (weather) il fait doux

million million *m.*

milk lait *m.;* coffee with — café au lait *m.*

mind esprit *m.*

mini-tart tartelette *f.*

minority minorité (de)

miracle *f.* miracle *m.*

mirror miroir *m.*

to miss manquer; rater (le bus)

miss, Miss mademoiselle (Mlle)

misunderstanding incompréhension *f.*

to mix mélanger

model mannequin *m.*

moderate modéré(e)

modern moderne

modest modeste

moment moment *m.*

Monday lundi

money argent *m*

month mois *m.*

monument monument *m.*

mood humeur *f.;* to be in a bad (good) — être de mauvaise (bonne) humeur

more plus, davantage; —… than plus… que

morning matin *m.*

most (of) la plupart (de), la majorité de

mother mère *f.;* step-mother, mother-in-law belle-mère *f.*

motorcycle motocyclette (*fam.* moto) *f.*

mountain montagne *f.*

mountainous montagneux(-euse)

mouth bouche *f.*

to move bouger; (house) déménager; — in s'installer, emménager

movie film *m.;* — director cinéaste, metteur en scène *m., f.;* — star vedette *f.;* — theater cinéma *m.,* salle de cinéma *f.*

to mow passer la tondeuse

Mr. Monsieur (M.)

Mrs. Madame (Mme)

murder meurtre *m.*

muscle muscle *m.*

museum musée *m.*

mushroom champignon *m.*

music musique *f.;* classical — musique classique; rap — rap *m.*

musician musician(ne) *m., f.*

must, to have to devoir

mustard moutarde *f.*

my mon, ma, mes

mythical mythique

## N

name nom *m.;* first — prénom *m.;* last — nom de famille *m.;* to be named s'appeler; what is your — ? comment vous appelez-vous?

napkin serviette *f.*

narrator narrateur/trice *m., f.*

nature nature *f.*

near près (de); proche

neat en ordre

necessary nécessaire; it is — il faut

neck cou *m.*

to need avoir besoin de

to neglect négliger

neighbor voisin(e) *m., f.;* neighborhood voisinage *m.,* quartier *m.*

neither non plus; … nor ni… ni…

nephew neveu *m.*

nervous nerveux(-euse)

never ne… jamais

new nouveau (nouvelle)

news informations *f. pl.;* — column rubrique *f.*

newspaper journal *m.*

newsstand bureau de tabac *m.*

next prochain(e), suivant(e); — to à côté de; the — day le lendemain

nice gentil(le), sympathique; it's — weather il fait beau

niece nièce *f.*

nightclub boîte de nuit *f.*

nightstand table de nuit *f.*

nine neuf

ninety quatre-vingt-dix

no non

nobody ne… personne

noise bruit *m.*

nonsmoking section section non-fumeurs *f.*

noon midi *m.*

north nord *m.;* —America Amérique du Nord *f.*

nose nez *m.;* to have a runny — avoir le nez qui coule

not: — any longer ne… plus

not pas; ne… pas; — at all pas du tout

to note constater

notebook cahier *m.*

notepad bloc-notes *m.*

nothing rien; ne… rien

to notice remarquer, s'apercevoir

novel roman *m.*

November novembre

now maintenant

nuclear energy énergie nucléaire *f.*

number nombre *m.;* numéro *m.;* telephone — numéro de téléphone *m.*

nurse infirmier(-ière) *m., f.*

## O

obedient obéissant(e)

to obey obéir

object objet *m.*

to obtain obtenir

obvious évident(e)

occupation métier *m.*

ocean océan *m.*

o'clock heure *f.* it's six — il est six heures

October octobre

of de; — course bien sûr

to offer offrir

office bureau *m.* (*pl.* bureaux)

official officiel(le)

often souvent

oil huile *f.;* olive — huile d'olive *f.*

OK d'accord

old vieux (vieille), ancien; elderly (person) âgé(e); how — are you? quel âge avez-vous?; — fashioned démodé(e) older brother (sister) aîné(e) *m., f.*

on sur

one un(e); on

onion oignon *m.*

only seulement; ne… que

open ouvert(e); to — ouvrir

operation opération *f.*

opinion opinion *f.,* avis *m.;* — poll sondage *m.*

opportunity occasion *f.;* to have the — avoir l'occasion de

opposite contraire *m.*

optimistic optimiste

or ou

orange orange *f.*

to order (in a café, restaurant) commander

ordinary ordinaire

to organize organiser

other autre

outdoors en plein air

outfit ensemble *m.*

outside à l'extérieur

oven four *m.*

over sur, dessus; — there là-bas

to overlook donner sur

overpopulation surpopulation *f.*

overwhelmed débordé(e)

overworked débordé(e) de travail

to owe devoir

owner propriétaire *m., f.*

## P

to pack faire sa valise

package paquet *m.*

painter peintre *m., f.*

palace palais *m.*

pale pâle

painting tableau *m.,* peinture *f.*

pan poêle *f.*

pants pantalon *m.;* warm-up — pantalon de jogging *m.;* bell bottoms pantalon pattes d'éléphant *m.*

**paper** papier *m.;* **sheet of paper** feuille de papier *f.*
**paradise** paradis *m.*
**pardon me** pardon
**parents** parents *m.pl.*
**park** parc *m.*
**to participate** participer
**partner** partenaire *m., f.*
**party** soirée *f.;* fête *f.;* boum *f.*
**to pass (by)** passer; — **an exam** être reçu(e) à un examen
**passion** passion *f.*
**passive** passif(-ive)
**passport** passeport *m.*
**past; in the** — autrefois
**pasta, pastry dough** pâte *f.*
**pastry, pastry shop** pâtisserie *f.*
**patient** patient(e); **to be** — avoir de la patience
**patio** terrasse *f.*
**to pay** payer; — **a bill** régler
**pea** pois *m.;* **green peas** petits pois *m.pl.*
**peace** paix *f.*
**pear** poire *f.*
**peasant** paysan(ne) *m., f.*
**pen** stylo *m.;* **marking pen** feutre *m.*
**pencil** crayon *m.*
**people** gens *m.pl.*
**pepper** poivre *m.;* **bell pepper** poivron *m.*
**per** par; — **day** par jour
**perfect** parfait(e)
**perfume** parfum *m.*
**to permit** permettre
**person** personne *f.*
**pessimistic** pessimiste
**pet** animal familier, domestique *m.*
**pharmacy** pharmacie *f.*
**philosophy** philosophie *f.*
**photograph** photo *f.;* **photo album** un album de photos *m.*
**photographer** photographe *m., f.*
**physical appearance** physique *m.*
**physics** physique *f.*
**piano** piano *m.*
**to pick up, get back** récupérer; — **(girls/guys)** draguer *(fam.)*
**picnic** pique-nique *m.;* **to go on a** — faire un pique-nique
**picture** image *f.;* photo *f.*
**picturesque** pittoresque
**pie** tarte *f.*
**piece** morceau *m.,* tranche *f.*
**pig** cochon *m.*
**pill** pilule *f.*
**pilot** pilote *m., f.*
**pinch (of)** pincée (de) *f.*
**pineapple** ananas *m.*
**pink** rose
**pirate** pirate *m.*
**place** lieu *m.,* endroit *m.;* **workplace** lieu de travail *m.*
**plaid** écossais(e)
**plain** plaine *f.*
**plans** préparatifs *m.pl.,* projets *m.pl.;* **to plan** faire des projets
**plant** plante *f.*

**plastic** plastique
**plate** assiette *f.*
**to play** jouer; — **a sport** jouer à; — **a musical instrument** jouer de; — **cards** jouer aux cartes; — **hide-and-seek** jouer à cache-cache; — **marbles** jouer aux billes; — **the piano** jouer du piano; — **tennis** faire du tennis; jouer au tennis; — **with dolls** jouer à la poupée; —**soccer** jouer au football
**play** pièce de théâtre *f.*
**player** joueur(-euse)
**pleasant** agréable
**please** s'il vous (te) plaît
**to please** plaire
**pleated** plissé(e)
**plot** déroulement *m.*
**poem** poème *m.*
**poet** (femme) poète *m., f.*
**poisoned** empoisonné(e)
**policeman** agent de police *m., f;* **police station** commissariat *m.*
**polite** poli(e)
**political science** sciences politiques *f. pl.*
**politician** homme (femme) politique *m., f.*
**polka dot** à pois
**pollution** pollution *f.*
**pool** piscine *f.*
**poor** pauvre
**popular** populaire
**pork** porc *m.*
**port** port *m.*
**possession** possession *f.*
**possible** possible
**postage stamp** timbre *m.*
**postcard** carte postale *f.*
**poster** affiche *f.*
**post office** bureau de poste *m.;* poste *f.*
**potato** pomme de terre *f.*
**practical** pratique
**to practice** pratiquer, —**a profession** exercer une profession
**preacher** pasteur *m.*
**to prefer** préférer, aimer mieux
**preference** préférence *f.*
**pregnancy** grossesse *f.*
**pregnant** enceinte
**to prepare** préparer; — **oneself, get ready** se préparer
**prescription** ordonnance *f.*
**press, news media** presse *f.*
**prestige** prestige *m.*
**prestigious** prestigieux(-euse)
**pretty** joli(e)
**previously** auparavant
**price** prix *m.,* tarif *m.*
**priest** prêtre *m.*
**prince** prince *m.*
**princess** princesse *f.*
**principal** directeur(-trice) *m., f*
**private** privé(e)
**prize** prix *m.*
**probable** probable
**probably** probablement
**problem** problème *m.*
**to produce** produire, fabriquer

**producer** producteur(-trice) *m., f.*
**product** produit *m.*
**professor, instructor** professeur *m.* *(fam.* prof)
**program** programme *m. ;* **(TV, radio)** émission *f.* — **of study** programme d'études *m.;* **exchange** — programme d'échanges *m.*
**programmer** programmeur(-euse) *m., f.*
**prohibited** interdit(e)
**to promise** promettre
**prosperous** prospère
**to protect** protéger
**provided that** pourvu que
**province** province *f.*
**provincial** provincial(e)
**psychology** psychologie *f.*
**to pull** tirer
**pullover sweater** pull-over *m.* *(fam.* pull)
**punctual** ponctuel(le)
**punishment** punition *f.;* **corporal** — châtiment corporel *m.*
**purchase** achat *m.*
**purse** sac *m.*
**to pursue** poursuivre
**to put (on)** mettre; — **back** remettre

## Q

**quality** qualité *f.*
**quantity** quantité *f.*
**queen** reine *f.*
**question** question *f.;* **to ask a** — poser une question
**quickly** vite, rapidement
**quiet** silencieux(-euse)

## R

**rabbit** lapin *m.*
**radio** radio *f.;* **portable** — **cassette player** radiocassette *f.;* — **alarm clock** radioréveil *m.*
**rafting** rafting *m.*
**rain** pluie *f.;* **to** — pleuvoir; **it's raining** il pleut
**raincoat** imperméable *m.*
**raise** augmentation de salaire *f.*
**to raise** lever
**rare** rare; (meat) saignant(e)
**rarely** rarement
**rather** plutôt, assez
**razor** rasoir *m.;* **electric** — rasoir électrique *m.*
**to react** réagir
**to read** lire; **to reread** relire
**ready** prêt(e)
**realistic** réaliste
**to realize** se rendre compte
**really** vraiment
**reason** raison *f.*
**reasonable** raisonnable
**to receive** recevoir
**recent** récent(e); **recently** récemment
**receptionist** réceptionniste *m., f.*
**recess** récréation *f.* *(fam.* la récré)
**recipe** recette *f.*
**recluse** reclus *m.*
**to recommend** recommander

**record** disque *m.*; **— store** magasin
de disques *m.*
**to recycle** recycler
**red** rouge; **to turn —** rougir; **a glass of**
**— wine** un verre de rouge;
**— hair** cheveux roux *m.pl.*
**to redo** (a school lesson) repasser
**to reduce** réduire
**reduced price** tarif réduit *m.*
**reduction** réduction *f.*
**refrigerator** réfrigérateur *m.* (*fam.* frigo)
**to refuse** refuser (de)
**region** région *f.*
**to regret** regretter
**regularly** régulièrement
**to rehearse** répéter
**to relax** se détendre
**relaxed** décontracté(e); relaxe
**to release** lâcher
**religion** religion *f.*
**to remain** rester
**to remember** se rappeler; se souvenir de
**to remodel** rénover
**rent** loyer *m.*; **to —** louer
**rental** location *f.*
**to repair** réparer
**to repeat** répéter; **— (a class, a grade)**
redoubler
**report card** bulletin scolaire *m.*
**request** demande *f.*
**to resemble** ressembler à
**reservation** réservation *f.*
**to reserve** réserver
**reserved** réservé(e)
**to resign** démissionner
**responsibility** responsabilité *f.*
**to rest** se reposer
**restaurant** restaurant *m.*
**result** résultat *m.*
**retirement** retraite *f.*
**to return (home)** rentrer; **— (something)**
rendre; **— (come back)** revenir
**rice** riz *m.*
**rich** riche
**right** correcte; **to, on the —** à droite (de);
**to be —** avoir raison
**ring; engagement —** bague de fiançailles
*f.*; **wedding —** alliance *f.*
**risk** risque *m.*; **to —** risquer de
**river** (major) fleuve *m.*
**rock** rocher *m.*; **— music** rock *m.*;
**— musician** *rocker m.*
**role** rôle *m.*
**rollerblades** rollerblades *m.*; **to go**
**rollerblading** faire du roller
**romantic** romantique; **— film** film
d'amour *m.*
**romanticism** romantisme *m.*
**room** pièce *f.*; salle *f.*; **dining—** salle à
manger *f.*; **emergency —** service
des urgences *m.*; **fitting —** cabine
d'essayage *f.*; **living —** salle de séjour *f.*
**roommate** camarade de chambre *m., f.*
**routine** routine *f.*
**row** rang *m.*; **in a —** en rang
**rug** tapis *m.*
**ruler** règle *f.*
**to run** courir

**rural** rural(e)
**Russian** russe

# S

**sad** triste
**to sail** faire de la voile
**salad** salade *f.*
**salary** salaire *m.*
**sale** solde *m.*; **on —** en solde; **sales promo-**
**tion** promotion *f.*
**salesperson** vendeur(-euse) *m., f.*
**salmon** saumon *m.*
**salt** sel *m.*
**same** même
**sandals** sandales *f. pl.*
**sandwich** sandwich *m.*; **ham — with**
**butter** sandwich jambon beurre *m.*
**satisfied** satisfait(e)
**Saturday** samedi
**sauce** sauce *f.*
**sausage** saucisson *m.*
**to sauté** faire revenir
**savannah** savane *f.*
**to save** sauver; (money) épargner, faire
des économies
**to savor** déguster
**to say** dire
**scandal** scandale *m.*
**scar** cicatrice *f.*
**scarf** écharpe *f.*
**schedule** emploi du temps *m.*; horaire *m.*
**scholarship** bourse *f.*
**school** école *f.*; **elementary —** école primaire *f.*; **middle —** (in France) collège *m.*; **— of a university** faculté *f.*
(*fam.* la fac)
**science** science *f.*; **— fiction** science-fiction *f.*
**scientist** chercheur *m.*
**to scold** gronder
**to scuba dive** faire de la plongée sous marine
**sculpture** sculpture *f.*
**sea** mer *f.*; **seafood** fruits de mer *m. pl.*
**search engine** moteur de recherche *m.*
**season** saison *f.*; **dry —** saison sèche *f.*;
**rainy —** saison des pluies *f.*
**seat** place *f.*
**seated** assis(e)
**second** deuxième
**secretary** secrétaire *m., f.*
**security** sécurité *f.*
**to seduce** séduire
**to see** voir, apercevoir; **— again** revoir
**to seem** paraître; avoir l'air (de)
**to select** sélectionner
**selfish** égoïste
**to sell** vendre
**semester** semestre *m.*
**to send** envoyer
**senior** (in high school) en terminale
**sensible** raisonnable
**sentence** phrase *f.*
**sentimental** sentimental(e)
**to separate** se séparer
**separation** séparation *f.*
**September** septembre
**serious** sérieux(-euse), grave
**to serve** servir; **— yourself** se servir
**service** service *m.*

**to set** mettre; **— the table** mettre la table
**to settle (in)** s'installer; **— a bill** régler
**seven** sept
**seventy** soixante-dix
**several** plusieurs
**shame** honte *f.*; **to be ashamed** avoir honte
**shampoo** shampooing *m.*
**to share** partager
**shark** requin *m.*
**to shave (oneself)** se raser
**she** elle
**sheep** mouton *m.*
**to shine** briller
**shirt** chemise *f.*
**shock** choc *m.*; **—ed** choqué(e)
**shoes** chaussures *f. pl*; **high heels** chaussures à talons; **shoe size** pointure *f.*;
**to shop (go shopping)** faire les courses
**shopkeeper** commerçant(e) *m., f.*
**shopping mall** centre commercial *m.*
**short** court(e); (people) petit(e)
**shorts** short *m.*
**shot** piqûre *f.*
**shoulder** épaule *f.*
**to shout** crier; pousser un cri
**to show** montrer, indiquer
**shower** douche *f.*; **— (weather)** averse *f.*;
**to —** se doucher
**shrimp** crevette *f.*
**shutters** volets *m. pl.*
**shy** timide
**sick** malade
**to sign** signer; **—up** s'inscrire
**silk** soie *f.*
**since** depuis
**to sing** chanter
**singer** chanteur(-euse) *m., f.*
**single** (not married) célibataire
**sink** lavabo *m.*; **kitchen —** évier *m.*
**sir** monsieur
**sister** sœur *f.*; **sister-in-law,** belle-sœur *f.*,
**stepsister** demi-sœur *f.*
**to sit down** s'asseoir; **— back down** se
rasseoir; **sit down** asseyez-vous
**size** taille *f.*; **shoe —** pointure *f.*; **average**
**—** de taille moyenne
**sixty** soixante
**skater** patineur (patineuse) *m., f.*; **to (fig-**
**ure) skate** faire du patinage (artis-
tique)
**to ski** skier, faire du ski
**skiing** ski *m.*; **cross-country —** ski de fond
**skin** peau *f.*
**to skip class** sécher un cours
**skirt** jupe *f.*
**sky** ciel *m.*
**slate** ardoise *f.*
**to sleep** dormir; **— late** faire la grasse
matinée; **to be sleepy** avoir sommeil;
**to fall asleep** s'endormir
**sleeping bag** sac de couchage *m.*
**slice** tranche *f.*
**to slide** glisser
**slowly** lentement
**small** petit(e)
**to smile** sourire; **smile** sourire *m.*
**to smoke** fumer; **smoking section** section
fumeurs *f.*

snack goûter *m.;* **to —** grignoter

snake serpent *m.*

**to sneeze** éternuer

**snobby** snob

**to snorkel** faire de la plongée libre

snow neige *f.;* **it's snowing** il neige

so alors, si; **—(much)** tellement

soap savon *m.*

soccer football *m. ;* **— field** terrain de football *m.;* **—player** footballeur *m.*

sociable sociable

social customs mœurs *f. pl.*

society société *f.*

sociology sociologie *f.*

sock chaussette *f.*

soft doux (douce)

sole sole *f.*

solitary solitaire

some des, quelques, certain(e)(s)

someone quelqu'un

something quelque chose

sometimes parfois

somewhat assez

son fils *m.*

song chanson *f.*

soon bientôt ; **see you —** à bientôt

sophomore (in school) en deuxième année

sorry désolé(e)

sort sorte *f.*

sound bruit *m.*

soup soupe *f.*

south sud *m.;* **—America** Amérique du Sud *f.*

space espace *m.*

Spanish espagnol(e); **— language** espagnol *m.*

**to speak** parler

**to specialize in** se spécialiser en

**to spell** épeler

**to spend (money)** dépenser; **— (time)** passer

spice épice *f.*

**to spoil** gâter

spoiled gâté(e)

spoon cuillère *f.;* **soup —** cuillère à soupe *f.*

sport sport *m. ;* **sports field** terrain de sport *m.*

sportcoat veste *f.*

spouse époux (épouse) *m., f.*

spring printemps *m.*

stadium stade *m.*

stairs escalier *m.*

**to start (up)** démarrer; **—a family** fonder une famille

state état *m.*

**to stay** rester; **— at a hotel** loger

**to steal** voler

step (stage) étape *f.*

stereo chaîne hi-fi *f.*

stitch suture *f.*

stomach estomac *m.,* ventre *m.*

stone pierre *f.*

stop arrêt *m.;* **metro —** arrêt de métro *m.;* **to —** arrêter, s'arrêter; **to — oneself** s'empêcher de

stopped up bouché(e)

store magasin *m.*

storm orage *m.*

story conte *m.;* histoire *f.;* **— line** intrigue *f.*

stove cuisinière *f.*

straight droit(e); **— ahead** tout droit

**to straighten** ranger

strawberry fraise *f.*

street rue *f.*

stressed stressé(e) *(fam.)*

strict sévère, strict(e)

strike grève *f.;* **to go on —** faire la grève

striped à rayures

**to stroll** se balader, flâner

strong fort(e)

stubborn têtu(e)

student étudiant(e) *m., f.;* (pre-college) élève *m., f.*

studies études *f. pl.*

**to study** étudier; **— French** faire du français

stupid bête, stupide

style style *m.;* modèle *m.*

stylish chic

subject sujet *m.;* **school —** matière *f.*

suburb banlieue *f.*

subway métro *m.;* **—stop** station de métro *f.*

**to succeed** réussir (à)

suddenly tout à coup, soudain

**to suffer** souffrir

sugar sucre *m.*

**to suggest** suggérer, conseiller

suicide suicide *m.;* **to commit —** se suicider

suit costume *m.;* **man's —** complet *m.;* **woman's —** tailleur *m.*

suitcase valise *f.*

summer été *m.*

sun soleil *m.;* **it's sunny** il fait du soleil

**to sunbathe** se bronzer

sunburn coup de soleil *m.*

sunglasses lunettes de soleil *f.pl.*

sunny clair(e), lumineux/euse, ensoleillé(e)

sunset coucher de soleil *m.*

supermarket supermarché *m.*

superstore hypermarché *m.*

sure sûr(e)

surface area superficie *f.*

surprised surpris(e), étonné(e)

surprising surprenant(e)

survey enquête *f.,* sondage *m.*

**to suspect** soupçonner

**to swallow** avaler

sweater pull-over *m.* (pull *fam.*)

**to sweep** passer le balai

sweetened sucré(e)

**to swim** nager, faire de la natation

swimming pool piscine *f.*

swimsuit maillot de bain *m.*

swollen enflé(e)

symptom symptôme *m.*

**T**

T-shirt T-shirt *m.,* maillot *m.*

table table *f.;* **coffee —** table basse *f.*

tablecloth nappe *f.*

tablespoon cuillère à soupe *f.;* **tablespoonful** cuillerée à soupe *f.*

**to take** prendre **— (someone) along** emmener; **— place** avoir lieu; **— a**

course suivre un cours; **— an exam** passer un examen; **—a nap** faire la sieste; **— a trip** faire un voyage

talkative bavard(e)

tall grand(e)

**to tan** brunir; se bronzer

tank top débardeur *m.*

tart tarte *f.,* tartelette *f.*

taste goût *m.;* **to —** goûter

taxi taxi *m.;* **— driver** chauffeur de taxi *m.*

tea thé (nature) *m.;* **herbal —** infusion *f.*

**to teach** enseigner

teacher professeur *m.;* **elementary school —** instituteur(-trice) *m., f.*

team équipe *f.*

teaspoon cuillère à café *f.;* **teaspoonful** cuillerée à café *f.*

telecommuting télétravail *m.*

telephone téléphone *m.;* **— answering machine** répondeur *m.;* **— booth** cabine téléphonique *f.;* **— call** coup de téléphone *m.;* **— card** télécarte *f.;* **— number** numéro de téléphone *m.;* **cell phone** téléphone mobile (portable) *m.*

television télévision *(fam.* télé*) f.;* **— series** feuilleton *m.;* **— show** émission de télévision *f.;* **TV game show** jeu télévisé *m.*

**to tell** dire; **— a story** raconter

temperature température *f.*

ten dix

tenant locataire *m., f.*

tender tendre

tenderness tendresse *f.*

tennis tennis *m.;* **— court** court de tennis *m.;* **— racket** raquette de tennis *f.;* **— shoes** des tennis *m. pl.;* **high tops** des baskets *f. pl.*

test examen *m.*

thank you merci; **thanks to** grâce à

that ça, cela; **— one** celui, celle

the le, la, les

theater théâtre *m.*

theme thème *m.*

then ensuite, puis, alors; **and —** et alors

there là, y; **— over** là-bas; **there is/are** il y a; voilà

therefore donc, par conséquent

these (those) ces; **— ones** ceux, celles

they elles, ils

thief voleur *m.*

thin mince, maigre

thing chose *f. (fam.* truc *m.,* machin *m.);* **something** quelque chose

**to think** penser, croire; **— about** penser à, réfléchir à; **— about (opinion)** penser de

thirsty: to be — avoir soif

thirty trente

this (that) ce (cet), cette; **— one** celui, celle

thousand mille

three trois

throat gorge *f.;* **— lozenge** pastille pour la gorge *f.*

**to throw** jeter

Thursday jeudi

**thus** ainsi

**ticket** billet *m.;* **one-way —** billet aller simple *m.;* **round-trip —** billet aller retour

**tidy** ordonné(e)

**tie** cravate *f.*

**tight** serré(e); juste; moulant(e); étroit(e)

**time** fois *f.;* **a long —** longtemps; **the last — la dernière fois; to be on —** être à l'heure; **what — is it?** quelle heure est-il?

**tip** pourboire *m.;* **— (not) included** service (non-)compris

**tired** fatigué(e)

**title** titre *m.*

**to** à, en, jusqu'à

**today** aujourd'hui

**toe** orteil *m.*

**together** ensemble

**toilet** toilettes *f. pl.;* W.C. *m.pl.*

**tomato** tomate *f.*

**tomorrow** demain

**tongue** langue *f.*

**too** aussi; **me —** moi aussi; **— much** trop (de)

**tooth** dent *f.;* **— brush** brosse à dents *f.*

**tough** dur(e)

**tourism** tourisme *m.*

**tourist** touriste *m., f.;* touristique

**toward** vers

**towel** serviette *f.*

**tower** tour *f.*

**town** village *m.,* ville *f.;* **— square** place *f.*

**town hall** mairie *f.*

**tradition** tradition *f.*

**trailer** caravane *f.*

**train** train *m.,* **— station** gare *f.*

**training** formation *f.*

**tranquilizer** tranquillisant *m.*

**to transform** transformer

**transportation** transport en commun *m.;* **means of—** moyen de transport *m.*

**to travel** voyager; **— around the world** faire le tour du monde

**traveler's check** chèque de voyage *m.*

**tree** arbre *m.*

**to trick** tromper

**trickiness** ruse *f.*

**trimester** trimestre *m.*

**trip** voyage *m.,* séjour *m.;* **to take a — faire** un voyage

**tropical** tropical(e)

**trouble: to have — doing something** avoir du mal à

**true** vrai(e)

**trunk** coffre *m.*

**truth** vérité *f.*

**to try (on)** essayer; **(attempt)** tenter; **— to** chercher à, essayer de

**Tuesday** mardi

**tuna** thon *m.*

**to turn** tourner; **— off** éteindre; **— on** allumer

**turtleneck** à col roulé

**twin** jumeau (jumelle)

**to twist one's ankle** se fouler la cheville

**to type** taper

**two** deux

**typically** typiquement

**U**

**ugly** laid(e); moche *(fam.)*

**umbrella** parapluie *m.*

**unbearable** insupportable

**unbelieveable** incroyable

**uncertain** incertain(e)

**uncle** oncle *m.*

**under** sous; au-dessous (de)

**to understand** comprendre

**understanding** compréhensif/(-ve)

**unemployed: to be —** être au chômage, **— person** personne sans emploi *f.;* chômeur(-euse) *m., f.*

**unfaithful: to be —** tromper

**unfortunately** malheureusement

**unhappy** malheureux(-euse)

**to unite** unir

**university** université *f.;* **— cafeteria** restaurant universitaire *m. (fam.* resto-U)

**unpleasant** désagréable

**unreasonable** déraisonnable

**unthinkable** impensable

**until** jusqu'à; jusqu'à ce que

**to use** utiliser; se servir de, employer

**useful** utile

**useless** inutile

**usually** d'habitude, normalement

**utilities (bills)** charges *f. pl.*

**V**

**vacation** vacances *f.pl.;* **— package** formule de vacances *f.;* **summer—** grandes vacances *f., pl.*

**to vacuum** passer l'aspirateur

**vacuum cleaner** aspirateur *m.*

**valid** valable

**valley** vallée *f.*

**value** valeur *f.*

**vanilla** vanille *f.*

**various** varié(e)s, divers

**vase** vase *m.*

**vegetable** légume *m.*

**vegetarian** végétarien(ne)

**velvet** velours *m.*

**very** très; extra, hyper, vachement *fam.*

**video** vidéo *f.;* **VCR** magnétoscope *m.;* **— game** jeu vidéo/électronique *m.*

**violet** violet(te)

**to visit (a person)** rendre visite (à), aller voir; **— (a place)** visiter

**vitamin** vitamine *f.*

**volcano** volcan *m.*

**W**

**to wait for** attendre

**waiter, waitress** serveur(-euse) *m., f.*

**to wake (oneself) up** se réveiller

**walk** promenade *f.;* **to —** promener; marcher; **to go for a —** se promener; faire une promenade (à pied)

**Walkman** baladeur *m.*

**wall** mur *m.*

**to want** vouloir, désirer, avoir envie de; **— to** tenir à

**war** guerre *f.*

**wardrobe** garde-robe *f.*

**wary; to be wary of** se méfier de

**to wash** laver; **to do the wash** faire la lessive; **— (up)** se laver

**wastebasket** corbeille à papier *f.*

**watch** montre *f.*

**to watch** regarder; **to keep an eye on** surveiller

**water** eau *f.;* **mineral —** eau minérale *f.*

**waterfall** chute d'eau *f.*

**way** façon *f.;* manière *f.*

**we** nous

**to wear** porter

**weather** temps *m.;* **— report** bulletin météorologique *m. (fam. f.* météo); **it's bad (good) —** il fait mauvais (beau); **what is the —?** quel temps fait-il? **good—** beau temps *m.*

**wedding** noces *f. pl.;* **— ring** alliance *f.*

**Wednesday** mercredi

**week** semaine *f.;* **last —** la semaine dernière *f.;* **—end** week-end *m.*

**weekly (publication)** hebdomadaire *m.*

**weight lifting** musculation *f.*

**welcome** bienvenue *f.;* **to —, greet** accueillir; **you're —** je (te) vous en prie

**well** bien; **rather —** assez bien; **as — as** aussi bien que; **— behaved** sage; **— mannered** bien élevé(e); **— done (meat)** bien cuit(e)

**west** ouest

**what** que, qu'est-ce que, quoi, comment, quel(le)

**when** quand, lorsque

**where** où; **from —** d'où

**which** quel(le) *(pl.* quels, quelles*);* **— ones** lequel, laquelle *(pl.* lesquels, lesquelles*)*

**while** pendant que

**white** blanc(he)

**who** qui

**whole** entier(-ière)

**why** pourquoi

**wide** large

**wife** femme *f.*

**to win** gagner

**wind** vent *m.;* **it's windy** il fait du vent

**window** fenêtre *f.;* **store —** vitrine *f.*

**to windsurf** faire de la planche à voile

**wine** vin *m.*

**winter** hiver *m.*

**to wipe one's nose** se moucher

**wisdom** sagesse *f.*

**to wish** souhaiter

**witch** sorcier/ière *m., f.*

**with** avec

**without** sans

**witness** temoin *m.*

**wolf** loup *m.*

**woman** femme *f.*

**to wonder** se demander

**wonderful** formidable, passionnant(e)

**wood** bois *m.*

**wool** laine *f.*

**word** mot *m.*

**work** travail *m.;* \***to —** travailler; **full time — à** plein temps; **part time — à** temps partiel, à mi-temps; **to do volunteer —** faire du travail bénévole; **—of art** œuvre *f.*

**to work (function)** marcher
**worker** ouvrier(-ière) *m., f.*
**world** monde *m.*
**worried** inquiet/iète
**worry** souci *m.;* **to** — s'inquiéter, avoir
    des soucis
**worse** pire
**wrist** poignet *m.*
**to write** écrire
**writer** écrivain *m.*
**writing** (penmanship) écriture *f.*
**wrong: to be** — avoir tort

**X**

**X ray** radiographie *f.*

**Y**

**yard** jardin *m.*
**year** an *m.;* année *f.;* **to be (18) years old**
    avoir (dix-huit) ans
**yellow** jaune
**yes** oui
**yesterday** hier; — **morning** hier matin
**yet** déjà; **not**— pas encore
**yoga** yoga *m.*

**yogurt** yaourt *m.*
**you** tu, vous, on, toi
**young** jeune
**younger (brother, sister)** cadet(te)
**your** ton, ta, tes; votre, vos
**youth** jeunesse *f.;* — **hostel** auberge
    de jeunesse *f.*

**Z**

**zebra** zèbre *m.*
**zero** zéro *m.*

# Index

à
    contractions with 99
    + indirect object 227
    with geographical names 256–257
**Abbé Pierre** 402
accent marks 13
**acheter** 188–189, 322
adjectives
    agreement 23–24
    comparative of 212–213, 229
    demonstrative (**ce, cette, ces**) 339,
        354–355
    descriptive 8–9, 23–24, 56, 57, 72–73
    interrogative (**quel(le)(s)**) 123,
        135–136
    irregular 24, 72–73
    of nationality 97–98
    placement of 57, 72–73
    plural of 23
    possessive (**mon, ma, mes**, etc.)
        52–54, 70
    superlative 240, 261
    that describe character 9, 56–57
    that describe looks 8
adverbs
    comparative of 260
    intensity (**un peu, beaucoup**, etc.) 44
    in -**ment** 373, 387
    superlative 261
    used with **passé composé** 161
advice, asking or giving 377, 388–390
Africa 238, 239, 247
age, with **avoir** 47
agreeing and disagreeing 406
agreement
    of adjectives 23–24
    of articles 21, 45
    of past participles 162, 314, 325
**aimer** 31, 43–44
    polite form 110, 128–129
    vs. **aimer bien** 44
**aller**
    + **à** 99
    future 322
    **futur proche** 91, 101
    **passé composé** 162
    present tense formation 99
    subjunctive 389
alphabet 13
**Amélie** (film) 428
**appeler** 2, 188, 322
**argent** 155, 335–336
Armstrong, Lance 94–95
articles
    definite 45
    gender and number 21, 45
    in negative sentences 45, 46
    indefinite 21
    partitive 190–191
    partitive vs. indefinite vs. definite
        190–191
    with parts of the body 348

**Astérix** 57, 214
**attendre** 133
**aussitôt que** 323
**autant** 260
**avoir** 40, 47
    as auxiliary in **passé composé** 159–160
    **avoir besoin de** 307, 324
    **avoir faim, soif** 183
    command form 194
    conditional 416
    future 322
    other idiomatic expressions with
        366–367, 385
    **passé composé** 142, 159–160
    past participle agreement with 314,
        325
    present tense 40, 47
    subjunctive 389
    with age 47

**baccalauréat** exam 344–345, 346
**bandes dessinées** 57, 214, 426–427
bedroom furniture 58–59
**beur** 41
**bien** 44, 260
body, parts of 364–365
**boire** 116, 133, 389
**bon** 73, 229
**Bovary, Madame** 432
**Brel, Jacques** 156–157

**café** 116, 117
calendar 38
campus 35–36
Cannes film festival 115
**ce, cette, ces** 339, 354–355
**ce qui, ce que** 347, 358
**celui, celle(s), ceux** 414
-**cer** verbs 188, 223
**chambre** 58–59
childhood memories 204–206
**cinéma** 115, 309, 399, 429
classroom objects 6
communication 12–13
climate 120, 241
clothing 11, 339–340, 342
cognate, false 30
colors 11
**combien** vs. **combien de** 135
comics 57, 214, 426–427
commands 12–13, 194, 292–293
    negative 293
    to soften 293
    with pronouns 292–293, 357
**commencer** 189, 223
communication verbs 225–226
comparatives
    review 429
    with adjectives 212–213, 229
    with nouns 242, 260
    with adverbs 242, 260
compass points 257

complaining 282–283
conditional
    formation 415–416
    hypothetical sentences (with **si**) 404,
        415–416
    polite 110, 128–129
    review 425–426, 437
**connaître** 248, 262–263
contractions
    **à** + **le(s)** 99
    **de** + **le(s)** 74
courses of study 37
**couscous** 180
**croire** 316, 326–327, 417
**Curie, Marie** 153

daily routine 270–271
date 38–39
days of the week 38
**de**
    contractions with 74
    in negative sentences 46
    partitive 190–191
    to show possession 71
    with geographic names 256–257
definite articles 45
**Degas** 66
**de Gaulle, Charles** 153
degrees (diplomas) 344–345, 346
demonstrative adjectives 339, 354–355
demonstrative pronouns 414
**dépenser** 353
**depuis** 370, 386
descriptive adjectives 8–9, 23–24, 56, 57
**devoir** 109, 128–129, 223, 416
**dire** 210, 225–226
directions, asking for and giving 303
direct object pronouns 195–197
    position of 196
    with imperative 292
    vs. **en** 197
**dormir** 130
drinks 116

**écrire** 210, 225–226
education 344–345, 346
**élision** 43
emotion, expressions of 407, 417
**en**
    partitive pronoun 193
    with geographical names 256–257
    pronoun order with 356–357
-**er** verbs 43
**espérer** 188
**est-ce que** 6, 20, 92, 289
**être**
    as auxiliary for **passé composé** 148,
        162
    command form 194
    conditional 416
    future 322
    **imparfait** 223

# Credits

## PHOTO

All photographs not otherwise credited are owned by Heinle. We have made every effort to trace the ownership of all material and to secure permissions from the copyright holders. In the event of any question arising regarding the use of any material, we will be pleased to make the necessary corrections for future printings.

**Module 1**
1: ©Ulrike Welsch/PhotoEdit
2 tl: ©Royalty-Free/CORBIS
2 tr: ©Spencer Grant/PhotoEdit
2 br: ©Reuters NewsMedia Inc./CORBIS
2 bl: ©AFP/CORBIS
5 r: ©Martin Bruce/Index Stock Imagery
7 tl: ©Vince Bucci/Getty Images
7 tml: ©Photo B.D.V./CORBIS
7 tmr: ©Reuters NewsMedia Inc./CORBIS
7 tr: ©Gamma
7 ml: ©Bernard Bisson/CORBIS Sygma
7 mml: ©Evan Agostini/Liaison/Getty Images
7 mmr: ©AP/Wide World Photos
7 mr: ©Juminer Bruno/CORBIS Sygma
7 bl: ©Ben Radford/Getty Images
7 bm:: ©Reuters NewsMedia Inc./CORBIS
7 br: ©Arnaldo Magnani/Getty Images
9, 10m: ©SuperStock
10 r: ©Eric Horan/Index Stock Imagery

**Module 2**
29: ©Owen Franken/CORBIS
30: ©CORBIS
32: ©M. Jacobs/The Image Works
33: ©Gerard Lonce/Stone/Getty Images
34, 35: ©Courtesy of the authors

**Module 3**
51: ©OmniPhoto Communications, Inc./Index Stock Imagery
54: ©Owen Franken/CORBIS
59: ©Lawrence Manning/CORBIS
66: ©Reunion des Musées Nationaux, Paris, France

**Module 4**
79: ©David R. Frazier
81 tr: ©Courtesy of Marc Verstaen/BeatWare Inc.
81 bl: ©Ben Radford/Getty Images
81 br: ©Alan Walter/CORBIS
82 t: ©Gamma
82 b: ©Phillipee Eronian/CORBIS Sygma
88 l: ©Peter Menzel/Stock Boston
88 r: ©Mat Jacob/The Image Works
92: ©Bruno de Hogues
94: ©Gero Breloer/DPA/Landov
95: ©Vincent Kessler/Reuters/Landov

**Module 5**
107: ©Bob Handleman/Stone/Getty Images
108: ©Owen Franken/CORBIS
110 l: ©SuperStock
110 m: ©PhotoDisc/Getty Images

114: ©Esther Marshall
115: ©Movie Stills Archive
117: ©Leo deWys/eStock Photo
122 l: ©Index Stock Imagery
122 br: ©Rick Strange/Index Stock Imagery
125: ©Courtesy of the authors

**Module 6**
141: ©Karl Weatherly/CORBIS
142: ©Courtesy of the authors
144: ©Susan Van Etten
150: ©Courtesy of the authors
152: ©Stock Montage/Index Stock Imagery
153 t: ©H. Armstrong Roberts/Retrofile
153 mt: ©Bettmann/CORBIS
153 mb: ©Stock Montage/Index Stock Imagery
153 b: ©Bettmann/CORBIS
154: ©AP/Wide World Photos
155 t: ©Mondial/Gamma
156: ©Manciet/Liaison/Gamma

**Module 7**
169: ©Esther Marshall
172 r: ©Nathan Benn/CORBIS
173, 174: ©Courtesy of the authors
177: ©Janice Fullman
180 t: ©Steven Mark Needham/FoodPix
180 m: ©Photononstop/Envision

**Module 8**
205 l: ©Robert Doisneau/Rapho
205 r: Courtesy of the authors
207 m: ©Vince Streano/CORBIS
207 b: ©Benelux Press/Index Stock Imagery
208: ©Owen Franken/CORBIS
209: ©PhotoDisc/Getty
215: ©H. Armstrong Roberts/Retrofile
216 l: Hemingway Archives/John F. Kennedy Library Boston
216 m: ©Amet Jean Pierre/CORBIS Sygma
216 r: ©Jonathan Blair/CORBIS

**Module 9**
235: ©Michele Burgess/Index Stock Imagery
236 tl: ©Michael Dwyer/Stock Boston
236 tr: ©Palmer and Brilliant/Index Stock Imagery
236 b: ©David Houser/CORBIS
240: ©Kennan Ward/CORBIS
242 tm: ©Peter Johnson/CORBIS
242 tl: ©Murry Sill/Index Stock Imagery
242 tr: ©Louis Yanucci/Index Stock Imagery
242 bl: ©Pascal Quittemelle/Stock Boston
242 br: ©Dave Bartruff/Index Stock Imagery